大学赤本シリーズ

255

慶應義塾大学

総合政策学部

JN060902

教学社

は　し　が　き

　おかげさまで，大学入試の「赤本」は，今年で創刊70周年を迎えました。

　これまで，入試問題や資料をご提供いただいた大学関係者各位，掲載許可をいただいた著作権者の皆様，各科目の解答や対策の執筆にあたられた先生方，そして，赤本を使用してくださったすべての読者の皆様に，厚く御礼を申し上げます。

　以下に，創刊初期の「赤本」のはしがきを引用します。これからも引き続き，受験生の目標の達成や，夢の実現を応援してまいります。

　本書を活用して，入試本番では持てる力を存分に発揮されることを心より願っています。

編者しるす

＊　　　＊　　　＊

　学問の塔にあこがれのまなざしをもって，それぞれの志望する大学の門をたたかんとしている受験生諸君！　人間として生まれてきた私たちは，自己の欲するままに，美しく，強く，そして何よりも人間らしく生きることをねがっている。しかし，一朝一夕にして，この純粋なのぞみが達せられることはない。私たちの行く手には，絶えずさまざまな試練がまちかまえている。この試練を克服していくところに，私たちのねがう真に人間的な世界がはじめて開かれてくるのである。

　人生最初の最大の試練として，諸君の眼前に大学入試がある。この大学入試は，精神的にも身体的にも，大きな苦痛を感ぜしめるであろう。あるスポーツに熟達するには，たゆみなき，はげしい練習を積み重ねることが必要であるように，私たちは，計画的・持続的な努力を払うことによって，この試練を克服し，次の一歩を踏みだすことができる。厳しい試練を経たのちに，はじめて満足すべき成果を獲得できるのである。

　本書は最近の入学試験の問題に，それぞれ解答を付し，さらに問題をふかく分析することによって，その大学独特の傾向や対策をさぐろうとした。本書を一般の参考書とあわせて使用し，まとはずれのない，効果的な受験勉強をされるよう期待したい。

（昭和35年版「赤本」はしがきより）

挑む人の、いちばんの味方

赤本創刊70周年

1954年に大学入試の過去問題集を刊行してから70年。赤本は大学に入りたいと思う受験生を応援しつづけてきました。これからも，苦しいとき落ち込むときにそばで支える存在でいたいと思います。

そして，勉強をすること，自分で道を決めること，努力が実ること，これらの喜びを読者の皆さんが感じることができるよう，伴走をつづけます。

そもそも赤本とは…

受験生のための大学入試の過去問題集！

70年の歴史を誇る赤本は，500点を超える刊行点数で全都道府県の370大学以上を網羅しており，過去問の代名詞として受験生の必須アイテムとなっています。

……… なぜ受験に過去問が必要なのか？ ………

大学入試は大学によって問題形式や頻出分野が大きく異なるからです。

記述式？　マーク式？　問題のレベルは？　時間配分は？　自分に足りないのは？　頻出分野は？　どんな対策が必要？　どんな問題が出るの？

みんなの疑問に答える赤本！

赤本で志望校を研究しよう！

赤本の掲載内容

傾向と対策

これまでの出題内容から，問題の「**傾向**」を分析し，来年度の入試に向けて
具体的な「**対策**」の方法を紹介しています。

問題編・解答編

◆ 年度ごとに問題とその解答を掲載しています。

◆ 「**問題編**」ではその年度の試験概要を確認したうえで，実際に出題された
過去問に取り組むことができます。

◆ 「**解答編**」には高校・予備校の先生方による解答が載っています。

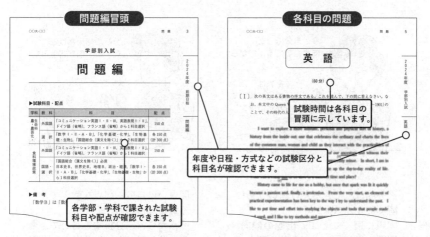

他にも，大学の基本情報や，先輩受験生の合格体験記，
在学生からのメッセージなどが載っていることがあります。

2024年度から
見やすい
デザインに！
NEW

受験勉強は
過去問に始まり,

STEP 1 〔なにはともあれ〕

まずは解いてみる

しずかに…
今,自分の心と向き合ってるんだから

ムーン

それは問題を解いてからだホン!

過去問は,**できるだけ早いうちに解くのがオススメ!**
実際に解くことで,**出題の傾向,問題のレベル,今の自分の実力が**つかめます。

STEP 2 〔じっくり具体的に〕

弱点を分析する

分析の結果だけど英・数・国が苦手みたい

スリー

必須科目だホン頑張るホン

間違いは自分の弱点を教えてくれる**貴重な情報源。**
弱点から自己分析することで,**今の自分に足りない力や苦手な分野**が見えてくるはず!

合格者があかす
赤本の使い方

傾向と対策を熟読
(Fさん／国立大合格)

大学の出題傾向を調べるために,赤本に載っている「傾向と対策」を熟読しました。

繰り返し解く
(Tさん／国立大合格)

1周目は問題のレベル確認, 2周目は苦手や頻出分野の確認に, 3周目は合格点を目指して,と過去問は繰り返し解くことが大切です。

過去問に終わる。

STEP 3

志望校にあわせて

苦手分野の重点対策

明日からはみんなで頑張るよ！
参考書も！問題集も！
よろしくね！

呼んだ？

なにを!?
どこから!?

グッ グッ

参考書や問題集を活用して，苦手分野の**重点対策**をしていきます。**過去問を指針**に，合格へ向けた具体的な学習計画を立てましょう！

STEP 1 ▶ 2 ▶ 3

サイクルが大事！

実践を繰り返す

やるのはボクだよ〜

STEP 1 解く!!

対策!! 分析!!

STEP 3 STEP 2

STEP 1〜3を繰り返し，実力アップにつなげましょう！
出題形式に慣れることや，**時間配分を考える**ことも大切です。

目標点を決める
（Yさん／私立大合格）

赤本によっては合格者最低点が載っているので，それを見て目標点を決めるのもよいです。

時間配分を確認
（Kさん／私立大学合格）

赤本は時間配分や解く順番を決めるために使いました。

添削してもらう
（Sさん／私立大学合格）

記述式の問題は先生に添削してもらうことで自分の弱点に気づけると思います。

新課程も赤本でばっちり！

新課程入試 Q&A

2022年度から新しい学習指導要領（新課程）での授業が始まり，2025年度の入試は，新課程に基づいて行われる最初の入試となります。ここでは，赤本での新課程入試の対策について，よくある疑問にお答えします。

使える？

Q1. 赤本は新課程入試の対策に使えますか？

A. もちろん使えます！

OK

旧課程入試の過去問が新課程入試の対策に役に立つのか疑問に思う人もいるかもしれませんが，心配することはありません。旧課程入試の過去問が役立つのには次のような理由があります。

● 学習する内容はそれほど変わらない

新課程は旧課程と比べて科目名を中心とした変更はありますが，学習する内容そのものはそれほど大きく変わっていません。また，多くの大学で，既卒生が不利にならないよう「経過措置」がとられます（Q3参照）。したがって，出題内容が大きく変更されることは少ないとみられます。

● 大学ごとに出題の特徴がある

これまでに課程が変わったときも，各大学の出題の特徴は大きく変わらないことがほとんどでした。入試問題は各大学のアドミッション・ポリシーに沿って出題されており，過去問にはその特徴がよく表れています。過去問を研究してその大学に特有の傾向をつかめば，最適な対策をとることができます。

出題の特徴の例	・英作文問題の出題の有無 ・論述問題の出題（字数制限の有無や長さ） ・計算過程の記述の有無

新課程入試の対策も，赤本で過去問に取り組むところから始めましょう。

Q2. 赤本を使う上での注意点はありますか?

A. 志望大学の入試科目を確認しましょう。

　過去問を解く前に，過去の出題科目（問題編冒頭の表）と 2025 年度の募集要項とを比べて，課される内容に変更がないかを確認しましょう。ポイントは以下のとおりです。科目名が変わっていても，実際は旧課程の内容とほとんど同様のものもあります。

英語・国語	科目名は変更されているが，実質的には変更なし。 ▶▶ ただし，リスニングや古文・漢文の有無は要確認。
地歴	科目名が変更され，「歴史総合」「地理総合」が新設。 ▶▶ 新設科目の有無に注意。ただし，「経過措置」(Q3参照)により内容は大きく変わらないことも多い。
公民	「現代社会」が廃止され，「公共」が新設。 ▶▶ 「公共」は実質的には「現代社会」と大きく変わらない。
数学	科目が再編され，「数学 C」が新設。 ▶▶ 「数学」全体としての内容は大きく変わらないが，出題科目と単元の変更に注意。
理科	科目名も学習内容も大きな変更なし。

　数学については，科目名だけでなく，どの単元が含まれているかも確認が必要です。例えば，出題科目が次のように変わったとします。

旧課程	「数学 I・数学 II・数学 A・数学 B（数列・ベクトル）」
新課程	「数学 I・数学 II・数学 A・数学 B（数列）・数学 C（ベクトル）」

　この場合，新課程では「数学 C」が増えていますが，単元は「ベクトル」のみのため，実質的には旧課程とほぼ同じであり，過去問をそのまま役立てることができます。

Q3. 「経過措置」とは何ですか？

A. 既卒の旧課程履修者への対応です。

　多くの大学では，既卒の旧課程履修者が不利にならないように，出題において「経過措置」が実施されます。措置の有無や内容は大学によって異なるので，募集要項や大学のウェブサイトなどで確認しておきましょう。

○旧課程履修者への経過措置の例

- 旧課程履修者にも配慮した出題を行う。
- 新・旧課程の共通の範囲から出題する。
- 新課程と旧課程の共通の内容を出題し，共通範囲のみでの出題が困難な場合は，旧課程の範囲からの問題を用意し，選択解答とする。

　例えば，地歴の出題科目が次のように変わったとします。

旧課程	「日本史B」「世界史B」から1科目選択
新課程	「歴史総合，日本史探究」「歴史総合，世界史探究」から1科目選択※ ※旧課程履修者に不利益が生じることのないように配慮する。

　「歴史総合」は新課程で新設された科目で，旧課程履修者には見慣れないものですが，上記のような経過措置がとられた場合，新課程入試でも旧課程と同様の学習内容で受験することができます。

赤チェックだホン

新課程の情報は WEB もチェック！
より詳しい解説が赤本ウェブサイトで見られます。
https://akahon.net/shinkatei/

科目名が変更される教科・科目

	旧課程	新課程
国語	国語総合 国語表現 現代文A 現代文B 古典A 古典B	現代の国語 言語文化 論理国語 文学国語 国語表現 古典探究
地歴	日本史A 日本史B 世界史A 世界史B 地理A 地理B	歴史総合 日本史探究 世界史探究 地理総合 地理探究
公民	現代社会 倫理 政治・経済	公共 倫理 政治・経済
数学	数学Ⅰ 数学Ⅱ 数学Ⅲ 数学A 数学B 数学活用	数学Ⅰ 数学Ⅱ 数学Ⅲ 数学A 数学B 数学C
外国語	コミュニケーション英語基礎 コミュニケーション英語Ⅰ コミュニケーション英語Ⅱ コミュニケーション英語Ⅲ 英語表現Ⅰ 英語表現Ⅱ 英語会話	英語コミュニケーションⅠ 英語コミュニケーションⅡ 英語コミュニケーションⅢ 論理・表現Ⅰ 論理・表現Ⅱ 論理・表現Ⅲ
情報	社会と情報 情報の科学	情報Ⅰ 情報Ⅱ

大学のサイトも見よう

目　次

解答編 ※問題編は別冊

掲載内容についてのお断り

- 著作権の都合上，以下の内容を省略しています。
  2023 年度「英語」大問 3 の英文および全訳

基本情報

🏛 沿革

1858（安政 5）	福澤諭吉，江戸に蘭学塾を開く
1863（文久 3）	蘭学塾より英学塾に転向
1868（慶應 4）	塾を「慶應義塾」と命名，近代私学として新発足

✏1885（明治18）このころ塾生たちがペンの記章をつけ始める

1890（明治23）	大学部が発足し，総合大学となる
1898（明治31）	学制を改革し，一貫教育制度を樹立

✏1903（明治36）第1回早慶野球試合

1920（大正 9）	大学令による大学として新発足
	文学・経済学・法学・医学部から成る総合大学となる
1944（昭和19）	藤原工業大学が寄付され，工学部設置
1949（昭和24）	新制大学発足，文学・経済学・法学・工学部設置
1952（昭和27）	新制大学医学部発足
1957（昭和32）	商学部設置
1981（昭和56）	工学部を改組し，理工学部を設置
1990（平成 2）	総合政策・環境情報学部を設置

2001（平成 13）　　看護医療学部を設置
2008（平成 20）　　学校法人共立薬科大学との合併により薬学部設置
　　　　　　　　　　創立 150 周年

ペンマーク

　1885（明治 18）年ごろ，塾生が教科書にあった一節「ペンは剣に
勝る力あり」にヒントを得て帽章を自分たちで考案したことからはじ
まり，その後多数の塾生・塾員の支持を得て公式な形として認められ，
今日に至っています。ペンマークは，その発祥のルーツにも見られる
ように，学びの尊さを表現するシンボルであり，慶應義塾を指し示す
だけでなく，広く認知された社会的な存在と位置付けられます。

 # 学部・学科の構成

大　学

●**文学部**　1 年：日吉キャンパス／2 〜 4 年：三田キャンパス
　人文社会学科（哲学系〈哲学専攻，倫理学専攻，美学美術史学専攻〉，
　　史学系〈日本史学専攻，東洋史学専攻，西洋史学専攻，民族学考古学
　　専攻〉，文学系〈国文学専攻，中国文学専攻，英米文学専攻，独文学
　　専攻，仏文学専攻〉，図書館・情報学系〈図書館・情報学専攻〉，人間
　　関係学系〈社会学専攻，心理学専攻，教育学専攻，人間科学専攻〉）
＊各専攻には 2 年次より分属する。
●**経済学部**　1・2 年：日吉キャンパス／3・4 年：三田キャンパス
　経済学科
●**法学部**　1・2 年：日吉キャンパス／3・4 年：三田キャンパス
　法律学科
　政治学科
●**商学部**　1・2 年：日吉キャンパス／3・4 年：三田キャンパス
　商学科
●**医学部**　1 年：日吉キャンパス／2 〜 6 年：信濃町キャンパス
　医学科

●**理工学部** 1・2年：日吉キャンパス／3・4年：矢上キャンパス

機械工学科

電気情報工学科

応用化学科

物理情報工学科

管理工学科

数理科学科（数学専攻，統計学専攻）

物理学科

化学科

システムデザイン工学科

情報工学科

生命情報学科

＊各学科には2年次より分属する。数理科学科の各専攻は3年次秋学期に選択する。

●**総合政策学部** 湘南藤沢キャンパス

総合政策学科

●**環境情報学部** 湘南藤沢キャンパス

環境情報学科

●**看護医療学部** 1・2・4年：湘南藤沢キャンパス／3・4年：信濃町キャンパス

看護学科

●**薬学部** 1年：日吉キャンパス／2年以降：芝共立キャンパス

薬学科［6年制］

薬科学科［4年制］

大学院

文学研究科／経済学研究科／法学研究科／社会学研究科／商学研究科／医学研究科／理工学研究科／政策・メディア研究科／健康マネジメント研究科／薬学研究科／経営管理研究科／システムデザイン・マネジメント研究科／メディアデザイン研究科／法務研究科（法科大学院）

（注）上記内容は2024年4月時点のもので，改組・新設等により変更される場合があります。

🔍 大学所在地

三田キャンパス

信濃町キャンパス

芝共立キャンパス

湘南藤沢キャンパス

日吉キャンパス

矢上キャンパス

三田キャンパス	〒108-8345	東京都港区三田 2-15-45
日吉キャンパス	〒223-8521	神奈川県横浜市港北区日吉 4-1-1
矢上キャンパス	〒223-8522	神奈川県横浜市港北区日吉 3-14-1
信濃町キャンパス	〒160-8582	東京都新宿区信濃町 35
湘南藤沢キャンパス	〒252-0882	神奈川県藤沢市遠藤 5322（総合政策・環境情報学部）
	〒252-0883	神奈川県藤沢市遠藤 4411（看護医療学部）
芝共立キャンパス	〒105-8512	東京都港区芝公園 1-5-30

入 試 デ ー タ

　2024 年度の合格最低点につきましては，大学ホームページや大学発行資料にてご確認ください。

 ## 入試状況（志願者数・競争率など）

○合格者数（第2次試験を行う学部は第2次試験合格者）と，補欠者許可数との合計が入学許可者数であり，実質倍率は受験者数÷入学許可者数で算出。

入試統計（一般選抜）

●文学部

| 年度 | 募集人員 | 志願者数 | 受験者数 | 合格者数 | 補 欠 者 | | 実質倍率 |
					発表数	許可数	
2024	580	4,131	3,796	1,060	251	136	3.2
2023	580	4,056	3,731	1,029	288	143	3.2
2022	580	4,162	3,849	1,010	300	179	3.2
2021	580	4,243	3,903	932	276	276	3.2
2020	580	4,351	3,978	937	335	85	3.9
2019	580	4,720	4,371	954	339	79	4.2
2018	580	4,820	4,500	980	323	43	4.4

●経済学部

方式	年度	募集人員	志願者数	受験者数	合格者数	補　欠　者		実質倍率
						発表数	許可数	
A	2024	420	4,066	3,699	875	284	275	3.2
	2023	420	3,621	3,286	865	278	237	3.0
	2022	420	3,732	3,383	856	264	248	3.1
	2021	420	3,716	3,419	855	248	248	3.1
	2020	420	4,193	3,720	857	262	113	3.8
	2019	420	4,743	4,309	854	286	251	3.9
	2018	420	4,714	4,314	856	307	183	4.2
B	2024	210	1,853	1,691	381	138	52	3.9
	2023	210	2,015	1,844	380	138	100	3.8
	2022	210	2,086	1,905	380	130	82	4.1
	2021	210	2,081	1,913	368	132	132	3.8
	2020	210	1,956	1,768	367	148	39	4.4
	2019	210	2,231	2,029	364	141	38	5.0
	2018	210	2,417	2,217	362	143	69	5.1

●法学部

学科	年度	募集人員	志願者数	受験者数	合格者数	補　欠　者		実質倍率
						発表数	許可数	
法律	2024	230	1,657	1,466	334	79	46	3.9
	2023	230	1,730	1,569	334	60	18	4.5
	2022	230	1,853	1,633	330	48	48	4.3
	2021	230	1,603	1,441	314	53	30	4.2
	2020	230	1,511	1,309	302	51	40	3.8
	2019	230	2,016	1,773	308	53	23	5.4
	2018	230	2,089	1,864	351	51	0	5.3
政治	2024	230	1,363	1,212	314	64	10	3.7
	2023	230	1,407	1,246	292	52	37	3.8
	2022	230	1,323	1,190	289	49	12	4.0
	2021	230	1,359	1,243	296	49	40	3.7
	2020	230	1,548	1,369	295	53	0	4.6
	2019	230	1,472	1,328	300	50	12	4.3
	2018	230	1,657	1,506	315	55	0	4.8

●商学部

方式	年度	募集人員	志願者数	受験者数	合格者数	補　欠　者		実質倍率
						発表数	許可数	
A	2024	480	4,615	4,354	1,593	417	76	2.6
	2023	480	4,189	3,947	1,484	375	137	2.4
	2022	480	4,023	3,716	1,434	376	154	2.3
	2021	480	3,641	3,404	1,312	356	244	2.2
	2020	480	3,845	3,502	1,221	322	98	2.7
	2019	480	4,105	3,698	1,202	242	142	2.8
	2018	480	4,072	3,801	1,186	311	71	3.0
B	2024	120	2,533	2,343	385	164	0	6.1
	2023	120	2,590	2,404	344	141	38	6.3
	2022	120	2,867	2,707	316	185	89	6.7
	2021	120	2,763	2,560	298	154	51	7.3
	2020	120	2,441	2,234	296	158	21	7.0
	2019	120	2,611	2,390	307	105	0	7.8
	2018	120	2,943	2,746	289	124	12	9.1

●医学部

年度	募集人員	志願者数	受験者数	合格者数		補　欠　者		実質倍率
				第1次	第2次	発表数	許可数	
2024	66	1,483	1,270	261	139	96	30	7.5
2023	66	1,412	1,219	260	141	92	27	7.3
2022	66	1,388	1,179	279	134	119	44	6.6
2021	66	1,248	1,045	266	128	114	43	6.1
2020	66	1,391	1,170	269	125	113	41	7.0
2019	68	1,528	1,296	274	132	117	27	8.2
2018	68	1,525	1,327	271	131	111	49	7.3

●理工学部

年度	募集人員	志願者数	受験者数	合格者数	補　欠　者		実質倍率
					発表数	許可数	
2024	650	8,248	7,747	2,400	601	95	3.1
2023	650	8,107	7,627	2,303	534	149	3.1
2022	650	7,847	7,324	2,286	523	355	2.8
2021	650	7,449	7,016	2,309	588	0	3.0
2020	650	8,230	7,688	2,444	415	0	3.1
2019	650	8,643	8,146	2,369	488	42	3.4
2018	650	9,050	8,569	2,384	565	148	3.4

（備考）
- 理工学部はA〜Eの5つの分野に対応した「学門」制をとっており，学門別に募集を行う。入学後の1年間は学門別に基礎を学び，2年次に進級する時に学科を選択する。
- 2020年度の合格者数には追加合格の81名を含む。

●総合政策学部

年度	募集人員	志願者数	受験者数	合格者数	補　欠　者		実質倍率
					発表数	許可数	
2024	225	2,609	2,351	396	101	37	5.4
2023	225	2,852	2,574	407	127	34	5.8
2022	225	3,015	2,731	436	129	82	5.3
2021	225	3,164	2,885	375	104	29	7.1
2020	275	3,323	3,000	285	108	71	8.4
2019	275	3,600	3,254	385	150	0	8.5
2018	275	3,757	3,423	351	157	0	9.8

●環境情報学部

年度	募集人員	志願者数	受験者数	合格者数	補　欠　者		実質倍率
					発表数	許可数	
2024	225	2,287	2,048	344	45	36	5.4
2023	225	2,586	2,319	296	66	66	6.4
2022	225	2,742	2,450	360	111	86	5.5
2021	225	2,864	2,586	232	142	104	7.7
2020	275	2,999	2,664	200	102	82	9.4
2019	275	3,326	3,041	302	151	0	10.1
2018	275	3,123	2,866	333	154	0	8.6

●看護医療学部

年度	募集人員	志願者数	受験者数	合格者数		補　欠　者		実質倍率
				第1次	第2次	発表数	許可数	
2024	70	514	465	231	143	55	39	2.6
2023	70	538	500	234	163	45	0	3.1
2022	70	653	601	235	152	55	8	3.8
2021	70	610	574	260	152	52	45	2.9
2020	70	565	493	249	151	53	7	3.1
2019	70	655	606	247	154	68	20	3.5
2018	70	694	637	249	146	63	10	4.1

●薬学部

学科	年度	募集人員	志願者数	受験者数	合格者数	補 欠 者		実質倍率
						発表数	許可数	
薬	2024	100	1,372	1,252	317	82	0	3.9
	2023	100	1,454	1,314	306	85	0	4.3
	2022	100	1,421	1,292	279	83	54	3.9
	2021	100	1,203	1,105	270	90	25	3.7
	2020	100	1,342	1,215	263	97	19	4.3
	2019	100	1,597	1,424	295	69	8	4.7
	2018	100	1,777	1,573	306	79	0	5.1
薬科	2024	50	869	815	290	98	0	2.8
	2023	50	854	824	247	92	48	2.8
	2022	50	782	726	209	77	63	2.7
	2021	50	737	683	203	77	16	3.1
	2020	50	759	700	204	82	27	3.0
	2019	50	628	587	187	84	42	2.6
	2018	50	663	616	201	70	41	2.5

合格最低点（一般選抜）

●文学部

（合格最低点／満点）

2023 年度	2022 年度	2021 年度	2020 年度	2019 年度	2018 年度
205／350	218／350	232／350	250／350	233／350	228／350

（備考）
- 「地理歴史」は，科目間の難易度の違いから生じる不公平をなくすため，統計的処理により得点の補正を行う場合がある。
- 「合格最低点」は，正規合格者の最低総合点である。

●経済学部

（合格最低点／満点）

年度	Ａ　　方　　式	Ｂ　　方　　式
2023	248／420	266／420
2022	209／420	239／420
2021	231／420	262／420
2020	234／420	240／420
2019	265／420	259／420
2018	207／420	243／420

（備考）
- 採点方法について

  Ａ方式は，「外国語」の問題の一部と「数学」の問題の一部の合計点が一定の得点に達した受験生について，「外国語」の残りの問題と「数学」の残りの問題および「小論文」を採点する。Ｂ方式は，「外国語」の問題の一部が一定の得点に達した受験生について，「外国語」の残りの問題と「地理歴史」および「小論文」を採点する。Ａ・Ｂ両方式とも，最終判定は総合点によって合否を決定する。
- 「地理歴史」の科目間の難易度の違いを考慮した結果，統計的処理による得点の補正を行わなかった。
- 「合格最低点」は，正規合格者の最低総合点である。

●法学部
（合格最低点／満点）

年度	法　律　学　科	政　治　学　科
2023	247／400	252／400
2022	239／400	236／400
2021	234／400	235／400
2020	252／400	258／400
2019	227／400	224／400
2018	246／400	249／400

（備考）

- 採点方法について

  「論述力」は，「外国語」および「地理歴史」の合計点，および「地理歴史」の得点，いずれもが一定の得点に達した受験生について採点し，3科目の合計点で合否を決定する。

- 「地理歴史」は，科目間の難易度の違いから生じる不公平をなくすため，統計的処理により得点の補正を行った。
- 「合格最低点」は，正規合格者の最低総合点である。

●商学部
（合格最低点／満点）

年度	A　　方　　式	B　　方　　式
2023	237／400	278／400
2022	240／400	302／400
2021	252／400	288／400
2020	244／400	309／400
2019	258／400	288／400
2018	265／400	293／400

（備考）

- 「地理歴史」は，科目間の難易度の違いから生じる不公平をなくすため，統計的処理により得点の補正を行った。
- 「合格最低点」は，正規合格者の最低総合点である。

●医学部（第1次試験）
（合格最低点／満点）

2023 年度	2022 年度	2021 年度	2020 年度	2019 年度	2018 年度
315／500	308／500	251／500	303／500	303／500	305／500

（備考）

- 「理科」の科目間の難易度の違いを考慮した結果，統計的処理による得点の補正を行う場合がある。

●理工学部

(合格最低点／満点)

2023 年度	2022 年度	2021 年度	2020 年度	2019 年度	2018 年度
290／500	340／500	266／500	309／500	280／500	260／500

(備考)
- 「合格最低点」は，各学門における正規合格者の最低総合得点を各学門の合格者数で重み付けして平均した値である。

●総合政策学部

(合格最低点／満点)

年度	「数学」選択		「情報」選択		「外国語」選択		「数学・外国語」選択	
	数　学	小論文	情　報	小論文	外国語	小論文	数学・外国語	小論文
2023	258／400		264／400		257／400		268／400	
2022	261／400		269／400		260／400		275／400	
2021	254／400		261／400		243／400		260／400	
2020	246／400							
2019	267／400		285／400		261／400		277／400	
2018	301／400		272／400		277／400		300／400	

(備考)
- 採点方法について
  選択した受験科目（「数学または情報」あるいは「外国語」あるいは「数学および外国語」）の得点と，「小論文」の採点結果を組み合わせて，最終判定を行う。
- 合格最低点は，選択した試験科目によって異なっているが，これは 4 種の試験科目の難易度の違いを表すものではない。
- 「数学」「情報」「外国語」「数学および外国語」については統計的処理による得点の補正を行った。

●環境情報学部

（合格最低点／満点）

年度	「数学」選択		「情報」選択		「外国語」選択		「数学・外国語」選択	
	数　学	小論文	情　報	小論文	外国語	小論文	数学・外国語	小論文
2023	246／400		246／400		246／400		246／400	
2022	234／400		248／400		234／400		238／400	
2021	254／400		238／400		248／400		267／400	
2020	246／400							
2019	250／400		274／400		263／400		277／400	
2018	257／400		260／400		258／400		263／400	

（備考）
- 採点方法について
  選択した受験科目（「数学または情報」あるいは「外国語」あるいは「数学および外国語」）の得点と，「小論文」の採点結果を組み合わせて，最終判定を行う。
- 合格最低点は，選択した試験科目によって異なっているが，これは4種の試験科目の難易度の違いを表すものではない。
- 「数学」「情報」「外国語」「数学および外国語」については統計的処理による得点の補正を行った。

●看護医療学部（第1次試験）

（合格最低点／満点）

2023 年度	2022 年度	2021 年度	2020 年度	2019 年度	2018 年度
294／500	310／500	270／500	297／500	273／500	293／500

（備考）
- 選択科目（数学・化学・生物）は，科目間の難易度の違いから生じる不公平をなくすため，統計的処理により得点の補正を行った。
- 第1次試験で小論文を課すが，第1次試験の選考では使用せず，第2次試験の選考で使用する。

●薬学部

（合格最低点／満点）

学科	2023 年度	2022 年度	2021 年度	2020 年度	2019 年度	2018 年度
薬	169／350	204／350	196／350	196／350	208／350	204／350
薬科	171／350	209／350	195／350	195／350	207／350	204／350

（備考）
- 「合格最低点」は，正規合格者の最低総合点である。

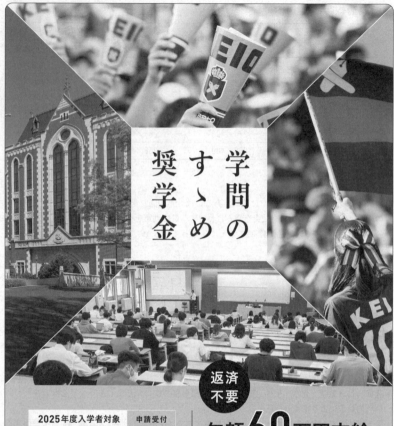

学問のすゝめ奨学金

返済不要

2025年度入学者対象 申請受付

10.28 ▶ 11.25

- ●首都圏(一都三県)を除く地方出身者対象
- ●奨学生候補者数約550名以上
- ●一般選抜出願前に選考結果が分かる

年額**60**万円支給
（医学部は90万円、薬学部は80万円）

初年度は入学金相当額（20万円）を加算
入学2年目以降は成績優秀者の奨学金額を増額

国による「高等教育の修学支援新制度」との併用により、
一部の学部では実質"無料"での入学が可能となります。

 お問い合わせ 慶應義塾大学 学生部福利厚生支援（月〜金 8:45〜16:45）
[TEL] 03-5427-1570　[E-mail] lifeshogaku@info.keio.ac.jp

https://www.students.keio.ac.jp/other/prospective-students/
scholarship-gakumon.html

慶應義塾大学

募集要項（出願書類）の入手方法

　2025 年度一般選抜要項は，大学ホームページで公開予定です。詳細については，大学ホームページでご確認ください。

一般選抜・文学部自主応募制による推薦入学者選考・法学部 FIT 入試に関する問い合わせ先

　慶應義塾大学　入学センター

　　〒 108-8345　東京都港区三田 2-15-45

　　TEL　(03)5427-1566

　　慶應義塾大学ホームページ　https://www.keio.ac.jp/

理工学部 AO 入試に関する問い合わせ先

　慶應義塾大学

　理工学部学生課学事担当内　アドミッションズ・オフィス

　　〒 223-8522　神奈川県横浜市港北区日吉 3-14-1

　　TEL　(045)566-1800

総合政策学部・環境情報学部 AO 入試に関する問い合わせ先

　慶應義塾大学　湘南藤沢事務室　アドミッションズ・オフィス

　　〒 252-0882　神奈川県藤沢市遠藤 5322

　　TEL　(0466)49-3407

　　SFC ホームページ　https://www.sfc.keio.ac.jp/

看護医療学部 AO 入試に関する問い合わせ先 ·····························

慶應義塾大学　湘南藤沢事務室　看護医療学部担当
　〒252-0883　神奈川県藤沢市遠藤 4411
　TEL　(0466)49-6200

 慶應義塾大学のテレメールによる資料請求方法

| スマートフォンから | QRコードからアクセスしガイダンスに従ってご請求ください。 |
| パソコンから | 教学社 赤本ウェブサイト(akahon.net)から請求できます。 |

合格体験記
募集

　2025年春に入学される方を対象に，本大学の「合格体験記」を募集します。お寄せいただいた合格体験記は，編集部で選考の上，小社刊行物やウェブサイト等に掲載いたします。お寄せいただいた方には小社規定の謝礼を進呈いたしますので，ふるってご応募ください。

● 応募方法 ●

下記 URL または QR コードより応募サイトにアクセスできます。
ウェブフォームに必要事項をご記入の上，ご応募ください。
折り返し執筆要領をメールにてお送りします。
※入学が決まっている一大学のみ応募できます。

☞ http://akahon.net/exp/

● 応募の締め切り ●

総合型選抜・学校推薦型選抜	2025年 2 月 23日
私立大学の一般選抜	2025年 3 月 10日
国公立大学の一般選抜	2025年 3 月 24日

受験にまつわる川柳を募集します。
入選者には賞品を進呈！
ふるってご応募ください。

応募方法　http://akahon.net/senryu/　にアクセス！☞

気になること、聞いてみました！

在学生メッセージ

大学ってどんなところ？ 大学生活ってどんな感じ？
ちょっと気になることを，在学生に聞いてみました。

以下の内容は 2020〜2023 年度入学生のアンケート回答に基づくものです。ここ
で触れられている内容は今後変更となる場合もありますのでご注意ください。

メッセージを書いてくれた先輩　[経済学部] R.S. さん　M.Y. さん　島田優也さん
　　　　　　　　　　　　　　[法学部] 関口康太さん　[総合政策学部] T.N. さん
　　　　　　　　　　　　　　[理工学部] M.H. さん

Message from current students

 ## 大学生になったと実感！

　大きく言うと自由と責任が増えました。大学生になるとどの授業を取る
かもすべて自分で決めることができます。一見自由で素晴らしいことかも
しれませんが，これは誰も決めてくれないということでもあります。高校
のときより，どれがどのような内容や難易度の授業なのかといった正確な
情報を得るということがより重要になったと感じました。また，高校まで
はバイトをしていなかったので，大学生になってからは金銭的な自由と責
任も増えたと感じています。少しずつ大人になっていく感覚を嬉しく思い
つつも，少しだけ寂しいです（笑）。(R.S. さん／経済)

　出会う人の幅が大きく変わったと思います。高校までは地元の子が集ま
ったり，遠くても隣の県までででしたが，慶應に入り，全国からはもちろん
帰国子女や留学生など，そのまま地元にいれば絶対に会えないだろう人材
に多く出会えたことが，高校までとは比べものにならないほど変わったこ
とだと感じました。全員が様々なバックグラウンドをもっているので，話

を聞いていて本当に楽しいです！（関口さん／法）

 ## 大学生活に必要なもの

　タッチペンで書き込みが可能なタブレットやパソコンです。授業形態は教授によって様々ではありますが，多くの授業はアップロードされたレジュメに自分たちで書き込んでいくスタイルです。なかには印刷して書き込む学生もいますが，大半はタブレットやパソコンに直接タッチペンで板書を取っています。自分は基本的にタブレットだけを大学に持って行き，プログラミングやプレゼンのスライドを作成するときにパソコンを持って行くようにしています。タブレットのみだと若干心細いので，両方購入することにためらいがある人はタッチペン付きのパソコンにしておくのが無難だと思います。（R.S. さん／経済）

　パソコンは必須。他には私服。高校までは制服があったので私服を着る頻度が低かったが，大学からはそういうわけにもいかないので春休みに何着か新調した。（M.H. さん／理工）

 ## この授業がおもしろい！

　マクロ経済学です。経済学を勉強したくて経済学部に入学したということもあって以前から楽しみにしていました。身の回りの金銭の流通について，モデル化した図を用いて説明されると改めて経済が合理性をもった動きをしているとわかります。（R.S. さん／経済）

　理工学概論。毎回異なる大学内外の講師が，自身のお仕事や研究内容を話してくださり，今後携わることになるであろう学問や業界の実情を知ることができる。また，あまり関心をもっていなかった分野についても，教養として目を配る必要性に気づくことができた。（M.H. さん／理工）

Message from current students

　自分が最もおもしろいと思った授業は，「生活者の社会参加」という授業です。この授業では，自分が提案した様々なプロジェクトについて実際にNPO法人や行政と協力していき，その成果を発表するという，究極のフィールドワーク型の授業です。教授からは実際の進捗に対してのアドバイスくらいしか言われることはなく，学生が主体的に学べる授業になっています。SFCではこういった授業が他の学部や大学に比べて多く開講されており，SFCに入らなければ経験できない学びを多く得ることができます。(T.N. さん／総合政策)

大学の学びで困ったこと＆対処法

　履修登録です。先輩などの知り合いがほとんどいない入学前から考え始めないといけないので大変でした。自分はSNSを用いて履修の仕組みを調べたり，興味深い授業や比較的単位の取得がしやすい授業を聞いたりしました。先輩方も同じ道を辿ってきているので，入ったら先輩方が受けたい授業の情報を共有してくれるというサークルも多いです。また，ただ単に授業をたくさん取ればよいわけではなく，進級条件や卒業条件でいくつ単位が必要か変わってくる点も考慮する必要があります。1年生では自分がどうしても受けたい授業が必修科目と被ってしまうということが多々あります。(R.S. さん／経済)

部活・サークル活動

　ダンスサークルと，行事企画の立案・運営を行う委員会に所属しています。ダンスサークルでは三田祭やサークルのイベント公演に向けて週3，4回の頻度で練習しています。委員会は，立案した企画が承認されると大学の資金で活動ができるので規模の大きいものが運営できます。例年ではスキーハウスの運営をして塾生に還元するといったこともしています。公的な活動にもなるので就職の実績にも役立つと思います。(R.S. さん／経済)

Message from current students

謎解きをしたり作ったりするサークルに所属している。新入生は春学期の新入生公演に向け制作を行う。経験を積むと外部向けに販売も行う活動に関われる。単に謎を作るだけでなく，ストーリーやデザインなども本格的であり，やりがいを感じる。（M.H. さん／理工）

体育会の部活のマネージャーをしています。シフト制のため，週2回ほど稽古に参加し，学業やアルバイトと両立しています。稽古中の業務は主に，洗濯，掃除，動画撮影，勝敗の記録などです。時々，週末に大会が行われることもあり，選手と同行します。大会では，動画撮影と勝敗の記録，OBへのメール作成を行います。夏季休暇中には合宿があり，料理をしました。慶應には多くの部やサークルがありますので，自分に合った居場所を見つけることができると思います。（M.Y. さん／経済）

 ## 交友関係は？

クラスやサークルで築きました。特に入学当初はほとんどの人が新たに友達を作ることになるので，話しかけたら仲良くしてくれる人が多いです。また，初回の一般教養の授業では隣に座った人に話しかけたりして友達を作りました。サークルの新歓時期に話が弾んだ相手と時間割を見せ合って，同じ授業があれば一緒に受けたりして仲を深めました。みんな最初は大体同じようなことを思っているので，そこまで不安になる必要はないと思います。（R.S. さん／経済）

第二外国語のクラスが必修の授業においても一緒になるので，そこで仲良くなった。私は入学前にSNSなどで友達探しをしなかったが，友達はできた。私もそうだが内気な人は勇気を出して話しかけることが大事。1人でも知り合いがいると心のもちようが全く違うと思う。（M.H. さん／理工）

いま「これ」を頑張っています

　サークル活動です。ダンスサークルに所属しているのですが，公演前などは毎日練習があったりとハードなスケジュールになることが多いです。しかし，そんな日々を乗り越えた後は仲間たちとより親密になった気がして頑張るモチベーションになります。受験勉強はどうしても孤独のなか頑張らなければいけない場面が多いですが，大学に入学した後は仲間と団体で何かを成し遂げる経験を積むのもよいかもしれません。(R.S. さん／経済)

　免許の取得とアルバイト。大学生は高校生よりも一般的に夏休みが長いので，こうした時間がかかるようなこともやりやすい。その一方で支出も増えるので，お金の使い方はより一層考えるようになった。高校までは勉強一本であったが，こうしたことを考えるようになったのも大学生であるという自覚をもつきっかけの 1 つだと思う。(M.H. さん／理工)

　大学生活を無為に過ごさないために，公認会計士の資格の取得を目指しています。オンライン授業やバイトと資格の勉強の両立はかなりハードですが，自分のペースでコツコツと続けていきたいと思います。(島田さん／経済)

 ## 普段の生活で気をつけていることや心掛けていること

　時間や期限を守ることです。当たり前のことではありますが，大学はレポートや課題の提出締め切りを自分で把握し，それまでに仕上げなくてはなりません。前日にリマインドしてくれる人もおらず，ほとんどの場合，どんな理由であっても締め切り期限を過ぎたものは受理してもらえません。欠席や遅刻が一定の回数に達するとテストの点が良くても単位をもらえないこともあります。また，時間を守るということは他人から信頼されるために必要なことでもあります。このように大学は社会に出るにあたって身につけなくてはならないことを少しずつ培っていく場でもあります。(R.S. さん／経済)

大学に入学した意義を忘れないように心掛けている。大学生は人生の夏休みと揶揄されることもあるが，自分では賄えない額を両親に学費として払ってもらっていることを忘れず，学生の本分をわきまえて行動するようにしている。（M.H. さん／理工）

 ## おススメ・お気に入りスポット

メディアセンターという勉強やグループワークができる図書館です。塾生からはメディセンという愛称で親しまれています。テスト前や課題をやる際に友達と一緒に勉強する場所として活用しています。メディセンで共に頑張った後は，日吉駅の商店街，通称「ひようら」でご飯やデザートを楽しむ人も多いです。（R.S. さん／経済）

私が大学で気に入っている場所は，「鴨池ラウンジ」と呼ばれる施設です。ここはたくさんの椅子が並べられた多目的スペースになっています。一部の座席は半個室のような形になっていて，様々なことに 1 人で集中することができます。窓からは SFC のトレードマークである鴨池を一望することができ，リラックスすることも可能です。また，ローソンと学食の隣にあるので，利便性も高い施設になっています。（T.N. さん／総合政策）

 ## 入学してよかった！

慶應義塾大学の強みは人脈と言われるだけあり，人数も多ければ様々なバックグラウンドをもつ人々が存在します。起業をしている人や留学生，芸能人もいます。そのような人たちと話すと，自分の価値観が変わったりインスピレーションを受けたりすることが多くあります。在籍してる間になるべく多くの人々と交流をしたいと考えています。（R.S. さん／経済）

　総合大学なのでいろいろな人がいる。外交的な人が多いというイメージが世間的にはあるだろうが，それだけでなく，問題意識であったり意見であったりをもったうえで自分の目標をしっかりもっている人が多いと感じる。極論すれば，入試は勉強だけでも突破可能だが，プラスアルファでその人の強みというものをそれぞれが備えているのは互いに良い刺激になっている。(M.H. さん／理工)

高校生のときに「これ」をやっておけばよかった

　英会話の勉強をもっとしておきたかったです。慶應義塾大学には留学生もたくさんいるので外国人の友達も作りたいと思っていました。しかし，受験で英語の読み書きは上達したものの，実際に海外の人と交流するには話す・聞く技術が重要になってきます。大学からでも決して遅いわけではありませんが，やはり早くからやっておくに越したことはないと思います。(R.S. さん／経済)

　自分にとって後悔のない高校生活を送るのが一番だと思う。私個人は小学校，中学校，高校と，節目で過去を振り返るたびにそれまでの環境が一番であったと思っているので，後に大切な思い出になるであろうその一瞬を大事にしてほしいと思う。(M.H. さん／理工)

　体育祭や修学旅行といった行事をもっと楽しめばよかったと思いました。こんな言い方はよくないかもしれませんが，勉強はいつでもできます。でも，高校の行事はもう一生ないので，そのような貴重な体験を無駄にしてほしくないと思います。(関口さん／法)

合格体験記

　みごと合格を手にした先輩に，入試突破のためのカギを伺いました。
入試までの限られた時間を有効に活用するために，ぜひ役立ててください。

　（注）ここでの内容は，先輩方が受験された当時のものです。2025年
　度入試では当てはまらないこともありますのでご注意ください。

・アドバイスをお寄せいただいた先輩・

M.T. さん　環境情報学部
一般選抜 2024 年度合格，山口県出身

　合格のポイントは，メンタルです。過去問で点数が取れていても，
本番のプレッシャーから全然うまくいかないこともありました。だけ
ど，そこで立ち直って小論文に全力で取り組んだからこそ，今の私が
あります。だから絶対にあきらめないメンタルを貫いてください。

◯ H.Y. さん　総合政策学部
一般選抜 2023 年度合格，東京都出身

　一番大切なことは勉強を楽しむことです。勉強は大学に合格するために必要な単なる手段などではなく，自分を高いレベルに引き上げてくれる，いわば人間力を上げるものです。「あー，めんどくさいなぁ」とネガティブに勉強するのではなく，勉強を楽しんでほしいと思います。

◯ T.N. さん　総合政策学部
一般選抜 2022 年度合格，東京都出身

　受験生は，さまざまな要因で大きなストレスがたまります。それを発散するために，OFF の時間をしっかり確保することが大切です。私は OFF の時間に YouTube をずっと見ていました。その代わり，ON の時間をしっかりと確保して，その間は勉強の効率を意識しながら，とにかく机に向かっていました。塾や学校は ON の場所，家は OFF の場所としてはっきりと切り替えることで，ストレスをあまりためずに勉強を続けることができました。ストレスをためすぎないようにするにはどうしたらよいかを考えることは合格への近道だと思います。受験生の皆さん，応援しています。

その他の合格大学　早稲田大（人間科学），横浜国立大（都市科），法政大（人間環境），青山学院大（社会情報）

入試なんでも Q&A

受験生のみなさんからよく寄せられる，
入試に関する疑問・質問に答えていただきました。

Q 「赤本」の効果的な使い方を教えてください。

A 　赤本は，過去の問題がどれくらいのレベルなのかを知るためと，自分の弱点を知るために使っていました。敵を知り己を知る，です。受験は志望校と自分との戦いです。まずは敵を知らないと対策が打てませんし，対策が打てないと勝てるわけがありません。自分の弱点と過去問とのギャップを知り，そこを参考書で埋めていくイメージです。まずは赤本を解いて弱点を見つけて，対策を練ってまた赤本にトライする。この繰り返しで絶対に点数は上がります。　　　　　　　　　　　（M.T. さん／環境情報）

A 　赤本は主に解答と解法の確認のために使用していました。特に情報科目は過去問の解答が入手しにくかったので，赤本には非常にお世話になりました。また，小論文に関しても，SFC は非常に独特な出題であるため，赤本の解答例は非常に参考になりました。なお，演習の際は赤本を拡大コピーして，それに書き込む形式で使っていました。
　　　　　　　　　　　　　　　　　　　　　（H.Y. さん／総合政策）

Q 1年間のスケジュールはどのようなものでしたか？

A 　夏までは基礎固めを主にしていました。共通テストの過去問で基礎力をチェックし，把握した弱点を参考書で埋めてからまたトライする，の繰り返しでした。基礎は絶対に裏切りません。逆に，ぐらぐらしている状態で応用を積んでも，あまり点数には結びつきません。

　夏以降は MARCH の過去問をやっていました。最初はボコボコにされて，やっぱり難しいなんて思っていましたが，弱点を把握して対策をしてまたトライしてを繰り返すうちに完成度が高くなりました。

　11 月あたりからは SFC の過去問をやりました。最初はビビリ散らかして難しいというバイアスにとらわれていたような気がします。ですが，あきらめずに食らいつき，解説を見てわかったなら実質解けたってことで，それを含めたら 7 割取れるから，解けなかった原因を特定して対策を打てば解けるようになるじゃんというマインドをもっていました。そこから年数と解き直しを重ねるうちに，だんだん安定していきました。

（M.T. さん／環境情報）

 どのように学習計画を立て，受験勉強を進めていましたか？

A　月初めに，今月はこれをして来月はこれと月単位では考えていましたが，そこまで細かく計画を立てていませんでした。毎日必ずやらなきゃいけないことはあるはずなので，それが本当に今やるべきことなのかとか日々の学習ペースに迷ったときに計画を立てるようにしていました。計画は崩れても当たり前なので，失敗したと落ち込む必要なんてありません。あんまりカツカツに予定を組んだり，計画を立てることに時間をかけすぎたりしないことがポイントだと思います。

（M.T. さん／環境情報）

 時間をうまく使うために，どのような工夫をしていましたか？

A　私は食事中や移動時間などの隙間時間にスマホでニュースを見るようにしていました。SFC の小論文は非常に特徴的で，ふだんどれだけ物事を多角的に見ているか，ということが問われるため，経済や政治に限らずロボットや科学技術といったテック系の知識など幅広い知見が必要とされます。そのため隙間時間には必ずニュースを見ていました。

（H.Y. さん／総合政策）

慶應の SFC を受験する上で，特に重要な科目は何ですか？

A 　小論文です。ネットの受験掲示板などで合格者・不合格者の英語の自己採点を見ていて，英語がどんなにできても落とされるのがSFCだと思います。私の自己採点でいうと，英語で6割取るより小論文で6割取るほうが簡単だったので，絶対に小論文はちゃんと勉強してください。私がした対策は，過去問と小論文の基礎的な参考書1冊のみです。SFCはSFCらしい学生を歓迎しているため，他の一般的な小論文とは違って，アドミッションポリシーに沿って書くことが非常に大切だと思います。過去問を繰り返し解いて，違う分野から書けないか？など，SFCの意図を汲み取り次に活かすことを意識していました。本番では，どうしても時間が足りなかったり論理性に納得がいかないものになったりするのは仕方がないと思います。高校生が制限時間内に完璧な答案を書くのは無理がありますし，模範解答のように綺麗な答案を書くことを意識しすぎないことも大切だと思います。実際に，私も小論文では前半の1つは主張までしかできなかったし，論理性に関してはある程度通っていればいいやと割り切って，SFCらしい学生だとアピールすることに全振りし，そこをアピールしたことが高得点につながった要因だと思っています。

（M.T. さん／環境情報）

A 　SFCに合格するために最も重要な科目は，やはり小論文です。他大学とは大きく異なり，処理する情報が非常に多かったり図示問題が出題されたりもします。確かにレベルが高いのですが，情報量の多さゆえに論の展開をある程度自由にすることができます。本番において重視されているのは発想力と論述力です。テーマから少し外れても，ある程度は評価されます。だから，対策としては，小論文を繰り返し書いて説得力のある文章を書けるようにすることが大切です。また，政治・経済の知識があれば有利になるような題材がSFCの小論文では多く出題されています。学校の政治・経済の授業をまじめに受けるだけでいいので，ある程度の知識をもっておくことも大切です。　　　　（T.N. さん／総合政策）

苦手な科目はどのように克服しましたか？

A 　私は最後まで英語に苦手意識がありました。なぜ苦手なのか原因を分析してみたところ，安定しないから苦手だと感じているだけで，その安定しない原因はできなかった問題に対しての対策不足でした。だいたいにおいて苦手というのは，演習の回数が足りていなかったり対策がうまく回っていなかったりするだけで，そこを直せば絶対に点数は上がると思います。苦手だからといって逃げるのが一番よくないので，絶対に苦手から逃げないでください。

（M.T. さん／環境情報）

 模試の上手な活用法を教えてください。

A 　模試は弱点発見のためのツールであり，本番のような環境下でどれだけ実力を発揮できるかの練習場だと思います。判定や偏差値にとらわれないことが大切です。それらはおまけでしかありません。模試で問われるということは入試でも問われやすいポイントだと思うので，できなかった問題はちゃんとなぜできなかったかを分析して，弱点を潰す行動を心がけてください。

（M.T. さん／環境情報）

 スランプに陥ったとき，どのように抜け出しましたか？

A 　スランプのときは自分を追い込むのではなく，まず自分自身に対して優しくするように心がけました。調子が悪いときに勉強しても身が入りません。まずは焦らず一度立ち止まって，必要ならば休息をとることが大切だと感じました。メンタルケアに関しては，受験前だからといって何か特別なことはしないようにしました。受験前日にハチマキをまいて円陣を組んだりするとかえって緊張してしまうので，ふだんと同じ生活をして，とにかく平常心で試験に臨むといいです。

（H.Y. さん／総合政策）

Q 普段の生活の中で気をつけていたことを教えてください。

A 　もちろん日頃から，健康のためにバランスのよい食事や十分な睡眠時間の確保などには努めていましたが，私がとても大事にしていたのは体を動かすことです。受験生は長時間椅子に座っているので血流が悪くなったり，筋肉が固まったりします。そのため，風邪をひきやすくなったり，思わぬ場面での怪我につながったりします。だから私は，いつもはバスを使っているところを歩いたり，昼間少し散歩をしてみたりといったことを実践していました。体を動かすことはストレス発散にもつながるので，とてもおすすめです。　　　　　　　　　　　　（T.N. さん／総合政策）

科目別攻略アドバイス

みごと入試を突破された先輩に，独自の攻略法や
おすすめの参考書・問題集を，科目ごとに紹介していただきました。

英　語

絶対ブレない基礎力を固めることがポイント。（M.T. さん／環境情報）
📖 **おすすめ参考書** 『**速読英熟語**』（Z 会）

　長文読解で最も大切なことは文脈を読むことです。これは経験を積んで
いけば自然と身につくことです。最初のうちはディスコースマーカーと呼
ばれる，接続詞や接続詞句などに注意しながら読む訓練をすることが有効
です。文脈読みができるようになれば，文全体の論の構成がわかり，意味
の汲めない文や単語に執着することなく読み進めていくことができるため，
速読につながります。さらに内容真偽問題の正答率も上がり，合格がぐっ
と近づいてきます。　　　　　　　　　　　　　　（T.N. さん／総合政策）
📖 **おすすめ参考書** 『**システム英単語**』（駿台文庫）

数　学

　数学の問題を解くときに「どうやって解こう」と考えていると問題と解
法が一対一対応になってしまい，応用問題に対応しづらくなってしまいま
す。そこで考えるべきなのは，どのように変形したいかや，何を求めたい
かといった「目的」です。目的に対する解法はいくつかに絞られ，そこで
初めて「どれで解こう」と考えるのです。この考え方は数学を勉強してい
く上での近道になります。　　　　　　　　　　　（T.N. さん／総合政策）
📖 **おすすめ参考書** 『**チャート式 基礎からの数学**』シリーズ（数研出版）
『**合格る計算**』シリーズ（文英堂）

情　報

　まず基本的な知識は IT パスポートと基本情報技術者試験の参考書で学習しました。これらで基礎をおさえたあと，情報法に関しては文化庁が出している著作権テキストや，個人情報保護委員会のウェブページが参考になります。後半にあるアルゴリズム問題に関してはいったん自分でPython や Java などのプログラミング言語を習得し，会津大学の運営するAOJ でコードを書いてみることをお勧めします。（H.Y. さん／総合政策）

📖 **おすすめ参考書**　**『イメージ＆クレバー方式でよくわかる　かやのき先生の IT パスポート教室』**（技術評論社）

『イメージ＆クレバー方式でよくわかる　かやのき先生の基本情報技術者教室』（技術評論社）

小論文

　SFC の小論文はとにかく「問題発見と解決」が重視されています。だからこそふだんからニュースを多く見て，何か課題があったら「自分だったらこんな解決方法がとれるんじゃないかな」などといったことを常に考えてください。また，ニュースを見るだけでなく，例えば交通機関を利用している間に SNS などを見てしまう人はいったんスマホをポケットの中にしまって，「このバス停車ボタンは手すり上部や壁際に設置されていることが多いけれど，立って乗車している腕が上がらない高齢者にはどんなデザインが適しているだろうか」といったようなことを日常的に考える癖をつけてほしいと思います。　　　　　　　　　　（H.Y. さん／総合政策）

TREND & STEPS

傾向 と 対策

　科目ごとに問題の「傾向」を分析し，具体的にどのような「対策」をすればよいか紹介しています。まずは出題内容をまとめた分析表を見て，試験の概要を把握しましょう。

注　意

　「傾向と対策」で示している，出題科目・出題範囲・試験時間等については，2024年度までに実施された入試の内容に基づいています。2025年度入試の選抜方法については，各大学が発表する学生募集要項を必ずご確認ください。

来年度の変更点

　2025年度入試では，第1時限の選択科目が変更になる予定である（本書編集時点）。

2024年度		2025年度	
第1時限	「数学または情報」 あるいは 「外国語」 あるいは 「数学および外国語」	第1時限	「数学」 あるいは 「情報および数学」 あるいは 「外国語」 あるいは 「外国語および数学」
第2時限	小論文	第2時限	小論文

英　語

年度	番号	項　目	内　容
2024 ●	〔1〕	読　解	空所補充, 内容説明, 内容真偽
	〔2〕	読　解	空所補充, 内容説明
	〔3〕	読　解	空所補充, 内容説明, 内容真偽
2023 ●	〔1〕	読　解	空所補充, 内容真偽, 内容説明
	〔2〕	読　解	空所補充, 内容真偽, 内容説明
	〔3〕	読　解	空所補充, 内容説明, 内容真偽
2022 ●	〔1〕	読　解	空所補充, 内容説明
	〔2〕	読　解	空所補充, 内容説明, 内容真偽
	〔3〕	読　解	空所補充, 内容説明, 内容真偽, 主題
2021 ●	〔1〕	読　解	空所補充, 内容説明
	〔2〕	読　解	空所補充, 内容説明, 内容真偽
	〔3〕	読　解	空所補充, 内容説明, 内容真偽, 主題
2020 ●	〔1〕	読　解	空所補充, 内容説明, 内容真偽
	〔2〕	読　解	空所補充, 内容説明
	〔3〕	読　解	空所補充, 内容説明, 内容真偽

（注）　●印は全問，◐印は一部マークシート法採用であることを表す。
　　　「外国語選択者」は全問を，「数学および外国語選択者」は〔1〕〔2〕と数学3題を
　　解答。

読解英文の主題

年度	番号	類別	主　題	語　数
2024	〔1〕	社会	フリーランスは雇用の未来なのか	約790語
	〔2〕	心理	礼儀と倫理	約730語
	〔3〕	社会	ファストファッションに隠された汚い秘密	約1,480語
2023	〔1〕	社会	絶滅の危機にあるシャチの保護に必要なこと	約640語
	〔2〕	心理	ブラウン神父がホームズよりも勝る理由	約600語
	〔3〕	社会	私たちが組み込まれている企業によってつくられた消費文化	約1,380語

2022	〔1〕	社会	モロッコにおける人類の起源についての画期的な発見	約 570 語
	〔2〕	社会	1 万年時計の建設	約 790 語
	〔3〕	社会	ソフトパワーの不適切さ	約 1,150 語
2021	〔1〕	社会	小売業における返品方針の重要性	約 690 語
	〔2〕	社会	宇宙開発における利害関係	約 580 語
	〔3〕	社会	進化のミスマッチによる現代のリーダーシップの難しさ	約 1,390 語
2020	〔1〕	社会	効率のよい駐車場のデザイン	約 640 語
	〔2〕	心理	意思決定の際に大きな影響を与えるもの	約 670 語
	〔3〕	社会	生物多様性と絶滅の議論の背景にあるもの	約 1,220 語

 高度な語彙力，明晰な論理的思考力 が試される長文読解

01 基本情報

試験時間：「外国語選択者」は大問 3 題で 120 分，「数学および外国語選択者」は大問 2 題と数学の問題を合わせて 120 分。

大問構成：大問 3 題。

解答形式：全問選択式（マークシート法）で，本文中の空所補充問題が全部で 40 問，読解に関する問題が全部で 20 問となっている。

02 出題内容

　大問 3 題で，長文の総語数は例年 2,500 語程度であったが，2024 年度は大幅に増えた。さらに，読解に関する設問は設問文も英文であることから，全体で読むべき英文量は非常に多い。

読解英文：人間の心理や行動を洞察する文章や，現代の社会にかかわるホットな話題を扱った文章，人間の経済活動の及ぼす社会的な影響を論じる文章などがよく取り上げられる。内容は，明快な論旨をもち，よくまとまり，全体をきちんと読み通せば十分にその主旨を理解できるものが多いが，やや抽象的なテーマが扱われることもある。出典は，新聞・雑誌（紙媒体，電子媒体）の記事あるいは大学の教科書や一般読者向け新書といったもの

が多い。語彙レベルは，かなり高水準の出題が続いており，原文そのままで，ほとんど書き換えられることなく出題されることが多い。2022年度には入試の1週間後にウクライナに侵攻することとなる，ロシアのプーチン政権のハードパワーの行使について触れている文章が出題され，2024年度はインボイス制度で注目を集めたフリーランスについての英文が取り上げられている。

空所補充問題： 語彙・熟語力を試す設問が多いが，文法力，構文把握力などに関する設問や，論旨の流れ，論理関係に関する設問もかなりあって，単なる語句・文レベルにとどまらず，文章全体の内容・論理構成までも読み取れるかどうか，いわば真の読解力が試される。

読解に関する問題： 例年ほぼ英文の順に設問が配列され，読みながら解答するのに適した形式であるが，問題や年度によって，必ずしも順序通りでないこともあるので注意が必要である。さらに，数段落にわたる問題や文章全体の内容に関する設問もあるので，斜め読みでは対応しきれないことが多い。また，このタイプの設問の本文対応箇所と空所補充問題とが重なり，空所補充問題を解くヒントになることもあるので，集中して取り組むこと。

　選択肢に関しては，内容がしっかり理解できていれば，紛らわしいものはほとんどないが，語彙力に不足があると空所補充でつまずき，ひいては全体の論旨把握に影響が及び，内容が十分に理解できなくなってしまうことも少なくない。

03 難易度と時間配分

　120分でこの分量の英文を読み通すのは，それ自体かなり難しい。内容になじみがなければ，困難さはいっそう増すことになる。構文・文法については，特に難解なものはなく平常の学習で十分対応可能である。だが，語彙・熟語に関しては高レベルなので，意識的に学習を進めないと，得点を伸ばすのは難しく，その意味で難度は高い。また，知らない単語が増えれば，それに比例して解答に時間がかかり，時間さえあれば十分正答できるはずの問題にまで影響が及ぶことにもなりかねず，その面でも難度は高くなる。

　読解に関する設問は，対応箇所が指定されているなど明瞭なものも多いが，本文の内容を理解した上で，新たな例を挙げるものなど，かなりひねったものもみられる。設問自体も語彙レベルが高く，読み取るには細部まできちんと把握することが求められる。全体として，やや難～難である。

　英文の長さとレベルの高さから，120分の試験時間があるとはいえ，それほど時間的余裕はないだろう。設問内容はシンプルであるので，英文をスピーディーかつ正確に読み下し，差のつきやすい内容理解の問題にできるだけ時間を確保したい。

01　語彙力対策

　本文と設問を十分に読みこなすには，まず語彙力増強から始めたい。高レベルの語彙・熟語力を身につける必要がある。空所補充の選択肢の単語の意味を文脈から推定することは，難しいことが多い。各設問の選択肢の意味について考え込んでしまうと，おそらく時間が足りなくなるだろう。そうならないように，語彙を貪欲に増やしていく努力が必要である。市販の単語・熟語集であれば最高レベルまでやり抜くくらいでちょうどよい。難しい語句や表現を進んで身につけていく姿勢で学習を進めよう。高いレベルの英語表現に触れるには，例えば，国立大学の難関校用の読解問題を使うのがよいだろう。できる限り多くの知的刺激に富んだ良質の英文に触れてボキャブラリー・ビルディングに励もう。

02　内容理解対策

　ある程度の背景知識があると，長文読解はかなり楽になることが多い。出題される英文は，当然ながら専門論文ではなく，一般書籍であるか，専門的な話題を扱う場合には一般向けに専門家が書いた入門書や，教科書，あるいは雑誌の記事レベルである。まず，そのレベルの日本語に普段から接しておくことが大切である。できれば月に1冊程度は経済学や心理学を

含む社会科学・人文科学系の新書や古典を読もう。本書収録の過年度の出題英文（全訳でもよい）を読んで，興味をそそられる分野があれば，その興味を大事に育ててほしい。初めて知る事柄を英文で，しかも制限時間内に読み通すのは，相当に難しい。意識して自分の守備範囲を広げていこう。

　もう一つは，新聞（日本語でよい）の政治・経済・国際面を読むことである。現代社会の抱える問題や，その解決策，日本と世界各国とのつながり，その経済的な側面。こうしたことに開かれた心と広い視野をもつよう求められているということが，試験問題を読むだけでひしひしと感じられる。ぜひ，それに応える知的好奇心を養おう。

03　読解力対策

　読解力の基礎は，一つは文法・構文力である。英文の意味を理解するために必要な知識が十分に身についていなければならない。関係詞・準動詞・時制などは特に重要であるから，十分な練習を積んでおこう。次に大切なのは，内容把握力である。構文や内容についての解説が詳しい『大学入試 ぐんぐん読める英語長文』（教学社）などの長文読解問題集に取り組んで，その力を伸ばしてほしい。

　練習の際に大切なのは，細部をおろそかにしないことである。「長い文が出るし，訳は求められないのだから，だいたいの意味がわかればよい」という勉強法では不十分である。むしろ長文問題では，そのだいたいしか意味がわからなかった箇所こそが問われると言える。どの文も訳せと言われればきちんと訳せるほどに正確に読んだ上で，全文の論旨の流れを正しく把握するようにしたい。そういう精読を経ずに，いきなり慶應義塾大学で出題されているようなレベルの英文の速読などできるようにはならない。入試で頻出の文構造を詳しく解説している『大学入試 ひと目でわかる英文読解』（教学社）など，英文解釈の参考書を1冊仕上げておくとよいだろう。

　500〜700語レベルの英文は，普通の長文読解問題を練習することで十分対処できる。たっぷりと読み込んで，合格レベルに確実に近づいていってほしい。1,000語レベルとなると，なかなか素材が見つからないので，本書収録の過年度の問題や『慶應の英語』（教学社）を用いてしっかり演

習を繰り返してもらいたい。また，赤本チャンネルで慶應義塾大学の対策法動画を公開中なので，そちらも活用して出題傾向の把握などに役立ててほしい。

慶應「英語」におすすめの参考書 —— Check!

✓『大学入試　ぐんぐん読める英語長文』（教学社）
✓『大学入試　ひと目でわかる英文読解』（教学社）
✓『慶應の英語』（教学社）

赤本チャンネルで慶應特別講座を公開中
実力派講師による傾向分析・解説・勉強法をチェック ⊖

数　学

年度	番号	項　目	内　容
2024 ●	〔1〕	式 と 証 明,整数の性質	(1)解と係数の関係の応用　(2)末尾に並ぶ 0 の個数
	〔2〕	微・積分法	定積分で表された関数の最大値
	〔3〕	確　　率	条件付き確率
	〔4〕	図形と計量,積 分 法	2 つの球面で囲まれた図形を切断してできる立体の体積
	〔5〕	図形と方程式	領域と最大最小
2023 ●	〔1〕	整数の性質	約数の個数
	〔2〕	微・積分法	定積分で表された関数の最小値
	〔3〕	確率, 数列	確率と漸化式, 条件付き期待値
	〔4〕	整数の性質	最大公約数, ユークリッドの互除法
	〔5〕	ベクトル	サッカーボールの頂点の位置ベクトル, 三角形の面積
	〔6〕	確率・統計	期待値の応用
2022 ●	〔1〕	数　　列	一般項がガウス記号で表された数列の和
	〔2〕	場 合 の 数	各桁の数が増減を繰り返す数の個数
	〔3〕	微・積分法	定積分で表された関数の最小値
	〔4〕	図形と計量	角の二等分線, 直線に関する対称移動, 面積比, 三平方の定理
	〔5〕	ベクトル	等脚台形の外接円の中心の位置ベクトル
	〔6〕	確率・統計	期待値の応用
2021 ●	〔1〕	確　　率	場合の数と確率
	〔2〕	三角関数,数 と 式	tan の値, 加法定理, 相加平均と相乗平均の関係
	〔3〕	図形と計量	円が接する条件, 余弦定理
	〔4〕	図形と方程式, 積分法	円と放物線で囲まれた図形の面積
	〔5〕	確率, 数列	場合の数と漸化式
	〔6〕	確率・統計	期待値の応用
2020 ●	〔1〕	小 問 2 問	(1)扇形の面積　(2)不定方程式（平方数）
	〔2〕	場 合 の 数	順列・組合せと関数の個数
	〔3〕	図形と計量	円が接する条件, 余弦定理
	〔4〕	数　　列	シャッフルによる移動を表す関数
	〔5〕	積 分 法	絶対値記号を含む定積分の計算
	〔6〕	確　　率	反復試行の確率, 確率の大小比較

（注）　●印は全問，◐印は一部マークシート法採用であることを表す。

2024 年度：「数学選択者」は全問を，「数学および外国語選択者」は〔1〕-(2)〔3〕
　　　　　〔5〕と外国語 2 題を解答。

2023 年度：「数学選択者」は全問を，「数学および外国語選択者」は〔2〕〔4〕〔6〕
　　　　　と外国語 2 題を解答。

2022 年度：「数学選択者」は全問を，「数学および外国語選択者」は〔2〕〔5〕〔6〕
　　　　　と外国語 2 題を解答。

2021 年度：「数学選択者」は全問を，「数学および外国語選択者」は〔1〕〔5〕〔6〕
　　　　　と外国語 2 題を解答。

2020 年度：「数学選択者」は全問を，「数学および外国語選択者」は〔1〕〔3〕〔6〕
　　　　　と外国語 2 題を解答。

出題範囲の変更

　2025 年度入試より，数学は新教育課程での実施となります。詳細については，大学
から発表される募集要項等で必ずご確認ください（以下は本書編集時点の情報）。

2024 年度（旧教育課程）	2025 年度（新教育課程）
数学Ⅰ・Ⅱ・A（場合の数と確率，整数の性質，図形の性質）・B（確率分布と統計的な推測，数列，ベクトル）	数学Ⅰ・Ⅱ・A（図形の性質，場合の数と確率，数学と人間の活動）・B（数列，統計的な推測）

旧教育課程履修者への経過措置

　2025 年度については，旧教育課程履修者を考慮するものの，特別な経過措置はとらない。

 ユニークな問題が必出
柔軟な思考力の養成を

01 基本情報

試験時間：「数学選択者」は大問 5 題または 6 題で 120 分，「数学および外
　国語選択者」は大問 3 題と外国語の問題を合わせて 120 分。なお，2025
　年度入試は「情報および数学」が選択できるようになり，情報の問題を
　合わせて 120 分となる予定（本書編集時点）。

大問構成：大問 5 題または 6 題。

解答形式：全問空所補充形式で，空欄にあてはまる 0 ～ 9 の数字またはマ
　イナス符号をマークする形式（マークシート法）である。

02 出題内容

頻出項目：微・積分法，場合の数，数列，図形問題，確率・統計がよく出題されている。

内　　容：数列，図形は特に難度が高いことが多い。また，年度によっては1題か2題は型にはまらないユニークな問題が出題されており，題意を読み取って解決する，柔軟な思考力が求められている。

03 難易度と時間配分

　例年，一部に高難度の問題，あるいは現実の問題を数学的にモデル化した長文問題など，他に例を見ない出題があり，高得点をとるのは容易ではない。柔軟な思考力の養成が不可欠である。

　問題ごとの難易差が大きいので，最初にすべての問題に目を通し，できる問題から手をつけていくのが得策である。

対　策

01 基本事項の徹底学習

　どの年度の問題も，決して易しいものではない。基礎学力が充実していなければ解けない問題である。定理や公式は，ただ覚えるというだけではなく，その導出過程を理解しておきたい。

02 計算力の養成

　文系学部としては高い計算力を要する問題が出題されている。基本的な解法を身につける学習を行うと同時に，実際に手を動かして，解答が得られるまで粘り強く計算する力を養いたい。また，参考書の模範解答などを参考にして，工夫をして計算の簡略化を図る練習もしておきたい。さらに，検算を手際よく行う習慣をつけることも計算力の養成には不可欠である。

03　柔軟な思考力の養成

　型にはまらないユニークな問題には，じっくりと腰をすえて取り組み，解法の糸口を見つけて解答を出すまで粘り抜く学習を心がけたい。ときには，1題に長時間をかけてみるのも決して無駄ではなく，目新しい問題を解決する思考力が培われるものである。こういった問題の対策には，過去問が有効である。

04　過去問の研究

　2024年度の微・積分法の問題は，2022・2023年度の問題とほぼ同じであった。総合政策学部は，過去の問題と設定，内容とも似たものが出題されることも多い。また，環境情報学部でも似た問題が多く出題されているので，併せて確認しておくとよい。さらに，空位の桁に0を入れるなどマークの仕方も独特であるので，これらに慣れる意味でも本シリーズを利用して過去問に十分に目を通しておきたい。

05　マークシート法対策

　記述式であれば難問であっても，マークシート法ならば解答の候補を順に代入するなど，容易に解答を求めることができる場合がある。行き詰まったときは発想を転換し，マークシート法であることを最大限に利用して，正答にたどりつきたい。

情　報

年度	番号	内　　容
2024 ●	〔1〕	個人情報保護法
	〔2〕	論理式の導出
	〔3〕	割り算の余りを用いた秘密の数字の共有
	〔4〕	算術論理演算装置内部のシフタ回路に関する考察
	〔5〕	セル・オートマトンにおけるセルの状態を求めるアルゴリズム
2023 ●	〔1〕	知的財産法（著作権法），名誉・プライバシー，個人情報保護法
	〔2〕	浮動小数点数を用いた有限個の数値の和と誤差
	〔3〕	進数計算，共通鍵暗号方式と公開鍵暗号方式の鍵の個数，暗証番号の総数
	〔4〕	論理回路の出力，論理式の変換
	〔5〕	ある整数が与えられた整数列のどこにあるかを調べるアルゴリズム
2022 ●	〔1〕	知的財産法（著作権法，産業財産権法），個人情報保護法
	〔2〕	浮動小数点数の正規化表現と誤差
	〔3〕	異なる事象に対して順列をすべて列記するアルゴリズム
	〔4〕	2 の補数を用いた 2 進数の減算に関する論理式
	〔5〕	バブルソートのアルゴリズム
2021 ●	〔1〕	知的財産法（著作権法，特許法），個人情報保護法
	〔2〕	2 進法表現と論理式の真偽，ニュートン法による $\sqrt{3}$ の近似値計算
	〔3〕	推理パズル
	〔4〕	加算器回路の構成
	〔5〕	整数の乗算を加算で実行するアルゴリズム
2020 ●	〔1〕	知的財産法（著作権法，産業財産権法），個人情報保護法
	〔2〕	2 進法表現による浮動小数点数の扱い
	〔3〕	トロミノやテトロミノによる正方形盤面の敷き詰め可能性
	〔4〕	半加算器回路と全加算器回路の論理式
	〔5〕	整数の割り算の商と余りを求めるアルゴリズム

（注）　●印は全問，◐印は一部マークシート法採用であることを表す。

傾　向 基本的な知識をしっかりと

01 基本情報

出題範囲：2024 年度までは「社会と情報，情報の科学」であった。2025
　　年度は「情報Ⅰ・Ⅱ」となる予定（本書編集時点）。

試験時間：120 分。なお，2025 年度は「情報および数学」での選択となり，
　　数学の問題を合わせて 120 分となる予定（本書編集時点）。

大問構成：大問 5 題。

解答形式：全問マークシート法。〔1〕は語句・文章を選ぶ選択問題と空所
　　補充問題。その他の大問では空所補充や計算問題が出題されている。

02 出題内容

　2024 年度の出題内容は次のようなものであった。

　〔1〕は，個人情報保護法の内容について個人情報保護委員会が作成した
ガイドラインを読んで解答する問題であった。(ｱ)は顔識別機能付きカメラ
システムを使用する場合の個人情報の取り扱いの注意点や撮影しているこ
との告知の方法についての空所補充問題であった。(ｲ)は個人情報保護法の
制定目的を，(ｳ)はガイドラインの文章に入る個人情報保護法の条文を選択
肢から選ぶ問題であった。教科書に載っている基本的な知識だけでなく，
法律の趣旨や内容など詳細な知識も求められている。

　〔2〕は，いろいろな論理式を導く問題であった。カルノー図を用いて考
えると楽である。

　〔3〕は，割り算の余りを用いた秘密の数字の共有についての問題であっ
た。余りを求めるだけであるから簡単である。

　〔4〕は，算術論理演算装置内部のシフタ回路に関して考察する問題であ
った。演算結果や回路図を考えるなど「情報」らしい問題である。

　〔5〕は，セル・オートマトンにおけるセルの状態を求めるアルゴリズム
についての問題であった。正しくないアルゴリズムを正しく書き直すこと
は，「情報」受験生にとって大事なことである。

03 難易度と時間配分

　全体的に基本的な知識（法律，知的財産権，情報量の単位・換算など）はもちろん必要であるが，問題文に書かれていることをしっかり読み解くことができれば解答できる問題も多い。

　120分の試験時間があるので，最初に問題を見極め，見直しの時間も含めて時間配分をコントロールすることが求められる。

対　策

01 参考試験・過去問を解こう

　どのような問題が出され，どのような知識が必要かを理解するために，一般入試「情報」参考試験（SFCのサイトで閲覧できる）や過去問に取り組み，同じ傾向の問題については確実に解答できるようにしておく必要がある。「情報」についての問題集は少ないため，情報入試研究会（https://jnsg.jp/）実施の模擬試験・過去問，共通テストやセンター試験「情報関係基礎」の過去問なども参考になる。また，河合塾「キミのミライ発見」（https://www.wakuwaku-catch.net/）は「情報」の入試に関する情報が充実しており，対策の参考になる。

02 情報セキュリティと知的財産権の学習をしておこう

　情報社会にかかわる法律（知的財産権に関する法律，個人情報保護法，プロバイダ責任制限法など）については，対策が必須である。教科書レベルの知識学習だけでなく，各省庁の法律に関する解説・Q&Aなどの公的機関のウェブページで法律の趣旨や内容も確認しておくとよい。

03 「数学」の教科書も学習しておこう

　例年，情報通信ネットワーク，データベース，アルゴリズム，モデル化

とシミュレーションについての理解や，情報量の換算，2進数とその補数表現などの計算が多く問われている。過去問や環境情報学部の出題も参考にして，学習を進める必要がある。また，漸化式，集合，合同式など数学分野の出題も多いので，「情報」の教科書だけでなく，「数学」の教科書で関連する箇所を学習しておこう。

　また，高校の学習内容だけでは対応しにくい出題もみられるので，アルゴリズムやグラフ理論の入門書に目を通しておくことも有効な対策となるだろう。

04　読解力をつけよう

　問題文に手順が説明されていたり，正解を求めるための式が書かれていたりするので，問題文を読み解くことができれば，知識がなくても解答できる問題も多くみられる。問題文に書かれている条件を抜き出したり，自分で図を描くなどして，文章を読み解く力を身につけよう。

小 論 文

年度	内　　　容
2024	**経済成長を実現するための政策** (1) 5 つの資料から 4 つを選択して各主題を説明し，関連づけて 10 年後の日本について意見論述（800 字） (2) • 日本政府が打ち出すべき政策を 3 つ挙げて目的・対象・手法を説明 　　• その内 1 つの有効性について意見論述（800 字）
2023	**社会的「知」と大学の役割**　　　　　　　　　　　　　　　　⊘**グラフ** (1) 大学での学びにおいて重要なものについての意見論述（600 字） (2) (ア)社会的な「知」のために重要な要素やその役割の説明　(イ)国内外の政策を 2 つ挙げて意見論述（800 字）
2022	**トレードオフ関係の解決**　　　　　　　　　　　　　　　　　⊘**グラフ** (1) 各テーマにおけるトレードオフ関係の指摘，およびその理由説明（120 字 3 問） (2) トレードオフへの対処に関する意見論述（1000 字）
2021	**定性分析の試み**　　　　　　　　　　　　　　　　　　　　　⊘**図** (1) 実施された政策と目的，各アクターの利益・理念・制度の指摘 (2) 課題のフレーミングと課題の構造の図示 (3) 意見論述（800 字）
2020	**民主主義の危機**　　　　　　　　　　　　　　　　　　　　　⊘**グラフ** (1) 理由説明（400 字）　(2)資料読解（200 字）　(3)内容説明（200 字） (4) 意見論述（400 字）

 傾　向　総合政策学的プロセスの理解と
問題設定力・資料分析力がカギ

01　基本情報

試験時間：120 分。

大問構成：大問 1 題，複数の設問で構成。

解答形式：説明・意見論述問題を中心に，年度によっては図示問題も出題

されている。2024 年度は，2023 年度と同様，複数の文献資料をもとに
した意見論述などが 2 問の出題だった。2021・2022 年度は，具体的な
資料分析と意見論述からなる出題だった。論述字数は年度によりばらつ
きがある。

02 出題内容

　時事的な社会問題に通じるテーマが出題されやすく，2020 年度は民主
主義の危機が出題された。2021・2022 年度は複数のテーマから選択して
論述を行う形式で，2021 年度は同性婚，貿易協定，待機児童の 3 つのテ
ーマが，2022 年度はトレードオフに関連して，コーポレートガバナンス，
パーソナルデータ，サプライチェーンの 3 つのテーマが出題された。2023
年度は社会的な「知」がテーマで，大学の役割や学びとは何か，読書と思
考といった事柄について問う出題となった。2024 年度は，日本の経済活
性化のためのイノベーションの重要性と，それを阻害する構造的要因に関
する設問で，政策提言の形で視野の広さを問う内容だった。例年，膨大な
資料が与えられるが，新聞記事，政府の公文書，論文や学術書など，その
素材はさまざまである。
　設問の要求は，意見論述もさることながら，豊富な資料に基づいて，具
体的な問題を設定させるパターンが多い。その上で，問題を構造的に分析
させ，場合により解決方法や新しいビジョンを提案させるという出題の方
向性はほぼ一貫している。
　それに加えて，総合政策学が採る具体的なアプローチ方法への理解が必
須であるという点が最大の特徴である。例年，複数の資料を関連づけて問
題を整理し，考え論じる力を問う内容となっている。2020 年度は，複数
の資料をひとつの文脈でつなげ，問題状況を客観的に認識することが求め
られた。2021 年度は，課題の設定から，構造全体の俯瞰，解決策の提示
という一連の流れに従って分析を進める力が試された。2022 年度は，ト
レードオフ関係をいかに解決するかについての思考力が問われる内容だっ
た。2023 年度は，「知」の社会的役割とそれを育てる手段について，文献
の批判的検証や体系化といった総合的思考力が問われた。2024 年度は，
日本の構造的課題を通した経済活性化のビジョン構築について，国際的・

長期的な視点が試された。いずれの場合も，総合政策学の方法論が前提に
あることに変わりはなく，今後もくれぐれも注意したい。

03 難易度と時間配分

　総合政策学部の小論文の難しさは，入試の時点で，具体的な政策への評
価や，今後のビジョンを提示できるような分析力・構成力が求められる点
にある。時事的な事象に興味をもち，それに基づいて学習できることが前
提として求められているのはもちろんだが，その上で，与えられた資料に
敏感に反応し，自分の現状把握力や，打開力を示すことが求められている。
　したがって，幅広い知識や教養が必要であるということのみを念頭にお
いて対応しようとすると，設問の要求に十分に応えられない。まずは与え
られた資料に誠実に向き合い，正確に内容を把握することが出発点である。
知識については，問題設定や解決方法を構想する際に，いかに"素材"や
"つなぎ"として活用できるかがポイントとなる。
　資料の内容自体はそれほど難しくはないが，議論の軸を見失うと読解に
とまどってしまうような場合や，資料の多さに圧倒されるような場合もあ
る。いずれにせよ，設問の要求に沿って「何を抽出するために読むか」を
明確に意識して資料にあたれば，大量の資料は解答の誘導になっていると
考えることができる。設問をふまえて自分は何を問題として設定したかと
いう，解答の明確な目的を意識することが最大のカギであると言えるだろ
う。さらに2023年度の出題では，資料の読解力だけでなく，それをもと
に思考する力も問われている。また，解答全体に問題意識を一貫させて論
理を構成する力が必要である。
　資料も多く，解答する分量も多いので，120分という試験時間は，決し
て余裕があるとは言えない。素早く正確に資料の要点をつかむとともに，
論述の骨子を組み立て，実際に文章にする時間をそれぞれ十分に確保でき
るよう，時間配分を意識して取り組もう。

対 策

01 前提知識・理解の重要性

　例年，「公共」「政治・経済」といった公民の科目の知識がないと，満足できる解答を書けない問題が多い。資料の趣旨を読み取ることができないといった事態も想定されるので，上記の科目で学習する内容は確実に理解しておきたい。それに加えてどこまで求められるかという点であるが，過去には政党のマニフェストが資料とされ，その完成度や妥当性を評価する問題が出題されたことを手がかりに考えてみれば，有権者としての知識はもちろん，政策立案者や政策評価者としての，より分析的な目線や問題意識をもつことが求められていると言える。そのためには，国際情勢も含めた現在進行形の時事問題に関心をもつ際に，その背景にあるものや問題の構造だけでなく，今後の対策を考えるという姿勢が必要となってくる。具体的な解決策を考えるために日々の学習内容を組み立てていくような問題意識が望ましい。

　それらを身につけるためにも，課題文読解型で政治・経済をテーマにもつ小論文を集中して練習しよう。「問題の全体像の把握」「その要因の構造的把握」「考えられる対策」「そのために克服すべき課題」について，実際に書き出してみることが理想的な学習である。自分なりに基本的な立ち位置（何を重視するのか）を決めておくことも重要である。

02 十分な論述演習を積む

　解答全体に問題意識を一貫させて論理を構成する力が必要である。このような条件で，もっている力を十分に発揮するためには，一定以上の論述のトレーニングを積むことが必要である。

　その素材としては，まずは過去問が有益である。それに次いで，傾向を同じくする国公立大学の後期入試の過去問などが挙げられるだろう。

　なお，小論文の演習は，書きっ放しでは書いた意味がなくなってしまう。自分の文章を読み返す際には，文章を直すために読まなければ意味のある

学習にはならないと肝に銘じよう。書いた文章はすべてどこかを直すくらいのつもりでいるほうが望ましい。出題の傾向からして，公民科の先生の指導をいただくとよいだろう。

03　目的意識の重要性

　総合政策学部を含め，SFC の学部は，AO 入試に非常に積極的である。そのためか，一般選抜の小論文でも AO 入試と似通った性格の出題がみられる。過去には総合政策学への理解がストレートに求められるような出題があったことを考えれば，個別の教科の学習や時事問題に対する意識に加えて，総合政策学への理解や志望を明確にしておく必要があるだろう。

　総合政策学部において，自分がどのような学習や研究活動を行い，それをどのように社会で実現していくかという，ビジョンや目的意識を確認しておこう。解答の際には，課題解決のための対策を提案することが求められる場合がある。その際に，自分が力を入れて取り組みたい課題が定まっていると，内容が充実した完成度の高いものに仕上げられる。

　具体的な対策としては，入学案内のパンフレットや総合政策学部のホームページを熟読して，総合政策学とは何かをよく理解しておく必要がある。総合政策学部のホームページには，総合政策学のアプローチの仕方や方法論，どのような学習を求めるかなどのコンテンツが多数掲載されているので，有効に活用しよう。総合政策学のアプローチが図示できるほどになれば，「問題発見→問題解決」のためのプロセスを構想して，それに基づいて資料を分析するための枠組みが理解できるはずである。

　さらに，総合政策学部で何を学び，それを将来どのように生かしていきたいのかを常に自問自答することも，満足のいく解答を書くためには有効な対策である。それらを確実に身につけるには，AO 入試を受けるつもりで早い段階から十分な小論文対策を行うことも効果的だろう。

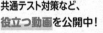

2024 年度

解 答 編

一般選抜

解 答 編

英 語

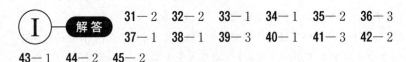

Ⅰ　解答　31—2　32—2　33—1　34—1　35—2　36—3
37—1　38—1　39—3　40—1　41—3　42—2
43—1　44—2　45—2

全訳

《フリーランスは雇用の未来なのか》

1　今日，フリーランスの労働者はアメリカの労働力の35％を占めている。EUにおけるその比率は16.1％である。この両方の数値が同じグローバルなトレンドを表している。創造力に富む起業家から業務に応じて報酬を受け取る人々まで，フリーランスは世界規模で増加している。この現象に対する分析も同様に増加しており，ジャーナリスト，社会学者，人事の専門家，ライフ・コーチングを行う人々，そしてフリーランサー自身さえもフリーランスの「真実」を明らかにしようとしている。それはいわゆる「ギグ・エコノミー」が二面性をもち，そして容赦なく進化している現象であるためである。フリーランスはしばしば自由で自立したものであり，魅力的であるとさえ表現されるが，実際にははるかに複雑なものである。

2　OECD加盟国において，このような人々は主としてサービス部門（男性の50％，女性の70％）で働いていることを研究が示している。残りはオンラインのアシスタントから建築家，デザイナーや写真家に至るまであらゆる職種である。2017年の調査において，OECD加盟国における大部分のフリーランサーは「スラッシュワーカー」であることが判明した。これは彼らの請け負った仕事が別のパートタイムなりフルタイムなりの地位を補完するものであることを意味している。これらの追加収入は大幅に

異なる。家で月に数時間，取扱説明書を編集して過ごす人はひと月当たり数百ユーロの稼ぎかもしれない。フリーランスの作業療法士は，この成長産業においてフルタイムで働いた場合の 10 倍以上の稼ぎがあるかもしれない。

3　おそらくフリーランスの最も魅力的な面は，いわゆるクリエイティブな階級である。とりわけコミュニケーション，メディア，デザイン，アートやテック系を専門とし，頭の回転が速くてコネがあり，高学歴でグローバル化されたカテゴリに属する労働者たちである。彼らは建築家やウェブ・デザイナー，ブロガーやコンサルタントといった人たちで，その仕事はトレンドを掌握している。その中でも最先端の人たちは社会的な「インフルエンサー」という役割を果たすことになる。

4　ロンドンにおいては，このグループは，とりわけ経済学者のダグラス=マクウィリアムスが「フラット・ホワイト・エコノミー」と名づけたものを担っている。これはコーヒーを飲みながらの創造力をベースにした繁栄しているマーケットであり，ビジネスに対する革新的なアプローチと生活様式を組み合わせたものである。このような時代の先を行く人々は「プロフィシアン」とも呼ばれるが，数多くの仕事と幅広い顧客層をもち，自営業において相対的に成功しているかもしれない。マクウィリアムスによれば，彼らは英国の繁栄の未来を表しているのかもしれない。あまりよい身分ではないが，同様に勤勉である人たちは「プレカリアン」である。業務に取り組むこれらの人々は，反復的な作業を長時間にわたって遂行する労働を行い，それはしばしばアマゾンのメカニカル・タークのような単一のオンラインのプラットフォームのものである。これらの仕事のほとんどは高いレベルの専門知識や創造力を必要としておらず，それゆえ簡単に代替可能である。

5　これらのオンラインのヘルパーたちに雇用の安定は保証されておらず，社員たちと同様に一つの会社で働く可能性が高いものの，福利厚生はほぼ確実に存在していない。創造性のある階級と，どうにか生活していくために必要な仕事の調整に四苦八苦している人々との間には，多くの中間層がいる。例えば，ものを書くという情熱に突き動かされているが人並みの生活をするための収入を得るのに苦闘しているブロガーであったり，以前に解雇に直面した経験をもつ，自分の仕事に満足しているオンラインのアシ

スタントやグラフィックデザイナーとして週数時間働いて数ユーロ余分に稼いでいる学生たちである。

6　フリーランサーは多様な労働者の集団を構成している。教育的なバックグラウンドやモチベーション，野心や必要性，そして進んで働きたいという意欲は労働者ごとに異なる。そして結果的にコメンテーターたちが風刺画に頼ることなく，正確に彼らの多様性を説明することは難しい。フリーランスはますます9時から5時までの労働日から逃れるための選択肢となっている。多くのフリーランサーが，彼らの仕事が何であれ，自由を，あらゆるときに働く自由，場合によってはあらゆる場所で働く自由を提供してくれる（あるいは提供してくれるように思えた）ため，この雇用形態をもともとは選んだ可能性がある。現在のアメリカ合衆国におけるフリーランサーのうちの37％だけが，必要性から単発の仕事に頼っていると述べている。2014年には，その数値はより高いもので47％であった。

7　もちろん，これはサラリーマンの終焉というわけではない。会社に在籍してのフルタイムの仕事がまだ，ロシアにおいてと同様に，ほとんどの西洋諸国における雇用の標準である。それでも，テレワークとオートメーションの台頭，そしてクラウドソーシングの無限の可能性とともに，ますます多くの企業が事業を大幅に少ない従業員数で運営し，さらには成長させていくことは道理にかなっている。このことは必ずしも失業の増加を意味しているというわけではない。その代わり，それは，持続し，進化しているネットワークにおいて，より多くのフリーランサーがさまざまなプロジェクトの周囲で形成，再形成されるだろうということをおそらくは意味している。

8　フリーランスの台頭は，仕事の将来，特に共同で行う実務に関して，目に見える重要な指標であるかもしれない。フリーランサーはすでにプロジェクトの共同管理を円滑に進めている。間もなく，彼らはまた，企業，顧客そして社会全般とともにものをつくり出し，つながり，そして共同で作業を行っていくだろう。彼らが同種の労働階級ではないと仮定すると，これらの新しいマネージャーを管理することは単純ではないだろう。現在，掃除人やタクシー運転手から建築家，ニュースの編集者に至るまで，すべてのフリーランサーにうまく対応している社会的な保護システムは1つもない。彼らの多様な雇用の利益を促進し，守るために，これらの個人がど

のように集まり，協力することができるのだろうか？　間違いなく，野心のあるフリーランサーは現在対応に当たっている。

===== 解説 =====

31　直後の "the truth"「真実」をどのようにするのかを考えればよい。「この増加の現象に対する分析」の内容になるので uncover「明らかにする」が適切である。第1段最終文（Freelancing is often …）に「フリーランスは魅力的であるとさえ表現されるが，実際にははるかに複雑なもの」とあることもヒントになる。unsettle は「動揺させる」，undo は「取り消す」といった意味である。

32　直後に「別のパートタイムやフルタイムの地位」とあり，さらに第2段第4文（These additional earnings …）に「これらの追加収入」とあることから判断する。「補完する」という意味の supplement が正解として適切である。「追加」とあるので displace「移す，取って代わる」は不可。replicate は「複製する」といった意味である。

33　直前の文（Those who spend …）にフリーランスの取扱説明書編集者の収入額の記述がある。空所の文の主語はフリーランスの作業療法士で，直後に「フルタイムで働く10倍以上」と続くことから，前文と同様にフリーランスの収入額の例と判断する。「金を稼ぐ」という意味をもつ pull in が正解として適切である。push back は「押し戻す」，hold onto は「しがみつく」といった意味である。

34　この文章の主語は「トレンドの最上位にいるような仕事をしている人々」である。このような人々と社会的な「インフルエンサー」の役割との関係を考えればよい。end up *doing* ～「（最後には）～することになる」が正解となる。finish up は「最後の仕上げをする，完成する」，settle up は「清算する」といった意味である。

35　この「創造力をベースにしたマーケット」がどのようなものかを考えればよい。次の文に hipster「時代の先を行く人」，relatively successful「相対的に成功している」とあることから「繁栄している」といった意味をもつ flourishing が適切である。floundering は「もがいている，不振の」，flattened は「平らになった」といった意味である。

36　「プロフィシアン」が数多くの仕事と幅広い顧客の何をもっているのかから判断する。「書類鞄，作品集」といった意味の他に「品揃え」とい

った意味をもつ portfolio を選び「顧客層」といった文章を作ればよい。consensus「意見の一致」や competition「競争」では文章がつながらない。

37　between *A* and *B*「*A* と *B* との間に」という表現の *A* の部分は「創造的な階級」となっており，対比されている *B* の部分の get by「なんとかやっていく」ために仕事をどうしようと苦闘しているのかを考えて判断する。juggle「複数のものを上手く調整する」が正解となる。isolate は「隔離させる」，relinquish は「手放す，放棄する」といった意味である。

38　第 6 段第 2 文（Freelancing is increasingly …）に「フリーランスはますます人々が 9 時から 5 時まで働くことを逃れるための選択肢になっている」，空所直後の文に「会社に籍を置くフルタイムの労働はまだ雇用の標準である」とあることから，「これはサラリーマンの終焉ではない」の前に入る副詞として Likewise「同様に」や Furthermore「さらに」は不可。「もちろん」という意味の Of course が正解となる。

39　選択肢はそれぞれ，go against ～「～に逆らう，～に違反する」，rely on ～「～に頼る」，stand to ～「～の側に立つ」といった意味であるが，直後の reason がポイントになる。stand to reason で「理にかなっている，筋が通る」といった意味になる。直前の「テレワークやオートメーション」とともに「より多くの企業がより少ない人数で事業を運営し始める」ことが道理にかなっているという文章を作る。

40　フリーランスの台頭が，将来の仕事のカギとなる目に見える何なのかを考えればよい。直後の文に「すでにプロジェクトの共同管理を進めている」「まもなく企業，顧客，社会全般と共同作業を行っていく」とあることから indicator「指針」が適切である。この文脈に「結果」を表す outcome や「制限」を表す limitation では文章がつながらない。

41　「第 1 段において，フリーランスを『二面性をもつ…現象』と呼ぶことにより，筆者は何を意図しているか？」

1．「フリーランスであることの利点が不利益や課題を上回る」

2．「フリーランスにおける変化と発展の速度についていくことが難しい」

3．「フリーランスの仕事の性質には，肯定的，否定的両方の側面がある」

4．「フリーランスであることの不利益や課題が利点を上回る」

　第 1 段最終文（Freelancing is often …）で「フリーランスは魅力的で

あるとさえ表現されるが，現実ははるかに複雑である」と述べたうえで，第4段第1～3文（In London, this … of British prosperity.）までで成功しているフリーランサーの例が述べられ，続く第4文（Also working hard, …）からは簡単に替えが効くフリーランスについて説明されている。また，第5段第1文（Job security is …）には「フリーランスには職の保証がない」といった記述もある。しかしフリーランスの利益，不利益のどちらが多いかを述べた記述はないため1や4は不可である。これらの内容に当てはまる3が正解となる。2については本文に直接の言及はみられない。

42　「第4段の<u>彼ら</u>は何を指しているか？」

1．「革新的なアプローチ」

2．「流行に敏感な人々」

3．「数多くの仕事」

4．「顧客」

　「彼ら」は，この文章の直前で述べられている「プロフィシアン」と呼ばれる数多くの仕事と幅広い顧客をもち，成功を収めている「流行に敏感な人々」である。「数多くの仕事」や「顧客」はこのような人がもっている一要素にすぎず，「革新的なアプローチ」はこのような人が生活様式と組み合わせているものである。

43　「筆者によって言及されているフリーランスとして働くことの3つの利点は何か？」

1．「創造的である機会，柔軟な労働時間，リモートワークの従事」

2．「魅力的な生活様式，専門的な成長，社会への関与」

3．「チームと個人の運営，税優遇措置，役割に対する競争の少なさ」

4．「通勤時間の減少，企業の福利厚生，自分の好きなようにできること」

　第3段第1文（Perhaps the most …）にフリーランスの最も魅力的な面としてクリエイティブな階級が挙げられており，柔軟な労働時間，リモートワークへの従事が第6段第3文（Many freelancers, whatever …）に示されている。よって1が正解となる。2は第4段第1文（In London, this …）の中に「革新的なアプローチと生活様式を組み合わせている」といった記述はあるが，生活様式をフリーランスの魅力として挙げているわけではない。また専門的な成長や社会への関与についてもフリーランスの

利点として述べられていない。3はフリーランス業をすることにより「税
優遇措置」を受けることができるという記述はない。4は第5段第1文
（Job security is …）と矛盾する。「福利厚生はほぼ確実に存在しない」と
ある。

44 「この文章によれば，以下のどの記述が正しくないか？」
1．「フリーランスをすることは，一貫性のない手取り給料を意味し得る」
2．「フリーランサーにはしばしば職業の選択が限定されている」
3．「近年，フリーランスを最後の手段としているアメリカ人はより少な
い」
4．「フリーランサーの中には他の労働者と交替可能な者もいる」

　2は第5段第2文（Between the creative …）や第8段第5文
（Currently, there is …）などと矛盾。収入の多寡はともかく，タクシー
運転手から建築家までさまざまなフリーランスが挙げられていて，職業選
択の制限に関する記述はない。1は第5段第1文（Job security is …）な
どと一致する。3は第6段最終文（Only 37% of …）と一致する。4は
第4段最終文（Most of their …）にある「プレカリアン」の記述と一致
する。

45 「以下のどの記述を筆者は最も支持しそうであるか？」
1．「OECDはすべての産業におけるジェンダーの平等を促進するため，
もっと多くのことをすべきである」
2．「フリーランサーの労働の権利を助け，保護するためにもっと多くの
ことがなされるべきである」
3．「フルタイムの労働者はパートタイム労働者よりも，より多くの創造
性と革新を企業にもたらしている」
4．「教育と訓練の不足は，しばしばフリーランサーのキャリアの道を限
定している」

　第8段第4～最終文（Given that they … case right now.）までの内容
と2が一致する。「現在すべてのフリーランサーに対応する社会保護シス
テムは1つもない」「多種多様な雇用の利益を促進し守るためにどのよう
にできるのだろうか？」とある。1は「ジェンダーの平等」という部分が
誤り。この文章はフリーランスについてさまざまな角度から論じているが，
ジェンダーに関する記述はない。3は第7段第1文（Of course, this …）

に「フルタイム労働がまだ雇用の標準である」という記述はあるが，フルタイムの労働者とパートタイムの労働者の創造性などを比較する記述は文章中にみられない。4は第3段第1文（Perhaps the most …）に最も魅力的なフリーランスの面の一要素として高度な教育を受けているという記述があるが，教育，訓練の不足がフリーランスのキャリアを限定するという記述はない。

———————— **語句・構文** ————————

（第1段） entrepreneur「起業家」 gig economy「フリーランスなどの立場で単発，短期の仕事を請け負う働き方でお金が回る経済」 Janus-faced「2つの顔をもつ」

（第2段） slasher「仕事として行うことを複数もつ人」

（第3段） among other「とりわけ」 and the like「～など」 stay on top of ～「～をうまくやりこなす」 cutting-edge「最先端の」

（第4段） flat-white economy「フラット・ホワイト・エコノミー」 デジタル・クリエイティブの分野における人材によって形成される集団による経済。オフィスを避け，コーヒーショップでフラット・ホワイトというエスプレッソにミルクを加えたコーヒーを飲みながら仕事をする姿から名づけられた。profician「専門家的な立場のフリーランサー」 self-employment「自営業」 gig「仕事」 precarian「非正規労働者的な立場のフリーランサー」 task-tackler「業務に取り組む人」 Amazon's Mechanical Turk「アマゾンのメカニカルターク」 インターネットなどを通じてさまざまな仕事を世界中の人に依頼することが可能なアマゾン社のクラウドソーシングのサービス。

（第5段） benefits「社会保障手当」 get by「なんとか生きていく」

（第6段） caricature「風刺画」 9-to-5「勤務時間が9時から5時までの（通常の会社員の勤務時間）」 opt for ～「～を選ぶ」

（第7段） telecommuting「在宅勤務，テレワーク」 crowdsourcing「クラウドソーシング（インターネットを介して業務を依頼するビジネス形態）」

（第8段） facilitate「円滑に進める」 at large「全体として」 given that ～「～だということを考えれば」 homogeneous「同種の」 on the case「問題解決に当たっている」

Ⅱ **解答** 　46—3　47—1　48—1　49—3　50—1　51—2
　　　　　　52—2　53—3　54—2　55—2　56—3　57—4
58—4　59—3　60—1

·········· **全訳** ··········

《礼儀と倫理》

1　ずっと前から，それぞれの世代が後に続く世代のことを自分たち自身の世代よりもより無礼であり，より卑劣で冷酷であるとみなしてきた。礼儀正しさが失われていくことに対する嘆きは文明が衰退することに対する嘆きよりもより多くみられ，後者は前者に帰する場合もある。しかし年を取った頑固者が正しいとしても，社会というものが礼儀を理解している方法には，探り当てる価値のある哲学的な問題がある。そしてそれは道徳の状態に関係している。

2　社会的不公正から存在の危機に至るまで，心配すべきより深刻な物事がある際に，なぜ礼儀正しさについて心を悩ませるのだろうかと問う者もいるかもしれない。私たちが礼節を失ったら本当に問題なのだろうか？これは当然の質問であり，私たちの世界観の多くに対する宗教の影響により，いくばくかの力を与えられている。この伝統において，倫理は私たちが創造主に負うものについてのものである。神の法はその起源およびそれがもたらす結末の双方において，別世界のものである。神の意志は命じ，私たちの永遠の救済は私たちが従うかどうかにかかっている。このことと比較すると，礼儀は些細で，単に慣習的なものであり，道徳的な力が欠けているように思える。しかし宗教的なものの見方を離れてみると，倫理と礼儀がいかに密接に結びついているかがわかる。それぞれがともに私たちが他者をどのように扱うべきかについての規範に関係するものである。

3　あらゆる世俗的な骨組みにおいて，倫理は神に授かった目的よりもはるかに実用的な機能を有している。古代人にとっては，どのように最もうまく共生するかについてのものであり，自身と社会の繁栄のためのものであった。ほぼ誰もがこのことを可能にするために従うべきである最も必要なルールについては合意する。つまり殺したり，けがをさせたり，盗みをしたり嘘をついたりしてはいけない，少なくとも日常的には，といったことである。しかし，善人はこれらのはなはだしくひどい悪事を避ける以上のことを行う。彼らは礼を言い，他人のためにドアを開け，人の邪魔をし

ないといったことである。

4　これらのちょっとした行動は私たちの社会的な交わりを円滑にし，みなの生活をより快適なものにする。そういった行動は私たちの他人への気遣いや善意，進んで協力しようという気持ちや，些細な身勝手などないことについて小さな合図を送る。礼儀の最も際立った特徴は，その多くが，倫理が主にそうではない方法において，自由な裁量によるものであるということである。握手をすることは，お辞儀をしたり拳を合わせたりすることと同様に，本質的には礼儀正しくはない。対照的に身体的に危害を引き起こすことの悪については文化的に相対的なものは何もない。

5　しかし，このために礼儀が根本的に倫理とは異なるものであるかのように見える一方で，礼儀は実際のところ，最も深刻でない見せかけの倫理である。実際のところ，大きな道徳的問題となると，社会的道徳観が影響を与える。合法的にあなたのものではないものを取ることは，普遍的に間違いだと考えられる。しかし私有財産だとみなされるものには非常に大きな差異がある。暴力に対する禁止は普遍的なものであるが，その中身はそうではない。そしてある社会において不法な私刑は，他の社会において容認されており，あるいは義務的な懲罰でさえある。同様に，すべての文化は相応の敬意を示すことに重きを置いており，最もそれに値すると思うものが異なるだけなのである。

6　礼儀は倫理のすべての側面と同様に，時代と場所によって異なる。しかし，その目的は不変のものである。私たちのほとんどがほとんどの場合においてそれらに従っている限り，社会が平和に機能している状態を保つ，共有され，広く理解されて受け入れられている一連のルールを提供することである。そういうわけで無礼に対して憤慨することは愚かなことではない。礼儀を無視するということはせいぜい小さな不愉快を与えるものであり，最も悪い場合には重大な不正行為である。礼儀正しさを拒絶するということは，社会において自らの場所を得ることを拒絶することであり，社会的な交流という車輪に邪魔な砂粒を投げ込むことである。ゴミを捨てることやつまらない万引きのように，一握りの人によってごくまれに行われている場合には害はないことが，もし多くの人によって定期的に行われるなら害となるのである。

7　一方で，無礼さは私たちの社会生活を混乱させるというまさにその理

由で，重要な肯定的な機能を果たす可能性がある。自分たちがそうしてもらう権利があると考えている敬意を示すつもりはないと誰かにはっきりさせることが，必要な場合もあるのだ。例えば，君主の前で跪かないことは無礼なことかもしれない。しかし，もしも仮にチャールズ国王に会うようなことがあれば，自分の共和主義の指針を守るため，喜んで気分を害するだろう。前英国首相のボリス=ジョンソンは敬意を払われることなどは望めないし，礼儀正しさの規範を守りつつ，政治における彼の振舞いに対する私の嫌悪感をどのように伝えることができるのかは想像しがたい。礼儀正しさは市民の基本的な義務である。しかし，現状がもはや敬意に値しない場合には，礼儀正しさはよい結果をもたらす協力者ではなく，有害な共犯者となるのである。

===== 解　説 =====

46　選択肢はそれぞれ，act out「身振りで示す」，block out「遮断する」，tease out「（情報などを）引き出そうとする」といった意味であるが，そうする価値のあることとして「哲学的な問題」を修飾していることから tease out が正解として適切である。

47　前文（Why fret about …）の「社会的な不公正などもっと心配することがあるのになぜ礼儀正しさについて悩むのか」という内容から判断する。「もし〜ならば」という意味を表す if を選び，前文の疑問に加える形で「礼儀を失ったら本当に問題なのか」と続ける文章を作る。since は「〜から，〜なので」，unless は「もし〜でなければ」といった意味である。

48　直後に「双方が私たちが互いをどのように扱うべきかの規範に関係する」とあることから判断する。倫理と礼儀は modestly「控えめに」でも remotely「関係が薄く，離れて」でもなく，intimately「密接に」結びついていると考えられる。

49　続く2文（For the ancients, … [50] not routinely.）で「倫理はどのようにともに生きていくかについてのものであり，自身と社会の繁栄のためのもの」「殺さないといった守るべき必要なルールにみな合意する」とある。このことから，倫理は実用的な機能を有しているとなる，pragmatic「実用的な」が正解として適切である。emotional は「感情的な」，idealistic は「理想主義的な」といった意味である。

50　殺さない，盗まない，嘘をつかないといった守るべきルールが日常的にどのようにないものであればよいかを考える。「少なくとも」という意味の at least が正解として適切である。for now は「今のところ」，on average は「平均して」といった意味である。

51　この文章の主語の These little acts は，直前に，悪行をしないだけではなくお礼を言ったり他人のためにドアを開けてあげたりすることを指している。さらに直後に，これらの行為は「他人の生活をより快適にする」と続いていることから判断する。「社会的な交わり」を lubricate「円滑に動かす」が正解となる。complicate は「複雑にする」，transcend は「超える」といった意味である。

52　while に注目する。while の内容が「このために礼儀はまるで倫理と根本的に異なるように見えるかもしれない」という内容であることから，least を選び「見せかけは深刻ではないが，実は倫理である」という対照的な内容を作ればよい。直後に「実際，大きな道徳の問題ということについては，社会的道徳観が影響する」とあることもヒントになるだろう。equally は「平等に」，most は「最も〜な」といった意味になる。

53　ある社会において不法な私刑が他の社会では許容されており，義務的な何であるかを考えればよい。attribution は「帰属」，contribution は「貢献」，retribution は「報い，懲罰」といった意味であるが，この文脈に最も当てはまるのは retribution である。

54　直前に「礼儀は社会を平和に機能させ続けていくルールを提供する」という記述があり，このために「無礼」に対してどう感じることが愚かではないのかを考えればよい。indignant「憤慨している」が正解となる。enthused は「夢中である」，lenient は「大目に見る」といった意味である。

55　直前に「〜する一方で」と対比を表す while があることに注目する。「ジョンソン元首相の振舞いに対する嫌悪を伝える」という内容との対比なので「遵守する」という意味の observing を選び，「礼儀正しさの規範を守りつつも嫌悪感を伝える（ことは難しい）」といった文章を作る。neglecting は「おろそかにする」，reshaping は「形を変える」といった意味である。

56　「主に第2段で説明されている宗教的な伝統によれば，倫理と礼儀は

（　　　）のような方法で特徴づけられる」

１．「前者は権威ある地位にいる人々に適用され，後者は平民を統治するためのものである」

２．「前者は年配の人々に認められ，後者は若者によって時間とともに変えられるかもしれない」

３．「前者は人間が制御できる範疇を超えており，後者はコミュニティの合意された行動規範である」

４．「前者は公式な論理的な問題についてのものであり，後者は本質的に一般人の信念に基づいている」

　第２段第４〜７文（In this tradition, … any moral force.）に「倫理は私たちが創造主に負うものであり，神の法は別世界的なもので，永遠の救済は私たちが従うかどうかにかかっている」「礼儀は慣習的なものである」とあることから判断すると３が一致する。上述の部分から４にある「公式な論理的な問題」といった内容は読み取れず，１や２のように権威ある者と平民や年長者と若者といった区別はされていない。

57「第６段の『社会的な交流という車輪に邪魔な砂粒を投げ込む』とは何を意味しているのか？」

１．「コミュニティのメンバーの円滑な協調を維持する」

２．「わがままのために自身を残りの人々から切り離す」

３．「親しい友人と非友好的な敵との間に線引きをする」

４．「相互の信頼と尊敬という根本的なシステムを機能不全にする」

　直後の第６段最終文（Like littering and …）にこの行為の具体例が示されており，「万引きなどは少数によってまれになされるのであれば害はないが，多数が定期的に行うと害になる」と述べられている。そして同段第２文（But its purpose …）に「礼儀は社会を平和に機能させ続けるための広く共有，理解されたルールを提供する」とあることから４が正解であるとわかる。１はこの内容の真逆である。２と３については本文に記述がない。

58「仮に筆者が無礼の規則を策定するとしたら，どのように述べるだろうか？」

１．「他者を批判するときでさえ，肯定的な姿勢を取るようにする」

２．「嫌いな人を侮辱する際は，極端に礼儀正しくする」

3．「本能に基づいて行動し，可能であれば敵対者を弱体化させる」

4．「人々があなたの意思を認識できるよう，戦略的に規範に逆らう」

第7段第2～4文（It can be … norms of politeness.）に注目する。相手が受ける権利があると考えている敬意を示すつもりがないと示すことが必要な場合があると述べたうえで，チャールズ国王やボリス゠ジョンソン前首相を引き合いに出し，礼儀正しくしつつ嫌悪感を伝える難しさを語っている。この部分と4が一致する。1や2はこの内容に矛盾する。3は本文に記述がない。

59 「第7段の筆者の意見によれば，礼儀の非常に重要な特徴は」

1．「攻撃的になることなく，時に無視されるかもしれない」

2．「私たちがどのように生きるのかの一般的な枠組みを定義する」

3．「ある目的を達成するためには無視され得る」

4．「真剣な哲学的問題とは考えられていない」

第7段第2文（It can be …）に「相手が受ける権利があると考えている敬意を示すつもりがないと示すことが必要な場合がある」とあり，この内容と3が一致する。1は第7段第3文（It may be …）と矛盾。「無礼な行為ではあるかもしれないが，進んで相手の気分を害する」とある。2は第7段でなく第3段第1・2文（In any secular … that of society.）に，倫理について「どのように最もよく共存するかについてのもの」と記述されている。4については直接の記述はない。

60 「第7段の空欄AとBに挿入する最も適切な語を選べ」

1．A．有益な，慈善心に富む　B．有害な，悪意のある

2．A．知恵のない　B．機知に富んだ

3．A．正当な理由のない　B．根拠の確かな

4．A．従順な　B．不従順な

直前の第7段第5文（Civility is a …）に「礼儀正しさは市民の義務」とあり，逆接のBut で結ばれていること，同段第2～3文（It can be … my republican principles.）に「相手が受ける権利があると考えている敬意を示すつもりがないと示すことが必要な場合がある」「進んで相手の気分を害する」とあることからBは「有害な」共犯者が適切である。また第6段第1・2文（Etiquette, like all … of the time.）に「礼儀は社会を平和に機能させ続けるためのルール」とあることなどから，Aは「慈善心に

富む」協力者であることをやめると考えられる。

〜〜〜〜〜〜〜〜〜〜〜〜 **語句・構文** 〜〜〜〜〜〜〜〜〜〜〜

（第1段） for as long as *A* can remember「ずっと前から」 successor「後継者」 lament「嘆き」 civility「礼儀正しさ」 codger「風変りではあるが愉快な老人」

（第2段） fret about〜「〜を心配する」 worldview「総合的な見解」 otherworldly「別世界の」 eternal salvation「永遠の救済」 norm「標準」

（第3段） secular「世俗的な」 egregious「ひどい」

（第4段） arbitrary「任意の，個人の好みに任せた」 bumping fists「拳を合わせる」

（第5段） guise「見せかけ」 social mores「社会的道徳観」 lynching「私刑を行う」 due respect「当然の敬意」 merit「評価に値する」

（第6段） incivility「無礼」 small offence「軽い侮辱，犯罪」 grit「砂粒」 littering「ゴミで散らかす」

（第7段） disruption「崩壊，混乱」 kneel「跪く」 King Charles「チャールズ国王」 stand up for〜「〜を守る」 republican「共和制移行主義者，アイルランド統一主義者」 status quo「現体制」 cease to〜「〜することをやめる」 complicity「共犯者」

Ⅲ **解答**　61—1　62—3　63—3　64—2　65—3　66—3
67—2　68—1　69—1　70—2　71—3　72—1
73—1　74—1　75—3　76—2　77—2　78—3　79—2　80—1
81—2　82—1　83—3　84—4　85—2　86—1　87—3　88—1
89—4　90—1

…………………………………… **全訳** ……………………………………

《ファストファッションに隠された汚い秘密》

１　2020年へようこそ。誰もが声を上げることができ，消費者たちは自分たちの発言権を行使することを恐れていない。そしてそのうちの最も大きなものの2つの声が大激論を呼んでいる問題について声高に叫んでいる。つまり厳しい予算で流行している商品を購入することと，製造されている衣服がエシカル的に善であり，気分がよいという認識の要素である。ファ

ッションの背後にある労働条件とエシカルな供給元に関する懸念は，何も新しいものではない。「搾取工場」という用語が存在している以上，それらに反対する支援者が存在している。しかし人間の本質は二重性，そして時には嘘の上に成り立ってもいる。人間の労働者を大切にするということについての説論にもかかわらず，標準的な消費者は実際に気にかけているのだろうか？

2　ファッションノバはインスタグラムの時代のファストファッションをすべて揃えた企業であるが，この事実のよい例である。その大部分がオンラインの小売業者は，著名人，インフルエンサー，無作為に選ばれるソーシャルメディアにひっきりなしにそのブランドの自撮り写真を投稿している人たちの巨大なネットワークに頼っている。それはまさにオンラインの常連客を満足させるために作られており，高価に見える安価な服を大量生産している。「インスタグラムのフィードの鮮度を保つには，色々な種類の服を大量に買って，着るのはおそらく2回か3回だけとする必要があります」とファッションノバの創設者であるリチャード＝サギアンは昨年インタビューで述べている。この習慣を可能にするため，彼は売れるように価格が設定された新しい選択肢の絶え間ない流れを提供している。ファッションノバの身体にぴったりとしたデニムは24ドル99セントである。そしてサギアンは，自身の会社が「2週間以内に」服を製造させることができるとも語っている。それは本社から車ですぐのところにあるロサンゼルスの製造業者によってしばしば作られている。このモデルは，このブランドの圧倒的な成功の背景にある醜い秘密をほのめかしている。連邦労働局はファッションノバの多くの衣服が違法に低い賃金でアメリカ合衆国の従業員によって縫い合わせられているということを発見している。しかしながら，ファッションノバがロサンゼルスに拠点を置く搾取工場を使っているというニュースをニューヨークタイムズが報道したとき，誰も実際に驚きはしなかった。それは実際には速報ではない速報だったのである。

3　というのは非常に安価な服には，搾取工場がある種求められているからである。しかしながら，これらがアメリカの搾取工場であるという暴露は，おそらくはもう少しばかり怒りを呼ぶべきものであった。なぜなら，言葉からその存在が連想される間違った正義感が一部あるためである。とりわけ「米国産」はしばしば流行語の偽旗作戦である。アメリカで作られ

たある商品を目にすると，ある種の（間違った）思いこみがなされる。つまり以下のようなものである。

- 公正な労働慣行で作られている。
- エシカルであるアメリカ産業を直接支えているものである。
- たとえ安価であったとしても，何かしらの抜け穴のおかげであり，疑わしい生産ではない。

4　公正を期すなら，これらのうちのいくつかは，あるいはすべてが真実であることもある。しかし「できすぎた話だ」や「ケーキをもつこととそれを食べること（同時に２つのことはできない）」（衣服がケーキであり，エシカルな商慣行から得られる心の安らぎが食べること）といった古くからある格言がここでは非常に真実味をもつ。悪いことが起こる場合，それはたいてい別世界でのこと（距離的あるいは階級的に）であり，自分自身の裏庭のような場所では決して起こることはないというある種，一般的なコンセンサスが存在する。

5　しかし，ファストファッションの影の部分は，私たち自身の裏庭ともいえる場所で起こっている。そして誰かが気にかけさえしているのかどうかを考えなければならない。ロサンゼルスは激しく二分されている。活動家やインフルエンサーたちが人権について声高に叫んでいる一方，搾取工場は好ましくない小さな秘密である。労働者たちが過酷な１日12時間労働を行い５ドルから75ドルの範囲で販売される衣服を，１着につきおおよそ３セントしか支払われずに製造しているのは，中国ではなくアメリカにおいてである。時給５ドル稼ぐという目標は実際には，彼らにとってはかないそうにもない夢なのだ。ただメルセデス=コルテスに尋ねてみればいい。彼女は56歳でカリフォルニア州のヴァーノンにあるファッションノバのオフィス近郊にある埃だらけの工場，ココ・ラブでファッションノバの服を数カ月間縫製していた。「ゴキブリがいましたし，ネズミもいました」と彼女は語る。「労働環境はよくなかったです」彼女は毎日働いたが，給料は彼女の指がどのくらい速く動くかによって異なった。コルテスさんは縫い合わせたシャツ１着ごとに給料が支払われた。片袖を縫い合わせるのに４セント，脇縫いを片方縫うのに５セント，襟ぐりを縫うのに８セント程度である。平均で彼女は１週間に270ドルを稼いだ。時給４ドル66セントに当たる額です，と彼女は述べている。

　6　驚くべきことではないが，この労働力の大部分は仕事の選択肢が他に
ほとんどない在留許可をもたない移民で構成されている。カリフォルニア
州の労働統計局によれば，ロサンゼルスで2番目に大きな産業（いわゆる
裁断と縫製の労働力）を構成する46,000人以上のうち，非常に大きな71
％が移民である。「それには搾取工場のシステムに好都合なことがすべて
あるのです」と2014年から2017年までアメリカ合衆国労働局の賃金・労
働時間部を率いたデイビッド＝ウェイルは述べている。「消費者は『もちろ
ん，バングラデシュやベトナムがそうだよね』と言うことができます。し
かしそれらの国々は発展途上国です」とウェイル氏は語る。「人々はただ
自分たち自身の裏庭で起こっていることが本当のことだとは信じたくない
のです」在留資格をもたない移民の問題は常に政治的なものである。しか
し最終的には人間の生命の価値を問う問題なのだ。在留資格があるかどう
かにかかわらず，私たちはこれらの人々のことを気にかけるだろうか？
ファストファッション産業の対象顧客層である平均的な消費者は，彼らが
身につける流行の新しいブーツに対してほんのわずかの賃金しか支払われ
ておらず，労働者の生活に文字通りドルの価値をつけているということを
気にするだろうか？　あるいは25ドルというプライスポイントがそうす
る価値があるものにしているのであろうか？

　7　ギルダンアクティブウェアは，一般大衆にはアメリカンアパレルの買
収でよりよく知られているが，その買収後に精査を受けたファストファッ
ションのブランドの1つである。アメリカンアパレルは長い間「アメリカ
製」の宣伝文句で知られていたのだが，以前に長年にわたって抱かれてき
たその認識はもうない。彼らは現在，主としてカリブ諸国や中央アメリカ
にある工場を使っており，大衆も気づいているからだ。

　8　ニューヨークタイムズのファッションノバについての最近の記事は，
このファストファッションブランドは，実際のところ，アメリカに拠点を
置く労働力を用いているかもしれないが，その労働はとんでもなくエシカ
ルではないと認めることにより，このスキャンダルに一歩踏みこんでいる。
彼らが使っているアメリカの工場は，380万ドル以上の賃金を労働者たち
に支払う義務がある。コルテスさんはそのような労働者の一人である。
2016年，彼女はココ・ラブを退職し，その後，5,000ドルの未払賃金につ
いて会社と和解した。彼女はファッションノバの衣服を裁縫する工場での

勤務を続けており，数セントで彼女が縫い合わせたトップスについている
12ドルの値札に気づいている。「私たちに支払われている金額に対して洋
服は高すぎる」とコルテスさんは語っている。ファッションノバの衣服を
製造する工場において繰り返し違反が見つかった後，連邦政府の職員が会
社の代表者と面談を行っている。「私たちはすでに労働省と非常に生産的
で前向きな会合をもっており，その中で私たちが継続して行っている，フ
ァッションノバに関わっているすべての労働者に，彼らが行っている仕事
に対して適切な補償を確実に行うという義務についての議論を行いまし
た」とファッションノバの法務責任者であるエリカ=マイアーハンスはニ
ューヨークタイムズに宛てた声明の中で述べている。「ファッションノバ
が私たちのブランドで働いているあらゆる人に対し，不当に安い賃金を支
払っていることに対する責任があるという指摘は全くもって間違いです」
　9　これらすべてのことは悪い，その通りであるが，私たちはそれが全く
新しいことであるというふりをすることはできない。中国製の製品ではな
くアメリカ製の製品を買うことが，私たちによい製造場所というポイント
を十分に稼がせてくれると信じることは簡単な嘘である。しかし，その仕
組みはそれよりももっと複雑なものである。そして私たちがそれを無視す
ることを選んでいる限り，ただ無茶苦茶なままであり続けうる。ファッシ
ョンノバは宝の山へと入りこんだ。彼らは，実際に達成可能な憧れの美し
さを作り出すインフルエンサーを使ったマーケティングに飛びついたので
ある。そしてアメリカの中流階級にとっては，カーダシアン家的なライフ
スタイルを送ることは，かつてははるかに手の届かないところにあった理
想だった。ファストファッションという光り輝くリンゴを提供されること
は，人権侵害という腐敗した庭へとつながるのである。
　10　アメリカのインフルエンサーを起用するということは，オーガニック
的な倫理感の幻影を永続させることに役立つ。もしも私たちの国で育った
お気に入りの人たちが，贅沢な家庭に生まれたわけでもない人たちが，誇
らしげにこれらの衣服を身につけ，マーケティングしているとしたら，ど
うしてそれらが悪いものであるのだろうか？　もしもそれらがアメリカ製
であるなら，何が害になるのだろうか？　それには多くの害があることが
判明している。ずっと憎まれてきた搾取工場は，国内の経済にうまく定着
している。実際のところ，労働局がロサンゼルスの衣服工場の調査を行い，

85％が賃金で違反していた。これらの労働者の多くが在留許可を得ていないという事実が，無意識のうちに，自分たちの国土でそれが起こっているときに見て見ぬふりをすることを容易にしている。

11　消費者の行動という振り子は「安い」と「エシカル」との間を大きく揺れており，最もバランスのよい妥協点を見つけることはますます難しくなっている。概して，ニューヨークタイムズの記事は速報ではない。それは驚くべきことですらほとんどない。しかしながら，重要なことは私たちがこの情報をどうするかである。ファッションノバと他の同じようなブランドの収益や人気が上昇していく一方の状況で，私たちは少なくともある社会経済的集団の不快な回答を得ている。もしも私たちが人の生活を犠牲にすることよりもお金に重きを置くならば，ファストファッションがエシカルに腐敗したものであることは差し支えない。

========== 解説 ==========

61　直後に「搾取工場という用語がずっと存在している」とあることから，ファッション業界の労働条件などについての懸念は従来から存在していたことがわかる。よって nothing「全く〜でない」が new「新しい」の前に入るべき正解となる。somehow は「どことなく」，all は「すべてが」といった意味になる。

62　インスタ時代のファッションを完成させたファッションノバが当てにするのはどのように自撮り写真をソーシャルメディアに投稿する人たちかを考えればよい。relentlessly「容赦なく，ひたすら」が正解として適切である。repugnantly は「不快なほど」，reclusively「再帰的に」といった意味である。

63　直前に，ファッションノバは「アメリカ国内で違法に安い賃金で縫製させていることが判明」とあり，直後に，それを伝えたニュースが「実際には速報ではない速報だった」と続いている。このことから「ファッションノバがロサンゼルスの搾取工場を使っていることが報じられた際に」誰もどのような反応をしなかったのかを考えればよい。すでにわかっていたことなので，blinked an eye「驚いた」を選び，「驚きはしなかった」という文章を作ればよい。turned a blind eye「見て見ぬふりをした」saw eye to eye「意見が一致した」。

64　ruffled に注目する。ruffle *A* feathers で「*A* を苛立たせる」といっ

た意味になる。ruffle *A* hairs では「人の髪の毛をくしゃくしゃにする」となる。skirts「スカート」では文章が成り立たない。

65　この後に続く文「アメリカ製であると目にすると，ある種の間違った想定が行われる」とあることから，「間違った正義感」「その存在」と「言葉の連想」のつながりから判断する。owe *A* to *B*「*A* は *B* の恩恵を受けている」といった意味であるが，ここでは「*B* は *A* の原因となっている」といったニュアンスで考えればよいだろう。supply は「提供する」，describe は「説明する」といった意味である。

66　make allegations で「申し立てをする」，make contributions で「貢献する」，make assumptions で「想定をする」といった意味になるが，直後の「公正な労働慣行により製造されており，疑わしい生産ではない」といった内容を「アメリカ製であるということを目にすると」どうするのかを考えればよい。第3段はアメリカにおける搾取工場についての文章なので assumptions を選び，「間違った想定をする」が正解となる。

67　選択肢はそれぞれ，theories「理論」，fairness「公平，公正」，situations「状況」といった意味であるが，ここでは in all fairness で「公正を期して言うならば」といった意味のイディオムとして fairness が用いられている。

68　「1着につき3セントが支払われる服を製造する1日12時間の労働」がどのようなものかを考えればよい。grueling「過酷な」が正解となる。conflicting は「相反する」，exhilarating は「陽気にさせる」といった意味である。

69　この文章の「この労働力」とは第5段で述べられている劣悪な環境下で低賃金で働く人々を指している。この労働力を構成するのは「在留許可をもたない移民」であるという文章である。「残された」という意味を表す left を選び，このような人々には仕事の選択肢がほぼ残されていないという文章を作る。gone は「行ってしまった」，grouped は「集められた」といった意味になる。

70　ロサンゼルス第2の産業である縫製業の労働者の71％が値としてどのようなものかを考えればよい。trifling「取るに足りない，つまらない」や disdainful「軽蔑的な」ではなく，whopping「途方もない」割合である。

71　middle は「中間」，beginning は「始まり」，end は「終わり」の意だが，ここでは at the end of the day「結局のところ」という意味のイディオムとして用いられている。

72　平均的な消費者はファストファッション業界のターゲットとなる何に当たるのかを考えればよい。demographic「年齢，職業などがほぼ同じである人から成る層」が正解で合わせて「ターゲット層」となる。ビジネスにおいてもデモグラフィックは市場の分析，細分化でよく用いられる語であり，性別，所得，年齢などの属性を示し，マーケティングなどで活用される。adversary は「敵対者」，protagonist は「主人公」といった意味である。

73　直後に「アメリカンアパレルは『アメリカ製』として知られていたが，もはやそうではない」「海外の工場を主に使っていることを大衆も気づいている」と続くことから判断する。under the microscope「細かいところまで調べる」の結果，段末にある「大衆も気づいている」となっていると考えられる。under the radar「事実などが気づかれないで」では上述の内容と矛盾し，under the knife「手術を受けて」では文章が成り立たない。

74　第3段最終文（When someone sees …）などにある通り，「アメリカ製の商品であれば公正な労働慣行で作られている」という思いこみがある。このニューヨークタイムズの記事は「このファッションブランドが実際にアメリカの労働力を使っていながら全くエシカルでないと認めることにより，このスキャンダルを一歩どうしたのか」を考える。further を選び，「さらに一歩進めた」とすればよい。one step backward は「一歩後退」，one step down は「一歩下がる」となる。

75　選択肢はそれぞれ，abandoned「破棄した」，breached「違反した」，reached「到達した」といった意味である。直後に「ファッションノバの衣服を作る工場で働き続けている」とあることから reach a settlement「和解する」という結果に至ったと考えられる。

76　「私たちがそれを無視することを選ぶ」と「ひどい状態が続く」との関係を考える。第5段第3文（It's not in …）などで述べられている通り，すでに労働環境は劣悪なものである。よって「もし〜でなければ」という意味の unless は不可。第9段最終文（Being offered …）に「光り輝くフ

ァストファッションというリンゴを提供されることが人権侵害につなが
る」とある。私たちが選べば，ひどい状況はますます続くと考えられるの
で，「たとえ〜だとしても」という意味の even though も不可。「〜する
限りは」と条件を表す as long as が正解となる。

77　直後に「彼らは，実際に達成可能な憧れの美を作り出すインフルエン
サーを使ったマーケティングに飛びついた」，さらに「人権侵害につなが
るファストファッションという光り輝くリンゴを提供」している。このこ
とから宝の山に「入りこんだ」という意味を作る tapped into が正解とな
る。danced into 〜 は「〜の中に踊りながら入る」，sunk into 〜 は「〜
に沈みこんだ」といった意味である。

78　インフルエンサーをマーケティングに利用している理由を考えればよ
い。第10段でインフルエンサーのことを「贅沢な家庭に生まれたわけで
はない」としていることからも，彼らの作り出す美しさは身近で手頃なも
のだと考えられる。attainable「達成可能な」が適切である。直後に「カ
ーダシアン家的なライフスタイルは，アメリカの中流階級にはかつては手
の届かない理想であった」とあることもヒントになるだろう。dismissible
は「解雇可能な」，sustainable は「持続可能な」という意味である。

79　直前に「ロサンゼルスの衣類工場の85％が賃金で違反していた」と
あり，「これらの問題はそれが移民であれば自分自身の（　　　）で起こ
っているときであっても見て見ぬふりをすることが容易になる」と述べて
いる。dirt は「泥」，soil は「土壌，国土」，earth は「地球」といった意
味であるが，ここでは soil を選び「自分自身の国であっても」とする。

80　直後の spot と併せて考える。sweet spot で「最もよい結果を生む地
点」といった意味になる。「汗」という意味の sweat や「掃く」という意
味の動詞 sweep の過去分詞 swept では意味をなさない。

81　「この文章において提示されている重要な問題は何か？」
　1．「消費者は被服産業の損失よりも労働者の公平性を優先させている」
　2．「消費者が安価な衣服がエシカルな手法で製造されているかどうかを
気にかけているかは不明である」
　3．「多くの買い物客が使い捨ての衣服が環境に与える影響は非常に重要
なので無視することができないと考えている」
　4．「デザイナーたちはもはやファストファッション業界で働くことを望

んでおらず，企業は外国人労働者に頼らなければならない」

　　第1段第3文（The concern over …），第6段第6〜最終文（The issue of … it worth it?）や第9段最終文（Being offered …），第11段最終文（With Fashion Nova's …）などから判断する。「ファッションの背後にある労働条件とエシカルな供給元に関する懸念」「人の命の価値の問題だが消費者は気にかけないのか？」「ファストファッションという輝くリンゴが人権侵害につながる」といった表現から2が正解となる。1はこれらの文章に明らかに矛盾する。3は「環境に与える影響」について本文に直接の記述はない。上述のようにこの文章で述べられているのは労働者の待遇についてである。4も本文に記述がない。第6段第1文（The majority of …）などに移民労働者に関する記述はあるが，彼らは縫製に従事している。

82　「この記事によれば，ファッションノバの搾取工場は」

1．「国内に位置しており，遠く離れた外国にではない」

2．「国内の企業がインフルエンサーを引きつけることに役立っている」

3．「税額優遇措置を戦略的に利用しているため，安価である」

4．「従業員に対する公正な方針を通じて衣服を製造している」

　　1が第2段第7文（And, Saghian said, …）の後半部分と一致する。「本社から少し車を走らせたロサンゼルスの製造業者」とある。2は第2段第2文（The mostly online …）に「インフルエンサーに（宣伝を）頼っている」という記述があるが，「国内の企業にインフルエンサーを引きつけている」のではない。3は「ファッションノバが税額優遇措置を利用している」という記述は本文になく，4は第2段第8文（That model hints …）と矛盾する。「労働局が違法に低い金額の労働力によって縫製されていることを発見している」とある。

83　「第4段の『ケーキを食べながらもっている』という表現によって何が意味されているか？」

1．「既存の利益を犠牲にして新しい利益を手にする」

2．「製品やサービスを速く大量に売るという行為」

3．「その欠点を無視して，あるもののよいところを受け取る」

4．「能力を考慮すると，仕上げることが非常に簡単な単純な仕事」

　　この表現は You can't have your cake and eat it too. 「ケーキをもって

いたら食べることはできない＝同時に２つのことはできないのでどちらか
を選ばなければならない」がベースになっている。そのうえで「服がケー
キ，エシカルな商慣習からもたらされる心の安らぎが食べること」と説明
されている。よって３が正解となる。直前にある too good to be true
「話がうますぎる」が大きなヒントになるだろう。

84 「第５段において，メルセデス＝コルテスの例は何を示しているか？」

１．「どのくらい速く作業するのかによって，衣服を製造する人々は時給
５ドルから 75 ドルを稼ぐことができる」

２．「工場におけるゴミやネズミのため，『裁断や縫製』を行う労働者がよ
り高い賃金を実現することができない」

３．「労働者が衣服の特定の部分を縫うことを専門に行えば，より優れた
効率が達成可能である」

４．「たとえ懸命に働いたとしても，衣服を縫い合わせている人々が時給
５ドル以上稼ぐことは難しい」

　　４が第５段第４文（The goal of …），第９文（She worked every …）
および最終文（On average, she …）と一致する。「時給５ドルという目
標はかなうそうではない」「毎日働いている」が「時給にすると４ドル 66
セント」とある。１は上述の最終文と矛盾する。第３文（It's not in …）
の後半部分に５ドルから 75 ドルという記述はあるが，これは販売される
商品の値段である。２と３は本文に記述がない。２のゴキブリやネズミに
ついて第６〜８文（“There were cockroaches. … conditions weren't
good.”）に労働環境が悪いという記述があるのみで，高い賃金を実現でき
ない理由とはされていない。

85 「第５段において，筆者が説明しているロサンゼルスの『二分』とは
何か？」

１．「消費者は海外の搾取工場で製造されたファストファッションを購入
する一方，国内における不公正な行為を防ぐために手段を講じている」

２．「多くの人々が労働者の権利については気にかけていると述べている
が，近隣で起こっている労働虐待については無知であるように思える」

３．「ファストファッションの企業から無料の商品と広告の契約を受け取
り，広告の契約を結んでいるにもかかわらず，有名なインフルエンサーた
ちがファストファッションの企業に抗議している」

4．「搾取工場を用いて製造された衣服は安価であるが，消費者は工場の所有者たちが行っている脱税を認識していない」

　この表現は第5段第2文（Los Angeles is …）に登場する。同文コロン後に具体的な二分の内容があり，「活動家やインフルエンサーが声高に人権問題について叫んでいる」「搾取工場は好ましくない小さな秘密」である。これらの内容より2が正解となる。1は「国内における不公正な行為を防止するために措置を講じている」という部分が誤り。3はファッションブランドがマーケティングに利用しているインフルエンサーと，上述の人権問題の抗議をしているインフルエンサーが同じだという記述はない。4は「工場の所有者が脱税をしている」といった記述は本文にない。

86　「以下のどの情報が第6段において提示されていないか？」

1．「ほとんどのアメリカの労働者は正式な許可を得ずに入国した外国人であると政府は報告している」

2．「衣服の購入者は公正でない労働条件は他国における問題でしかないと考えることを好む」

3．「ロサンゼルスで製造された新しいブーツは製造する費用が1ドルに満たないかもしれない」

4．「衣服の製造はロサンゼルス経済の最も大きな部門の1つである」

　1は第6段第1文（The majority of …）と矛盾する。確かに「正式な許可をもたずに入国した労働者が大部分を占めている」という記述はあるが，this workforce とは前段などで示されているようなファストファッションの工場で働く人々を指しており，「アメリカの労働者」全体ではない。2は第6段第4・5文（"Consumers can say, … their own backyard."）と一致する。「搾取工場の問題が自国で起こっていることを信じたくない」とある。3は第6段第8文（Does the average …）と一致する。材料などの費用について言及はないが，「新しいブーツに対してほんの少額しか労働者に支払われていない」とある。4は第6段第2文（According to the …）と一致する。「2番目に大きな産業である」とある。

87　「筆者によれば，アメリカンアパレルについてどのようなことが言えるか？」

1．「その製造拠点は現在主にアメリカ合衆国にある」

2．「その会社はギルダンアクティブウェアの敵対的買収の仕掛人である」

３．「その会社はその製造施設を複数の外国へと移した」

４．「その顧客たちは彼らの『アメリカ製』というブランド化に気づいていないように思える」

　第7段第2文（While American Apparel …）に注目する。「アメリカ製」として知られていたが，現在はカリブ諸国や中央アメリカの工場を使っており，そのことに大衆も気づいている，とあることから3が正解となり，1と4がこの文と矛盾する。2は第7段第1文（Gildan Activewear, known …）と矛盾する。ギルダンアクティブウェアがアメリカンアパレルを買収したのであり，アメリカンアパレルが買収を仕掛けたわけではない。

88 「以下のうち，どれが第8段における『とんでもなくエシカルでない』として述べているアメリカの労働の種類に最も近いか？」

１．「提供している仕事に対して労働者に報いることができない企業」

２．「従業員に付加給付（交通費や福利厚生費など）を提供しない工場」

３．「よりよい条件を求めて交渉するための労働組合を作ることができない労働者」

４．「自分の業務を行いつつ雇用主から盗みを働く労働者」

　第8段第2文（The American factories …）に「アメリカの工場は労働者に対して380万ドル以上の賃金を支払う義務がある」と述べられている。この他，第8段最終文（"Any suggestion that …）にもニューヨークタイムズが記事で述べた内容として「働いている人に対して不当に安い賃金を支払っている」とあることから1が正解となる。2の「付加給付」や3の「労働組合」について言及はされておらず，4の「労働者が盗みを働く」といった記述もみられない。

89 「第8段におけるエリカ=マイアーハンスのコメントはファッションノバが（　　　　）ということを示している」

１．「いくつか間違いを犯したことは認めているが，労働者に不当に安い給料を支払っているという申し立ては否定している」

２．「工場における労働条件を改善するために政府と共同で取り組んでいる」

３．「不正行為で告発している人々に対して法的手段を取ることを考えている」

４．「会社が，いかなる方法によっても労働者に対して不当な取り扱いを行っているという考えを拒絶している」

　第 8 段におけるエリカ=マイアーハンスの発言は第 8・9 文（"We have already … is categorically false."）の 2 つである。2 つ目の発言ではファッションノバが不当に安い賃金を払っていることを全面的に否定している。この内容に 4 が当てはまり，1 の「いくつかの間違いを犯したことを認めている」という内容はない。3 は双方のコメントの内容に含まれていない。第 4 文（In 2016, she …）に労働者の一人が和解したという記述があるのみである。2 は「共同で」という部分が誤りである。1 つ目の発言には「私たちの取り組みについて労働局と会合をもった」とあるのみである。

90　「筆者はアメリカのインフルエンサーは（　　　　）という事実を隠すために使われていると主張している」

１．「ファストファッションは，たとえアメリカ製のものであっても，労働者を搾取することにより製造されている」

２．「ほとんどのファストファッションの衣服はオーガニックな素材で作られているが，1 シーズンしかもたない」

３．「ファストファッションの衣服は一般の消費者にとってあまりにも法外な値段の高級品である」

４．「彼らが売りこむ手助けをしているファストファッションは実際のところ海外で製造されたものである」

　ファストファッション業界におけるアメリカのインフルエンサーの役割について述べられているのは第 10 段で，自分の国で育ったお気に入りの人たちが誇らしげに洋服を着てマーケティングをしているのだから悪いわけがない，何の問題もないだろうと考えてしまうが，その裏には，不当な低賃金でその服を作る人々がいることが書かれている。第 1 文（Using American influencers …）に「アメリカのインフルエンサーを使うことが，オーガニック的な倫理観の幻影を永続させるのに役立っている」とある。よって 1 が正解となる。2 は誤り。「オーガニックな素材で作られている」「1 シーズンしかもたない」といった記述は本文にみられない。第 2 段第 4 文（"They need to …）に「数度しか着ない」とあるのみである。3 も第 2 段第 3 文（It is built …）などと矛盾する。ファストファッショ

ンの衣服は安価である。「高すぎる」のは第8段第6文（"The clothes are …）にある通り，「衣服のために支払われた労働者の賃金を考えたときに高すぎる」のである。4は第2段第7文（And, Saghian said, …）にファッションノバの製品がアメリカ国内で作られているという記述がある。また製造場所がこの問題の本質ではない。

～～～～～～～～～～～━ 語句・構文 ━～～～～～～～～～～～

（第1段） hot button issue「論争の的となる問題」　ethical「エシカルな」　本来は「倫理的」という意味だが，環境に負荷をかけない，フェアトレードや労働者への賃金支払いなどがきちんと行われているといったことを指す用語として近年用いられている。この文章は商取引がテーマなので「エシカルな」と訳した。 sweatshop「搾取工場」　労働組合の結成を認めず，低賃金で出来高払いの仕事をさせる工場。衣類産業でよく見られる。advocate「支持者」　duality「二重性」

（第2段） selfie taker「自撮り写真を撮る人」　clientele「お得意様」　headquarters「本社（HQと略される）」　hint「ほのめかす」　runaway success「圧倒的な成功」　work force「全従業員，総労働力」　exploit「搾取する」　breaking story「速報」

（第3段） revelation「暴露，発覚」　false flag operation「偽旗作戦，敵などの第三者に成りすまして行われる作戦」　buzzword「業界用語，専門的な流行語」

（第4段） adage「格言」　ring true「真実のように思える」

（第5段） biting「激しい」　dichotomy「二分」　apiece「1つにつき」　amount to「総計で」　pipe dream「かないそうにもない夢」　equivalent「等しい，同等のもの」

（第6段） be動詞＋comprised of「～で構成される」　undocumented「在留許可や労働許可をもたない」　California Bureau of Labor Statistics「カリフォルニア州労働省労働統計局」　wage and hour division「賃金・労働時間管理部」　put A value on B「BにAという価値を置く，評価する」　price point「プライスポイント，消費者にとって最も魅力的だとされる小売価格」

（第7段） long-held perception「長期にわたって認知されている」

（第8段） as heck「非常に」　back wages「未払賃金」　representative

「代表」 compensate「補償する」 general counsel「法務の最高責任者」 categorically「断固として」

(第9段) mess up「ぐちゃぐちゃにする」 aspirational「憧れの強い」 aesthetic「美」 middle class「中流階級」 Kardashian lifestyle「カーダシアン家的な生活様式」 カーダシアン家はアメリカのセレブリティ。out of reach「手の届かない」 rotten「腐敗した」

(第10段) darling「可愛いもの，人」 of old「ずっとある」 let it slide「見て見ぬふりをする」

(第11段) pendulum「振り子」 middle ground「妥協点」 with revenues and popularity only rising「収入と人気がただ上昇している状況で」 socioeconomic「社会経済的な」 corrupter「腐敗させるもの」

講評

　2024年度も長文読解が3題の出題，内訳は空所補充40問，内容説明・内容真偽が20問の合計60問となっている。ⅠとⅡは空所補充10問と内容説明・内容真偽が5問，Ⅲは空所補充20問と内容説明・内容真偽が10問という出題配分もこれまでと変わっていない。

　空所補充はⅠの34のように比較的易しめのイディオムなどの知識を問うものは少なく，基本的には難度の高めの語句を前後関係を吟味しながら選んでいくという形になっている。難易度はA：比較的平易なもの，B：標準よりもやや高めの語彙力が求められるもの，C：かなり難しいものという3つに分類できるが，Aを確実に得点した上で，Bの正解率を上げることが合格ラインに近づくためには重要である。2024年度は極端に難度の高い語句は少ないものの，2023年度のようにすべての選択肢の意味を知らなくても消去法を用いて正解を導き出すことができる問題は減少している。Ⅲの67のように選択肢の単語をイディオムの一部として用いることを知らなければ，他の選択肢を単語の意味だけでは消去することができない問題も含まれており，難度が少し上がっていると感じた受験生もいるかもしれない。

　内容説明・内容真偽問題については，設問内容に当てはまる部分を本文から見つけ出すという形が基本である。特定のパラグラフにおける記

述に関する出題であっても，少し離れた箇所にある内容がヒントになっていたり，逆に１つの文章が複数の問題の解答に関わっているというケースも見られる。多角的に文章の理解度を問う設問形式であるといえる。

　Ⅰ　フリーランスについての文章であった。日本でもインボイス制度の導入で注目された働き方であり，ニュースなどでも取り上げられることの多かったトピックなので，身近に感じた受験生も多かったのではないだろうか。文章は比較的読みやすく，内容説明や内容真偽の選択肢も正答が絞りやすいものが多かった。

　Ⅱ　倫理と礼儀を対比させつつ，両者の関係を説明していく文章であった。ⅠやⅢが社会，経済的なトピックなのに対し，倫理的な内容を含むため，語数的には一番短いが，３つの長文の中では難度が一番高いと感じた受験生もいたかもしれない。

　Ⅲ　語数的には他の大問のおよそ２倍となっている。Ⅰと同様にホットなトピックである「エシカル」がテーマとなっていた。2023 年度に続き「消費」や「企業」を取り扱った文章の出題となっており，受験生としては社会，経済分野のニュースなどをチェックしておく姿勢が求められているともいえる。文章としては過去の出題と比較して読みやすいものであった。

　全体としては，難度の高い構文が用いられている箇所は 2023 年度と同様に少なく，英文自体は比較的読みやすい出題が続いている。経済用語などを含め，意味を理解することができない箇所があったとしても，前後の文脈からおおよその意味を把握することができたのではないだろうか。ただしその難度の高い部分が語句を選ぶ問題として出題されているケースも見られ，英文の読みやすさと出題の難易度は必ずしも比例するものではない。空所補充問題は語彙力はもちろん，前後の内容を把握しているかが問われており，内容説明・内容真偽問題においては文章全体の理解を問う設問となっていた。

$$\boxed{\text{数　学}}$$

$\boxed{\text{I}}$ 〜〜〜〜〜〜〜〜〜 ＼ 発想 ／ 〜〜〜〜〜〜〜〜〜

(1)　解と係数の関係と，対称式が基本対称式で整理されることを用いる。

(2)　素因数 5 に着目し，5 の倍数，5^2 の倍数，……を数え上げる。

〜〜〜〜〜〜〜〜〜〜〜〜〜〜〜〜〜〜〜〜〜〜〜〜〜〜〜〜〜〜〜

解答　(1)　(1)(2) 05　(3)(4) 02　(5)(6) −5　(7)(8) 04　(9)(10)(11) −45

(12)(13)(14) 004　(15)(16)(17) 145　(18)(19)(20) 016

(2)　(21)(22) 04　(23)(24) 24　(25)(26)(27) 503

══════════════ 解説 ══════════════

《解と係数の関係の応用，末尾に並ぶ 0 の個数》

(1)　$x^2+2x-4=0$ の 2 解を α, β とするとき，解と係数の関係から

$$\alpha+\beta=-2, \quad \alpha\beta=-4$$

このとき

$$\alpha^2+\beta^2=(\alpha+\beta)^2-2\alpha\beta=(-2)^2-2\cdot(-4)=12$$

したがって

$$\left(\alpha-\frac{1}{\alpha}\right)+\left(\beta-\frac{1}{\beta}\right)=(\alpha+\beta)-\frac{\alpha+\beta}{\alpha\beta}=-2-\frac{-2}{-4}=-\frac{5}{2}$$

$$\left(\alpha-\frac{1}{\alpha}\right)\left(\beta-\frac{1}{\beta}\right)=\alpha\beta+\frac{1}{\alpha\beta}-\frac{\alpha^2+\beta^2}{\alpha\beta}=-4+\frac{1}{-4}-\frac{12}{-4}=-\frac{5}{4}$$

つまり，求める方程式は

$$x^2+\frac{5}{2}x-\frac{5}{4}=0 \quad \rightarrow(1)\sim(8)$$

また

$$\left(\alpha^2-\frac{1}{\alpha^2}\right)+\left(\beta^2-\frac{1}{\beta^2}\right)=\alpha^2+\beta^2-\frac{\alpha^2+\beta^2}{(\alpha\beta)^2}=12-\frac{12}{(-4)^2}=12-\frac{3}{4}=\frac{45}{4}$$

$$\left(\alpha^2-\frac{1}{\alpha^2}\right)\left(\beta^2-\frac{1}{\beta^2}\right)=(\alpha\beta)^2+\frac{1}{(\alpha\beta)^2}-\frac{\alpha^4+\beta^4}{(\alpha\beta)^2}$$

$$= (\alpha\beta)^2 + \frac{1}{(\alpha\beta)^2} - \frac{(\alpha^2+\beta^2)^2 - 2(\alpha\beta)^2}{(\alpha\beta)^2}$$

$$= (-4)^2 + \frac{1}{(-4)^2} - \frac{12^2 - 2(-4)^2}{(-4)^2} = \frac{145}{16}$$

つまり，求める方程式は

$$x^2 - \frac{45}{4}x + \frac{145}{16} = 0 \quad \rightarrow\text{(9)}\sim\text{(20)}$$

⑵　20!，100!，2024! のそれぞれについて，素因数分解したとき 2 の指数より 5 の指数のほうが小さいので末尾に並ぶ 0 の個数は素因数 5 の個数と一致する。

　20! の素因数 5 の個数は，1 から 20 までのうち，5 の倍数の個数と同じである。つまり

$$\frac{20}{5} = 4$$

なので，末尾に 0 が 4 個並ぶ。　→(21)(22)

　100! の素因数 5 の個数を数える。1 から 100 のうち，「5 の倍数であり 5^2 の倍数でない整数」は素因数 5 を 1 個，5^2 の倍数は素因数 5 を 2 個もつ。このことから，100! の素因数 5 の個数は

$$\frac{100}{5} + \frac{100}{5^2} = 20 + 4 = 24$$

なので，末尾に 0 が 24 個並ぶ。　→(23)(24)

　2024! の素因数 5 の個数を数える。一般に，「5^n の倍数であり 5^{n+1} の倍数でない整数」は素因数 5 をちょうど n 個もつことを用いる。$n \geq 5$ で $\frac{2024}{5^n} < 1$ であることに注意して

$$\left[\frac{2024}{5}\right] + \left[\frac{2024}{5^2}\right] + \left[\frac{2024}{5^3}\right] + \left[\frac{2024}{5^4}\right] = 404 + 80 + 16 + 3 = 503$$

なので，末尾に 0 が 503 個並ぶ。　→(25)〜(27)

　ただし，$[x]$ は x をこえない最大の整数を表す。

2024年度 一般選抜 数学

Ⅱ

▷ 発 想 ◁

t の範囲により場合分けし，定積分の値を t で表す。これにより，$f(t)$ を定積分を含めずに表し，最大値を求める。

解答

(a) (28)(29) 01　(30)(31) 02　(32)(33) −1　(34)(35) −6　(36)(37) 09　(38)(39) −1

(b) (40)(41) 01　(42)(43) −5　(44)(45) 06　(46)(47) 01

(c) (48)(49) −6　(50)(51) 09　(52)(53) −1　(54)(55) 04　(56)(57) 05　(58)(59) 57　(60)(61) 25

解 説

《定積分で表された関数の最大値》

$\int_0^1 |(x-t)(x-2t)|\,dx$ は，図の網かけ部分の面積を表す。

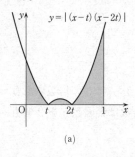
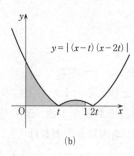
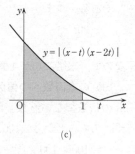

(a)　　　　　　　　(b)　　　　　　　　(c)

(a) $2t<1$，つまり $0 \leqq t < \dfrac{1}{2}$ のとき　→(28)〜(31)

$$f(t) = \frac{9}{2}t - 3\int_0^1 |(x-t)(x-2t)|\,dx$$

$$= \frac{9}{2}t - 3\left\{ \int_0^t (x-t)(x-2t)\,dx + \frac{t^3}{6} + \int_{2t}^1 (x-t)(x-2t)\,dx \right\}$$

$$= -t^3 - 6t^2 + 9t - 1 \quad →(32)〜(39)$$

(b) $t<1\leqq 2t$，つまり $\dfrac{1}{2} \leqq t < 1$ のとき　→(40)(41)

$$f(t) = \frac{9}{2}t - 3\left\{ \int_0^t (x-t)(x-2t)\,dx - \int_t^1 (x-t)(x-2t)\,dx \right\}$$

$$= -5t^3 + 6t^2 + 1 \quad →(42)〜(47)$$

(c) $1 \leqq t$ のとき

$$f(t) = \frac{9}{2}t - 3\int_0^1 (x-t)(x-2t)\,dx$$

$$= -6t^2 + 9t - 1 \quad \rightarrow(48) \sim (53)$$

ここで，$0 < t < \dfrac{1}{2}$ において

$$f'(t) = -3t^2 - 12t + 9$$
$$= -3\{x - (-2 + \sqrt{7})\}\{x - (-2 - \sqrt{7})\}$$

であり，$-2 - \sqrt{7} < 0 < \dfrac{1}{2} < -2 + \sqrt{7}$ より，$0 < t < \dfrac{1}{2}$ で $f'(t) > 0$ であるから，$0 \leqq t < \dfrac{1}{2}$ において $f(t)$ は常に増加する。

また，$t \geqq 1$ において

$$f(t) = -6\left(t - \dfrac{3}{4}\right)^2 + \dfrac{19}{8}$$

であり，$t \geqq 1$ で $f(t)$ は常に減少する。

$\dfrac{1}{2} < t < 1$ において

$$f'(t) = -15t^2 + 12t = -3t(5t - 4)$$

であり，$\dfrac{1}{2} \leqq t < 1$ では $t = \dfrac{4}{5}$ で極大値 $f\left(\dfrac{4}{5}\right) = \dfrac{57}{25}$ をとる。

t	$\dfrac{1}{2}$	$\cdots$	$\dfrac{4}{5}$	$\cdots$	1
$f'(t)$		$+$	0	$-$	
$f(t)$	$\dfrac{15}{8}$	↗	$\dfrac{57}{25}$	↘	2

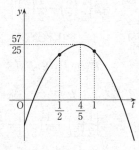

したがって，$y = f(t)$ を図示すると右のようになる。

以上から，$f(t)$ は $t = \dfrac{4}{5}$ のとき，最大値 $\dfrac{57}{25}$ をとる。　$\rightarrow(54) \sim (61)$

Ⅲ

╲　発　想　╱

状況を正確に把握し，立式する。

解　答
- (1)　(62)(63) 01　(64)(65) 02
- (2)　(66)(67) 13　(68)(69) 25
- (3)　(70)(71) 07　(72)(73) 13
- (4)　(74)(75) 12　(76)(77) 25
- (5)　(78)(79) 07　(80)(81) 13

══════ 解　説 ══════

《条件付き確率》

事象 A　3：2の比で表と裏が出るコインを選ぶ

事象 B　2：3の比で表と裏が出るコインを選ぶ

事象 S　コイントスを1回行い，表が出る

事象 T　コイントスを1回行い，裏が出る

とする。また，事象 X の起こる確率を $P(X)$ と表す。

(1)　$P(S) = P(A)\,P_A(S) + P(B)\,P_B(S) = \dfrac{1}{2} \cdot \dfrac{3}{5} + \dfrac{1}{2} \cdot \dfrac{2}{5} = \dfrac{1}{2}$　→(62)～(65)

(2)　$\{P(A)\,P_A(S)\,P_A(S) + P(B)\,P_B(S)\,P_B(S)\} \cdot \dfrac{1}{P(S)}$

$= 2\left\{ \dfrac{1}{2}\left(\dfrac{3}{5}\right)^2 + \dfrac{1}{2}\left(\dfrac{2}{5}\right)^2 \right\} = \left(\dfrac{3}{5}\right)^2 + \left(\dfrac{2}{5}\right)^2 = \dfrac{13}{25}$　→(66)～(69)

(3)　コインを1枚選び，2回とも表が出る確率は

$$P(A)\,P_A(S)\,P_A(S) + P(B)\,P_B(S)\,P_B(S) = \dfrac{1}{2} \cdot \dfrac{13}{25} = \dfrac{13}{50}$$

である。したがって，求める条件付き確率は

$$\left\{ \dfrac{1}{2}\left(\dfrac{3}{5}\right)^3 + \dfrac{1}{2}\left(\dfrac{2}{5}\right)^3 \right\} \div \dfrac{13}{50} = \dfrac{3^3 + 2^3}{5 \cdot 13} = \dfrac{35}{65} = \dfrac{7}{13}$$　→(70)～(73)

(4)　2枚のコインで「いずれも表が出るとき」「いずれも裏が出るとき」を考えると

$$\dfrac{3}{5} \cdot \dfrac{2}{5} + \dfrac{2}{5} \cdot \dfrac{3}{5} = \dfrac{12}{25}$$　→(74)～(77)

(5)　2枚のコインを投げて，一方が表，他方が裏である確率は，(4)より

$$1 - \frac{12}{25} = \frac{13}{25}$$

である。したがって，求める条件付き確率は

$$\left(\frac{3}{5}\cdot\frac{3}{5}\cdot\frac{3}{5} + \frac{2}{5}\cdot\frac{2}{5}\cdot\frac{2}{5}\right) \div \frac{13}{25} = \frac{7}{13} \quad \to(78)\sim(81)$$

╲ 発想 ╱

切り口の図形の形が変わることに注意し，定積分により体積を求める。

解答

(1)　(82)(83) −1　　(84)(85) 04

(2)　(86)(87) −4　　(88)(89) −2　　(90)(91) 03　　(92)(93) 16　　(94)(95) 03

(96)(97) 01　　(98)(99) 03　　(100)(101) −4　　(102)(103) 16　　(104)(105) 03

(3)　(106)(107) −1　　(108)(109) 03　　(110)(111) −1　　(112)(113) 05

═══ 解説 ═══

《2つの球面で囲まれた図形を切断してできる立体の体積》

(1)

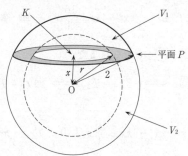

球の中心Oと平面Pの距離，つまりxの値により，切り口の形は次のようになる。

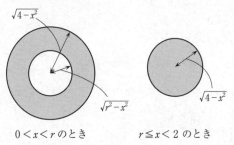

$0 < x < r$ のとき　　　　$r \leqq x < 2$ のとき

$0<x<r$ のとき，切り口の面積は

$$\pi(\sqrt{4-x^2})^2-\pi(\sqrt{r^2-x^2})^2=\pi\{(4-x^2)-(r^2-x^2)\}=\pi(4-r^2)$$

であり，x によらず一定であり，$0<r<2$ において $\pi(4-r^2)\neq\pi(2-r)^2$

$r\leqq x<2$ のとき，立体の切り口の面積は

$$\pi(\sqrt{4-x^2})^2=\pi(4-x^2)$$

である。この値が $\pi(2-r)^2$ と一致するときの x が求める値である。

$$4-x^2=(2-r)^2$$

$$x^2=4-(2-r)^2=4r-r^2$$

$$x=\sqrt{-r^2+4r}\quad\rightarrow(82)\sim(85)$$

(2) V_1，V_2 の体積をそれぞれ T_1，T_2 とする。

$0<x<r$ のとき

$$T_1=\int_x^r\pi(4-r^2)\,dt+\int_r^2\pi(4-t^2)\,dt$$

$$=(r^2-4)\pi x-\frac{2}{3}\pi r^3+\frac{16}{3}\pi\quad\rightarrow(86)\sim(95)$$

$r\leqq x<2$ のとき

$$T_1=\int_x^2\pi(4-t^2)\,dt=\frac{1}{3}\pi x^3-4\pi x+\frac{16}{3}\pi\quad\rightarrow(96)\sim(105)$$

(3) $T_1+T_2=\dfrac{4}{3}\pi(2^3-r^3)$ である。また

$$T_1:T_2=1:3\iff 3T_1=T_2\iff 4T_1=T_1+T_2$$

に注意する。

$x=r$ のとき，$T_1=\dfrac{1}{3}\pi x^3-4\pi x+\dfrac{16}{3}\pi$ より，$T_1=\dfrac{1}{3}\pi r^3-4\pi r+\dfrac{16}{3}\pi$ である。

$$4\left(\frac{1}{3}\pi r^3-4\pi r+\frac{16}{3}\pi\right)=\frac{4}{3}\pi(2^3-r^3)$$

$$r^3-6r+4=0$$

$$(r-2)(r^2+2r-2)=0$$

$0<r<2$ より　　$r=-1+\sqrt{3}\quad\rightarrow(106)\sim(109)$

また，$x=\dfrac{2}{3}r$ のとき，$0<x<r$ なので，$T_1=(r^2-4)\pi x-\dfrac{2}{3}\pi r^3+\dfrac{16}{3}\pi$ であり，$T_1=-\dfrac{8}{3}\pi r+\dfrac{16}{3}\pi$ となる。

$$4\left(-\frac{8}{3}\pi r+\frac{16}{3}\pi\right)=\frac{4}{3}\pi\,(2^3-r^3)$$

$$r^3-8r+8=0$$

$$(r-2)(r^2+2r-4)=0$$

$0<r<2$ より　　$r=-1+\sqrt{5}$　　→(110)〜(113)

—— 発想 ——

(1) 領域 D と直線 $x-2y=k$ の共有点の存在する条件を考える。

(2) 領域 D と直線 $ax+y=k$ の共有点の存在する条件を考える。

解答

(1) (114)(115) 01　(116)(117) 04　(118)(119) 01　(120)(121) 16　(122)(123) 01
(124)(125) 08　(126)(127) −1　(128)(129) 01　(130)(131) −3

(2) (132)(133) 07　(134)(135) −5　(136)(137) 03　(138)(139) 04　(140)(141) 10
(142)(143) −6　(144)(145) 05　(146)(147) 02

—— 解　説 ——

《領域と最大最小》

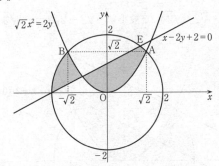

連立不等式の表す領域 D は図の網かけ部分である。

(1) $x-2y$ の取りうる値の範囲を I とする。

$$k\in I$$

$\iff$　「$x-2y=k$ かつ $(x,\ y)\in D$」を満たす $(x,\ y)$ が存在する

$\iff$　直線 $L:y=\dfrac{x-k}{2}$ と領域 D が共有点をもつ　……①

①が成り立つ k の取りうる値の範囲を調べる。直線 L の y 切片が最小のときに k は最大，y 切片が最大のときに k は最小である。

k が最大となるのは，L が D と境界上の点Fで下図のように接するときである。

$$y = \frac{\sqrt{2}}{2}x^2 \quad すなわち \quad y' = \sqrt{2}x$$

であることから，$y' = \dfrac{1}{2}$ となるのは

$$\frac{1}{2} = \sqrt{2}x \quad すなわち \quad x = \frac{\sqrt{2}}{4}$$

のとき，つまり，$F\left(\dfrac{\sqrt{2}}{4}, \dfrac{\sqrt{2}}{16}\right)$ であり

$$(x, y) = \left(\frac{\sqrt{2}}{4}, \frac{\sqrt{2}}{16}\right) で最大値 \frac{\sqrt{2}}{4} - 2 \cdot \frac{\sqrt{2}}{16} = \frac{\sqrt{2}}{8} \quad →(114)〜(125)$$

をとる。

また，直線 L の傾きは $\dfrac{1}{2}$ であり，図中の点 $B(-\sqrt{2}, \sqrt{2})$ における円 C の接線の傾きが1である。つまり，k が最小となるのは L が点Bを通るときであり

$$(x, y) = (-\sqrt{2}, \sqrt{2}) で最小値 -\sqrt{2} - 2\sqrt{2} = -3\sqrt{2} \quad →(126)〜(131)$$

をとる。

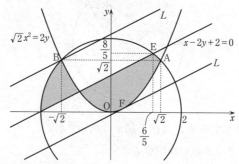

(2)　$ax + y$ の取りうる値の範囲を J とする。

　　　$k \in J$

　　$\Longleftrightarrow$　「$ax + y = k$ かつ $(x, y) \in D$」を満たす (x, y) が存在する

　　$\Longleftrightarrow$　直線 $L': y = -ax + k$ と領域 D が共有点をもつ　……②

②が成り立つ k の取りうる値の範囲を調べる。直線 L' の y 切片が最大のときに k は最大，y 切片が最小のときに k は最小である。

点 $\left(\dfrac{6}{5},\ \dfrac{8}{5}\right)$ は円 C 上にあり，これを E とする。

点 $\mathrm{E}\left(\dfrac{6}{5},\ \dfrac{8}{5}\right)$ における円 C の接線の傾きは $-\dfrac{3}{4}$ である。また，直線 BE の傾きは

$$\frac{\dfrac{8}{5}-\sqrt{2}}{\dfrac{6}{5}-(-\sqrt{2})}=\frac{8-5\sqrt{2}}{6+5\sqrt{2}}=\frac{(8-5\sqrt{2})(5\sqrt{2}-6)}{(5\sqrt{2})^{2}-6^{2}}=5\sqrt{2}-7$$

である。

L' の傾きに注意して，$(x,\ y)=\left(\dfrac{6}{5},\ \dfrac{8}{5}\right)$ で $ax+y$ が最大値をとるのは，次が成り立つときである。

$$-\frac{3}{4}\leqq-a\leqq5\sqrt{2}-7 \quad \text{すなわち} \quad 7-5\sqrt{2}\leqq a\leqq\frac{3}{4} \quad \rightarrow(132)\sim(139)$$

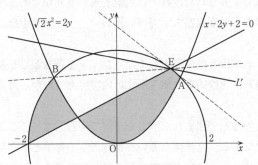

また，$(x,\ y)=\left(\dfrac{6}{5},\ \dfrac{8}{5}\right)$ のとき，$ax+y$，つまり $\dfrac{6}{5}a+\dfrac{8}{5}$ の取りうる値の範囲を求める。a に対して常に増加することから，最大値をとるのは $a=\dfrac{3}{4}$ のときであり

$$\frac{6}{5}\cdot\frac{3}{4}+\frac{8}{5}=\frac{18+32}{20}=\frac{5}{2}$$

また，最小値をとるのは $a=7-5\sqrt{2}$ のときであり

$$\frac{6}{5}(7-5\sqrt{2})+\frac{8}{5}=10-6\sqrt{2}$$

この間の値をすべてとる。つまり，$ax+y$ の取りうる値の範囲は

$$10 - 6\sqrt{2} \leqq ax + y \leqq \frac{5}{2} \quad \rightarrow (140) \sim (147)$$

講評

　2024年度は2023年度と比べて大問数が1題減少して5題となり，総合政策学部ではよく出題されている長文形式の問題も出題されていない。全体的にはやや負担の少ない試験ではあったものの，問題ごとの難易度の差が大きい点は例年通りである。問題の取捨選択がポイントの一つであった。

　Ⅰ　(1)解と係数の関係と対称式の性質を用いる，典型的な問題である。確実に得点しておきたい。(2)末尾に並ぶ0の個数を調べる問題である。入試問題集などで類題を経験している受験生も多いことと思われる。

　Ⅱ　定積分で表された関数の最大値を求める問題である。やや計算量が多いものの，慶應義塾大学では頻出のテーマであり十分に練習をしておきたい。

　Ⅲ　表と裏が出る確率が等しくないコインを題材とした条件付き確率の問題である。比較的取り組みやすい内容であったが，計算ミスには十分に注意したい。

　Ⅳ　2つの球面で囲まれた図形を平面で切断してできる立体の体積に関する問題である。立体図形というだけでも不得手とする受験生が多いが，体積を積分から求める問題は数学Ⅲの範囲であり，敬遠する受験生が相当数いたと思われる。

　Ⅴ　領域内の点 (x, y) に対して $f(x, y)$ の取りうる値の範囲に関して考察する問題である。$f(x, y) = k$ の表す図形と領域が共有点をもつ条件を図形的に考察することが定石であり，本問もこの方針で解決できる。

情　報

Ⅰ 解答

(ア)(1)—(8)　(2)—(0)　(3)—(2)　(4)—(9)　(5)—(1)
(イ)(6)—(3)　(ウ)(7)—(4)

=== 解説 ===

《個人情報保護法》

(ア)(1)　(8)事業が正解。問題文に「個人情報取扱 1 者」とあるので，個人情報を取り扱う主体である「事業」者が入ることが推測できる。

(2)　(0)顔特徴が正解。問題文に「顔識別機能付きカメラシステム」とあるので，「そこから得られた 2 データ」には「顔特徴」が入ると推測できる。顔特徴データとは同一の特徴をもつ人物を同一人物と判定できるように，顔認識したデータを数値化したデータのことである。

(3)　(2)公表が正解。問題文に「本人に通知し，又は 3 しなければな」らないとあるので，「本人に知らせる」ことを目的とした内容が入ることがわかる。

(4)　(9)主体が正解。問題文に「本人から理解を得るためできる限り分かりやすく情報提供を行うため，…を店舗や…に掲示する」とあるので，「行うため」以降に列挙されているのは「本人に知らせるべき内容」だと推測できる。ここから，「カメラシステムの運用 4 」については，「誰がカメラシステムを運用しているか」という意味の運用「主体」が入ると判断できる。

(5)　(1)URL が正解。(4)と同様に「本人に知らせるべき内容」だと推測できるが，問題文に「Web サイトの 5 」とあるので，(1)URL しか入らない。

(イ)(6)　(3)誤り。個人情報保護法の目的としては同法第 1 条に次のように書かれている。「デジタル社会の進展に伴い個人情報の利用が著しく拡大していることに鑑み，個人情報の適正な取扱いに関し，基本理念及び政府による基本方針の作成その他の個人情報の保護に関する施策の基本となる事項を定め，（中略）個人情報の適正かつ効果的な活用が新たな産業の創出並びに活力ある経済社会及び豊かな国民生活の実現に資するものである

ことその他の個人情報の有用性に配慮しつつ，個人の権利利益を保護することを目的とする。」とある。下線を付した部分から(1)・(2)・(4)・(5)は正しく，残りの(3)が誤りとなる。詳細は知らなくとも個人情報保護法が保護と利用のバランスをとることが目的であることがわかれば，保護のみを書いた(3)が誤りと判断できる。

(ウ)(7)　(4)が正解。空欄②の後の「個人情報の利用目的を本人に通知し，又は公表しなければな」らないのは，どういう「【②】に当たら」ないときかを考えれば，(4)の「利用目的が明らかであると認められる場合」に当たらないときだと判断できる。

Ⅱ　〔解　答〕

(ア)(8)—(6)　(9)—(3)　(10)—(5)　(11)—(5)　(12)—(8)
(13)—(2)　(14)—(7)　(15)—(2)　(16)—(4)　(17)—(5)

(イ)(18)—(1)　(19)—(8)　(20)—(2)　(21)—(7)　(22)—(1)　(23)—(7)　(24)—(2)　(25)—(8)

(ウ)(26)—(1)　(27)—(3)　(28)—(5)　(29)—(7)　(30)—(3)　(31)—(7)　(32)—(2)　(33)—(6)

〔解　説〕

《論理式の導出》

カルノー図を用いて考える。

(ア)　• $(\overline{A}+C)\cdot(B+\overline{C}+\overline{D})$ の真偽値は次のようになる。

		CD			
		00	01	11	10
AB	00	1	1	0	1
	01	1	1	1	1
	11	0	0	1	1
	10	0	0	0	1

与えられた論理式を問題中で指定された「論理積の論理和」で表すために，真偽値が1となる部分に着目する。真偽値1は

		CD			
		00	01	11	10
AB	00	1	1	0	1
	01	1	1	1	1
	11	0	0	1	1
	10	0	0	0	1

⇒論理式は　$\overline{A}\cdot\overline{C}$

と

		CD			
		00	01	11	10
AB	00	1	1	0	1
	01	1	1	1	1
	11	0	0	1	1
	10	0	0	0	1

⇒論理式は　　　$B \cdot C$

と

		CD			
		00	01	11	10
AB	00	1	1	0	1
	01	1	1	1	1
	11	0	0	1	1
	10	0	0	0	1

⇒論理式は　　　$C \cdot \overline{D}$

ですべて囲めるから

$$(\overline{A} + C) \cdot (B + \overline{C} + \overline{D}) = \overline{A} \cdot \overline{C} + B \cdot C + C \cdot \overline{D} \quad \rightarrow (8) \sim (12)$$

- $\overline{A} \cdot B + \overline{B} \cdot \overline{C} \cdot D + C \cdot D$ の真偽値は次のようになる。

		CD			
		00	01	11	10
AB	00	0	1	1	0
	01	1	1	1	1
	11	0	0	1	0
	10	0	1	1	0

　　与えられた論理式を問題中で指定された「論理和の論理積」で表すために，一旦真偽値の 0 と 1 を入れ替えると次のようになる。

		CD			
		00	01	11	10
AB	00	1	0	0	1
	01	0	0	0	0
	11	1	1	0	1
	10	1	0	0	1

この真偽値は

$$\overline{\overline{A}\cdot B + \overline{B}\cdot\overline{C}\cdot D + C\cdot D}$$

のものであり，真偽値1は

		CD			
		00	01	11	10
AB	00	1	0	0	1
	01	0	0	0	0
	11	1	1	0	1
	10	1	0	0	1

⇒論理式は　　$\overline{B}\cdot\overline{D}$

と

		CD			
		00	01	11	10
AB	00	1	0	0	1
	01	0	0	0	0
	11	1	1	0	1
	10	1	0	0	1

⇒論理式は　　$A\cdot\overline{D}$

と

		CD			
		00	01	11	10
AB	00	1	0	0	1
	01	0	0	0	0
	11	1	1	0	1
	10	1	0	0	1

⇒論理式は　　$A\cdot B\cdot\overline{C}$

ですべて囲めるから，ド・モルガンの定理も用いると

$$\overline{\overline{A}\cdot B + \overline{B}\cdot\overline{C}\cdot D + C\cdot D} = \overline{\overline{B}\cdot\overline{D} + A\cdot\overline{D} + A\cdot B\cdot\overline{C}}$$
$$= \overline{\overline{B+D}} + \overline{\overline{A}+D} + \overline{\overline{A}+\overline{B}+C}$$
$$= (B+D)\cdot(\overline{A}+D)\cdot(\overline{A}+\overline{B}+C)$$

よって

$$\overline{\overline{A}\cdot B + \overline{B}\cdot\overline{C}\cdot D + C\cdot D} = (B+D)\cdot(\overline{A}+D)\cdot(\overline{A}+\overline{B}+C) \quad →(13)〜(17)$$

(イ)　X の値（10進数）と $A_3,\ A_2,\ A_1,\ A_0$ の値は次のようになる。

X	A_3	A_2	A_1	A_0	X	A_3	A_2	A_1	A_0
0	0	0	0	0	8	1	0	0	0
1	0	0	0	1	9	1	0	0	1
2	0	0	1	0	10	1	0	1	0
3	0	0	1	1	11	1	0	1	1
4	0	1	0	0	12	1	1	0	0
5	0	1	0	1	13	1	1	0	1
6	0	1	1	0	14	1	1	1	0
7	0	1	1	1	15	1	1	1	1

- 前半の場合の真偽値は次のようになる。ただし，ϕ は Don't care を表す。

		A_1A_0			
		00	01	11	10
A_3A_2	00	ϕ	1	1	0
	01	0	1	1	0
	11	1	ϕ	ϕ	ϕ
	10	1	0	0	1

真偽値1は

		A_1A_0			
		00	01	11	10
A_3A_2	00	ϕ	1	1	0
	01	0	1	1	0
	11	1	ϕ	ϕ	ϕ
	10	1	0	0	1

⇒論理式は　　$A_0 \cdot \overline{A_3}$

と

		A_1A_0			
		00	01	11	10
A_3A_2	00	ϕ	1	1	0
	01	0	1	1	0
	11	1	ϕ	ϕ	ϕ
	10	1	0	0	1

⇒論理式は　　$\overline{A_0} \cdot A_3$

ですべて囲めるから，求める論理式は

$$A_0 \cdot \overline{A_3} + \overline{A_0} \cdot A_3 \quad \rightarrow(18)\sim(21)$$

- 後半の場合の真偽値は次のようになる。ただし，ϕ は Don't care を表す。

		A_1A_0			
		00	01	11	10
A_3A_2	00	ϕ	0	0	1
	01	1	0	0	1
	11	0	ϕ	ϕ	ϕ
	10	0	1	1	0

真偽値 1 は

		A_1A_0			
		00	01	11	10
A_3A_2	00	ϕ	0	0	1
	01	1	0	0	1
	11	0	ϕ	ϕ	ϕ
	10	0	1	1	0

⇒論理式は　　$A_0 \cdot A_3$

と

		A_1A_0			
		00	01	11	10
A_3A_2	00	ϕ	0	0	1
	01	1	0	0	1
	11	0	ϕ	ϕ	ϕ
	10	0	1	1	0

⇒論理式は　　$\overline{A_0} \cdot \overline{A_3}$

ですべて囲めるから，求める論理式は

$$A_0 \cdot A_3 + \overline{A_0} \cdot \overline{A_3} \quad \rightarrow(22)\sim(25)$$

(ウ)　2 進法表示で A_1A_0 と B_1B_0 の積 $C_3C_2C_1C_0$ の値は次のようになる。

		B_1B_0			
		00	01	11	10
A_1A_0	00	0000	0000	0000	0000
	01	0000	0001	0011	0010
	11	0000	0011	1001	0110
	10	0000	0010	0110	0100

・C_3 の値のみ抜き出すと次のようになる。

		B_1B_0			
		00	01	11	10
A_1A_0	00	0	0	0	0
	01	0	0	0	0
	11	0	0	1	0
	10	0	0	0	0

よって，C_3 を表す論理式は

$$C_3 = A_0 \cdot A_1 \cdot B_0 \cdot B_1 \quad \rightarrow (26) \sim (29)$$

・C_2 の値のみ抜き出すと次のようになる。

		B_1B_0			
		00	01	11	10
A_1A_0	00	0	0	0	0
	01	0	0	0	0
	11	0	0	0	1
	10	0	0	1	1

値が1の部分は

		B_1B_0			
		00	01	11	10
A_1A_0	00	0	0	0	0
	01	0	0	0	0
	11	0	0	0	1
	10	0	0	1	1

⇒論理式は　　$A_1 \cdot B_1 \cdot \overline{A_0}$

と

	$B_1 B_0$			
	00	01	11	10
$A_1 A_0$　00	0	0	0	0
01	0	0	0	0
11	0	0	0	1
10	0	0	1	1

⇒論理式は　　$A_1 \cdot B_1 \cdot \overline{B_0}$

ですべて囲めるから，C_2 を表す論理式は

$$C_2 = A_1 \cdot B_1 \cdot \overline{A_0} + A_1 \cdot B_1 \cdot \overline{B_0} \quad →(30)\sim(33)$$

 **解答**　(34) 2　　(35) 4　　(36) 3　　(37) 1　　(38)(39)(40) 003
(41)(42)(43) 012　　(44)(45)(46) 012

───── 解説 ─────

《割り算の余りを用いた秘密の数字の共有》

● 具体的に割り算を実行すれば

$2^1 = 2$ を 5 で割った余りは　　2　　→(34)

$2^2 = 4$ を 5 で割った余りは　　4　　→(35)

$2^3 = 8$ を 5 で割った余りは　　3　　→(36)

$2^4 = 16$ を 5 で割った余りは　　1　　→(37)

● 2^i $(i = 1, 2, \cdots, 18)$ を 19 で割った余りは順に

2, 4, 8, 16, 13, 7, 14, 9, 18, 17, 15, 11, 3, 6, 12, 5, 10, 1

計算には

（2^i を 19 で割った余りの 2 倍を 19 で割った余り）

＝（2^{i+1} を 19 で割った余り）

であることを用いるとよい。よって

アリスがボブに対して送信する数字は，13 番目の　　3　　→(38)〜(40)

ボブがアリスに対して送信する数字は，15 番目の　　12　　→(41)〜(43)

また，2^i $(i = 1, 2, \cdots)$ を 19 で割った余りは上の 18 個の繰り返しであり

$$13 \times 15 = 195 = 18 \times 10 + 15$$

であるから，両者が共有する秘密の数字は，15 番目の　　12　　→(44)〜(46)

Ⅳ 　**解　答**　(ア)(47)—(4)　(48)—(3)　(49)—(1)　(50)—(2)　(51)—(7)
(52)—(8)

(イ)(53)—(2)　(54)—(3)　(55)—(4)　(56)—(5)　(57)—(3)

(58)(59)(60) 064　(61)(62)(63) 384

═══════════════ 解　説 ═══════════════

《算術論理演算装置内部のシフタ回路に関する考察》

(ア)　$c2 = 1$ とする。

- $c0 = 0$ ならば，制御信号は SLL（左論理シフト）か SLA（左算術シフト）であるから，指定は　　左シフト　→(47)

- $c0 = 1$ ならば，制御信号は SRL（右論理シフト）か SRA（右算術シフト）であるから，指定は　　右シフト　→(48)

- $c1 = 0$ ならば，制御信号は SLL（左論理シフト）か SRL（右論理シフト）であるから，指定は　　論理シフト　→(49)

- $c1 = 1$ ならば，制御信号は SLA（左算術シフト）か SRA（右算術シフト）であるから，指定は　　算術シフト　→(50)

- 例えば，$abcde_2$ と 2^3 の乗算は $abcde000_2$ となる。これは $abcde_2$ を 3 ビット左にシフトし，空いたビットに 0 を挿入していることになる。よって，$a[7..0]$ に対して $b[2..0]$ ビットの左算術シフトは，オーバーフローが起こらない場合，$a[7..0]$ と $2^{(b[2..0])}$ の乗算を行う演算に相当する。　→(51)

- 例えば，$abcde_2$ と 2^3 の除算（商の整数部分を求める）は ab_2 となる。これは $abcde_2$ を 3 ビット右にシフトし，小数点以下を切り捨てていることになる。よって，$a[7..0]$ に対して $b[2..0]$ ビットの右算術シフトは，$a[7..0]$ と $2^{(b[2..0])}$ の除算を行う演算に相当する。　→(52)

(イ)　
- 図 2 のシフタ回路で右シフトを実現できるのは $c0 = 1$ のときである。このとき論理シフトや算術シフトの指定は $c1$ で決まるから，アは $c1$ である。　→(53)

- シフトするビット数は $b2 \times 4 + b1 \times 2 + b0$ である。イの段において，入力 $a[7..0]$ は，各マルチプレクサの右入力と 1 つ右のマルチプレクサの左入力になっている。また，ウの段において，イの段の出力は，各マルチプレクサの右入力と 2 つ右のマルチプレクサの左入力になっている。さらに，エの段において，ウの段の出力は，各マルチプレク

サの右入力と 4 つ右のマルチプレクサの左入力になっている。そして，ⓘ〜ⓔの制御信号で各マルチプレクサの左入力と右入力のどちらを出力するか決まる。よって，ⓘは $b0$，ⓒは $b1$，ⓔは $b2$ である。　→(54)〜(56)

- 図 4 より，$n=8=2^3$ のとき，シフトするビット数は入力 $b[7..0]$ の下位 3 ビットの 3 個の数字 $b2,\ b1,\ b0$ で制御するから 3 段必要で，各段ごと入力 $a[7..0]$ のビット数と同数の 8 個のマルチプレクサが必要である。同様に考えると，$n=2^k$ のとき，シフトするビット数は入力 $b[n-1..0]$ の下位 k ビットの k 個の数字で制御するから k 段必要で，各段ごと入力 $a[n-1..0]$ のビット数と同数の n 個のマルチプレクサが必要である。よって，必要なマルチプレクサの個数は

$$k \times n = \log_2(n) \times n = n\log_2(n)\ \text{個}\quad →(57)$$

特に

$n=16=2^4$ の場合は　　$16 \times 4 = 64$ 個　→(58)〜(60)

$n=64=2^6$ の場合は　　$64 \times 6 = 384$ 個　→(61)〜(63)

Ⓥ　解　答

(ア)(64)(65)(66)(67)(68) 10101　　(69)(70)(71)(72) 1101

(イ)(73)(74)—(19)　(75)(76)—(16)

(ウ)(77)(78)(79)(80)(81) 01000

(エ)(82)—(6)　(83)—(7)　(84)—(6)

$===$ 解　説 $===$

《セル・オートマトンにおけるセルの状態を求めるアルゴリズム》

(ア)　・時刻 1 における状態が 11000 のとき，時刻 2 における

C_1 の状態は　　$f(0,\ 1,\ 1)=1$

C_2 の状態は　　$f(1,\ 1,\ 0)=0$

C_3 の状態は　　$f(1,\ 0,\ 0)=1$

C_4 の状態は　　$f(0,\ 0,\ 0)=0$

C_5 の状態は　　$f(0,\ 0,\ 1)=1$

である。よって，時刻 2 における状態は　　10101　→(64)〜(68)

- 時刻 1 における状態を $0abcd$ とすると，時刻 2 における状態が 01001 であるから

$$f(d,\ 0,\ a)=0\quad \cdots\cdots ①$$

$f(0,\ a,\ b)=1$ ……②

$f(a,\ b,\ c)=0$ ……③

$f(b,\ c,\ d)=0$ ……④

$f(c,\ d,\ 0)=1$ ……⑤

①より　　$(a,\ d)=(0,\ 0),\ (1,\ 1)$

(i)　$(a,\ d)=(0,\ 0)$ のとき

②より　　$f(0,\ 0,\ b)=1$ ……②′

③より　　$f(0,\ b,\ c)=0$ ……③′

④より　　$f(b,\ c,\ 0)=0$ ……④′

⑤より　　$f(c,\ 0,\ 0)=1$ ……⑤′

②′, ⑤′ より　　$b=1,\ c=1$

このとき③′より $f(0,\ 1,\ 1)=0$ となるが，これは成り立たない。

(ii)　$(a,\ d)=(1,\ 1)$ のとき

②より　　$f(0,\ 1,\ b)=1$ ……②″

③より　　$f(1,\ b,\ c)=0$ ……③″

④より　　$f(b,\ c,\ 1)=0$ ……④″

⑤より　　$f(c,\ 1,\ 0)=1$ ……⑤″

⑤″ より　　$c=0$

このとき③″, ④″ より $f(1,\ b,\ 0)=0,\ f(b,\ 0,\ 1)=0$ となるから

　　$b=1$

このとき②″ より $f(0,\ 1,\ 1)=1$ となるが，これは成り立つ。

(i), (ii)より，時刻 1 における状態は　　01101　→(69)～(72)

(イ)　C_n とその両隣は

$n=1$ のとき　　$C_{4+1},\ C_1,\ C_{1+1}$

$n=2$ のとき　　$C_{0+1},\ C_2,\ C_{2+1}$

$n=3$ のとき　　$C_{1+1},\ C_3,\ C_{3+1}$

$n=4$ のとき　　$C_{2+1},\ C_4,\ C_{4+1}$

$n=5$ のとき　　$C_{3+1},\ C_5,\ C_{0+1}$

よって

　　$l(n)=((n+3)\bmod 5)+1$　→(73)(74)

　　$r(n)=(n\bmod 5)+1$　→(75)(76)

(ウ)　時刻 1 における状態が 00100 であるとき，正しくないアルゴリズムで

処理Aを1回実行すると次のようになる。

　$c_1 = 0$,　$c_2 = 0$,　$c_3 = 1$,　$c_4 = 0$,　$c_5 = 0$ とする。

　$n = 1$ とし，処理Bを実行する。

　　$c_{l(1)} = c_5 = 0$,　$c_1 = 0$,　$c_{r(1)} = c_2 = 0$ であるから

　　$c_1 = f(0,\ 0,\ 0) = 0$ とする。

　$n = 2$ とし，処理Bを実行する。

　　$c_{l(2)} = c_1 = 0$,　$c_2 = 0$,　$c_{r(2)} = c_3 = 1$ であるから

　　$c_2 = f(0,\ 0,\ 1) = 1$ とする。

　$n = 3$ とし，処理Bを実行する。

　　$c_{l(3)} = c_2 = 1$,　$c_3 = 1$,　$c_{r(3)} = c_4 = 0$ であるから

　　$c_3 = f(1,\ 1,\ 0) = 0$ とする。

　$n = 4$ とし，処理Bを実行する。

　　$c_{l(4)} = c_3 = 0$,　$c_4 = 0$,　$c_{r(4)} = c_5 = 0$ であるから

　　$c_4 = f(0,\ 0,\ 0) = 0$ とする。

　$n = 5$ とし，処理Bを実行する。

　　$c_{l(5)} = c_4 = 0$,　$c_5 = 0$,　$c_{r(5)} = c_1 = 0$ であるから

　　$c_5 = f(0,\ 0,\ 0) = 0$ とする。

これ以降は処理Bが実行されず 0, 1, 0, 0, 0 が出力される。

よって，時刻2における状態は 01000 と出力される。　→(77)〜(81)

(エ)　最初のアルゴリズムが正しくない理由は，n の値を1から始めて処理Bの実行を繰り返すときに，時刻 t における状態が次々と書き換えられてしまうことにある。そこでアルゴリズムを正しく書き直すと次のようになる。

　変数 c_1, …, c_5 を与えられた状態，関数 f, l, r は上で定義したものとする。

　処理Aを繰り返す。

　処理Aの始め

　変数 n の値を最初は1とし，1ずつ増やしながら5になるまで処理Bを繰り返す。

　処理Bの始め

　　d_n の値を $f(c_{l(n)},\ c_n,\ c_{r(n)})$ とする。　→(82)(83)

　処理Bの終わり

n の値を最初は1とし，1ずつ増やしながら5になるまで処理Cを繰り返す。

処理Cの始め

　c_n の値を d_n とする。　→(84)

処理Cの終わり

　c_1, …, c_5 の値を出力する。

処理Aの終わり

参考　時刻1における状態が00100であるとき，書き直したアルゴリズムで処理Aを1回実行すると次のようになる。

$c_1=0$, $c_2=0$, $c_3=1$, $c_4=0$, $c_5=0$ とする。

$n=1$ とし，処理Bを実行する。

　$d_1=f(c_5, c_1, c_2)=f(0, 0, 0)=0$ とする。

$n=2$ とし，処理Bを実行する。

　$d_2=f(c_1, c_2, c_3)=f(0, 0, 1)=1$ とする。

$n=3$ とし，処理Bを実行する。

　$d_3=f(c_2, c_3, c_4)=f(0, 1, 0)=1$ とする。

$n=4$ とし，処理Bを実行する。

　$d_4=f(c_3, c_4, c_5)=f(1, 0, 0)=1$ とする。

$n=5$ とし，処理Bを実行する。

　$d_5=f(c_4, c_5, c_1)=f(0, 0, 0)=0$ とする。

これ以降は処理Bが実行されない。

$n=1$ とし，処理Cを実行する。

　$c_1=d_1=0$ とする。

$n=2$ とし，処理Cを実行する。

　$c_2=d_2=1$ とする。

$n=3$ とし，処理Cを実行する。

　$c_3=d_3=1$ とする。

$n=4$ とし，処理Cを実行する。

　$c_4=d_4=1$ とする。

$n=5$ とし，処理Cを実行する。

　$c_5=d_5=0$ とする。

これ以降は処理Cが実行されず 0, 1, 1, 1, 0 が出力される。

　　よって，時刻2における状態は01110と出力され，これは正しい結果である。

小 論 文

問1. 選択した資料：1・2・3・5

解答例　　資料1は，日本は構造的格差の是正や包摂性の向上，デジタル化の推進とともに持続可能性への転換が必要だと述べる。資料2は，日本は人口減少や地方の縮退，企業のダイナミズムの喪失といった課題を抱えた従来型の構造を変革し，新規事業に質の高いリスクマネー供給を広げる必要があると述べる。資料3は，中国のイノベーション研究開発が米国を凌ぐ勢いで急成長する一方，米国の競争力には低下が見られると指摘する。資料5は，20世紀資本主義の負の遺産を解消しSDGsの諸目標を実現する時代へ移行するなか，企業は長期的な持続可能性を実現する活動を推進し，企業価値を高める必要があると述べる。

　各資料が示す構造的課題の解消やデジタル化，環境持続性への配慮が進まない限り，10年後の日本では経済の停滞が深刻化するだろう。中国のイノベーション関連の研究費や研究者数は急激に伸びており，この分野で米中の競争激化が予想される一方，日本の研究開発は先進各国の水準と比較しても小規模である。かつ，いまや世界的な関心事項である持続可能性にまつわる分野での研究開発や企業努力が滞れば，日本は国際競争から脱落する可能性が高い。

　だが換言すると，政府や企業が上述の問題に積極的に取り組めば，10年後の日本経済の見通しは好転の可能性がある。人口減少が進んでも，デジタル化や社会的包摂の推進が企業活動を支えるだろう。企業は環境に配慮した持続可能な活動への戦略的転換により国際評価を高め，投資を呼び込むことが可能になる。ベンチャー企業や先進的な研究への投資を進める金融構造の変革が実現すれば，諸外国に劣らぬ質の高い研究開発が活性化し，国際的な研究協力や業務提携など，企業活動も活発化するだろう。そうなれば10年後には，新たな企業や産業が世界的な経済活動を見据えた牽引力となる下地ができ，経済停滞期からの脱却に向かって踏み出せるようになると私は予想する。（800字以内）

問2. 3つの政策：

　1）　事業における再生可能エネルギーの導入支援

　目的：二酸化炭素排出量の削減，クリーンエネルギーの利用促進

　対象：製造・運輸業関連の企業・事業所

　手法：生産ラインや事務所等で使用する電力に関し，太陽光やバイオマス等の再生可能エネルギーへの転換を促す。導入支援および維持に関わる助成金交付とともに達成率に応じた税率控除，国際指標に基づく認証制度も設ける。二酸化炭素排出量の多い業種から開始し，随時サービス業や飲食業等の他業種へも拡充する。

　2）　研究開発支援の増強

　目的：新技術の研究開発における国際競争力の向上

　対象：大学および企業等の各研究機関

　手法：助成金・科学研究費の拡充と設備の増強，若手研究者の留学・国際学会参加への支援とともに，政府間レベルで国際的な研究協力体制を構築する。デジタル・環境等の領域のみならず，格差解消や社会的包摂の促進等の社会構造・制度面に関わる領域等にも満遍なく助成を行う。

　3）　情報共有ネットワークの構築支援

　目的：人的・文化的資源の掘り起こしとスタートアップ事業の促進

　対象：自治体，伝統産業等の地域の主幹産業に関わる事業者

　手法：まず政府主導での設備増強支援と技術指導・リテラシー教育により地方公共団体のデジタル化を定着させる。次に情報共有ネットワークを介し，その地域の多様な人材の掘り起こしと，それぞれの人材や企業間の連携による新たな産業や技術の活用法，新規事業を模索・発信する機会を創出する。

論述：

　3つのうち，再生可能エネルギーの導入政策について論じる。日本経済の活性化には，日本政府・企業の活動や技術に対する国際評価を高める必要があると考え立案した。資料1や資料5が示す通り，環境持続性への配慮は現在の国際社会における重要な関心事のひとつである。その点でクリーンエネルギーの促進政策によりイノベーションを促す施策は最善の政策であると考える。

　再生可能エネルギー導入を進める上での副作用や弊害には，設備建設や維持管理費等にかかる高額費用に加え，電力供給の安定性への不安がある。

しかし，資源・環境への長期的負荷や潜在コストは，二酸化炭素の排出量や事故時のリスク，放射性廃棄物の処理コスト等の潜在コストを抱える火力・原子力発電よりも低い。また日本の多様な自然環境を活かした発電方法の選択や併用も視野に入れることで，供給の安定性をより高めることもできる。

　将来的に低コストで環境負荷が低く安定した電力供給の実現を可能にするには，新規技術の開発が欠かせない。また土地に適した発電方法や設備建設においては，生物多様性など，自然環境に関する専門的知見も必要となる。その結果，多方面での技術・研究開発が活発化し，イノベーションが生じやすくなる。さらにベンチャー事業や研究機関への投資を充実させ研究者を育てることで，優れた知見や技術が生まれる可能性も一層高まる。こうして，日本政府の取り組みや国内産業に対する国際的な評価が高められ，国際競争力の増強を図ることができる。

　このように再生可能エネルギーの導入政策は，環境負荷の低い持続可能な電力供給に向けて国内の研究開発や新規産業の参入を推進する。さらにこうした環境持続性への配慮と技術力が国際評価と競争力増強等の結果へとつながる。そのため再生エネルギーの導入政策は，日本経済が低迷から脱却し活性化するために必要なイノベーションを生み出す施策であると私は考える。（800 字以内）

= 解 説 =

《経済成長を実現するための政策》

　5つの資料の内容を総合して設問に答える。資料は日本経済が低迷から脱却するために克服すべき構造的な課題に関わるものが主で，国内外の現状や課題に関するものが含まれる。各資料の概要は以下の通り。

　資料1：日本の経済成長のためには，社会が構造的格差を是正し包摂性を高めつつデジタル化を推進するとともに，環境持続性を重視する方向に転換する必要がある。

　資料2：日本は人口減少や高齢化，地方の縮退の深刻化，年功序列型雇用等による大企業のダイナミズムの喪失，間接金融の意義の低下が構造的に成長の妨げとなっている。脱炭素社会に向けた投資やデジタル転換関連への取り組みに関わるベンチャー企業投資を積極的に行い，質の高いリスクマネー供給を広げる必要がある。

資料3：米国の科学技術・イノベーション活動に関する開発費や研究者数は，日本よりも大きな規模で伸びているが，十分に人材を活用できずに競争力が低下しつつある。一方で，中国が急激な伸びを見せており，一部で米国を上回るようになった。

資料4：デジタル・プラットフォームではユーザーが一部に集中しやすく，その囲い込みによる市場の寡占化が進みやすい。そのため新規参入を促すには，支配的地位の乱用を規制しつつ公正な競争を実現する法的基準を整えていく必要がある。

資料5：20世紀の資本主義は市場経済の繁栄の傍ら，競争による格差と分断，外部経済の問題という負の遺産を生んだ。現代の世界はそれらの問題への対処を迫られている。企業は庶民こそが資本家・投資家であるという視点に立ち，企業価値の向上に向けた長期的で持続可能な成長を目指す必要がある。

問1. 5つの資料の内4つを選択し，それぞれの主題に言及し，その主題に関連づけて，今から10年後の日本について，どのような姿になっていると予想されるのか，自分の考えを論じる。ただし，「米国と中国との相対的な関係を展望しつつ」とあることから，両者の研究競争についてまとめられた資料3は必ず入れることになる。また10年後の日本の状況を推測するには，現在の日本の抱える構造的課題を示唆している資料1か資料2あるいは双方が必要である。資料4はデジタル化，資料5は環境持続性の推進とその課題を補強する資料とすることができる。

〔解答例〕では，資料1・2・3・5を選択し，環境持続性とイノベーション技術の研究開発を重視する形でまとめた。重要な論点としては，(1)格差の解消と社会的包摂を通した労働力の補強，(2)デジタル化による効率化と包摂の促進，(3)環境持続性を維持する努力の国際市場における重要性の3点を押さえた。その上で，(2)・(3)の論点に対してイノベーティブな新規技術開発や研究活動，ベンチャー等の新規事業者の参入，国際指標を満たす企業努力といった視点を加えた。資料4を用いる場合は，デジタル・プラットフォームに関して米中の企業体による寡占が続くことを前提に，日本はその競争に新規参入を試みるのか，それとも支配的地位にあるプラットフォームとの提携や協力を通して別方向のイノベーションを推進するのか，その際の公正な競争はどのような規制によって実現しうるかという

論点を加えることができる。

　また，「今から10年後の日本について」は各資料が暗示している通り，現状が続く限り，明るい展望を描くことは難しい部分もある。しかし同時に，各資料では未来への課題や転換の方向性も示してあり，経済の低迷と国際競争からの凋落というマイナスの展望のみでは収まっていない。取り上げた資料の「主題に関連づけて」，適切な対策が取られた場合について考えを示すことは十分可能である。とはいえ，10年という短い期間で大幅な景気回復のような展望を描くのは楽観的に過ぎ，現実的ではない。この期間にどのような構造面・制度面での整備が可能であり，どのような結果として現れうるかを予想すればよい。

問2. 日本政府の政策立案者だとしたら，日本経済の活性化に必要なイノベーションを生み出すための施策として，どのような政策を打ち出すか，3つ列挙し，その目的，対象，手法に関して簡潔に書く。その中から1つの政策を選び，なぜそのような考えに至ったのか，その政策によってどのような効果が期待されるのかを説明し，さらに，その政策がもたらす副作用や弊害等にも言及しながら，説得力ある論理を展開し自分の政策提言が有効だということを説明する。

　まず，3つの政策だが，資料1や資料2をもとに，現在の日本社会が抱える構造的な弱点を補う内容のものが考えやすい。すべての資料にわたって繰り返し指摘されている，デジタル化の遅れと環境持続性への配慮の2点については，政策が立てやすいだろう。

　デジタル化政策は設問文にもあるように，イノベーションの前提となる条件である。また労働力減少に対する効率性の向上と労働力を取り込むための社会的包摂という観点も含む。ここに地方の縮退という問題を絡めると，〔解答例〕の3）のように，地域の産業や伝統技術を活性化させる新たな技術の開発や，伝統産業に関する全国的な情報プラットフォームの構築，世界への発信等につなげることができる。

　環境持続性については，再生エネルギーへの政策的転換についての他，バイオエタノール等の代替燃料やそれを利用できる製品開発等の努力が国際社会において日本の政府や企業に対してどのような効果を上げるかを論点とできる。〔解答例〕の1）では，現実的な施策としてまず環境負荷の高い産業から開始することを示している。

　他の政策としては，ベンチャー企業向けの投資の推進，イノベーション技術の研究開発の促進，寡占を防ぎ競争の公正性を保つための政策等が考えられる。スタートアップのリスクやコスト，および投資家のベンチャー企業向けの投資リスクに対してどのような支援が必要かを考えていこう。

　次に3つの政策から1つを選び，その有用性を論じるが，政策のマイナス面にも言及する必要があることを意識して構成を作ろう。設問文の通り，まずはその政策を取り上げた理由と効果を簡潔にまとめた上で，副作用や弊害といったマイナス面に触れ，それを回避あるいは軽減する手法，またはデメリットを上回る有効性があることを論じていく。

　〔解答例〕では，問1で取り上げた環境持続性と国際評価に関わる論点に応じた政策を選んで論じている。このように，問1で見た論点と共通するものを選ぶことで，設問全体を通して一貫性のある解答を作りやすくなる。論点整理の手間も省けるので，試験時間を有効に使うこともできる。ただし，それにこだわることなく，書きやすい論点のものを取り上げるとよい。

講　評

　試験時間は例年通り120分。設問は2問で，それぞれ800字の論述形式である。問2では，複数の政策提示もあり，1つの設問で要求される課題が多いため，無駄なくまとめる力が必要である。総じて難度が高いといえる。

　内容としては，低迷が続く日本経済が抱える構造的課題に関する資料をもとに，政策を考えるものだった。形式としては2023年度を踏襲しており，複数の資料を読み，その論点を整理して政策へとつなげる内容である。内容面では，提示される資料をすべて使わずとも解答可能であることや，5つの資料の内容とその関連性もわかりやすく，この点ではやや易化している。一方で，政府の立場から複数の政策を提示するという問いでは，単に有効性を提示するだけでなく，問題点を挙げた上で長期的な効果，国際評価や競争力などについて説明する必要があり，広く多角的な視野で考える力を問う設問だといえる。

//////////////// · **memo** · ////////////////

//////////////// · memo · ////////////////

/////////////////// · memo · ///////////////////

2023
年度

解答編

解答編

英語

I 　**解答**　[31]—1　[32]—3　[33]—2　[34]—2　[35]—2
　　　　　　　[36]—3　[37]—2　[38]—3　[39]—1　[40]—2
[41]—2　[42]—1　[43]—2　[44]—2　[45]—4

◆**全　訳**◆

≪絶滅の危機にあるシャチの保護に必要なこと≫

1　この夏，1 頭の赤ちゃんシャチがセイリッシュ海(ワシントン州とブリティッシュコロンビア州の内海)を 2011 年以来初めて泳いでいる。この最新の小さなシャチの誕生は，何十年も苦闘しているシャチの個体群にとっては祝福の原因である。しかし，その子供のシャチだけでは南部に生息しているシャチについての研究者や保護グループの懸念を和らげるのに十分ではない。というのはそれらの水路の遺伝子的に異なる下位群に分類されているからである。1 つには，子供シャチが生き延びるのに最初の年が最も困難なのである。そしてストレスホルモンのレベルや体重のようなシャチの個体集団の健康指標は，出産が成功するということがますますまれなものとなっていることを示している。

2　「新しい子供シャチは非常に奇跡的なことです」とワシントンを拠点とする団体であるワイルド・オルカの科学調査部長のデボラ=ジャイルズは述べている。「しかし私たちは過去数十年の調査からこれらのメスは 3 年おきに出産できることを知っています。そして現在はそうではありません」 2017 年，ジャイルズの研究チームは近年，南部に生息するメスのシャチの妊娠の 69 ％が出産に至っていないということを発見した。慢性的にストレスがかかっており，栄養不足のため，このシャチの生息数は，2005 年に連邦政府によって絶滅危惧種のリスト入りをした際の 89 頭から，今日の 74 頭にまで減少している。

3　シャチは 17 年前と同じ範囲の脅威に直面している。騒音，船舶との

衝突の可能性，化学汚染物質，そしてエサ不足である。これらの中で今日，最も研究者たちを心配させているのは，シャチの主食であるマスノスケの不足である。これらのシャチはマスノスケと共進化したが，マスノスケもまた絶滅危惧種である。シャチは他の魚類を食べることができるし，実際に食べるが，セイリッシュ海の最も大きく，最も脂肪分を含む魚は常に彼らの食事の大半を占めてきた。乱獲，水温の上昇，ダムの妨害，生息地の破壊などのせいで，ワシントン州とブリティッシュコロンビア州の川で産卵するために戻ってくるマスノスケの数と大きさが何年にもわたって減少していくにつれ，とりわけシャチは生存するための十分な獲物を見つけようと苦闘している。「そこには十分な魚がいないため，シャチたちは常に飢えています」とジャイルズは述べている。

4　ブリティッシュコロンビア大学の研究者たちによる，南部に生息しているシャチに関する別の最近の研究が同じ問題を明らかにした。数十年にわたるマスノスケの供給量と，わかっているシャチの動き，健康状態を比較し，彼らは過去 40 年間のうちの 6 年間，この海洋哺乳類は十分な食料を得ていないと結論づけた。このことは絶滅の危機に瀕している南部のシャチを保護するためのあらゆる取り組みには，絶滅しかけているマスノスケを保護することを含まなければならないということを意味している。「南部に生息しているシャチの回復のための前向きな道筋を促進することに向けたただ 1 つの有望な試みは，シャチの生息域全体を通してのマスノスケと河川の修復に取り組むことです」とワシントンに拠点を置く非営利のシャチ保護団体の事務局長であるシャリ＝タランティーノは述べている。

5　シャチの多くが子供を身ごもっているが，潜在的に健康な状態にはないという知らせを受け，州はこの夏，ホエールウォッチングの船舶にシャチから半マイル離れた航路を保つことを求める新しい規制を導入した。これらの追加の制限がシャチにとって利益となる一方，ワイルド・オルカのジャイルズは，シャチたちが自力で長期的に回復する手助けとなるには十分ではないだろうと述べている。「私たちはこれらの生物に対する船舶の影響を限定的なものにするため，船舶の影響を注視することに長い時間を費やしてきました。現在，私たちは漁業管理に焦点をあてた政策を注視していく必要があります」と彼女は述べている。

6　シャチの保護団体のタランティーノは同意する。「私たちは軽減に対

する努力を支持しますが，ワシントン州の緊急規制は南部に生息するシャチの個体群が必要としていることに対する水準には達していない状態が続いています」と彼女は付け加える。そしてそれはただシャチだけのことではない。シャチは食物連鎖の頂点にいる。そして，タランティーノはこう指摘する。「頂点にいる捕食者が欠乏すれば，それはその下にいる生態系全体も欠乏していくということを意味します。そしてそれは突き詰めていくと，人類にも影響を与えるのです」

◀解　説▶

▶[31]　空所のある文章に「祝福の原因」とあり，その内容は直前の文章の「2011 年以来初めての赤ちゃん」である。このことからシャチが個体群の維持に struggling「苦闘している」ことがわかる。とても prospering「繁栄している」といえる状況ではない。meandering は「曲がりくねった」といった意味である。

▶[32]　「2011 年以来の赤ちゃんの誕生」が何にならないのかを考えればよい。ease「（苦痛など）を和らげる」を選び，「不安を緩和する」とする。他はそれぞれ，ignite は「～に火をつける」，constitute は「～を構成する」といった意味である。

▶[33]　第 3 段第 1・2 文（The killer whales face … source, Chinook salmon.）に「シャチは 17 年前と同じく騒音や食料の不足という問題に直面している」という内容があることから，Chronically「慢性的に」ストレスがかかり，栄養不足であると判断できる。Ironically は「皮肉なことに」，Marginally は「わずかに」といった意味である。

▶[34]　シャチが脅かされている問題についての記述である。potential「潜在的な」を選び，「船との衝突が起こる可能性がある」といった意味にすればよい。inevitable は「避けることができない」，manageable は「扱いやすい」といった意味である。

▶[35]　この文章はシャチのエサとなるマスノスケの減少について述べている。直後に「魚の乱獲」や「水温の上昇」といった理由が述べられているので thanks to ～「～のために」が正解となる。in spite of ～ は「～にもかかわらず」，aside from ～ は「～は別として」といった意味である。

▶[36]　この文章はシャチが飢えていることについてのものである。「十分な魚がいない」に続く言葉を選べばよい。「そこに，あちらに」といっ

た意味を表す out there が正解となる。in common は「共通して」，under way は「進行中で」といった意味である。

▶[37]　この文章は That means「そのことが意味するのは」で始まっており，That の内容は直前の文章「シャチが十分な食料を得ていない」である。よって，「南部のシャチを保護すること」は「（エサである）マスノスケを保護すること」を「含む」となる involve が正解。evade は「～を避ける」，undermine は「～を弱体化させる」といった意味である。

▶[38]　州がシャチの保護のために新たな規制を設けたという文の一部である。その理由としては energetic「活動的な，精力的な」や fertile「繁殖力がある」ではなく，unhealthy「不健康な」可能性があることが原因だと考えられる。

▶[39]　この文章の冒頭の While は「～の一方で」という意味であり，副詞節全体では「努力は支持するが」といった意味になっている。このことから主語の「州の制限」と空所に続く「シャチが必要とすること」を結ぶ語句としては fall short「（水準などに）達していない，期待に外れる」がふさわしい。run short は「不足する，足りなくなる」といった意味である。keep short という表現はなく，keep it short とすると「手短にする」といった意味になる。

▶[40]　空所直後の it が指すのはこの文章の前半部分にある an apex predator「頂点にいる捕食者」である。よって，「～の下」を表す beneath が正解となる。inside は「～の内側」，above は「～の上」の意である。

▶[41]　「第 1 段によれば，どの記述がセイリッシュ海のシャチの個体群に関して正しいか？」

1．「若いシャチの健康は生後 1 年を経過すると悪化する傾向にある」

2．「メスの健康状態が出生率を損なうかもしれない」

3．「研究者たちは母親シャチが出産を生き延びることができないことを心配している」

4．「研究者たちはまもなくより多くの赤ちゃんシャチを期待すべきだという兆候がある」

　2 が第 1 段最終文（And health markers …）と一致する。「体重などの健康指標は出産の成功がまれなものになっていることを示している」と

ある。1は本文に記述がない。第1段第4文（For one thing, …）に「最初の1年が生き延びるのに最も困難」とあるのみである。3は本文に記述がない。上述の第1段最終文や第2段第3文（In 2017, …）にあるのは「出産の成功が珍しい」ことであり，「出産を生き延びる」ことではない。4は上述の第1段最終文と矛盾。「出産の成功が難しい」ので多くの赤ちゃんは期待できない。

▶[42]「この地域におけるシャチの生息個体数に影響を与える様々な問題のうち，この記事で言及されていないものはどれか？」

1．「水温が予測できないほど低い」

2．「セイリッシュ海域が汚染されるかもしれない」

3．「子供を身ごもっているシャチの3分の2以上が流産する」

4．「魚の乱獲がシャチの食料源に食い込んでいる」

　1が本文に記述がない。第3段第5文（As the number and size of salmon …）に「マスノスケの減少の理由として水温の上昇」という記述があるのみである。2は第3段第1文（The killer whales face …）に記述があり，3は第2段第3文（In 2017, …）と一致する。4は第3段第2～5文（Of all those, … prey to survive.）の内容と一致する。

▶[43]「この記事内で議論されているシャチに関して，ブリティッシュコロンビア大学の研究者たちが発見したことは何か？」

1．「6年連続して栄養不足の状態が続いている」

2．「この数十年，食料の供給が不足している時期が続いている」

3．「前の10年のほとんどの期間，シャチたちはエサ不足に苦しんでいる」

4．「この40年間ずっと，エサの供給は十分であった」

　第4段第1文（Another recent study …）にブリティッシュコロンビア大学の研究が「同じ問題を確認した」とある。第3段第1文（The killer whales face …）にある「17年前と同じ問題」の中に「エサ不足」が挙げられており，同段第5文（As the number and size of salmon …）に「長年にわたって川に帰ってくるマスノスケの数，大きさが減少」とあることから2が正解としてふさわしい。3は「前の10年」という部分が不適切である。1は consecutive「連続して」という部分が誤り。第4段第2文（Comparing salmon availability …）には「40年間のうちの6年」

とあるのみである。4 は第 4 段第 2 文と矛盾する。「食べるものは十分で
ない」とある。

▶[44]　「この記事における彼女のコメントに基づくと，シャチの保護団
体のシャリ=タランティーノが最も信じていそうなことは」

1．「川の野生生物の回復はシャチの保護に小さな役割を果たしうる」

2．「マスノスケの個体群の保護がシャチの保護においては主に重要であ
る」

3．「マスノスケのシャチ保護に対する重要性は誇張されている」

4．「シャチを保護することはマスノスケの保護よりも優先されるべきで
ある」

　第 4 段最終文（"The single most promising effort …"）に注目する。最
も有望な策として「マスノスケと川の回復」を挙げている。このことから
2 が正解となる。1 は「小さな」という部分が，3 は「誇張されている」
という部分がそれぞれ誤りである。4 は第 4 段第 3 文（That means …）
と矛盾。「シャチの保護はマスノスケの保護も含む」とあるが，どちらを
優先するといった記述はない。

▶[45]　「ワイルド・オルカのデボラ=ジャイルズはこの地域の船舶に関す
る新しい法律についてどのように感じているか？」

1．「船舶に関してはさらに多くのことがなされる必要があると感じてい
る」

2．「これらの法律が何年にもわたってシャチの出生率を安定させること
に役立つと感じている」

3．「新しい規制がその地域の観光を大きく妨げると感じている」

4．「船舶のシャチに対する影響について十分な注意が与えられたと感じ
ている」

　第 5 段第 2 文（While these additional restrictions should benefit …）
に「船舶の距離制限は有効だが，シャチの長期的な回復には不十分だ」と
あり，続いて第 3・4 文（"We have spent … management," she says.）
に「これまでは船舶の影響の抑制に注力してきたが，これからは漁業管理
に焦点をあてる」とある。よって，シャチの保護に対していまだ課題は残
るものの，船舶に関する対策は十分になされたことがわかるので，4 が正
解となる。1 は，上述の通り，船舶に関しては法的整備が完了していると

考えられるため，不適。2は「何年にもわたってシャチの出生率を安定」という部分が矛盾する。3は本文に記述がない。

◆━◆━◆━◆━●語句・構文●━◆━◆━◆━◆━◆━◆━◆

（第1段）killer whale「シャチ」　calf「クジラや象などの子供」　on one's own「自力で」　resident「居住者，居住している」　genetically「遺伝子学的に見て」　distinct「はっきりと異なる」　sub-group「下位群，亜群」　initial「最初の」　orca「シャチ，オルカ」

（第2段）not the case「事実と異なる，真実ではない」　term「出産の予定日」　undernourished「栄養不良の」　federally listed as endangered「連邦政府によって絶滅危惧種と指定された」

（第3段）Chinook salmon「マスノスケ，キングサーモン」　co-evolve with ～「～と共進化する」　They can and do eat「食べることもできるし，実際に食べる」　do は強調の意味合い。　spawn「放卵する」　dwindle「徐々に減少する」　obstruction「妨害，障害」　among other things「とりわけ，何よりも」

（第4段）compare A to B「A と B を比較する」　availability「入手できる可能性」　promising「見込みのある，有望な」　trajectory「軌道，軌跡」　initiative「（問題を解決するための）取り組み」　conservancy「環境保護団体」

（第5段）put A in place「A を置く，導入する，配備する」　nautical「船舶の，航海の」　vessel「船舶」　fishery「漁業，水産業」

（第6段）mitigation「軽減」　food chain「食物連鎖」　apex「頂点」　predator「捕食者」　ultimately「最後は，突き詰めれば」

II　解答　　[46]─3　[47]─3　[48]─2　[49]─1　[50]─3
　　　　　　　　[51]─3　[52]─2　[53]─1　[54]─1　[55]─1
[56]─3　[57]─2　[58]─1　[59]─2　[60]─4

━━━━━◆全　訳◆━━━━━━━━━━━━━━━━━━━━━

≪ブラウン神父がホームズよりも勝る理由≫

1　アーサー・コナン・ドイル・エステートは，最近公開されたシャーロック=ホームズの妹についての映画である『エノーラ=ホームズの事件簿』が偉大な探偵をあまりにも感情に支配されすぎているように描いていること

とを不服として，訴訟手続きをとった。シャーロック=ホームズは周知の
とおり，感情というものに疑念を抱いていた。「恋愛は感情的なものだ」
と彼は冷淡に見ており，「感情的なものはなんであれ，私が全てのものの
中で最も重要だと考えている真の冷静な理性の反対にあるものだ。私は頭
脳なのだよ」とワトソンに述べた。「私の残りの部分は単なる付属品さ」
私は多くの専門の科学者や哲学者がもし彼らが感情的な動物呼ばわりされ
たら，侮辱されたと感じるだろうということは想像できる。ホームズは彼
らの模範なのだ。彼は厳格であり実地経験主義であり，帰納法を信頼して
いる。

2　しかし実のところ，彼はあまり優秀ではない。単なる頭脳は単なる頭
脳の行動を予測することは得意かもしれない。しかし，他の多くのものの
ためにはならない。特にホームズは彼のライバルであるカトリックの神父，
チェスタトンのブラウン神父にははるかに劣っている。グラムシは，ブラ
ウン神父は「完全にホームズを圧倒しており，ホームズを思いあがった少
年のように見せ，彼の偏狭さとつまらなさを目立たせている」と記してい
る。ブラウン神父はより迅速で，より効率的であり，そして犯罪者にとっ
てはより致命的である。これは彼が感情を「使うにもかかわらず」ではな
く，「使うため」である。

3　彼もホームズと同様に厳しいが，帰納法よりもむしろ演繹法に頼る傾
向がある。もしも感情的な人間と対峙するなら，彼らの感情を否定したり
無視したりすることから利益を得ることはできそうにないし，もし自分自
身が感情というものを持たなければ，彼らの感情を理解することはあまり
得意になれそうもない。ブラウン神父はホームズに対して3つの非常に大
きな利点を持っている。まず自身が感情的であり，1人の感情のある生物
が他者に対して抱く共鳴が事件について大きな洞察を与えてくれるという
ことを知っている。第2に，神父としての役割において，ブラウン神父は
人間の心を理解しており，間違った思考と間違った行いの間のしばしば複
雑なつながりをたどることができる。そして第3に，彼には神学理論によ
る一連の行動規範があり，このことが彼に理路整然とした人間学を授ける。
もしも犯罪者を追い詰めているなら，それは非常に価値のある道具なので
ある。

4　全ての哲学者は，理論上，何かしらに到達するためには前提が必要で

あるということを知っている。しかしながら多くの人は，道徳上あるいは
人間学的な信念だとみなされる前提を持っていることを否定したがる。功
利主義は，価値観の理論――つまり何が，なぜ，望ましい目的なのかを
述べる１つの方法――がなければ，空虚で意味のないただの遊びである。
道徳的な哲学において，何が「善」であるのかという明確な考えを持たな
い限り，無駄な努力をすることになる。そして人間の行動を（もしも探偵
であれば）再構築したり，（もしも倫理学者であれば）規定する際，人間
とは何なのかを知らなければ何の成果も得られない。倫理学者たちはその
ようなところにまで到達しているのだろうか？　「自動車について何も知
らない人のみがガソリンなしの運転について話をする」とブラウン神父は
語っている。「動機について何も知らない人のみが，しっかりとした疑う
余地のない第一原理を持たない論理的思考について話す」　ブラウン神父
の第一原理は，人間は神の姿に似せてつくられていて，なおかつ堕落して
いるというものである。異議を唱える者もいるかもしれないが，それらは
その中において人間の複雑さが認められ精査されうる枠組みを彼に与える。
ホームズは人間の中には卑怯な者も，冷酷な者も，利他的な者もいること
を知っている。彼が知らないのは，私たちはみな卑怯で，冷酷で，利他的
だということである。そのことが彼に浅く限られたもののみを残す。彼は
自分自身の推測の奴隷である。
5　科学においては，ある人の現在優勢な枠組みに合う答えを特定するこ
とよりも，正しい答えを解明することのほうがはるかに重要である。道徳
哲学においては，時代の思潮を攻撃しないようなものを明らかにするより
も，道徳的に正しい道を見つけることのほうがはるかに重要である。ブラ
ウン神父は役に立つ。ホームズは役に立たない。

━━━━━━━━━◀解　説▶━━━━━━━━━

▶[46]　直後の文（'[L]ove is an …）に「感情は最重要視している理性
と反対にある」とあることから suspicious「疑わしい」を選び，「感情と
いうものに懐疑的」といった文をつくる。appreciative は「真価がわかる，
感謝している」，envious は「羨ましそうな，ねたんでいる」といった意
味である。

▶[47]　第１段第３・４文（'[L]ove is an … he told Watson.）のワトソ
ンに対するホームズの発言に「自身は理性を重要視しており，自分は頭脳

だ」とあることから，残りの部分は appendix「付録」であるとわかる。
generalization は「一般化」，name は「名前」である。

▶[48]　空所を含む文の前半に「ブラウン神父はホームズを完璧に打ち負
かす」とあり，後半に「偏狭さとつまらなさを目立たせる」と続いている
ことから判断する。ブラウン神父はホームズを pretentious「思いあがっ
た」少年のように見せてしまうのである。pessimistic は「悲観的な」，
progressive は「進歩的な」といった意味である。

▶[49]　感情的な人間に対する場合，感情を否定するとどのような結果に
なるかを考えればよい。benefit from 〜「〜から利益を得る」を選び，
「利益を得られそうにない」とする。escape from 〜 は「〜から逃れる」，
suffer from 〜 は「〜を患う，〜に苦しむ」といった意味である。直後の
文（Father Brown has …）以降において，感情を理解するブラウン神父
の利点が述べられている。

▶[50]　直前の「ブラウン神父自身が感情的である」に続く部分であるこ
とから判断する。感情的であるため，他者との resonance「共鳴，感情を
呼び起こすこと」が事件について洞察を与えてくれることを知っていると
考えられる。resemblance は「類似性」，repulsion は「嫌悪感，撃退」と
いった意味である。

▶[51]　事件を解決するためにブラウン神父が「誤った考えと行動の間の
複雑なつながり」をどのようにするのかを考えればよい。trace「〜の跡
を追う，〜を探し出す」が適切である。detach は「〜を取り外す，切り
取る」，alter は「〜を変える」といった意味である。

▶[52]　theory「理論」については前置詞 in を用いて in theory「理論
上」となる。この表現では前置詞に by, of は用いない。

▶[53]　空所を含む文は「功利主義は（　　　）の理論がなければ無意味
である」となり，（　　　）の理論の説明として「何が，なぜ，望ましい
目的なのかを述べる 1 つの方法」とあるので，value「価値」を選ぶ。
cause は「原因」，beauty は「美しさ」といった意味である。

▶[54]　直前の「人は神の姿に似せてつくられて，かつ堕落したもの」と
いう内容などから判断する。「人間の複雑さ」という意味をつくる
complexity が正解となる。creativity は「創造力」，credibility は「信憑
性」といった意味である。

▶[55]　現在有力な何に合う解答を見つけるのかを考えればよい。paradigm「実例，枠組み，パラダイム」が適切である。paraphrase「言い換え」や paradox「逆説，パラドックス」では文意が通らない。

▶[56]　「第 1 段に基づけば，以下のどの記述がシャーロック=ホームズによって支持されそうか？」

1．「合理的であることは困難な事件を解決することができるということを保証するものではない」

2．「人間はとりわけ感情的な動物であり，それゆえに法律違反をする」

3．「真理を追い求めている際，論理的思考のみが重要である」

4．「人は自分たちが感情的な生き物であることを認識しているので，理性に頼る」

　第 1 段におけるシャーロック=ホームズについての記述は第 2 ～ 5 文（Sherlock Holmes was … a mere appendix'.）にある。「感情に対して懐疑的」「理性が最も重要」といった内容に合致するのは 3 である。1 は明らかにこの内容と矛盾する。2 および 4 は本文に記述がない。

▶[57]　「この記事によれば，以下のどの記述がシャーロック=ホームズとブラウン神父の最も顕著な違いであるか？」

1．「シャーロック=ホームズは演繹法と帰納法を等しく用いる」

2．「ブラウン神父は犯罪事件を理解するカギとして感情に注意を向ける」

3．「ブラウン神父は道徳的な関心を最優先し，論理的思考は二次的なものだと考えている」

4．「シャーロック=ホームズは犯罪事件に取り組む際，道徳的な判断はほとんど行わない」

　2 が第 3 段第 2・3 文（If you are dealing with … into a case.）と一致。3 つの利点の 1 つ目に挙げられている。一方でホームズは第 1 段第 2 文（Sherlock Holmes was famously …）などから感情に懐疑的なことが明白である。1 は第 1 段最終文（He's rigorous, …）と矛盾。「帰納法を信頼」とある。3 は第 3 段第 1 文（He's just as rigorous …）と矛盾。「演繹法を信頼する」という記述があることから論理的な思考を二次的なものだと考えているとはいえない。また道徳的な関心を最優先するという記述もない。4 は本文に記述がない。

▶[58]　「第 3 段で言及されている『理路整然とした人間学』によってお

そらくは意味されているものは何か？」

1．「首尾一貫した方法で人間の行動を理解する手法」

2．「他の文化の歴史的な背景を理解するという視点」

3．「犯罪者をプロファイリングすることによる犯罪事件の人口統計的研究」

4．「なぜ人間は本質的に欠点があるのかを説明する宗教的な理論」

　第3段では前段の内容を受け，ブラウン神父が感情や人間を理解しているためにホームズよりも優れている点が述べられている。下線部直前のwhich は a set of principles「一連の指針」を指していることから，下線部が意味するものとしては1が適切である。

▶[59]「第4段にある『無駄な努力をする』という表現がおそらく意味していることは」

1．「ほぼ即座に望ましい結論に到達する」

2．「目標がはっきりしていないために探求が決して終わらない」

3．「議論がかなり些細な結論に終わってしまう」

4．「自分の主張を矛盾したものにしてしまう危険がある」

　この表現を含む文は直前の文（Utilitarianism, without a …）の「功利主義は価値観の理論がなければ無意味である」という内容を受け，直後の文（And in reconstructing …）の「探偵であれ倫理学者であれ，人間が何たるかを知らなければ成果は得られない」という内容が続いている。このことから，2が正解として適切である。

▶[60]「第4段で述べられている『ブラウン神父の第一原理』が示していることは」

1．「信念のない人は犯罪的な行動をしやすい」

2．「人は実際的，感情的な懸念の双方を抱いている」

3．「人はしばしば犯罪に対して複雑な感情を抱いている」

4．「人は自身の中に矛盾を抱えている傾向がある」

　下線部の「ブラウン神父の第一原理」は主語になっており，動詞 are に続く that 節は補語で，主語とイコールの関係になっている。この that 節の「人は神の姿に似せてつくられていて，なおかつ堕落している」という内容や，直後の文（One might dispute …）の「それは彼に，その中で人間の複雑さが認められ，精査される枠組みを与える」という内容に合致す

るのは 4 である。1 および 2 は本文に記述がない。3 は「犯罪に対して」という記述が本文になく，この部分が誤りである。

●語句・構文●

（第 1 段）　issue proceedings「訴訟手続きをとる」　portray「～を表現する，描く」　icily「冷淡に」　be opposed to ～「～と対立する，～に反対する」　above all things「何よりも」　affronted「侮辱された」　rigorous「厳しい」　empirical「実地経験主義の」　induction「帰納法」

（第 2 段）　mere「単なる」　be not a patch on ～「～とは比べ物にならない」　Chesterton's Father Brown「ギルバート＝ケイス＝チェスタトン作の推理小説に登場するブラウン神父」　narrowness「偏狭」　pettiness「つまらなさ」　deadlier「より致命的な」　deadly の比較級。

（第 3 段）　deduction「演繹法」　A rather than B「B よりもむしろ A」　be unlikely to *do*「～しそうにない」　supreme「最高の」　insight「洞察力」　convoluted「複雑な」　theology「神学」　coherent「理路整然とした」　anthropology「キリスト教の人間学，人類学」

（第 4 段）　premise「前提，根拠」　be keen to *do*「しきりに～したがる」　conviction「信念，確信」　utilitarianism「功利主義」　chase *one's* tail「無駄な努力をする」　prescribe「～を規定する，処方する」　ethicist「倫理学者」　first principle「第一原理」　mean「卑怯な」　altruistic「利他的な」　presumption「推定」

（第 5 段）　ruling「優勢な」　outrage「～を攻撃する，侵害する」　zeitgeist「時代の思潮（ドイツ語）」

Ⅲ　**解答**　　[61]－2　[62]－3　[63]－1　[64]－2　[65]－2
　　　　　　　　　　[66]－3　[67]－2　[68]－3　[69]－1　[70]－2
[71]－2　[72]－3　[73]－1　[74]－2　[75]－1　[76]－1
[77]－3　[78]－3　[79]－1　[80]－1　[81]－2　[82]－3
[83]－3　[84]－3　[85]－4　[86]－4　[87]－4　[88]－4
[89]－1　[90]－1

◆全　訳◆

≪私たちが組み込まれている企業によってつくられた消費文化≫

著作権の都合上，省略。

著作権の都合上，省略。

著作権の都合上，省略。

著作権の都合上，省略。

━━━━━━━━━◆解　説▶━━━━━━━━━

▶[61]　直後の 2 文（Not stupid, just … sunny café patio.）を参照。「高価なコーヒーをまた買い始めた」といった例があることから判断する。careless with my money で「無駄遣いが多い」といった意味になる。attentive は「用心深い」，thrifty は「倹約的な」といった意味である。

▶[62]　直前の「ニュージーランドのフラットホワイトほど美味しくない」という記述から判断する。savor「〜を味わう，楽しむ」を選び，「それらをカフェのテラスで飲むことを楽しむようになっていない」とする。

endorse は「〜を支持する，承認する」，regret は「〜を後悔する」という意味である。

▶[63]　直後が「きちんと雇われていたころは常にこうしてきた」と過去の内容を含む回想となっていることから，in hindsight「振り返ってみると」が正解となる。oversight は「見落とし」，foresight は「洞察力」といった意味である。

▶[64]　空所の少し前にある関係代名詞 which は非制限用法で前文の「再び地位を得た」「高給取りである」といった内容を受けている。このことから「〜に権利を与える」という意味を持つ entitle が正解となる。indebt は「借金がある」，restrict は「〜を制限する」といった意味である。

▶[65]　直前の第3段第1文（Here in the West, …）「企業によってつくられた不必要な出費をする生活様式」に続く文章である。企業が享受するのは大衆の金を使う penchant「傾向，好み」が正解となる。incapacity は「無能」，apprehension は「不安，心配」といった意味である。

▶[66]　この文章で心理学者は「売り上げを増加させるために用いた手法」を議論している。このことから a marketing「マーケティングの」が正解となる。a clinical は「臨床の，病床の」，an evolutionary は「進化論の，徐々に進む」といった意味である。

▶[67]　主語である「テーマパークへの訪問」との関係を考えればよい。take place「起こる」が正解となる。take over は「引き継ぐ，乗っ取る」，take apart 〜は「〜を分解する，酷評する」といった意味である。

▶[68]　どのような需要によって「大金が使われている」のかを考えればよい。第4段第3文（Big companies didn't make …）に「企業は必要以上にお金を使う文化をつくり出すことによって大金を稼ぐ」とあることから manufactured「つくられた」が適切である。organic は「有機栽培の」，insufficient は「不十分な」といった意味になる。

▶[69]　「なぜものを買うのか」という文章の一部である。「自身の地位を世界に広める」といった意味になる broadcast が正解として適切である。downplay は「〜を軽視する，見くびる」，transfer は「〜を移す」といった意味である。

▶[70]　a life「生活」をどのようにするのかを直後の文（This

arrangement makes us …）の内容「自由になる時間が少ないので娯楽や利便さに費やす」から考えればよい。build「〜をつくり上げる，築く」が適切である。take a life で「生き物を殺す」となり，risk は「〜を危険にさらす」といった意味である。

▶[71]　空所直後の these activities は直前の「ウォーキング」「運動」「瞑想」といった活動を指している。これらの活動の「お金がかからないが時間はかかる」という similarity「類似点」を修飾する語としては conspicuous「よく見える，明白な」が適切である。whimsical は「気まぐれな，風変わりな」，unfeasible は「実現不可能な」といった意味を表す。

▶[72]　14〜16 時間労働で搾取されていた労働者にとって 8 時間労働がどのようなものかを考える。chore「雑用」では文の意味が通らず，時間が短くなっていることから disaster「大惨事」も不適である。respite「（労働などからの）小休止」が正解となる。

▶[73]　直後の文（Keeping free time scarce means …）「自由な時間を乏しくすれば人は多くお金を払う」から判断する。purchase-happy「品物を喜んで購入する」大衆とすればよい。trigger-happy は「攻撃的な」，slap-happy は「能天気な，無頓着な」といった意味である。

▶[74]　第 7 段第 1 文（We've been led …）において「利便さにお金を払い，持っていないものを買う文化に引き込まれている」と述べられている。このことからアメリカ経済は不必要な出費などについて calculated「計算された」方法で形づくられているといえる。cautious は「用心深い」，courteous は「礼儀正しい」といった意味である。

▶[75]　お金を使う理由が列挙されている文章の一部である。「退屈」を alleviate「軽減，緩和する」が正解となる。prolong は「〜を長引かせる」，exacerbate は「〜を悪化させる」といった意味である。

▶[76]　直後に問題の具体例として「肥満」「気分の落ち込み」「汚染」「腐敗」といったことが挙げられている。いずれもポピュラーな問題であり，well-hidden「十分に隠されている」，well-managed「うまく管理された」といった記述はないので，well-publicized「広く公表された，知られている」が正解として適切である。これらのよく知られた問題は消費者文化がつくり出したものであるということである。

▶[77]　直前の「ガラクタを買わない」「楽しまされる必要がない」といった内容から判断する。end up を選び「結局，多くの広告を見るという結果にはならない」とする。swear off〜は「(酒，たばこなどを) 断つ」，object to〜は「〜に反対する」といった意味である。

▶[78]　前段第5文 (Parkinson's Law is…) 以降の「多くの時間を与えられれば与えられるほど時間を使う」というパーキンソンの法則における時間の使い方を受けている。直後の文章 (The more we make, …) に「稼げば稼ぐほど使う」とあることから「(このようにお金を) 扱う」となる treat を選ぶ。earn は「(お金を) 稼ぐ」，save は「貯める」といった意味である。

▶[79]　第9段第2文 (The more we make, …)「稼げば稼ぐほどお金を使う」を受けて，昇給するたびに何を上げることを避けることが難しいのかを考えればよい。standard of living「生活水準」が適切である。security は「安全」，equality は「平等」の意である。

▶[80]　第10段第1文 (Unless you're…) を受け，生活様式を具体的に説明する文の一部である。get by「何とかやっていく」が適切である。get even「補償する，借りがなくなる」や get up「起きる」では文意が通らない。

▶[81]　「最初の2つの段落によれば，筆者が最近気づいたことは何か？」
1.「彼は現在，ニュージーランドで手に入れていたよりもよいコーヒーを手に入れることができる」
2.「彼は仕事の地位によって違った風にお金を使う傾向がある」
3.「もしも海外をバックパックで旅するために仕事をやめれば，彼はもっと幸せである」
4.「他の人と比べると，彼はお金を使うことについて独特なアプローチをしている」
　2が第1段第4文 (Since the moment I was offered …) や第2段第6文 (I suppose …) などと一致する。「一定の地位を得たので無駄遣いをする権利があるように思える」といった記述がある。1は第1段第6文 (As a small example, …) と矛盾。「ニュージーランドのものほど美味しくない」とある。3は本文に記述がない。4は第2段最終文 (In fact, …) と矛盾。「普通の消費者のメンタリティに戻った」とある。

▶[82]「第 2 段の下線部の内容を最もよくまとめているのは以下のどの記述か」

1．「自分のお金に注意を払っておくことは心地よい満足感を与えてくれる」

2．「自分のお金を自身の向上のために使うことは好ましい結果を生む」

3．「給料のよい仕事に就いているおかげで心配することなくお金を使うことができる」

4．「最上級の健康を成し遂げることはお金がかかり献身が求められる」

　下線部を直訳すると「それがすぐに『元に戻る』ということを知っているとき，ドルの持つ権力を行使することは気分がよい」といった意味である。第 2 段第 6・7 文（I suppose I do … of critical thinking.）の「再度給料のよい仕事に就いたのである程度の無駄遣いをする権利があるように思える」「深く考えずにお金を使うときに権力を得た気分になる」といった内容とあわせて考えると，3 が正解となる。「ドルの持つ権力を行使」はお金を使うことであり，grow back はお金がまた入ってくるということを指している。「深く考えずに」とあるので 1 は不可。2 は第 5 段第 4 文（I've only been …）に「健全な活動が生活から抜け落ちている」といった記述があるので不可。4 は本文に記述がない。

▶[83]「記事によれば，以下のどの記述が人がものを買う理由ではないか？」

1．「大人はこのように生きるべきだという思い込みに動機づけられる」

2．「たとえ必要ではないときであっても，新しいものを買うという社会的な圧力が広がっているように感じている」

3．「自宅に何もない空間が多くあり，それを何かで埋めたいと思う」

4．「『小売店セラピー』，言い換えるとより幸せを感じるためにものを買うということを行っている」

　第 4 段第 4 文（We buy stuff …）に人がものを買う理由が列挙されている。4 は「自分の気持ちを引き立てる」として 1 番目の理由に，1 は 3 つ目の理由として挙げられている。2 は第 7 段第 1 文（We've been led into …）において，私たちが引き入れられている文化の特色の中に挙げられている。3 は本文に記述がない。第 4 段最終文（How much stuff is …）に「1 年間使っていないものがガレージなどにどのくらいあります

か？」と逆に無駄なものが多いという記述がある。

▶[84]「記事によれば，以下のどの記述が，週 40 時間の労働を企業にとって特に役に立つものとしているか？」

1.「人々をしっかり休ませ，常に最高の状態で働けるようにする」

2.「人々に精神的，身体的な健康を改善する活動を追求させる」

3.「人々に限られた休み時間に楽しむために多くのお金を使うように促す」

4.「人々に時間を必要とするが安価な活動に従事するような動機を与える」

　3 が第 5 段第 2・3 文（Under these working conditions … is so scarce.）と一致する。2 や 4 は第 5 段第 4・5 文（I've only been … they take time.）と矛盾する。労働によって健全な活動が筆者の生活から抜け落ちている。1 は第 7 段第 1 文（We've been led into …）に「私たちを疲れたままにしておくようにつくられた文化」という記述があるため誤りである。

▶[85]「第 6 段の 8 時間労働の就労日の議論に関して，以下のどの記述に筆者は最も同意しそうであるか？」

1.「若干長めの 1 週間の労働時間が従業員の生産性を向上させるために望ましい」

2.「オフィスワーカーは 8 時間分の価値のある仕事を 3 時間で終えさせられるべきである」

3.「科学技術が向上し続けるにつれて，就労日は短くなりそうである」

4.「就労日の長さは生産性よりも消費主義の助長に大きな関係があるかもしれない」

　第 6 段第 4 文（But keeping the …）に注目する。「8 時間労働を維持することは，仕事量のためではなく，買い物をする大衆をつくり出すため」とあり，この内容と一致するのは 4 である。1 は「8 時間労働は仕事の量によるものではなくものを買う消費者をつくるため」とあるので「生産性の向上」という部分が誤りである。2 は「8 時間で実働 3 時間未満の仕事しかしない」という記述はあるが，直後の第 5 文（Keeping free time …）に「ものを買う消費者をつくるためには余暇は短く保つべき」とあるため，生産性を上げることは誤りとなる。3 は同段第 2 〜 5 文

（As technologies and … they can buy.）と矛盾する。ものを買わせるためには労働時間は短くできない。

▶[86]「第7段の『欠けている』という語の意味に最もよく合うのは以下のどれか？」

1．「簡単な間違いをする」

2．「位置に確信が持てない状態である」

3．「得点を獲得し損ねる」

4．「重要な必需品が欠けている」

　直前の文（We've been led into …）の最後の部分「生活に不満を持っており，持っていないものを欲しがり続ける」から判断する。4のように「重要な必需品が欠けている」ように思えるので多くのものを買うのである。

▶[87]「以下のどの状況が第8段で説明されているパーキンソンの法則の例か？」

1．「学期の間にはやりたくないので夏休み期間中にレポートを書く」

2．「きちんと卒業できるように大学での4年間全ての履修予定を計画する」

3．「手遅れになるまで取りかかることを忘れていたので不完全な課題を提出する」

4．「取り組むための唯一の時間なので，片道の電車乗車中にレポートを仕上げる」

　パーキンソンの法則は第8段第5文（Parkinson's Law is …）以降で説明されている。「何かをするために時間を与えられれば与えられるほど，時間がかかる」というもので「もしも与えられている時間が少なければその時間でできることに驚く」とも述べられている。この説明に最も当てはまるのは4である。1や2は物事を計画的に進めており，パーキンソンの法則の逆といえる。3はパーキンソンの法則とは無関係である。

▶[88]「アメリカにおける以下の問題のうち，筆者が消費主義のせいにしていないものはどれか？」

1．「太りすぎによる人々の健康危機」

2．「メンタルヘルスの懸念の増加」

3．「自然環境の破壊」

4．「身体的な健康に対する関心の減少」

　第8段第1文（All of America's …）に巨大な経済を維持するための代償が列挙されている。1 が obesity「肥満」として，2 が depression「鬱」として，3 が pollution「汚染」として挙げられている。4 は本文に記述がない。

▶[89]　「第9段のホールデン＝コールフィールドについて，何を推測することができるか？」

1．「現代の消費社会から逃げ出したいと思っていた」

2．「慢性的な財政的苦境を被っていた」

3．「一人で暮らすために人里離れた場所へと引っ越した」

4．「ビジネスの世界をよく理解していた」

　ホールデン＝コールフィールドについては第9段第5文（I don't think …）に「醜いシステムを避け，森で暮らすことを空想した」とある。「醜いシステム」とは，第8段第2文（For the economy …）などで述べられている大企業によってつくられている消費社会のことを指している。よって，1 が正解として適切である。2，3，4 に関連する記述は本文中に見られない。

▶[90]　「現代の労働習慣について筆者はどのように結論づけているように思えるか？」

1．「労働と消費文化は私たちがしばしば気づかないような方法で私たちの生活を形づくっている」

2．「私たちは幸運にも娯楽活動に対する多くの選択肢がある繁栄した時代に暮らしている」

3．「大企業は多くの余暇がありすぎるという現代の問題を中和している」

4．「労働時間を規制し，搾取を防止するのは政府の役割である」

　第10段第1文（Unless you're …）「生活様式がすでに形づくられている」，第7段第1文（We've been led …）「持っていないものを欲しいと思い続ける文化に導き入れられている」，第9段最終文（They've been …）「企業は理想的な消費者をつくることに成功してきた」といった表現から1 が正解となる。3 は第6段第5文（Keeping free time …）などと矛盾する。企業はお金を使わせるため，余暇を少なくしているのである。2 および 4 は本文に記述がない。

●語句・構文●

（第1段）　9-to-5「朝 9 時から夕方 5 時までの勤務時間」　オフィスワーカーの典型的な労働時間とされる。existence「生活」　overlook「～を見落とす」　markedly「著しく」　exceptional「非常に優れた」　flat white「フラットホワイト（エスプレッソとミルクを合わせたコーヒー）」　get to *do*「～するようになる」　off-handed「事前の準備をしない，何の気なしの」

（第2段）　extravagant「無駄遣いをする，途方もない」　promiscuous「種々雑多なものを含んでいる」　flush time「景気のよい時期」　stature「地位」　now that S V「今や～なので」　not unusual at all「全く珍しいことではない」　mentality「気質，考え方，メンタリティ」

（第3段）　cultivate「～を育てる，耕す」　loose「大まかな，お金が自由に使える」　seek to *do*「～しようとする」　nag「～にしつこくいう」　market「～を売り込む」

（第4段）　represent「～を示す，代理する」　chase away ～「～を追い払う，吹き飛ばす」　cheer *oneself* up「自分の気持ちを引き立てる」　what *A* is like「*A* はどのようなものか」　status「地位」　have little to do with ～「～にほとんど関係がない」

（第5段）　40-hour workweek「週 40 時間労働」　inclined to *do*「～したいと思う，～する傾向がある」　scarce「乏しい」　wholesome「健全な，有益な」　drop out of ～「～から落ちる，脱落する」

（第6段）　8-hour workday「8 時間労働の就労日，1 日 8 時間労働」　exploit「～を搾取する」　progressively「徐々に，だんだん」　not because *A* but because *B*「*A* だからではなく *B* なので」　gratification「満足」

（第7段）　lead *A* into *B*「*A* を *B* に導き入れる」　engineer「巧みに～をたくらむ，やり遂げる」　indulgence「道楽，ふけること」　so that S V「～するために，～するように」　in a ～ manner「～な方法で」　fluff「つまらないもの」

（第8段）　Parkinson's Law「パーキンソンの法則」　シリル=ノースコート=パーキンソンによって提唱された法則であり，仕事の量は完成のために与えられた時間を全て満たすまで膨張する，支出は収入の額に達するま

で膨張する，という 2 つの理論からなる。in reference to ～「～に関連して」 the＋比較級＋S V, the＋比較級＋S′ V′「～すればするほどますます…」

（第 9 段） It's not that S V「～というわけではない」 raise「昇給」 shun「～を避ける」 Holden Caulfield「ホールデン゠コールフィールド」 J. D. サリンジャーによる 1951 年の小説 The Catcher in the Rye『ライ麦畑でつかまえて』の主人公。

（第 10 段） anomaly「例外」 habituated「慣らされている」 two weeks ago I would have said 「もし 2 週間前であれば私はいったであろう（仮定法過去完了)」 wishful thinking「希望的観測」

❖講　評

　2023 年度もこれまで通り長文読解が 3 題の出題となっており，内訳は空所補充 40 問，内容説明・内容真偽が 20 問の合計 60 問となっていた。ⅠとⅡはそれぞれ空所補充 10 問と内容説明・内容真偽が 5 問，Ⅲは空所補充 20 問と内容説明・内容真偽 10 問という出題配分も変わっていない。

　空所補充はⅡの［52］のように比較的易しめのイディオムの知識を問うものはまれであり，基本的には難度の高めの語句を前後関係を判断しながら選んでいくという形になっている。難易度はA：比較的平易なもの，B：標準よりもやや高めの語彙力が求められるもの，C：Ⅲの［75］のようにかなり難しいものという 3 つに分類できるが，Aを確実に得点した上で，Bの正解率を上げることが合格ラインに近づくためには重要である。2023 年度は例年に比べ，極端に難度の高い語句は少なく，全ての選択肢の意味を知らなくても，Ⅲの［72］のように消去法を用いて正解を導き出すことができる問題がやや多めであった。

　内容説明・内容真偽問題については，設問に対応する箇所を本文から見つけ出すという形が基本であるが，少し離れた箇所にある内容を手掛かりにしたり，逆に 1 つの文が複数の問題の解答に関わっているというケースも見られる。多角的に文章の理解度を問う設問形式であるといえる。

　Ⅰは絶滅の危機にあるシャチおよびそのエサであり，同じく絶滅の危

機にあるマスノスケについての文章であった。文章は比較的読みやすく，内容説明や内容真偽の選択肢もシンプルなものが多めであった。

Ⅱはシャーロック＝ホームズとブラウン神父という 2 人の探偵を人間の感情に対する捉え方を中心に対比させつつ，科学や哲学に対する教訓を示すという文章であった。文章の語数的には一番短いが，3 つの長文の中では難度が一番高いと感じた受験生が多かったのではないだろうか。空所補充も［50］などは表面的な逐語訳だけでは resemblance などを正答として選んでしまう可能性も高い。

Ⅲは語数的にはⅠやⅡの 2 倍以上となっているが，例年に比べて読みやすい文章となっていた。一時的に仕事を離れてバックパック旅行をした筆者の視点から，企業によってつくり上げられた消費社会における生活様式を考察する文章である。［87］のパーキンソンの法則，［89］のホールデン＝コールフィールドに関する設問など，本文で取り上げられた内容から具体的な事例を考えさせる設問が特徴的である。

全体としては，難度の高い構文が用いられている箇所は少なく，例年に比べて読みやすい英文となっていた。正確な意味がつかめない部分があったとしても，前後の内容からおおよその意味を推測することができた受験生が多かったのではないだろうか。空所補充問題は語彙力はもちろん，前後の内容を把握しているかが問われており，内容説明・内容真偽問題においては文章全体の理解を問う設問となっていた。

数学

I　◇発想◇　(3)　$n=2^i\cdot3^j\cdot5^k\cdot7^l$ において j, k, l を固定したとき，i が大きいほど，n の約数の個数が多くなることを利用する。

解答　(1)(1)(2) 03　(2)(3)(4) 05
(3)(5)(6)(7)(8) 1680

◀解　説▶

≪約数の個数≫

▶(1)　5 は素数だから，$n=p^4$（p：素数）とおける。

$2^4=16$, $3^4=81$, $5^4=625$, $7^4=2401$

よって，2023 以下の自然数 n で，$d(n)=5$ となるのは　　3 個　→(1)(2)

▶(2)　n の素因数が 1 個のとき，$n=p^{14}$（p：素数）とおける。

$2^{14}=1024\times16>2023$ より，n は存在しない。

n の素因数が 2 個のとき，$n=p^2q^4$（p, q は異なる素数）とおける。

$q\geqq5$ と仮定すると，$p\geqq2$ だから，$n\geqq2^2\cdot5^4=2500$ より　　$q=2$, 3

$q=2$ のとき，$n=p^2\cdot2^4\leqq2023$, $p^2<127$ より　　$p=3$, 5, 7, 11

$q=3$ のとき，$n=p^2\cdot3^4\leqq2023$, $p^2<25$ より　　$p=2$

よって，2023 以下の自然数 n で，$d(n)=15$ となるのは　　5 個　→(3)(4)

▶(3)　$2\cdot3\cdot5\cdot7\cdot11>2023$ より，素因数が 2，3，5，7 の自然数について調べる。

• 素因数が 4 個のとき，$2\cdot3\cdot5\cdot7=210$ より，5 か 7 の指数が 2 以上のものは

$2\cdot3\cdot5^2\cdot7(24)$, $2\cdot3\cdot5\cdot7^2(24)$　［（　）内の数字は約数の個数］

5 と 7 の指数がともに 1 のとき，$n=2^k\cdot3^l\cdot5\cdot7$ とおくと　　$2^k\cdot3^l<58$

よって，l を固定したとき，k が最大である数は

$2^4\cdot3\cdot5\cdot7(40)$, $2^2\cdot3^2\cdot5\cdot7(36)$, $2\cdot3^3\cdot5\cdot7(32)$

• 素因数が 3 個のとき，$n=2^k\cdot3^l\cdot5^m$ とおくと，$m\geqq4$ のとき，$n\geqq2\cdot3\cdot5^4>2023$ より　　$m\leqq3$

$m=1$ のとき　　$2^k\cdot3^l<405$

$m=2$ のとき　　　$2^k \cdot 3^l < 81$

$m=3$ のとき　　　$2^k \cdot 3^l < 17$

よって，m, l を固定したとき，k が最大である数は

$$2^7 \cdot 3 \cdot 5\,(32),\ \ 2^5 \cdot 3^2 \cdot 5\,(36),\ \ 2^3 \cdot 3^3 \cdot 5\,(32),\ \ 2^2 \cdot 3^4 \cdot 5\,(30)$$

$$2^4 \cdot 3 \cdot 5^2\,(30),\ \ 2^3 \cdot 3^2 \cdot 5^2\,(36),\ \ 2 \cdot 3^3 \cdot 5^2\,(24),\ \ 2^2 \cdot 3 \cdot 5^3\,(24)$$

• 素因数が 2 個のとき，$n = 2^k \cdot 3^l$ とおく。

　l を固定したとき，k が最大である数は

$$2^1 \cdot 3^6\,(14),\ \ 2^3 \cdot 3^5\,(24),\ \ 2^4 \cdot 3^4\,(25),\ \ 2^6 \cdot 3^3\,(28),\ \ 2^7 \cdot 3^2\,(24),$$

$$2^9 \cdot 3\,(20)$$

• 素因数が 1 個のとき　　　$2^{10}\,(11)$

よって，2023 以下の自然数 n で，$d(n)$ が最大になるのは

$$n = 2^4 \cdot 3 \cdot 5 \cdot 7 = 1680\ \ \ \rightarrow(5)\sim(8)$$

II　◇発想◇　3 と区間 $[t,\ t+1]$ の位置関係で場合分けをする。また，不定積分を利用して要領よく計算する。

解答　(1)(9) 2　　(10)(11) − 3　　(12)(13) 05　　(14)(15) 06

　　　　(2)(16) 3　　(17)(18) 02　　(19)(20) − 5　　(21)(22)(23) − 11　　(24)(25) 30

(3)(26)(27) 03　　(28)(29) − 5　　(30)(31) − 6　　(32)(33) 05　　(34)(35) 91　　(36)(37) 06

■■■■■◀解　説▶■■■■■

≪定積分で表された関数の最小≫

$f(x) = 3x^2 - 8x - 3$, $F(x) = x^3 - 4x^2 - 3x$ とおくと

　　　$F'(x) = f(x)$, $F(3) = -18$

　　　$F(t+1) = t^3 - t^2 - 8t - 6$

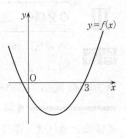

▶(1)　$t+1<3 \Longleftrightarrow 0 \leqq t < 2$ のとき　　→(9)

$$G(t) = -\int_t^{t+1} f(x)\,dx = -\Big[F(x)\Big]_t^{t+1}$$

$$= -F(t+1) + F(t)$$

$$= -(t^3 - t^2 - 8t - 6) + t^3 - 4t^2 - 3t$$

$$= -3t^2 + 5t + 6\ \ \ \rightarrow(10)\sim(15)$$

$G'(t) = -6t + 5$, $G'(t) = 0$ の解は　　　$t = \dfrac{5}{6}$

▶(2)　$t < 3 \leqq t+1 \iff 2 \leqq t < 3$ のとき　→(16)

$$G(t) = -\int_t^3 f(x)\,dx + \int_3^{t+1} f(x)\,dx$$

$$= -\Big[F(x)\Big]_t^3 + \Big[F(x)\Big]_3^{t+1}$$

$$= F(t) + F(t+1) - 2F(3)$$

$$= (t^3 - 4t^2 - 3t) + (t^3 - t^2 - 8t - 6) - 2 \times (-18)$$

$$= 2t^3 - 5t^2 - 11t + 30 \quad →(17)\sim(25)$$

$G'(t) = 6t^2 - 10t - 11$,　$G'(t) = 0$ の解は　　$t = \dfrac{5 + \sqrt{91}}{6}$

▶(3)　$t \geqq 3$ のとき

$$G(t) = \int_t^{t+1} f(x)\,dx = 3t^2 - 5t - 6 \quad →(26)\sim(31)$$

$$G'(t) = 6t - 5 = 6(t-3) + 13 > 0$$

以上より，$G(t)$ の増減表は次のようになる。

t	0	$\cdots$	$\dfrac{5}{6}$	$\cdots$	2	$\cdots$	$\dfrac{5+\sqrt{91}}{6}$	$\cdots$	3	$\cdots$
$G'(t)$		$+$	0	$-$		$-$	0	$+$		$+$
$G(t)$	6	↗		↘	4	↘		↗	6	↗

よって，$G(t)$ が最小となる t の値は　　$t = \dfrac{5 + \sqrt{91}}{6}$ 　→(32)〜(37)

Ⅲ　◇発想◇　漸化式を利用する。

解答　(38)(39) 03　(40)(41) 04　(42)(43) 05　(44)(45) 08　(46)(47) 02　(48)(49) 03

(50)(51) −2　(52)(53) 03　(54)(55) −1　(56)(57) 02

(58)(59)(60)(61) 2085　(62)(63)(64)(65) 0341

■━━━━━◀解　説▶━━━━━■

≪確率と漸化式，条件付き期待値≫

k マス目にコマがとまるのは

・$k-1$ マス目にとまり，裏が出て k マス目にとまる

・$k-2$ マス目にとまり，表が出て k マス目にとまる

場合であるから，$k = 3,\ 4,\ \cdots,\ 10$ のとき

$$p_k = \frac{1}{2}p_{k-1} + \frac{1}{2}p_{k-2} \quad \cdots\cdots ①$$

が成り立ち，$p_1 = 1$，$p_2 = \dfrac{1}{2}$ より

$$p_3 = \frac{1}{2}p_2 + \frac{1}{2}p_1 = \frac{1}{4} + \frac{1}{2} = \frac{3}{4} \quad \rightarrow(38)\sim(41)$$

$$p_4 = \frac{1}{2}p_3 + \frac{1}{2}p_2 = \frac{3}{8} + \frac{1}{4} = \frac{5}{8} \quad \rightarrow(42)\sim(45)$$

①より　　$p_k + \dfrac{1}{2}p_{k-1} = p_{k-1} + \dfrac{1}{2}p_{k-2} \quad (k = 3,\ 4,\ \cdots,\ 10)$

よって　　$p_{k+1} + \dfrac{1}{2}p_k = p_2 + \dfrac{1}{2}p_1 = 1 \quad (k = 1,\ 2,\ \cdots,\ 9)$

$$p_{k+1} - \frac{2}{3} = -\frac{1}{2}\left(p_k - \frac{2}{3}\right)$$

$$p_n - \frac{2}{3} = \left(p_1 - \frac{2}{3}\right)\left(-\frac{1}{2}\right)^{n-1} = \frac{1}{3}\left(-\frac{1}{2}\right)^{n-1} = -\frac{2}{3}\left(-\frac{1}{2}\right)^{n}$$

$$p_n = \frac{2}{3} - \frac{2}{3}\left(-\frac{1}{2}\right)^{n} \quad \rightarrow(46)\sim(57)$$

コマがゴールし，コインの表が k $(k = 0,\ 1,\ 2,\ 3,\ 4)$ 回出るとき，裏は $9 - 2k$ 回出て，コインを投げた回数は $9 - k$ 回である。

コマがゴールするという事象を A，コインの表が k 回，裏が $9 - 2k$ 回出るという事象を B_k，求める平均を E とおくと

$$E = \sum_{k=0}^{4}(9-k)\,P_A(B_k) = \frac{1}{P(A)}\sum_{k=0}^{4}(9-k)\,P(A \cap B_k)$$

$$P(A) = p_{10} = \frac{2}{3}\left(1 - \frac{1}{2^{10}}\right) = \frac{341}{2^9}$$

$$\sum_{k=0}^{4}(9-k)\,P(A \cap B_k)$$

$$= \sum_{k=0}^{4}(9-k)\,{}_{9-k}\mathrm{C}_k\left(\frac{1}{2}\right)^{9-k}$$

$$= \frac{1}{2^9}\sum_{k=0}^{4}(9-k)\,{}_{9-k}\mathrm{C}_k\,2^k$$

$$= \frac{1}{2^9}\left(9 \cdot {}_9\mathrm{C}_0 + 8 \cdot {}_8\mathrm{C}_1 \cdot 2 + 7 \cdot {}_7\mathrm{C}_2 \cdot 2^2 + 6 \cdot {}_6\mathrm{C}_3 \cdot 2^3 + 5 \cdot {}_5\mathrm{C}_4 \cdot 2^4\right)$$

$$= \frac{1}{2^9}(9 + 128 + 588 + 960 + 400)$$

$$= \frac{2085}{2^9}$$

よって　　$E = \dfrac{2^9}{341} \cdot \dfrac{2085}{2^9} = \dfrac{2085}{341}$　→(58)～(65)

IV　◇**発想**◇　小さい m, n の値で実験する。$\mathrm{T}(m, n)$ が, m, n の最大公約数のとき,「$m > n$ のとき, $\mathrm{T}(m, n) = \mathrm{T}(n, m-n) = \mathrm{T}(m-n, n)$」であるから, 減法だけで $\mathrm{T}(m, n)$ が求まる。

解答　(1)(66)(67) 04　　(2)(68)(69) 05　　(3)(70)(71) 07
　　　　　(4)(72)(73) 03　　(74)(75) 09

◀解　説▶

≪最大公約数, ユークリッドの互除法≫

$\mathrm{T}(m, n)$ は m, n の最大公約数となるので

▶(1)　$\mathrm{T}(4, 4) = 4$　→(66)(67)

▶(2)　$\mathrm{T}(15, 5) = 5$　→(68)(69)

▶(3)　$2023 = 7 \cdot 17^2$, $1015 = 5 \cdot 7 \cdot 29$ より

　　　$\mathrm{T}(2023, 1015) = 7$　→(70)(71)

▶(4)　$\mathrm{T}(2, 1) = \mathrm{T}(3, 2) = \mathrm{T}(8, 5) = 1$

　　　$\mathrm{T}(6, 3) = \mathrm{T}(9, 6) = \mathrm{T}(24, 15) = \mathrm{T}(63, 39) = 3$

　　　$\mathrm{T}(165, 102) = \mathrm{T}(102, 63) = \mathrm{T}(63, 39) = 3$

　　　$\mathrm{T}(699, 267) = \mathrm{T}(432, 267) = \mathrm{T}(267, 165) = \mathrm{T}(165, 102) = 3$

　　　$\mathrm{T}(2961, 1131) = \mathrm{T}(1830, 1131) = \mathrm{T}(1131, 699) = \mathrm{T}(699, 432)$

　　　　　　　　　　　$= \mathrm{T}(432, 267) = 3$

　　　$\mathrm{T}(7752, 4791) = \mathrm{T}(4791, 2961) = \mathrm{T}(2961, 1830)$

　　　　　　　　　　　$= \mathrm{T}(1830, 1131) = 3$

　　　$\mathrm{T}(32838, 12543) = \mathrm{T}(20295, 12543) = \mathrm{T}(12543, 7752)$

　　　　　　　　　　　$= \mathrm{T}(7752, 4791) = 3$

よって, 最大値は　　3　→(72)(73)

　　　最大値を取るものが　　9 個　→(74)(75)

V

◇発想◇　辺に平行な対角線を利用する。

解答 (1)(76)(77) 01　(78)(79) −1　(80)(81) 05　(82)(83) 04

(2)(84)(85) 01　(86)(87) 05　(88)(89) 02　(90)(91) 01　(92)(93) 02　(94)(95) 01

(96)(97) 01　(98)(99) 05　(100)(101) 05　(102)(103) 02　(104)(105) 02

(3)(106)(107) 58　(108)(109) 18　(110)(111) 05　(112)(113) 08

◀解　説▶

≪サッカーボールの頂点の位置ベクトル，三角形の面積≫

▶(1)　$\alpha = \dfrac{1+\sqrt{5}}{2}$ とおくと，$(2\alpha-1)^2 = (\sqrt{5})^2$ より　　$\alpha^2 = \alpha+1$

$|\overrightarrow{OA_1} - \overrightarrow{OA_2}|^2 = |\overrightarrow{A_1A_2}|^2$ より

$\quad |\overrightarrow{OA_1}|^2 - 2\overrightarrow{OA_1}\cdot\overrightarrow{OA_2} + |\overrightarrow{OA_2}|^2 = |\overrightarrow{A_1A_2}|^2$

$\quad \overrightarrow{OA_1}\cdot\overrightarrow{OA_2} = \dfrac{1}{2}(|\overrightarrow{OA_1}|^2 + |\overrightarrow{OA_2}|^2 - |\overrightarrow{A_1A_2}|^2)$

$\qquad\qquad\qquad = \dfrac{1}{2}(1+1-\alpha^2) = \dfrac{1-\alpha}{2}$

$\qquad\qquad\qquad = \dfrac{1-\sqrt{5}}{4}$　　→(76)〜(83)

▶(2)　$\overrightarrow{OB} = \overrightarrow{OA_2} + \overrightarrow{A_2B}$

$\qquad = \dfrac{1+\sqrt{5}}{2}\overrightarrow{OA_1} + \overrightarrow{OA_2}$　　→(84)〜(91)

$\overrightarrow{OC} = \overrightarrow{OA_3} + \overrightarrow{A_3C}$

$\qquad = 2\overrightarrow{OA_2} + \overrightarrow{OA_3}$　　→(92)〜(95)

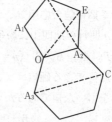

右図のように点Eをとれば

$\overrightarrow{OD} = \overrightarrow{OE} + \overrightarrow{ED}$

$\qquad = \overrightarrow{OA_1} + \overrightarrow{A_1E} + \overrightarrow{ED}$

$\qquad = \overrightarrow{OA_1} + \alpha\overrightarrow{OA_2} + 2\overrightarrow{A_2C}$

$\qquad = \overrightarrow{OA_1} + \alpha\overrightarrow{OA_2} + 2(\overrightarrow{OC} - \overrightarrow{OA_2})$

$\qquad = \overrightarrow{OA_1} + (\alpha-2)\overrightarrow{OA_2} + 2\overrightarrow{OC}$

$\qquad = \overrightarrow{OA_1} + (\alpha-2)\overrightarrow{OA_2} + 2(2\overrightarrow{OA_2} + \overrightarrow{OA_3})$

$\qquad = \overrightarrow{OA_1} + (\alpha+2)\overrightarrow{OA_2} + 2\overrightarrow{OA_3}$

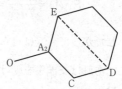

$$= \overrightarrow{OA_1} + \frac{5+\sqrt{5}}{2}\overrightarrow{OA_2} + 2\overrightarrow{OA_3} \quad \rightarrow\text{(96)}\sim\text{(105)}$$

▶(3)　$\angle A_1A_3A_2 = \theta$ とおくと

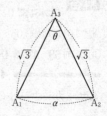

$$\cos\theta = \frac{3+3-\alpha^2}{2\cdot\sqrt{3}\cdot\sqrt{3}} = \frac{6-\alpha^2}{6} = \frac{5-\alpha}{6}$$

$$\sin^2\theta = 1 - \frac{(5-\alpha)^2}{36} = \frac{11+10\alpha-\alpha^2}{36} = \frac{9\alpha+10}{36}$$

$\triangle A_1A_2A_3$ の面積は

$$\frac{1}{2}\cdot\sqrt{3}\cdot\sqrt{3}\sin\theta = \frac{3}{2}\sqrt{\frac{9\alpha+10}{6^2}} = \frac{1}{4}\sqrt{9\alpha+10}$$

$$= \frac{\sqrt{58+18\sqrt{5}}}{8} \quad \rightarrow\text{(106)}\sim\text{(113)}$$

Ⅵ

◆発想◆　設定を正確に把握する。

解答　(114)(115) 23　(116)(117) 18　(118)(119) 32　(120)(121) 03　(122)(123) 17　(124)(125) 64
(126)(127) 69　(128)(129) 65　(130)(131) 57　(132)(133)(134) 121　(135)(136)(137) 096
(138)(139)(140) 095　(141)(142)(143) 191　(144)(145)(146) 096　(147)(148)(149) 195

━━━━━◀解　説▶━━━━━

≪期待値の応用≫

n 期目の期間中に紛争が起きた場合のA，Bの期待できる価値をそれぞれ
$E_n(A)$，$E_n(B)$（$n = 1,\ 2,\ 3$）とおくと，AとBの紛争を起こすことで，
期待できる価値は，この土地の価値が1なので，勝利確率から紛争コスト
を引いた値であるから

$$E_1(A) = \frac{6}{7} - \frac{1}{5} = \frac{23}{35},\ E_1(B) = \frac{1}{7} - \frac{1}{5} < 0$$

したがって，Aは自らの分配値が　　$\dfrac{23}{35}$ 以上　　→(114)(115)

であれば交渉案を受け入れ，BはAの分配値が1以下であれば交渉案を受
け入れる。

1期目に交渉が妥結した場合は，2期目に改めて交渉が行われ

$$E_2(A) = \frac{5}{7} - \frac{1}{5} = \frac{18}{35},\ E_2(B) = \frac{2}{7} - \frac{1}{5} = \frac{3}{35}$$

よって，Aの分配値が　$\dfrac{18}{35}$ 以上で $\dfrac{32}{35}$ 以下　→(116)～(119)

ならば，紛争は起こさず，そうでない場合は紛争を起こし，その場合には，3 期目にAとBが期待できる価値は，2 期目に期待できる価値と同一である。

2 期目に交渉が妥結した場合は，3 期目に改めて交渉が行われ

$$E_3(A) = \frac{2}{7} - \frac{1}{5} = \frac{3}{35}, \ E_3(B) = \frac{5}{7} - \frac{1}{5} = \frac{18}{35}$$

よって，Aの分配値が　$\dfrac{3}{35}$ 以上で $\dfrac{17}{35}$ 以下　→(120)～(123)

ならば，紛争を起こさず，そうでない場合には紛争を起こす。

交渉が妥結した場合

1 期目のAの分配値は　$\{E_1(A) + 1\} \times \dfrac{1}{2} = \left(\dfrac{23}{35} + 1\right) \times \dfrac{1}{2} = \dfrac{29}{35}$

2 期目のAの分配値は　$\{E_2(A) + 1 - E_2(B)\} \times \dfrac{1}{2} = \left(\dfrac{18}{35} + \dfrac{32}{35}\right) \times \dfrac{1}{2} = \dfrac{25}{35}$

3 期目のAの分配値は　$\{E_3(A) + 1 - E_3(B)\} \times \dfrac{1}{2} = \left(\dfrac{3}{35} + \dfrac{17}{35}\right) \times \dfrac{1}{2} = \dfrac{10}{35}$

したがって，Aが得られると期待できる価値の 3 期分の合計は

3 期すべてで交渉が妥結した場合

$$\frac{29}{35} + \frac{25}{35} + \frac{10}{35} = \frac{64}{35} \quad →(124)(125)$$

1 期目に紛争が起きた場合は

$$E_1(A) \times 3 = \frac{23}{35} \times 3 = \frac{69}{35} \quad →(126)(127)$$

2 期目に紛争が起きた場合は

$$\frac{29}{35} + E_2(A) \times 2 = \frac{29}{35} + \frac{18}{35} \times 2 = \frac{65}{36} \quad →(128)(129)$$

3 期目に紛争が起きた場合は

$$\frac{29}{35} + \frac{25}{35} + E_3(A) = \frac{29}{35} + \frac{25}{35} + \frac{3}{35} = \frac{57}{35} \quad →(130)(131)$$

紛争コストが $\dfrac{2}{5}$ の場合，n 期目の期間中に紛争が起きた場合のA，Bの期待できる価値をそれぞれ $F_n(A)$，$F_n(B)$　($n = 1, 2, 3$) とおくと

$$F_1(A) = \frac{6}{7} - \frac{2}{5} = \frac{16}{35}, \quad F_1(B) = \frac{1}{7} - \frac{2}{5} < 0$$

$$F_2(A) = \frac{5}{7} - \frac{2}{5} = \frac{11}{35}, \quad F_2(B) = \frac{2}{7} - \frac{2}{5} < 0$$

$$F_3(A) = \frac{2}{7} - \frac{2}{5} < 0, \quad F_3(B) = \frac{5}{7} - \frac{2}{5} = \frac{11}{35}$$

交渉が妥結した場合

1 期目の A の分配値は

$$\{F_1(A) + 1\} \times \frac{1}{2} = \left(\frac{16}{35} + 1\right) \times \frac{1}{2} = \frac{51}{70}$$

2 期目の A の分配値は

$$\{F_2(A) + 1\} \times \frac{1}{2} = \left(\frac{11}{35} + 1\right) \times \frac{1}{2} = \frac{46}{70}$$

3 期目の A の分配値は

$$\{0 + 1 - F_3(B)\} \times \frac{1}{2} = \frac{24}{35} \times \frac{1}{2} = \frac{24}{70}$$

したがって，A が得られると期待できる価値の 3 期分の合計は

3 期すべてで交渉が妥結した場合

$$\frac{51}{70} + \frac{46}{70} + \frac{24}{70} = \frac{121}{70} \quad \rightarrow(132)\sim(134)$$

1 期目に紛争が起きた場合は

$$F_1(A) \times 3 = \frac{16}{35} \times 3 = \frac{96}{70} \quad \rightarrow(135)\sim(137)$$

2 期目に紛争が起きた場合は

$$\frac{51}{70} + F_2(A) \times 2 = \frac{51}{70} + \frac{11}{35} \times 2 = \frac{95}{70} \quad \rightarrow(138)\sim(140)$$

さらに，土地の価値が 2 期と 3 期で A，B ともに 2 に増加した場合，n 期目の期間中に紛争が起きた場合の A，B の期待できる価値をそれぞれ $G_n(A)$，$G_n(B)$（$n=1,\ 2,\ 3$）とおくと

$$G_1(A) = \frac{6}{7} - \frac{2}{5} = \frac{16}{35}, \quad G_1(B) = \frac{1}{7} - \frac{2}{5} < 0$$

$$G_2(A) = 2 \times \frac{5}{7} - \frac{2}{5} = \frac{36}{35}, \quad G_2(B) = 2 \times \frac{2}{7} - \frac{2}{5} = \frac{6}{35}$$

$$G_3(A) = 2 \times \frac{2}{7} - \frac{2}{5} = \frac{6}{35}, \quad G_3(B) = 2 \times \frac{5}{7} - \frac{2}{5} = \frac{36}{35}$$

交渉が妥結した場合

1 期目のＡの分配値は

$$\{G_1(A)+1\}\times\frac{1}{2}=\left(\frac{16}{35}+1\right)\times\frac{1}{2}=\frac{51}{70}$$

2 期目のＡの分配値は

$$\{G_2(A)+2-G_2(B)\}\times\frac{1}{2}=\left(\frac{36}{35}+\frac{64}{35}\right)\times\frac{1}{2}=\frac{100}{70}$$

3 期目のＡの分配値は

$$\{G_3(A)+2-G_3(B)\}\times\frac{1}{2}=\left(\frac{6}{35}+\frac{34}{35}\right)\times\frac{1}{2}=\frac{40}{70}$$

したがって，Ａが得られると期待できる価値の 3 期分の合計は

3 期すべてで交渉が妥結した場合

$$\frac{51}{70}+\frac{100}{70}+\frac{40}{70}=\frac{191}{70}\quad\rightarrow(141)\sim(143)$$

1 期目に紛争が起きた場合は

$$G_1(A)\times3=\frac{16}{35}\times3=\frac{96}{70}\quad\rightarrow(144)\sim(146)$$

2 期目に紛争が起きた場合は

$$\frac{51}{70}+G_2(A)\times2=\frac{51}{70}+\frac{36}{35}\times2=\frac{195}{70}\quad\rightarrow(147)\sim(149)$$

❖講　評

　2023 年度は 2022 年度よりやや難化した。ⅣとⅥ以外は基本的あるいは標準的な問題が中心であるが，受験生には難しいと思われる設問も出題されている。

　Ⅰ　約数の個数を題材にした問題である。(1)は易しく，(2)は標準的である。(3)素因数の個数が 4 個以下の自然数について調べればよいが，素因数の個数が 3 個の場合の処理が煩雑で難問である。大きな素因数に着目し場合分けしていくことがポイントである。

　Ⅱ　絶対値記号を含んだ定積分の計算問題。2022 年度Ⅲより計算量が増加しているが，ほぼ同じ問題である。易しい問題なので計算ミスをせず確実に得点しておくことが大事である。

　Ⅲ　漸化式を利用する確率の問題。1 回目の状況で場合分けして考え

れば，3 項間の漸化式が導ける。最後は，条件付き期待値の問題であり，定義を知らなければ対応は難しいと思われる。

Ⅳ 問題文の最後の図で実験し，T(m, n) が m と n の最大公約数であることに気づくことがポイント。気づけば⑶までは易しい。⑷でユークリッドの互除法が利用できる。最後の 4 つが，ヒントになった受験生もいたのではないかと思われる。

Ⅴ サッカーボールの頂点の位置ベクトルの問題。$\overrightarrow{\mathrm{OD}}$ がやや難。辺に平行な対角線を利用すればよい。

Ⅵ 期待値の応用問題である。例年と違い設定が複雑ですぐには手がつけられないであろう。問題文をよく読み，設定を正確に把握することが大事。複雑な計算は不要である。

情報

I 　解答　（ア）(1)—(5)　(2)—(6)　(3)—(9)　(4)—(0)　(5)—(1)
　　　　　（イ）(6)—(3)　（ウ）(7)—(5)　（エ）(8)—(4)

◀解　説▶

≪知的財産法（著作権法），名誉・プライバシー，個人情報保護法≫

▶（ア）(1)　(5)引用が正解。問題文に「一部のみがコピー」「権利侵害とならない」「一定の要件を充足」とあることから，出所の明記など要件を満たして一部の文章を利用する「引用」が入る。

(2)　(6)慣行が正解。引用が認められる要件として「公正な慣行に合致」と「引用の目的上正当な範囲内」である必要がある（著作権法第 32 条 1 項）。具体的には「(1)他人の著作物を引用する必然性があること　(2)かぎ括弧をつけるなど，自分の著作物と引用部分とが区別されていること　(3)自分の著作物と引用する著作物との主従関係が明確であること（自分の著作物が主体）」がその内容であり，それと「出所の明示がなされていること」（第48 条）を満たせば引用が認められる。

(3)　(9)報道が正解。著作権法第 32 条 1 項に「報道，批評，研究その他の引用の目的上正当な範囲内」と規定されている。

(4)　(0)合理が正解。問題文に「　4　的と認められる方法及び態様により」とあるので入る言葉は絞られる。

(5)　(1)出所が正解。問題文に「　5　を表示」とあるので，引用する際に明示する必要がある「出所」が入る。

▶（イ）(6)　(3)が正解。2010 年に最高裁は，「社会通念上許される限度を超える侮辱行為である場合」に不法行為が成立すると判断した。なお，「名誉毀損」と「名誉感情の侵害」は別である。(1)は誤り。公表した事実が真実であっても，相手の名誉を毀損したり，社会的地位を低下させれば，名誉毀損の不法行為が成立する。ただし，公務員や政治家の不正を告発したり，会社の不法行為を内部告発するなど，事実に公共性がある場合は，「違法性阻却事由」が認められ，名誉毀損とはならない。(2)は誤り。氏名も個人情報であり，本人の同意なく第三者に開示することはプライバシー侵害

となる可能性がある。(4)は誤り。刑法にプライバシー侵害罪は定められていない。(5)は誤り。慰謝料とは精神的な苦痛に対する損害賠償金である。

▶(ウ)(7)　(5)が正解。氏名表示権により，著作者名を表示するかしないかは著作者に委ねられている。(1)は職務著作にあたり，当該法人が著作権を有することになるので誤り。(2)は誤り。建築物の改変について建築士の承諾は不要で，所有者の承諾があればよい。(3)は誤り。写真の著作権は撮影者にあり，被写体となった人物は肖像権を有することになる。(4)は誤り。著作権は知的財産権であり，譲渡することができるが，著作者人格権は著作者だけが持っている権利で譲渡することはできない。

▶(エ)(8)　(4)が正解。特定される利用目的は具体的で本人にとってもわかりやすくあることが必要で，問題文のような抽象的な内容では具体的に特定したことにならないとされる。(1)は誤り。要配慮個人情報とは「本人の人種，信条，社会的身分，病歴，犯罪の経歴，犯罪により害を被った事実その他本人に対する不当な差別，偏見その他の不利益が生じないようにその取扱いに特に配慮を要するものとして政令で定める記述等が含まれる個人情報」(個人情報保護法第2条3項)のことであり，「国籍」はそれだけでは法的地位に過ぎず，「人種」などには該当しないので，要配慮個人情報には該当しない。(2)は誤り。「個人情報データベース等」は「個人情報を含む情報の集合物」のことであり，名刺の情報をパソコンに入力して整理した場合も該当する。(3)は誤り。「匿名加工情報」は個人情報を適切に加工する必要があり，氏名の削除だけでなく個人識別符号の削除など個人の特定につながる情報すべての削除が必要である。(5)は誤り。個人データの提供には原則として本人の同意が必要だが，問題文のようなケースや生命にかかわるケースなどでは本人の同意は不要とされている。

II　解答

(9)—(2)　(10)(11) 11　(12)(13) 06　(14)(15) 01
(16)(17)(18)(19)(20)(21) 110101　(22)—(6)　(23)—(8)

◀解　説▶

≪浮動小数点数を用いた有限個の数値の和と誤差≫

• S_n は X のうち前から n 番目までの和であるから

$$S_0 = 0$$

$$S_n = S_{n-1} + \frac{1}{n} \quad \rightarrow(9)$$

・S_3 を 10 進法の分数で正確に表すと

$$S_3 = 1 + \frac{1}{2} + \frac{1}{3} = \frac{11}{6} \quad \rightarrow(10) \sim (13)$$

また

$\dfrac{11}{6} = 1 + \dfrac{5}{6}$ の整数部分は　　　　　　　1

$\dfrac{5}{6} \times 2 = \dfrac{5}{3} = 1 + \dfrac{2}{3}$ の整数部分は　　　　1

$\dfrac{2}{3} \times 2 = \dfrac{4}{3} = 1 + \dfrac{1}{3}$ の整数部分は　　　　1　……①

$\dfrac{1}{3} \times 2 = \dfrac{2}{3}$ の整数部分は　　　　　　　0　……②

以降①，②の繰り返しであるから，$\dfrac{11}{6}$ を 2 進法の小数で表すと

$$1.110101\cdots \quad \rightarrow(14) \sim (21)$$

・浮動小数点数を用いて計算するとき，S_n のように大きい値から小さい値へと加算していくと，ある項から先で情報落ちが起こりそれ以降の項が無視される。情報落ちを少なくするには，小さい値から大きい値へと加算していく T_n を考えるほうがよい。よって，T_n は X のうち後ろから n 番目までの和であるから

$$T_0 = 0$$

$$T_n = T_{n-1} + \frac{1}{1000001 - n} \quad \rightarrow(22)$$

そして，S_n，T_n はともに増加し，S_n より T_n のほうが情報落ちが少ないから

$$T_{1000000} > S_{1000000} \quad \rightarrow(23)$$

Ⅲ　**解答**　(ア)(24)(25)(26) 265　　(27)(28)(29) 036

　　　　　　　　(イ)(30)(31)(32) 190　　(ウ)(33)(34)(35) 040

(エ)(36)(37)(38)(39) 0045　　(40)(41)(42)(43) 6976

◀解　説▶

≪進数計算，共通鍵暗号方式と公開鍵暗号方式の鍵の個数，暗証番号の総数≫

▶(ア)　$AB_{(16)} = 10 \times 16 + 11 = 171$，$1010_{(2)} = 2^3 + 2 = 10$

これらの和は 181 であり，8 進数で表すと

$$181 = 2 \times 8^2 + 6 \times 8 + 5 = 265_{(8)} \quad →(24)～(26)$$

また

$$67_{(8)} = 6 \times 8 + 7 = 55 = 2^5 + 2^4 + 2^2 + 2 + 1 = 110111_{(2)}$$
$$2C_{(16)} = 2 \times 16 + 12 = 44 = 2^5 + 2^3 + 2^2 = 101100_{(2)}$$

これらの各桁ごとに論理積（0 を偽，1 を真とする）を計算すると $100100_{(2)}$ であり，10 進数で表すと

$$100100_{(2)} = 2^5 + 2^2 = 36 \quad →(27)～(29)$$

▶(イ)　共通鍵暗号方式は，通信する 2 人が暗号化と復号に同じ鍵（共通鍵）を用いる方式である。そして，20 人から 2 人選ぶ方法は

$$_{20}C_2 = \frac{20 \cdot 19}{2 \cdot 1} = 190 \text{ 通り}$$

である。よって，これら 2 人の選び方それぞれに共通鍵が必要であるから，必要な鍵は少なくとも 190 個である。　→(30)～(32)

▶(ウ)　公開鍵暗号方式は，受信者が公開した鍵（公開鍵）で送信者が暗号化し，暗号化された情報を受信者だけが知っている秘密鍵で復号する方式である。よって，20 人で相互に通信する場合，それぞれが公開鍵と秘密鍵の 2 個ずつ用意するから，必要な鍵は少なくとも $20 \times 2 = 40$ 個である。

→(33)～(35)

▶(エ)　4 桁の暗証番号の各桁に 0 ～ 9 の数字を用いる場合，暗証番号は 10^4 通りの表し方がある。一方，各桁にアルファベットの大文字を用いる場合，暗証番号は 26^4 通りの表し方がある。これは，数字を用いる場合の

$$\frac{26^4}{10^4} = 2.6^4 = 45.6976 \text{ 倍} \quad →(36)～(43)$$

IV 解答

(ア)(44) 1　(45) 1

(イ)(46)・(47)・(48)—(1)・(2)・(5)(順不同)　(49)(50)—(19)　(51) 4

◀解　説▶

≪論理回路の出力，論理式の変換≫

▶(ア)　時刻 t_0 での A, B, F の初期状態は 0 である。

入力 A を時刻 t_1 で 0 から 1 へ変化させると

$$F = A + B = 1 + 0 = 1$$

この後はこれが入力 B の値となるから，入力 A が時刻 $t_1 \sim t_2$ の間で 1 を維持するとき

$$F = A + B = 1 + 1 = 1 \quad \to(44)$$

この後はこれが入力 B の値となるから，入力 A を時刻 t_2 で 1 から 0 へ変化させると

$$F = A + B = 0 + 1 = 1$$

この後はこれが入力 B の値となるから，入力 A が時刻 t_2 以降 0 を維持するとき

$$F = A + B = 0 + 1 = 1 \quad \to(45)$$

▶(イ)　表 1 の動作表をベン図（Q の値が 1 の部分が網かけ部分）で表すと下左図のようになる。

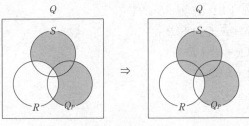

$S \cdot R = 1$ のときの Q の値は 0 と 1 のどちらとして扱ってもよく，論理式(1)に

$$+ S \cdot R \cdot Q_P + S \cdot R \cdot \overline{Q_P}$$

が含まれていることを考えると，ベン図（Q の値が 1 の部分が網かけ部分）は上右図のようになるとしてよい。よって，論理式(1)は

$$Q = S \cdot \overline{R} \cdot \overline{Q_P} + S \cdot \overline{R} \cdot Q_P + \overline{S} \cdot \overline{R} \cdot Q_P + S \cdot R \cdot Q_P + S \cdot R \cdot \overline{Q_P} \quad \to(46)\sim(48)$$

となり，簡単化すると，次の論理式(2)が得られる。

$$Q = S + \overline{R} \cdot Q_P \quad \to(49)(50)$$

さらに論理演算の諸定理を用いて変形すると

$$Q = S + \overline{R} \cdot Q_P$$
$$= \overline{\overline{S}} + \overline{\overline{\overline{R} \cdot Q_P}} \qquad （復元の法則）$$
$$= \overline{\overline{S} \cdot \overline{\overline{R} \cdot Q_P}} \qquad （ド・モルガンの定理の1番目）$$
$$= \overline{\overline{S \cdot S} \cdot \overline{\overline{R} \cdot \overline{R} \cdot Q_P}} \qquad （同一の法則の2番目）$$

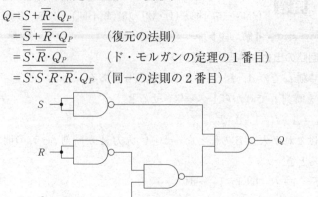

よって，論理回路は上図のようになるから，NAND 回路の数は最小で 4 個となることがわかる。 →(51)

参考 〔解説〕では，ベン図から論理式(2)の表示を答えたが，論理演算の諸定理を用いた変形は次のようになる。

$$Q = S \cdot \overline{R} \cdot \overline{Q_P} + S \cdot \overline{R} \cdot Q_P + \overline{S} \cdot \overline{R} \cdot Q_P + S \cdot R \cdot Q_P + S \cdot R \cdot \overline{Q_P}$$
$$= S \cdot \overline{R} \cdot \overline{Q_P} + S \cdot \overline{R} \cdot Q_P + S \cdot \overline{R} \cdot Q_P + \overline{S} \cdot \overline{R} \cdot Q_P + S \cdot R \cdot Q_P + S \cdot R \cdot \overline{Q_P}$$
$$= S \cdot \overline{R} \cdot (\overline{Q_P} + Q_P) + (S + \overline{S}) \cdot \overline{R} \cdot Q_P + S \cdot R \cdot (Q_P + \overline{Q_P})$$
$$= S \cdot \overline{R} \cdot 1 + 1 \cdot \overline{R} \cdot Q_P + S \cdot R \cdot 1$$
$$= S \cdot \overline{R} + \overline{R} \cdot Q_P + S \cdot R$$
$$= S \cdot (\overline{R} + R) + \overline{R} \cdot Q_P$$
$$= S \cdot 1 + \overline{R} \cdot Q_P$$
$$= S + \overline{R} \cdot Q_P$$

V 解答

(ア)(52)—(2)　(53)—(4)　(54)—(8)
(イ)(55) 2　(56) 3　(57) 2　(58)(59)—1　(60) 2　(61)(62)—1
(ウ)(63)—(5)　(64)—(1)

◀解　説▶

≪ある整数が与えられた整数列のどこにあるかを調べるアルゴリズム≫
▶(ア)　問題文中で説明された考え方をアルゴリズムの形で書くと次のようになる。

変数 n の値を与えられた数列の長さ，変数 a_1, …, a_n の値を与えられた数列の各項，変数 b の値を探すべき数とする。

変数 i の値を 1，変数 j の値を n とする。　→(52)

$i \leqq j$ が成り立つ間，処理Aを繰り返し実行する。　→(53)

処理Aの始め

　　変数 k の値を $\left\lfloor \dfrac{i+j}{2} \right\rfloor$ とする。（命令B）　→(54)

　　もし $a_k = b$ ならば「k 番目に存在」と出力し，アルゴリズムを終了する。

　　もし $a_k < b$ ならば i の値を $k+1$ とする。（命令C）

　　もし $a_k > b$ ならば j の値を $k-1$ とする。

処理Aの終わり

「存在しない」と出力する。

▶(イ)　命令Bは，おおざっぱには「数列の真ん中の数」を決める命令である。よって，命令Bの実行回数の最大値 $f(n)$ は，数列の長さ n に関して非減少である。

・$f(1)$ について

数列 a_1 を与え，b を探す数とする。

$i=1$, $j=1$ とする。

$i \leqq j$ であるから，処理Aを実行する。

$k = \left\lfloor \dfrac{1+1}{2} \right\rfloor = 1$ とする。　（命令Bの 1 回目）

〔1〕$a_k = b$ であった場合

「1 番目に存在」と出力し，アルゴリズムを終了する。

よって，このときの命令Bの実行回数は　　1+0＝1 回

〔2〕$a_k < b$ であった場合

$i=1+1=2$ とする。

$i \leqq j$ でないから処理Aを実行せず，「存在しない」と出力する。

よって，このときの命令Bの実行回数は　　1+0＝1 回

〔3〕$a_k > b$ であった場合

$j=1-1=0$ とする。

$i \leqq j$ でないから処理Aを実行せず，「存在しない」と出力する。

よって，このときの命令Bの実行回数は　　1+0＝1 回

以上〔1〕〜〔3〕より $f(1)=1$

• $f(2)$ について

数列 $a_1 < a_2$ を与え，b を探す数とする。

$i=1$, $j=2$ とする。

$i \leqq j$ であるから，処理Aを実行する。

$k = \left\lfloor \dfrac{1+2}{2} \right\rfloor = 1$ とする。（命令Bの1回目）

〔1〕$a_k = b$ であった場合

「1番目に存在」と出力し，アルゴリズムを終了する。

よって，このときの命令Bの実行回数は $1+0=1$ 回

〔2〕$a_k < b$ であった場合

$i = 1+1 = 2$ とする。

$i \leqq j$ であるから，処理Aを実行する。

この後は $j-(i-1)=2-1=1$ 個の数列についてのアルゴリズム（命令B
の実行回数は1回）になるから，このときの命令Bの実行回数は

    $1+1=2$ 回

〔3〕$a_k > b$ であった場合

$j = 1-1 = 0$ とする。

$i \leqq j$ でないから処理Aを実行せず，「存在しない」と出力する。

よって，このときの命令Bの実行回数は $1+0=1$ 回

以上〔1〕〜〔3〕より $f(2)=2$

• $f(3)$ について

数列 $a_1 < a_2 < a_3$ を与え，b を探す数とする。

$i=1$, $j=3$ とする。

$i \leqq j$ であるから，処理Aを実行する。

$k = \left\lfloor \dfrac{1+3}{2} \right\rfloor = 2$ とする。（命令Bの1回目）

〔1〕$a_k = b$ であった場合

「2番目に存在」と出力し，アルゴリズムを終了する。

よって，このときの命令Bの実行回数は $1+0=1$ 回

〔2〕$a_k < b$ であった場合

$i = 2+1 = 3$ とする。

$i≦j$ であるから，処理Aを実行する。

この後は $j-(i-1)=3-2=1$ 個の数列についてのアルゴリズム（命令B
の実行回数は 1 回）になるから，このときの命令Bの実行回数は

　　　$1+1=2$ 回

〔3〕$a_k>b$ であった場合

$j=2-1=1$ とする。

$i≦j$ であるから，処理Aを実行する。

この後は $j-(i-1)=1-0=1$ 個の数列についてのアルゴリズム（命令B
の実行回数は 1 回）になるから，このときの命令Bの実行回数は

　　　$1+1=2$ 回

以上〔1〕～〔3〕より　　$f(3)=2$　→(55)

・$f(4)$ について

数列 $a_1<a_2<a_3<a_4$ を与え，b を探す数とする。

$i=1$，$j=4$ とする。

$i≦j$ であるから，処理Aを実行する。

$k=\left\lfloor\dfrac{1+4}{2}\right\rfloor=2$ とする。（命令Bの 1 回目）

〔1〕$a_k=b$ であった場合

「2番目に存在」と出力し，アルゴリズムを終了する。

　よって，このときの命令Bの実行回数は　　$1+0=1$ 回

〔2〕$a_k<b$ であった場合

$i=2+1=3$ とする。

$i≦j$ であるから，処理Aを実行する。

この後は $j-(i-1)=4-2=2$ 個の数列についてのアルゴリズム（命令B
の実行回数の最大値は $f(2)=2$ 回）になるから，このときの命令Bの実
行回数の最大値は

　　　$1+2=3$ 回

〔3〕$a_k>b$ であった場合

$j=2-1=1$ とする。

$i≦j$ であるから，処理Aを実行する。

この後は $j-(i-1)=1-0=1$ 個の数列についてのアルゴリズム（命令B
の実行回数は 1 回）になるから，このときの命令Bの実行回数は

$1+1=2$ 回

以上〔1〕～〔3〕より　$f(4)=3$　→⑸

●まず，整数 $l \geqq 1$ に対して $f(2^l)$ を求める。そのために，$f(2^{l+1})$ を $f(2^l)$ で表すことを考える。

数列 $a_1 < \cdots < a_{2^{l+1}}$ を与え，b を探す数とする。

$i=1,\ j=2^{l+1}$ とする。

$i \leqq j$ であるから，処理Aを実行する。

$k = \left\lfloor \dfrac{1+2^{l+1}}{2} \right\rfloor = 2^l$ とする。（命令Bの1回目）

〔1〕$a_k = b$ であった場合

「2^l 番目に存在」と出力し，アルゴリズムを終了する。

よって，このときの命令Bの実行回数は　$1+0=1$ 回

〔2〕$a_k < b$ であった場合

$i = 2^l+1$ とする。

$i \leqq j$ であるから，処理Aを実行する。

この後は

$j-(i-1) = 2^{l+1}-2^l = 2^l$ 個

の数列についてのアルゴリズム（命令Bの実行回数の最大値は $f(2^l)$ 回）になるから，このときの命令Bの実行回数の最大値は

$1+f(2^l)$ 回

〔3〕$a_k > b$ であった場合

$j = 2^l-1$ とする。

$i \leqq j$ であるから，処理Aを実行する。

この後は

$j-(i-1) = (2^l-1)-0 = 2^l-1$ 個

の数列についてのアルゴリズム（命令Bの実行回数の最大値は $f(2^l-1)$ 回）になるから，このときの命令Bの実行回数は

$1+f(2^l-1)$ 回

以上〔1〕～〔3〕において，$f(n)$ の非減少性より

$1 < 1+f(2^l-1) \leqq 1+f(2^l)$

であるから　$f(2^{l+1}) = 1+f(2^l)$

これは，数列 $\{f(2^l)\}$ が初項 $f(2^1)=f(2)=2$，公差1の等差数列である

ことを表すから

$$f(2^l) = 2 + 1 \cdot (l-1) = l+1$$

となることがわかる。

よって，整数 $p \geqq 2$ に対して

$$f(2^{p-1}) = p, \quad f(2^p) = p+1$$

であり，$f(n)$ は非減少であるから，$f(n) = p$ となるのは，n が 2^{p-1} 以上 2^p 未満，すなわち

$$2^{p-1} - 1 < n \leqq 2^p - 1 \quad →(57)〜(62)$$

のときである。

▶(ウ)　•数列 1, 3, 5 と，探すべき数が 5 の場合

$a_1 = 1$, $a_2 = 3$, $a_3 = 5$, $b = 5$ である。

誤った場合

$i = 1$, $j = 3$ とする。

$i \leqq j$ であるから，処理Aを実行する。

$k = \left\lfloor \dfrac{1+3}{2} \right\rfloor = 2$ とする。

$a_k < b$ であるから，$i = 2$ とする。（誤った命令Cでは $i = k$）

$i \leqq j$ であるから，処理Aを実行する。

$k = \left\lfloor \dfrac{2+3}{2} \right\rfloor = 2$ とする。

$a_k < b$ であるから，$i = 2$ とする。（誤った命令Cでは $i = k$）

$i \leqq j$ であるから，処理Aを実行する。　⇒無限ループ

よって，命令Cを誤ると，無限に実行が続き，終了しない。　→(63)

•数列 a_1, …, a_n と，探すべき数 b が $b < a_1$ の場合

$b < a_1 < \cdots < a_n$ であるから，命令Bが実行された後，終了もせず命令Cも実行されない。よって，命令Cを誤ったとしても，正しい結果が出力され，命令Bの実行回数は変わらない。　→(64)

小論文

問1. 言及する文章：①・②・③・④

解答例

　　文章①で，ミルは多様な価値観を通した包括的な見方の重要性を指摘している。また，文章③のショーペンハウアーは古今東西の良書を繰り返し読み，得た知見について考えることが人の思想体系や精神を育成すると述べている。さらに文章④でバイヤールは義務的な読書規範が偽善的態度を生むと指摘し，読書をせずに考えることの可能性を示唆する。

　　一方，文章②の経団連は大学に対し，国内企業の国際的競争力の強化や新時代を牽引する人材の育成を要請している。両者の間には進学の社会的意義に関わる時代的な齟齬があるが，自国の経済的利益を優先した人材育成を大学で行おうとすれば，ミルの指摘する通り，却って偏狭な視野をもった人材を大量生産するリスクがある。経団連が重視する価値の創造や問題解決能力といった素養を育成するためには，ミルの時代と同様，より幅広い知識と思考による包括的な視点が必要である。

　　以上から，私は大学の学びに重要なのは，幅広い知識を身につけそれを通し身近な事象について自分で考える経験だと考える。読書はそういった大学での学びの前提要素だといえる。歴史的変遷や異文化の価値観を擬似的に体験し，さまざまな知見に触れることができるからだ。その上で，得られた知見を他の知見や現実と結び付ける。それは多様化した価値観がもたらす分断や対立を解決することになり，新時代を切り開く幅広い視野を手に入れるための指針となるはずだ。（600 字以内）

問2. ㈠私は時代の推移や多様な文化における社会制度の成立過程，意義，帰結を歴史や思想と結び付ける思考が重要だと考える。それは歴史的視点からの現状分析と将来予測を可能にし安定的な社会環境の構築に貢献するからだ。

㈡グローバル化と情報化が進展する中で，私たちは異なる文化や価値観をもつ人々との葛藤や分断を越えてより良い社会を構築する必要がある。そのためには過去の社会制度や思想を知り，多様な利害を長期的に検討する包括的な視野が重要である。

　北欧諸国では，教育や医療・福祉を通して国民の基本的生活を保障する福祉国家政策を取っている。その背景には，人は誰でも健康で文化的な生活を保障されるべきという基本的人権思想がある。福祉国家政策は完全ではないものの，差別や貧困の歴史からの知見を社会制度の基盤に据えている。これは格差の改善に寄与する政策だといえる。

　一方，近年各国ではポピュリズムが台頭し，大衆の権利や利益が追求される反面，社会的分断や少数派の排除を助長している。例えば EU 各国では人権の尊重という観点から難民を受け入れる政策を推進してきた。だが紛争による難民の増加で雇用や経済に対する社会不安が高まり，その結果，移民排斥をうたう極右政党が躍進した。移民に対する規制は強まり，ハンガリーでは鉄条網で移民の入国を拒否する政策さえ実行された。

　こうした政策の大衆化は，思考の浅い偏狭な視野から生じているのではないか。インターネット上には大衆向けの言説があふれている。文章③は，私たちは「その内容までわがものとしたような感覚」で本を買うと述べるが，私たちはインターネット上の情報にも同様の感覚を抱くことがある。だがそれは，文章④が批判する「偽善的態度」と似た知っているふりを助長する。EU 各国の移民対策は，過去から未来における知見と思考をもたない結果だと思われる。

　福祉国家政策とポピュリズムによる移民排斥政策は，過去の社会制度や思想を活用する程度において対照的である。より良い社会環境を作る政策とは，過去の社会制度や思想から現状を省み，多くの人にとって安定した社会を構想する包括的で長期的な視点をもつものだと私は考える。(800字以内)

━━━━━━ ◀解　説▶ ━━━━━━

≪社会的「知」と大学の役割≫

　4つの文章をもとに，社会的な「知」の必要性とそれを育てる大学の役割について考える出題。1つ目の文章はミルの『大学教育について』で，大学で学ぶべきことは知識の体系化であるという主張である。1つの学問や研究に固着することは偏見や視野の狭窄を招くとミルは指摘する。幅広い知識を関連付けて考え，全体へと組み上げる思考が包括的な視野の構築には重要となる。そのためには，他文化や違う価値観など，自分とは全く異なる他者の視点に立って物事を考えることが必要だとミルは述べる。

　2つ目の文章は経団連による大学への要請である。この文書は，経済界の新時代を牽引する素養をもつ人材の育成を要求している。この要請は，大学を経済界という特定の領域に貢献できる人材育成の場とみなしており，これは「大学は，生計を得るためのある特定の手段に人々を適応させるのに必要な知識を教えることを目的とはしていない」というミルの主張と真っ向から対立する。ただしここには，現代における大学進学率の増加や，大学が就職のための機関と見られていることが影響している。

　3つ目はショーペンハウアーの『読書について』である。これは，批判的な思考をもたずにただ文字面を追うだけの読書では知識は定着せず，得られた知見も活用することができないという指摘である。何でも読めばいいのではなく，限られた時間で良い本を読み，その内容について思索することを繰り返すことが重要になるという。

　最後はバイヤールの『読んでいない本について堂々と語る方法』である。これはタイトルや内容を一見すると本を読む必要はないという主張に思える。だがよく読むと，筆者はそれぞれの専門領域で必読書といわれる本を義務感で表面的に通読し読んだ気になるくらいであれば，全く読まずに考える方が有益なこともあると示唆している。つまり，これもショーペンハウアーと同じことを逆説的にいっていると解釈できる。

　これらの各文章の要点と共通点や相違点を把握した上で，論旨を組み立てるといいだろう。

▶問1．大学での学びにおいて重要な要素について，3つ以上の文章に言及しながら意見を論述する。問2で文章③もしくは文章④への言及が要求されていること，大学教育が主題となっていることから，文章①と文章②にはなるべく触れておきたい。

　文章①と文章②の関係をどう扱うかによって，文章の流れが多少変化する。〔解答例〕は4つ全てに触れ「広い視野と包括的な視点の重要性」を論点とした。対して，職業人の育成を大学教育の役割とみなすか否かを論点とした場合は，大学進学の社会的意義に関する時代的な差異や，特定の領域に資する能力を大学が集中して育成することの是非を示した上で大学での学びについて考えるという展開となる。

　また，文章③と文章④は，文脈は逆説的ではあるものの，いずれも思考力を重視する点で類似している。これは補足的な説明に利用するといい。

いずれにせよ，設定された字数は要求される内容に対して非常に厳しいものである。余計なことには触れず要点だけをまとめるため，事前にある程度全体の流れをメモなどで作成し，それに従って書いていこう。

▶問 2．㋐社会的な「知」に重要な要素やその役割を簡潔にまとめる。基本的には前問で指摘した要素を中心に考えるといい。

㋑上で示した「知」が実際の政策においてどのように活用されているか，あるいは活用されていないかについて論じる出題。取り上げる政策事例は国内外のどのようなものでも構わないが，一つはうまく活用できているもの，もう一つは活用がうまくいっていないものにすると，対比によって論旨をまとめやすい。また，文章③・④への言及は「望ましい」とあるので，できる限り言及したい。

〔解答例〕では，過去の社会制度や思想に対する知見がより良い社会を構想するという立場から，福祉国家政策とポピュリズムによる移民排斥政策を比較した。文章③・④への言及は大衆的な政策への批判という流れの中に入れている。それ以外にも，例えば日本の大学改革や教育政策を取り上げることができる。過去の経験を学力低下の解決策と思考力向上対策に活用するという論展開が可能だ。

その他の政策としては少子化対策や働き方改革など，近年の話題になっている政策を取り上げると書きやすいだろう。

◆講　評

2023 年度の小論文は，社会的な「知」や大学の役割に関する内容だった。ひとつのテーマに関する多角的な分析から自身の意見を構築するという点において，まさに知の体系化に向けた思考力が問われる内容で，2021・2022 年度の形式とはやや異なる。テーマだけでなく与えられる資料の数や種類も絞り込まれており，資料読解に関しては易化した一方，意見論述問題が 2 問になったことで全体の難易度は従来通りの水準となった。

試験時間は 2022 年度と同様 120 分。解答字数は問 1 が 600 字，問 2 は㋐が字数設定のない「簡潔な意見提示」，㋑が 800 字である。総字数は 1400〜1500 字程度と 2022 年度よりも増加している上，解答要件からいっても非常に厳しい課題といえる。文献資料の中にはグラフも出てい

るもののその読解は要求されず，過去に出題された図示などもなかったが，総じて，難度は高めに設定されているといえる。

2022

年度

解 答 編

解答編

■ 英語 ■

I 　**解答**　[31]—1　[32]—3　[33]—2　[34]—3　[35]—3
　　　　　　[36]—2　[37]—2　[38]—1　[39]—1　[40]—2
[41]—4　[42]—2　[43]—4　[44]—2　[45]—4

━━━━━━━━◆全　訳◆━━━━━━━━

≪モロッコにおける人類の起源についての画期的な発見≫

1　人類の起源についての理解は，水曜日，人類つまりホモ・サピエンス
の現在知られているあらゆる化石よりもおよそ10万年古い化石がモロッ
コの山腹で発掘されたという知らせとともに覆された。科学者たちは，少
なくとも5人のものである頭蓋骨と手足の骨と歯はおよそ30万年前のも
のであり，人類学の分野におけるとてつもない大発見であると結論を下し
た。

2　その化石の古さは衝撃的なものであり，研究者の一人が「絶叫レベ
ル」だと呼ぶようなものであった。しかし東アフリカやサハラ以南でさえ
ない北アフリカでの発見ということもまた，予想に反するものであった。
そして，顔や歯は今日の人間と似通っているものの，原始的で細長い頭蓋
をもつ頭骨は人類の脳が現在の形に進化するにはさらなる時間が必要だっ
たということを示していた。「この資料はまさに人類の祖先を示していま
す」とドイツのマックス・プランク進化人類学研究所の古人類学者であり，
『ネイチャー』誌に発表された研究を主導する手助けをしたジャン゠ジャ
ック゠ハブリンは述べている。

3　マラケシュとモロッコの大西洋沿岸の間にあるジェベル・イエードと
呼ばれる遺跡でのその発見以前は，最古のホモ・サピエンスの化石はエチ
オピアのオモキビッシュと呼ばれる遺跡からの，19万5千年前のものが
知られていた。「お伝えしたいのは，私たちの祖先は私たちが思っていた
よりもずっと古くて，東アフリカのどこかにある小さな『エデンの園』に

おいてアダムのような方法で現れたのではない，ということです。それは汎アフリカ的なプロセスであり，これまで思い描かれてきたようなものよりもっと複雑なシナリオだということです」とハブリンは語った。

4 そのモロッコの化石は洞窟だった場所で発見されたが，3 人の大人，1 人の若者，そしておおよそ 8 歳くらいの 1 人の子供を表しており，狩猟採集民の生活を送っていたと考えられている。これらの化石は，彼らが狩りをしたガゼルやシマウマを含む動物の骨，おそらくは槍の先やナイフとして使われた石の道具，そして広範な火の使用の証拠とともに見つかった。古代のたき火で熱せられた火打ち石を分析することにより，科学者たちは近くにあった人間の化石の時代を計算することができた，とマックス・プランク研究所の考古学者であるシャノン=マクフェロンは述べている。

5 ホモ・サピエンスの起源はアフリカにあるということについて，科学者の間には基本的合意がある。これらの発見は，30 万年前までに，ホモ・サピエンスがアフリカ中に分散しており，おそらくは大陸全体を舞台とする複雑な進化の歴史があったことを示唆するものである。他の初期人類の化石が発見された場所を考えれば，モロッコはそのような古い化石の発見場所としては予想外の地である。モロッコの化石の形状と時代をもとに，以前に発見され，謎に包まれていた南アフリカのフロリスバッドの 26 万年前の頭蓋骨の一部もまたホモ・サピエンスであると，研究者たちは結論づけた。このジェベル・イエードの人々は，今日の頭蓋に見られる球状の形ではない大きな頭蓋を有していた。マックス・プランク研究所の古人類学者であるフィリップ=ガンズは，これらの発見は，顔の形はホモ・サピエンスの歴史の初期に確立されたが，脳の形，そしておそらくは脳の機能は後になって進化したことを示していると語っている。

6 しかし，現代人風の顔と歯のことを考えると，これらの人々はただ帽子をかぶるだけで現代に溶け込んでいたかもしれない，とハブリンは述べている。ホモ・サピエンスは現在では唯一の人類であるが，もしかすると 30 万年前は，現在は絶滅してしまった数種のユーラシアのいとこたち——つまり西方のネアンデルタール人，東方のデニソワ人——そしてアフリカにおける他のいとこたちとともにこの惑星を共有していたのかもしれない。ハブリンはどのくらい前にまさに最初の人類の一員が出現したかについての推測はしなかったが，それは 65 万年よりも前ではないだろう

と述べた。そしてその時期に，ホモ・サピエンスにつながる進化系統がネ
アンデルタール人へとつながる進化系統から分かれたのである。

■■■■■■■■　◀解　説▶　■■■■■■■■

▶[31]　第1段第1文（The understanding of human …）に「これまで
に発見されていたよりもはるかに古い人間の化石が見つかり，人類の起源
についての理解がひっくり返された」とあることから判断する。「大当た
り」といった意味をもつ1の blockbuster が正解となる。2の distasteful
は「不快な」，3の mundane は「平凡な」といった意味である。

▶[32]　「東アフリカ，サハラ以南でさえない北アフリカでの発見」と主
語にあり，先入観とは違う内容であることがわかるので1の reinforced
biases「先入観を強めた」は不適。また「北アフリカで発見することが」
夢だったという記述もないので，2の fulfilled dreams「夢を叶えた」も
不適。3の defied expectations「予想に反した」が適切である。

▶[33]　この文の冒頭でジャン=ジャック=ハブリンは「この資料は人類の
祖先を示している」と述べているが，これは第1・2段で述べられている
非常に古い人間の化石の発見に対して，1の refute「～に反論する」，3
の hinder「～を邪魔する」発言とは考えられない。よって，2の lead
「～を主導する」が正解となる。

▶[34]　人類の起源，歴史について，「私たちが思い描いてきたものより
もずっと複雑な」何なのかを考える。3の scenario「筋書，概要」が適切
である。直前に「エデンの園から生じたのではない」とあることから2の
myth「神話」は不適。1の agenda は「議事録，予定表」という意味で
ある。

▶[35]　この文がホモ・サピエンスの起源についてのものであることから
判断する。originate in ～ で「～に始まる」という意味になるので，3が
正解となる。

▶[36]　この文の冒頭で「これらの発見は，おそらくは大陸全体を舞台と
する複雑な進化の歴史を示す」と述べられている。この「大陸」はアフリ
カ大陸を指す。よって，30 万年前までに，アフリカ中にホモ・サピエン
スが2．dispersed「分散していた」と考えられる。1の disguise は「変
装させる，隠す」，3の displace は「移す，取り換える」といった意味で
ある。

▶[37]　「他の初期人類の化石が発見された場所」をどのようにすれば，「モロッコはそのような古い化石の発見場所として予想外の地」となるかを考える。2 の considering「考慮すれば」が正解となる。1 の neglecting は「無視する」，3 の mapping は「地図を作る」といった意味である。

▶[38]　ここで述べられている findings「発見」が「ホモ・サピエンスの顔の形は初期に形成されたが，脳の形とその機能は後になって発達した」ということをどのようにしたのかを考える。1 の indicate「～を示す」が適切である。3 の disprove「～に反証する」は第 6 段第 1 文（But given their …）において「顔と歯は現代人風である」とあることから不適である。2 の ensure は「～を保証する，確実にする」という意味である。

▶[39]　直後の if they simply wore a hat「もし彼らが帽子をかぶればそれだけで」，および直前の given their modern-looking face and teeth「彼らの現代風の顔と歯を考慮すれば」から判断する。「現代人風の顔」をしているので「帽子をかぶれば」，現代に「溶け込む」(blend in) ことができるかもしれないのである。2 の dress up は「着飾る」，3 の stuck (＜stick) out は「突き出る」といった意味である。なお，第 5 段第 5 文（The Jebel Irhoud …）にある通り，頭の形は現代人とは異なるため，溶け込むためには帽子をかぶる必要があるのである。

▶[40]　hazard a guess で「当てずっぽうを言う，推測をする」といった意味になる。よって，2 が正解となる。1 の choose は「選ぶ」，3 の elaborate は「詳しく述べる」といった意味である。

▶[41]　「第 1 段において，『人類の起源についての理解が覆えされた』という表現によって何が意味されているのか？」

1．「近年発見された証拠のおかげで，長年の学説が明確に確定した」

2．「エチオピアとモロッコにおける発見は，ホモ・サピエンスがアフリカをたってたどった道筋を裏付けた」

3．「人類の発達を理解することについては，頭蓋の研究に重点が置かれている」

4．「驚くべき発見が私たちのホモ・サピエンスの理解に大きな影響を与える変化をもたらした」

この化石の発見については第 2 段において第 1 文（The antiquity of …）

に「化石の古さは衝撃的」，第2文（But their discovery …）には「発見の場所も予想外」とあり，第3文（And the skulls, …）には顔や歯，脳について現代人との比較などが述べられている。よって，4が正解となる。1は従来の理解よりも古い時代の化石が発見されたことにより理論が覆されているので不可。2と3は本文に記述はない。

▶[42]「以下のどの主張が記事の中でされているか？」

1．「古代の人類は現代人よりもより球形に近い頭の形をしていた」

2．「ホモ・サピエンスはかつて，地球を他の近縁の種と共有していた」

3．「現代の人類は以前考えられていたよりも歴史が浅い種である」

4．「『アダムのような』方法で進化が起こったということについては基本的合意がある」

2は第6段第2文（*Homo sapiens* is …）と一致する。1は第5段第5文（The Jebel Irhoud …），3と4は第3段第2文（"The message we …）とそれぞれ矛盾する。

▶[43]「記事によれば，何が驚くべき発見なのか？」

1．「人間の骨が地理的に狭い地域で発見された」

2．「現代人と比べて，私たちの祖先は奇妙な形の顔をしていた」

3．「家族構成は進化の時期を通じて，あまり変化していない」

4．「ホモ・サピエンスはもともと考えられていたよりも長く存在している」

4が第3段第2文（"The message we …）などと一致する。「人類は私たちが思っているよりもずっと古い」とある。1は第5段第2文（These findings suggest …）に「アフリカ中に分散していた」とあるため不可。2は第5段最終文（Max Planck Institute …）や第6段第1文（But given their …）と矛盾する。「顔の形は比較的早い時期に現代人風に確立していた」のである。3は本文に記述なし。

▶[44]「第4段で火打ち石について言及している目的は何か？」

1．「化石が狩猟採集民のものであることを立証するため」

2．「それらのそばで発見された骨の年代がどのように決定されたかを説明するため」

3．「火打ち石が将来の研究の興味深い題材となることを示唆するため」

4．「古代の人々の進化した道具作りの能力を示すため」

2が第4段最終文（An analysis of …）と一致する。「火打ち石を分析することにより，科学者たちが時代を計算できる」とある。1，3，4は本文に直接の記述はない。

▶[45]　「第5段で言及されている，フロリスバッドの発見について正しいことは何か？」

1．「その時代の圧倒的に最も古く，最も啓発的な発見である」

2．「より正確にモロッコでの発見の年代を定めるのに役立った」

3．「以前の同様の発見よりも新しいものであった」

4．「正しく理解されたのはモロッコでの発見の後になってからだった」

1は第1段第1文（The understanding of …）や第5段第4文（Based on the shape …）と矛盾。フロリスバッドよりもモロッコの化石のほうが古い。2は第5段第4文（Based on the shape …）と矛盾。モロッコでの発見がフロリスバッドで発見された頭蓋骨の解明の役に立ったのである。3は本文に直接の記述はないが，第1段第1文（The understanding of …）および第2文（Scientists determined that …）に「モロッコで発見された人類は30万年前のもので，これまでに発見された人類よりも10万年古い」とあり，第5段第4文（Based on the shape …）に「フロリスバッドの人類は26万年前のもの」とあるので，モロッコでの発見前までは，以前の発見よりも古かったことになる。4は第5段第4文（Based on the shape …）と一致する。

◆━◆━◆━◆━●語句・構文●━◆━◆━◆━◆━◆━◆

（第1段）　turn *A* on its head「*A* を覆す」　representing「表している」

（第2段）　antiquity「古さ」　sub-Saharan「サハラ以南」　with faces and teeth matching people today「顔と歯が今日の人間と似通っている」いわゆる付帯状況の with である。archaic「原始的な」　elongated「細長い」　braincase「頭蓋」　brainpan も同意。paleoanthropologist「古人類学者」　Max Planck Institute「マックス・プランク研究所」　ドイツのマックス・プランク協会傘下の研究所であり，物理学の研究所ではアインシュタインが所長を務めたことがある。

（第3段）　in an Adamic way「アダムのような方法で」　Garden of Eden「エデンの園」　天地創造でアダムとイブがいた庭。pan-African「汎アフリカの」

（第 4 段）　flint「火打ち石」　An analysis of stone flints … let the scientists calculate「火打ち石のおかげで科学者たちは計算できる」

（第 5 段）　partial「部分的な」　cranium「頭蓋骨」　globular「球形の」

（第 6 段）　given「〜を考慮すると」　may have blended in「溶け込んでいたのかもしれない」　evolutionary lineage「進化系統」

Ⅱ　**解答**　　[46]—3　[47]—2　[48]—3　[49]—1　[50]—3
　　　　　　　　[51]—2　[52]—2　[53]—1　[54]—1　[55]—1
[56]—3　[57]—1　[58]—2　[59]—4　[60]—3

◆━━━━◆全　訳◆━━━━◆

≪1 万年時計の建設≫

1　この 20 年以上にわたって，私はロング・ナウ協会で長期的な思考のアイコンとして記念碑的な規模の「1 万年時計」を建設するため，コンピュータ科学者のダニー＝ヒリスやエンジニアのチームとともに働いてきた。狙いは，それに対峙した際，私たちが長期的な未来に携わらなければならないほど規模と時間の双方において十分に大きな刺激をつくり出すことである。

2　どのように人工物が存続してきたかを調べるため，1 万年時計の製作には，過去の歴史と現在の両方に集中して取り組むことが求められた。私たちは時計の仕組み自体の速度を落とし，1 つの時計が人の生涯において時を刻むのと同じ回数のみ，1 万年の間に時を刻むようにすることもできるが，その素材と場所はどうすればいいのだろう？　過去 20 年にわたり，私は他の建築物やシステムが時間とともにどのように存続してきたのかを研究し，できるかぎり多くそれらを訪問してきた。単に失われたり，埋められたりすることによって保存されている場所もあれば，純粋な規模の大きさにより，よく見える状態で生き残っているものもある。また，すぐにはわからない巧みな方法をもっているものもある。

3　数世紀以上，ましてや千年の間存続する人工の物体や有機物はほとんどない。物語や神話，宗教，一握りの機関，そしていくらかの建築物や人工物がこれほどの長い期間存続してきた。これらのほとんどは極めて長く存続するという意図をもってつくられたものではなく，歴史上の偶然である。核の廃棄物保管所や系図の保管庫，種子の貯蔵庫といった，より最近

の成果物は，明白に何千年あるいは何十万年さえも存続するように設計されている。材料科学や工学からイデオロギーにまで及ぶ，私たちが過去や現在から学ぶことができる一連の教訓がある。私はこれらのうちのいくつかが1万年時計に関する私たちの研究にどのように影響を与えたかを取り上げて論じてみようと思う。

4　最もよく保存されてきた人工物の多くは，おそらくはその時間のほとんどを地中で過ごしていた。地下の環境はそれらを日光から保護し，一般的に非常に安定した温度を保つ。気温の上昇と下降は酸化と劣化を早める。実際，製造者たちが素材に対する急速な劣化試験を行う際は，主に温度の上昇と下降を反復して行う。しかしながら，物体を地下で保存しようとすることには一つ深刻な欠点がある。水である。私はアメリカとヨーロッパの核廃棄物処理施設，世界種子貯蔵庫，モルモン教の系図保管所を訪れたことがあるが，いずれの施設でも水を締め出そうという勝ち目のない戦いをしている。数百年，数千年の間に水は必ず入り込む術を見つける。私が目にしたもので，水が入り込むことを緩和した唯一の成功例は，遮断するというよりもむしろ方向を変えるものである。古代のアジアの水田は，何千年以上にもわたって水を注意深く導くことの有効性の証拠である。

5　1万年時計を地下に建造することは，保存のためだけでなく，時間管理のためにも重要である。気温の変化によって金属は伸び縮みする。そこで振り子のような装置を同じ長さに保ち，それによって正常に時を刻むための巧みで不完全な仕組みが求められる。機械時計は気温の変化が少ないほど，より正確になる。しかしながら，私が訪問したほとんどすべての地下施設において水の対処に悪戦苦闘しているのを目にした後では，私たちはどのようにその問題に取り組むかを注意深く考えなければならなかった。私たちの地下施設は水を集められる排水区域を最小化するために山の頂上に建てられているが，それでも水が浸入することを想定している。この不測の事態に対処するため，私たちは地下のあらゆる表面を時計から離れるように傾け，水が確実にどこにもたまることのないようにし，敷地の一番底に流れるようにした。もしも水を止めることができないなら，どこに向けるかを選ぶことができるのである。

6　長くもちこたえられるものを建設するにあたって，最後の，そして最も大きな危険は，人間それ自体である。近年，私たちは，価値やイデオロ

ギーが対立しているとみなされるために世界の最も歴史ある遺跡のいくつかが破壊されるのを目にしてきた。これらのうちで，より胸が痛むことの一つは，タリバンによるアフガニスタンの巨大なバーミヤン仏像の破壊である。仏像よりも無害な宗教上の象徴を想像することは難しいが，タリバンにとっては非常に脅威的だったので，数週間もかけてこれらの驚くべき芸術品を爆破して崖から取り除いたのだ。

7　私たちはどのようにして，ある時点で盗まれたり破壊されたりすることのない，価値があって文化的に重要なものをつくればよいのだろう。私たちが1万年時計のようなものをどのように建設するのかを問うとき，これが真の問題である。それは素材や仕組みの設計ではなく，その周りにある文明であり，私たちは現在も未来も大切にするものとしてそれを形づくることを望んでいる。私たちはそのようなものをつくることにより，それらがただ技術的にではなく，倫理的にも私たちの意欲をかき立てることを望んでいる。私たちは，それらが私たちによりよい先祖となるよう促すことを望んでいる。

■■■■■◀解　説▶■■■■■

▶[46]　空所部分は「狙いは，私たちが長期的な未来に携わらなければならないほど十分大きな（　　　）をつくり出すことである」という文である。第7段最終文（We hope that …）に「そのようなものを建設することにより，私たちは，それらが私たちによりよい先祖となるよう促すことを望む」とある。よって，3の provocation「挑発，誘発，刺激」が正解となる。1の justification は「正当化」，2の simplification は「単純化」といった意味である。

▶[47]　他の建築物やシステムがどのように存続してきたのかを考える。1万年時計建設のための調査なので，2の over time「時とともに」が適切である。1の for good は「永遠に」の意。3の as expected は「予想通りに」の意だが，第3段第3文（Most of these …）に「非常に長い間存続する意図をもって建てられたのではない」とあることから不適である。

▶[48]　1の ambitious は「野心のある」，2の programmed は「プログラム化した」，3の subtle は「微妙な，すぐにはわからない」といった意味である。直前に「単に埋められる」「大きいのでよく見える」といったわかりやすい存続の理由が挙げられていることから，3が適切である。

▶[49] 「人間のつくったもので数世紀にわたって存続するものはほとんどない」という直前の内容を受け，長期間存続しているものを列挙している文である。1 の as well as 〜「〜も，〜に加えて」が適切である。2 の put aside は「〜を取っておく」，3 の in contrast to 〜 は「〜と対照的に」の意である。

▶[50] この段落において，筆者が他の長期間存続している施設などを訪問し研究したことが述べられている。よって，3 の influenced を選び，「それらが 1 万年時計の研究にどのように影響を与えたか」とする。1 の replicated は「複製した」，2 の jeopardized は「危険にさらした」の意である。

▶[51] 第 4 段第 5 文（There is, however, …）以降で水が大きな問題であると述べられており，この文章の後半でも「水を遮断するというよりも方向を変える」とあることから判断する。2 の mitigations「緩和」が正解となる。1 の sanitisations は「衛生」，3 の reservoirs は「貯水池」の意である。

▶[52] 空所直前の文章は「振り子のような装置を同じ長さに保つことが求められる」という内容である。これを受けて「きちんと時を刻む」と続いているので，「それによって」といった意味をもつ 2 の therefore が正解となる。1 の otherwise は「そうでなければ」，3 の alternately は「交互に」といった意味である。

▶[53] この後に続く「不測の事態」といった意味の eventuality は「水が入り込むこと」を指している。この後に「水がたまることのないようにし，敷地の一番下に流れるようにした」という対処法が述べられている。よって，「〜に対処する」という意味をもつ 1 の address が正解となる。2 の formulate は「〜を説明する，考案する」，3 の expedite は「〜を促進させる」といった意味である。

▶[54] 直前の第 6 段第 2 文（In recent years …）で世界の貴重な遺産が破壊されてきたことが述べられており，空所の後に，その例としてタリバンによるバーミヤンの仏像の破壊が挙げられている。よって，1 の heart-breaking「胸が張り裂けるような」が正解となる。2 の arm-twisting は「ごり押し」，3 の knee-slapping は「膝を叩いて（笑う）」といった意味である。

▶[55]　この文は前文の「1万年時計を作る目的は何か」に対する答えである。1のaroundを入れ「時計の周りにある文明」という文を作る。2のagainstは「～に反対して」、3のbeyondは「～を越えて」といった意味になる。

▶[56]　「第1段によると、筆者と彼のチームは1万年時計が（　　　　）とみなされることを望んでいる」

1．「我々の現代的な機器の廃棄性の批評」

2．「現代の科学技術が成し遂げたことの理想的な事例」

3．「はるか未来を見ることができる人類の能力の象徴」

4．「人類が熱心に過去から学ぼうとする一例」

第1段第2文（The idea is…）の後半部分参照。「長期的な未来に携わらなければならないほど十分に大きな刺激をつくり出すこと」とあるので、3が正解となる。1、2、4については本文に記述はない。

▶[57]　「第3段によれば、以下の文のうち、数千年にわたって存続している、人間が生み出したものや概念について当てはまるものはどれか？」

1．「それらのほとんどは注意深い計画が欠如しているにもかかわらず、生き残っている」

2．「おおよそ半数が計画的にもちこたえており、残りは偶然である」

3．「歴史的に、多くの建物などが偶然に破壊されてきた」

4．「それらのうちのかなり高い割合のものが意図的にそのように設計されていた」

第3段第3文（Most of these…）に注目する。この文と1の内容が一致する。2は「残りは偶然」という部分は正しいが、「半数が計画的に」という記述はない。また「ほとんどがそのような意図をもって建設されていない」とあるため4は不可である。3は第6段第2文（In recent years…）に人間の意図的な破壊の記述があるため誤りである。

▶[58]　「第4段によれば、なぜ地上の保管所は1万年時計に適切ではないのか？」

1．「時計は意図的に破壊されうる」

2．「時計はより速いペースで劣化しうる」

3．「時計は安定した気温の中で衰えうる」

4．「時計が水に浸かりうる」

第 4 段第 2 文（The subterranean environment …）および第 3 文（The rise and …）参照。「地下の環境は日光から人工物を守り，温度が安定している」「気温の上昇と下降は酸化と劣化を早める」とある。よって，2 が正解となる。3 は上述の内容と矛盾し，4 は同段第 5 文（There is, however, …）にある通り，水は地下の弱点である。1 は第 6 段第 2 文（In recent years …）に人間による破壊についての記述はあるが，地上に限定されているわけではないので不可である。

▶[59]「第 6 段によれば，タリバンはなぜバーミヤンの仏像を破壊したのか？」

1．「巨大な像がタリバンの軍の建設計画の障害となった」

2．「タリバンはその像が敵によるプロパガンダとして簡単に使用されうると感じた」

3．「地元の人々が実用的な目的のためにその素材を彼らに使うよう懇願した」

4．「タリバンはその像が表しているものに哲学的な観点から反対だった」

第 6 段第 2 文（In recent years …）に「イデオロギーの対立のために，遺跡が破壊される」とあり，第 4 文（It is hard …）に「仏像は無害だが，タリバンにとっては脅威」とあることから，4 が正解となる。1 ～ 3 については本文に記述はない。

▶[60]「この文章によれば，筆者は 1 万年時計プロジェクトに参加した人々が（　　　）ことを望んでいる」

1．「より洗練された科学技術的な専門的ノウハウを手に入れる」

2．「チームワークの深い理解を発達させる」

3．「節操があり，気配りができる人間になる」

4．「私たちの歴史のより深い理解を得る」

第 7 段全体が 1 万年時計建設の目的についての文章となっているが，第 4 文（We hope that by …）および最終文（We hope that they …）に注目する。「ただ技術的にではなく，倫理的にも私たちの意欲を掻き立てることを望む」「（未来の人々にとって）よりよい祖先となる」とあることから，3 が正解となる。1 は第 3 文（It is not …）において「それは素材や仕組みの設計ではなく」とあるので不可。2 と 4 は本文に記述がない。

●語句・構文●

（第１段）　The Long Now Foundation「ロング・ナウ協会」　時間をかけてよりよく，ということを推進しており，１万年というスパンで責任を育てようとしている。このため西暦を 02022 年と５桁で表現する。10,000 Year Clock「１万年時計」はそのプロジェクトの一つ。when confronted「対峙したときに」副詞節の中の主語と be 動詞が省略されている。

（第２段）　dive into ～「～に没頭する」　artefact「人工物」　artifact とも綴る。conserve「～を保存する」　in plain sight「よく見える状態で」　sheer「全くの」　mass「一団，多量」

（第３段）　much less「（否定を受けて）ましてや～でない」　millennia「千年（間）」　単数形は millennium。accidents of history「歴史の偶然」　genealogic「系譜，血統の」　repository「保管所」　seed vault「種子の貯蔵庫」　ここではスヴァールバル世界種子貯蔵庫を指していると思われる。explicitly「はっきりと」　cover「～を含める」

（第４段）　subterranean「地下の」　oxidation「酸化」　drawback「欠点」　Mormon「モルモン教の」　fight a losing battle「勝ち目のない戦いをする」　rice paddy「稲田」　testament「証拠，証」

（第５段）　expand and contract「伸び縮みする」　pendulum「振り子」　struggle with ～「～との苦闘」　tackle「～に取り組む」　drainage「排水」　eventuality「不測の事態」　angle「～を傾ける」

（第６段）　massive「巨大な」　Buddhas of Bamiyan「バーミヤンの仏像」　innocuous「無害の」　blast「～を爆破する」

（第７段）　of value「価値のある」　of＋抽象名詞＝形容詞　care for ～「～を大切にする」　not just ～ but …「～だけでなく…も」　challenge「～（人など）に挑む」　challenge *A* to *do*「*A* に～するよう要求する」

Ⅲ　**解答**　[61]－3　[62]－1　[63]－1　[64]－3　[65]－3　[66]－3　[67]－2　[68]－3　[69]－3　[70]－1　[71]－3　[72]－3　[73]－1　[74]－3　[75]－2　[76]－1　[77]－1　[78]－1　[79]－2　[80]－2　[81]－1　[82]－2　[83]－3　[84]－3　[85]－4　[86]－4　[87]－3　[88]－3　[89]－1　[90]－2

~~~~~~~~~~~◆全　訳◆~~~~~~~~~~~~~~~~~~~~~~~~~~~~~~~

≪ソフトパワーの不適切さ≫

1　ソフトパワーに対する姿勢が変化しつつあるのは，理論的な側面からではなく，グローバルな状況が変化していることからによる。21 世紀は3 つの巨大国家，つまり中国，インド，アメリカの間の競争の拡大によって特徴づけられるだろう。この 3 巨頭に対抗するため，各国家は共同でこれらの大国と交渉したり，何か行動を強いたりする短期的な戦略同盟を生み出すだろう。これらの同盟は共通の利益に基づいており，共通の価値観に基づいているのではない。協力とは対照的に，激しさを増す競争によって支配されている世界においては，ソフトパワーの実践は二次的なものになるだろう。戦略的同盟のもたらす利点はその順応性にある。冷戦時代とは異なり，国々は一つの巨大国家に束縛されないだろう。逆に，各国家はさまざまな大国とともにさまざまな目的に向かって協力するだろう。国家の力は戦略的同盟における望ましい一員としての国家の立場から生じるだろう。この望ましさというのは，経済の安定から技術的なインフラ，地理的な位置にまで及ぶ多様な国力に基礎を置くのかもしれない。現在は単極性，あるいは二極性の時代ではない。現在は大国の時代であり，この時代においては，権力はこれまでとは違ったふうに機能するだろう。

2　ウラジミール=プーチンはかつて「私はむしろ過去の用語を捨てたい。『超大国』という言葉は冷戦時に我々が使ったものだ。それをなぜいま使うのだ？」と言った。冷戦の終焉により，学者たちは「権力」を含むさらなる用語を再考することになった。もはやイデオロギーの対立や核兵器の競争によって特徴づけられない世界においては，対立よりもむしろ協力が時代の特徴となりうる。ある独創的な論文において，ジョセフ=ナイ教授がソフトパワーの概念を紹介した。ナイは，「結局のところ，国家の文化や政治的な価値観や外交政策の魅力が，自由に使える弾道ミサイルの数よりも，他の国との関わりに，より大きな影響を与えるだろう」と述べている。

3　世界は大規模な構造的変化の真っただ中にあり，そしてこの変化は権力の概念というものがさらにもう一度分析されることを余儀なくさせる，と私たちは主張する。具体的に言えば，私たちは，この世紀が 3 つの大国による現代の三頭政治の出現を目にするだろう，と強く主張する。ロシア

やイラン，ブラジルやヨーロッパ連合といったミドルパワーはグローバル
な問題の中心にあり続けるだろうが，物事の進め方を支配するのは 3 つの
大国だろう。インドは人口規模とグローバルな電気通信の拠点としての地
位によって，イランやブラジルの力をかすませるほどの力をもつだろう。
中国が金融面で優位であること，またその軍事力の及ぶ範囲が非常に広い
ことは，ロシアを凌ぐだろう。一方，アメリカの力は防衛費に対する大量
の投資と，コンシューマリズムへの熱烈な傾倒に基礎を置き続けるだろう。

4　戦略的同盟の力は，ソフトパワーの枠組みを通じては説明することの
できない関係を説明する能力をもつため，国際関係の分野において中心的
な概念となるだろう，と私たちは主張する。戦略的同盟は，大国の一つに
よってのみ保証される共通の利益を共有するいくつかの国々からなる。連
帯して，加盟国はある大国に対してより大きな支配力をもち，あるいは他
の大国に協調するように脅しさえする。しかしいったんある同盟がその目
的を達成すると，その同盟は解消するだろう。というのは，3 つの大国に
よって支配されている世界においては，恒久的な同盟は維持するのがより
困難だからである。大国間での途切れることのない競争は絶え間ない波
及効果を局地的，地域的，世界的に送り，流動的な状況は新しい同盟とい
う結果になるだろう。

5　1990 年にジョセフ＝ナイが初めてソフトパワーの概念を紹介したとき，
二極化のシステムは終わりを迎えつつあった。ソヴィエト連邦の崩壊が目
前に迫り，東ヨーロッパの共産主義国家は大っぴらに西側諸国から誘いを
受けていた。二極化した世界は，最終的にソヴィエト連邦を破綻させた軍
事競争によって定義されるハードパワーの一つだった。権力の行使，すな
わち他の国家の行動を変えることは，武器の使用や軍事的圧力に大幅に依
存していた。ナイは，冷戦後の世界は共通の課題が共通の解決策を必要と
するため（例えばテロや麻薬取引など），協力によって特徴づけられるだ
ろう，という仮説を立てた。世界はまた，交通網や通信技術の発達により，
さらに相互依存するようになるだろう。

6　冷戦後の時代が協力に基づくことを前提として，ナイはソフトパワー
を「他の国家に自国が求めるものを求めさせること」と概念化した。ソフ
トパワーの武器は，文化，政治的価値観，外交政策を含んだものである。
もしもある国家がその力を合法的だと他国に思わせることができれば，そ

の外交政策に対して受ける抵抗はより少なくなるだろう。もしもある国の文化やイデオロギーが魅力的に見えれば，同盟国はそうするように命じられるというよりもむしろ，それに進んで従うだろう。そしてもしもある国家が自身の社会と調和する国際的な標準を成立させることができれば，その行動を変えるように求められることはないだろう。

7　ナイの最初の論文はまたマニフェストであり，他の国々との紛争を避けつつ，アメリカを導いてグローバルな再構築の時代を切り抜けさせようとするロードマップであった。ソフトパワーによって，アメリカは武器を使うことなく世界をアメリカ的なものにすることができるであろう。アメリカのイデオロギーは，文化や芸術や文化的交流に隠されているが，それは国際的なシステムを再形成し，アメリカの繁栄はかつての共産主義国家を味方に引き入れるであろう。その結果，アメリカが世界に合わせるために変わるのではなく，世界がアメリカに合わせるために変わるのである。

8　ソフトパワーの概念は世界中の為政者たちに計り知れないほどの影響を与えた。冷戦後，数多くの国家がソフトパワーの戦略に何十億ドルも費やした。これらにはラジオ局やテレビ局の創設，文化施設の設立促進（例えば孔子学院），外国との交流プログラムの拡大，もっと最近では何千もの YouTube，フェイスブック，ツイッターのアカウントにまで広がるソーシャル・メディア帝国を維持することが含まれていた。ソフトパワーの概念に最もひきつけられていたのはオバマ政権であった。『フォーリン・ポリシー』誌は 2011 年に「アメリカの外交政策を理解するすべての道は，ジョセフ=ナイを通っている」と記している。

9　多くの点において，オバマ政権とその中東政策はソフトパワーの実務的な限界を象徴するものである。ブッシュ政権のテロとの戦いの後，オバマは「新たな始まり」という演説とともに彼の任期をスタートした。その演説の中で彼はアメリカとイスラム世界との新たな関係の始まりを訴えた。放送，文化交流，市民外交プログラムを含む領域中のソフトパワーへの大規模な投資がこの宣言の後に続いた。しかし中東や南アジアのアラブ人やイスラム教徒への広範で一貫した関与にもかかわらず，反米感情は今も高いままである。イスラム国の残酷さとのアメリカの戦いでさえ，イスラム世界の心をつかむのに十分ではなかったのである。

10　アメリカがソフトパワーを通じて中東とうまく関与することができな

かったという事実は，ロシアが効果的にハードパワーを用いたことにより，一層際立つこととなった。アメリカが新たな軍事紛争に関わりたくないということを感じ取り，ウラジミール＝プーチンはダマスカスへの道を絨毯爆撃して進んだ。プーチンは，多数派であるスンニ派に対抗して，アサド大統領と少数派であるシーア派のアラウィ派を支援し，イランやヒズボラや世界中のさまざまなシーア派の民兵組織と手を結んだ。残忍な戦争を目撃しつつ，プーチンとその同盟組織は 50 万人以上を殺害し，それはシリアの多くの地域におけるスンニ派の民族浄化へとつながったのである。

11　そしてロシアの払った犠牲はどのようなものだったか。ソフトパワーのモデルは，ロシアが正当性や国際情勢における地位を失い，あるいは少なくとも除け者へと変わることを予測しただろう。実際，西洋の外交官たちはマイクに向かって泣き声をあげ，国連大使たちは亡くなったシリア人たちの画像をツイートした。しかしロシアはその地域における拠点を手に入れた。さらにより重要なことに，ロシアはその地域における正真正銘の黒幕となっており，レバノンやイラク，そしてイスラエルさえもクレムリンとのつながりを増強しようとしている。オバマは話した。プーチンは爆撃した。その結果は明らかである。

■━━━━━　◀解　説▶　━━━━━

▶[61]　「協力関係とは対照的に，激しさを増す競争により」，世界がどのようにされているのかを考える。3 の governed「支配されている」が適切である。1 の suppressed「鎮圧された，抑圧された」，2 の restored「修復された」ではうまく文章がつながらない。

▶[62]　この文の主語は National power「国家の力」であり，空所部分の動詞を挟んで「国家の地位が戦略的同盟の好ましい一員として」どのようになるのかを考えればよい。1 の emanate from ～「～から生じる」が適切である。2 の escape into ～ は「～に逃れる」，3 の erode away ～ は「～を侵食する」といった意味である。

▶[63]　直前の rather than に注目する。*A* rather than *B* で「*B* というよりもむしろ *A*」となるので，collaboration「協力」と逆の意味をもつ語が入ると考えられる。1 の confrontation「対立」が適切である。2 の comradery は「友情意識，善意」，3 の convergence は「集合，収束」といった意味である。

▶[64]　直前の内容は「世界は大規模な構造的変化の最中であり，この変化は権力の概念というものが再度分析されることを余儀なくさせる」というものである。これを受けて「この世紀は3つの大国による現代の三頭政治の出現を目撃する」と続いている。「この現代の三頭政治の出現」が，前文の具体的な内容だと考えられるので，3のSpecifically「具体的には」が適切である。1のInadvertentlyは「不注意に」，2のConverselyは「反対に」といった意味である。

▶[65]　第1段第2文（The 21st century will …）などで述べられているように，三大国として中国，インド，アメリカが挙げられ，この文章の直後に中国の財政上の支配と地球規模の軍事力，アメリカの防衛力などが強みとして例示されている。よって，この空所部分はインドの強さを示す文を作ると考えられる。このことから3のovershadow「～を見劣りさせる」を選び，イランやブラジルよりも地位が上であるという文を作る。1のreabsorbは「～を再吸収する」，2のsupplementは「～を補う」といった意味である。

▶[66]　「ソフトパワーの何を通じては説明することができない関係」なのかを考える。3のparadigm「枠組み，パラダイム」が適切である。1のparanoiaは「偏執症」，2のparadoxは「逆説，パラドックス」といった意味である。

▶[67]　hold sway over ～ で「～を支配する」といった意味の表現になる。1のunderや3のaroundでは意味が通る表現とならない。ちなみに，under the sway of ～ で「～の支配下に置かれる」といった意味になる。

▶[68]　shifting sandsで「絶えず変化する状況」という意味になる。戦略的同盟がある目的を達すれば解散し，状況に応じて新たな戦略的同盟がつくられる状況を表している。1のfadsは「流行，気まぐれ」，2はshift gearsで「ギアを変える」といった意味である。

▶[69]　文の主語である「二極化したシステム」がどのような状況だったのかを考えればよい。直後の文に「ソヴィエト連邦の崩壊が目前に迫っていた」とあることから，3のbreathを選び，draw *one's* last breath「息を引き取る」という表現を作る。1のpicture「絵」や2のarrow「矢印」を選んだ場合，動詞drawは「～を描く」という意味になる。

▶[70]　この文は第6段の冒頭であり，空所の後に続く「冷戦後の世界が

協力に基づく」という記述は，前段の第 5 文（Nye hypothesized that
…）および第 6 文（The world would also …）のナイの仮説の内容であ
る。空所を含む文の後半（Nye conceptualized Soft …）でもナイの考え
が続いて述べられている。よって，「～を無視すると」という意味の 2 の
Ignoring ではなく，「～ことを前提として」という意味をもつ 1 の Given
が適切である。3 の Afraid は「～を恐れて」の意である。

▶[71]　この文は仮定法過去となっている。空所のある if 節が「ある国
家がその力を他国の目にどのように映すことができれば」，主節の「その
外交の方針が受ける抵抗はより少なくなる」のかを考えればよい。3 の
legitimate「合法の，筋の通った」が適切である。1 の impotent は「弱い，
頼りない」，2 の monotonous は「単調な」といった意味である。

▶[72]　この文の主語は「ナイの最初の論文は」，そして空所の名詞を
「他国との紛争を避けつつ，アメリカを導いてグローバルな再構築の時代
を切り抜けさせようとする」という内容が修飾している。この内容に当て
はまるのは 3 の roadmap「ロードマップ，予定表」である。1 の lifeboat
は「救命艇」，2 の password は「パスワード」の意である。

▶[73]　直前の「アメリカのイデオロギーが国際的なシステムを再形成し，
アメリカの繁栄がかつての共産主義国家を味方に引き入れる」，直後の
「アメリカが世界に合わせるのではなく，世界がアメリカに合わせる」と
いう 2 つの文をつなぐものを選ぶ。1 の Consequently「その結果」が正
解となる。2 の Superficially は「表面的に」，3 の Indignantly は「腹を
立てて」といった意味である。

▶[74]　直後に「多くの国家がソフトパワーの戦略に何十億ドルも費やし
た」とあることから 3 の immense「大きな」を入れ，「ソフトパワーの概
念が為政者に大きな影響を与えた」という文を作る。1 の antagonistic は
「相反する，敵対する」，2 の equivocal は「あいまいな」といった意味
である。

▶[75]　直後に「アメリカの外交政策を理解するすべての道は，ジョセフ
＝ナイを通る」とあることから，オバマ政権が，ジョセフ＝ナイが紹介した
ソフトパワーを重要視していたことがわかる。よって，2 の taken「ひき
つけられる」が正解となる。1 の unsettled は「不穏な，未解決の」，3
の upset は「ひっくり返った，動揺している」といった意味である。

▶[76]　この空所は「オバマ政権およびその中東政策はソフトパワーの限界を象徴するものである」という文の一部である。よって，2の personal「個人的な」は不適。また商業に関する記述はないことから，3の commercial「商業の」も不可。1の practical「実務的な」が正解となる。

▶[77]　この文の直前までオバマの「新たな始まり」という演説が説明されている。この演説を1の proclamation「発表，宣言」で言い換えていると考えられる。2の application は「適用，申請」，3の fabrication は「製造」といった意味である。

▶[78]　アメリカのソフトパワーを通じた中東との関わりの失敗が，ロシアの効果的なハードパワーの行使によってどのようになったのかを考えればよい。1の magnified「大きく見せられた，拡大された」が適切である。2の repeated は「繰り返された」，3の lauded は「称賛された」といった意味である。

▶[79]　直後に「50万人以上を殺害した」という内容があることから判断する。2の brutal「残忍な」が正解となる。1の rhetorical は「修辞学の」，3の moral は「道徳上の」といった意味である。

▶[80]　主語である「ソフトパワーのモデル」と「ロシアが正当性や国際情勢における地位を失い，除け者へと変わる」をつなぐ動詞を選ぶ。2の predict「～を予想する」が最もふさわしい。直後に「国連大使たちが亡くなったシリア人たちの画像をツイートする」などとあるので3の reject「～を拒絶する」は不適。1の assure は「～を保証する」の意である。

▶[81]　「第1段の終わりにおいて，『現在は大国の時代である』という表現によって筆者はおそらくは何を意味したのか？」

1．「近い将来，一握りの国々が国家間の情勢に影響を与える」

2．「近頃，繁栄するのは最も大きく，最も人口の多い国家である」

3．「ロシアとアメリカは世界の超大国であり続ける」

4．「小国は征服されることを避けるため，大国に対して立ち上がるべきである」

1は第4段最終文（Continuous competitions between …）の内容と一致する。2は第3段第4文（India's population size …），第5文（China's financial dominance …）において，人口だけでなく財政力，軍事力など

も大国の要素として挙げられているので不可。3 は第 1 段第 2 文（The 21st century will …）などで大国として挙げられているのは「中国，インド，アメリカ」であり，ロシアは第 3 段第 3 文（While middle powers …）において「ミドルパワー」として記述されている。4 は本文に記述はない。

▶[82]「以下のどの記述が第 3 段の『大国』という描写に最も当てはまるか？」

1．「その影響力は大きな人口によって付与される」

2．「その地位は複数の要素による」

3．「その権力は軍事力の優越により決定される」

4．「その地位は協調性から生じる」

第 3 段において giants という語は [64] で始まる第 2 文に登場し，インド，中国，アメリカの 3 大国を指している。第 3 段第 4 文（India's population size …），第 5 文（China's financial dominance …）に注目すると，「インドの人口やグローバルな電気通信の拠点としての地位，中国の金融面での優位性や軍事力，アメリカの莫大な防衛費とコンシューマリズム」がそれぞれの強みとして挙げられている。よって，2 が正解となる。人口，軍事力といった単一の要素ではないので 1 と 3 は誤りである。4 は大国の特徴として本文で記述されていない。

▶[83]「第 4 段で述べられている『戦略的同盟』の特徴は以下のどれか？」

1．「大国の注意をひきつけるため，さほど力のない国家の間での競争を育む」

2．「いくつかの大国が国際関係を支配するようになる理由である」

3．「ある大国からの協力なしには得ることのできない共同の目的をもっている」

4．「主として，共通の目標を目指す 3 つの大国間の提携からなる」

3 が第 4 段第 2 文（A strategic alliance …）と一致する。4 は「戦略的同盟」の説明として「3 つの大国間の提携」という記述はないため不可。1 と 2 は本文に記述はない。

▶[84]「第 5 段によれば，最初にソフトパワーという考えを提案した際，ジョセフ=ナイがおそらく想定していたことは以下のどれか？」

1．「軍備競争に勝利した国が最も影響力をもつ」

2．「世界はますます断片化し，分離された場所になる」

3．「グローバルな問題に対処するための協力の必要性が増す」

4．「ロシアはしばらくの間，強力な地位にとどまる」

第5段第5文（Nye hypothesized that …）および第6文（The world would …）に注目する。3がこの内容に最も近い。「協力が特徴となる」「相互に依存する」といった内容と1，2は矛盾する。また4は第5段第2文に The collapse of the Soviet Union … とあり，ソヴィエト崩壊の時期にあたるので不可である。

▶[85] 「第7段で説明されているような，ナイの『マニフェスト』をアメリカが実行することの想定されている利点は何か？」

1．「アメリカは繁栄を広めることにより，暴力なしで国家間の紛争を止めることができる」

2．「他の国々がアメリカをまねて民主政権を採用する」

3．「アメリカの文化や芸術が世界中の共産主義の広がりを遅らせる」

4．「国際的な標準が，アメリカの価値観によって形づくられるようになり，その逆ではない」

[73]で始まる第7段最終文の内容と4が一致する。1は同段第2文（Through Soft Power, …）に「ソフトパワーを通じ，暴力なしに世界をアメリカ的にする」とあるが，「紛争を止める」という記述はない。3は同段第3文（American ideology, masked …）の後半に「アメリカの繁栄が旧共産主義国家を味方につける」という記述があるが，「広がりを遅らせる」という記述はない。2は本文に記述がない。

▶[86] 「以下のどれが，おそらくは日本がソフトパワーを用いた例となるか？」

1．「住民が地元を財政的に支援できるようにする所得税のプログラム」

2．「グローバルな人材を育成するため，日本人学生の留学を促進すること」

3．「日本人に多様なイデオロギーを紹介する外国映画やメディアの輸入」

4．「日本の漫画，文学，料理などを世界中に宣伝する戦略」

第6段第2文（The Soft Power …）に「ソフトパワーの武器は文化，政治的な価値観，外交政策を含む」とあり，同段第4文（If a state's culture …）に「もしもある国の文化などが魅力的であれば，同盟国は命じられるというよりもむしろ，進んで続く」とあることから判断する。これに合致するのは 4 である。3 はこの 2 つの文の逆の内容であるため不可。1 と 2 は同段第 1 文で述べられているソフトパワーの定義「他国に自国が求めるものを求めさせる」に当てはまるとはいえず，ソフトパワーの行使とはいえない。

▶[87] 「この記事によれば，以下のどれがオバマ政権の中東に対する政策の結果ではないか？」

1．「文化的，政治的な手法が試みられた」

2．「アメリカはイスラム国と戦った」

3．「アメリカに対する否定的な意見が変化した」

4．「多くの資金と労力が費やされた」

3 が第 9 段第 4 文（Yet despite the consistent …）と矛盾。「反米感情は今も高いまま」とある。1 および 4 は同段第 3 文（[77] を含む文）と一致。2 は同段最終文（Not even America's war …）に「イスラム国との戦い」という記述がある。

▶[88] 「筆者はアメリカとロシアの中東への関与を（　　　）のために比較している」

1．「シリアと同じ運命を避けるため，レバノンやイラク，イスラエルに戦略的同盟を形成することを忠告する」

2．「軍事力の行使はしばしば，国家の目標を達成するための最後の選択肢であることを示す」

3．「ソフトパワーのモデルを用いた結果が期待に沿うものではなかったことを示す」

4．「ウラジミール゠プーチンは軍事的な指導者である一方，バラク゠オバマは平和的な指導者であることを証明する」

第 10 段第 1 文（America's failure to …）に「アメリカのソフトパワーの利用の失敗は，ロシアのハードパワーの効果的な利用により際立った」とある。具体的には第 9 段第 4 文（Yet despite the consistent …）および第 5 文（Not even America's war …）にある通り，中東における反米感情は高いままである一方，第 11 段第 4 文（Yet Russia gained …）および第 5 文（Even more importantly, …）にある通り，ロシアは中東にお

ける地位を確立している。よって，3が正解として適切である。1は本文
に記述はない。2は上述の第11段の2つの文で「ロシアが軍事力を用い
て中東で成功した」という記述はあるが，「最後の選択肢」とは述べられ
ていない。また，4は第 11 段第 6・7 文（Obama talked. Putin
bombed.）と一致するが，この文章は両大統領の特質ではなく，ソフトパ
ワーとハードパワーについてのものである。

▶[89]　「筆者が本文の最後で『結果は明らかである』と記したのはなぜ
か？」

1．「プーチンのアプローチが，中東におけるロシアのより堅固な指導者
的地位を与えた」

2．「オバマの政策が中東におけるアメリカの経済力の下降を招いた」

3．「オバマの行動はブッシュ政権のテロとの戦いを相殺した」

4．「プーチンの戦略がシリアにおける約 50 万人の死者の原因となった」
この文の直前の「オバマは話し，プーチンは爆撃した」はアメリカがソフ
トパワーを用い，ロシアがハードパワーを用いたことを表している。第
10 段第 1 文（America's failure to …）などにある通り，アメリカは中東
政策に失敗し，ロシアは第 11 段第 4 文（Yet Russia gained …）および
第 5 文（Even more importantly, …）にある通り，中東における地位を
確立した。このことから 1 が正解となる。2，3 は本文に直接の記述はな
く，4 は第 10 段最終文（Overseeing …）と一致するものの，ソフトパワ
ーとハードパワーの対比が目的だと考えられるので，正解とはいえない。

▶[90]　「この記事の最もよい表題は以下のどれか？」

1．「アメリカの戦略的同盟国」

2．「ソフトパワーの不適切さ」

3．「ウラジミール=プーチンのハードパワー」

4．「超大国中の巨大国家」
第 9 段第 1 文（In many ways, …），第 10 段第 1 文（America's failure
to …）などでソフトパワーを用いた外交の失敗が述べられている。よっ
て，2 がこの文章の表題としてふさわしい。3 については本文の内容と矛
盾しているとはいえないが，上述の第 10 段第 1 文にある通り，「アメリカ
のソフトパワー戦略の失敗を際立たせるため」にロシアのハードパワー行
使が挙げられていると考えられるので，表題としては 2 のほうが適切であ

る。1は「アメリカの」戦略的同盟国については本文で言及されていない。
4は本文に記述がない。

●語句・構文●

（第1段）　stem from ～「～から生じる」　theoretical「理論上の」
contend with ～「～と争う」　triumvirate「（ローマの）三頭政治，三人
組」　alliance「同盟」　bargain「交渉する」　force *one's* hand「（人に）
行動を強いる」　rest on ～「～に基づく」　as opposed to ～「～とは対
照的に」　secondary「二次的な」　lie in ～「～にある」　malleability「順
応性」　be bound「束縛される」　end「目的」　uni-polarity「単極」　bi-
polarity「二極」

（第2段）　terminology「専門用語」　demise「終焉」　nuclear arms「核
兵器」　order of the day「時代の風潮・特徴」　seminal「影響力の大きい，
独創的な」　ballistic missile「弾道ミサイル」　at *one's* disposal「～が自
由に使える」

（第3段）　in the midst of ～「～の真っただ中」　yet again「さらにもう
一度」　middle power「ミドルパワー，中堅国」　it is *A* who ～「～する
のは *A* だ」は強調構文。dictate「～を命令する」　rules of the game「慣
習的なルール，物事の進め方」　hub「拠点，中心地」　dominance「支
配」　eclipse「～を失墜させる，覆い隠す」　ardent「熱烈な」
commitment「傾倒」　consumerism「コンシューマリズム，大量消費主
義」

（第4段）　core「核となる」　account for ～「～を説明する」　secure
「～を確保する」　align with ～「～と協調する」　disband「解散する」
ripple effect「波及効果」　result in ～「～という結果となる」

（第5段）　imminent「いまにも起ころうとしている」　court「～を誘う」
ultimately「最終的に」　bankrupt「～を破産させる」　hypothesize「仮
説を立てる」　challenge「課題」

（第6段）　conceptualize「～を概念化する」　get *A* to *do*「*A* に～させる，
してもらう」　arsenal「武器」　in the eyes of ～「～の目に」　ally「味
方」　be willing to *do*「進んで～する」　norm「標準」　consistent with
～「～と調和する」　be required to *do*「～することを要求される」

（第7段）　manifesto「マニフェスト，政策表明，宣言」　seek to *do*「～

しようとする」 guide *A* through *B*「*A* を導いて *B* を切り抜けさせる」 mask「～を隠す」 win over ～「～を味方につける」 accommodate「～に合わせる」

(第8段) policy maker「為政者, 政策立案者」 initiative「構想, 戦略」 Confucius Institute「孔子学院」 spanning「広がる, 及ぶ」 White House「米大統領の職, 米国政府」

(第9段) symbolize「～を象徴する」 limitation「限界」 War on Terror「テロとの戦い」 tenure「在職期間」 address「演説」 region「分野」 diplomacy「外交」 expansive「広範囲の」 anti-American sentiment「反米感情」 cruelty「残酷さ」 Islamic State「イスラム国」

(第10段) unwillingness「気が進まないこと」 carpet bomb「絨毯爆撃する」 Alawi Shiite「シーア派のアラウィ派」 Sunni「スンニ派」 militia「民兵(組織)」 oversee「～を目撃する, 監視する」 ethnic cleansing「民族浄化」

(第11段) legitimacy「正当性」 seat at the table「地位」 at the very least「少なくとも」 outcast「追放者, 除け者」 wail「泣き叫ぶ」 stronghold「拠点, 要塞」 powerbroker「黒幕」 with Lebanon, … looking to「レバノンや…が探っている」付帯状況の with。 look to *do*「～することを探る」 bolster「～を強化する」 speak for *oneself*「自明の理である」

❖講 評

2022 年度も長文読解が3題, その内訳は空所補充 40 問, 内容説明・内容真偽などが 20 問の合計 60 問となっており, これまで通りの出題パターンとなっている。Ⅰ, Ⅱは空所補充が 10 問と内容説明・内容真偽が5問, Ⅲは空所補充が 20 問と内容説明・内容真偽 10 問という出題配分にも変化はない。

空所補充はⅢの [67] のように難度の高いイディオムの知識を問うものもあるが, 基本的に前後関係を判断しつつ語彙力を問う設問が中心となっている。空所補充は, A:語句の難度がさほど高くなく, 比較的簡単に正解が導き出せるもの, B:標準よりもやや上の語彙力が求められるもの, C:数問みられる難度が高いものの3つに分類できる。B, C

については前後関係が把握できても，選択肢となっている語句の意味が
わからなければ解くことができないため，Ａを確実に得点した上で，い
かに難易度Ｂの部分で得点を伸ばすことができるかが重要となるだろう。

　内容説明，内容真偽については，基本的に設問に対応する箇所を本文
から見つけていく問題がほとんどを占めている。2022 年度は１つのセ
ンテンスが複数の問題の解答に関わっている，あるいは答えを導き出す
ヒントになる部分も含め，設問に対応する箇所が複数箇所にわたるとい
ったパターンが数多くみられた。さまざまな角度から内容の理解度を試
す出題だったといえるかもしれない。

　Ⅰはモロッコでのホモ・サピエンスの出現時期の認識を変える発見に
ついての文章であった。発見された化石の年代が数字で記されているな
ど，文章を読んでいく上で理解を助けるヒントになる部分も多く，大問
３題のなかでは比較的読みやすい文章であった。設問も素直なものが多
くを占めていた。

　Ⅱは１万年時計の製作とその目的などに関する文章であった。語句の
レベル，文章の内容ともにⅠよりは少し難しいが，アマゾンの CEO で
あるジェフ=ベゾスが支援を表明したことが話題になったこともあり，
ニュースなどでその内容を見聞きしたことのある受験生にとっては有利
な問題だったかもしれない。空所補充をはじめとする設問もⅠよりやや
レベルが高い。

　Ⅲはアメリカのソフトパワーの行使について，ハードパワーを効果的
に行使したロシアのプーチン政権と対比させながら論じた文章であった。
試験日の１週間後にロシアがウクライナに侵攻したため，驚きをもって
読み返した受験生もいるかもしれない。表現の言い換えなどが３つの文
章の中では最も多いこともあり，文章としては比較的読みやすい。しか
し，他の２つの文章の 1.5 倍から２倍の分量があり，問題数も他の大問
の２倍あるため，かなり体力を要する大問である。

　全体の難易度としては 2021 年度と同程度であり，空所補充問題では
前後の内容を把握しているかを問いながら語彙力を試し，内容理解，内
容真偽問題においては全体的な理解を問う良問であった。

数学

I ◆発想◆　自然数 k について，$a_n = k$ を満たす n の範囲を k を用いて表す。

解答 (1) 1　(2) 2　(3) 2　(4) 3　(5) 3　(6) 3　(7)(8) 46
　　　　(9)(10) 55　(11)(12)(13)(14) 0385

◀解　説▶

≪一般項がガウス記号で表された数列の和≫

k を自然数として，$a_n = k$ とおくと，$\left[\sqrt{2n} + \dfrac{1}{2} \right] = k$ より

$$k \leqq \sqrt{2n} + \dfrac{1}{2} < k+1 \Longleftrightarrow k - \dfrac{1}{2} \leqq \sqrt{2n} < k + \dfrac{1}{2}$$

$$\Longleftrightarrow \dfrac{1}{2} \left(k - \dfrac{1}{2} \right)^2 \leqq n < \dfrac{1}{2} \left(k + \dfrac{1}{2} \right)^2$$

$$\Longleftrightarrow \dfrac{1}{2} k (k-1) + \dfrac{1}{8} \leqq n < \dfrac{1}{2} k (k+1) + \dfrac{1}{8}$$

$\dfrac{1}{2} k (k-1)$，$\dfrac{1}{2} k (k+1)$ は整数であるから，自然数 n の範囲は

$$\dfrac{1}{2} k (k-1) + 1 \leqq n \leqq \dfrac{1}{2} k (k+1) \quad \cdots\cdots ①$$

$$a_1 = 1 \Longleftrightarrow 1 \leqq n \leqq 1, \quad a_n = 2 \Longleftrightarrow 2 \leqq n \leqq 3, \quad a_n = 3 \Longleftrightarrow 4 \leqq n \leqq 6$$

よって

$$a_1 = 1, \quad a_2 = a_3 = 2, \quad a_4 = a_5 = a_6 = 3 \quad \rightarrow (1) \sim (6)$$

また　　$a_n = 10 \Longleftrightarrow 46 \leqq n \leqq 55 \quad \rightarrow (7) \sim (10)$

$a_n = k$ となる自然数 n の個数は①より

$$\dfrac{1}{2} k (k+1) - \left\{ \dfrac{1}{2} k (k-1) + 1 \right\} + 1 = k \text{ 個}$$

よって

$$\sum_{n=1}^{55} a_n = \sum_{k=1}^{10} k \cdot k = \dfrac{1}{6} \cdot 10 \cdot 11 \cdot 21 = 385 \quad \rightarrow (11) \sim (14)$$

Ⅱ ◆発想◆ (2)　$0 \leqq a < b < c \leqq 9$ を満たす整数 a, b, c が与えられ
たとき，条件(a)，(b)を満たす a, b, c の順列を求める。
(3)についても同様。

解答 (1)(15)(16) 81
　　　　(2)(17)(18)(19) 204　　(20)(21)(22) 240　　(23)(24)(25) 444
(3)(26)(27)(28)(29) 1050　　(30)(31)(32)(33) 0882　　(34)(35)(36)(37) 1932　　(38)(39)(40)(41) 9786
(42)(43)(44)(45) 1032

◀解　説▶

≪各桁の数が増減を繰り返す数の個数≫

▶(1)　$n_2 \neq 0$, $n_1 \neq n_2$ より，2 桁のデコボコ数は
　　　$9 \times 9 = 81$ 個　→(15)(16)

▶(2)　$0 \leqq a < b < c \leqq 9$ のとき，条件(a)を満たす順列は
　　　bca, *acb*
よって，$a \neq 0$ のとき 3 桁のデコボコ数は 2 個でき，$a = 0$ のときは 1 個できるので，(a)を満たす 3 桁のデコボコ数は
　　　${}_9C_3 \times 2 + {}_9C_2 \times 1 = 168 + 36 = 204$ 個　→(17)〜(19)
条件(b)を満たす順列は
　　　bac, *cab*
よって，3 桁のデコボコ数は 2 個でき，(b)を満たす 3 桁のデコボコ数は
　　　${}_{10}C_3 \times 2 = 240$ 個　→(20)〜(22)
したがって，3 桁のデコボコ数の合計は　　444 個　→(23)〜(25)

▶(3)　$0 \leqq a < b < c < d \leqq 9$ のとき，条件(a)を満たす順列は
　　　dbca, *cbda*, *dacb*, *cadb*, *badc*
よって，4 桁のデコボコ数は 5 個でき，(a)を満たす 4 桁のデコボコ数
　　　${}_{10}C_4 \times 5 = 1050$ 個　→(26)〜(29)
条件(b)を満たす順列は
　　　acbd, *bcad*, *adbc*, *bdac*, *cdab*
よって，$a \neq 0$ のとき 4 桁のデコボコ数は 5 個でき，$a = 0$ のときは 3 個できるので，(b)を満たす 4 桁のデコボコ数は
　　　${}_9C_4 \times 5 + {}_9C_3 \times 3 = 630 + 252 = 882$ 個　→(30)〜(33)
したがって，4 桁のデコボコ数の合計は　　1932 個　→(34)〜(37)

また，4桁のデコボコ数の中で

最も大きなものは　　9786　→(38)〜(41)

最も小さなものは　　1032　→(42)〜(45)

Ⅲ ◆発想◆ $y=|x^2-kx|$ のグラフを利用して場合分けする。

解答 (46)(47) 01　(48)(49) 00　(50)(51) −6　(52)(53) 08　(54)(55) 03　(56)(57) 02

(58)(59) 06　(60)(61) −8　(62)(63) 03　(64)(65) 02　(66)(67) 08　(68)(69) −4

(70)(71) 02　(72)(73) 03

◀解　説▶

≪定積分で表された関数の最小値≫

$$|x^2-kx|=\begin{cases} -x^2+kx & (0\leq x\leq k) \\ x^2-kx & (x>k,\ x<0) \end{cases}$$

(ⅰ)　0<k<2 のとき

$$A(k)=\int_0^k(-x^2+kx)\,dx$$
$$+\int_k^2(x^2-kx)\,dx$$
$$=\left[-\frac{1}{3}x^3+\frac{k}{2}x^2\right]_0^k+\left[\frac{1}{3}x^3-\frac{k}{2}x^2\right]_k^2$$
$$=\frac{1}{3}k^3-2k+\frac{8}{3}$$

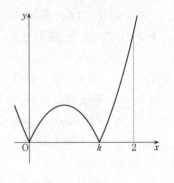

(ⅱ)　2≦k のとき

$$A(k)=\int_0^2(-x^2+kx)\,dx$$
$$=\left[-\frac{1}{3}x^3+\frac{k}{2}x^2\right]_0^2$$
$$=2k-\frac{8}{3}$$

(ⅰ)，(ⅱ)より

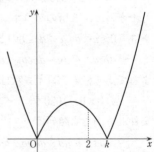

$$A(k)=\begin{cases} \dfrac{k^3-6k+8}{3} & (0<k<2) \\[2mm] \dfrac{6k-8}{3} & (2\leq k) \end{cases}$$

→(46)〜(63)

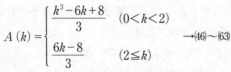

$$A'(k) = \begin{cases} k^2 - 2 & (0 < k < 2) \\ 2 & (2 \leq k) \end{cases}$$

より，$A(k)$ の増減表は次のようになる。

k	0	$\cdots$	$\sqrt{2}$	$\cdots$	2	$\cdots$
$A'(k)$		$-$	0	$+$		$+$
$A(k)$		$\searrow$		$\nearrow$	$\dfrac{4}{3}$	$\nearrow$

よって，$A(k)$ が最小となる k の値は　　　$k = \sqrt{2}$　　→(64)(65)

そのときの $A(k)$ の値は　　$\dfrac{8 - 4\sqrt{2}}{3}$　　→(66)〜(73)

IV

◇発想◇　問題文の最後の図から，BK ＝ GJ ＝ JC と予想でき，(5)
の手順で確認できる。また，点 J と M は直線 KL に関して対称で
あり，MK ＝ JK がわかる。

解答　(74)(75) − 1　　(76)(77) 05　　(78)(79) − 1　　(80)(81) 05　　(82)(83) 02　　(84)(85) 01
　　　　(86)(87) − 1　　(88)(89) 05　　(90)(91) 04　　(92)(93) 01　　(94)(95) 05　　(96)(97) 02

◀解　説▶

≪角の二等分線，直線に関する対称移動，面積比，三平方の定理≫

(3)の手順より，∠BAG ＝ ∠FAG ＝ θ とお
けて

$$\tan 2\theta = \tan\angle EAF = \frac{EF}{AE} = 2$$

より

$$\frac{2\tan\theta}{1 - \tan^2\theta} = 2$$

$$\tan^2\theta + \tan\theta - 1 = 0$$

$$\therefore \quad \tan\theta = \frac{\sqrt{5} - 1}{2} \quad (\because \quad \tan\theta > 0)$$

よって

$$BG = AB\tan\theta = -1 + \sqrt{5} \quad →(74)〜(77)$$

(5)の手順より，BK ＝ GJ ＝ JC ＝ a とおける。

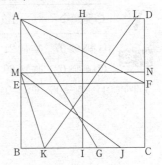

$$JK = KG + GJ = KG + BK = BG = -1 + \sqrt{5} \quad \rightarrow (78) \sim (81)$$

点 J，M は直線 KL に関して対称だから

$$MK = JK = 2 - 2a$$

$$MB^2 = MK^2 - BK^2 = (2-2a)^2 - a^2 = 3a^2 - 8a + 4$$

$$JM^2 = MB^2 + BJ^2 = 3a^2 - 8a + 4 + (2-a)^2$$

$$= 4a^2 - 12a + 8$$

$$a = \frac{2 - BG}{2} = \frac{3 - \sqrt{5}}{2} \quad \text{より}$$

$$(2a-3)^2 = 5 \qquad a^2 - 3a + 1 = 0 \quad \cdots\cdots ①$$

よって

$$JM = \sqrt{4(a^2 - 3a + 1) + 4} = 2 \quad \rightarrow (82)(83)$$

① より，$a = (a-1)^2$ であるから

$$\cos\angle JKM = -\cos\angle BKM = -\frac{BK}{MK} = -\frac{a}{2(1-a)} = \frac{a-1}{2}$$

$$= \frac{1 - \sqrt{5}}{4} \quad \rightarrow (84) \sim (91)$$

$$\frac{S_2}{S_1} = \frac{MN}{JK} = \frac{2}{-1 + \sqrt{5}} = \frac{1 + \sqrt{5}}{2} \quad \rightarrow (92) \sim (97)$$

V

◇発想◇　(3)　内積を利用して $\overrightarrow{AB}$，$\overrightarrow{AD}$ の係数を求める。

解答 (1)(98)(99) 07　　(100)(101) 21　　(102)(103) 03

(2)(104)(105) 02　　(106)(107) 09　　(108)(109) 02

(3)(110)(111) 01　　(112)(113) 06　　(114)(115) 04　　(116)(117) 09

解　説▶

≪等脚台形の外接円の中心の位置ベクトル≫

▶(1)　点 B，C から辺 AD に下ろした垂線と辺 AD の交点をそれぞれ E，F とおくと，CD = AB = 2 より

$$AE = DF = 2 \cdot \cos 60^\circ = 1$$

$$EF = BC = 1$$

$$AD = 3$$

よって

$$BD^2 = AB^2 + AD^2 - 2AB \cdot AD \cdot \cos 60^\circ$$

$$= 2^2 + 3^2 - 2 \cdot 2 \cdot 3 \cdot \frac{1}{2} = 7$$

$$\therefore \quad BD = |\overrightarrow{BD}| = \sqrt{7} \quad \rightarrow \text{(98)(99)}$$

外接円の半径を R とおき，△ABD で正弦定理を用いると

$$\frac{BD}{\sin 60^\circ} = 2R$$

$$\therefore \quad R = \frac{\sqrt{7}}{2 \sin 60^\circ} = \frac{\sqrt{21}}{3} \quad \rightarrow \text{(100)} \sim \text{(103)}$$

▶(2)　(1)の結果から，$|\overrightarrow{OA}| = |\overrightarrow{OB}| = |\overrightarrow{OD}| = \dfrac{\sqrt{21}}{3}$ であるから

$$|\overrightarrow{AB} - \overrightarrow{AO}|^2 = |\overrightarrow{OB}|^2$$

$$|\overrightarrow{AB}|^2 - 2\overrightarrow{AB} \cdot \overrightarrow{AO} + |\overrightarrow{AO}|^2 = |\overrightarrow{OB}|^2$$

$$\therefore \quad \overrightarrow{AB} \cdot \overrightarrow{AO} = \frac{1}{2}|\overrightarrow{AB}|^2 = 2 \quad \rightarrow \text{(104)(105)}$$

同様に，$|\overrightarrow{AD} - \overrightarrow{AO}|^2 = |\overrightarrow{OD}|^2$ より

$$\overrightarrow{AD} \cdot \overrightarrow{AO} = \frac{1}{2}|\overrightarrow{AD}|^2 = \frac{9}{2} \quad \rightarrow \text{(106)} \sim \text{(109)}$$

▶(3)　$\overrightarrow{AD} \cdot \overrightarrow{AB} = |\overrightarrow{AD}||\overrightarrow{AB}|\cos 60^\circ = 3$

$\overrightarrow{AO} = \alpha\overrightarrow{AB} + \beta\overrightarrow{AD}$ とおくと

$$\overrightarrow{AO} \cdot \overrightarrow{AB} = \alpha|\overrightarrow{AB}|^2 + \beta\overrightarrow{AD} \cdot \overrightarrow{AB}$$

$$\therefore \quad 4\alpha + 3\beta = 2 \quad \cdots\cdots ①$$

$$\overrightarrow{AO} \cdot \overrightarrow{AD} = \alpha\overrightarrow{AB} \cdot \overrightarrow{AD} + \beta|\overrightarrow{AD}|^2$$

$$\therefore \quad 3\alpha + 9\beta = \frac{9}{2} \quad \cdots\cdots ②$$

①，②を解いて　　$\alpha = \frac{1}{6}, \quad \beta = \frac{4}{9}$

よって

$$\overrightarrow{\mathrm{AO}} = \frac{1}{6}\overrightarrow{\mathrm{AB}} + \frac{4}{9}\overrightarrow{\mathrm{AD}} \quad \rightarrow\text{(110)}\sim\text{(117)}$$

Ⅵ ◇発想◇　(2)　飲食店の超過利益の期待値を C を用いて表す。

解答 (1)(118)(119)(120) 090

(2)(121)(122)(123) 028　　(124)(125)(126) 036　　(127)(128)(129) 000　　(130)(131)(132) 025

◀解　説▶

≪期待値の応用≫

▶(1)　自治体の補償金の節約分を X 万円とすると

$D = 125$ のとき

$$X = \begin{cases} 0 & (C < 90) \\ 125 - C & (90 \leq C \leq 125) \end{cases}$$

よって，X が最も大きくなるのは，$C = 90$ 〔万円〕の場合である。

$$\rightarrow\text{(118)}\sim\text{(120)}$$

▶(2)　飲食店が休業申請をする際に $C = 160$ 〔万円〕を提示した場合，飲食店の超過利益（の期待値）は

$$0 \times \left(\frac{2}{5} + \frac{1}{5}\right) + (160 - 90) \times \frac{2}{5} = 28 \text{〔万円〕} \quad \rightarrow\text{(121)}\sim\text{(123)}$$

(a)　飲食店の超過利益（の期待値）は

$$\begin{cases} (C-90) \times \left(\dfrac{2}{5}+\dfrac{1}{5}+\dfrac{2}{5}\right)=C-90 \leq 125-90 \\ \qquad\qquad\qquad = 35 \quad (90 \leq C \leq 125\ \text{であったとき}) \\ 0 \times \dfrac{2}{5}+(C-90) \times \left(\dfrac{1}{5}+\dfrac{2}{5}\right)=\dfrac{3}{5}C-54 \leq \dfrac{3}{5} \times 150-54 \\ \qquad\qquad\qquad = 36 \quad (125 < C \leq 150\ \text{であったとき}) \\ 0 \times \left(\dfrac{2}{5}+\dfrac{1}{5}\right)+(C-90) \times \dfrac{2}{5}=\dfrac{2}{5}C-36 \leq \dfrac{2}{5} \times 175-36 \\ \qquad\qquad\qquad = 34 \quad (150 < C \leq 175\ \text{であったとき}) \\ 0 \times \left(\dfrac{2}{5}+\dfrac{1}{5}+\dfrac{2}{5}\right)=0 \quad (C > 175\ \text{であったとき}) \end{cases}$$

であるから，飲食店が超過利益（の期待値）を最も大きくする補償金の額 150 万円を休業申請の際に自治体に提示したとすると，飲食店の超過利益 （の期待値）は　　36 万円　→(124)〜(126)

(b)　自治体の補償金の上限が実際は 125 万円であった場合，補償金の節約 分は　　0 万円　→(127)〜(129)

(c)　自治体の補償金の上限が実際は 175 万円であった場合，補償金の節約 分は　　$175-150=25$ 〔万円〕　→(130)〜(132)

となる。

❖講　評

　2022 年度は 2021 年度と同程度の難易度。ⅣとⅥ以外は基本あるいは 標準的な問題が中心で取り組みやすい。

　Ⅰ　ガウス記号を題材にした数列の問題。$\sqrt{2}$，$\sqrt{3}$，$\sqrt{5}$ の値を利用 すれば，a_1 から a_6 の値は求まるが面倒である。$[x]=k \Longleftrightarrow k \leq x < k+1$ の性質を用いて $a_n=k$ となる n の範囲を求めておくことがポイント。ガ ウス記号に慣れている受験生にとっては易しい問題である。

　Ⅱ　順列あるいは組合せの問題。(1)と(2)は易しいが(3)がやや難。(3)は 4 つの数字が与えられたとき何個のデコボコ数ができるかがわかれば組 合せの問題として処理ができる。

　Ⅲ　絶対値記号を含んだ定積分の計算問題。$y=|x^2-kx|$ のグラフを 利用すれば，場合分けや絶対値記号の処理がわかりやすい。易しい問題

なので計算ミスをせず確実に得点しておくことが大事。

　Ⅳ　折り紙を題材にした図形の計量問題。BK＝GJ＝JC に気づくことがポイント。(5)の操作を正確に把握できるかどうかが鍵である。

　Ⅴ　平面ベクトルの易しい問題。(3)はもちろん内積計算で処理する。

　Ⅵ　期待値の応用問題である。(1)は易しい。(2)は期待値計算の問題。問題文の設定にしたがって，*C* の値で場合分けし，期待値を計算していけばよい。

■■■■ 情報 ■■■■

I 解答

(ア)(1)—(7)　(2)—(4)　(3)—(0)　(4)—(1)　(5)—(3)
(イ)(6)—(5)　(ウ)(7)—(4)　(エ)(8)—(2)

━━━━━ ◀解　説▶ ━━━━━

≪知的財産法（著作権法，産業財産権法），個人情報保護法≫

▶(ア)(1)　(7)複製物が正しい。「海賊版」とは著作権者の了解を得ずに作製された複製物（DVD，ゲームソフトなど）を言う。

(2)　(4)ブロッキングが正しい。空欄(2)の直前に「接続を遮断」とあるので，特定のサイトへのアクセスを遮断する技術のブロッキングが入る。

(3)　(0)通信の秘密が正しい。ブロッキングを行うためには，どのようなサイトにアクセスしようとしているかをプロバイダーがチェックする必要があり，日本国憲法第 21 条 2 項の保障する「通信の秘密」を侵害するという反対意見がある。

(4)　(1)改変が正しい。著作者には人格的な利益を保護する著作者人格権と財産的な利益を保護する著作権があり，前者には公表するかしないかを決める公表権，公表するときに著作者名を表示するかしないかを決める氏名表示権，自分の意に反して著作物を改変されない同一性保持権が含まれる。

(5)　(3)英米法が正しい。空欄(5)を含む段落の前の段落に「著作権を創作の動機を与える手段とみる英米法」とある。

▶(イ)(6)　(5)が正しい。特許の申請には「創作」であることが条件となるので，外国であっても公然と知られていた発明は対象とならない。(1)の商標登録の出願先は消費者庁長官ではなく特許庁長官である。(2)の商標権の存続期間は 10 年だが，存続期間は更新登録の申請により何度でも延長が可能である。(3)特許法は特許権者が他人に特許発明の実施を許諾することを認めている。(4)は実用化されていない段階であっても特許法の定める要件を満たした発明であれば出願は可能である。

▶(ウ)(7)　(4)が正しい。著作物とは思想や感情を創作的に表現したものであり，事実の伝達にすぎない雑報および時事の報道は言語の著作物にあたらない（著作権法第 10 条 2 項）。(1)の著作権法の目的は，産業の発達では

なく文化の発展に寄与すること（同法第 1 条）である。(2)の原著作物を翻案することにより創作した著作物は，共同著作物ではなく二次的著作物である。(3)のネット配信用の動画コンテンツは「映画の著作物」に該当する。(5)の公表された著作物の引用は，一定の条件（同法第 32 条 1 項）を満たしていれば著作権者の許諾は不要である。

▶(エ)(8)　(2)が正しい。個人情報保護法第 15 条 1 項に「個人情報を取り扱うに当たっては，その利用の目的をできる限り特定しなければならない」とある。(1)は同法第 16 条 3 項で「法令に基づく場合」や「人の生命，身体又は財産の保護のために必要がある場合であって，本人の同意を得ることが困難であるとき」などに，あらかじめ本人の同意を得ないで個人情報を取得することが認められている。(3)は本人が識別される保有個人データの消去が困難な場合は，本人の権利利益を保護するため必要な代替措置をとれば同データを消去しなくてもよい（同法第 30 条 2 項）。(4)はあらかじめ利用目的を公表していれば，本人に通知する必要はない（同法第 18 条 1 項）。(5)は個人データの第三者への提供には原則本人の同意が必要（同法第 23 条 1 項）だが，個人データの取扱いの委託先は第三者に該当しない（同法第 23 条 5 項）ため，本人の同意を得る必要はない。

II　解答

(9)(10) 01　　(11)(12)(13) 625　　(14)(15) 01　　(16)(17)(18) 101
(19)(20)(21) 015　　(22)(23) 50　　(24) 4　　(25) 1　　(26)(27)(28) 011　　(29) 4
(30)(31) 10　　(32)(33)(34) 011　　(35)(36)(37) 001　　(38) 6

◀解　説▶

≪浮動小数点数の正規化表現と誤差≫

- $1.101_2 = 1 + 2^{-1} + 2^{-3} = 1 + 0.5 + 0.125 = 1.625_{10}$　→(9)～(13)
- 1.7_{10} の整数部分は　　　1

　　　$0.7_{10} \times 2 = 1.4_{10}$ の整数部分は　　1

　　　$0.4_{10} \times 2 = 0.8_{10}$ の整数部分は　　0

　　　$0.8_{10} \times 2 = 1.6_{10}$ の整数部分は　　1

　　　$0.6_{10} \times 2 = 1.2_{10}$ の整数部分は　　1

であるから　　$1.7_{10} = 1.1011\cdots_2$

小数第 4 位以下を切り捨てると　　1.101_2　→(14)～(18)

- $1.1111_2 \times 2^3 = 1111.1_2 = 2^3 + 2^2 + 2 + 1 + 2^{-1}$

$$= 8+4+2+1+0.5 = 15.5_{10} \quad \rightarrow(19)\sim(23)$$

また，$1.1111_2 \times 2^3$ は $0.11111_2 \times 2^4$ とも表せる。　$\rightarrow$(24)

・$2.2_{10} \times 10^1 = 22_{10} = 2^4+2^2+2 = 10110_2 = 1.011_2 \times 2^4$　$\rightarrow$(25)$\sim$(29)

・$1.110_2 \times 2^5 + 1.010_2 \times 2^4 = 1.110_2 \times 2^5 + 0.101_2 \times 2^5$

$$= (1.110_2 + 0.101_2) \times 2^5$$
$$= 10.011_2 \times 2^5 \quad \rightarrow(30)\sim(34)$$
$$= 1.0011_2 \times 2^6$$

小数第 4 位以下を切り捨てると　　$1.001_2 \times 2^6$　$\rightarrow$(35)$\sim$(38)

III　解答

(ア)(39)(40)(41)(42)(43)(44) 000120　(45)(46)(47)(48)(49)(50) 014400
(51)(52)(53)(54)(55)(56) 002880　(57)(58)(59)(60)(61)(62) 002304

(イ)(63)(64)—(26)　(65)(66)—(22)　(67)(68)—(23)　(69)(70)—(13)　(71)(72)—(12)　(73)(74)—(17)
(75)(76)—(12)　(77)(78)—(13)　(79)(80)—(14)　(81)(82)—(15)　(83)(84)—(16)　(85)(86)—(18)
(87)(88)—(17)

◀解　説▶

≪異なる事象に対して順列をすべて列記するアルゴリズム≫

▶(ア)　作業工程の順列は　　$5! = 120$ 通り　$\rightarrow$(39)$\sim$(44)

担当作業員の順列も　　$5! = 120$ 通り

よって，作業工程順と担当作業員のあらゆる候補数は

　　$120 \times 120 = 14400$ 通り　$\rightarrow$(45)$\sim$(50)

・作業工程 A_4 は必ず A_5 の直後という制約がある場合

作業工程の順列は，A_1, A_2, A_3, $\boxed{A_5 A_4}$ の順列を考えて

　　$4! = 24$ 通り

担当作業員の順列は，上で求めた　　120 通り

よって，この条件を満たす作業工程順と担当作業員のあらゆる候補数は

　　$24 \times 120 = 2880$ 通り　$\rightarrow$(51)$\sim$(56)

・作業工程 A_4 は必ず A_5 の直後という制約に加えて，作業工程 A_3 は必ず W_2 以外の作業員が行う制約がある場合

作業工程の順列は，上で求めた　　24 通り

作業工程 A_3 を作業員 W_2 が行うような担当作業員の順列は，W_2 以外の順列を考えて

　　$4! = 24$ 通り

よって，この条件を満たす作業工程順と担当作業員のあらゆる候補数は

$$24 \times (120 - 24) = 2304 \text{ 通り} \quad \rightarrow (57) \sim (62)$$

▶(イ)　• 事象が n 個のとき，順列の総数は $n!$ 通りである。よって，同じ順列が現れないように工夫するなら，初期状態から $n!-1$ 回事象の入れ替えを行い，初期状態の順列と，入れ替えを行うたびにその時点の順列を出力することで，順列をすべて列記できる。　$\rightarrow (63)(64)$

• 処理 P_n において，H_n に代入する事象は A_1 から A_n の n 通りあり，それぞれに対して処理 P_{n-1} は 1 回実施される。よって，処理 P_n において，処理 P_{n-1} は n 回実施される。　$\rightarrow (65)(66)$

• 事象数が n の場合，H_n の事象の入れ替え操作は初期状態から $n-1$ 回行うことがわかる（この後の具体例を参照）。　$\rightarrow (67)(68)$

• $n=4$ のとき，初期状態は

H_1	H_2	H_3	H_4
A_1	A_2	A_3	A_4

H_1 から H_3 に対して処理 P_3 を実施する（問題中の図 1 参照）と，最後に出力されるのは

A_3	A_2	A_1	A_4

最初は H_1 と H_4 の事象を入れ替えて

A_4	A_2	A_1	A_3

H_1 から H_3 に対して処理 P_3 を実施すると，最後に出力されるのは

A_1	A_2	A_4	A_3

$n=4$ は偶数であるから，次は H_2 と H_4 の事象を入れ替えて

A_1	A_3	A_4	A_2

H_1 から H_3 に対して処理 P_3 を実施すると，最後に出力されるのは

A_4	A_3	A_1	A_2

同様にして，次は H_3 と H_4 の事象を入れ替えて

A_4	A_3	A_2	A_1

H_1 から H_3 に対して処理 P_3 を実施すると，最後に出力されるのは

A_2	A_3	A_4	A_1

← (初期状態から処理 P_4 を実施したときの最後の出力)

よって，H_4 に代入される事象の変遷は次のようになる。

$$A_4 \to A_3 \to A_2 \to A_1 \quad \to (69) \sim (72)$$

- $n=5$ のとき，初期状態は

H_1	H_2	H_3	H_4	H_5
A_1	A_2	A_3	A_4	A_5

H_1 から H_4 に対して処理 P_4 を実施する（$n=4$ のときの具体例を参照）と，最後に出力されるのは

A_2	A_3	A_4	A_1	A_5

$n=5$ は奇数であるから，H_1 と H_5 の事象を入れ替えて

A_5	A_3	A_4	A_1	A_2

H_1 から H_4 に対して処理 P_4 を実施すると，最後に出力されるのは

A_3	A_4	A_1	A_5	A_2

H_1 と H_5 の事象を入れ替えて

A_2	A_4	A_1	A_5	A_3

H_1 から H_4 に対して処理 P_4 を実施すると，最後に出力されるのは

A_4	A_1	A_5	A_2	A_3

H_1 と H_5 の事象を入れ替えて

A_3	A_1	A_5	A_2	A_4

H_1 から H_4 に対して処理 P_4 を実施すると，最後に出力されるのは

A_1	A_5	A_2	A_3	A_4

H_1 と H_5 の事象を入れ替えて

A_4	A_5	A_2	A_3	A_1

H_1 から H_4 に対して処理 P_4 を実施すると，最後に出力されるのは

A_5	A_2	A_3	A_4	A_1

よって，H_5 に代入される事象の変遷は次のようになる。

$$A_5 \to A_2 \to A_3 \to A_4 \to A_1$$

- $n=6$ のとき，初期状態は

H_1	H_2	H_3	H_4	H_5	H_6
A_1	A_2	A_3	A_4	A_5	A_6

H_1 から H_5 に対して処理 P_5 を実施する（$n=5$ のときの具体例を参照）と，最後に出力されるのは

A_5	A_2	A_3	A_4	A_1	A_6

H_1 と H_6 の事象を入れ替えて

A_6	A_2	A_3	A_4	A_1	A_5

H_1 から H_5 に対して処理 P_5 を実施すると，最後に出力されるのは

A_1	A_2	A_3	A_4	A_6	A_5

H_2 と H_6 の事象を入れ替えて

A_1	A_5	A_3	A_4	A_6	A_2

H_1 から H_5 に対して処理 P_5 を実施すると，最後に出力されるのは

A_6	A_5	A_3	A_4	A_1	A_2

H_3 と H_6 の事象を入れ替えて

A_6	A_5	A_2	A_4	A_1	A_3

H_1 から H_5 に対して処理 P_5 を実施すると，最後に出力されるのは

A_1	A_5	A_2	A_4	A_6	A_3

H_4 と H_6 の事象を入れ替えて

A_1	A_5	A_2	A_3	A_6	A_4

H_1 から H_5 に対して処理 P_5 を実施すると，最後に出力されるのは

A_6	A_5	A_2	A_3	A_1	A_4

H_5 と H_6 の事象を入れ替えて

A_6	A_5	A_2	A_3	A_4	A_1

H_1 から H_5 に対して処理 P_5 を実施すると，最後に出力されるのは

A_4	A_5	A_2	A_3	A_6	A_1

よって，H_6 に代入される事象の変遷は次のようになる。

$$A_6 \to A_5 \to A_2 \to A_3 \to A_4 \to A_1$$

• $n=7$ のとき，初期状態は

H_1	H_2	H_3	H_4	H_5	H_6	H_7
A_1	A_2	A_3	A_4	A_5	A_6	A_7

H_1 から H_6 に対して処理 P_6 を実施する（$n=6$ のときの具体例を参照）と，最後に出力されるのは

A_4	A_5	A_2	A_3	A_6	A_1	A_7

H_1 と H_7 の事象を入れ替えて

A_7	A_5	A_2	A_3	A_6	A_1	A_4

H_1 から H_6 に対して処理 P_6 を実施すると，最後に出力されるのは

A_3	A_6	A_5	A_2	A_1	A_7	A_4

H_1 と H_7 の事象を入れ替えて

A_4	A_6	A_5	A_2	A_1	A_7	A_3

H_1 から H_6 に対して処理 P_6 を実施すると，最後に出力されるのは

A_2	A_1	A_6	A_5	A_7	A_4	A_3

H_1 と H_7 の事象を入れ替えて

A_3	A_1	A_6	A_5	A_7	A_4	A_2

H_1 から H_6 に対して処理 P_6 を実施すると，最後に出力されるのは

A_5	A_7	A_1	A_6	A_4	A_3	A_2

H_1 と H_7 の事象を入れ替えて

A_2	A_7	A_1	A_6	A_4	A_3	A_5

H_1 から H_6 に対して処理 P_6 を実施すると，最後に出力されるのは

A_6	A_4	A_7	A_1	A_3	A_2	A_5

H_1 と H_7 の事象を入れ替えて

A_5	A_4	A_7	A_1	A_3	A_2	A_6

H_1 から H_6 に対して処理 P_6 を実施すると，最後に出力されるのは

A_1	A_3	A_4	A_7	A_2	A_5	A_6

H_1 と H_7 の事象を入れ替えて

A_6	A_3	A_4	A_7	A_2	A_5	A_1

H_1 から H_6 に対して処理 P_6 を実施すると，最後に出力されるのは

A_7	A_2	A_3	A_4	A_5	A_6	A_1

よって，H_7 に代入される事象の変遷は次のようになる。

$$A_7 \rightarrow A_4 \rightarrow A_3 \rightarrow A_2 \rightarrow A_5 \rightarrow A_6 \rightarrow A_1$$

- $n=8$ のとき，初期状態は

H_1	H_2	H_3	H_4	H_5	H_6	H_7	H_8
A_1	A_2	A_3	A_4	A_5	A_6	A_7	A_8

H_1 から H_7 に対して処理 P_7 を実施する（$n=7$ のときの具体例を参照）と，最後に出力されるのは

A_7	A_2	A_3	A_4	A_5	A_6	A_1	A_8

H_1 と H_8 の事象を入れ替えて

A_8	A_2	A_3	A_4	A_5	A_6	A_1	A_7

H_1 から H_7 に対して処理 P_7 を実施すると，最後に出力されるのは

A_1	A_2	A_3	A_4	A_5	A_6	A_8	A_7

H_2 と H_8 の事象を入れ替えて

A_1	A_7	A_3	A_4	A_5	A_6	A_8	A_2

H_1 から H_7 に対して処理 P_7 を実施すると，最後に出力されるのは

A_8	A_7	A_3	A_4	A_5	A_6	A_1	A_2

H_3 と H_8 の事象を入れ替えて

A_8	A_7	A_2	A_4	A_5	A_6	A_1	A_3

H_1 から H_7 に対して処理 P_7 を実施すると，最後に出力されるのは

A_1	A_7	A_2	A_4	A_5	A_6	A_8	A_3

H_4 と H_8 の事象を入れ替えて

A_1	A_7	A_2	A_3	A_5	A_6	A_8	A_4

H_1 から H_7 に対して処理 P_7 を実施すると，最後に出力されるのは

A_8	A_7	A_2	A_3	A_5	A_6	A_1	A_4

H_5 と H_8 の事象を入れ替えて

A_8	A_7	A_2	A_3	A_4	A_6	A_1	A_5

H_1 から H_7 に対して処理 P_7 を実施すると，最後に出力されるのは

A_1	A_7	A_2	A_3	A_4	A_6	A_8	A_5

H_6 と H_8 の事象を入れ替えて

A_1	A_7	A_2	A_3	A_4	A_5	A_8	A_6

H_1 から H_7 に対して処理 P_7 を実施すると，最後に出力されるのは

A_8	A_7	A_2	A_3	A_4	A_5	A_1	A_6

H_7 と H_8 の事象を入れ替えて

A_8	A_7	A_2	A_3	A_4	A_5	A_6	A_1

H_1 から H_7 に対して処理 P_7 を実施すると，最後に出力されるのは

A_6	A_7	A_2	A_3	A_4	A_5	A_8	A_1

よって，H_8 に代入される事象の変遷は次のようになる。

$$A_8 \to A_7 \to A_2 \to A_3 \to A_4 \to A_5 \to A_6 \to A_1 \quad \to (73) \sim (84)$$

・これまでの具体例から，n が 4 以上の偶数のとき H_n に代入される事象の変遷は

$$A_n \to A_{n-1} \to A_2 \to A_3 \to \cdots \to A_{n-2} \to A_1$$

n が 5 以上の奇数のとき H_n に代入される事象の変遷は

$$A_n \to A_{n-3} \to \cdots \to A_3 \to A_2 \to A_{n-2} \to A_{n-1} \to A_1$$

となっていることがわかる。

よって，H_{11} に代入される事象の変遷は次のようになる。

$$A_{11} \to A_8 \to A_7 \to A_6 \to A_5 \to A_4 \to A_3 \to A_2 \to A_9 \to A_{10} \to A_1$$

$$\to (85) \sim (88)$$

Ⅳ 解答

(ア)(89)(90)(91)(92) 1010　　(93)(94) − 6　　(95)(96)(97)(98)(99)(100) − 32768
(101)(102)(103)(104)(105)(106) 032767

(イ)(107)—(8)　(ウ)(108)(109) 04

◀解　説▶

≪2 の補数を用いた 2 進数の減算に関する論理式≫

▶(ア)　0110_2 の 2 の補数は，0110_2 の各ビットを反転させた 1001_2 に 1 を

加えた 1010_2 である（手順 1，手順 2 参照）。 →(89)〜(92)

また，表より，これは -6_{10} に相当する。 →(93)(94)

16 ビットでは $2^{16}=65536$ 個のものを表せる。2 の補数で表す場合は，半分が負の整数で，残り半分が 0 と正の整数となるから，-32768_{10} から 32767_{10} までの整数を扱える。 →(95)〜(106)

▶(イ) 回路 X の真理値表をベン図（値が 1 の部分が網かけ部分）で表すと右図のようになる。よって，式(1)は

$$B'_k = \overline{B_k} \cdot G + B_k \cdot \overline{G} \quad →(107)$$

▶(ウ) 論理演算の諸定理より

$$\overline{A \cdot B} = \overline{A} + \overline{B} \quad （ド・モルガンの定理の 1 番目）$$

$$= \overline{A} + B \quad （復元の法則）$$

$$= \overline{A} + A \cdot B \quad （吸収の法則の 4 番目）$$

$$= \overline{A} + \overline{\overline{A \cdot B}} \quad （復元の法則）$$

$$= \overline{\overline{A} \cdot \overline{A \cdot B}} \quad （ド・モルガンの定理の 1 番目）$$

この結果と交換の法則より，式(2)は

$$B'_k = \overline{\overline{\overline{B_k} \cdot G} \cdot \overline{B_k \cdot \overline{G}}} = \overline{\overline{G \cdot \overline{B_k}} \cdot \overline{B_k \cdot \overline{G}}} = \overline{\overline{G \cdot \overline{G \cdot B_k} \cdot B_k \cdot \overline{B_k \cdot G}}}$$
$$= \overline{\overline{B_k \cdot \overline{B_k \cdot G}} \cdot \overline{G \cdot \overline{B_k \cdot G}}}$$

と変形できる。

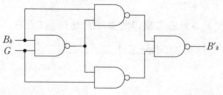

よって，論理回路は上図のようになるから，NAND 回路の数は最小で 4 個となることがわかる。 →(108)(109)

V　解答

(ア)(110) 0　　(111) 6　　(112) 1　　(113) 2　　(114) 1　　(115) 2

(イ)(116)(117) 16　　(118)(119) 03　　(ウ)(120)—(1)　　(121)—(3)

◀解　説▶

≪バブルソートのアルゴリズム≫

▶(ア)　アルゴリズム 1 において，処理 C は隣り合った項が「大小の順」なら項の交換をする処理である。

長さ 4 の数列が与えられたときを考える。

数列が最初から小さい順に並んでいるときは，隣り合った項の交換は一度もない。よって，処理 C の実行回数の最小値は

　　　0 回　→(110)

一方，数列が最初から大きい順に並んでいるときは，隣り合った項の比較をするたびに交換が実行される。$i=3$ のときは $j=1, 2, 3$ のときの 3 回，$i=2$ のときは $j=1, 2$ のときの 2 回，$i=1$ のときは $j=1$ のときの 1 回の交換がそれぞれ実行されるから，処理 C の実行回数の最大値は

　　　$3+2+1=6$ 回　→(111)

長さ n の数列が与えられたとき，処理 C の実行回数の最大値は，上と同様に考えて

$$(n-1)+(n-2)+\cdots+2+1=\frac{1}{2}(n-1)n$$

$$=\frac{1}{2}n^2-\frac{1}{2}n \text{ 回　→(112)〜(115)}$$

▶(イ)　アルゴリズム 1 においては，処理 B はすべての i, j について実行される。一方，アルゴリズム 2 においては，すべての $j=1, \cdots, i$ について a_j の値と a_{j+1} の値が交換されなければ，この i の段階では $f=0$ のままであるからアルゴリズムは終了し，これ以降は処理 B は実行されない。よって，1，2，3，4 という 4 つの項を並べ替えた順列 24 個のうち，アルゴリズム 1 とアルゴリズム 2 でソートしたときの処理 B の実行回数が変わらないのは

・$i=3$ の段階で終了するもの　　　1, 2, 3, 4

・$i=2$ の段階で終了するもの　　　1, 2, 4, 3

　　　　　　　　　　　　　　　　1, 3, 2, 4

　　　　　　　　　　　　　　　　1, 4, 2, 3

$$2,\ 1,\ 3,\ 4$$
$$2,\ 1,\ 4,\ 3$$
$$3,\ 1,\ 2,\ 4$$
$$4,\ 1,\ 2,\ 3$$

以外の

$24-8=16$ 個　→(116)(117)

また，実行回数の差が最大になるのは，アルゴリズム 2 が $i=3$ の段階で終了するときであるから，実行回数の差の最大値は $i=2$ のときと $i=1$ のときの回数の和になるため

$2+1=3$ 回　→(118)(119)

参考　1, 2, 3, 4 という 4 つの項を並べ替えた順列をアルゴリズム 1 とアルゴリズム 2 でソートしたときの推移と結果は次のようになる。ただし，薄い網かけ部分は大小比較をする項を表し（「大小の順」なら交換する），濃い網かけ部分は確定箇所を表す。また，f の値は処理 B 後の値であり，f の値が空欄になっている行は，アルゴリズム 2 では実行されない。

i	j	数列の並び				f
3	1	1	2	3	4	0
	2	1	2	3	4	0
	3	1	2	3	4	0
2	1	1	2	3	4	
	2	1	2	3	4	
1	1	1	2	3	4	
結果		1	2	3	4	

i	j	数列の並び				f
3	1	1	2	4	3	0
	2	1	2	4	3	0
	3	1	2	4	3	1
2	1	1	2	3	4	0
	2	1	2	3	4	0
1	1	1	2	3	4	
結果		1	2	3	4	

i	j	数列の並び				f
3	1	1	3	2	4	0
	2	1	3	2	4	1
	3	1	2	3	4	1
2	1	1	2	3	4	0
	2	1	2	3	4	0
1	1	1	2	3	4	
結果		1	2	3	4	

i	j	数列の並び				f
3	1	1	3	4	2	0
	2	1	3	4	2	0
	3	1	3	4	2	1
2	1	1	3	2	4	0
	2	1	3	2	4	1
1	1	1	2	3	4	0
結果		1	2	3	4	

i	j	数列の並び				f
3	1	1	4	2	3	0
	2	1	4	2	3	1
	3	1	2	4	3	1
2	1	1	2	3	4	0
	2	1	2	3	4	0
1	1	1	2	3	4	
結果		1	2	3	4	

i	j	数列の並び				f
3	1	1	4	3	2	0
	2	1	4	3	2	1
	3	1	3	4	2	1
2	1	1	3	2	4	0
	2	1	3	2	4	1
1	1	1	2	3	4	0
結果		1	2	3	4	

i	j	数列の並び				f
3	1	2	1	3	4	1
	2	1	2	3	4	1
	3	1	2	3	4	1
2	1	1	2	3	4	0
	2	1	2	3	4	0
1	1	1	2	3	4	
結果		1	2	3	4	

i	j	数列の並び				f
3	1	2	1	4	3	1
	2	1	2	4	3	1
	3	1	2	4	3	1
2	1	1	2	3	4	0
	2	1	2	3	4	0
1	1	1	2	3	4	
結果		1	2	3	4	

i	j	数列の並び				f
3	1	2	3	1	4	0
	2	2	3	1	4	1
	3	2	1	3	4	1
2	1	2	1	3	4	1
	2	1	2	3	4	1
1	1	1	2	3	4	0
結果		1	2	3	4	

i	j	数列の並び				f
3	1	2	3	4	1	0
	2	2	3	4	1	0
	3	2	3	4	1	1
2	1	2	3	1	4	0
	2	2	3	1	4	1
1	1	2	1	3	4	1
結果		1	2	3	4	

i	j	数列の並び				f
3	1	2	4	1	3	0
	2	2	4	1	3	1
	3	2	1	4	3	1
2	1	2	1	3	4	1
	2	1	2	3	4	1
1	1	1	2	3	4	0
結果		1	2	3	4	

i	j	数列の並び				f
3	1	2	4	3	1	0
	2	2	4	3	1	1
	3	2	3	4	1	1
2	1	2	3	1	4	0
	2	2	3	1	4	1
1	1	2	1	3	4	1
結果		1	2	3	4	

i	j	数列の並び				f
3	1	3	1	2	4	1
	2	1	3	2	4	1
	3	1	2	3	4	1
2	1	1	2	3	4	0
	2	1	2	3	4	0
1	1	1	2	3	4	
結果		1	2	3	4	

i	j	数列の並び				f
3	1	3	1	4	2	1
	2	1	3	4	2	1
	3	1	3	4	2	1
2	1	1	3	2	4	0
	2	1	3	2	4	1
1	1	1	2	3	4	0
結果		1	2	3	4	

i	j	数列の並び				f
3	1	3	2	1	4	1
	2	2	3	1	4	1
	3	2	1	3	4	1
2	1	2	1	3	4	1
	2	1	2	3	4	1
1	1	1	2	3	4	0
結果		1	2	3	4	

i	j	数列の並び				f
3	1	3	2	4	1	1
	2	2	3	4	1	1
	3	2	3	4	1	1
2	1	2	3	1	4	0
	2	2	3	1	4	1
1	1	1	2	3	4	
結果		1	2	3	4	

i	j	数列の並び				f
3	1	3	4	1	2	0
	2	3	4	1	2	1
	3	3	1	4	2	1
2	1	3	1	2	4	1
	2	1	3	2	4	1
1	1	1	2	3	4	0
結果		1	2	3	4	

i	j	数列の並び				f
3	1	3	4	2	1	0
	2	3	4	2	1	1
	3	3	2	4	1	1
2	1	3	2	1	4	1
	2	2	3	1	4	1
1	1	2	1	3	4	1
結果		1	2	3	4	

i	j	数列の並び				f
3	1	4	1	2	3	1
	2	1	4	2	3	1
	3	1	2	4	3	1
2	1	1	2	3	4	0
	2	1	2	3	4	0
1	1	1	2	3	4	
結果		1	2	3	4	

i	j	数列の並び				f
3	1	4	1	3	2	1
	2	1	4	3	2	1
	3	1	3	4	2	1
2	1	1	3	2	4	0
	2	1	3	2	4	1
1	1	1	2	3	4	0
結果		1	2	3	4	

i	j	数列の並び				f
3	1	4	2	1	3	1
	2	2	4	1	3	1
	3	2	1	4	3	1
2	1	2	1	3	4	1
	2	1	2	3	4	1
1	1	1	2	3	4	0
結果		1	2	3	4	

i	j	数列の並び				f
3	1	4	2	3	1	1
	2	2	4	3	1	1
	3	2	3	4	1	1
2	1	2	3	1	4	0
	2	2	3	1	4	1
1	1	2	1	3	4	1
結果		1	2	3	4	

i	j	数列の並び				f
3	1	4	3	1	2	1
	2	3	4	1	2	1
	3	3	1	4	2	1
2	1	3	1	2	4	1
	2	1	3	2	4	1
1	1	1	2	3	4	0
結果		1	2	3	4	

i	j	数列の並び				f
3	1	4	3	2	1	1
	2	3	4	2	1	1
	3	3	2	4	1	1
2	1	3	2	1	4	1
	2	2	3	1	4	1
1	1	2	1	3	4	1
結果		1	2	3	4	

▶(ウ)　•命令Dが4行目にあるから，iの値を次に進めるときfの値を0にリセットすることができる。一方，命令Dを1行目と2行目の間に挿入した場合，途中で項の交換がされてfの値が1になると最後まで1のままで，結局はアルゴリズム1でソートすることと変わらなくなってしまう。よって，命令Dを，4行目ではなく，1行目と2行目の間に挿入した場合，常に正しい結果が出るが，実行時間が長くなる場合がある。　→(120)

•命令Eを書き忘れた場合，処理Aを1回実行した時点でfの値は0のままであるから，アルゴリズムは終了する。この時点で小さい順になっていれば結果は正しいが，そうでなければまだソートが完了していないから結果は誤りである。

よって，命令Eを書き忘れた場合，処理Aを1回実行した時点で小さい順に並んでいる場合を除いて，誤った結果が出る。　→(121)

小論文

解答例　問1．⑴　テーマ1：株主のために利益を最大化しようとすると その他のステークホルダーへの社会的責任が果たせなくなる。
テーマ2：個人情報のデータ化と一元的管理によって行政処理の利便性を向上させると情報の漏洩・不正利用のリスクが高まる。
テーマ3：在庫を圧縮して生産活動の効率化を図ると有事における商品の安定供給が難しくなる。

⑵　テーマ1：株主のために企業の経済的利益を最大化しようとする低コスト化の試みが，長時間労働や低賃金といった従業員の雇用条件の悪化や，品質管理や提供される商品・サービスの質の低下等を引き起こし，ステークホルダーの利益を損なう場合があるから。（120字以内）
テーマ2：個人情報のデータ化と一元的管理は，行政上の処理における連携や手続きの煩雑さを解消する反面，不正アクセスのリスクをもたらし，個人情報の漏洩や不正利用，あるいは，個人の思想・信条・行動の自由が直接的・間接的に侵害されたりする可能性があるから。（120字以内）
テーマ3：在庫の最小化はその時々に必要な量の商品を生産することで，拠点の在庫コストを低下させ生産活動を効率化するが，その反面，災害などで生産ラインが止まると，在庫不足や物資の輸送の停滞などが生じ，生産と供給の安定性が損なわれる可能性があるから。（120字以内）

問2．テーマ2で指摘した，個人情報のデータ化および一元的管理による行政処理の利便性と情報の漏洩や不正利用のリスクとの間のトレードオフ関係に対して，㈺の方針に沿った解決策を考える。すなわち，利便性またはリスクの一方のみを考慮するのではなく，両者のトレードオフ関係を最小化してバランスの取れた妥協点を見いだすような方策を提案したい。

　課題文の通り，個人の医療情報は非常に繊細な扱いを要する。病気によっては偏見や差別を助長し，個人の生活に支障を来す恐れがあるからだ。同様に職歴や婚姻歴，資産等の情報も，漏洩や不正利用が生じれば個人生活に悪影響を及ぼす可能性がある。行政手続きの利便性だけを重視し，これらのリスクを放置すれば，万が一の場合に膨大な個人情報が漏れ，不特

定多数の人の生活に影響を及ぼす恐れがある。この危険を避けるために，取得する情報の内容や管理の仕方，情報を参照する権限の範囲や認証の手段を明確に定め，その規定を厳格に運用すべきである。特に無関係の人に情報が開示されないような認証手段の徹底や，思想・信条や行動履歴などの行政手続きに不要な情報はそもそも取得しないことなど，市民の不安を軽減する制度設計が不可欠である。例えば，医療関係の手続きには医療に必要な情報のみが提示されれば，余計な情報を他者に知られるリスクを回避できる。また権限をもつ者による情報の不正利用を防止するため，情報にアクセスした日時や内容，頻度を自動で記録する必要もあるだろう。

　一方で，情報漏洩を避けるために情報を部署ごとに分割管理すると，部署間の連携や情報を参照するための手続きが煩雑になる。災害時にはそれが対応の遅れにつながる場合もあるだろう。そこで，市民に対し，管理されている情報の内容や管理・認証の手段を周知し，災害などの非常時の場合でも必要な情報に円滑にアクセスできるようにしておく必要がある。

　これらの対策は，個人情報の漏洩リスクを完全には回避できないが，一定の軽減を見込むことはできる。同様に，行政手続きについても多少の煩雑さは残るものの，部署間の連携にかかる手間を軽減することはできる。その点で，(ハ)の方針のような，トレードオフ関係の解消をする理想的な方策ではないが，トレードオフ関係を最小化して，それによって起こる問題を回避できる現実的な対策だと私は考える。（1000字以内）

◀解　説▶

≪トレードオフ関係の解決≫

　トレードオフ関係に関する出題。与えられた3つのテーマについて，課題文をもとにトレードオフの関係にある概念とその理由を説明する設問と，その解決を図る意見論述の設問に解答する。

▶問1．「コーポレートガバナンス」「パーソナルデータ」「サプライチェーン」の3つのテーマについて，(1)トレードオフの関係の事例を指摘し，(2)その実例がトレードオフ関係であるといえる理由を説明する設問。それぞれ，提示された資料をもとに考えればいい。

　テーマ1の「コーポレートガバナンス」では，〔解答例〕に示した「株主の利益―ステークホルダーへの社会的責任」のほかにも「経営者の利益―株主その他のステークホルダーの利益」「経済的効率性―コンプライア

ンス」などに関してトレードオフ関係があると考えられる。テーマ2の「パーソナルデータ」では、「行政手続きの利便性—情報漏洩・不正利用のリスク」以外にも「個人の行動・嗜好のデータ化による顧客の囲い込み—自由選択の可能性」「行政手続きの迅速化—現場における情報処理の煩雑さ」「多様な情報へのアクセス可能性—世代や地域等による格差」などが考えられる。テーマ3の「サプライチェーン」では、「在庫コスト—安全在庫の確保」「平時の効率性—有事の安定供給」「生産ラインのグローバル展開—有事の輸送コスト」などがある。どのようなトレードオフ関係を指摘しても構わないが、一方の向上が他方の停滞をもたらすことを端的に説明することができるか整理した上で、(1)の解答を考えよう。

▶問2．前問で提示した3つのトレードオフ関係の中から1つを選び、その問題への対処について意見をまとめる。設問中に提示された「(イ)どちらか一方を最大化する」「(ロ)どちらの達成度も落ちるが両者の妥協点を探る」「(ハ)両者の達成度が高まるようなトレードオフの解消策」という3つの対処方針のいずれかに沿って考えることが求められる。この3つに当てはまらない解決手段を提示することも認められてはいるが、その場合は論理立った丁寧な説明ができることが前提となる。独自の視点であっても合理性に欠けていたり、社会倫理に反していたりすると、むしろ評価を下げることになるため、慎重に考える必要がある。

〔解答例〕では、「テーマ2」の個人情報の一元化と情報の漏洩リスクについて、(ロ)の方針に従って両者の妥協点を見いだす形で解答した。(イ)と(ハ)の方針で具体的な解決策を提示するのは難しいだろう。例えば、(イ)の方針に従い、情報漏洩リスクをなくすために個人情報のデータ化と一元的管理を断念して利便性を手放せば、課題文にあるように、大災害の際に必要な情報にアクセスできず災害死が増えるかもしれない。他方、(ハ)の方針に沿って考えるということは、トレードオフ関係の解消を目指すことになる。すなわち、個人情報のデータ化と一元的管理によって達成できる利便性を最大限享受しつつ情報漏洩リスクもなくさなければならない。これは、たしかに理想的ではあるけれども、限られた試験時間で具体的な提案をすることは難しい。そこで、(ロ)の方針のように、両者のトレードオフ関係を最小化してバランスの取れた妥協点を見いだした方がいい。具体的な解決策を提案する際には、自分が個人情報をどのようなものと考え、その漏洩や

不正利用のリスクをどう評価するかを明確にしておく必要がある。

　他のテーマについても同様に，社会的責任による企業価値向上や経済的な利益，生産過程の効率性や災害時の安定した生産・供給の可能性など，自分がどこに軸足を据えて論旨を展開するのかを明確にしておかないと，文字数が多い分，論述内容がぼんやりとしたり，論点がずれてしまったりする可能性が高くなるので注意が必要である。

　論述に際しては，必要に応じて具体的な時事問題や事例などを盛り込むのもいいだろう。例えば，テーマ１ではサステナビリティへの社会的な注目が企業の運営方針や企業価値に与える影響，テーマ２やテーマ３では，近年のコロナ禍における社会の動向との関連など，時事問題との結びつきを示すと，より意見を明確に示しやすくなる。

❖講　評

　2022 年度の小論文は「トレードオフ」について，「コーポレートガバナンス」「パーソナルデータ」「サプライチェーン」の３つのテーマで考える内容だった。複数のテーマに関して，それぞれ与えられた資料に基づいて分析した上で，その中から１つを選択して意見論述を行うという形式は，2021 年度を踏襲した形である。2021 年度の出題では要求されるタスクが非常に多く，かなり難度の高い複合的な分析スキルが求められたのに対し，2022 年度は資料の分量，要求される分析内容とも標準的な水準に落ち着いたといえる。

　試験時間は 2021 年度と同様 120 分。解答字数は問１の(2)が各 120 字，問２の意見論述が 1000 字で，総字数は 1360 字。2021 年度に比べれば総字数は減少しているが，依然として多めの設定である。また，過去に出題されていた図表の読み取りや，2021 年度に出題された図示は出題されなかった。とはいえ，比較的解答の自由度が高く，意見論述の文字数も多めであるので，難度は高めに設定されていると考えていいだろう。

2021
年度

解

答

編

解答編

英語

I 解答

[31]—2　[32]—2　[33]—3　[34]—1　[35]—3
[36]—3　[37]—2　[38]—3　[39]—1　[40]—3
[41]—3　[42]—2　[43]—4　[44]—3　[45]—1

◆全　訳◆

≪小売業における返品方針の重要性≫

1　1 月は小売業界において返品の最盛期，祖母からもらったサイズの合わないセーターを交換したり，クリスマスツリーの下に現れた 2 つめ，あるいは 3 つめの『アナと雪の女王』の人形を処分するため，買い物客たちが群れをなして現れる月である。このクリスマス後の儀式は小売店にとって常に高い費用がかかるものであり，2014 年に返品された 2840 億ドルの商品のうち大きな割合を占めている。しかし現在，小売産業にとって返品条件を注意深く考えることが恐らく間違いなくより緊急となっている。というのは，アナリストが述べているように，オンラインでの買い物の増加が，返品の急増をもたらしているからである。

2　小売産業全体の返品率はおよそ 8 パーセントであるが，アナリストはオンラインではそれよりも大幅に高いものとなりそうだと述べている。なぜならば，買い物客たちは直接見たり試着したりすることなく商品を購入しているからである。そのような状況を背景に，テキサス大学ダラス校の研究者たちは，返品条件がどのように消費者の行動に影響を与えるのか，さらには非常に長い返品期間を提供するといった寛大な方針が実際に小売ビジネスに役立っているのか，それとも損害を与えているのかについてよりよく理解しようとした。

3　全体として，寛大な返品条件は実際のところより多くの返品と相関関係があった。しかし重要なことに，購入の増加とさらに強い関係があったのである。言い換えれば，小売店は一般的に顧客に返品の保証を与えるこ

とから明確な売上を得ているのである。しかし，もちろんすべての返品方針が平等に作られているわけではなく，その部分において調査結果が興味深くなってくるのである。研究チームは，返品方針のいくつかのありそうな特徴を調査した。時間 (14 日，あるいは 90 日以内に返品しなければならないといったもの)，お金 (全額の返金を受けることができるかどうか)，努力 (レシートもしくはその他の形式を提供しなければならないかどうか)，範囲 (セール品でさえも返品の対象になるか)，それから交換 (返品に対してはその店のみで使えるクレジットに限定するかどうか) といったことである。

4　1つ驚くべき発見がある。時間的な期限により寛大であることが，返品の増加ではなく減少と関連があるということである。このことは直感に反するように思えるが，研究者たちは様々な説明があり得ると述べている。ナラヤン＝ジャナキラマンとホーリー＝サーダルとともにこの調査を行ったライアン＝フレリングは，これはおそらくは「授かり効果」として知られるものの結果であると述べている。

5　「顧客が長い間ある商品を手にしていればいるほど，よりその商品に愛情を感じると言えるのです」とフレリングは述べている。加えて，長い時間の枠は返品するかどうかに関する決定についての切迫感をより少なくする。「すぐにお店に返品するというプレッシャーを感じないため，顧客はその商品と調和し，共生し，そして『まあ，それほど悪くないじゃないか』と言うのです」とフレリングは述べている。

6　研究者たちは，与えられた時間についての寛大さと取り戻すことができる金額が，全体の売上を増加させるのに最も効果があるということを発見した。たとえば，返品をより簡単に何の質問もなしでできるようにすることも，それほど大きくではないにしろ購入を増加させる。

7　それではなぜこれらが問題となるのだろうか？　オンラインショッピングの時代において，小売店は費用のかかる返品をどのように抑えるかを理解しようと必死である。こういうわけで，小売店が洋服のサイズ予測などのウェブサイトコンテンツを公開しているのを目にするのであるし，小売店が直近の購入の評価を書いてもらうため，あなたたちを e メールを通じてしつこく追いかけているのも，その理由なのである。小売店は顧客たちが最初の試みで正しい商品を買うような環境を作り出そうとしているの

だ。しかし，返品の方針を再評価することは，このバランスを正そうとする際に別の手段となり得る。テキサス大学ダラス校の調査は，最適な返品方針を正確に示すことは複雑であるということを示している。範囲，すなわちどの商品が返品の対象となるのかに制限をかけることは，売上全体を上昇させるにはとりわけ効果はなかったとしても，返品の数を減少させることに強い影響があるということがわかった。よって小売店はビジネスにおいてより重要なものを選ばなければならないのかもしれない。つまり全体の売上を上昇させるのか，あるいは返品の数を減少させるのかである。

8　研究者たちは，全体で 11,662 人の被験者を含む 21 の調査研究のメタ分析を行ったが，小売店は異なる製品に対して異なるルールを持つ，より複雑な返品の方針を作り出すことを考えてみてはどうかということも提案している。「耐久性のある商品か消耗品かどうか，高級品かファスト・ファッションかどうかによって，それらの市場の異なる区分の人々が異なる購入の動機を持っており，リスクや質に対して異なる懸念があるのです」とフレリングは述べている。

■━━━◀解　説▶━━━■

▶[31]　設問部分は「このクリスマス後の（　　　）は小売店にとっては常にお金のかかるものである」という文の一部である。空所は，毎年顧客が複数の相手からプレゼントされた贈り物などを返しに来店するということを表している。よって 2 の ritual「儀式」が適切である。1 の ceremony は「式典」，3 の lineage は「血統」といった意味である。

▶[32]　設問部分は「小売産業にとって返品方針を注意深く考えることが（　　　）より緊急となっている」という文の一部である。「恐らく間違いなく」という意味を持つ 2 の arguably が正解となる。1 の suitably は「適切に」，3 の publicly は「公に」といった意味である。

▶[33]　設問部分は「オンラインショッピングの増加は返品の（　　　）をもたらす」という文の一部である。この後の第 2 段第 1 文（The return rate …）において「オンラインの買い物は直接商品を見ないで買うので返品が増加する」という内容の記述があることから，「急増」といった意味を持つ 3 の surge が適切である。なお，1 の crest は「頂上，とさか」，2 の plunge は「突入，下落」といった意味である。

▶[34]　空所の前の Against に注目する。against には「～を背に，～を

背景にして」という意味があり，空所に 1 の backdrop を入れると「それ
（前の文で説明された状況）を背景として」となって文脈に合う。2 の
backtrack は「撤回」，3 の backlash は「反発，反動」という意味である。

▶[35]　設問部分は「どのように返品の方針が買い物客の行動に影響を与
えるか」という文章を受けて，「返品のために長い期間を与えるような方
針が小売ビジネスに役立っているのか，それとも損害を与えているのか」
という文章をつなぐものである。よって 3 の in turn「次には，（順に続い
て）それがまた」が適切となる。1 の in spirit は「内心では」，2 の in
vain は「無駄に」といった意味である。

▶[36]　設問部分は「顧客に返品の（　　　）を与えることから明白な売
上を得ている」という文章の一部である。ここでは 3 の assurance「保
証」が正解となる。1 の impression は「印象」，2 の imposition は「強
制」といった意味である。

▶[37]　設問部分は「あなたが完全な（　　　）を得るのかどうか」とい
う文の一部である。これは返品の方針における特徴の 1 つを述べている文
章なので，2 の reimbursement「払い戻し」が正解となる。1 の
reinstatement は「復職」，3 の reassessment は「再評価」といった意味
である。

▶[38]　設問部分は「これは（　　　）のように思えるかもしれない」と
いう文の一部である。この文章の主語である This は第 4 段第 1 文（One
surprising finding：…）の内容「返品までの期間を寛大にすることが返品
の減少と関連している」ことを指している。これは第 4 段第 1 文冒頭で
「1 つの驚くべき発見」とされているので，3 の counterintuitive「直感
に反した」が正解となる。1 の inconvenient は「不便な」，2 の self-
evident は「わかりきった」といった意味である。

▶[39]　設問部分は「返品をより簡単にできるようにする」という文章の
一部である。この文章は第 5 文型となっており，仮目的語 it が不定詞 to
return を指している。make A B「A を B にする」という形が用いられ
ている。

▶[40]　設問部分は「返品方針を再評価することは別の（　　　）となり
得る」という文の一部である。lever には「方針，手段」という意味があ
るので，3 が正解となる。1 の curtain は「カーテン」，2 の string を用

いて pull strings とすると「裏で糸を引く，操る」といった意味になる。

▶[41]「第 3 段において，研究者たちの発見の主要な結果は（　　　）と要約することができる」

1.「顧客に商品の返却を許可することはオンラインではない店舗にとって利益が少なくなることを意味する」

2.「オンラインの小売店は返品方針を持つことが求められている」

3.「返品の方針は企業がどのくらい売り上げるかに影響を与えうる」

4.「返品方針の特徴は一般的にすべて同じである」

第 3 段第 2 文（But, crucially, it …），第 3 文（In other words, …）において「返品の方針は購入の増加により強い関係があった」と述べられている。この部分が 3 と一致する。1 と 2 は第 3 段に記述がなく，4 は第 3 段第 4 文（But of course, …）と矛盾する。

▶[42]「第 4 段において，何が驚くべき結果であったのか」

1.「返品の方針におけるより厳しい時間的制限は返品の減少につながった」

2.「返品の方針におけるより厳しくない時間的制限が返品の減少につながった」

3.「返品の方針におけるより厳しい時間的制限は返品に全く変化を引き起こさなかった」

4.「返品の方針におけるより厳しくない時間的制限は返品に全く変化を引き起こさなかった」

第 4 段第 1 文（One surprising finding: …）参照。「より（返品までの時間が）寛大であることが，返品の増加ではなく減少につながった」とある。よって 2 が正解となり，1・3・4 は不適である。なお leniency は「寛大な」という意味だが，この語を知らなかったとしても，続く第 5 段第 1 文（"That would say …）の the longer a customer has a product, 同段第 2 文（Plus, the long …）の the long timeframe といった表現から，「返品までの期間を長くする」という本文の文脈におけるおおよその意味が推測できるだろう。

▶[43]「本文で『授かり効果』として言及されているものは何か」

1.「直接製品に触れ，見ることは返品をしにくくする」

2.「ただで物を受け取ることはそれらを手放しにくくする」

３．「オンラインで返品することは，店舗で返品するよりもストレスが多い」

４．「より長い期間商品を所持しておくと，それを手元に置いておく可能性がより高い」

第４段最終文（Ryan Freling, who …）において「授かり効果」という表現が用いられ，続く第５段全体で具体的に説明されている。要約すると「より長い期間商品を持っておけばおくほどより愛着を感じ，すぐに返品するプレッシャーも感じないため，共に生活していくうちに『それほど悪くない』と言うようになる」というものである。これに当てはまるのは４である。１は第２段第１文（The return rate …）の後半に「直接見たり試着したりせずに商品を買う」というオンラインストアの特色の説明があるが，「授かり効果」とは無関係である。２と３は本文に記述がない。

▶[44]「記事によれば，以下のどれが売上ではなく返品に対して効果があると言及されているか」

１．「お金」

２．「努力」

３．「範囲」

４．「交換」

１の「お金」は第６段第１文（The researchers found …）に「売上全体に最も効果的」とある。２の「努力」は同段第２文（Making it easier …）に「時間やお金ほどではないが売上に効果がある」と述べられている。４の「交換」は第３段最終文（The team examined …）において返品方針の特色の１つとして挙げられているが，具体的な効能は述べられていない。３の「範囲」は第７段第７文（Limits on scope, …）において「売上増にはとりわけ効果はないが，返品の削減には強力」と述べられている。

▶[45]「第７段によれば，製品のレビューを書くことの利点は何か」

１．「レビューは顧客が前もって購入する商品について情報に基づいた選択をするのに役立つ」

２．「レビューのおかげで顧客がなぜその商品を返したのか説明することができる」

３．「レビューは小売店にだれがその商品を買い，返品しているのかについての情報を与える」

4．「レビューは小売店が高品質の商品とサービスだけを販売する手助け
となる」

第 7 段第 3 文（This is why …）の後半で，小売店がレビューを書くよう
に求めているという記述があり，続く第 4 文（They're trying to …）に
「（返品しなくても済むように）最初の選択で正しい商品を買う環境を作
ろうとしている」とある。よって 1 が正解となる。2・3・4 は本文に記
述がない。

◆◇◆◇◆◇◆◇　●語句・構文●　◆◇◆◇◆◇◆◇◆◇◆◇◆◇◆◇◆

（第 1 段）　retail industry「小売産業」　in droves「群れをなして」　ill-
fitting「サイズの合わない」　unload「処分する，押し付ける」　*Frozen*
『アナと雪の女王』　comprising「構成している」

（第 2 段）　in person「直接」　get a better handle on *A*「*A* をよりよく
理解する」　lenient「寛大な」

（第 3 段）　correlate with ～「～と互いに関係がある」　be eligible for ～
「～の対象となる」　store credit「次回以降買い物をする際に使うことが
できる，その店のみで使えるお金」

（第 4 段）　endowment effect「授かり効果：自分が持っているものを失
うことによる損失を強く意識するため，自分がすでに持っているものを高
く評価し，失いたくないと思うこと」

（第 5 段）　sit with ～「～と調和する」　it's not that bad「それほど悪く
ない」

（第 6 段）　with no questions asked「質問を全くしないで」

（第 7 段）　desperate to *do*「～したくてたまらない」　curb「抑制する」
roll out「開始する，（新製品を）公開する」　re-evaluating「再評価する」
boost「押し上げる」

（第 8 段）　durable「耐久性のある」　consumable「消耗できる」　high-
fashion「高級ファッション」

II　解答　　[46]－3　[47]－2　[48]－3　[49]－3　[50]－1
　　　　　　　[51]－2　[52]－2　[53]－2　[54]－3　[55]－1
[56]－3　[57]－2　[58]－3　[59]－1　[60]－1

◆━━━━━◆全　訳◆━━━━━◆

≪宇宙開発における利害関係≫

1　私たちが宇宙における商業的な活動の第一歩について考える際，それらの法的権利の問題は非常に重要である。ある活動に大金を投資するだれもが，後になって発掘した資源に対する権利を持っていないことがわかったために自分たちの投資を失うことが決してないようにしておきたいと願っている。それぞれの母国における異なる法律に拘束されているが，宇宙においては共存しようとしている，異なる国々の異なる企業間の関係を規制する法律を用意しておくこともまた重要である。

2　科学的なコミュニティのような，他の意図を持った他の組織と共存するという問題もまた存在する。宇宙の調査と商業的な宇宙プロジェクトが互いにとって非常に有益だと判明することが期待されうる。しかしながら，対立する点もまた存在するだろう。それらのうちの1つは惑星の保護，つまり，人間の宇宙における活動から生じる生物学的な汚染を避けることを目的とした措置である。私たちはまだ火星や他の地球外の天体において生命を発見していないが，私たちが宇宙において居住者がいる可能性がある世界で資源を開拓したり，その世界を観光地として確立するときが来るということは，あまり議論を引き起こすような想定ではない。こういったことが起こる際，私たちは問題となっている世界で十分に長い間生命を探しており，今こそ開発に許可を与える時だと考える人々と，まだ危険にさらすべきではない生命が存在する可能性があると考える人々の間で対立が起こるのを目の当たりにするだろう。

3　もちろん，それはすべて問題となっている価値による。もし私たちが地球外生命体には研究対象としての価値しかないと考えるなら，たとえそのことがそこに先住している生命を危険にさらす可能性があるとしても，開発に抗うことは非常に難しいだろう。経済的な価値は私たちの社会によって特権を与えられており，そのような知識の価値が経済的な価値と比べられると，通常は前者が敗れることとなる。

4　別の可能性としては，地球外生命体が，学術的な研究対象としての価値に加えて経済的な価値も持つというものである。学術的な対象としての価値と同じく，これもまた道具的な価値である。つまり，あるものが経済的価値を持つのは，それが金を生み出すことができるからである。地球外

生命体がこのような点において道具的な価値を持ちうるのであろうか？
そしてもしもそうならば，宇宙生物学，商業的な利益，そして惑星の保護
の間の関係にどのような意味を持つのだろうか？

5　チャールズ=コッケルは生物工学を例として言及している。彼は私た
ちと相関する地球外生命体の経済的な価値を，私たちと相関していない場
合と比較して区別している。このことは非常に道理にかなっている。別の
惑星における生命に遺伝子学的によく順応している微生物は，私たちが地
球上のバクテリアに組み込んで様々な目的のために使いたいと思う適応構
造を含んでいるかもしれないということは容易に想像できる。そのような
場合においては，それらが遺伝子学的に相関していれば，明らかに物事を
より簡単にするだろう。もしもそうであるなら，地球外生命体の微生物か
ら関係のある遺伝子を地球の微生物に移植することにより，私たちは地球
上の生命に問題となっているその特質を移植することができるだろう。興
味深い性質としては，高い放射線量を生きのびることができる能力が含ま
れる。それは私たちが微生物を原子炉の中や被災地，あるいは地球から火
星へ向かう宇宙船の中で作業をさせるために操作したいならば，役に立つ
かもしれない。太陽からのエネルギーを非常に効率の良い方法で抽出する
能力は，太陽から離れた世界にいる微生物に発見されるかもしれない有益
な性質の別の例である。

6　もしも私たちが生体工学の資源として価値のある地球外生命体を見つ
けるなら，惑星の保護ということになると実際のところ科学とビジネスの
ねらいは一致するだろう。しかし長い目で見れば，研究の対象としての地
球外生命体の価値と生体工学の資源としての価値は，地球外生命体が保護
されなければならない期間について異なった要求をするかもしれない。地
球外生命体を実際に発見する前には，どちらのタイプの価値がより要求が
厳しいかを言うことはできないのである。

━━━━◆解　説▶━━━━

▶[46]　設問部分は「異なった法律によって（　　　）されている，異な
る国の異なる企業間の関係を規制する」という文の一部である。動詞
bind の過去分詞形で「縛られる，拘束される」といった意味になる 3 の
bound が正解となる。1 の borne は bear「～（義務など）を負う」の過
去分詞，2 の baffled は「当惑した」といった意味になる。

▶[47]　設問部分は「（　　　）争いの点となるものもまた存在する」という文の一部である。前文が「お互いにとって有益となる」という肯定的な内容なので，「しかしながら」と逆接の意味をもつ2の however が適切である。1の therefore は「それゆえに」，3の furthermore は「さらに」といった意味である。

▶[48]　設問部分は「人間の活動の結果，生物学的な（　　　）を避けることを目的とした措置」という文の一部である。3の contamination「汚染」が正解となる。1の adjustment は「調整」，2の diversity は「多様性」といった意味である。

▶[49]　設問部分は「開発に（　　　）を与える」という文章の一部である。give the green light で「許可を与える」といった意味をもつイディオムとなるので，3が正解。1の yellow card は「サッカーなどで反則を犯した際に出される警告」の意で，get や receive などとともに用いる。2の silver spoon は文字通りには「銀のさじ」といった意味だが，born with a silver spoon in *one's* mouth で「裕福な家に生まれた」といった意味のイディオムとなる。

▶[50]　設問部分は「もちろんそれは（　　　）価値次第である」という文の一部である。at stake で「問題になっている，賭けられている」といった意味になるので，1が正解となる。2の at length は「ついに，長々と」，3の at large は「逃亡中で」といった意味になる。

▶[51]　設問部分は「たとえそのことが（　　　）生命を危険にさらす可能性があるとしても，開発に抗うことは非常に難しいだろう」という文の一部である。この文章は extraterrestrial life「地球外生命体」についてのものなので，2の indigenous「その土地に先住している」が適切である。1の inner は「内部の」，3の intelligent は「知的な」といった意味である。

▶[52]　設問部分は「別の可能性としては，地球外生命体が，学術的な研究対象としての価値（　　　）経済的な価値も持つというものである」という文の一部である。in addition to *A* で「*A* に加えて」という意味になるので2が正解となる。1は in service で「動いている，従軍している」などの意味となり，3は in debt で「借金をしている」といった意味になる。

▶[53]　設問部分は「彼は私たちに相関する地球外生命体の経済的な価値を，私たちに相関しない場合と比較して（　　　　）」という文の一部である。ここでは「区別する」という意味をもつ distinguish が正解となる。1 の alternate は「交互に行う」，3 の waver は「揺れる，変動する」といった意味である。

▶[54]　主語は Interesting properties「興味深い性質」なので，1 の should を入れると「興味深い性質としては～が含まれるべきだ」，2 の must を入れると「興味深い性質としては～が含まれなければならない」となり，どちらも不自然である。「～しうる」といった意味を表す 3 の could が適切である。

▶[55]　設問部分は「惑星の保護（　）実際のところ科学とビジネスのねらいは，一致するだろう」という文の一部である。when it comes to ～で「～ということになると」という意味を表す重要構文である。この to は不定詞ではなく前置詞なので，動詞を続ける場合は原形ではなく動名詞を用いることも確認しておきたい。

▶[56]　「この記事で述べられている宇宙探索についての主要な問題は何か」

1．「宇宙での一般的な法や規制に人類はどのように合意するのか？」

2．「どのように他の惑星における資源の権利を公平に分割すべきか？」

3．「すでに生命体のいる惑星をどのように開発すべきか？」

4．「どのように科学的な利益が宇宙における共同の収益性を妨げるのか？」

第 2 段第 5 文（We have not …）で地球外生命体の話題が導入されて以降，第 3 段第 2 文（If we assume …），第 4 段第 1 文（An alternative possibility …），第 5 段第 2 文（He [53] between …），第 6 段第 1 文（If we find …）など，すべての段落で extraterrestrial life「地球外生命体」という語が言及されている。また，内容的にも第 2 段最終文（When this happens, …）が端的に表しているように「開発か，先住している生命の危険を考慮するかの間での対立」といった話題が主に扱われているといえるので，3 が正解となる。1 は第 1 段第 1 文（When we think …）や同段最終文（It is also …）に一致する記述があるものの，本文の第 2 段以降を通して論じられる主要な問題であるとはいえないため不可。2 は

「どのように他の惑星における資源を公平に分配するか」という記述は本文にない。4 は「科学的な利益と共同の収益の対立」については第 3 段最終文（Economic value is …）において「知識の価値は経済的な価値に通常は敗れる」とあり，「科学が企業の収益を妨げる」ことについての記述は本文にない。

▶[57] 「第 3 段に基づくと，科学と経済の目標が対立する際に起こりそうな結果は何か」

1．「科学が経済的な要因に優先される」

2．「経済的な問題が科学よりも好まれる」

3．「科学的，経済的な利益が平等に取り扱われる」

4．「すべての状況が異なるため，断言することは不可能である」

第 3 段最終文（Economic value is …）参照。経済的な価値が現代社会においては優先され，学術的な価値と対立する場合，通常は学術が敗れるとあるため，2 が正解となる。

▶[58] 「第 5 段において，地球外生命体が『私たちに相関する』という表現によって筆者は何を意味しているのか」

1．「私たちが進化してきた元の組織の祖先である」

2．「地球の微生物の直接の子孫である」

3．「地球上の生物の DNA と互換性のある DNA を共有している」

4．「太陽系の他の惑星の 1 つに存在している」

第 5 段第 5 文（In such cases, …）に，genetically related「遺伝子学的に相関して」という記述があるため，3 が正解となる。1・2・4 については本文に記述がない。

▶[59] 「科学的な目標と財政的な目標が一致すると何が起こると筆者は考えているか」

1．「それらが異なる手法を用いることにより，いずれにせよ科学とビジネスの間の争いが起こるかもしれない」

2．「収益性を増加させるため，科学とビジネスはそれぞれの意図を調整しなければならないだろう」

3．「生体工学の資源をめぐって科学とビジネスの間で激しい競争が起こるだろう」

4．「地球外生命体の保護は科学にとってもビジネスにとっても目標には

なりそうにない」

第 6 段第 2 文（But in the …）参照。「長い目で見れば，研究の対象とし
ての地球外生命体の価値と生体工学の資源としての価値は，地球外生命体
が保護されなければならない期間について異なった要求をするかもしれな
い」とある。「研究の対象としての価値」は設問にある「科学的な目標」
を代表し，「生体工学の資源としての価値」はそれが経済的な利益につな
がる限り「財政的な目標」を代表すると考えられる。つまり筆者は，地球
外生命体の保護に関する科学と経済の利害が短期的には一致したとしても，
長期的には対立する可能性があることを示唆しているといえる。よって 1
が正解となる。「生体工学の資源をめぐって激しい競争が起こる」という
記述はないため 3 は不可。2 は本文に記述がない。4 は第 6 段第 1 文（If
we find …）に「惑星の保護ということになると科学とビジネスのねらい
は一致する」とあるのに矛盾するため不可。

▶[60]　「筆者によれば，これらのうちのどれが宇宙の商業的開発に伴う
潜在的な問題として言及されていないか」

1．「宇宙からの微生物やウイルスは，地球に持ち帰られた場合に将来的
なパンデミックを引き起こしうる」

2．「企業が，他の惑星の資源から利益を得ることを法律的に許されてい
るかどうかがはっきりしない」

3．「たとえ生命がいないように思えたとしても，他の惑星の商業的利用
に反対する人もいるだろう」

4．「すべての国々のための商業的な宇宙活動を取り締まるルールや規制
が必要とされる」

2 は第 1 段第 2 文（Anyone who invests …）と一致する。3 は第 2 段最
終文（When this happens, …）と一致する。4 は第 1 段最終文（It is
also …）と一致する。1 については第 2 段第 4 文（One of them …）に人
間の宇宙での活動が生物学的な汚染を生じさせるという記述はあるが，宇
宙からの微生物やウイルスがパンデミックを引き起こすという記述はない。

◆◇◆◇◆　●語句・構文●　◆◇◆◇◆◇◆

（第 1 段）initiatives「（活動の）第一歩，手始め，率先」legal rights
「法 的 権 利」invest *A* in *B*「*A* を *B* に投資する」major sums of
money「大金」turn out「〜ということになる，わかる」extract「抽

出する」　have *A* in place「*A* を用意する，設置する，整える」　coexist
「共存する」

（第2段）　agenda「意図，日程，協議事項」　prove to be ～「～である
ことが判明する」　conflict「争い」　extraterrestrial body「天体」
exploit「開拓する，開発する，利益を得るために活用する，不当に利用
する」　in question「問題となっている，当の」

（第3段）　extraterrestrial life「地球外生命体」

（第4段）　instrumental value「道具的な価値」　astrobiology「宇宙生物
学」

（第5段）　bioengineering「生体工学」　compared to ～「～と比較して」
make good sense「道理にかなっている」　microbe「微生物」
genetically well adapted to life「生命に遺伝子学的によく順応している」
insert「挿入する」　property「特質」　relevant genes「関係する遺伝子」
high doses of radiation「高い放射線量」　nuclear reactor「原子炉」
disaster area「被災地」

（第6段）　converge「一致する」　in the long run「長い目で見れば，結
局は」　make demands on ～「～に要求する」　timespan「期間」

Ⅲ　**解答**　　[61]－3　[62]－1　[63]－3　[64]－2　[65]－2
　　　　　　　　　[66]－3　[67]－2　[68]－1　[69]－3　[70]－1
[71]－3　[72]－1　[73]－2　[74]－2　[75]－1　[76]－2
[77]－3　[78]－1　[79]－3　[80]－1　[81]－2　[82]－3
[83]－3　[84]－4　[85]－4　[86]－3　[87]－3　[88]－1
[89]－3　[90]－2

━━━━━━━━━◆全　訳◆━━━━━━━━━

≪進化のミスマッチによる現代のリーダーシップの難しさ≫

1　近現代史において，現代的な労働環境は多くの利点を人類に提供して
きた。より良い健康，より大きな富，そしてより優れた科学技術は，数千
年前に始まり，産業革命後ついには大規模な企業構造を生み出すこととな
った労働の強化や多様化の産物である。同時に，私たちがその中で暮らし
労働している現代的な組織構造はまた，ストレスや雇用者間の疎外，富や
ヘルスケアへのアクセスの不平等さ，犯罪や人口過多，地球環境の持続可

能性に対する脅威といった多くの社会問題も生み出してきた。

2　　進化論的リーダーシップ理論は，この現代と先祖代々の組織的な環境間の矛盾は進化論的なミスマッチの結果だと論じている。すべての生命体や動物や植物は，何世代にもわたって伝えられ，与えられた環境における適応機能のおかげで自然淘汰によって維持されてきた身体的および行動的な特色を持っている。しかしながら，時間とともに環境は変化する。そしてそのため，すべての生命体はもはや存在しないかもしれない課題に対処するための態勢が完璧に整えられていたり，新しい課題の受け入れに対処するための態勢が整っていないということに気づくといった危険に直面する。ある時期に適応を助けるものであった特質が，その生命体が現在暮らしている環境に対しては「ミスマッチ」なものでありうる。自然淘汰を通じての進化は緩やかで少しずつ累積されていくような過程をたどるため，もしも環境が急速な変化を受けると，ミスマッチの可能性はとりわけ高いものになるのである。

3　　人間でも事情は同じである。私たちのほとんどが暮らしている環境は，私たちの祖先がほんの約 13,000 年前農業が現れる前に暮らしていた環境とは非常に異なる。250 万年前，アフリカにおいて最初のヒト科の動物が現れた頃から農業革命まで，人間は比較的小さな 150 人ほどの遊牧の集団社会で暮らし，狩猟と採集の生活様式を送っていた。さらに，人間の脳の大きさは少なくともこの 20 万年ほどは非常に安定しているということを化石の証拠が示している。このため，進化心理学者たちの中には「私たちの現代的な頭蓋は石器時代の精神を収納している」ため，重要なミスマッチの可能性があると結論づける者もいる。

4　　ミスマッチの例の 1 つは，現代社会において甘く脂肪分の多い食品が幅広く入手できるようになっていることである。人間の肉体は脂肪と砂糖の味に非常に大きな喜びを感じることによって反応するように進化した。そのような食品は祖先が暮らしていた世界においては常に乏しく，腐りやすかったので，私たちの祖先は手に入れることができる甘く脂肪分の多い食料をすぐにむさぼるように発達した。しかし，今やこれらの食品はスーパーマーケットで幅広く安価に手に入れることができるので，カロリーを摂取するように進化した私たちの特質は，肥満や糖尿病，心臓疾患といったあらゆる類の健康問題を生み出している。言うまでもないことであるが，

現代の環境は人類に対してだけではなく，多くの他の種に対してもミスマッチの元となっている。魚の乱獲，森林破壊，それから気候変動といった人間の介在によって引き起こされた環境の変化の多くは新たな選択的環境を作り出し，多くの種がそれに順応できないのである。

5　それゆえ，現代と祖先が暮らしていた環境との間の矛盾は，人間の進化によって発達した心理学の側面と現代社会の課題との間のミスマッチを作り出す可能性がある。このことが，リーダーシップと組織的なマネージメントにおける失敗を引き起こす幅広い問題の根本的な原因なのかもしれない。ミスマッチは，現代的な組織におけるリーダーの選出およびその機能と効果の双方に関係しうる。現代的な組織におけるリーダーシップの選出を考えてみよう。これはしばしば，組織の下部におけるマネージャーが階級組織におけるより高いレベルのマネージャーによって任命されるというトップダウン式のプロセスである。もしくは組織の外部からマネージャーとして任命されるために人々が「飛び込んで」くる。リーダーを選出するプロセスは，個々の候補者の性格，スキル，そして形式化されたいくつかの試験に基づく適性の評価，履歴書，さらに候補者たちが率いるかもしれない部下たちとではなく通常は組織の上位にいる人たちと行う面接からなっている。

6　これは祖先が暮らしていた時代の人間集団におけるリーダーシップの出現とはまったく異なったものである。南アフリカのクン・サンやタンザニアのハッザ，それからパラグアイのアチェのような過去や現在の狩猟採集社会の人類学的な証拠から推定すると，人類が進化してきた環境におけるリーダーシップがどのようなものであったのかがきわめてよくわかる。そのような集団には形式化したリーダーシップというものはない。代わりに，影響力のある個々の人物が存在し，狩りや武器作り，集団の護衛，新しい野営地の準備のような，何らかの専門的な活動に着手する際にリーダーとして現れる。そうした人物は，そのような専門的な活動を行うための専門技術を持ち，それに協力してくれる他の人間たちを集める必要があるのだ。これらの人物は集団に対して全体的な権力は有しておらず，むしろ狭く限定されている専門の領域においてのみ影響力を行使し，説得を通じてのみ一時的な集団行動においてリーダーとして現れることができるのである。次の活動についてはリーダーの選出が再度開始される。

7　このボトムアップ的なアプローチは，一般に評価されるある種の特質を持つリーダーを選ぶ。一般的に好ましいとされるリーダーの特質は，狩猟採集集団においてもまた重要とされているものであるが，誠実さ，粘り強さ，謙虚さ，能力や決断力，そして洞察力のような性質を含んでいる。聡明かつ野心的で，才能あるマネージャーであるにもかかわらず失敗してしまうような，いわゆる「軌道を外れた」企業幹部には，しばしばこれらの特質が欠けていると言い表されるのは注目に値する。そうした幹部たちが選ばれたのは，主として自分たちの上司を喜ばせる能力によるものなのかもしれない。しかしながら，現代の産業的で官僚的な組織においては，リーダーたちは現代の組織的な階級の中で自分たちよりも役職が上のマネージャーたちに対して説明責任があり，そしてしばしばそういったマネージャーたちによって任命される。そして，部下たちには自分たちの上司を認可する力はほとんどないのである。現代の組織の民族誌学者たちは，ほとんどのマネージャーは自分たちの上司を喜ばせることが部下を喜ばせることよりも仕事における成功にとってより重要だということを暗黙のうちに理解していると報告している。

8　リーダーシップの規模と複雑さもまたミスマッチの可能性を提供する。私たちの祖先が過去に営んでいた小さな狩猟採集集団社会は，本質的には拡大された家族であった。つまり構成員はお互いのことを知っており，相互依存を理解し，そしてお互いの運命に遺伝的な投資をしていた。これらの集団は親族関係と公正さの規範と相互依存によって結び付けられており，そしてそのことは個人個人がお互いに援助を頼ることができ，同じやり方でお返しをすることを必要とする。特別にカリスマ性のある個人がリーダーとして出現する余地もあった。カリスマ的なリーダーシップは，部下たちに影響を与えて，集団的な企業体と一体化し，集団の願望を内面化するように促すことにより機能するという面もある。カリスマ性のあるリーダーは，まるで集団のメンバーが親族同士であるかのように，メンバー間における類似性と共有された運命を強調する。それを通じて，部下たちの自分自身に対する見方を，自己本位の個人からまとまりのある集団の一員へと変える。しかしながら，カリスマ性のあるリーダーは現代の世界においては例外である。伝統的な社会において，「ビッグマン」と呼ばれたリーダーたちはしばしば極めてカリスマ的であった。他人を奮起させ，説得力

があり，洞察力があるということは，小さな対面型の集団における意欲的なリーダーの重要な性質である。現代の組織においては，リーダーと部下との間に同じレベルの親密さを得ることは極めて難しい。しかし，官僚的な大組織においてさえも，私たちはリーダーが人にやる気を与えるような，個人的な側面を強調したリーダーシップのスタイルを採用することをより好む。そして，そのようなリーダーがより効果的な傾向があるのだ。

9　過去の環境においては，人間は自分たちのリーダーを個人的に知っており，個人的な生活と公共の生活の間に区別がなかった。結果として，私たちの精神はリーダーの役割と現代の組織においてこの役割を担っている人を区別することが難しいのかもしれない。過去においては，人々の性格や規範，価値観，それから野心についての情報は，手に入る唯一の情報であったために，彼らが集団を率いるチャンスを手にするべきかを決定する際，非常に重要なものであった。現代の世界においては，私たちはこの情報を強く欲してはいるが，しばしば手に入らない。たとえば私たちは，中間管理職は経営幹部からの命令に従っているため，限定的な影響力しか持たないことをしっかり認識している。私たちの心理的な働きはこれらの複雑で多層にわたる階級社会にあまりうまく適応していないため，自分たちの利益に反するあらゆる決定に対し，上司たちに個人的に責任を負わせる（「うちの上司は嫌な奴だ」）。リーダーの気質についてあれこれ推測することは，「リーダーに関する帰属の誤り」と呼ばれる。そしてそれは起こりうるミスマッチに似ているので，おそらく私たちの進化したリーダーシップ心理学の別の側面だと言えるだろう。

10　最後に，祖先たちが暮らしていた環境におけるリーダーシップというものは流動的で分散型であり，状況によるものであった。当座の仕事に最も適した人物が，共同で行う作業において最も大きな影響力を有していた。集団の行動すべてを 1 人の個人がまとめ，集団の決定すべてを下すことはまれであった。しかしながら，現代の官僚組織と形式的なリーダーの役割においては，1 人の個人，つまり「リーダー」がこれらすべての機能を管理する責任を負う。リーダーの多技能性，つまり複数の互いに競合しさえする役割を遂行する能力がますますリーダーシップの有効性と関連づけられているが，そのように幅広い職務をやり遂げるのに必要となる範囲のスキルを持ち合わせているリーダーはほとんどいない。このことが上位のマ

ネージャーの高い失敗率の原因となっているのかもしれない。現代社会は
非常に大きな重要性をリーダーシップに帰しており，たとえそうするのが
常に当然のことでも公平でもないとしても，組織の成功や失敗の責任をし
ばしばリーダー個人に負わせている。このように，いわゆる「リーダーシ
ップの幻想」はおそらく私たちの祖先が暮らした過去のなごりだと言える
だろう。

━━━━━◀解　説▶━━━━━

▶[61]　先行詞を an intensification and diversification of labor とする関
係代名詞 which を受ける箇所。「労働の強化や多様化」が最終的に「産業
革命後に大規模な企業構造」へとつながったと考えられるので，3 の
culminated in「ついに〜となった，結果として〜になった」が正解。1
の extended beyond は「〜を超えて拡大する」，2 の originated from は
「〜から生じる」といった意味である。

▶[62]　設問部分の直前の「もはや存在しない課題に対処する態勢が整っ
ている」という部分の対比となる表現が入ると考えられるので，1 の ill-
equipped「能力が不十分である」が適切である。2 の well-equipped は
「十分に備わっている」，3 の over-equipped は「過剰に備えている」と
いった意味になる。

▶[63]　設問部分は「自然淘汰を通じての進化は緩やかで（　　　）過程
をたどる」という文の一部である。この文脈に最適なものは 3 の
cumulative「累積による」である。1 の comprehensive は「包括的な」，
2 の revolving は「回転する」といった意味になる。

▶[64]　設問部分は，それ以前の「現代の環境は祖先たちが暮らしていた
ものとは非常に異なる」という内容と，それ以後の「人間の頭蓋の大きさ
は一定しており，人間の頭蓋には石器時代の精神が宿るといわれている」
という内容をつなぐものである。この 2 つの内容は相反するものではなく，
後者は前者に対する付け加えまたは展開だと考えられるので，「さらに」
といった意味をもつ 2 の Further が正解となる。1 の Later は「後に」，
3 の Rather は「むしろ」といった意味である。

▶[65]　設問部分は「人間の肉体は脂肪と砂糖の味に非常に大きな（
　）を感じることによって反応するように進化した」という文の一部であ
る。「喜び」という意味をもつ 2 の pleasure が適切である。1 の

ambivalence は「両面性」，3 の curiosity は「好奇心」といった意味である。

▶[66]　設問部分は「そのような食物は祖先が暮らしていた世界では（　　）乏しく，腐りやすかった」という文の一部である。直後に「しかし，今やこれらの食品はスーパーマーケットで幅広く安価に手に入れることができる」と逆接で結ばれていることから，1 の seldom「ほとんど〜ない」，2 の barely「辛うじて〜する」といった否定的な意味をもつ語は不適。よって「常に」といった意味をもつ 3 の perpetually が正解となる。

▶[67]　設問部分は「カロリーを摂取するように進化した私たちの特質は，肥満などあらゆる類の健康問題を生み出している」という文章と「現代の環境は人類だけでなく他の多くの種にもミスマッチを引き起こしている」という文章をつなぐものである。1 の Otherwise「もしそうでなければ」ではこれら 2 つの文章の関係が成立しないため不可。また，3 の On the contrary「それどころか」は前の文で述べた内容と対比して逆のことを述べるときに使う表現であるため不可。「言うまでもなく」という意味の 2 の Needless to say が正解となる。

▶[68]　設問部分は「ミスマッチは，現代的な組織におけるリーダーの選出およびその機能と効果の双方に（　　　）しうる」という文の一部である。1 の pertain to「〜に関係する」が適切である。2 の refrain from は「〜を控える」，3 の conspire with は「陰謀をたくらむ」といった意味である。

▶[69]　設問部分は「過去や現在の狩猟採集社会の人類学的な証拠（　　）推定する」という文の一部である。ここでは「〜から」という意味の前置詞 from が適切である。

▶[70]　設問部分は「狩りなどのような何らかの専門的な活動に（　　）する際に」という文の一部である。「〜に着手する」といった意味をもつ 1 の embark on が適切である。2 の depart from は「〜から離れる」，3 の brush off は「払い落す，拒絶する」といった意味である。

▶[71]　設問部分は「説得を通じてのみ（　　　）な集団行動においてリーダーとして現れることができる」という文の一部である。設問部分の次の文に「次の活動についてはリーダーの選出が再度開始される」とあるので，3 の temporary「一時的な」が正解となる。1 の enduring は「永続

的な」，2 の sporadic は「散在する」といった意味である。

▶[72]　設問部分は「いわゆる（　　　　）な経営幹部」という表現の一部
である。直後に「聡明かつ野心的で，才能あるマネージャーであるにもか
かわらず失敗してしまう」と説明があるので，1 の derailed「軌道を外れ
た」が適切である。2 の legendary は「伝説的な」，3 の overpaid は「給
与を払われ過ぎの」といった意味である。

▶[73]　設問部分は「私たちの祖先が過去に営んでいた小さな狩猟採集集
団社会は，本質的には拡大された（　　　　）であった」という文の一部で
ある。直後のコロン以降およびその次の第 8 段第 3 文（These groups
were …）が設問部分の説明となっており，「お互いの運命に遺伝的な投
資をしていた」や「これらの集団は親族関係…によって結び付けられてい
た」といった記述のように，集団全体が因習的な家族のように相互依存状
態となっている様子が描写されている。したがって，「拡大された家族」
という表現を作る family が正解となる。

▶[74]　設問部分は「これらの集団は親族関係と公正さの規範と（　　
　　）とにより結び付けられていた」という文の一部である。「相互依存」
といった意味をもつ 2 の reciprocity が正解となる。1 の intelligibility は
「理解度，明瞭度」，3 の popularity は「人気」といった意味である。

▶[75]　設問部分は「部下たちに影響を与えて，集団的な企業体と（　　
　　）ように促す」という文の一部である。identify with で「〜と一体化
する」といった意味をもつ 1 が正解となる。2 の dispense with は「〜な
しで済ませる」，3 の compete with は「〜と競争する」といった意味で
ある。

▶[76]　設問部分は「私たちはリーダーが人にやる気を与えるような，
（　　　　）リーダーシップのスタイルを採用することをより好む」という
文の一部である。1 の publicized「発表された，公表された」，3 の
proclaimed「宣言された，公示された」では文章の意味が通らない。2 の
personalized「個人的な側面を強調した」が正解となる。

▶[77]　設問部分は「私たちの（　　　　）はリーダーの役割と現代の組織
においてこの役割を担っている人を区別することが難しいのかもしれな
い」という文の一部である。直前の文に「過去の環境においては，人間は
自分たちのリーダーを個人的に知っており，個人的な生活と公共の生活の

間に区別がなかった」とあるので，リーダーの役割とその役職にある人物を区別するのが難しいのは私たち（人間）自身であると考えられる。設問部分には直前に our という所有格がついているため，「私たちの精神が（…を区別するのが難しい）」という意味になる 3 の minds「精神」が適切である。1 の employers は「雇用主」で，our employers ではすなわちリーダーたちを表すことになるため不可。2 の services は「役に立つこと，雇用」といった意味で，文意が成立しないため不可。

▶[78]　設問部分は「私たちの心理的な働きはこれらの複雑で（　　　）階級社会にあまりうまく適応していない」という文の一部である。設問部分の前の文に，一般労働者の上司となる中間管理職もさらに上位のマネージャーからの命令に従っているだけだという記述があり，これは現代の組織における階級の多層性を述べていると考えられるので 1 の multilayer「多層の」が正解となる。2 の faltering は「不安定な」，3 の bilateral は「相互に作用する」といった意味である。

▶[79]　直後に「複数の互いに競合しさえする役割を遂行する能力」という説明があることから，3 の versatility「多技能性」が正解となる。1 の responsibility は「責任」，2 の ingenuity は「創意工夫」といった意味である。

▶[80]　設問部分は「このことが上位のマネージャーの高い（　　　）率の原因となっているのかもしれない」という文の一部である。直前に「そのように幅広い職務をやり遂げるのに必要となる範囲のスキルを持ち合わせているリーダーはほとんどいない」とあることから 1 の failure「失敗」が正解となる。2 の transfer は「転勤」，3 の promotion は「昇進」といった意味である。

▶[81]　「第 3 段の『私たちの現代的な頭蓋は石器時代の精神を収納している』という文章によって筆者は何を意味しているのか」

1．「現代人の頭蓋骨の大きさは石器時代から大きく変わっていない」

2．「私たちの心理学は現代社会の仕組みに追いついていない」

3．「人間の身体的構造と精神的構造の間のギャップは大きいままである」

4．「私たちの精神的な容量は石器時代から大きな変化を経験してきた」

第 3 段第 1 文（Such is the case …）に「人間にも当てはまる」とある。これは第 2 段第 3 文（However, over time …）の「時間とともに環境は

変化するので，もはや存在しないかもしれない課題に対処するための態勢が完璧に整えられていたり，新しい課題の受け入れに対処するための態勢が整っていない」や，第2段最終文（Because evolution through …）の「自然淘汰を通じての進化は緩やかなため，環境が急速に変化するとミスマッチが起こりやすい」といった内容を指している。よって2が正解として適切である。1は正しい記述ではあるが，「石器時代の精神」とあることからわかるように「頭蓋骨の大きさが変わっていない」ということだけを意味しているわけではないため不適。3と4は本文に直接の記述はない。

▶[82]　「筆者の説明に基づいて，第3段および第4段で言及されている『ミスマッチ』に似ている例を挙げよ」

1．「前世紀において豊かになった国もある一方，他の多くはそうはなっていない」

2．「生物学的に私たちの感情は文化を超えて同じであるが，それらがどのように受け取られるかは劇的に異なる」

3．「背が高いことは，力の強さや高い地位にあることを示すように思えるため今日望ましいこととみなされている」

4．「公式な教育は必ずしも財政的あるいは専門的な成功を保証するものではない」

「ミスマッチ」とは第2段第4文（Traits that were …）で説明されているように，過去のある時期に生物の環境への適応を助けた性質が，急激に変化した現在の環境に合わせて進化できずに取り残されてしまう状態のことである。第4段第1～4文（One mismatch example … problems.）で挙げられている「甘く脂肪分の多い食品」の例では，そうした食品を手に入れるのが極めて困難だった古代の人類の性質が，それらが簡単に手に入る現代になっても進化できずに残存したことが「ミスマッチ」だとされている。これと同じように，3の「背が高い」という性質は，文明以前の狩猟時代の人類が環境に適応するのには有利だった可能性があるが，現代社会においてはそれと同じように生存に有利だとは考えにくい。にもかかわらず背の高さが「今日望ましいこととみなされている」とすれば，過去の人類の性質が現代社会に合わせて進化せずに残ってしまった「ミスマッチ」だと判断できる。よって3が正解。1・2・4はどれも生物学的な進化と関係がない内容であるため不可。

▶[83] 「筆者によれば，現代の組織におけるリーダーシップの選出に関する特色とは何か」

1．「もっぱら実力主義で，階級社会における上位の人々からのえこひいきの余地がない」

2．「職場で問題が生じた際，しばしば部下がリーダーと交代することが可能である」

3．「下位のマネージャーが部下の意見を考慮されることなく選ばれる」

4．「上位のマネージャーと下位のマネージャーの間でしばしば性格上の衝突が起こる可能性がある」

第5段最終文（The selection process …）に「選出の過程は，率いることになる部下とではなく上司との面接の評価による」とあり，第7段第5文（In modern industrial …）には「部下たちには自分たちの上司を認可する力はほとんどない」とあるので3が正解となる。1は第7段第4文（Their selection may …）と矛盾。2・4は本文に直接の記述はない。

▶[84] 「以下のどの記述が第6段において言及されている形式化されたリーダーシップの概念に当てはまらないか」

1．「リーダーがすべての問題の責任を負う」

2．「長期的な地位がリーダーに与えられる」

3．「リーダーシップは制度上定義されている」

4．「集団は一時的にリーダーに合意する」

第6段第3文（Such bands do …）において「そのような（狩猟採集）集団社会には形式化されたリーダーシップがない」と記述されている。よって選択肢の中から狩猟採集集団におけるリーダーの特徴を選べばよい。第6段最終文（With the next activity …）に「次の活動についてはリーダーの選出が再度開始される」とある。したがって狩猟採集集団ではリーダーへの合意は一時的なものであることがわかる。これに一致するのは4である。

▶[85] 「第6段において，『説得を通じてのみ，リーダーとして出現することが可能である』という文によって筆者は何を意味しているのか」

1．「すべての集団のメンバーはリーダーの選出と自分たちが求められている役割に貢献することができる」

2．「相互の信頼に基づいて行動することは階級組織的に与えられた命令

によって行動するよりも重要である」

3．「リーダーたちは自分の集団のメンバーである仲間たちに直接話をし，重要な問題について合意を取り付ける」

4．「ある特定の任務のためのリーダーの資質があることの理解が共有されていることを示すことが非常に重要である」

第6段第4文（Instead there are …）で，狩猟採集集団においてリーダーが出現するのは「専門的な活動に着手する」ときであるとされ，同段第5文（These individuals have …）では，「これらの人物は狭く限定されている専門の領域においてのみ影響力を行使する」と述べられている。さらに同段最終文（With the next activity …）より，リーダーであるのは短い期間でしかないことがわかる。専門的な活動だけのための一時的なリーダーを志望する人物が部下を説得してリーダーに就任したい場合，その専門的な活動をこなす資格があることを部下たちに明確に示し，理解を得る必要があると考えられる。よって，「ある特定の任務」という記述のある4が正解となる。1と2はリーダーではなく主に集団のメンバーの行動に関する記述なので不可。3は前述したような「専門的な活動に着手する際の一時的なリーダー」という視点がないため不可。

▶[86]　「筆者の説明に基づくと，現代のリーダーが最も実践すると良いことはどれか」

1．「自分たちの成功を上司に報告するため部下と協力し，さらなる昇進をする」

2．「上司からの注目と承認を得ることができるよう，範囲が狭く明確な仕事のみを引き受ける」

3．「上司と良い関係を築き，集団的な行動を推進するため部下たちと関わり合う」

4．「職場において公的な生活と私的な生活を明確に線引きすることにより，部下たちと距離を保つ」

第7段最終文（Modern organizational ethnographers …）において「上司を喜ばせることが部下を喜ばせることよりも重要」だと述べられている。しかし一方で，第8段最終文（Yet even in …）に「官僚的な大組織においても人にやる気を与える個人的な側面を強調したリーダーシップのスタイルが好まれ，そのようなリーダーがより効果的な傾向がある」とある。

さらに第 10 段第 5 文（Leader ［79］ …）では，リーダーシップを効果的にすることに関係が深いものとして「互いに競合しさえする役割を遂行する多技能性」に言及されている。そのため，前述した「上司を喜ばせる」と「部下にやる気を与える」という 2 つの競合する要件を同時に満たす選択肢が最も適切だと考えられる。よって，3 が正解。

▶［87］「筆者によれば，伝統的なカリスマ性のあるリーダーは政治的な課題に直面する際，どのように対応すべきか」

1．「新旧を問わずメディアを利用し，権力の支配によって確実に国を導くようにする」

2．「国民の中の最も優秀で聡明な人物からの支援を集める」

3．「その課題を克服するために人々を統一した方向へと向かわせる」

4．「国民議会を招集し，人々の声を直接聞く」

第 8 段第 6 文（Charismatic leaders change …）参照。カリスマ性のあるリーダーは「メンバー間における類似性と共有された運命を強調することを通じて，部下たちの自分自身に対する見方を，自己本位の個人からまとまりのある集団の一員へと変える」とある。3 がこの記述に当てはまる。1 と 4 は本文に直接の記述はない。2 は，第 6 段第 4 文（Instead there are …）に「協力する人を集める」という記述はあるが，「最も優秀で聡明な人物からの支援を集める」という内容に対応する記述は本文にない。

▶［88］「記事によると，第 9 段で言及されている『リーダーに関する帰属の誤り』に今日最も関係のある要因はどれか」

1．「部下たちは自分たちのマネージャーの決定が性格によって動機づけられていると考える傾向がある」

2．「部下たちはリーダーが自分たちの所属している部門の成功に対して単独で責任を負うと考える」

3．「労働者たちは私的な生活についての情報が欠けているため，リーダーの性格について誤った判断を下す」

4．「労働者たちは幸福が脅かされているときには自分たちのリーダーの性格にのみ興味を抱く」

第 9 段第 6 文（Because our psychological …）には，「部下たちは自分たちの利益に反するあらゆる決定に対し，上司たちに個人的に責任を負わせる」とある。それを受けて，同段最終文には「リーダーに関する帰属の誤

り」とは「リーダーの気質についてあれこれ推測すること」とあるので，これらの記述に一致する 1 が正解である。2 は第 10 段第 7 文（Modern societies attribute …）に「組織の成功や失敗の責任をリーダー個人に負わせている」という記述はあるが，「リーダーに関する帰属の誤り」とは無関係である。3 は第 9 段第 4 文（In the modern …）に「プライベートな情報が得られない」という記述はあるが，「リーダーの性格について誤った判断を下す」ことについての記述はない。4 は第 9 段第 6 文に「自分たちの利益に反する」という記述はあるが，リーダーの性格に興味を抱くといった記述はない。

▶[89]　「第 10 段における『リーダーシップの幻想』によって何が意味されているか」

1．「従業員たちはしばしば信頼できる思いやりのあるリーダーと恋に落ちる」

2．「従業員たちはリーダーを自分自身の人生における成功のモデルとみなしている」

3．「リーダーは自身の手に会社の運命を握っている」

4．「出世をしたリーダーはいい物語になる」

第 10 段第 7 文（Modern societies attribute …）参照。後半部分に「組織の成功や失敗の責任をリーダー個人に負わせている」という記述がある。よって 3 が正解となる。1・2・4 は本文に記述はない。

▶[90]　「以下のどれがこの記事の最も良いタイトルか」

1．「現代のリーダーシップ：すべてのカリスマはどこへ行ってしまったのか？」

2．「進化のミスマッチが現代のリーダーシップの難しさを説明する」

3．「安定した階級社会から現代のリーダーシップにおける柔軟なネットワークへ」

4．「現代のリーダーシップ：多国籍企業における成功のカギ」

第 1 〜 4 段は「進化のミスマッチ」に関する説明，第 5 段でミスマッチの例として現代のリーダーの選出が挙げられており，それ以降第 8 段までは過去と現代のリーダーシップの比較論，第 9 段と第 10 段には「進化のミスマッチ」がもたらす現代のリーダーの困難が述べられている。つまり，本文の主題は「進化のミスマッチ」と「現代のリーダーシップ」だと考え

られる。よって，2が正解となる。1は「進化のミスマッチ」に関する言及がないため不可。3は，過去の社会が階級的であったという記述はなく，さらに「柔軟なネットワーク」という表現に対応すると思われる第10段第1文（Finally, leadership in …）の fluid「流動的」という語で表されているのは古代のリーダーシップであり，現代のものではないため不可。4は本文に記述はない。

━◆━◆━◆━◆━ ●語句・構文● ━◆━◆━◆━◆━

（第1段） intensification「強化」 diversification「多様化」 millennia は millennium「千年」の複数形。 alienation「疎外」 inequalities in access to～「～に対するアクセスの不平等」 global environmental sustainability「地球規模の環境的な持続可能性」

（第2段） evolutionary「進化論的な」 discrepancy between *A* and *B*「*A* と *B* の間の矛盾」 trait「特性」 passed down through generations「世代を通じて受け継がれてきた」 natural selection「自然淘汰」 adaptive function「適応機能」 equipped to deal with「対処する機能が備わっている」 reside「住む」 undergo「経験する」

（第3段） Such is the case for～「～にとっても事情は同じである」 hominids「ヒト科の動物」 nomadic「遊牧する」 band「集団」 a hunter-gatherer life style「狩猟採集生活様式」 stable「安定している」 lead *A* to *do*「*A* が～することにつながる」 Stone Age「石器時代」

（第4段） devour「むさぼる」 perishable「腐りやすい」 now that SV「今やSはVなので」 take in「摂取する」 obesity「肥満」 diabetes「糖尿病」 cardiovascular「心血管の」 deforestation「森林破壊」 selective「選択的な」

（第5段） may well「おそらく～だろう」 a wide range of～「幅広い～」 appointed by～「～によって任命される」 hierarchy「ヒエラルキー，階級組織」 assessment「評価」 competency「資格，能力」 résumé「履歴書」 subordinate「部下」

（第6段） at odds with～「～と合致しない」 extrapolating「推定する」 anthropological「人類学の」 individuals of influence「影響力のある人々」 expertise「専門技術」 persuasion「説得」

（第7段） prominent「目立つ，重要な」 integrity「誠実さ」 humility

「謙虚さ」 decisiveness「決断力」 due primarily to *A*「主に *A* による」 bureaucratic「官僚的な」 accountable to ～「～に対して説明責任がある」

(第8段) interdependency「相互依存」 hold together「結び付く，まとまる」 norm「規範，基準」 in kind「同種の」 enterprise「企業体，事業，企て，計画」 internalize「内面化する」 aspiration「願望」 self-interested「自己本位の，利己的な」 cohesive「団結力のある」 inspiring「他人を奮起させるような，人を鼓舞するような」 visionary「洞察力のある，明確なビジョンを持った」 attribute「特質」 aspiring「意欲的な」

(第9段) crave「強く望む」 hold *A* accountable「*A* に責任を負わせる」 inference「推測，推論，推理」

(第10段) fluid「流動的な」 task at hand「目の前の仕事」 Rarely would one individual coordinate「1 人の個人がまとめることはまれであった」は否定語が文頭にあることによる倒置。multiple「複数の」 competing「競合する，相反する」 a wide array of duties「幅広い義務」 attribute *A* to *B*「*A* を *B* に帰する」 vestige「なごり，痕跡」

❖ 講　評

　2021 年度も長文読解が 3 題の出題で，小問数は空所補充が 40 問，内容説明および内容真偽が 20 問の合計 60 問という出題パターンに変化はなかった。例年と同じく，英文の量，問題数の多さに加えて，内容説明，内容真偽における設問 1 問当たりの文章量も多いため，英文を処理する速度も求められている。

　空所補充問題は①比較的難度が低く，確実に得点しておきたいもの，②受験者の語彙力，読解力が問われるもの，③難度の高いものの 3 つに分かれており，①を確実に得点した上で，いかに②の部分で正解できているかがポイントとなる。極端に難度の高い語句は減少傾向にあり，本文中の言い換え表現などによりおおよその意味を理解することができるものが増えている。また文章中に難度の高い構文が用いられることも少なくなっている。

　内容説明問題，内容真偽問題は，基本的には本文の該当する箇所を見

つけて解答していく問題が多くを占めているが，Ⅲの［82］のように本文の内容を理解した上での応用力が問われる設問も含まれている。

　Ⅰは小売業の返品方針についての文章である。第3段に返品のキーワードとなる「時間」「努力」といった語句について詳しい説明があり，全体としても語句，表現の言い換えが多めとなっていたので，一部の空所補充問題を除いては比較的解きやすかったのではないだろうか。

　Ⅱは宇宙における活動において，地球外生命体を扱う上での商業的な側面と学術的な側面など，利害が対立する可能性のあるものについての文章であった。語句のレベルはⅠよりもやや高めとなっている。

　Ⅲは現代と古代の環境から生み出される進化のミスマッチを説明しつつ，現代におけるリーダーシップの問題点をまとめた文章であった。英文のレベルとしてはやや易しめであり，比較的身近なテーマを扱っているため，文章としては読みやすい。しかし3つの長文の中で最も分量が多いのでかなり体力を要する。またⅠ，Ⅱに比べて内容説明・内容真偽の問題における選択肢に複雑なものが多く，受験生の読解力が試される問題であったといえよう。

　全体としては2020年度と同程度の難易度となっており，やや難〜難というレベルであった。

数学

I ◇発想◇　⑴　椅子に番号をつけて，数式処理ができるよう工夫する。

⑵　人は区別せず，座る椅子だけを考える。

解答　⑴⑴⑵ 12　⑶⑷ 25

⑵⑸⑹⑺ 028　⑻⑼⑽ 055

◀解　説▶

≪場合の数と確率≫

▶⑴　図のように椅子に番号をつけ，A さんが座る椅子の番号を a，B さんが座る椅子の番号を b とすると，2 人の座る位置の距離が 2m 以上である条件は

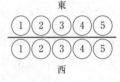

$$\sqrt{(a-b)^2+1}\geqq 2$$
$$(a-b)^2\geqq 3$$
$$|a-b|\geqq\sqrt{3}$$

したがって，2 人の座る位置の距離が 2m 未満である場合は

$a-b=0$ のとき，(a, b) の組は 5 組。

$a-b=1$ のとき，(a, b) の組は $(2, 1)$，$(3, 2)$，$(4, 3)$，$(5, 4)$ の 4 組。

$a-b=-1$ のとき，(a, b) の組は，$a-b=1$ のときと同様に 4 組。

よって，求める確率は

$$1-\frac{5+4+4}{5^2}=\frac{12}{25}\quad \rightarrow(1)\sim(4)$$

▶⑵　座る椅子の組合せは ${}_{12}C_3$ 通りである。

2 つの椅子の距離がソーシャルディスタンスの 2m 以上でないのは，椅子が隣り合う場合である。よって 3 つの椅子の距離がすべて 2m 以上でないのは，次の 2 つの場合である。

(a)　3 つの椅子が隣り合う

⒝　2つの椅子のみが隣り合う

⒜のとき，中央の椅子の決め方を考えて 12 通り。

⒝のとき，隣り合う椅子の決め方が 12 通り，残りの椅子の決め方が 8 通り，したがって，12×8 通り。

よって，求める確率は

$$1-\frac{12+12\times8}{{}_{12}C_3}=1-\frac{27}{55}=\frac{28}{55} \quad \rightarrow(5)\sim(10)$$

別解　余事象を考えずに直接求めると次のようになる。

▶⑴　〔解説〕と同様 $|a-b|\geqq\sqrt{3}$ となる場合は

$a=1$ のとき，$b=3$，4，5 の 3 通りで，$a=5$ のときも同様。

$a=2$ のとき，$b=4$，5 の 2 通りで，$a=4$ のときも同様。

$a=3$ のとき，$b=1$，5 の 2 通り。

したがって，求める確率は　$\dfrac{3\times2+2\times2+2}{5^2}=\dfrac{12}{25}$

▶⑵　座る椅子の組合せは ${}_{12}C_3$ 通りであり，お互いの距離がソーシャルディスタンスの 2m 以上となるのは，3 人が隣り合わない椅子に座るときである。

12 個の椅子を，「1」の位置から順に横一列に並べた様子を考え，人が座る椅子に下線を引く。

⒤　来場者の 1 人が「1」の位置の椅子に座るとき

　　　〇〇∧〇∧〇∧〇∧〇∧〇∧〇∧〇∧〇

上図の 8 個の∧から 2 個を選んで〇を挿入すればよいから，座り方は ${}_8C_2$ 通り。

⒤　来場者が「1」の位置の椅子に座らないとき

　　　〇∧〇∧〇∧〇∧〇∧〇∧〇∧〇∧〇∧

上図の 9 個の∧から 3 個を選んで〇を挿入すればよいから，座り方は ${}_9C_3$ 通り。

したがって，求める確率は　$\dfrac{{}_8C_2+{}_9C_3}{{}_{12}C_3}=\dfrac{28}{55}$

II

◇**発想**◇　設定文は長いが，まずは $\tan\alpha$，$\tan\beta$ だけを考える。

解答　(11)(12) 12　(13)(14) 15　(15)(16) 18　(17)(18) 15　(19)(20) 18　(21)(22) 15
(23)(24) 15　(25)(26) 18　(27)(28) 18　(29)(30)(31) 273

◀解　説▶

≪tan の値，加法定理，相加平均と相乗平均の関係≫

$\tan\alpha = \dfrac{b-h}{x}$，$\tan\beta = \dfrac{a-h}{x}$ より

$$\tan\theta = \tan(\alpha - \beta) \quad \to (11)(12)$$

$$= \frac{\tan\alpha - \tan\beta}{1 + \tan\alpha\tan\beta} = \frac{\dfrac{b-h}{x} - \dfrac{a-h}{x}}{1 + \dfrac{b-h}{x} \cdot \dfrac{a-h}{x}}$$

$$= \frac{(b-a)\,x}{x^2 + (a-h)(b-h)} \quad \to (13)\sim(16)$$

$b - a = p$，$(a-h)(b-h) = q$ とおくと，$0 < h < a < b$ より，$p > 0$，$q > 0$ であるから，$x > 0$ のとき

$$\frac{1}{\tan\theta} = \frac{x^2 + q}{px} = \frac{x}{p} + \frac{q}{px} \quad \to (17)\sim(22)$$

$$\geq 2\sqrt{\frac{x}{p} \cdot \frac{q}{px}} = \frac{2}{p}\sqrt{q} \quad \to (23)\sim(26)$$

$\dfrac{1}{\tan\theta}$ が最小，すなわち $\tan\theta$ が最大となるのは

$$\frac{x}{p} = \frac{q}{px} \iff x^2 = q \iff x = \sqrt{q} \quad \to (27)(28)$$

ペナルティーエリアの横幅が 40 m，ゴールの横幅が 8 m とすると

$$2a + 8 = 40,\quad b - a = 8$$

より，$a = 16$，$b = 24$ だから，$h = 3$ のとき

$$x = \sqrt{13 \times 21} = \sqrt{273} \quad \to (29)\sim(31)$$

III ◆発想◆ 「2円が接するとき接点は2つの円の中心を通る直線上にある」という性質を利用する。

解答 (32)(33) 09　(34)(35) − 3　(36)(37) 02　(38)(39) 07

━━━◀解　説▶━━━

≪円が接する条件，余弦定理≫

図のように円の中心を O，P，Q とおき，円 C の
半径を r とおくと

$$OP = 2, \quad PQ = r+1, \quad OQ = 3-r$$

$\angle QOP = \dfrac{\pi}{4}$ であるから，余弦定理により

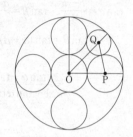

$$(r+1)^2 = 2^2 + (3-r)^2 - 2 \cdot 2 \cdot (3-r) \cos\frac{\pi}{4}$$

$$(4-\sqrt{2})\,r = 6 - 3\sqrt{2}$$

$$r = \frac{9-3\sqrt{2}}{7} \quad \rightarrow (32)\sim(39)$$

IV ◆発想◆ 共有点において共通の接線をもつ条件は，「放物線の接線が円に接すること」を利用する。

解答 (1)(40)(41) 04　(42)(43) 00　(44)(45) 01　(46)(47) 04　(48)(49) 00

(2)(50)(51) 02　(52)(53) 02　(54)(55) 02　(56)(57) 02　(58)(59) 10　(60)(61) − 3

(62)(63) 12

━━━◀解　説▶━━━

≪円と放物線で囲まれた図形の面積≫

▶(1) 第1象限の接点の座標を A $(\cos\theta, \sin\theta)$ $\left(0<\theta<\dfrac{\pi}{2}\right)$ とおくと，この点は放物線上の点だから

$$\sin\theta = -a\cos^2\theta + b \quad \cdots\cdots ①$$

$(-ax^2+b)' = -2ax$ より，点 A における接線の傾きは　　$-2a\cos\theta$

よって，接線が円と接する条件は OA⊥(点Aにおける接線) より

$$\frac{\sin\theta}{\cos\theta}\cdot(-2a\cos\theta)=-1 \qquad \therefore \quad \sin\theta=\frac{1}{2a} \quad \cdots\cdots ②$$

①，②より

$$b=\sin\theta+a\cos^2\theta=\frac{1}{2a}+a\cdot\left(1-\frac{1}{4a^2}\right)=\frac{4a^2+1}{4a} \quad \rightarrow(40)\sim(49)$$

▶(2)　$a=\dfrac{\sqrt{2}}{2}$ のとき，(1)の結果から

$$b=\frac{3\sqrt{2}}{4}$$

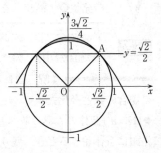

②より $\sin\theta=\dfrac{\sqrt{2}}{2}$ だから　　$\theta=\dfrac{\pi}{4}$

よって A$\left(\dfrac{\sqrt{2}}{2},\ \dfrac{\sqrt{2}}{2}\right)$ であるから，接点の

座標は

$$\left(\pm\frac{\sqrt{2}}{2},\ \frac{\sqrt{2}}{2}\right) \quad \rightarrow(50)\sim(57)$$

放物線 $y=-\dfrac{\sqrt{2}}{2}x^2+\dfrac{3\sqrt{2}}{4}$ と直線 $y=\dfrac{\sqrt{2}}{2}$ で囲まれた図形の面積 S_1 は

$$S_1=-\frac{\sqrt{2}}{2}\int_{-\frac{\sqrt{2}}{2}}^{\frac{\sqrt{2}}{2}}\left(x+\frac{\sqrt{2}}{2}\right)\left(x-\frac{\sqrt{2}}{2}\right)dx$$

$$=\frac{1}{6}\cdot\frac{\sqrt{2}}{2}\cdot\left(\frac{\sqrt{2}}{2}+\frac{\sqrt{2}}{2}\right)^3=\frac{1}{3}$$

円と直線 $y=\dfrac{\sqrt{2}}{2}$ で囲まれた図形のうち直線の上側にある図形の面積 S_2 は

$$S_2=\frac{\pi}{4}\cdot1^2-\frac{1}{2}\cdot1^2\cdot\sin\frac{\pi}{2}=\frac{\pi}{4}-\frac{1}{2}$$

よって，求める面積は

$$S_1-S_2=\frac{1}{3}-\left(\frac{\pi}{4}-\frac{1}{2}\right)=\frac{10-3\pi}{12} \quad \rightarrow(58)\sim(63)$$

別解　▶(1)　次のように判別式を利用して解くこともできる。

$y=-ax^2+b$ と $x^2+y^2=1$ を連立して x^2 を消去すると

$$y=-a(1-y^2)+b \qquad ay^2-y-a+b=0$$

放物線と円の接点の y 座標は，この 2 次方程式の重解であるから，判別式

を D とすると

$$D = 1 - 4a(-a+b) = 0 \qquad \therefore \quad b = \frac{4a^2+1}{4a}$$

V

◇発想◇　漸化式を利用する。

解答　(1)(64)(65)(66) 233　　(67)(68)(69) 377　　(70)(71)(72) 610

(2)(73)(74)(75) 012　　(76)(77)(78) 016　　(79)(80)(81) 021

◀解　説▶

≪場合の数と漸化式≫

▶(1)　$n+2$ 体の人形の並べ方は

先頭に 1 体並べるとき，残り $n+1$ 体の並べ方が　　a_{n+1} 通り

先頭に 2 体並べるとき，残り n 体の並べ方が　　a_n 通り

したがって　　$a_{n+2} = a_n + a_{n+1}$　$(n=1,\ 2,\ 3,\ \cdots)$

$a_1 = 1,\ a_2 = 2,\ a_3 = 3$ より　　$a_4 = a_2 + a_3 = 5$

以下，同様に計算して

　　$a_5 = 8,\ a_6 = 13,\ a_7 = 21,\ a_8 = 34,\ a_9 = 55,\ a_{10} = 89,\ a_{11} = 144$

　　$a_{12} = 233$　　→(64)〜(66)

　　$a_{13} = 377$　　→(67)〜(69)

　　$a_{14} = 610$　　→(70)〜(72)

▶(2)　$n+3$ 体の人形の並べ方は(1)と同様に考えて

先頭に 2 体並べるとき　　b_{n+1} 通り

先頭に 3 体並べるとき　　b_n 通り

したがって　　$b_{n+3} = b_{n+1} + b_n$　$(n=1,\ 2,\ 3,\ \cdots)$

$b_2 = b_3 = b_4 = 1$ より　　$b_5 = b_2 + b_3 = 2$

以下，同様にして

　　$b_6 = 2,\ b_7 = 3,\ b_8 = 4,\ b_9 = 5,\ b_{10} = 7,\ b_{11} = 9$

　　$b_{12} = 12$　　→(73)〜(75)

　　$b_{13} = 16$　　→(76)〜(78)

　　$b_{14} = 21$　　→(79)〜(81)

VI

◇発想◇　期待値の定義を用い，問題文を数式で表す。

解答　(1)(82)(83)(84) 025　　(85)(86) 00

(2)(87)(88)(89) 292　　(90)(91) 50　　(92)(93)(94) 100　　(95)(96) 00

(3)(97)(98)(99) 156　　(100)(101)25

◀解　説▶

≪期待値の応用≫

▶**(1)**　B氏の努力水準が高い場合のB氏の報酬の期待値を E_1 とおくと

$$E_1 = \frac{70}{100}w_1 + \frac{30}{100}w_0 = \frac{7}{10}w_1 + \frac{3}{10}w_0 \quad \cdots\cdots①$$

よって，B氏が努力水準を高める条件は

$$E_1 - 17.5 \geqq w_0$$

$$7w_1 + 3w_0 - 175 \geqq 10w_0$$

$$w_1 \geqq w_0 + 25 \quad →(82)〜(86)$$

▶**(2)**　B氏の努力水準が高い場合のA社の利潤の期待値を E_2 とおくと

$$E_2 = 500 \times \frac{70}{100} + 200 \times \frac{30}{100} - E_1$$

$$E_1 = 410 - E_2 \quad \cdots\cdots②$$

B氏がA社をやめない条件は

$$E_1 - 17.5 \geqq 100$$

$$E_1 \geqq 117.5 \quad \cdots\cdots③$$

②，③より

$$(410 - E_2) - 17.5 \geqq 100$$

$$E_2 \leqq 292.5 \quad →(87)〜(91)$$

したがって，A社の利潤の期待値 E_2 が最大化されたとき

$$E_2 = 292.5$$

このとき，①，②より

$$E_1 = \frac{7}{10}w_1 + \frac{3}{10}w_0 = 117.5$$

また，$w_1 : w_0 = 5 : 4$ より　　$w_1 = \frac{5}{4}w_0$

よって，$\frac{7}{10} \cdot \frac{5}{4}w_0 + \frac{3}{10}w_0 = 117.5$ より　　$w_0 = 100$　→(92)〜(96)

▶(3)　　B氏の努力水準が高い場合のB氏の満足の期待値を E_3 とおくと

$$E_3 = \frac{70}{100} \cdot 10\sqrt{w_1} + \frac{30}{100} \cdot 10\sqrt{w_0} - 17.5$$
$$= 7\sqrt{w_1} + 12.5 \quad (\because \quad w_0 = 100)$$

B氏が満足を最大化する人だとしたとき，B氏にA社をやめさせない条件
は

$$E_3 \geqq 10\sqrt{100}$$

B氏に努力水準を高めさせる条件は

$$E_3 \geqq 10\sqrt{w_0}$$

$w_0 = 100$ より，この2つの条件はともに $E_3 \geqq 100$ であるから，求める条件
は

$$E_3 \geqq 100 \qquad 7\sqrt{w_1} \geqq 87.5 \qquad \sqrt{w_1} \geqq 12.5$$

よって　　$w_1 \geqq 156.25$　　→(97)～(101)

◆講　評

　2020 年度より易。Ⅵ以外は基本あるいは標準的な問題で取り組みや
すい。計算量も少なく合格点は高いと予想される。

　Ⅰ　(1)は易しい。Aさんが座る椅子で場合分けして考えてもよい。(2)
は隣り合わない椅子を選ぶ確率を求めればよいので，余事象の確率の公
式が利用できる。全事象をどのように設定するかがポイントである。

　Ⅱ　相加平均と相乗平均の関係を用いて最小値を求める問題。誘導が
丁寧で易しい。確実に得点しておきたい。

　Ⅲ　いくつかの接する円を題材にした問題で，総合政策学部の頻出問
題。2020 年度に出題された問題より，かなり易化。計算ミスに要注意。

　Ⅳ　円と放物線が囲む図形を題材にした頻出問題である。円と放物線
が接するという条件をどのように扱うかで色々な解法が考えられる。解
いた経験がある受験生には易しい問題である。円の接線の方程式は考え
ず，放物線の接線が円に接する条件を考えることがポイントである。

　Ⅴ　漸化式を利用して場合の数を求める問題。階段を上がる場合の数
など，類題を解いた経験のない受験生には難問である。

　Ⅵ　期待値の応用問題である。問題文にしたがって数式化して考えて
いけばよい。期待値の定義を知っていれば，(1)と(2)は難しくはない。問
題文を熟読することが大事である。

情報

Ⅰ **解答** (ア)(1)―(8)　(2)―(3)　(3)―(0)　(4)―(5)　(5)―(7)
(イ)(6)―(4)　(ウ)(7)―(2)　(エ)(8)―(4)

◀解　説▶

≪知的財産法（著作権法，特許法），個人情報保護法≫

▶(ア)(1)・(2)　(2)は個人情報保護法で保護される「個人の権利利益」の中身であるから，代表的なものとして「プライバシー」が浮かぶ。狭義のプライバシーや自分に関する情報を管理する権利は，その人自身と不可分であるから，(1)は「人格」が入る。

(3)　現在の個人情報保護法は，単に個人情報に係る権利利益を守るだけでなく，個人情報の有用性とのバランスをとることを目的としている。これを知らなくても，問題文中に「個人情報の適正かつ効果的な活用が…に資するものである」とあり，個人情報の適正な利用が〈役に立つ〉とされているので，「有用性」という正解を導ける。

(4)・(5)　両空欄の前後は個人情報の利用による有益な面を述べているので，「監視社会」や「リスク」のようなマイナスの言葉は入らない。「新たな [4] の創出」とあるので，産業・雇用などといった言葉が想像できる。同様に「豊かな [5] の実現」とあるので，生活・社会といった言葉が想像できる。

▶(イ)　(4)が正しい。特許法は「特許権の効力は，試験又は研究のためにする特許発明の実施には，及ばない」（69 条 1 項）と規定している。

(1)　発明者の代理人が特許の出願審査請求を行うことは可能なので誤り。

(2)　「同一の発明について異なつた日に二以上の特許出願があつたときは，最先の特許出願人のみがその発明について特許を受けることができる」（39 条 1 項）とあり，先願主義がとられているので誤り。

(3)　特許の出願に際して添付する発明の詳細な説明は「その発明の属する技術の分野における通常の知識を有する者がその実施をすることができる程度に明確かつ十分に記載したもの」（36 条 4 項 1 号）などの条件が付されており，利点の審査に必要な内容にとどまらないので誤り。

(5) 「特許庁長官は，特許出願の日から一年六月を経過したときは，…その特許出願について出願公開をしなければならない」(64条1項) とあるように，特許権の設定登録以前に発明内容を公開する制度が設けられているので誤り。

▶(ウ) (2)が正しい。二次的著作物とは，「著作物を翻訳し，編曲し，若しくは変形し，又は脚色し，映画化し，その他翻案することにより創作した著作物」(著作権法2条1項11号) を指すので，小説という原著作物を翻案して実写映像化した映画は，二次的著作物に該当する。

(1) データベースにつき，同法は「情報の選択又は体系的な構成によって創作性を有するものは，著作物として保護する」(12条の2，1項) と規定しているので，「情報の収集に多大な労力を要するものに限って著作物に該当する」という記述は誤り。

(3) 共同著作物とは「二人以上の者が共同して創作した著作物であって，その各人の寄与を分離して個別的に利用することができないもの」(2条1項12号) であり，個別に利用できる歌詞・楽曲の作詞家・作曲家は共同著作者に該当しないので誤り。

(4) 口述者の話をそのままインタビュー記事にした場合，構成に関与したライターは共同著作者や二次著作者となり，口述者は共同著作者や著作者となるので誤り。

(5) 彫刻の写真撮影も著作物の複製に該当するので誤り。

▶(エ) (4)が正しい。公開されている個人情報の取得であっても，個人情報保護法の「個人情報取扱事業者は，個人情報を取り扱うに当たっては，その利用の目的…をできる限り特定しなければならない」(15条1項) という規定の適用を受けるので，利用目的の特定が必要である。

(1)・(2) 平成27年の同法改正で，個人情報を取り扱う事業者はすべて個人情報取扱事業者とされた。また，同法にいう個人情報取扱事業は営利・非営利を問わない。よって，(1)の「5000人分以下の個人情報しか取り扱っていない者」も，(2)の町内会や同窓会も個人情報取扱事業者に該当する。したがって(1)・(2)の「該当しない」という記述は誤り。

(3) 個人データの第三者提供については同法により，個人情報取扱事業者は原則，あらかじめ本人の同意を得なければならない (23条1項)。しかし，一定期間内に回答がない場合にはデータ提供に同意したものとみなす

旨のメールを送り，当該期間を経過したとしても，社会通念上は同意を得
たとはいえないし，個人情報保護委員会も，一定期間回答がなかったこと
のみをもって，一律に本人の同意を得たものとすることはできない，とし
ている（同委員会「個人情報の保護に関する法律についてのガイドライ
ン」および「個人データの漏えい等の事案が発生した場合等の対応につい
て」に関するＱ＆Ａ）。よって「本人の同意を得たこととすることができ
る」という記述は誤り。

(5)　会員カード等の盗難・不正利用発覚時の連絡のために取得した個人情
報を，商品・サービスに関する情報のお知らせのためにも使用することは，
同法の「利用目的を変更する場合には，変更前の利用目的と関連性を有す
ると合理的に認められる範囲を超えて行ってはならない」（15条2項）と
いう規定に照らせば，一般的には関連性を有する範囲を超えると考えられ
るし，同委員会も前出のＱ＆Ａで合理的な関連性を認めていない。よって，
本人の同意なく上記のような利用目的の追加ができるとする記述は誤り。

II **解答** (ア)(9)(10) 00　(11)(12) 15　(13)—(1)　(14)—(3)　(15)—(5)　(16)—(7)
(17)—(1)　(18)—(4)　(19)—(6)　(20)—(7)　(21)—(7)　(22)—(1)
(23)—(3)　(24)—(5)　(25)—(7)　(26)—(3)　(27)—(5)

(イ)(28) 2　(29)(30)(31) 000　(32) 1　(33)(34)(35) 750　(36) 1　(37)(38)(39) 732

◀解　説▶

≪2進法表現と論理式の真偽，ニュートン法による $\sqrt{3}$ の近似値計算≫

▶(ア)　0 および正の整数を表している 4 ビットの 2 進法表現は 0000_2 から
1111_2 を表す。そして，$0000_2 = 0_{10}$，$1111_2 = 2^3 + 2^2 + 2 + 1 = 15_{10}$ である。

→(9)〜(12)

次に，2 進法表現 $A_3 A_2 A_1 A_0$ の各桁の 0 と 1 を真理値の 0（偽）と 1
（真）として扱うことにする。

$15_{10} = 1111_2$ であるから，この 4 ビットが 15_{10} であるときに真，そうでな
いときに偽となる論理式は

$A_3 \cdot A_2 \cdot A_1 \cdot A_0$　→(13)〜(16)

また，$9_{10} = 2^3 + 1 = 1001_2$ であるから，この 4 ビットが 9_{10} であるときに真，
そうでないときに偽となる論理式は

$A_3 \cdot \overline{A_2} \cdot \overline{A_1} \cdot A_0$　→(17)〜(20)

また，$7_{10}=2^2+2+1=0111_2$ であるから，$X_{10}\geqq7_{10}$ である X_{10} は

$$X_{10}=1***_2 \quad または \quad X_{10}=0111_2$$

（ただし，＊は0または1を表す。以下同様）

である。よって，この4ビットが 7_{10} 以上であるときに真，そうでないときに偽となる論理式は

$$A_3+\overline{A_3}\cdot A_2\cdot A_1\cdot A_0$$

∴ $A_3+A_2\cdot A_1\cdot A_0$ →(21)～(24)

また，$6_{10}=2^2+2=0110_2$ であるから，$X_{10}\geqq6_{10}$ である X_{10} は

$$X_{10}=1***_2 \quad または \quad X_{10}=011*_2$$

である。よって，この4ビットが 6_{10} 以上であるときに真，そうでないときに偽となる論理式は

$$A_3+\overline{A_3}\cdot A_2\cdot A_1$$

∴ $A_3+A_2\cdot A_1$ →(25)～(27)

▶(イ)　$f(x)=x^2-3$ のとき $f'(x)=2x$ であるから

$$a_{n+1}=a_n-\frac{f(a_n)}{f'(a_n)}=a_n-\frac{(a_n)^2-3}{2a_n}=\frac{1}{2}\left(a_n+\frac{3}{a_n}\right)$$

である。よって，$a_0=3$ から始めてこの漸化式を用いると

$$a_1=\frac{1}{2}\left(a_0+\frac{3}{a_0}\right)=\frac{1}{2}(3+1)=2 \quad →(28)～(31)$$

$$a_2=\frac{1}{2}\left(a_1+\frac{3}{a_1}\right)=\frac{1}{2}\left(2+\frac{3}{2}\right)=\frac{7}{4}=1.75 \quad →(32)～(35)$$

$$a_3=\frac{1}{2}\left(a_2+\frac{3}{a_2}\right)=\frac{1}{2}\left(\frac{7}{4}+\frac{12}{7}\right)=\frac{97}{56}=1.732\cdots \quad →(36)～(39)$$

Ⅲ　解答　(40)—(2)　(41)—(4)　(42)—(5)　(43)—(1)　(44)—(3)　(45)—(3)
(46)—(1)　(47)—(2)　(48)—(5)　(49)—(4)　(50)—(2)　(51)—(3)
(52)—(1)　(53)—(5)　(54)—(4)　(55)—(3)　(56)—(1)　(57)—(2)　(58)—(5)　(59)—(4)
(60)—(1)　(61)—(4)　(62)—(2)　(63)—(3)　(64)—(5)

◀解　説▶

≪推理パズル≫

2，9，11番目の条件から

組	1組	2組	3組	4組	5組
愛称		猫		①	②
人の名前	次郎				
言語					
データサイエンス			微分		
体育					

であることは確定する。

次に，7 番目の条件から「鼠」は上表中の①，②のいずれかであるから，まずは①であると仮定する。このとき，7，4，1，6，14，5，12 番目の条件から

組	1組	2組	3組	4組	5組
愛称	犬	猫	雉	鼠	猿
人の名前	次郎	太郎			花子
言語		独語			
データサイエンス		線形	微分	確率	最適
体育	水泳				ラグ

となるが，これでは 3，8，10 番目の条件を同時に満たすことはできない。

よって，「鼠」は②であり，7，4，1，6，14 番目の条件から

組	1組	2組	3組	4組	5組
愛称	犬	猫	猿	雉	鼠
人の名前	次郎	③	花子	④	
言語		独語			
データサイエンス			微分		確率
体育	水泳				

であることが確定する。

次に，5 番目の条件から「太郎」は上表中の③，④のいずれかであるから，まずは③であると仮定する。このとき，5，12，3，8，10，13 番目の条件から

組	1組	2組	3組	4組	5組
愛称	犬	猫	猿	雉	鼠
人の名前	次郎	太郎	花子	ボブ	アン
言語	英語	独語	日本	マレ	
データサイエンス		線形	微分	最適	確率
体育	水泳	柔道	野球	ラグ	剣道

となり，14 個すべての条件を満たす。あとは，条件に含まれていない
「仏語」と「統計」を当てはめると

組	1組	2組	3組	4組	5組
愛称	犬	猫	猿	雉	鼠
人の名前	次郎	太郎	花子	ボブ	アン
言語	英語	独語	日本	マレ	仏語
データサイエンス	統計	線形	微分	最適	確率
体育	水泳	柔道	野球	ラグ	剣道

であることが確定する。 →(40)〜(64)

一方，「太郎」が④であると仮定すると，残りの条件を同時に満たすこと
はできない。

Ⅳ 解答

(ア)(65) 2   (66) 1   (67) 4   (68) 4

(イ)(69)(70) 13   (71)(72)—(11)   (73)(74)—(19)   (75)(76)—(31)   (77)(78) 02

◀解　説▶

≪加算器回路の構成≫

▶(ア)　問題中の半加算器回路図より，A, B の入力から和 S を出力するま
での段数は「AND 回路」，「OR 回路」の 2 段であり，桁上がり C を出力
するまでの段数は「AND 回路」の 1 段である。 →(65), (66)

一方，全加算器回路では，1 個目の半加算器回路 HA_0 と 2 個目の半加算
器回路 HA_1 それぞれに問題中の半加算器回路図を埋め込んで考えればよ
い。S を出力するまでの段数は，HA_0 で 2 段，HA_1 で 2 段の合計 $2+2=4$
段である。 →(67)

また，C_0 を出力するまでの段数は，HA_0 で 2 段，HA_1 で 1 段，最後の
「OR 回路」で 1 段の合計 $2+1+1=4$ 段である。 →(68)

▶(イ)　(ア)の考察より，半加算器回路 HA_0 において桁上がりを出力するまでの段数は 1 段，全加算器回路 FA_1, FA_2, FA_3 それぞれにおいて桁上がりを出力するまでの段数は 4 段ずつである。よって，S_4 が出力されるまでの段数は，合計 $1+4+4+4=13$ 段である。　→(69), (70)

次に，式(1), (2)を導く。

問題中の真理値表から C_1 の値を求める真理値表（下左表）が得られ，この真理値表をベン図（値が 1 の部分が網かけ部分）で表すと下右図のようになる。

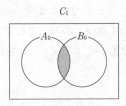

A_0	B_0	C_1
0	0	0
0	1	0
1	0	0
1	1	1

よって，式(1)は

$$C_1 = A_0 \cdot B_0 \quad →(71)(72)$$

また，問題中の真理値表から C_{k+1} の値を求める真理値表（下左表）が得られ，この真理値表をベン図（値が 1 の部分が網かけ部分）で表すと下右図のようになる。

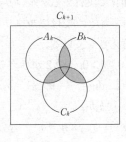

A_k	B_k	C_k	C_{k+1}
0	0	0	0
0	0	1	0
0	1	0	0
0	1	1	1
1	0	0	0
1	0	1	1
1	1	0	1
1	1	1	1

よって，式(2)は

$$C_{k+1} = A_k \cdot B_k + C_k \cdot (A_k + B_k) \quad →(73)～(76)$$

最後に，回路 X の段数を求める。

式(1)より，C_1 を出力するまでの段数は「AND 回路」の 1 段である。また，

式(1), (2)より

$$C_2 = A_1 \cdot B_1 + C_1 \cdot (A_1 + B_1)$$
$$= A_1 \cdot B_1 + A_0 \cdot B_0 \cdot (A_1 + B_1)$$
$$= A_1 \cdot B_1 + A_0 \cdot B_0 \cdot A_1 + A_0 \cdot B_0 \cdot B_1$$
$$C_3 = A_2 \cdot B_2 + C_2 \cdot (A_2 + B_2)$$
$$= A_2 \cdot B_2 + (A_1 \cdot B_1 + A_0 \cdot B_0 \cdot A_1 + A_0 \cdot B_0 \cdot B_1) \cdot (A_2 + B_2)$$
$$= A_2 \cdot B_2 + A_1 \cdot B_1 \cdot A_2 + A_1 \cdot B_1 \cdot B_2 + A_0 \cdot B_0 \cdot A_1 \cdot A_2$$
$$+ A_0 \cdot B_0 \cdot A_1 \cdot B_2 + A_0 \cdot B_0 \cdot B_1 \cdot A_2 + A_0 \cdot B_0 \cdot B_1 \cdot B_2$$

となるから，C_2，C_3 を出力するまでの段数はともに，1 段目が「AND 回路」，2 段目が「OR 回路」の合計 2 段である。

よって，回路 X において C_1，C_2，C_3 を出力するまでの段数は高々 2 段である。　→(77)(78)

V 解答　(ア)(79)(80)—(22)　(81)(82)—(16)　(83)(84)—(13)　(85)(86)—(18)
　　　　　　(87)(88)—(17)　(89)(90)—(20)

(イ)(91)(92)(93) 999　(94)(95) 45　(96)(97) 18　(98) 4

(ウ)(99) 1　(100)(101) − 1　(102) 1　(103) 2　(104)(105) − 2　(106) 1　(107)(108) − 1

◀解　説▶

≪整数の乗算を加算で実行するアルゴリズム≫

整数の乗法を加算で実行するアルゴリズムの考察である。(ア)ではアルゴリズムが紹介され，(イ)と(ウ)ではアルゴリズム中のある命令の実行回数の最大値や最小値を答えさせている。

▶(ア)　整数 $a > 0$，$b > 0$，$n \geqq 2$ が与えられたとする。

length$(b, n) = l$，digit$(b, n, k) = b_k$ とすると

$$b = (b_l b_{l-1} \cdots b_2 b_1)_{(n)}$$
$$= b_l \times n^{l-1} + b_{l-1} \times n^{l-2} + \cdots + b_2 \times n + b_1$$

であるから

$$ab = a(b_l \times n^{l-1} + b_{l-1} \times n^{l-2} + \cdots + b_2 \times n + b_1)$$
$$= b_l \times n^{l-1}a + b_{l-1} \times n^{l-2}a + \cdots + b_2 \times na + b_1 \times a$$
$$= 0 \qquad\qquad (アルゴリズムの初期値 d = 0)$$
$$+ b_1 \times a \qquad (\Rightarrow a を b_1 回加える) \qquad \cdots\cdots①$$

$$+b_2 \times na \qquad (\Rightarrow na \text{ を } b_2 \text{ 回加える})$$
$$\vdots$$
$$+b_{i-1} \times n^{i-2}a \qquad (\Rightarrow n^{i-2}a \text{ を } b_{i-1} \text{ 回加える}) \quad \cdots\cdots ②$$
$$+b_i \times n^{i-1}a \qquad (\Rightarrow n^{i-1}a \text{ を } b_i \text{ 回加える}) \quad \cdots\cdots ③$$
$$\vdots$$
$$+b_l \times n^{l-1}a \qquad (\Rightarrow n^{l-1}a \text{ を } b_l \text{ 回加える})$$

となる。これから，$i \leqq l$ が成り立つ間，1 つ前の処理で得られた $n^{i-2}a$ に $n^{i-2}a$ を $n-1$ 回加えて $n^{i-1}a$ の値を求め（処理 C，処理 D），→(79)(80)

次に，1 つ前までに得られた和

$$0 + b_1 \times a + b_2 \times na + \cdots + b_{i-1} \times n^{i-2}a \quad (②までの和)$$

に $n^{i-1}a$ を b_i 個加えていく（処理 E，③），としてアルゴリズムを続けていけばよいことがわかる。

これを問題で与えられたアルゴリズムに当てはめると，以下のようになる。

$c=0$，$d=0$，$i=1$ とする。

$i \leqq l = \text{length}(b, n)$ が成り立つ間，処理 A を繰り返す。→(81)(82)

処理 A の始め

　$i=1$ のときは，①より，$d=0$ に a を b_1 回加えるから，処理 B で c の値を a とし，処理 E を b_1 回繰り返す。→(83)(84)

　$2 \leqq i \leqq l$ のときは，まず $n^{i-1}a$ を求めるために，処理 C を実行する。

　処理 C の始め

　　c' の値を c とする。

　　処理 D（c' の値に c の値を加える）を $n-1$ 回繰り返す。→(85)(86)

　　c の値を c' とする。

　処理 C の終わり

　③より，$i-1$ のときの処理 E の結果の d（②までの和）に i のときの処理 C の結果の c を $b_i = \text{digit}(b, n, i)$ 回加える（処理 E）。→(87)〜(90)

処理 A の終わり

ここで，命令 F や命令 G の実行回数や推移がわかるように具体例を考えてみる。

$a=91$，$b=74$，$n=7$ とすると　　$a=160_{(7)}$，$b=134_{(7)}$

このとき，アルゴリズムにおける変数の推移は次のようになる。

最初に，$c=0$，$d=0$，$i=1$ とする。

• $i=1$ のとき

処理Aを始めると，$i=1$ であるから処理Bを行う。

処理Bを始めると，最初に c の値は $a=160_{(7)}$ である。

次に，処理Eを $b_1=4$ 回繰り返すと，d の値は順に

$$0+160_{(7)}=160_{(7)},\quad 160_{(7)}+160_{(7)}=350_{(7)},$$
$$350_{(7)}+160_{(7)}=540_{(7)},\quad 540_{(7)}+160_{(7)}=1030_{(7)}$$

と推移し，最終的に $1030_{(7)}$ となる。（命令Gの実行回数は 4 回）

• $i=2$ のとき

処理Aを始めると，$i\neq1$ であるから処理Cを行う。

処理Cを始めると，最初に c' の値は $c=160_{(7)}$ である。

次に，処理Dを $n-1=6$ 回繰り返すと，c' の値は順に

$$160_{(7)}+160_{(7)}=350_{(7)},\quad 350_{(7)}+160_{(7)}=540_{(7)},$$
$$540_{(7)}+160_{(7)}=1030_{(7)},\quad 1030_{(7)}+160_{(7)}=1220_{(7)},$$
$$1220_{(7)}+160_{(7)}=1410_{(7)},\quad 1410_{(7)}+160_{(7)}=1600_{(7)}$$

と推移し，最終的に $1600_{(7)}$ となる。（命令Fの実行回数は 6 回）

また，c の値は $1600_{(7)}$ となる。

そして，処理Eを $b_2=3$ 回繰り返すと，d の値は順に

$$1030_{(7)}+1600_{(7)}=2630_{(7)},\quad 2630_{(7)}+1600_{(7)}=4530_{(7)},$$
$$4530_{(7)}+1600_{(7)}=6430_{(7)}$$

と推移し，最終的に $6430_{(7)}$ となる。（命令Gの実行回数は 3 回）

• $i=3$ のとき

処理Aを始めると，$i\neq1$ であるから処理Cを行う。

処理Cを始めると，最初に c' の値は $c=1600_{(7)}$ である。

次に，処理Dを $n-1=6$ 回繰り返すと，c' の値は順に

$$1600_{(7)}+1600_{(7)}=3500_{(7)},\quad 3500_{(7)}+1600_{(7)}=5400_{(7)},$$
$$5400_{(7)}+1600_{(7)}=10300_{(7)},\quad 10300_{(7)}+1600_{(7)}=12200_{(7)},$$
$$12200_{(7)}+1600_{(7)}=14100_{(7)},\quad 14100_{(7)}+1600_{(7)}=16000_{(7)}$$

と推移し，最終的に $16000_{(7)}$ となる。（命令Fの実行回数は 6 回）

また，c の値は $16000_{(7)}$ となる。

そして，処理Eを $b_3=1$ 回実行し，d の値は

$$6430_{(7)}+16000_{(7)}=25430_{(7)}$$

となる。（命令Gの実行回数は 1 回）

$l=3$ であるから，処理はこれで終了し，$25430_{(7)}$ の値を出力する。

また，命令Fと命令Gの実行回数の合計は

$$(4+3+1)+2\times6=20 \text{ 回}$$

である。

▶(イ)　(ア)の具体例からわかる通り，命令Gは $i=1,\ \cdots,\ l$ のときにそれぞれ b_i 回実行され，命令Fは $i=2,\ \cdots,\ l$ のときに $n-1$ 回ずつ実行されるから

$$f(b,\ n)=(b_1+\cdots+b_l)+(l-1)\times(n-1)$$

である。

・$0<b\leqq999$ の範囲で $f(b,\ 10)$ が最大になるのは $b=999$

のときで，最大値は

$$(9+9+9)+2\times9=45 \quad\rightarrow(91)\sim(95)$$

・$f(b,\ 2)=(b_1+\cdots+b_l)+(l-1)$ である。

$999=1111100111_{(2)}$ であるから，$0<b\leqq999$ の範囲で $f(b,\ 2)$ が最大になるのは

$$b=1111011111_{(2)},\ 1110111111_{(2)},\ 1101111111_{(2)},\ 1011111111_{(2)}$$

のときで，最大値は

$$(1+1+1+1+1+1+1+1+1+0)+9=18 \quad\rightarrow(96)\sim(98)$$

▶(ウ)　整数 $k\geqq2$ が与えられているとし，ある整数 $n\geqq2$ を固定する。

b が $n^k\leqq b<n^{k+1}$ の範囲にあるとき，b は n 進法で $k+1$ 桁の整数であり，n 進法で $k+1$ 桁の整数をすべてとりうる。

・$f(b,\ n)$ が最小になるのは，n 進法で $b=\underset{k+1\,桁}{\underline{10\cdots\cdots0}}$ のときで，最小値

$$(1+\underset{k\,個}{\underline{0+\cdots+0}})+k\times(n-1)=kn-k+1 \quad\rightarrow(99)\sim(102)$$

・$f(b,\ n)$ が最大になるのは，n 進法で $b=\underset{k+1\,桁}{\underline{(n-1)\cdots\cdots(n-1)}}$ のときで，

最大値は

$$\{\underset{k+1\,個}{\underline{(n-1)+\cdots+(n-1)}}\}+k\times(n-1)=2kn-2k+n-1 \quad\rightarrow(103)\sim(108)$$

小論文

解答例 問1.【A】実施された政策：同性パートナーシップ制度の導入

その目的：性的少数者が被る制度的不都合および制度的差別の解消を図ること

アクターと個々の利益・理念：

　1） LGBT 当事者（当事者団体）

　利益：一般の婚姻制度と同様の権利の獲得

　理念：性の多様性を認め多様な家族・婚姻形態を認める社会にしてほしい

　2） 議員

　利益：当事者の訴えを実現することによる支持者層の獲得

　理念：制度的な不具合を解消し，より良い地域や国を作る

　3） 地域住民（市民）

　利益：治安等の住環境や地域財政の安定による暮らしやすさの獲得

　理念：自分たちが安心して生活を送ることができる環境が維持されること

　4） 自治体（行政）

　利益：自治体イメージの構築による住民数の確保と税収の安定

　理念：地域の住環境を整備し暮らしやすい地域を作る

制度：議会制民主主義，憲法（基本的人権の尊重を重視する価値観，現行の婚姻・家族制度に関する法的規制），自治体の条例，地域の取り決め

【B】実施された政策：コメ市場の部分開放

その目的：ウルグアイ・ラウンド交渉における貿易の自由化

アクターと個々の利益・理念

　1） 農政派議員

　利益：農業団体の支援による支持者層の確保

　理念：国内農業の保護と活性化を図ることが重要である

　2） 日本政府

　　利益：貿易交渉締結による国内経済の活性化

　　理念：国内産業の需要を増大させ，国内経済を安定させる

　3）　WTO 事務局

　　利益：貿易体制の拡大による世界経済の活性化と貿易摩擦の解消

　　理念：世界経済の活性化を通した各国の経済活性化の誘導

　4）　農業団体

　　利益：輸入制限による国内流通量と価格の維持，および収入の安定

　　理念：自由競争による値崩れを防ぎ，農家の収入や国内農業の安定を図る

制度：国際条約，自由主義・資本主義経済理論，国内農業の安定を重視する価値規範

【C】実施された政策：小規模保育事業の認定

その目的：保育所の増設による待機児童問題の解消

アクターと個々の利益・理念

　1）　保育関連 NPO 法人

　　利益：保育の充実による待機児童の解消

　　理念：必要な人に必要な保育サービスがいきわたるべきである

　2）　保育士・保育経験者

　　利益：保育に関するキャリアの活用と理想とする保育の実践

　　理念：個々の子供を丁寧に保育することが重要である

　3）　就労を希望する乳幼児の母親

　　利益：保育サービスの確保により就労やそのための活動が可能になること

　　理念：保育の質は保ちつつ，必要な時に保育サービスを活用できるべきである

　4）　政府

　　利益：働く女性の増加による労働力不足の解消・税収の増加

　　理念：育児中の女性が働くことのできる環境を作ることが女性の社会参加を促す

制度：議会制民主主義，家事・育児等の性的役割分業に関する慣習，企業の社内規定と雇用慣例，児童福祉法，保育理論

問2．【A】本質的な課題：伝統的な家族観に基づく同性婚法制化への懸念

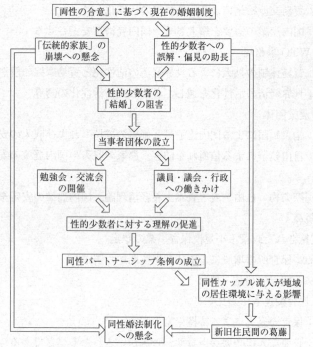

問3．【A】同性婚を法制化するには，まずパートナーとの制度的な婚姻を望む当事者が団体を立ち上げ，地域住民や議会，政府に働きかける必要がある。

保守系の人々は，同性婚の制度化が「伝統的家族」を壊すと主張する。また地域のパートナーシップ条例に反対する住民の中には，性的少数者の移入により地域のイメージや治安が悪化すると考える人もいる。そこで当事者団体は，これらの懸念を払拭するために各地で勉強会や交流会を開催し，住民や行政関係者と定期的に対話して理解を促す必要がある。

地域でパートナーシップ条例が実現した場合，行政は当事者団体との連携を強化し，性的志向性に関わりなく皆が住みやすい環境の整備を進める。また制度の適用を求める新規移入者を当事者団体につなぎ，さらに新旧住民に問題や不信が生じないよう，両者の間に入り調整する必要がある。

制度の成功例が増えれば，人口減少地域などで制度を導入する自治体も増加すると考えられる。それにより，性的少数者の家庭に対する偏見や誤解は一定程度，解消に向かうだろう。しかし伝統的家族観を重視する人々

はむしろ危機感を強める可能性がある。そこで各当事者団体は地域の枠を超えて連携し，メディアや大規模な交流事業などを通して同性婚への理解を全国に広げる必要がある。世論が同性婚の法制化に傾けば，保守派政党にも伝統的家族観と社会的要請との妥協点を探る必要が生じ，同性婚が議論の俎上に載るからである。

　法制化に向けた具体的な議論では，当事者団体は政府内の理解促進のため，この問題に関心を持つ議員らと連携し積極的に勉強会などを開く。くわえて国外の団体の協力も得て，国際的な要請を可視化する必要もある。保守派の危機感を和らげるため，制度の適用範囲は段階的に拡大し，制度化による経済効果などの利点も指摘する。こうして当事者を中心に社会と制度がつながり理解を広げることで，同性婚の法制化が実現すると私は考える。(800 字以内)

■■■■◀解　説▶■■■■

≪定性分析の試み≫

　新聞記事や当事者の語りといった質的データを元に課題を分析する「定性分析」に必要な思考力を問う課題である。まず分析に必要な 3 つの要素に関する説明文を読んで理解した上で，3 つの異なるテーマに関する新聞記事や当事者の語りを読む。そして前述の要素を用いつつ，設問に従って分析を進めていく。テーマはそれぞれ「同性パートナーシップ制度」，「コメの貿易自由化」，「小規模保育事業の制度化」に関するものである。問 1 は 3 つのテーマすべてについて，問 2 以降はそれらのうちのひとつを選択する形式だが，問 1 から順に解答するよりも，先に問 2 以降にどのテーマを取り上げるのかを決めておいた方がよい。特に問 2 の本質的な課題のフレーミングを明確にしておくことで，無駄なく解答することができる。

▶問 1．3 つのテーマそれぞれについて，①実施された政策と②その目的を提示する。その上で，③アクター（利害関係者）を列挙し，各アクターの④利益，⑤理念，および⑥どのような制度の下で動いているかを指摘する。1 つの設問で要求される事柄が多岐にわたるため，注意して解答したい。

　「アクター」については，課題文ツール【1】で，意識的または無意識的に課題に関わる「当事者，行為者，関係者」と定義されている。また「利益」は「それぞれのアクターが持つ利害」，「理念」は「それぞれのア

クターが持つ考えや信念」,「それぞれが考える『正しさ』や理想像」,「制度」は「法律」や「きまり」,「価値規範」など,「規則のように明文化されたものはもちろん,慣習や規範といった文章になっていないものも含めて,私たちを制約するルールや仕組み」と定義されていることを押さえておこう。特に「制度」はかなり広い概念となっていることに注意しておきたい。

　各テーマとも,課題文の当事者の語りには「書かれていないこと」も含めて 4 つまで「アクター」を提示することができる。ただしこのとき,思いつきで 4 つ列挙すると,問 2・問 3 で解答の焦点がぼやけてしまう場合がある。そのため,上述の通り,先に問 2 の課題のフレーミングを明確にしてから,それに関与する度合いの高いアクターを中心に絞り込んだ方がいいだろう。

　【A】の「同性パートナーシップ制度」に関わるアクターは,性的マイノリティの当事者(当事者団体でもよい)の他,制度導入を検討している自治体とその地域住民,制度化に向けて活動する議員など,多岐に及ぶ。細かく見れば,当事者の中にも,パートナーシップ制度や同性婚に積極的なアクターと消極的なアクターが見いだせる。議員にしても,問題関心の強い議員と,伝統的家族観を重んじる保守派議員に分かれる。また保守派政党や,性的少数者に対する嫌悪感の強い市民や自治体も利害関係の枠に入る。さらに国連も課題に関連するアクターの 1 つである。

　【B】の「コメ貿易の部分的自由化」に関わるアクターとしては,農政派の議員や農林水産省,農業団体などの関係団体,個々の農家の他,農政派ではない議員や調整役としての内閣,WTO 事務局などが挙げられる。さらに農業以外の畜産業や重化学工業等の産業団体,世界銀行や国内の各種金融機関,物流に関連する業者も貿易に関するアクターの一部である。さらには米を栽培している他国の政府や農業関係者,小売店業界など,関連するアクターは多岐にわたる。

　【C】の「小規模保育の事業化」に関わるアクターは,保育サービスの充実を期待する乳幼児の母親の他,父親や祖父母,保育支援を行う NPO 法人,既存の保育事業者,保育士や保育経験者,各自治体,厚生労働省や政府関係者などがある。さらに,母親の就労先となる企業や職場関係者のほか,保育サービスを受ける乳幼児本人や,保育園の周辺住民もまた利害

関係者である。さらには空き家・空き物件の持ち主なども，保育事業の場所の提供に関わるアクターであるといえる。

　こうした多様なアクターの中から最大４つを選択し，列挙する。絞り込む際には①その制度によって直接的に利害が生じる者，②その制度の策定に直接的に関わる者から順に絞り込んだ方がよい。関係性の薄いアクターを提示すると，問２のダイアグラムが無駄に複雑化するので気をつけよう。また各自の「利益」「理念」は必ずしもテーマに直接関連するものとは限らないこと，上述の通り「制度」の定義は範囲が広いため，よりその人の行動や生活，選択に影響を及ぼしているものを指摘するといいだろう。

▶問２．３つのテーマの中から１つを選択し，①本質的な課題を切り取ってタイトルをつけ，②その課題の構造をアロー・ダイアグラムとして記載する。この設問は他の設問に先立って，方向性を確定しておこう。ここでの課題設定が，問題全体の完成度に大いに関係してくるので注意したい。

　まず課題の切り取り（フレーミング）については，なるべく対象を絞り込んだ方がよい。【A】の場合は「伝統的家族観」や，性的少数者に対する偏見や差別の問題が同性婚の制度化の妨げとなっている。【B】では，特定の産業の保護を重視することが貿易協定締結の阻害要因である。【C】は，既存の保育事業者や地域住民の反対，関係省庁と行政の連携の不備などが小規模保育事業の導入を妨げていた。これらの課題文で示されている内容を中心に書くのが基本の方向性である。もちろんそれ以外のところに焦点を当てて課題を切り取ることもできる。たとえば【A】であれば，同性婚を求める人々の活動が，多様な性的少数者のイメージを「同性愛者」という１つのイメージに還元してしまうという側面に焦点を当てることも可能である。ただし課題の焦点をずらせば，課題文に書かれていない要素を多分に説明しなくてはならなくなる。その分，テーマに関する理解が足りなければ，問３の意見論述で焦点がぼやけることになりやすいので注意しよう。

　次にダイアグラムは，できるだけシンプルにまとめるようにしよう。課題文にもあるように，アクターが増えれば増えるだけ，課題の構造は複雑化する。問１でアクターが４つまでに絞られているのは，ダイアグラムが無意味に複雑化しないためである。課題文の図ほどシンプルでなくても構わないが，あまり複雑化しないようにすっきりとまとめたい。そのために

はまず，その課題の「独立変数」と「従属変数」，つまり原因と結果を明確に定めることである。

　ここで，課題設定が適切であるかどうかが問われることになる。問題の要因と，最終的な結果の範囲をどこに定めるかによって，ダイアグラムの内容も変化する。たとえば【B】で「貿易協定の締結による市場の自由化」を従属変数にする場合と，市場が開放されたのちの「国内産業の保護と活性化」を従属変数にする場合では，ゴール地点が変わるため，考慮すべき要素も変化する。さらに，問1で書き出したアクターがこの課題設定にとって適切かどうかも重要である。たとえば【C】で，「保育サービスの拡充」を独立変数，「保育の質の低下」を従属変数としているのに，保育士や既存の保育事業者をアクターに入れていなかったり，子どもの祖父母のような間接的な関与者をアクターに入れていたりする場合，「問1で書き出した要素を考慮して」という設問要件を十分に満たしにくくなったり，ダイアグラムがむやみに複雑化したりすることになる。したがって再三述べている通り，あらかじめどのように課題構造を切り出すのかを考えておこう。

▶問3．問2で取り上げたテーマについて，「システム思考」に基づいて解決策を図る。「システム思考」とは課題文ツール【3】で「相互に関連する行動が織り成す，目に見えない構造」やそうしたつながりによる「互いへの影響」や変化の「パターンの全体を明らかにして，それを効果的に変える方法を見つけるための概念的枠組み」である。課題文ではホームレス支援を例に挙げ「サービスの提供者を連携させて，連続した支援ができるようにすることで，すべての関係者の問題解決能力が高まる」とある。

　したがって課題を俯瞰し，アクター間の見えにくい相互連関やつながりの断絶などを指摘し，そこに新たな関係を築いたり，負の影響を与え合っている箇所を修正したりすることで，課題の解決に向けた流れが円滑に運ぶよう論旨を展開する必要がある。たとえば【C】における国と自治体の関係のように，各課題には連携がうまく働いていなかったり，相反していたりするアクターが存在している。それらを連携させ，課題の解決へと向かわせるには，どのような理念を持ったアクターのどのような介入が必要なのかを考え，指摘していけばよい。ここでも問2で課題をいかに適切に設定しているかが解答作成の難度を左右する。どのテーマであれば全体を

俯瞰的に把握しやすいか，どこに焦点を当てて解決策を提示するかを考え
ながら問 1，問 2 を解答することが重要である。

❖講　評

　2021 年度の小論文はこれまでの傾向とは異なり，複数のテーマから
1 つを選択する内容の出題だった。具体的には「同性パートナーシップ
制度」，「コメ貿易の自由化」，「小規模保育事業の制度化」の 3 つのテー
マに関する新聞記事や当事者の語りを読み，その中から 1 つを選択して
課題の改善に向けた分析を行うものである。ただしその前段階として，
分析に必要な「着眼点」，「構造理解」，「解決方法」に関する説明文を読
み，その定義に従って各設問に解答することが求められる。またテーマ
選択型ではあるものの，問 1 ではすべての事例を分析することが求めら
れており，相当な分量の課題文に目を通す必要がある。さらに各設問は，
利害関係者の指摘，課題の抽出と解決方法の提示というように受験生が
段階を踏んで分析を行えるよう構成されている。こうした手順は総合政
策学部で研究を進める上で必要な定性分析の端緒となるものであり，学
部での学びに円滑に参与できる複合的な思考力や情報分析力が試されて
いるといえる。

　試験時間は 120 分で 2020 年度と同じである。解答字数は，指定があ
るものは問 3 の意見論述だけで 800 字。問 1 も字数制限はないものの設
問要件が多くそれなりの字数になる。したがって全体の総字数は 2020
年度の 1200 字を大幅に上回るといえる。さらに過去に出題されていた
図示の問題が復活している。その代わりに例年出題されていた図表の読
み取りはなかったが，設問の解答要件がかなり多く複雑であるため，従
来と比較しても相当に難度が高いといえる。

2020 年度

解 答 編

解答編

英語

I　解答　[31]—2　[32]—1　[33]—3　[34]—2　[35]—3
　　　　　　　[36]—1　[37]—3　[38]—1　[39]—1　[40]—3
[41]—3　[42]—4　[43]—2　[44]—1　[45]—2

◆全　訳◆

≪効率のよい駐車場のデザイン≫

1　やけつくように暑い日曜日の午後に4時間も駐車場で身動きができなくなることほど苛々するものはほとんどない。しかし，これは英国のレディングにあるイケアの新しい立体駐車場における買い物客たちの不幸な運命であった。イケアによる本格的な調査を促すだけでなく，このような混沌は私たちにどの程度まで渋滞を防ぎ得るのかを考えさせてくれる。幸運なことに，私たちが完璧な駐車場を設計する方法を考える際，数学がいくつかの基本的な指針を与えてくれる。

2　まず，私たちはどれくらいの駐車スペースがそこにあるべきかを決める必要がある。これは継続的な問題であり，それに対する規範的な答えはない。場所を多くとりすぎると費用がかかるし，見栄えもよくない。その一方で駐車場が少なすぎれば顧客たちが取り乱し，不満を抱えるという結果になる。しかし，ちょっとした比較的単純な数学が最悪の混雑を避けることに役に立つのだ。

3　毎日のピーク需要を平均 M 台の車としよう。私たちは標準偏差を用いて，車の数が平均からどれくらいの相違を生じそうなのかを見当をつけることができる。これを値 S と呼ぶこととしよう。もしも S が小さいなら，それは毎日のピーク需要がかなり一貫したものであるということを意味する。もしも S がより大きな値であるなら，それはもう少しばかり変動があるということを意味する。つまり，おそらくは日曜日や3連休以上の週末休暇，あるいは売り出しの期間中などに入場者数が急増するといっ

たことだ。

4　いったんこれらの値を知ってしまえば，私たちはある一定の駐車スペースをもつ駐車場があふれる可能性を見積もるため，正規分布を用いることができる。たとえば，もしも $M＝750$ で $S＝100$ であれば，800 台の駐車スペースがある駐車場は 33 ％の日であふれるであろうが，その一方で1,000 台の駐車スペースをもつ駐車場はたった 1 ％の日でしかあふれない。この簡単なモデルをより極端な出来事に焦点を合わせるよう修正することによって，より高い精度を得ることができる。

5　駐車区画では，歩行者が通れるように，また輪距（左右の車輪の中心間距離）が回転する余裕をもたせることで車両が隣りあった駐車区画の角を横切ることなく円滑に出入りすることが可能になるよう，車の周囲に十分なスペースを残しておくべきである。このことはまた十分な幅のあるアクセスレーンによっても成し遂げられる。その結果，車が駐車区画に入ってきたとき線に平行になるのである。

6　それでは，駐車場のレイアウトを考えてみよう。その建物が平面図において長方形であるとするなら，便利で密度の高い駐車区画を保証するいくつかの簡単なルールがある。各階の周辺部分にアクセスレーンを作るのではなく，レーンを内側に動かすことで私たちは駐車区画を建物の縁の周辺に設置することができ，駐車区画の数を増やすことになる。行き止まりは，運転者たちが車の流れに逆らって戻らなければならなくなるため，好ましいものではない。よって，これらを避けるために傾斜路が設置されるべきである。駐車場全体が一方通行になっているシステムもまた混雑や混乱の回避に役立つ。その上，アクセスレーンを対面通行のものよりも狭くすることができる。

7　斜めの駐車スペースのレイアウトは長方形のレイアウトと比べて大きな利点を提供してくれる。アクセスレーンに沿って進み，空いている区画を見つけたところを想像してもらいたい。長方形のレイアウトであれば，自分の進行方向を 90 度変える必要があり，それは車の回転のためのスペースを提供するため，レーンにかなりの幅が求められる。

8　しかし，斜めのレイアウトでは，両側の駐車区画は進行中の人に向かって傾斜している。こうすればコースの調整がより少なくて済み，アクセスレーンもより狭いものにすることができる。よって，同じ大きさの空間

により多くの駐車区画を組み込むことができる。大きな駐車場にとっては，駐車区画の角度を 45 度にすると 23％の効率性の向上につながる。また進行方向を変える必要もずっと少なくて済むため，後でバックで駐車区画を出る際，運転もより簡単で安全である。

9　もしも仮に新しい駐車場をゼロから考案するつもりなら，全てのシステムの中で最高のものの 1 つの例はらせん状の駐車場のデザインである。入口は 1 つ，シンプルに車は流れ，そして出口が 1 つ。歩行者にとって安全であり，利用できる空間を効率的に使っている。重要なことに，適度に小綺麗でもある。おそらくイケアはその格子状のデザインを捨て去り，らせん構造を渦巻かせるべきなのだろう。

■━━━━━　◀解　説▶　━━━━━■

▶[31]　設問部分は「どの程度まで（　　　）を防ぎ得るのかを考えさせてくれる」という文の一部である。第 1 段第 1 文（There can be …）の being stuck in a car park を言い換えた表現である gridlock「渋滞」が適切である。standoff は「孤立」，clearance は「除去」といった意味である。

▶[32]　設問部分は「これは継続的な問題であり，それに対する規範的な答えはない」という文における前置詞＋関係代名詞の形である。文末の名詞 answer に注目する。answer to ～ で「～に対する解答」となることから to が適切。

▶[33]　設問部分は「駐車区画では車の周囲に（　　　）スペースを残しておくべきである」という文の一部である。この部分を修飾する to enable ～，to allow ～ に注目する。「歩行者のアクセスができるようにするため」にどのようなスペースが必要なのかを考えると，ample「十分な」が適切である。alternative は「代替の」，token は「形ばかりの」といった意味である。

▶[34]　設問部分は「車両が（　　　）駐車スペースの角を横切ることなく円滑に出入りすることが可能になるよう，車の周囲に十分なスペースを残しておくべきである」という文の一部である。車両がどのような駐車スペースの角を横切ることなく出入りできるのかを考えると，adjacent「隣りあった」が適切である。farthest は「最も遠い」，overlooking は「～を見下ろす」といった意味である。

▶[35]　設問部分は「その建物が平面図において長方形であると（

）」という文の一部である。直前の文（Now consider the …）で「駐車
区画のレイアウトを考えてみよう」と仮定の話を始めており，設問部分で
もその仮定を続けていると考えられる。Assuming that S V で「〜だと
仮定すると」といった意味になるため，Assuming が適切。Admitting は
「〜を認める」，Ignoring は「〜を無視する」という意味になり，文章が
つながらない。

▶[36]　設問部分は「それら（行き止まり）のために運転者たちは車の流
れに（　　　）戻らなければならない」という文の一部である。戻るとき
には流れと反対になると考えられるので「反対する，逆らう」という意味
をもつ against が適切である。with は「〜とともに」，over は「〜を超え
て」といった意味になる。

▶[37]　設問部分は「それは車の回転のためのスペースを（　　　）ため，
レーンにかなりの幅が求められる」という文の一部である。「提供する」
という意味をもつ accommodate が適切である。circumvent「〜を回避す
る」，eliminate「〜を除去する」では意味が通らない。

▶[38]　設問部分は「斜めのレイアウトでは，両側の駐車区画は進行中の
人に向かって（　　　）している」という文の一部である。「傾いた」と
いう意味をもつ inclined が適切である。declined は「断った」，reclined
は「寄りかかった」といった意味になる。

▶[39]　設問部分は「新しい駐車場を（　　　）から設計するとすれば」
という文の一部である。from scratch で「ゼロから」といった意味を表
すイディオムとなるので，scratch が適切。scribble は「走り書き」，
script は「脚本」といった意味である。

▶[40]　設問部分は「イケアはその格子状のデザインを捨て去り，らせん
構造を回転（　　　）べきなのだろう」という文の一部である。直後に
the helix「らせん構造」，a whirl「回転，渦」と名詞が2つ続いているこ
とから第4文型をとる動詞が必要だと判断する。provide は「提供する」
という意味であるが前置詞 with が必要となるので give が適切。spin は
「〜を紡ぐ」といった意味である。

▶[41]　「第1段において，筆者はイケアの駐車場を（　　　）と描写し
ている」

1．「数学的に健全である」

２．「異常に配分されている」

３．「非効率に設計されている」

４．「適度に魅力的である」

第１段第１文（There can be …）に「やけつくように暑い日曜の午後に４時間も駐車場に閉じ込められることほど苛々するものはない」，「これが新しいイケアの買い物客の運命」とあることから３が正解であると判断できる。

▶[42]「駐車場の混雑を予測する数学の使用に関して，正しくないものは以下のどれか」

１．「日曜や祝日に利用者が増加することはより大きな標準偏差を生み出す」

２．「より小さな標準偏差は最も混雑する時期に変化がより少ないということを意味する」

３．「正規分布を用いることにより駐車場があふれる状態を予測できる」

４．「いつ駐車場があふれるのかを知ることは極端な出来事を予測することができる」

１は第３段最終文（If S is larger, …）に，２は第３段第３文（If S is small, …）に，３は第４段第１文（Once we know …）とそれぞれ一致する。４は本文に記述がない。

▶[43]「筆者が主張しているのは（　　　　）」

１．「人々は暑さから離れておこうとするため，日曜の午後は夏の駐車場にとって最も混み合う時間帯の１つである」

２．「駐車場からの出入りは，斜めのレイアウトにおいては，骨を折らず，安全に行うことができる」

３．「長方形のデザインにおいては，通常，駐車区画は駐車場よりも効率的である」

４．「顧客は即座に無駄なく駐車できることをありがたく思うが，駐車スペースが多すぎると魅力がなく費用がかかる」

第８段最終文（You also need …）に「（斜めのレイアウトでは）進行方向を変える必要がずっと少なく，駐車スペースから出る際に操作がより簡単で安全」とある。この部分が２の内容と一致する。１と３は本文に記述がない。４は，後半部分は第２段第３文（Too many spaces …）の内容

とほぼ一致しているが，前半部分の「顧客は即座に無駄なく駐車できることをありがたく思う」という内容と直接的に一致する箇所は本文にない。

▶[44]　「きちんと計画された長方形のデザインをもつ駐車場の特色は以下のうちどれか」

1．「行き止まりを避けるための傾斜路」

2．「外側周辺のレーン」

3．「対面通行の車の流れ」

4．「広いアクセスレーン」

長方形の駐車場は第6段に記述がある。1は第4文（Dead ends are …）と一致。2は第3文（Rather than …）と矛盾。「アクセスレーンは内側に」とある。3，4は第5文（One-way flow …）と矛盾。一方通行が推奨されており，アクセスレーンが狭くて済むと述べられている。

▶[45]　「最終段において，筆者がらせん型の駐車場を用いることを薦めている理由は（　　　）」

1．「最も混雑する時間がより正確に予測できる」

2．「人の事故の危険を減少させる」

3．「より統計的，美的に魅力的である」

4．「らせん形のグリッドにおいてはそれぞれのスペースの間の余地がより大きい」

最終段第2文（With one entrance, …）において「歩行者にとって安全」とあるので2が正解となる。その他の選択肢についての記述は本文にない。

◆━◆━◆━◆━◆　●語句・構文●　◆━◆━◆━◆━◆━◆

（第1段）　scorching「猛烈に暑い」　multi-story car park「立体駐車場」　Reading「レディング（イギリスの地名）」　prompt「〜を促す」　guiding principles「基本理念」

（第2段）　perennial「長期間続く」　prescriptive「規範的な」　parking bay「駐車区画」　distraught「取り乱した」　congestion「混雑」

（第3段）　Suppose that S V「もしSがVならば」　get a sense of〜「〜がどのようなものか感触を得る」　vary from〜「〜から異なる」　standard deviation「標準偏差」　value「値」　spike「急増する」

（第4段）　normal distribution「正規分布」　evaluate「〜を見積もる」　given「一定の」　whereas「一方で〜」　modify「〜を修正する」

（第 5 段）　axle tracks「車両の左右の車輪の中心間距離，トレッド」　〜，so that S V「〜，その結果 S は V」

（第 6 段）　rectangular「長方形の」　rather than 〜「〜というよりもむしろ」　perimeter「周囲」　dead end「行き止まり」　one-way flow「一方向のみの流れ」　two-way「対面通行の」

（第 7 段）　diagonal「傾いた，傾斜のある」　width「幅」

（第 8 段）　maneuvering「操作すること」　reverse「（車）をバックさせる」

（第 9 段）　If S were to *do*「もし仮に S が〜するとしたら」　epitomize「〜の典型となる」　helical「らせん状の」　ditch「〜を捨てる」　whirl「回転，渦」

Ⅱ　解答

[46]—3　[47]—3　[48]—2　[49]—1　[50]—1
[51]—2　[52]—2　[53]—2　[54]—3　[55]—1
[56]—1　[57]—4　[58]—4　[59]—3　[60]—3

◆全　訳◆

≪意思決定の際に大きな影響を与えるもの≫

1　リチャード＝セイラーは，彼の著書である『行動経済学の逆襲』において，すでに認知心理学の分野において巨匠であったダニエル＝カーネマンとエイモス＝トベルスキーとの共同研究を始めたばかりの頃について語っている。カーネマンとトベルスキーは 1974 年の論文『不確実性の元における判断』において，人間の意思決定における 3 つのわかりやすい認知バイアスを提案し，学界をたちまち魅了した。その後の数年にわたり，選択や危険，それから不確実性についての彼らのさらに詳しい研究が意思決定におけるさらなる例外を明らかにした。そしてそれは他の学科に対しても非常に大きな影響を与え，カーネマンに 2002 年のノーベル経済学賞をもたらした。

2　突然，人々はかつてなかったほどに認知バイアスに注意を払い始めた。この一部には，非常に古いために誰が最初にそれらを発見したのか実際には誰も確信がもてない人間心理についての事実のいくつかを再発見し，それらに対する新たな注目をもたらしたことが含まれる。しかしこれらに伴って，数多くの他の組み込まれた認知バイアスを明らかにする新しい業績

も生まれた。そして私たちの目的に対して最も重要なものの2つはピーター=ワトスンの確証バイアスの初期の発見に基づいている。これらは「バックファイア効果」と「ダニング=クルーガー効果」であり，両方が動機づけられた推論の概念に根ざすものである。

3　動機づけられた推論とは，私たちが本当であってほしいと望むことが実際に真実であることの認知を歪めるかもしれないという考えである。つまり，私たちはしばしば感情的な背景の中で推論するということである。これはおそらく不協和の減少と確証バイアスという考えの背後にあるメカニズムであり，それがなぜかを見て取ることは簡単である。私たちが精神的に不快だと感じるとき，私たちはそれを減少させるための自我を脅威にさらすことのない方法を見つけようという気になる。そしてそれは自分たちの信じることを感情のほうに調整する（その逆ではなく）という不合理な傾向へと繋がり得る。「ある人が何かを信じないことにその人の給料がかかっている場合，その人に何かを信じさせることは難しい」と述べたとき，アップトン=シンクレアはおそらく，そのことを最もよく言い表していたのだろう。

4　確証バイアスという考えは，私たちが自分たちの信じていることの1つが正しいという考えを擁護しようとする際，それが正しいことを確かめるための証拠を探すのは習慣的なものである，という点において，動機づけられた推論に直接的に関連しているように思える。私たちは，容疑者を除外する理由を探すのではなく，容疑者を特定し，しかる後にその人物に合わせて事件を構築しようとする警察の刑事たちにこの作用が働いているのを一般的に目にする。しかしながら，ここにおいて，動機づけられた推論と確証バイアスを区別することは重要である。というのは，それらは正確には同じものというわけではないからである。動機づけられた推論は，おそらくは無意識のレベルにおいて，自分たち自身が進んで自分たちの意見という光に照らして自分が信じているものを陰にしてしまおうとする精神状態である。確証バイアスは，前から存在している自分たちの信じているものを確かめるように情報を解釈することで，このことを成し遂げようとする作用である。

5　感情と道徳的な判断の心理学についての研究の中で，ノースイースタン大学の心理学者であるデヴィッド=デステノは道徳的な推論における

「集団への所属」の効果を研究している。ある実験において，会ったばかりの被験者は色の付いたリストバンドを与えられることにより，ランダムに組分けされる。それから彼らはばらばらにされる。最初のグループには楽しい 10 分の課題か難しい 45 分の課題のどちらかを行う選択肢が与えられることが伝えられる。それからそれぞれの被験者は部屋に一人にされ，どちらの課題をするか選ぶか，あるいは先入観のない状態にするため，コインを投げて決めるか，どちらかをすること，しかしどちらの場合でも，部屋に後から入った人には選ばれなかった方の課題が残されていることが告げられる。被験者たちが知らないのは録画されているということである。ほとんどの人がより簡単な課題を自分で選び，コインをわざわざ投げなかったにもかかわらず，部屋を出るとすぐ，90％が自分たちは公正であったと述べた。しかし，決定的に魅力的だったのは次に起こったことである。被験者の残りの半分が嘘つきとずるをした人たちのビデオテープを見るように言われたとき，彼らはそういった人たちを非難した。同じ色のリストバンドをつけていない場合には。もしも私たちがリストバンドと同程度に些細な何かに基づいて非道徳的な行動を許そうとするなら，本当に感情的に傾倒している際，どのように私たちの推論が影響を受けるかを想像してみてほしい。

━━━━━◀解　説▶━━━━━

▶[46]　設問部分は「カーネマンとトベルスキーは学界を（　　　）した」という文の一部である。take *A* by storm で「*A* をたちまち魅了する」といった意味になるので，storm が適切。take *A* by force は「*A* を無理やり奪い取る」，by accident は「偶然に」という意味を表すが，これらでは意味の通らない文章になってしまう。

▶[47]　設問部分は「選択や危険，それから不確実性についての彼らのさらに詳しい研究が意思決定におけるさらなる（　　　）を明らかにした」という文の一部である。前文（In their 1974 …）に straightforward cognitive biases「わかりやすい認知バイアス」とあり，空所を含む文で further work「さらに詳しい研究」と述べられていることから，より詳しく研究することでわかりやすい例から外れる anomalies「変則，例外」が明らかになったと考えられる。surplus は「余剰」，demerit は「落ち度，欠点」という意味である。

▶[48]　設問部分は「突然，人々は（　　　）認知バイアスに注意を払い始めた」という文の一部である。once and for all は「きっぱりと」，like never before は「かつてないほど」，as per usual は「いつもの通り」という意味を表す表現だが，文頭に All of a sudden「突然」とあることから，like never before が最も適切である。

▶[49]　設問部分は「これらは『バックファイア効果』と『ダニング＝クルーガー効果』であり，両方が動機づけられた推論の概念に（　　　）ものである」という文の一部である。elaborated は「精巧に作られた」，designated は「指定された」といった意味になるが，これらでは文章の意味が通らない。be rooted in ～「～に根を下ろした」となる rooted が適切である。

▶[50]　設問部分は「つまり，私たちはしばしば（　　　）背景の中で推論するのである」という文の一部である。emotional は「感情的な」，rational は「合理的な」，historical は「歴史の」といった意味である。emotional もしくは rational の 2 つが自然な文章を作るが，前文（Motivated reasoning is …）が「そうであってほしいと望むことが実際そうであることの認知を歪める可能性がある」といった内容であることから，emotional が適切である。

▶[51]　設問部分は「『ある人が何かを信じないことにその人の給料がかかっている場合，その人に何かを信じさせることは難しい』と述べたとき，アップトン＝シンクレアはおそらく，（　　　）のだろう」という文の一部である。アップトン＝シンクレアが述べていることは，前文（When we feel …）にある「私たちは不快な状況にあるとき，自分たちの信じることを感情のほうに調整するという不合理な傾向へと繋がり得る」という内容の具体例であると考えられる。よって，say it best「最もよく言い表している」が最も適切である。miss the mark は「的外れである」，take ～ for granted は「～を当然だと思う」といった意味を表す。

▶[52]　設問部分は「容疑者を除外する理由を探すのではなく，容疑者を（　　　）し，しかる後にその人物に合わせて事件を構築しようとする警察の刑事たち」という文の一部である。consult「助言を求める」では意味が通らない。また punish「罰する」では後に続く「その人物に合わせて事件を構築しようとする」と前後関係がおかしくなる。よって「特定す

る」という意味の identify が最も適切である。

▶[53]　設問部分は「確証バイアスは，前から存在している自分たちの信じているものを確かめるように情報を（　　　）することで，このことを成し遂げようとする作用である」という文の一部である。intercept は「中断する」，interpret は「解釈する」，interrupt は「中断する」といった意味である。確証バイアスは第 4 段第 1 文（The idea of …），第 2 文（We commonly see …）において「自分の信じることに合うように証拠を探す」と述べられている。よって「自分の信じることを確かめるように情報を解釈する」とする必要があるので interpreting が正解となる。

▶[54]　設問部分は「ほとんどの人がより簡単な課題を自分で選び，コインをわざわざ投げなかったにもかかわらず，90％が自分たちは（　　　）であったと述べた」という文の一部である。空所を含む文で they と呼ばれる被験者たちは，第 5 段第 9 文（When the other …）で the liars and cheaters と呼ばれている。コインを投げず自分で楽な課題を選んだ被験者が，自分たちは fair「公正」であったと述べたために，のちに「嘘つきとずるをした人」と呼ばれることになったと考えられる。よって，fair が適切である。dishonest は「不誠実な」，unkind は「不親切な」という意味になる。

▶[55]　設問部分は「もしも私たちがリストバンドと同程度に（　　　）何かに基づいて不道徳な行動を許そうとするなら」という文の一部である。trivial は「些細な」，colorful は「色彩に富んだ」，crucial は「重要な」といった意味である。空所を含む第 5 段最終文（If we are …）に，if we were really emotionally committed「本当に感情的に傾倒している際」とある。この部分はリストバンドによって非道徳的な行為を許すことと対比されているので，リストバンドは「本当に感情的」とまでは言えない程度のものであると考えられる。よって trivial が適切。

▶[56]　「なぜカーネマンとトベルスキーの研究は経済学の分野においてそれほど重要だったのか」
1．「彼らの理論は人々の経済的な選択に新たな洞察を提供したから」
2．「彼らの業績がノーベル経済学賞をもたらしたから」
3．「彼らの理論が経済学からのデータを効率的に利用したから」
4．「彼らは新しいやり方で経済学から心理学へと手法を取り入れたから」

第 1 段第 2 文（In their 1974 …）において彼らの業績が説明され，同段第 3 文（Over the next …）において「彼らの業績が他の学科においても大きな影響を与え」たとある。これらから認知心理学の研究が経済学に影響を与えたことがわかるので，1 が正解となる。

▶[57]　「第 3 段で言及されている不快感を『減少させるための自我を脅威にさらさないような方法』とは以下のうちどれか」

1．「人の現在の感情に関する精神状態によりリスクを取ること」

2．「関係する事実を客観的に検証することにより自分の信じていることを補強すること」

3．「他人がどう感じるかに関係なく，経済的な利益を求めること」

4．「自分の信じることに反しない何かを受け入れること」

a non-ego-threatening way to reduce は第 3 段第 4 文（When we feel …）に登場するが，この表現の直後に関係代名詞 which 以下で「自分の信じることを感情に合わせる」と説明されている。また同段第 1 文（Motivated reasoning is …）では「自分が望むことが事実を受け入れることに影響する」，第 2 文（We often reason, …）では「私たちは感情的に推論する」とあることから 4 が正解となる。

▶[58]　「筆者によれば動機づけられた推論と確証バイアスの間の関係は何か」

1．「前者は後者の一例である」

2．「前者は後者を現実化する」

3．「後者は前者の一例である」

4．「後者は前者を現実化する」

第 4 段第 4 文（Motivated reasoning is …）において両者が具体的に説明されている。「確証バイアスは，前から存在している自分たちの信じているものを確かめるように情報を解釈することで，このこと（＝動機づけられた推論）を成し遂げようとする作用である」とある。確証バイアスは「このこと（＝動機づけられた推論）を成し遂げようとする作用」なので，4 の「後者（＝確証バイアス）が前者（＝動機づけられた推論）を現実化する」が適切である。

▶[59]　「第 5 段においてデステノが試そうとしていた仮説は何か」

1．「人々はしばしば実際はそうではなさそうなときでさえ，自分たちが

論理的に行動していると考える」

２．「人々は見られていないときには，よりずるをしやすいと感じる」

３．「人々は同じ集団のメンバーに対しては寛大になりがちである」

４．「人々は自分の個人の利益よりも自分の所属をより気にかける」

第５段第１文（In his work …）で，デステノは「集団への所属」の効果を研究したとされている。同段第２文（In one experiment …）で述べられている実験の結果，同段第９文（When the other …）において「自分と同じ色のリストバンドをしている場合は嘘をついた人を許した」という結果が述べられている。よって３が正解となる。

▶[60]　「筆者によって提示されている中心となる考えは以下のうちどれか」

１．「私たちの科学的な思考は私たちの感情によって影響を受ける」

２．「意思決定は非常に多くの要素を含むので，しばしば非論理的になる」

３．「人々は自分を重ね合わせるものに基づいて意思決定をする」

４．「心理学と経済学はお互いに強く結びついている」

第５段最終文（If we are …）において，同段のデステノの実験結果を受け，「リストバンド程度のもので道徳的でない行動を進んで許すなら，感情的に傾倒しているとどのように私たちの推論が影響を受けるかを想像してみればよい」と述べている。また第３段第１文（Motivated reasoning is …）や同段第２文（We often reason, …）などにおいても「推論が感情によって影響を受ける」ということが述べられている。よって，３が正解となる。１は「科学的な」思考についてはこの文章で中心になっていると言えず，２は「非常に多くの要素」というよりは「感情」が影響を与えていると考えられるので適切ではない。４は第１段の内容に合致はするが，筆者の考えの中心であるとまでは言えない。

◆━◆━◆━◆━●語句・構文●━◆━◆━◆━◆

（第１段）cognitive psychology「認知心理学」 straightforward「明快な，単刀直入の」 cognitive bias「認知バイアス」 academic discipline「学科」

（第２段）renewed「更新された」 built-in「はめ込まれた」 confirmation bias「確証バイアス」

（第３段）color「～に影響を与える」 arguably「おそらく，まず間違い

なく」 dissonance reduction「不協和の減少」 accommodate「〜を適応
させる，調整する」 the other way around「逆に」
（第4段） in that S V「S が V という点において」 it is customarily
when … right that we look for … は，customarily から right までを強調
する強調構文で，idea の後の that は同格である。at work「働く，作用す
る」 rule *A* out「*A* を除外する」 state of mind「精神状態」 in light of
〜「〜に照らして」 preexisting「既存の」
（第5段） affiliation「所属」 unbiased「先入観のない」 in either case
「どちらの場合においても」 bother to *do*「わざわざ〜する」 condemn
「〜を非難する」 committed「情熱を注いでいる」

Ⅲ 解答

[61]－1　[62]－3　[63]－3　[64]－1　[65]－1
[66]－2　[67]－2　[68]－2　[69]－1　[70]－2
[71]－3　[72]－3　[73]－1　[74]－3　[75]－1　[76]－3
[77]－2　[78]－1　[79]－2　[80]－2　[81]－4　[82]－2
[83]－2　[84]－4　[85]－1　[86]－2　[87]－1　[88]－4
[89]－2　[90]－4

◆全 訳◆

≪生物多様性と絶滅の議論の背景にあるもの≫

1　恐竜を作るということは思っているよりも難しい。映画『ジュラシッ
ク・パーク』においては，琥珀の中に保存されていた蚊から恐竜の完全に
揃った DNA を抽出し，それからそのクローンを作ることによって行って
いる。しかし DNA は時とともに劣化するし，現在まで有史以前の蚊や恐
竜の化石の中から発見されていない。より現実的な可能性としては，すで
に周りに存在している，生存している恐竜を取り上げることだろう。つま
り，鳥である。現代の鳥たちは獣脚類の恐竜の生存している系統の1つと
みなされており，T.レックスとヴェロキラプトルと密接な関係をもって
いるとされる。ただ彼らの脚を見てみればいい。「獣脚」とは「獣の脚を
している」という意味である。鳥の胚の発達の仕方を少し操作することに
より，いくつか現代の適応の発現を抑制して，より古い遺伝的な指令に取
って代わらせることができる。進取的な研究者たちはすでにくちばしの代
わりに鼻をもつニワトリを創り出している。

2　このことは明らかに世界の全般的な楽しさを増すものであり，やがてはジュラ紀に類似した異国風のペットにおける盛況な取引を始動させるだろう。しかしながら，ケナガマンモスからピレネー山脈のヤギに至るまで，もっと最近になって姿を消した野生動物を復活させることを目的とした驚くべき数の他のプロジェクトがある。遺伝子編集技術における進歩は「絶滅種の復活」を潜在的に実行可能な企てにすることを約束する。しかし，その核心は何なのだろうか。この質問に答えるため，スウェーデンの科学ジャーナリストであるトリル=コーンフェルトは自然と人間との関係について数多くの深淵な疑問とパラドックスを提起している研究者たちに会うため，旅に出た。

3　最後のマンモスはほんの 4,000 年前に死んだが，そのことはマンモスの DNA の断片を回収し得るということを意味しており，科学者たちはマンモスのゲノムが現代のゾウのものとどのように異なっているのかという全貌を組み立ててきている。シベリアでは，一匹狼のマンモスの骨の狩猟家であるセルゲイ=ザイモフは景色の中にマンモスを再び登場させたいと思っている。一方，アメリカの遺伝子学の教授であるジョージ=チャーチはマンモスの配列をゾウの DNA につなぎ合わせることにより，マンモスをどうやって組み立てるかということに取り組んでいる。しかしなぜなのだろう？　チャーチは何か新しいことをしているという，そしておそらくは進化に手を入れることさえしているという単純な喜びが動機になっている。「私たちはマンモスがしたことよりもさらに上手くできるかもしれません」と彼は述べている。一方，ザイモフと彼の息子は，マンモスのような草食の巨型動物相が，熱を吸収する森林において木々をなぎ倒し，地面にある断熱性の雪の最上層を根こそぎにするという方法により，彼らの環境において実際に全般的な気温を低く抑えておくことができ，それによって地球温暖化を弱めることができると指摘している。

4　このことはもちろん，大きなスケールでしか機能しない。つまり，もしも何百万頭ものマンモスがオーロックス（現代の畜牛の先祖である野牛）の巨大な群れやその他の過去からの亡霊とともにヨーロッパ大陸を歩き回ることがあるのなら，である。実際，そのような世界はある種の人々が見たいものであり，そしてここにおいて絶滅した種の復活という考えが現代の再野生化運動への望みと一致する。それは，オオカミのような捕食

者を含む野生動物を再導入することにより，発達した世界の生態系を変えることを望んでいるのだ。

5　その動機の一部は単に美的なものであり，一部は一種の，種としての罪悪感に由来するものである。マンモスや巨大なナマケモノ，そして他の大型動物相を死なせてしまったのは，初期の気候変動というよりもむしろ実際のところ人間であるのかどうかについて科学者たちの意見は分かれている。しかし，ある者たちの考えでは，それらを復活させることは，私たちの他のすべての環境的な破壊行為に対するある種の象徴的な償いであり，人間と他の動物たちとの関係において，私たちを堕罪以前の罪のない状態に返すというものなのだろう。高度な技術を用いる生態学の反体制文化の教父であるスチュワート=ブランドはコーンフェルトにこのように話している。「たとえば私は海で暮らすタラにかつての大きさになってほしい。人々はアフリカの国立公園に出かけ，本当に数多くの，そしてさまざまな種の動物でいっぱいの草原を見る。ヨーロッパは以前はそんな風だったし，北アメリカもかつてはそのようだった。北極でさえそのような豊かな動物相を保有していた。それが私の目標だ」

6　このような観点では，暴れ回る恐竜はもちろんマンモスやオオカミによる少しばかりの人間の死は，ブランドが呼ぶところの「バイオアバンダンス」という，よりわくわくするような環境のためには受け入れられる支払うべき代償なのだろう。スウェーデンの野生のイノシシは，1980年代に公園から逃げ出してきた数頭の子孫であるが，現在，「毎年何千件もの交通事故」の原因となっている。そして実際のところ，その何百万羽もの群れが定期的にアメリカの特定の地域の植物相を荒廃させるであろうリョコウバトの復活に取り組んでいる別の研究者は，その役割を明確に創造的な破壊をもたらす媒介者とみなしている。「森林はときどき森林火災が必要なのです」と彼は言う。そのような幻想は明らかに生態学的な懐古の情に基づいている。それは物事を以前そうであったように戻し，そのまま同じ状態にしておきたいという欲求であり，そしてそれゆえにニュージーランドの海岸沖の島々にいる「侵略的なネズミ」を絶滅させるようなプロジェクトを発生させる。それは一種の生態学的な優生学に他ならない。

7　しかし，この分野において他の考えをもつ人々は，あらゆる生態系はそれ自体が一連の過程であり，常に変化しているということにずっと注目

している。コーンフェルトがこのように問いかけている。「なぜ現在のような自然が 1 万年前の自然世界，もしくは今から 1 万年後に存在しているであろう種よりも大きな価値があるはずだと言えるのだろうか」　惑星の時計を戻すことを望むような種類の生態学に対する優れた反論は，オランダの生物学者であるメノ゠スヒルトハウゼンによる最近の著作『ダーウィンが街にやってくる』である。その本は，加速する進化がどのようにしてすべての種類の動物たちに現代の都市における新しい生態学的な適所（ニッチ）を見つけさせているかについての調査において，大きな喜びと楽観を示している。

8　絶滅した種の復活に対するより実際的な批判は，まだ絶滅していない種を救おうとする試みから資源が流用されてしまうというものである。しかしこの 2 つは必ずしも競い合うものではない。世界に 2 頭しかいないキタシロサイの場合は，それらは相補うものであるかもしれない。コーンフェルトはサンディエゴにある見事に名前のつけられた「冷凍動物園」を訪れている。そこでは 1970 年代から，1,000 近い種からの細胞を集めたものが液体窒素の中で冷凍され，蓄積されている。1 ダースほどのサイから採取した細胞のクローンを作ることにより，動物園の園長であるオリバー゠ライダーは，持続可能な個体数を再構築することを望んでいる。つまり，コーンフェルトがうまく述べているように，「12 本の試験管によって，ミニチュアの装甲車のように赤ちゃんサイがもう一度ガラガラと音を立てて走り回ることが可能になるかもしれない」のである。

9　冷凍動物園はすでに絶滅した種からの細胞もまた保存している。たとえば，目の周りが黒くなっている小さな灰色の鳥であるカオグロハワイミツスイである。生存している鳥の捕獲を試みるかどうか科学者たちが議論をしている間に，個体数は徐々に減少してしまった。最終的に 1 羽のオスが捕獲されたが，つがいとなるメスが見つけられず，そのオスは 2004 年に檻の中で死んでしまった。このオスの細胞はライダーに送られた。「クリスマスの時期でした」と彼はコーンフェルトに述べている。「私が顕微鏡で細胞を調べているとき，この種はもう絶滅してしまったのだという鋭く激しい認識が私を襲ったのです」

10　この分野においては正しい，あるいは間違った答えはない。しかし，コーンフェルトがほのめかしているように，そのような議論の巧言は，い

くつかのほとんど深く詮索されない推定上の美徳の周辺をまだぐるぐると
回っている。たとえば，彼女がインタビューした絶滅種復活の研究者たち
によってしばしば引用されている，より素晴らしい「生物多様性」の狙い
は，実のところ決して絶対的な目標ではない。研究者たちが現在そうしよ
うと努力しているところであるが，おそらくは遺伝的に不妊の個体と置き
換えることにより，マラリアを媒介する蚊を根絶することができるなら，
1年あたり何百万人もの命を救うことができる。しかしそれは生物多様性
の縮小になるだろう。私たちが最も愛している樹木のいくつかの種を全滅
させてしまいそうな菌類は，それ自体が攻撃する樹木と同じく生命体であ
る。必然的に，そのような考えを議論している者は常に別の種よりもある
種のほうを選んでいる。そして別の生態系よりある生態系のほうがどこと
なくより真正なものであると判断している。自然はそれ自体がどちらかが
よいといっているわけではなく，地球上における最も残忍な絶滅の原動力
となっている。

◀解　説▶

▶[61]　設問部分は「より現実的な（　　　　）としては，すでに周りに存
在している，生きている恐竜を取り上げることだろう」という文の一部で
ある。直前の第1段第3文（But DNA degrades …）「DNA は時ととも
に劣化し，有史以前の蚊や恐竜のものは見つかっていない」と空所直後の
「生きている恐竜を取り上げること」から判断すると，prospect「可能
性」が適切である。parameter は「媒介変数」，problem は「問題」とい
った意味である。

▶[62]　設問部分は「もっと最近になって姿を消した野生動物を（
）」という文の一部である。more recently vanished wild animals「も
っと最近になって姿を消した野生動物」をどうするのかを考える。bring
back で「連れ戻す」といった意味になるため，back が適切。bring up は
「下から上げる」，bring along は「連れていく」といった意味になる。

▶[63]　設問部分は「遺伝子編集技術における進歩は『絶滅種の復活』を
潜在的に（　　　）企てにすることを約束する」という文の一部である。
遺伝子編集技術における進歩が「絶滅種の復活」という企てをどのような
ものにするかを考えると，viable「実現可能な」が適切。untenable は
「支えられない」，gullible は「騙されやすい」といった意味である。

▶[64]　設問部分は「科学者たちはマンモスのゲノムがどのように現代の
ゾウのものと異なっているのかという全貌を（　　　）いる」という文の
一部である。第 3 段第 1 文（The last mammoth …）に「マンモスの
DNA の断片は回収し得る」とあることから判断すると，piece together
「接ぐ，全体像をつかむ」が文意に合うので pieced が適切。shuffle は
「混ぜる，引きずる」，join together は「一丸となる，結合する」といっ
た意味である。

▶[65]　設問部分は「チャーチは何か新しいことをしているという，そし
ておそらくは進化に手を入れることさえしているという（　　　）が動機
になっている」という文の一部である。空所直後に doing something
new「何か新しいことをしている」，improving on evolution「進化をよ
りよくする」とあるので simple joy「単純な喜び」が正解となる。sour
grapes は「負け惜しみ」，hidden agenda は「隠された動機」といった意
味である。

▶[66]　設問部分は「ザイモフと彼の息子は，（　　　），マンモスのよう
な草食の巨型動物相が熱を吸収する森林において…地球温暖化を弱めるこ
とができると指摘している」という文の一部である。この空所を含む第 3
段においてはアメリカの教授とシベリアの狩人が紹介されている。アメリ
カの教授ジョージ=チャーチが紹介された後，シベリアのザイモフと彼の
息子の地球温暖化抑制に役立つという考えが紹介されている。よって，
meanwhile「一方で」が適切である。therefore は「それゆえに」，
hereafter は「これから先は」といった意味を表す。

▶[67]　設問部分は「もしも何百万頭ものマンモスがオーロックスの巨大
な群れやその他の過去からの亡霊とともにヨーロッパ大陸を（　　　）こ
とがあるのなら」という文の一部である。millions of mammoths「何百
万頭ものマンモス」がヨーロッパ大陸をどのようにするのかを考えると，
roaming across「歩き回る」が適切。buried underneath は「地中に埋め
られている」，gathered from は「集められる」となる。

▶[68]　設問部分は「その動機の一部は単に美的なものであり，一部は種
の罪悪感に（　　　）ものである」という文の一部である。直前の Part
of the motivation is simply aesthetic「動機の一部は美的なもの」を受け，
他の動機 a kind of species guilt「一種の，種としての罪悪感」を述べて

いる。derive from ～「～から派生する」とすると文意に合うので，derives が正解となる。detract from ～ は「削ぐ」，detach from ～ は「～から離れる」となる。

▶[69] 設問部分は「ヨーロッパは以前そんな風だったし，北アメリカもかつてはそのようだった。北極（　　）そのような豊かな動物相を保有していた」という文の一部である。「（動物相が豊富にはなさそうな）北極『でさえも』」という文章を作ると文脈が通る。よって，「～でさえも」という意味を表す even が正解となる。only では「北極だけが」となり，so を選ぶと「（前文を受けて）よって北極が」といった意味になる。

▶[70] 設問部分は「マンモスやオオカミによる少しばかりの人間の死は，ブランドが呼ぶところの『バイオアバンダンス』という，よりわくわくするような環境のためには受け入れられる（　　）なのだろう」という文の一部である。第6段第3文（And indeed …）では，リョコウバトが植物相を荒廃させることを「創造的な破壊」として正当化している。この考え方と一致する選択肢を考えると，「マンモスなどによる人間の死」を price to pay「支払うべき代償」とするのが最も適切である。line in the sand は「超えてはいけない一線」，needle in a haystack は「望みのない探し物」といった意を表す。

▶[71] 設問部分は「その（リョコウバトの）何百万羽もの群れは定期的にアメリカの特定の地域の植物相を荒廃させる（　　）」という文の一部である。ここでは「もしもリョコウバトが復活すれば」という仮定を表している。仮定法過去で「～するだろう」という意味を表す would が適切である。

▶[72] 設問部分は「それは一種の生態学的な優生学に（　　）」という文の一部である。anything other than は「～以外のもの」，something beyond は「～を超える何か」といった意味を表すが，これらでは文章がつながらない。nothing but「～に他ならない」が適切である。

▶[73] 設問部分は「あらゆる生態系はそれ自体が一連の過程であり，常に（　　）」という文の一部である。この文章に「生態系はそれ自体が一連の過程」とあることから「流動的」を表す in flux が適切である。in crisis は「危機的状態で」，in vitro は「試験管内で」といった意味を表す。

▶[74] 設問部分は「惑星の時計を（　　）を望むような種類の生態学

に対する優れた反論」という文の一部である。fight back は「抵抗する」，take back は「取り戻す」，turn back は「元に戻す」といった意味である。ここでは「時計を戻す」という意味を作る turn が適切である。

▶[75]　設問部分は「（　　　）絶滅していない種を救おうとする試み」という文の一部である。直後の第 8 段第 2 文（But the two are …）において「世界に 2 頭しかいない」というキタシロサイが例に挙げられていることから判断すると，not yet「まだ～ない」とすると文意に合うので，yet が適切である。not only は「～だけでなく」，not at all は「全く～ない」という意味を表す。

▶[76]　設問部分は「しかしこの 2 つは必ずしも競い合うものではない。世界に 2 頭しかいないキタシロサイの場合は，それらは（　　　）であるかもしれない」という文の一部である。contradictory は「矛盾する」，contemporary は「同時代の」，complementary は「補完的な」といった意味を表す。「必ずしも競い合うというものではない」と述べられていることから complementary が適切である。

▶[77]　設問部分は「冷凍動物園は（　　　）絶滅した種からの細胞もまた保存している」という文の一部である。第 9 段最終文（"It was around …）に，this species was gone now「この種はもう絶滅してしまったのだ」とある。この種とは空所の直後で例として挙げられているカオグロハワイミツスイなので「すでに絶滅した」という文を作る already が適切である。nearly は「ほとんど～している」，hardly は「ほとんど～ない」という意味を表す。

▶[78]　設問部分は「顕微鏡で細胞を調べているとき，この種はもう絶滅してしまったのだという鋭く激しい認識が私を（　　　）」という文の一部である。hit は「思い当たる」，delight は「喜ばせる」，confuse は「混乱させる」といった意味である。直後に a sharp, intense realization「鋭く激しい認識」とあることから，hit が適切である。

▶[79]　設問部分は「そのような議論の（　　　）はいくつかのほとんど深く詮索されない推定上の美徳の周辺をまだぐるぐると回っている」という文の一部である。fossilization「化石化」では文がつながらない。またこの文中に「推定上の美徳の周辺をまだぐるぐると回っている」とあることから consensus「合意」も不適である。よって，rhetoric「巧言」が適

切。

▶[80]　設問部分は「もしもマラリアを媒介する蚊を（　　　）ことができるなら，1年あたり何百万人もの命を救うことができる」という文の一部である。目的語となるのは「マラリアを媒介する蚊」なので，eradicated（「根絶する」の過去形）が正解となる。propagate は「繁殖させる」，vaccinate は「予防接種をする」といった意味を表す。

▶[81]　「映画『ジュラシック・パーク』は記事の冒頭で（　　　）ために言及されている」

1．「科学者たちが絶滅した種を復活させることの簡単さを示す」

2．「古代の蚊から取り出した DNA をどのように使うことができるのかの例を提供する」

3．「たとえ環境が完全に崩壊したとしても，自然はどうにかするだろうということを論じる」

4．「絶滅した動物を元に戻すことは現実よりもフィクションにおいてのほうが簡単であることを示す」

第1段第1文（It's harder …）で「恐竜を作ることは思っているよりも難しい」とあり，同段第3文（But DNA degrades …）では「DNA は時とともに劣化するし，有史以前の蚊や恐竜のものは見つかっていない」とある。よって4が正解となる。

▶[82]　「この記事によれば，絶滅した動物を復活させることの考えられる利点の1つではないものは以下のうちのどれか」

1．「気候変動の速度を緩めるような方法で環境に影響を与え得る」

2．「持続可能な環境に優しい食物源を創り出す」

3．「ペット産業に新しいビジネスの機会を生み出す可能性がある」

4．「環境における種の多様性と数を増加させる」

1は第3段最終文（Zimov and his son, …）と一致。マンモスなどが木々を倒したりすることが地球温暖化を弱めるとある。2は本文に記述がない。3は第2段第1文（This obviously adds …）と一致。異国風のペットの取引を始動させるとある。4は第5段第3文（Stewart Brand, the …）から第6文（Europe used to …）と一致。「以前はヨーロッパなどの地域にも多くの動物，さまざまな種がいた」とある。

▶[83]　「第4段の記述を考慮に入れると『再野生化運動』という表現は

（　　　）生態系を実現しようとしている」

1．「都会の環境において人間と野生動物が共存できる」

2．「人間の安全に関係なく，できる限り野生の状態に近い」

3．「野生動物のためのもので，人間の居住地からは隔離されている」

4．「とりわけ混みあった都市において，人間をもっと自然界の捕食者に
さらす」

第 4 段最終文（Such a world …）にこの rewilding movement が登場す
るが，この説明として関係代名詞 which 以下で「オオカミのような捕食
者を含む野生動物を再導入することにより，発達した世界の生態系を変え
たい」とある。第 5 段第 3 文（Stewart Brand, the …）以降には「ヨー
ロッパなどを以前のような状態にしたい」という旨の内容があり，また第
6 段第 1 文（On views like …）で「マンモスやオオカミによる人間の死
は支払うべき代償」とある。これらから 2 が正解となる。

▶[84]　「第 5 段において彼が言ったことからスチュワート゠ブランドにつ
いてどのようなことを推察することができるか」

1．「彼は国立公園を訪れれば，人々は野生動物を見ることしかできない
と考えている」

2．「彼は自然保護区や森林を守るためにもっと多くのことをするよう各
国政府にロビー活動をしている」

3．「彼はどのように乱獲が海洋における魚の大きさを小さくさせたかを
調査している」

4．「彼は動物が現在よりももっと多数で多様であるべきだと感じている」

第 5 段第 5 文（People go to …）と第 6 文（Europe used to …）に「国
立公園に行けば多くの動物，さまざまな種を見ることができるが，以前は
ヨーロッパなどもそうであった」とあり，最終文（That's my goal.）で
「それが私の目標だ」とある。よって 4 が正解となる。

▶[85]　「第 6 段で言及されている『生態学的な懐古の情』の最もよい例
は以下のうちのどれか」

1．「森林を現代以前の状態に回復させるために絶滅した植物を再び創り
出すこと」

2．「クローン技術を絶滅の危機にある動物の個体数を維持するために使
うこと」

３．「伝統的な作物に害となるその地域に特有の昆虫の種を取り除くこと」

４．「どのように動物が人間の環境に適応するように進化したかを研究すること」

ecological nostalgia という表現は第6段第5文（Such visions are …）に登場するが，この直後に a desire to return things to how they used to be and have them stay the same と説明されている。「物事を以前そうであったように戻し，その状態を保つ」に当てはまるのは1である。

▶[86] 「『森林には時折森林火災が必要である』という表現を最も上手くまとめているのは以下のうちどれか」

１．「自分の愛する者を傷つけることしかしない」

２．「いくつか卵を割ることなしにオムレツを作ることはできない」

３．「火遊びをすればやけどをする」

４．「熱に耐えられないなら台所から離れておきなさい」

問題となっている表現は第6段第4文（"A forest needs …）にあり，直前の creative destruction という言葉が表しているように「何かを作るために何かを破壊する」という内容だと考えられる。よって，「何らかの犠牲を払わずに目的を達することはできない」という意味を表す2が正解となる。

▶[87] 「コーンフェルトが第7段で尋ねている質問によってほのめかされていることは何か」

１．「地球の環境の1つの歴史的な期間は別の期間よりも保護する価値があるものでもないものでもない」

２．「人類は短期間の利益にしか関心をもたず，自分たちの行動が将来の環境に与える影響については関心がない」

３．「1万年前に起こった出来事は将来存在するであろう動物のタイプに影響を与えるだろう」

４．「研究者たちは歴史と現在の地球上の種と環境の役割の研究に限定されている」

コーンフェルトの質問は第7段第2文（As Kornfeldt asks …）にあり，「1万年前の自然世界や1万年後に存在している種よりも現在の自然のほうがどうしてより大きな価値があるのか」といった内容である。また同段第1文（But other thinkers …）において「あらゆる生態系はそれ自体が

過程であり，常に流動している」とある。よって，現在，過去，未来の生態系のどれかがより価値があるというわけではないという 1 が正解となる。

▶[88]「サンディエゴの冷凍動物園で最も見つけられそうなものは以下のうちどれか」

1．「琥珀の中に保存された蚊」

2．「人工的に育てられたマンモスの胚」

3．「カオグロハワイミツスイのつがい」

4．「シロサイの細胞の標本」

第 8 段第 3 文（Kornfeldt visits …）において「冷凍動物園は 1970 年代から 1,000 近い種の細胞を冷凍して保存している」とあり，同段第 4 文（By cloning cells …）に「1 ダースほどのサイの細胞をクローン化することにより」とある。よって，4 が適切である。

▶[89]「筆者の抱いている考えを最もよく表していると思われるものは以下のうちどれか」

1．「地球上の生物の多様性を増加させることは，どこからどう見ても正しい行動である」

2．「生物の多様性や絶滅についての考え方はしばしば主観的で一貫性がない」

3．「動物を絶滅から救おうとすることは世界的な生態系を危険にさらすことである」

4．「マンモスは人間が引き起こした気候の変化により絶滅した」

筆者は最終段最終文（Inevitably, those discussing …）で「そのような考えを議論している者は常に別の種よりもある種のほうを選んでいる。そして別の生態系よりある生態系のほうがどことなくより真正なものであると判断している」と述べている。これは「生物の多様性や絶滅についての考え方」が論じる人の主観によって恣意的に変化するため，一貫性がないことを問題視していると考えられる。よって，2 が適切である。

▶[90]「最終段における，筆者の自然は『地球上で最も残酷な絶滅の原動力』であるという主張と最も密接に合致するものは以下のうちどれか」

1．「私たちは人間が引き起こす絶滅は自然現象であるということを認識すべきだ」

2．「エンジンから排出される温室効果ガスは自然における絶滅の主要な

原因である」

3．「絶滅は人間の干渉により始められた自然な状態の一部である」

4．「自然現象は不可避的に生態系の取消すことができない変化につながる」

2 は本文に関連する内容の記述がない。1 や 3 は，第 5 段第 2 文 （Scientists disagree over …）に「マンモスなどを絶滅させたのは実際には人間かどうかについて議論がある」といった内容はあるが，それが「自然現象」または「自然な状態の一部」であるという記述はない。本文中の「地球上で最も残酷な絶滅の原動力」という表現も含まれる最終段最終文（Inevitably, those discussing …）に「このような議論をする者は常にある種を別の種よりも優先して選ぶが，自然はいずれかを好んでいるというわけではない」とあることから，人間の選択などには関係なく，自然の変化によって生物の絶滅などが起こるという 4 が最も解答としてふさわしい。

━◆━◆━●語句・構文●━◆━◆━◆━

（第 1 段）　extract「〜を抽出する」　amber「琥珀」　degrade「劣化する」　to date「現在まで」　prehistoric「有史以前の」　fossil「化石」　live「生きている」　line「系統，種族」　tinker with 〜「〜をいじくり回す」　embryo「胚」　silence「〜を沈黙させる」　take over「引き継ぐ，乗っ取る」　snout「鼻」

（第 2 段）　merriment「楽しいこと」　kickstart「〜を始動させる」　roaring「活発な」　exotic「異国情緒ある」　de-extinction「絶滅した種を復活させる」

（第 3 段）　fragment「断片」　genome「ゲノム」　maverick「無所属の，異端の」　splice「〜を組み継ぎする」　sequence「配列，並び」　grazing「草を食べている」　megafauna「巨大動物相」　root up「〜を引き抜く」　insulating「断熱性の，絶縁の」　counteract「〜に対抗する，〜を弱める」

（第 4 段）　at scale「大規模で」　forebear「先祖」　coincide with 〜「〜と同時に起こる」　predator「捕食者」

（第 5 段）　aesthetic「美的な」　it was in fact humans, … that killed off … は，humans を強調する強調構文。sloth「ナマケモノ」　expiation「罪

滅ぼし」 depredation「略奪，破壊行為」 prelapsarian「堕罪以前の」 cod「タラ」 masses of～「多数の～」 fauna「動物相」

（第6段） let alone～「～はもちろん」 rampaging「暴れ狂う」 devastate「～を荒廃させる」 flora「植物相」 nostalgia「懐古の情」 eugenics「優生学」

（第7段） of greater value「より大きな価値のある」 evince「（感情など）を表す」 niche「適所，生態学的地位（ニッチ）」

（第8段） pragmatic「実用的な」 divert *A* from～「*A* を～から転ずる」 splendidly「素晴らしく」 accumulate「～を蓄積する」 liquid nitrogen「液体窒素」 rumble「ガラガラと音を立てて走る」

（第9段） dwindle「次第に減少する」 in captivity「とらわれて」

（第10段） imply「～をほのめかす」 presumptive「推定上の，仮定の」 interrogate「～を問い質す，尋問する」 cite「～を引用する」 fungi「菌類」 authentic「真正な」 brutal「残酷な」

❖講　評

　2020 年度も長めの読解問題3題，小問数は空所補充が40問，本文の内容を問う問題が20問の合計60問と従来のパターンを踏襲した出題となっていた。英文の分量，問題数ともに多いため，時間との戦いとなった受験生も多かったのではないだろうか。

　空所補充問題は選択肢として与えられている語句自体の難度が高いものが少し多めであった。反面，恐竜や絶滅した動物の名前など知らなくても仕方のない語句を除き，本文中の難度の高い語句は例年に比べてやや少なめとなっていた。空所補充問題については，比較的難度の低い，基本的なイディオムの知識や前置詞＋関係代名詞といった文法的な知識で答えることができる問題はきちんと得点したうえで，上述のような難度の高い問題を消去法なども用いながらどのくらい積み上げられるかがカギとなったのではないだろうか。

　一方，内容説明問題や内容真偽問題については，Ⅱ，Ⅲにおいて紛らわしい選択肢のある問題や単純に選択肢と合致する部分を探せばよいというわけではない問題も出題されていた。それ以外は原則としてほぼ段落順に出題がなされているので，本文の中から問題文に該当する箇所を

見つけやすかったといえる。

Ⅰは効率的な駐車場のデザインについての文章であるが，英文を読んでも駐車場がどのような形状なのかをつかむことが難しかったかもしれない。しかし，空所補充問題，内容説明・内容真偽問題ともに比較的解答しやすい設問が多かった。

Ⅱは意思決定などの際における感情の影響を取り扱った文章である。確証バイアスなどの専門用語が登場するが，過去にも類似するテーマが出題されたことがあるので，本書を用いて受験対策を行った受験生は抵抗が少なかったかもしれない。Ⅰよりも空所補充問題に難度の高い語句が多く見られ，内容説明問題においても少し紛らわしい選択肢も見られた。

Ⅲは絶滅した種を復活させることなどについての文章であった。ここでも空所補充問題に難度の高い語句が多く見られた。[90]は本文中に関連のある記述を探すというよりも受験生の思考力を問う問題であった。

全体としての難易度は2019年度と同程度かやや難といえるのではないだろうか。各大問で取り上げられていたテーマは文系・理系にかかわらず興味をもつことができる内容であり，語彙力と読解力がバランスよく問われていたといえよう。

数学

I　◇発想◇　(1)　扇形と三角形の面積の公式を利用する。

(2)　a と c が平方数（ある整数の平方で表される数）であること
を利用する。

解答　(1)(1)(2) 01　(3)(4) 02　(5)(6) -2

(2)(7)(8)(9) 016　(10)(11)(12) 064　(13)(14)(15) 025　(16)(17)(18) 125

◀解　説▶

≪扇形の面積，不定方程式（平方数）≫

▶(1)　$0<t<\dfrac{\pi}{2}$ に対して，$x^2+y^2\leqq1$，$x\geqq\cos t$ で表さ

れる領域（右図の網かけ部分）の面積を $S(t)$ とおく

と

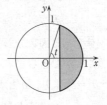

$$S(t)=\pi\cdot1^2\cdot\dfrac{2t}{2\pi}-\dfrac{1}{2}\cdot1^2\cdot\sin2t$$

$$=t-\dfrac{1}{2}\sin2t$$

$\sin\theta=\cos\left(\dfrac{\pi}{2}-\theta\right)$ で，$0<\theta<\dfrac{\pi}{4}$ のとき，$0<\theta<\dfrac{\pi}{2}-\theta<\dfrac{\pi}{2}$ が成り立つから，

S の面積は

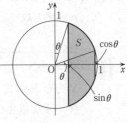

$$S=S\left(\dfrac{\pi}{2}-\theta\right)-S(\theta)$$

$$=\left(\dfrac{\pi}{2}-\theta\right)-\dfrac{1}{2}\sin2\left(\dfrac{\pi}{2}-\theta\right)-\left(\theta-\dfrac{1}{2}\sin2\theta\right)$$

$$=\dfrac{\pi}{2}-2\theta-\dfrac{1}{2}\sin(\pi-2\theta)+\dfrac{1}{2}\sin2\theta$$

$$=\dfrac{\pi}{2}-2\theta　\rightarrow(1)\sim(6)$$

▶(2)　$a^3=b^2$ より　　$aa^2=b^2$

a^2 と b^2 は平方数（ある整数の平方で表される数）であるから，a も平方

数で，同様に，c も平方数だから

$$a = x^2, \quad c = y^2 \quad (x, y \text{ は自然数})$$

とおける。

$c - a = 9$ より

$$y^2 - x^2 = 9 \quad (y + x)(y - x) = 9$$

$y + x, \ y - x$ は整数で，$y + x > y - x, \ y + x > 0$ であるから

$$y + x = 9, \quad y - x = 1$$

$$\therefore \quad y = 5, \quad x = 4$$

よって

$$a = 16 \quad \rightarrow(7)\sim(9)$$

$$b = a^{\frac{3}{2}} = 4^3 = 64 \quad \rightarrow(10)\sim(12)$$

$$c = 25 \quad \rightarrow(13)\sim(15)$$

$$d = c^{\frac{3}{2}} = 5^3 = 125 \quad \rightarrow(16)\sim(18)$$

参考　素因数分解を利用して，次のように，a が平方数になることを示すことができる。

$a^3 = b^2$ より，a と b は共通の素因数（素数である約数）をもち

$$a = p_1{}^{m_1} p_2{}^{m_2} \cdots p_n{}^{m_n}, \quad b = p_1{}^{l_1} p_2{}^{l_2} \cdots p_n{}^{l_n}$$

と素因数分解できる。ただし，$p_1, \ p_2, \ \cdots, \ p_n$ は異なる素数で，$m_1, \ m_2,$ $\cdots, \ m_n, \ l_1, \ l_2, \ \cdots, \ l_n$ は自然数である。

$a^3 = b^2$ より

$$p_1{}^{3m_1} p_2{}^{3m_2} \cdots p_n{}^{3m_n} = p_1{}^{2l_1} p_2{}^{2l_2} \cdots p_n{}^{2l_n}$$

素因数分解の一意性から，$3m_k = 2l_k$ より，$m_k (1 \leq k \leq n)$ は偶数である。よって，a は平方数である。

II　◇発想◇　(1)〜(3) $f(1)$ の決め方，$f(2)$ の決め方，$f(3)$ の決め方を求めて，積の法則を利用する。

(4)　重複組合せを利用する。

(5)　$f(x) = x$ となる x の個数で場合分けして考える。

(6)　与えられた条件から，$f(1), \ f(2), \ f(3)$ がすべて異なることがわかる。

解答

(1)(19)(20) 06　　(2)(21)(22) 06　　(3)(23)(24) 14　　(4)(25)(26) 10　　(5)(27)(28) 10

(6)(29)(30) 04

━━━━━━━◀解　説▶━━━━━━━

≪順列・組合せと関数の個数≫

▶(1)　$f(1)$ は 3 通り, その各々について $f(2)$ は 2 通り, $f(1)$ は 1 通り
であるから, 関数 $f(x)$ の個数は

　　　$3 \cdot 2 \cdot 1 = 6$ 個　→(19)(20)

▶(2)　$f(1)$ は 1 か 2 か 3 の 3 通り, $f(2)$ は 2 か 3 の 2 通り, $f(3)$ は 3
の 1 通りであるから, 関数 $f(x)$ の個数は

　　　$3 \cdot 2 \cdot 1 = 6$ 個　→(21)(22)

▶(3)　$f(1) = 1$ のとき　　$f(2) \geqq 1,\ f(3) \geqq 1$

　　　$f(1) = 2$ のとき　　$f(2) \geqq 2,\ f(3) \geqq 2$

　　　$f(1) = 3$ のとき　　$f(2) = f(3) = 3$

したがって, (2)と同様にして, 関数 $f(x)$ の個数は

　　　$3^2 + 2^2 + 1 = 14$ 個　→(23)(24)

▶(4)　$f(1) \leqq f(2) \leqq f(3)$ のとき, $\{f(1),\ f(2),\ f(3)\}$ は 1, 2, 3 か
ら重複を許して 3 個とる組合せであり, 逆に, そのような組合せ
$\{a,\ b,\ c\}\ (a \leqq b \leqq c)$ に対して

　　　$f(1) = a,\ f(2) = b,\ f(3) = c$

によって, $f(x)$ を定義すると, $f(1) \leqq f(2) \leqq f(3)$ が成り立つ。

したがって, 関数 $f(x)$ の個数は, 異なる 3 個のものから重複を許して 3
個とる組合せの個数に等しく

　　　${}_3\mathrm{H}_3 = {}_5\mathrm{C}_3 = 10$ 個　→(25)(26)

別解　$f(1) \leqq f(2) \leqq f(3)$ は次の 4 つの場合に分けて考えることができ
る。

　　　(a)　$f(1) < f(2) < f(3)$　　　(b)　$f(1) = f(2) = f(3)$

　　　(c)　$f(1) = f(2) < f(3)$　　　(d)　$f(1) < f(2) = f(3)$

関数 $f(x)$ の個数は, (a)のときは 1 個, (b)のときは 3 個, (c), (d)のときは,
${}_3\mathrm{C}_2 = 3$ 個。

したがって, 関数 $f(x)$ の個数は 10 個である。

▶(5)　$f(f(x)) = f(x)$ ……（*）とおく。

$f(a) = a$ のとき, $f(f(a)) = f(a)$ より,（*）が成り立つ。

$M = \{x \mid f(x) = x,\ x \in A\}$ とおき，M の要素の個数を $|M|$ で表すことにする。

$f(a) = b\,(a \neq b)$ のとき，$f(b) = f(f(a)) = f(a) = b$ より

「$f(a) = b\,(a \neq b)$ ならば $b \in M$」 ……(＊＊)

が成り立ち，$|M| \geq 1$ である。

(i) $|M| = 3$ のとき

$f(1) = 1$，$f(2) = 2$，$f(3) = 3$ より，$f(x)$ は 1 個。

(ii) $|M| = 2$ のとき

M の要素の決め方は ${}_3\mathrm{C}_2$ 通り

例えば，$f(1) = 1$，$f(2) = 2$ とすると，$3 \notin M$ より

$f(3) = 1$ または $f(3) = 2$

$f(3) = 1$ のとき $f(f(3)) = f(1) = 1 = f(3)$ （(＊) を満たす）

$f(3) = 2$ のとき $f(f(3)) = f(2) = 2 = f(3)$ （(＊) を満たす）

よって

$f(1) = 1$，$f(2) = 2$，$f(3) = 1$ または $f(1) = 1$，$f(2) = 2$，$f(3) = 2$ より，

$f(x)$ は 2 個。

(iii) $|M| = 1$ のとき

M の要素の決め方は ${}_3\mathrm{C}_1$ 通り

例えば，$f(1) = 1$ とすると，$2 \notin M$，$3 \notin M$ より

$f(2) = 1$ または $f(2) = 3$

$f(2) = 3$ のとき，(＊＊)より $3 \in M$ となるから不適。

よって $f(2) = 1$

同様に $f(3) = 1$

したがって $f(1) = f(2) = f(3) = 1$

このとき，すべての x に対して(＊)が成り立ち，$f(x)$ は 1 個。

以上，(i)〜(iii)より，関数 $f(x)$ の個数は

$1 + {}_3\mathrm{C}_2 \cdot 2 + {}_3\mathrm{C}_1 \cdot 1 = 10$ 個 →⑵⑵⑵

▶(6) $f(a) = f(b)$ ならば

$f(f(a)) = f(f(b))$，$f(f(a)) = a$，$f(f(b)) = b$

であるから，$a = b$ が成り立ち，対偶

「$a \neq b$ ならば $f(a) \neq f(b)$」

が成り立つ。

したがって，$f(1)$，$f(2)$，$f(3)$ はすべて異なり，次の 6 個が考えられる。

①$f(1)=1$, $f(2)=2$, $f(3)=3$

②$f(1)=1$, $f(2)=3$, $f(3)=2$

③$f(1)=2$, $f(2)=1$, $f(3)=3$

④$f(1)=3$, $f(2)=1$, $f(3)=2$

⑤$f(1)=2$, $f(2)=3$, $f(3)=1$

⑥$f(1)=3$, $f(2)=2$, $f(3)=1$

$f(a)=a$ ならば　　$f(f(a))=f(a)=a$

また，$a\ne b$ のとき，$f(a)=b$ かつ $f(b)=a$ が成り立つならば

$$f(f(a))=f(b)=a, \quad f(f(b))=f(a)=b$$

であるから，①，②，③，⑥のとき，$f(x)$ は条件を満たす。

④のとき，$f(f(1))=f(3)=2$ より，$f(x)$ は条件を満たさない。

⑤のとき，$f(f(1))=f(2)=3$ より，$f(x)$ は条件を満たさない。

したがって，関数 $f(x)$ の個数は　　4 個　→㉙㉚

III　◆発想◆　「2 つの円が接するとき，接点は 2 つの円の中心を通る直線上にある」という性質を利用する。

解答　㉛㉜ 01　㉝㉞ 04　㉟㊱ 02　㊲㊳ 02　㊴㊵ 02　㊶㊷ 02
㊸㊹ 04

◀解　説▶

≪円が接する条件，余弦定理≫

半円の中心を O，半径を r とし，4 つの円
A，B，C，D の中心をそれぞれ，P，Q，
R，S とおく。

円 A と円 B の接点を M，円 B と円 C の接点
を N とおくと，△OQN と△ORN において

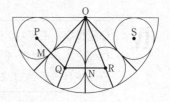

$$OQ=r-1=OR, \quad QN=1=RN, \quad ON が共通$$

∴　△OQN≡△ORN

よって，∠ONQ=90° が成り立ち，円 B と円 C の共通接線は O を通る。

他の接点についても同様である。

∠QON=∠RON=θ とおくと，OM，ON は円 B の接線だから

$$\angle \text{MOQ} = \angle \text{QON} = \theta$$

$$\angle \text{MON} = 2\theta$$

よって

$$4 \times \angle \text{MON} = 8\theta = \pi$$

$$\theta = \frac{\pi}{8}$$

△OQR で余弦定理を用いると

$$2^2 = (r-1)^2 + (r-1)^2 - 2(r-1)^2 \cos\frac{\pi}{4}$$

$$(2-\sqrt{2})(r-1)^2 = 4$$

$$(r-1)^2 = 4 + 2\sqrt{2}$$

$r > 1$ より　　$r = 1 + \sqrt{4 + 2\sqrt{2}}$　　→(31)〜(38)

円 E の中心を T，半径を e とおくと

$$\text{ON} = \sqrt{\text{OQ}^2 - \text{QN}^2} = \sqrt{(r-1)^2 - 1}$$

$$= \sqrt{3 + 2\sqrt{2}} = \sqrt{2} + 1$$

$$\text{QT} = e + 1, \quad \text{TN} = \text{ON} - e = \sqrt{2} + 1 - e$$

よって，$\text{QT}^2 = \text{TN}^2 + \text{QN}^2$ より

$$(e+1)^2 = (\sqrt{2} + 1 - e)^2 + 1$$

$$e^2 + 2e + 1 = e^2 - 2(\sqrt{2} + 1)e + 4 + 2\sqrt{2}$$

$$(4 + 2\sqrt{2})e = 3 + 2\sqrt{2}$$

$$e = \frac{3 + 2\sqrt{2}}{4 + 2\sqrt{2}} = \frac{(1+\sqrt{2})^2}{2\sqrt{2}(1+\sqrt{2})} = \frac{1+\sqrt{2}}{2\sqrt{2}} = \frac{2+\sqrt{2}}{4}$$　　→(39)〜(44)

 ◇発想◇　1 回のシャッフルによって，上から k 枚目のカードが移動する位置を調べておく。$n+1 \leqq k \leqq 2n$ のときは，$k = n + (k-n)$ であることを利用する。

---

　(1)(45)(46) 02　　(47)(48) −1　　(49)(50) 02　　(51)(52) 07　　(53)(54) 46

(2)(55)(56) 04　　(57)(58) 03　　(59)(60) 08

◀解　説▶

≪シャッフルによる移動を表す関数≫

▶(1)　アウトシャッフルを 1 回行ったとき，上から k 枚目のカードが，上

から $O(k)$ 枚目の位置に移動するとすれば

$$O(k)=\begin{cases} 2k-1 & (1\leqq k\leqq n) \\ 2(k-n) & (n+1\leqq k\leqq 2n) \end{cases} \quad \rightarrow\text{(45)}\sim\text{(48)}$$

また，インシャッフルを 1 回行ったとき，上から k 枚目のカードが，上から $I(k)$ 枚目の位置に移動するとすれば

$$I(k)=\begin{cases} 2k & (1\leqq k\leqq n) \\ 2(k-n)-1 & (n+1\leqq k\leqq 2n) \end{cases} \quad \rightarrow\text{(49)(50)}$$

したがって，$n=26$ のとき，インシャッフル・インシャッフル・アウトシャッフルの順に 3 回シャッフルを行うと

$$I(1)=2,\ I(2)=4,\ O(4)=7$$

であるから，上から 1 枚目の位置にあったカードは，上から 7 枚目の位置に移動する。　→(51)(52)
また

$$I(52)=2(52-26)-1=51,\ I(51)=2(51-26)-1=49,$$
$$O(49)=2(49-26)=46$$

であるから，いちばん下の位置にあったカードは，上から 46 枚目の位置に移動する。　→(53)(54)

▶(2)　以下では，元の束でいちばん上の位置にあったカードから順に 1，2，3，…と表すとする。

上から k 枚目のカードが，左から k 枚目の位置になるように，カードを横 1 列に並べる。

アウトシャッフルを次々に行っていくと，カードは次のように移動する。
$n=3$ のとき

$$123456 \rightarrow 142536 \rightarrow 154326 \rightarrow 135246 \rightarrow 123456$$

と移動し，初めて最初のカードの順番に戻るのは，アウトシャッフルを 4 回行ったときである。　→(55)(56)

$n=4$ のとき

$$12345678 \rightarrow 15263748 \rightarrow 13572468 \rightarrow 12345678$$

と移動し，初めて最初のカードの順番に戻るのは，アウトシャッフルを 3 回行ったときである。　→(57)(58)

$n=26$ のとき

$$O(k) = \begin{cases} 2k-1 & (1 \leqq k \leqq 26) \\ 2(k-26) & (27 \leqq k \leqq 52) \end{cases}$$

より

$$O(2) = 3, \quad O(3) = 5, \quad O(5) = 9, \quad O(9) = 17, \quad O(17) = 33,$$

$$O(33) = 2(33-26) = 14, \quad O(14) = 27, \quad O(27) = 2(27-26) = 2$$

よって，最初に上から 2 枚目の位置にあったカードが上から 2 枚目の位置に初めて戻るのは，アウトシャッフルを 8 回行ったときである。　→(59)(60)

V

◇発想◇　$y=f(x)$ のグラフが y 軸に関して対称なとき，$\displaystyle\int_{-a}^{a} f(x)\,dx = 2\int_{0}^{a} f(x)\,dx$ が成り立つことを利用する。

解答　(61)(62) 01　(63)(64) 02　(65)(66) 01　(67)(68) 02　(69)(70) 02　(71)(72) 03

◀解　説▶

≪絶対値記号を含む定積分の計算≫

$$F_a(x) = a \times f\left(\frac{x}{a}\right) = \begin{cases} a\left(1 - \left|\dfrac{x}{a}\right|\right) & \left(\left|\dfrac{x}{a}\right| \leqq 1 \text{ のとき}\right) \\ 0 & \left(\left|\dfrac{x}{a}\right| > 1 \text{ のとき}\right) \end{cases}$$

$$= \begin{cases} a - |x| & (|x| \leqq a \text{ のとき}) \\ 0 & (|x| > a \text{ のとき}) \end{cases} \quad (\because \quad a > 0)$$

よって，$y = F_a(x)$ のグラフは y 軸に関して対称であり

$$\int_{-b}^{b} \frac{1}{b} F_b(x)\,dx = \frac{2}{b}\int_{0}^{b} F_b(x)\,dx$$

$$= \frac{2}{b}\int_{0}^{b} (b-x)\,dx$$

$$= \frac{2}{b}\cdot\frac{b^2}{2} = b \quad \rightarrow(61)(62)$$

また，$G(x) = F_{b+c}(x) - F_b(x)$ とおくと，$y = G(x)$ のグラフは y 軸に関して対称であるから

$$\int_{-b-c}^{b+c} \frac{1}{c} G(x)\,dx = \frac{2}{c}\int_{0}^{b+c} G(x)\,dx$$

$\int_0^{b+c} G(x)\,dx$ は右図の網かけ部分の面積を表すから

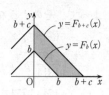

$$\int_{-b-c}^{b+c} \frac{1}{c} G(x)\,dx = \frac{2}{c}\left\{\frac{1}{2}(b+c)^2 - \frac{1}{2}b^2\right\}$$

$$= 2b+c \quad \rightarrow \text{(63)}\sim\text{(66)}$$

また

$$\int_{-b-c}^{b+c} \frac{1}{c^2}\{G(x)\}^2 dx = \frac{2}{c^2}\int_0^{b+c}\{G(x)\}^2 dx$$

$0 \leqq x \leqq b$ のとき　　$G(x) = b+c-x-(b-x) = c$

$b \leqq x \leqq b+c$ のとき　　$G(x) = b+c-x$

であるから

$$\int_0^{b+c}\{G(x)\}^2 dx = \int_0^b c^2 dx + \int_b^{b+c}(b+c-x)^2 dx$$

$$= \Big[c^2 x\Big]_0^b + \Big[-\frac{1}{3}(b+c-x)^3\Big]_b^{b+c}$$

$$= bc^2 + \frac{1}{3}c^3$$

よって

$$\int_{-b-c}^{b+c}\frac{1}{c^2}\{G(x)\}^2 dx = \frac{2}{c^2}\Big(bc^2 + \frac{1}{3}c^3\Big)$$

$$= 2b + \frac{2}{3}c \quad \rightarrow \text{(67)}\sim\text{(72)}$$

Ⅵ

◇**発想**◇　反復試行の確率の公式を利用する。順序付けが真である確率は，3 つの判断において正しく判断する合計人数を利用する。

解答　(73)(74) 17　(75)(76) 13　(77)(78) 17　(79)(80) 08　(81)(82) 17　(83)(84) 07　(85) 5
(86) 1　(87) 2　(88) 4　(89) 6　(90) 3

◀解　説▶

≪反復試行の確率，確率の大小比較≫

(1)の順序付けのとき，x と y に関する判断については 13 人が正しく，y と z に関する判断については 9 人が正しく，x と z に関する判断については 7 人が正しい。

よって，そのような場合が生じる確率は

$$_{17}C_{13}p^{13}q^4 \times _{17}C_9p^9q^8 \times _{17}C_7p^7q^{10}$$

$$= \left(\frac{17!}{13!4!}p^{13}q^4\right) \times \left(\frac{17!}{9!8!}p^9q^8\right) \times \left(\frac{17!}{7!10!}p^7q^{10}\right) \quad \rightarrow(73)\sim(84)$$

$$= \frac{17!}{13!4!}\cdot\frac{17!}{9!8!}\cdot\frac{17!}{7!10!}\cdot p^{29}q^{22}$$

順序付け (k) の場合が生じる確率を P_k $(1\le k\le 6)$ とおく。

$$c = \frac{17!}{13!4!}\cdot\frac{17!}{9!8!}\cdot\frac{17!}{7!10!}, \ f(m)=cp^mq^{51-m} \quad (1\le m\le 50)$$

とおくと

$$P_1 = f(29)$$

各判断において順序付けに対して正しく判断する人数は次の表のようになる。

表　各判断において順序付けに対して正しい判断をする人数

順序付け ＼ 判断	xとy (13：4)	yとz (9：8)	xとz (7：10)	合計
(2)$x\triangleright z\triangleright y$	13	8	7	28
(3)$y\triangleright x\triangleright z$	4	9	7	20
(4)$y\triangleright z\triangleright x$	4	9	10	23
(5)$z\triangleright x\triangleright y$	13	8	10	31
(6)$z\triangleright y\triangleright x$	4	8	10	22

P_1 と同様にして

$$P_2=f(28), \ P_3=f(20), \ P_4=f(23), \ P_5=f(31), \ P_6=f(22)$$

$1\le i<j\le 50$ のとき

$$\frac{f(j)}{f(i)} = \left(\frac{p}{q}\right)^{j-i} \quad (j-i\ge 1)$$

$q=1-p$ より

$$p-q=p-(1-p)=2p-1>0 \quad \left(\because \ p>\frac{1}{2}\right)$$

したがって，$\frac{p}{q}>1$ が成り立ち

$$f(j)>f(i)$$

よって

$P_5 > P_1 > P_2 > P_4 > P_6 > P_3$

が成り立ち，真である確率が高い順に順序付けを左から並べると

　　(5)，(1)，(2)，(4)，(6)，(3)　　→(85)〜(90)

❖講　評

　2019 年度よりやや易。設問に難易の差があり，易しい問題を確実に得点することが大事である。

　I　(1)は易しい。$\sin\theta = \cos\left(\dfrac{\pi}{2} - \theta\right)$ に気づくことがポイント。(2)は a と c が平方数であることに気づかないとやや難。

　II　過去の教育課程では写像の個数として出題されていた問題である。問題文にある関数の説明がヒントになっている。本問では，関数 $f(x)$ が x の式で表されたものではないことに注意が必要。(3)までは易しいが，(5)と(6)はやや難しい。

　III　円A，B，C，Dの接点と半円の中心を通る直線を利用する。余弦定理，三平方の定理を用いて計算するだけだが，計算に工夫が必要である。

　IV　大学で学ぶ置換を題材にした問題だが，数列の一般項を求める応用問題である。(53)(54)と(59)(60)以外は易しい。

　V　絶対値記号を含んだ定積分の問題である。定義にしたがって積分計算を実行すればよいが，計算がやや煩雑になる。被積分関数が y 軸に関して対称なことや，グラフを利用して，図形の面積を利用することができる。最後の定積分は $\{F_{b+c}(x) - F_b(x)\}^2$ を展開しないことがポイント。

　VI　反復試行の確率の問題。前半の式がヒントになっているので，問題文をよく読めば，容易に完答できる。

情報

I 解答　(ｱ)(1)—(4)　(2)—(8)
　　　　　　(ｲ)(3)—(4)

(ｳ)(4)—(3)　(5)—(0)　(6)—(6)　(7)—(7)

(ｴ)(8)—(4)

◀解　説▶

≪知的財産法（著作権法，産業財産権法），個人情報保護法≫

▶(ｱ)　文章は著作物を定義した著作権法 2 条 1 項 1 号の条文である。条文を知らなくても空欄(1)に入りそうな語句は(1)判断，(3)認識，(4)思想，(6)意識に絞られ，かつ「創作的に表現」することが可能なものであることから(4)思想に絞ることができる。空欄(2)についても著作物がどのようなものかをイメージし，かつ文芸，学術，音楽と並ぶカテゴリのものと考えると正解を導ける。

▶(ｲ)　(4)が正しい。著作者の権利は，売買などによって第三者に譲渡したり，相続したりすることができる財産権の一種である著作権と，公表権・氏名表示権・同一性保持権からなる著作者人格権に大別できる。著作者人格権は著作者の人格を保護するものであるため，他人に譲ったり，相続したりすることはできない。

(1)誤り。著作者は著作物を実際に創作した個人だけでなく，従業員が業務で著作物を創作した場合は株式会社など団体も著作者になることができるとされている。（著作権法 15 条）

(2)誤り。私的使用による複製や引用など著作権法で明記されている場合，著作権は制限される。（同法 30 条など）

(3)誤り。2018 年 12 月に発効した TPP（環太平洋経済連携協定）により，著作権は著者の死後 70 年に延長された。

(5)誤り。特許権の発生には届け出と権利化が必要なのに対し，著作権は著作物の完成により発生し，届け出や手続きは不要である。

▶(ｳ)　知的財産権に分類される権利には，文化や芸術に関する著作権，経済活動に関する産業財産権（工業所有権）などがある。産業財産権には，

特許権・実用新案権・意匠権・商標権が含まれる。空欄(6)は「新規な工業的デザインを保護する」とあるので意匠，空欄(7)は「商品の出所を示す標識」とあるので商標とわかる。

▶(エ)　(4)が正しい。2017 年の改正で個人を特定できない「匿名個人情報」の第三者提供が認められた。顧客の取引履歴の氏名を番号に置換しただけの一覧表は，容易にもとの氏名に戻せると考えられるため「匿名個人情報」ではなく個人情報である。個人情報は顧客本人の同意が必要となるので正しい。また匿名個人情報であったとしても，事業者には公表の義務があり（個人情報保護法 36 条），「自由に」は提供できない。

(1)誤り。犯罪履歴は「要配慮個人情報」とされ，取得・取り扱いにはとくに配慮を要する。

(2)誤り。個人情報は氏名や生年月日のように特定の個人を識別する情報だけでなく，学籍番号のように他の情報と容易に照合することができ，それにより特定の個人を識別できる情報も含まれる。「早稲田大学名簿提供事件」の最高裁判決でも「学籍番号，氏名，住所，電話番号」といった個人情報は，法的保護の対象となるプライバシーに係る情報に該当するとした。

(3)誤り。警察や検察等の捜査機関からの照会（刑事訴訟法 197 条）に対し，「法令に基づく場合」（同法 23 条）に該当し，提供に対し本人の同意を得る必要なく応じる義務はある。しかし両法には拒否した場合の罰則規定がないので，刑事罰を受けることはない。

(5)誤り。職場に設置されたロッカーであっても，正当な理由なくロッカーを開け，まして私物を撮影する行為はプライバシー侵害となる可能性が高い。

Ⅱ　解答

(9)～(12) 0496　(13)～(15) 017　(16)～(19) 2048　(20)～(22) 006
(23)(24) 25　(25)～(32) 00011000　(33)～(40) 10111000

◀解　説▶

≪2 進法表現による浮動小数点数の扱い≫

与えられた形式で表現できる最大の数を 10 進法表現にすると

$$1.1111_{(2)} \times 2^{1111_{(2)}-7} = 1.1111_{(2)} \times 2^{2^3+2^2+2+1-7}$$
$$= (1+2^{-1}+2^{-2}+2^{-3}+2^{-4}) \times 2^8$$
$$= 2^8 + 2^7 + 2^6 + 2^5 + 2^4$$

$$= 496 \quad \rightarrow(9)\sim(12)$$

また，指数部が小さければ値も小さくなるから，この形式で表現できる 0 でない最小の数は $1.0001_{(2)} \times 2^{0000_{(2)}-7}$ である。これを 10 進法表現の分数で正確に表現すると

$$1.0001_{(2)} \times 2^{0000_{(2)}-7} = (1 + 2^{-4}) \times 2^{-7}$$

$$= 2^{-7} + 2^{-11} = 2^{-11}(2^4 + 1)$$

$$= \frac{17}{2048} \quad \rightarrow(13)\sim(19)$$

また，この形式で表現された 10011001 という数の 10 進法表現は

$$1.1001_{(2)} \times 2^{1001_{(2)}-7} = 1.1001_{(2)} \times 2^{2^3+1-7}$$

$$= (1 + 2^{-1} + 2^{-4}) \times 2^2$$

$$= 2^2 + 2^1 + 2^{-2}$$

$$= 6.25 \quad \rightarrow(20)\sim(24)$$

一方，10 進法表現の 2.125 は

$$2.125 = 2 + 2^{-3}$$

$$= 10.001_{(2)} = 1.0001_{(2)} \times 2$$

$$= 1.0001_{(2)} \times 2^{8-7} = 1.0001_{(2)} \times 2^{2^3-7}$$

$$= 1.0001_{(2)} \times 2^{1000_{(2)}-7}$$

となるから，与えられた形式に変換すると

$$00011000 \quad \rightarrow(25)\sim(32)$$

ここで

$$3.4 = 1.A_0 A_1 A_2 A_3 \cdots_{(2)} \times 2^{A_4 A_5 A_6 A_{7(2)}-7}$$

とおく。$2 < 3.4 < 2^2$，$1 \leqq 1.A_0 A_1 A_2 A_3 \cdots_{(2)} < 2$ より

$$1 < 2^{A_4 A_5 A_6 A_{7(2)}-7} < 2^2$$

よって

$$A_4 A_5 A_6 A_{7(2)} - 7 = 1$$

$$A_4 A_5 A_6 A_{7(2)} = 8 = 1000_{(2)}$$

次に，仮数部を考える。

$$1.A_0 A_1 A_2 A_3 \cdots_{(2)} = 3.4 \div 2 = 1.7$$

より

$$A_0 2^{-1} + A_1 2^{-2} + A_2 2^{-3} + A_3 2^{-4} + \cdots = 1.7 - 1 = 0.7$$

$$A_0 + A_1 2^{-1} + A_2 2^{-2} + A_3 2^{-3} + \cdots = 1.4$$

2 項目以降の和は 1 未満のため，$A_0 = 0$ の場合，（左辺）< 1 となり矛盾。

よって　　　$A_0 = 1$

以下，$A_1,\ A_2,\ A_3$ についても同様に考えていくと

　　　$A_1 + A_2 2^{-1} + A_3 2^{-2} + \cdots = (1.4 - 1) \times 2 = 0.8$

これより　　　$A_1 = 0$

　　　$A_2 + A_3 2^{-1} + \cdots = 0.8 \times 2 = 1.6$

これより　　　$A_2 = 1$

　　　$A_3 + \cdots = (1.6 - 1) \times 2 = 1.2$

これより　　　$A_3 = 1$

　　$\therefore\ 3.4 = 1.1011\cdots_{(2)} \times 2^{1000_{(2)} - 7}$

与えられた形式に収まらない仮数部を切り捨てて変換すると

　　　　10111000　　→(33)～(40)

参考　さらに計算すると，$3.4 = 1.1\dot{0}110\dot{0}_{(2)} \times 2^{1000_{(2)} - 7}$ であるとわかる。

III　解答　　(ア)(a)(41) 6　　(b)(42) 0　　(c)(43) 1　　(d)(44) 1　　(e)(45)～(48) 4096
　　　　　　　(f)(49) 2　　(イ)(50) 4

◀解　説▶

≪トロミノやテトロミノによる正方形盤面の敷き詰め可能性≫

▶(ア)　(a)　L 型トロミノで $n \times n$ の盤面を敷き詰
めることができるためには，n は 3 の倍数でなけ
ればならない。

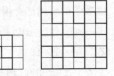

右図より，$n = 3$ のときは敷き詰めることはでき
ないが，$n = 6$ のときは敷き詰めることができる。よって，求める n の値
は　　　6　　→(41)

(b)　2^3 は 3 の倍数でないから，敷き詰めることができない。　→(42)

(c)・(d)・(e)　$2^n \times 2^n$ の盤面のうち任意の 1 マス分欠けている盤面は L 型
トロミノだけで敷き詰めることができる。これは以下のように説明できる。
次図のように，$2^n \times 2^n$ の盤面に L 型トロミノを配置した図形（これを
2^n-L 型と呼ぶことにする）を作ることができる。特に，2^{n+1}-L 型は 2^n-L
型とそれを回転させたものの合計 4 個で構成される。

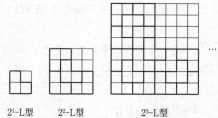

2¹-L型　　2²-L型　　　　2³-L型

さて，2×2 の盤面のうち任意の 1 マス分欠けている盤面は L 型トロミノだけで敷き詰めることができるのはすぐわかる（下図参照）。

次に，$2^2×2^2$ の盤面を考える。この盤面は，2^2-L 型やそれを回転したものと，2×2 の盤面に分けることができ，2×2 の盤面の部分に上図のどれかを敷き詰めれば，$2^2×2^2$ の盤面のうち任意の 1 マス分欠けている盤面は L 型トロミノだけで敷き詰めることができるとわかる。

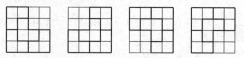

以下，同様の操作を続けると，$2^n×2^n$ の盤面のうち任意の 1 マス分欠けている盤面は L 型トロミノだけで敷き詰めることができるとわかる（証明は数学的帰納法を用いる）。

よって，(c), (d)は敷き詰めることができる。　→(43), (44)

また，(e)は 4096 種類すべて敷き詰めることができる。　→(45)〜(48)

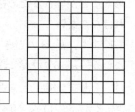

(f) 右図より，$n=1$ のときは敷き詰めることができないが，$n=2$ のときは敷き詰めることができる。よって，求める n の値は　　2　→(49)

▶(イ)　与えられたテトロミノの組み合わせのうち，1 番目，2 番目，3 番目，6 番目は敷き詰めることが可能である（次図参照）。

1番目　　　　　　2番目　　　　　　3番目　　　　　　6番目

一方，敷き詰めることが不可能なものは 4 番目，5 番目である。それを示すために，盤面を下図（左）のように市松模様（色つきと色無しのマスを交互に配置した模様）に塗る。また，テトロミノの模様は下図（右）のようになる。

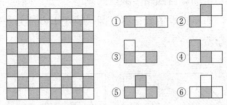

• T 型テトロミノを 3 個，Z 型テトロミノを 13 個で敷き詰めることができるとすると

⑤を x 個，⑥を y 個として　　$x + y = 3$

色つきのマスの個数について　　$3x + y + 2 \cdot 13 = 32$

y を消去して x を求めると　　$x = \dfrac{3}{2}$

これは 0 以上の整数でないから矛盾。

• 直線テトロミノを 5 個，L 型テトロミノを 5 個，T 型テトロミノを 3 個，Z 型テトロミノを 3 個で敷き詰めることができるとすると

⑤を x 個，⑥を y 個として　　$x + y = 3$

色つきのマスの個数について　　$2 \cdot 5 + 2 \cdot 5 + 3x + y + 2 \cdot 3 = 32$

y を消去して x を求めると　　$x = \dfrac{3}{2}$

これは 0 以上の整数でないから矛盾。

以上より，敷き詰めることができる組み合わせの数は　　4　→(50)

Ⅳ 解答

(ア)(51)・(52)―(2)・(3)（順不同）　(53)―(1)

(イ)(54)―(1)　(55)―(1)　(56)―(4)　(57)―(3)

(ウ)(58)0　(59)0　(60)1　(61)0　(62)1　(63)0　(64)0　(65)1　(66)1　(67)0

(68)0　(69)1　(70)0　(71)1　(72)1　(73)1

(74)(75)・(76)(77)・(78)(79)・(80)(81)―(11)・(15)・(16)・(17)（順不同）

(82)(83)・(84)(85)・(86)(87)・(88)(89)―(11)・(12)・(13)・(14)（順不同）

(90)(91)・(92)(93)・(94)(95)―(11)・(15)・(19)（順不同）

(96)(97)―(19)　(98)(99)―(11)

◀解　説▶

≪半加算器回路と全加算器回路の論理式≫

▶(ア)　問題文中にある真理値表をベン図（値が1の部分が斜線部）で表すと下図のようになる。

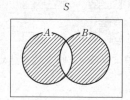
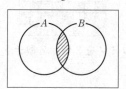

よって，次の論理式

$$S = \overline{A} \cdot B + A \cdot \overline{B} \quad \rightarrow (51), (52)$$

$$C = A \cdot B \quad \rightarrow (53)$$

が得られる。

参考　上の論理式の右辺の真理値表は次のようになる。

A	B	$\overline{A}$	$\overline{B}$	$\overline{A} \cdot B$	$A \cdot \overline{B}$	$\overline{A} \cdot B + A \cdot \overline{B}$	$A \cdot B$
0	0	1	1	0	0	0	0
0	1	1	0	1	0	1	0
1	0	0	1	0	1	1	0
1	1	0	0	0	0	0	1

▶(イ)　下の真理値表からわかる。　→(54)～(57)

A	$\overline{A}$	$A + A$	$A \cdot A$	$A + \overline{A}$	$A \cdot \overline{A}$
0	1	0	0	1	0
1	0	1	1	1	0

▶(ウ)　3つの値 A, B, C_i に対して算術加算 X の値を2ビットで表すと

下表（左）のようになる。

A	B	C_i	X
0	0	0	00
0	0	1	01
0	1	0	01
0	1	1	10
1	0	0	01
1	0	1	10
1	1	0	10
1	1	1	11

$\Longrightarrow$

A	B	C_i	S	C_0
0	0	0	0	0
0	0	1	1	0
0	1	0	1	0
0	1	1	0	1
1	0	0	1	0
1	0	1	0	1
1	1	0	0	1
1	1	1	1	1

X の 1 桁目が和 S，2 桁目が桁上がり C_0 になるから，真理値表（上表（右））が完成する。　→(58)〜(73)

そして，この真理値表をベン図（値が 1 の部分が斜線部）で表すと下図のようになる。

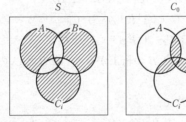

よって，次の論理式

$$S = A \cdot B \cdot C_i + \overline{A} \cdot \overline{B} \cdot C_i + \overline{A} \cdot B \cdot \overline{C_i} + A \cdot \overline{B} \cdot \overline{C_i} \quad →(74)〜(81)$$

$$C_0 = A \cdot B \cdot C_i + \overline{A} \cdot B \cdot C_i + A \cdot \overline{B} \cdot C_i + A \cdot B \cdot \overline{C_i} \quad →(82)〜(89)$$

$$= A \cdot B + A \cdot C_i + B \cdot C_i \quad →(90)〜(95)$$

が得られる。さらに，次のベン図（値が 1 の部分が斜線部）を考えると

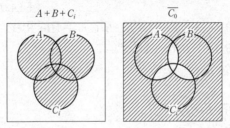

次の論理式

$$\overline{A} \cdot \overline{B} \cdot C_i + \overline{A} \cdot B \cdot \overline{C_i} + A \cdot \overline{B} \cdot \overline{C_i} = (A + B + C_i) \cdot \overline{C_0}$$

が成り立つことがわかる。よって，次の論理式

$$S = (A + B + C_i) \cdot \overline{C_0} + A \cdot B \cdot C_i \quad \to \text{\footnotesize(96)} \sim \text{\footnotesize(99)}$$

が得られる。

参考　(ア)の結果と(イ)にある論理演算に関する定理を用いて導くと次のように
なる。

X と Y の和を $X \oplus Y$（$= \overline{X} \cdot Y + X \cdot \overline{Y}$）で表すことにすると

$$
\begin{aligned}
S &= (A \oplus B) \oplus C_i \\
&= \overline{A \oplus B} \cdot C_i + (A \oplus B) \cdot \overline{C_i} \\
&= \overline{(\overline{A} \cdot B + A \cdot \overline{B})} \cdot C_i + (\overline{A} \cdot B + A \cdot \overline{B}) \cdot \overline{C_i} \\
&= \overline{(\overline{A} \cdot B)} \cdot \overline{(A \cdot \overline{B})} \cdot C_i + (\overline{A} \cdot B + A \cdot \overline{B}) \cdot \overline{C_i} \\
&= (A + \overline{B}) \cdot (\overline{A} + B) \cdot C_i + (\overline{A} \cdot B + A \cdot \overline{B}) \cdot \overline{C_i} \\
&= (A \cdot \overline{A} + A \cdot B + \overline{A} \cdot \overline{B} + B \cdot \overline{B}) \cdot C_i + (\overline{A} \cdot B + A \cdot \overline{B}) \cdot \overline{C_i} \\
&= (0 + A \cdot B + \overline{A} \cdot \overline{B} + 0) \cdot C_i + (\overline{A} \cdot B + A \cdot \overline{B}) \cdot \overline{C_i} \\
&= (A \cdot B + \overline{A} \cdot \overline{B}) \cdot C_i + (\overline{A} \cdot B + A \cdot \overline{B}) \cdot \overline{C_i} \\
&= A \cdot B \cdot C_i + \overline{A} \cdot \overline{B} \cdot C_i + \overline{A} \cdot B \cdot \overline{C_i} + A \cdot \overline{B} \cdot \overline{C_i}
\end{aligned}
$$

また，桁上がり C_0 は，A と B の桁上がりか $A \oplus B$ と C_i の桁上がりのど
ちらかであるから

$$
\begin{aligned}
C_0 &= A \cdot B + (A \oplus B) \cdot C_i \\
&= A \cdot B + (\overline{A} \cdot B + A \cdot \overline{B}) \cdot C_i \\
&= A \cdot B \cdot 1 + (\overline{A} \cdot B + A \cdot \overline{B}) \cdot C_i \\
&= A \cdot B \cdot (C_i + \overline{C_i}) + (\overline{A} \cdot B + A \cdot \overline{B}) \cdot C_i \\
&= A \cdot B \cdot C_i + A \cdot B \cdot \overline{C_i} + \overline{A} \cdot B \cdot C_i + A \cdot \overline{B} \cdot C_i \\
&= (A \cdot B \cdot C_i + A \cdot B \cdot \overline{C_i}) + (A \cdot B \cdot C_i + \overline{A} \cdot B \cdot C_i) \\
&\qquad\qquad\qquad\qquad\qquad + (A \cdot B \cdot C_i + A \cdot \overline{B} \cdot C_i) \\
&= A \cdot B \cdot (C_i + \overline{C_i}) + (A + \overline{A}) \cdot B \cdot C_i + A \cdot (B + \overline{B}) \cdot C_i \\
&= A \cdot B \cdot 1 + 1 \cdot B \cdot C_i + A \cdot 1 \cdot C_i \\
&= A \cdot B + B \cdot C_i + A \cdot C_i
\end{aligned}
$$

さらに

$$
\begin{aligned}
\overline{C_0} &= \overline{A \cdot B + B \cdot C_i + A \cdot C_i} \\
&= \overline{A \cdot B + (A + B) \cdot C_i} \\
&= \overline{(A \cdot B)} \cdot \overline{(A + B) \cdot C_i} \\
&= (\overline{A} + \overline{B}) \cdot (\overline{A \cdot B} + \overline{C_i})
\end{aligned}
$$

$$= \overline{A} \cdot \overline{A} \cdot \overline{B} + \overline{A} \cdot \overline{C_i} + \overline{B} \cdot \overline{A} \cdot \overline{B} + \overline{B} \cdot \overline{C_i}$$

$$= \overline{A} \cdot \overline{B} + \overline{A} \cdot \overline{C_i} + \overline{A} \cdot \overline{B} + \overline{B} \cdot \overline{C_i}$$

$$= \overline{A} \cdot \overline{B} + \overline{A} \cdot \overline{C_i} + \overline{B} \cdot \overline{C_i}$$

であるから

$$S = A \cdot B \cdot C_i + \overline{A} \cdot \overline{B} \cdot C_i + \overline{A} \cdot B \cdot \overline{C_i} + A \cdot \overline{B} \cdot \overline{C_i}$$

$$= A \cdot B \cdot C_i + \underbrace{\overline{A} \cdot \overline{B} \cdot (A + B)}_{0} + \overline{A} \cdot \overline{B} \cdot C_i$$

$$\qquad + \underbrace{\overline{A} \cdot (A + C_i) \cdot \overline{C_i}}_{0} + \overline{A} \cdot B \cdot \overline{C_i} + \underbrace{(B + C_i) \cdot \overline{B} \cdot \overline{C_i}}_{0} + A \cdot \overline{B} \cdot \overline{C_i}$$

$$= A \cdot B \cdot C_i + \overline{A} \cdot \overline{B} \cdot (A + B + C_i) + \overline{A} \cdot (A + B + C_i) \cdot \overline{C_i}$$

$$\qquad\qquad\qquad\qquad\qquad + (A + B + C_i) \cdot \overline{B} \cdot \overline{C_i}$$

$$= A \cdot B \cdot C_i + (A + B + C_i) \cdot (\overline{A} \cdot \overline{B} + \overline{A} \cdot \overline{C_i} + \overline{B} \cdot \overline{C_i})$$

$$= A \cdot B \cdot C_i + (A + B + C_i) \cdot \overline{C_0}$$

V 解答

(ア)(100)(101)—(11)　(102)(103)—(16)　(104)(105)—(14)　(106)(107)—(15)
(108)(109)—(21)　(110)(111)—(19)

(イ)(112)(113) 91　(114)(115) 99　(116)(117) 26　(118)(119) 09　(120)(121) −1　(122)(123) 01　(124)(125) 01

(ウ)(126) 5　(127)(128) −5　(129) 5　(130)(131) 00

◀解　説▶

≪整数の割り算の商と余りを求めるアルゴリズム≫

　整数の割り算の商と余りを求めるアルゴリズムの考察である。(ア)では割り算の筆算を模したアルゴリズムが紹介されている。また，(イ)ではアルゴリズム中のある命令の実行回数を，(ウ)ではアルゴリズム中のある命令を変更した場合の実行回数の変化をそれぞれ考えさせている。

▶(ア)　$\text{length}(a) = m$，$\text{digit}(a, k) = a_k$ とするとき，割り算 $a \div b$ の筆算の途中計算は次のようになる（a の左から k 桁目までを b で割った商が d_k，余りが r_k である）。

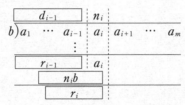

これから，$i \leq m$ が成り立つ間，$10r_{i-1} + a_i \geq n_i b$ を満たす最大の整数 n_i を求め，$10d_{i-1} + n_i$ を次の d_i，$(10r_{i-1} + a_i) - n_i b$ を次の r_i としてアルゴリズムを続けていけばいいことがわかる。

これを問題で与えられたアルゴリズムに当てはめると，以下のようになる。

　$d = r = 0$，$i = 1$ とする。

　$i \leq m = \text{length}(a)$ が成り立つ間，次の処理Aを繰り返す　→(100)(101)

　処理Aの始め

　　r（n_i を求めるために b で割られる数）の値を $10r$（$= r_i$）$+ \text{digit}(a, i)$ とする　→(102)(103)

　　$n = 9$ とする（n_i の仮の値）　→(104)(105)

　　$r < nb$ が成り立つ間，次の処理Bを繰り返す →(106)(107)

　処理Bの始め

　　n の値を 1 減らす

　処理Bの終わり（nb が初めて r 以下となったときの n が正しい n_i となる）

　　d の値を $10d + n$（$d_{i+1} = 10d_i + n_i$）とする　→(108)(109)

　　r の値を $r - nb$（$r_{i+1} = (10r_i + a_i) - n_i b$）とする　→(110)(111)

　　i の値を 1 増やす

　処理Aの終わり

ここで，命令Cの実行回数や推移がわかるように具体例を考えてみる。

$a = 5023$，$b = 17$ とすると，$a \div b$ の筆算は次のようになる。

```
                  ⓪
                  1̸
                  2̸    ②
                  3̸    3̸
                  4̸    4̸
                  5̸    5̸          ⑤
                  6̸    6̸          6̸
                  7̸    7̸          7̸
                  8̸    8̸          8̸
                  9̸    9̸    ⑨    9̸
            17)  5   0    2    3
                  0                    ←⓪×17
                  5   0
                  3   4                ←②×17
                  1   6    2
                  1   5    3           ←⑨×17
                            9    3
                            8    5     ←⑤×17
                                 8
```

また，アルゴリズムにおける変数の推移は次のようになる。

• $i=1$ のとき

処理Aを始めると，最初に r の値は $10 \times 0 + 5 = 5$ となる。

また，$n=9,\ 8,\ 7,\ 6,\ 5,\ 4,\ 3,\ 2,\ 1$ に対して命令Cが実行され（実行回数は 9 回），n の値は⓪となる。

よって，d の値は $10 \times 0 + ⓪ = 0$，r の値は $5 - ⓪ \times 17 = 5$ となる。

• $i=2$ のとき

処理Aを始めると，最初に r の値は $10 \times 5 + 0 = 50$ となる。

また，$n=9,\ 8,\ 7,\ 6,\ 5,\ 4,\ 3$ に対して命令Cが実行され（実行回数は 7 回），n の値は②となる。

よって，d の値は $10 \times 0 + ② = 2$，r の値は $50 - ② \times 17 = 16$ となる。

• $i=3$ のとき

処理Aを始めると，最初に r の値は $10 \times 16 + 2 = 162$ となる。

また，命令Cは実行されず（実行回数は 0 回），n の値は⑨となる。

よって，d の値は $10 \times 2 + ⑨ = 29$，r の値は $162 - ⑨ \times 17 = 9$ となる。

• $i=4$ のとき

処理Aを始めると，最初に r の値は $10 \times 9 + 3 = 93$ となる。

また，$n=9$, 8, 7, 6 に対して命令 C が実行され（実行回数は 4 回），n の値は⑤となる。

よって，d の値は $10 \times 29 + ⑤ = 295$，r の値は $93 - ⑤ \times 17 = 8$ となる。

そして，$i=4$ で処理は終了し，商 295 と余り 8 を出力する。

▶(イ)　(ア)の具体例からわかる通り，命令 C の実行回数は次の表のようになり，商に立つ数字が小さいほど実行回数は多くなる。

商に立つ数字	9	8	7	6	5	4	3	2	1	0
実行回数	0	1	2	3	4	5	6	7	8	9

・$a=999$ かつ $10 \leqq b \leqq 99$ のとき，命令 C の実行回数が最大になるのは，$a \div b \geqq 10$ より，筆算の商が次のようになるときである。

$$\begin{array}{r} 0\ 1\ 0 \\ b)\overline{9\ 9\ 9} \end{array}$$

このようになる b は，$10b \leqq 999 < 11b$ より

　　$91 \leqq b \leqq 99$　　→(112)〜(115)

また，このときの実行回数は

　　$9+8+9=26$ 回　　→(116)(117)

・$m \geqq n \geqq 2$, $a=10^m-1=\underbrace{9\cdots9}_{m 桁}$, $b=10^n-1=\underbrace{9\cdots9}_{n 桁}$ のとき，筆算の商は次のようになる。

$$\underbrace{9\cdots9}_{}) \underbrace{\overset{0\cdots01}{9\cdots99}}_{n 桁} | \underbrace{\overset{0\cdots01}{9\cdots99}}_{n 桁} | \overset{0\cdots01}{\cdots} | \underbrace{\overset{0\cdots01}{9\cdots99}}_{n 桁} | \underbrace{\overset{0\cdots0}{9\cdots9}}_{s 桁}$$

m を n で割った商を k とすると，命令 C の実行回数 N は

　　$N=\{9 \times (n-1)+8\} \times k + 9 \times s = 9(nk+s) - k$

　　　$= 9m - \dfrac{m-s}{n} = \dfrac{9mn-m+s}{n}$ 回　　→(118)〜(125)

▶(ウ)　変更前後における命令 C の実行回数は次の表のようになる。

商に立つ数字	9	8	7	6	5	4	3	2	1	0
変更前の実行回数	0	1	2	3	4	5	6	7	8	9
変更後の実行回数	0	1	2	3	4	0	1	2	3	4
実行回数の差	0	0	0	0	0	5	5	5	5	5

$m > n \geqq 2$，$10^{m-1} \leqq a \leqq 10^m - 1$，$10^{n-1} \leqq b \leqq 10^n - 1$ のとき，a は m 桁，b は n 桁である。

・$v(a, b)$ が最小になるのは，例えば商が $\underbrace{0 \cdots\cdots 0}_{n-1 \text{個}} \ \underbrace{9 \cdots\cdots 9}_{m-n+1 \text{個}}$ となるとき

であり，これは $a = \underbrace{9 \cdots\cdots 9}_{m \text{桁}}$，$b = \underbrace{10 \cdots\cdots 0}_{n \text{桁}}$ のとき実現する。よって，

$v(a, b)$ の最小値は

$$5 \times (n-1) + 0 \times (m-n+1) = 5n - 5 \quad \rightarrow \text{(126)} \sim \text{(128)}$$

・$v(a, b)$ が最大になるのは，例えば商が $\underbrace{0 \cdots\cdots 0}_{n-1 \text{個}} \ \underbrace{1 \cdots\cdots 1}_{m-n+1 \text{個}}$ となるとき

であり，これは $a = \underbrace{1 \cdots\cdots 1}_{m \text{桁}}$，$b = \underbrace{10 \cdots\cdots 0}_{n \text{桁}}$ のとき実現する。よって，

$v(a, b)$ の最大値は

$$5 \times (n-1) + 5 \times (m-n+1) = 5m \quad \rightarrow \text{(129)} \sim \text{(131)}$$

小論文

解答例　(1)　資料1によれば，今日の民主主義の後退は，民主主義的に選ばれた政治家が率いる政権そのものによって引き起こされている。また，資料2によれば，西洋諸国において，社会の中の不平等が是正されないために民主主義システム全体の信頼が損なわれ，既存の体制への人々の怒りが表出している。事実，図表1によれば，ここ10年で，世界の自由な国の割合は減少に転じている。このような事態が起きている原因は，大衆が懸念する事項の最上位にある移民問題に対し何の解決策も採られないことに人々の不満と怒りが積み重なっていること（資料3），テクノロジーによって人々があまねく結びついたことで，アイデンティティー・クライシスに火がつき，人々が部族ごとに結束したこと（資料4），人々の認知バイアスを利用するソーシャル・メディアによって，誤解や対立を生み出し，意図的な操作に対して脆弱な情報環境が構築されたこと（資料5）などが考えられる。（400字以内）

(2)　図表4から，日本の外国人移入数は先進諸国の中で特に少ないわけではない。また，図表2から，総人口に占める外国人の割合は加速度的に増加している。しかし，図表3によれば，主に増えているのは留学や技術実習による在留である。つまり，安価な労働力として外国人の移入を認めているだけであり，背景の異なる人々との共存が模索されているのではない。この態度を改めない限り，日本が開かれた共同体を形づくることは難しい。（200字以内）

(3)　公共空間とは，不特定多数の人々が集まり交流する場である。ソーシャル・メディアは，遠く離れた人々を容易に結びつけることで，公共空間の規模を急激に拡張した。しかし同時に，似たような情報ばかりが流通する閉じた情報環境を構築したため，人々はむしろ，異なる考え方に触れ，意見や情報の検討を重ねる機会を失っている。それゆえ，公共空間において誤情報が拡散されやすく，部族的な結束による社会の分断が促されている。（200字以内）

(4)　まず，資料1・2について，日本でも経済格差を含むさまざまな不平

等が拡大しているが，明白に親民主主義的でない人物が政権を握るまでに
は至っていない。また，政権与党も長らく変わっていないため，不平等感
から生じる人々の怒りが既存の体制に向いているとは言い難い。加えて，
資料3についても，日本は元々民族的な多様性が低く，移民規制も敷かれ
ているため，移民問題は大衆の懸念する最上位の事項ではない。ところが，
資料4にあるような，ソーシャル・メディアを通じて部族として結束する
傾向は日本でも顕著であり，国内の外国人を含むマイノリティーが攻撃の
対象になっている。それは人々の怒りのはけ口だと考えられるが，プロパ
ガンダに対する脆弱性と相まって，政治的に利用される可能性も高い。日
本の民主主義は西洋の制度を模倣したものであり，その理念まで国内に浸
透しているわけではないことを踏まえると，欧米以上に危険な状況と診断
できる。(400 字以内)

━━━━━━━━◀解　説▶━━━━━━━━

≪民主主義の危機≫

　与えられた複数の資料や図表を読み解き，それぞれの設問に答える。各
資料の内容を有機的に関連させてまとめることが求められているが，非常
に厳しい字数制限が設定されているので，各設問要求の本質を見極め，要
点を押さえて簡潔に解答する必要がある。

　まず，設問文に先立って，今回の出題の主題と，資料読解の方向性を示
す文章が提示されているので，その内容を確認しておこう。第1段落では，
「民主主義は大局においては後退しない」，「世界は多様性を許容する方向
に進んでいる」，「インターネットを介して人々がつながることが悪いこと
であるはずはなく」，「情報のソースの多元化は民主主義の深化につなが
る」といった，「これまで当然のこととされてきた前提」を「当然視する
ことができなくなっている」という問題関心が明示されている。また，第
4段落では，各資料は「楽観的な世界観（＝前述の「前提」）を退けるも
の」であり，扱われている問題は「それぞれ個別」ながら，「相互に繋が
りを有して」いること，そのため，「繋がりを意識しながら資料を読み」，
それを通して「事象をリアルに認識する」必要があることが強調されてい
る。

　次いで，この方針に基づき，個々の設問に取り組むことになるが，その
解説に入る前に，各資料の内容を確認しておく。個別の問題を扱う資料相

互の「繋がり」を意識するならば，各資料の意見や主張それ自体よりも，そこに示された論点・観点を把握することが重要になってくる。

　資料1は，「民主主義の後退」の実態について述べている。それによれば，これまで，民主主義の後退は，実際よりも誇張されて伝えられてきた。世界の民主主義国家の大多数は体制を維持してきたし，西ヨーロッパにおける民主主義の規範もほとんど失われていない。しかし，世界が民主的であった要因のひとつは，欧米の大国が広く民主主義を支持したことである。アメリカでのトランプ政権の成立，近年のEUの危機，中国・ロシアの台頭も相まって，世界規模の民主主義の後退は現実のものとなるかもしれない。今日の民主主義の崩壊は，民主主義的な手続きを通じて選ばれた非民主主義的な政治家が率いる政権そのものによって引き起こされている。

　資料2は，不平等が民主主義に与える打撃について述べている。それによれば，西洋で最近見られる不平等が重大であるのは，それが，開かれた民主的な社会の基本原則の核心である，発言権と公民権の平等を損ない，社会と政治の接着剤を腐食させるからだ。さまざまな集団の握っている権利が大幅に異なり，集団を変化させて地位を改善する明確な手段がないと，システム全体の信頼が損なわれる。これまでは，現在の民主主義国の多くが，福祉国家として，そういう基本的な不公平に取り組んできた。ドナルド・トランプやブレグジットに賛成した人々の多くは，既成の秩序や体制に裏切られたと思い，怒りの叫びとして票を投じただけである。

　資料3は，移民の流入に対する国家の政策について述べている。それによれば，日本がそうであるように，現代の経済国家が大量移民を防止することは可能である。西欧では長年，移民の問題は大衆が懸念する事項の最上位にあった。その懸念に何の解決策も採らず，まして手を打つことは不可能だと論じることは，不満と怒りが蓄積されるため危険である。多文化主義に懐疑的な欧州の首脳たちが批判したのは，国家の政策としての「多文化主義」，すなわち，同じ国の中で移民たちが平行的な暮らしを送ることを，国家が推奨するという考え方である。彼らは，同一の法の支配や一定の社会規範が全員に適用される「ポスト多文化社会」を目指している。

　資料4は，テクノロジーと民主主義の矛盾について述べている。それによれば，デジタル・テクノロジーと民主主義はまったく異なる時代の産物で，それぞれ独自のルールと原理に基づいて機能している。前者は観念的

な原理に基づく社会を夢想しているが，後者は検討に次ぐ検討を重ねてい
くものであり，具体的な物事を土台にしている。そして，すべての人があ
まねく結びついた世界において，大規模なアイデンティティー・クライシ
スに火がつき，争いと不調和が生じる。人々はいま，部族的な忠誠心とア
イデンティティーを求めて，政治的に部族として結束する日々を生きてい
る。しかし，こんな状況に至った理由の大半は，人間の弱さに由来する。

　資料5は，ソーシャル・メディアによる誤情報の拡散について述べてい
る。それによれば，ソーシャル・メディアを利用していると，同じような
情報ばかりが流通する閉じた情報環境になりがちである。自分の発信と似
た意見ばかりが返ってくる「エコーチェンバー」の中には，異なる意見や
デマを訂正する情報が入ってこない。加えて，アルゴリズムによって情報
がろ過される「フィルターバブル」に閉じ込められ，人々は孤立していく。
ソーシャル・メディアは，人々の認知バイアスを巧みに利用し，結果的に
誤解や対立，社会の分断を生み出している。そのように最適化された世界
は，意図的な操作や政治的プロパガンダ，ターゲティングに対して脆弱で
ある。

　以上の内容を踏まえて，以下，実際の設問の解説に入っていく。

▶⑴　なぜ「民主主義の後退」と呼ばれるような事態が，いま世界的に起
きているのか，資料1～5を関連づけながら論じる。

　設問文に，「資料1と資料2は…民主主義の後退が，一過性の出来事で
はない可能性について論じ…その他の資料で論じられているのは，それを
引き起こしていると見られる，いま世界が直面する『歪み』です」とある
ので，資料3～5が示すものが原因となって，資料1・2が示す結果が生
じている，という因果関係の枠内で，各資料の論点を整理し，内容を要約
していかなければならない。

　なお，資料1と資料2については「図表1も参照」とあるが，図表1か
らは，2008年から2018年の10年間で「自由な国」の割合が減少に転じ，
「不自由な国」の割合が増加に転じている，という点を読み取れば十分で
ある。その事実が，世界的な「民主主義の後退」という事態のひとつの表
れであると理解できていればよい。

　答案作成に当たっては，まず，資料1・2をもとに「民主主義の後退」
とはそもそも何か，実態としては何が起きているのかを説明する必要があ

る。欧米の大国において，民主的手続きによって民主主義の崩壊が引き起こされつつあること（資料1），そして，不平等が是正されないことに対する人々の怒りが，既存の秩序や体制の打倒に向いていること（資料2）を押さえよう。続いて，そのような「民主主義の後退」が起きている原因について，移民政策への不満と怒り（資料3），テクノロジーによる部族的な結束の促進（資料4），ソーシャル・メディアが生み出す偽ニュースが拡散しやすい情報環境（資料5）に，それぞれ言及できていればよい。

　〔解答例〕では要点を資料番号順に並べているが，先に見た因果関係が明確であれば，扱う順番を入れ替えても問題はない。いずれにせよ，少ない制限字数の中で，すべての資料に触れなければならないので，具体例などは省略し，抽象的・構造的な要素に絞ってまとめることが肝要である。

▶(2)　日本は，これから多様性が提起する問題に向き合いながら，開かれた共同体を形づくることができるのか，図表2・3・4のデータを参考にしつつ論じる。

　設問文に，「資料3は…閉鎖的な国家のあり方を肯定しているようにも読めます」と前置きされているので，これに対応する「多様性が提起する問題」および「開かれた共同体」についても，その論点に沿って考える必要がある。また，「日本は…多様性の問題にまだ本格的に向き合っているとはいえません」ともあるので，「開かれた共同体を形づくることができるのか」という問いに応じて，図表2・3・4が示す2013年以降の日本の現状に基づいて問題点を明らかにし，それについて考えをまとめるとよい。

　図表2は，日本人と外国人の増加数の推移を示している。2013年以降，総人口および日本人の増加数は恒常的にマイナス，すなわち減少し続けている一方，外国人の増加数は年々大きくなっており，総人口に占める外国人の割合が急増していることがわかる。

　図表3は，在留資格別在留外国人数の推移を示している。在留外国人の総数が増加する中で，その内訳を見ると，他の項目がほぼ横ばいなのに対し，明確に増えているのは「留学」「技能実習」「技術・人文知識・国際業務」である。外国人技能実習生の劣悪な待遇は以前から問題視されているが，留学生も低賃金アルバイトとして雇用されることが多く，（安価な）労働力になり得る場合の限定的な在留しか増えていないことがわかる。

　図表 4 は，OECD（経済協力開発機構）加盟国における外国人の移入数（上位 10 か国）を示している。移民問題が噴出しているドイツとアメリカが飛びぬけているが，日本も 4 位に位置しており，決して移入数が少ないわけではない。しかし，各国の総人口に対する移入数の割合を考慮すると，3 位以下の国々の中では，移入規模はむしろ小さいともいえる。

　〔解答例〕では，図表 2・3・4 のそれぞれに言及し，多様な文化的背景をもつ人々とどう共存していくかという問題を直視しない形でしか外国人を受け入れていないため，開かれた共同体の形成は難しいとまとめた。他にも，図表には示されない部分で，既存の規範や慣習に従うことが特に重視されるといった，日本の文化的特徴に言及することもできるが，その場合は資料の解釈をより簡潔に行い，字数を節約しておく必要がある。また，何らかの解決策を提示し，「開かれた共同体を形づくることはできる」と結論づけることも考えられるが，その解決策を説得力のあるものとするには字数が足りないため，現実的ではないだろう。

▶(3)　ソーシャル・メディアが公共空間のあり方をどのように変容させたのかを，資料 5 で論じている情報伝播の特性を踏まえつつ論じる。その際に，公共空間とは何かを自分なりに定義してから議論を進める必要がある。

　まず，設問文に，「資料 4 では『民主主義はテクノロジーに合わせて設計はされていない。これは誰の落ち度でもない』と明言しています。それははたして正しいのでしょうか」とあるので，前問と同様に，この問いかけを意識して，資料 4 に示された論点に沿って考察していく。

　これを踏まえて「公共空間」を定義することになるが，ごく単純には，不特定多数の人々に対して開かれ，多様な人々が集まる空間だと理解できるだろう。しかし，資料 4 ではテクノロジーによる民主主義の破壊が，資料 5 ではソーシャル・メディアに潜む「民主主義の根本に関わる問題」が論じられている。そのため，民主主義と公共空間の関係を考えると，資料 5 の「自分とは違う考え方や価値観の違う人たちと交流する」（第 2 段落）などの記述から，単に人々が集まるだけではなく，そこで交流や意見交換が生じる点に注目すべきだとわかるだろう。さらに，そのような公共空間をソーシャル・メディアがどう変容させたかについて論じるには，ネットワーク上のバーチャルな空間も，人々が集まり交流するという意味で，公共空間といえることに気づく必要がある。

　答案作成に当たっては，公共空間の定義を明示した上で，資料4の「さまざまなバックグラウンドを持つ人たちが容易に結びつき，その考えをシェアできるようにする」（第4段落）などの記述から，ソーシャル・メディアが公共空間を拡充することを期待されていた点をおさえよう。加えて，資料5からは，閉じた情報環境において，むしろ交流の機会が失われること（第2段落），結果的に，公共空間が誤解や対立を生み出す場になっていること（第4段落）が指摘できていればよい。

▶(4)　各資料を日本に引きつけて読み直した場合，日本の民主主義の状況をどう診断できるかを論じる。

　設問文に，「いずれの資料も…資料5を除けば英語圏の資料であり，日本の状況にそのままでは当てはまりません」とあるので，資料1〜4が指摘する英語圏（欧米）の状況と，日本の状況との相違点を明らかにしながら，意見論述を進めていくとよい。また，日本の民主主義の状況については，直接的な資料が与えられていないので，平素の学習から得られた予備知識を，適切に導入していく必要がある。なお，先の問題(1)では，抽象的・構造的な要素を中心にまとめる必要があったが，本設問ではむしろ，資料中の具体例や英語圏特有の事情に着目する方が，日本の状況との違いを見出しやすいだろう。

　〔解答例〕では，資料1〜4に順番に言及しながら，不平等が日本でも拡大している反面，人々の怒りは既存の体制には向かず，ソーシャル・メディアを通した部族的な結束と排外的な言説によって発散されているとした上で，資料4が示すような成立の経緯と歴史を共有していない日本の民主主義は，西欧よりさらに危険な状態にあるとまとめた。

　もちろん，より具体的な政策や社会問題を取り上げ，資料が示す論点に沿って論じていくこともできる。ただし，設問要求はあくまでも「日本の民主主義の状況」を「診断」するというものなので，個別的な議論に終始してしまわないよう，注意が必要である。また，「日本の民主主義の状況は，西欧に比べれば安定している」という結論を導くことも不可能ではないが，これまでの設問での考察を踏まえ，それでもなお説得力のある論を展開することは至難であると言わざるを得ない。いずれにせよ，少ない制限字数の中で，資料との明確な対応を保ちつつ，自分の意見を簡潔に述べることができるよう，論理構成を工夫することが肝要である。

❖講　評

　2020 年度の小論文は，「民主主義の危機」に関する出題であった。多様性（他者性）への反発，デジタル・テクノロジーの負の側面，ソーシャル・メディアによる閉鎖的な情報環境の構築といった諸問題を，先進国における自国中心主義の強まりや右傾化に見る民主主義の内部矛盾，格差の拡大に伴う福祉国家への信頼の失墜と関連させ，ひとつのテーマに即して考えさせるものである。設問文に先立つ文章でも示されているように，総合政策学部での学びに必要な，「不確実性」が高まる中でも「問題を発見し，解決する」ために「事象をリアルに認識する」力，状況を相対化し客観視する洞察力が問われている。複数の資料やデータに基づいて答案を作成させる手法は例年通りながら，2020 年度は文章の資料が多く，すべての資料を結びつけて考察する必要があったため，短時間で文章の要点を把握する読解力については，例年以上のものが求められている。一方で，各設問の要求・条件が多いことについては，解答の方向性が絞られているとも言え，資料の要点さえわかれば，論述の構成は組み立て易かったのではないか。

　試験時間は 120 分で 2019 年度と同じであるが，解答字数は 2019 年度より 200 字多い合計 1,200 字であった。また，2019 年度と同様，それ以前に出されていた図示の問題は出題されていない。すべての設問が 200 字と 400 字のシンプルな論述形式ではあるものの，提示された資料を深く読み込まなければ資料間の繋がりが見えにくく，制限字数に比して盛り込むべき要素も多いことから，相変わらず難度は高いと言える。

//////////////// · **memo** · ////////////////

//////////////// · **memo** · ////////////////

目　次

問題編

一般選抜

問 題 編

▶試験科目・配点

教　科	科　　　　　　目	配　点
外国語・数学・情報	「数学または情報」，「外国語」，「数学および外国語」の３つの中から１つを選択（いずれも同一試験時間内実施） 　数　学－数学Ⅰ・Ⅱ・Ａ・Ｂ 　情　報－社会と情報・情報の科学 　外国語－(a)コミュニケーション英語Ⅰ・Ⅱ・Ⅲ，英語表現Ⅰ・Ⅱ 　　　　　(b)コミュニケーション英語Ⅰ・Ⅱ・Ⅲ，英語表現Ⅰ・Ⅱ，ドイツ語 　　　　　(c)コミュニケーション英語Ⅰ・Ⅱ・Ⅲ，英語表現Ⅰ・Ⅱ，フランス語 　　　　　の(a)，(b)，(c)のうち，いずれか１つを選択	200 点
小論文	発想，論理的構成，表現などの総合的能力を問う	200 点

▶備　考

- ドイツ語，フランス語は省略。
- 数学Ａは「場合の数と確率」・「整数の性質」・「図形の性質」を出題範囲とする。数学Ｂは「確率分布と統計的な推測」・「数列」・「ベクトル」を出題範囲とする。
- 小論文は，問いに対して自らの考えを論述する形式の試験で，受験生の発想，論理的構成，表現などを総合的に評価しようとするもの。どれだけ発想豊かに，自分の考えを論文として論理的に構成し，説得力のある表現ができるかを問う。
- 選択した受験教科の採点結果と，小論文の採点結果を組み合わせて最終判定を行う。

英　語

（120分）

（注意）

- **「外国語選択者」**は，問題Ⅰ～Ⅲの全問を解答すること。
- **「数学および外国語選択者」**は，問題Ⅰ・Ⅱおよび数学の問題Ⅰ(2)・Ⅲ・Ⅴを解答すること。
- 問題Ⅰは英語・ドイツ語・フランス語のいずれかひとつの言語だけを選択して解答すること
 （ドイツ語・フランス語は省略）。

英語Ⅰ

次の文章に関して、空欄補充問題と読解問題の二つがあります。まず、[31]から[40]の空所を埋めるのに、文脈的に最も適切な語を1から3の中から選び、その番号を解答欄（31）から（40）にマークしなさい。次に、内容に関する[41]から[45]の設問には、1から4の選択肢が付されています。そのうち、文章の内容からみて最も適切なものを選び、その番号を解答欄（41）から（45）にマークしなさい。

1　　Today, freelancers represent 35% of the United States workforce. In the European Union, the rate is 16.1%. Both figures demonstrate the same global trend: from creative entrepreneurs to those paid by the task, freelancing is on the rise worldwide. So, too, are analyses of this phenomenon, as journalists, sociologists, human resources specialists, life coaches, even freelancers themselves try to [31](1. unsettle　2. uncover　3. undo) "the truth" about freelancing. That's because the "gig economy", as it is sometimes called, is a Janus-faced—and relentlessly evolving—phenomenon. Freelancing is often portrayed as liberating, empowering, and even glamorous, but the reality is far more complex.

2　　In OECD countries, studies show that these individuals work chiefly in the service sector (50% of men and 70% of women). The remainder are everything from online assistants to architects, designers and photographers. A 2017 study found that the majority of freelancers in OECD countries are "slashers", meaning that their contract work [32](1. replicates　2. supplements　3. displaces) another part-time or full-time position. These additional earnings can vary considerably. Those who spend a few hours a month editing instruction manuals from home may earn a few hundred euros a month. Freelance occupational therapists may [33](1. pull in　2. push back　3. hold onto) ten times more than they would working full-time in this growing industry.

3　　Perhaps the most glamorous face of freelancing is the so-called creative class, an agile, connected, highly educated and globalised category of workers that specialise in communications, media, design, art and tech, among other sectors. They are architects, web designers, bloggers, consultants and the like, whose job it is to stay on top of trends. The most cutting-edge among them [34](1. end　2. finish　3. settle) up playing the role of social "influencers".

4　　　In London, this group has been partially responsible for what the economist Douglas McWilliams has dubbed the "flat-white economy", a [35](1. floundering　2. flourishing　3. flattened), coffee-fuelled market based on creativity, which combines innovative approaches to business and lifestyle. Such hipsters, who are also referred to as "proficians", may be relatively successful in their self-employment, with numerous gigs and a wide [36](1. consensus　2. competition　3. portfolio) of clients. For McWilliams, **they** just might represent the future of British prosperity. Also working hard, though in a much less exalted fashion, are the "precarians". These task-tacklers work long hours carrying out repetitive tasks, often for a single online platform like Amazon's Mechanical Turk. Most of their gigs do not require a high level of expertise and creativity, and are thus easily interchangeable.

5　　　Job security is not assured for these online helpers, and though they likely work for a single company, as employees do, benefits are almost certainly nonexistent. Between the creative class and those struggling to [37](1. juggle　2. isolate　3. relinquish) enough gigs to get by, there are plenty of in-betweeners: bloggers driven by their passion to write but struggling to earn a decent living; online assistants satisfied with their jobs who had previously faced unemployment; students earning a few extra euros by working a handful of hours a week as graphic designers.

6　　　Freelancers constitute a diverse population of workers—their educational backgrounds, motivations, ambitions, needs, and willingness to work differ from one worker to the next, and it is accordingly difficult for commentators to accurately represent their diversity without resorting to caricature. Freelancing is increasingly a choice that people make in order to escape the 9-to-5 workday. Many freelancers, whatever their job, may have originally opted for this employment model because it offers (or seemed to offer) freedom—the freedom to work anytime and, in some cases, anywhere. Only 37% of current US freelancers say they resort to gig work out of necessity; in 2014, that figure was higher, at 47%.

7　　　[38](1. Of course　2. Likewise　3. Furthermore), this is not the end of salaried workers. Full-time, company-based work is still the standard for employment in most Western countries, as it is in Russia. Nevertheless, with the rise of telecommuting and automation and the unlimited potential of crowdsourcing, it [39](1. goes against　2. relies on　3. stands to) reason that more and more firms will begin running, and even growing, their businesses with considerably fewer employees. This does not necessarily mean an increase in unemployment. Instead, it likely means more freelancers, who will form and reform around various projects in constant and evolving networks.

8　　　The rise of freelancing may be a key visible [40](1. indicator　2. outcome　3. limitation) of the future of work, notably in terms of collaboration practices. Freelancers are already facilitating the co-management of projects. Soon enough, they will also be producing, communicating, and collaborating with firms, customers, and with society at large. Given that they are not a homogeneous class of workers, managing these new managers will not be simple. Currently, there is not a single social protection system that cleanly corresponds to all freelancers, from house cleaners and taxi drivers to architects and news editors. How can these individuals group and work together to promote and defend their diverse employment interests? Surely, some ambitious freelancer is on the case right now.

—Based on Hussenot, A. (2017). "Is freelancing the future of employment?" *The Conversation*.

[41] What does the author mean by referring to freelancing as "a Janus-faced ... phenomenon" in paragraph 1?

1. The benefits of freelancing outweigh the disadvantages and challenges.

2. The speed of change and development in freelancing is difficult to follow.

3. The nature of freelancing work has both positive and negative aspects.

4. The disadvantages and challenges of freelancing outweigh the benefits.

[42] What does the word **they** refer to in paragraph 4?

1. innovative approaches

2. hipsters

3. numerous gigs

4. clients

[43] What three advantages of working as a freelancer are mentioned by the author?

1. opportunity to be creative, work flexible hours, engage in remote work

2. glamorous lifestyles, professional growth, engagement with society

3. manage teams and individuals, tax benefits, less competition for roles

4. reduced commuting time, range of corporate benefits, be your own boss

[44] Which of the following is *not* true according to the passage?

1. Freelancing can mean an inconsistent take-home pay.

2. The choice of professions is often limited for freelancers.

3. Recently, fewer Americans freelance as a last resort.

4. Some freelancers can be replaced by other workers.

[45] Which of the following statements would the author most likely endorse?

1. The OECD should do more to promote gender equality in all industries.

2. More needs to be done to nurture and protect the working rights of freelancers.

3. Full-time workers bring more creativity and innovation to companies than part-timers.

4. A lack of education and training often limits the career paths of freelancers.

英語 Ⅱ

次の文章に関して、空欄補充問題と読解問題の二つがあります。まず、[46]から[55]の空所を埋めるのに、文脈的に最も適切な語を 1 から 3 の中から選び、その番号を解答欄（46）から（55）にマークしなさい。次に、内容に関する[56]から[60]の設問には、1 から 4 の選択肢が付されています。そのうち、文章の内容からみて最も適切なものを選び、その番号を解答欄（56）から（60）にマークしなさい。

1　　For as long as anyone can remember, each generation has seen its successors as being ruder, lewder and cruder than they were themselves. Laments over the decline of civility are more common than those over the decline of civilisation, with the latter sometimes attributed to the former. But even if the old codgers are right, there is a philosophical question worth [46](1. acting　2. blocking　3. teasing) out in the way society understands manners, and it concerns their moral status.

2　　Why fret about politeness, some may ask, when we have more serious things to worry about, from social injustices to existential threats? Would it truly matter [47](1. if　2. since　3. unless) we lost our manners? This is a natural question to ask, and it is given some force by the influence of religion on many of our worldviews. In this tradition, ethics is about what we owe to our maker. God's law is otherworldly, both in its origins and in its consequences. The divine will commands and our eternal salvation depends on whether we obey. Compared to this, etiquette seems to be trivial, purely conventional and lacking any moral force. But step away from the religious outlook and one sees how ethics and etiquette are [48](1. intimately　2. modestly　3. remotely) linked. Both concern norms of how we should treat one another.

3　　In any secular framing, ethics has a much more [49](1. emotional　2. idealistic　3. pragmatic) function than divine purpose. For the ancients, it was about how we best live together, for our own flourishing and for that of society. Pretty much everyone agrees on the most necessary rules to follow to make this possible: don't kill, injure, steal or lie—[50](1. at least　2. for now　3. on average) not routinely. But good people do more than avoid these egregious wrongdoings. They say thank you, open doors for others, don't interrupt and so on.

4　　These little acts help to [51](1. complicate　2. lubricate　3. transcend) our social interactions, making everyone's lives more pleasant. They send small signals about our concern for others, our good intent, our willingness to cooperate and our lack of petty selfishness. One distinguishing feature of etiquette is that much of it is arbitrary in ways that ethics is largely not. Shaking hands is no more inherently polite than bowing or bumping fists. In contrast, there is nothing culturally relative about the wrongness of causing physical harm.

5　　But while this might make it look as though etiquette is fundamentally different from ethics, it is actually just ethics in its [52](1. equally　2. least　3. most) serious guise. Indeed, when it comes to big

2
0
2
4
年度

一般選抜

英語

moral issues, social mores make a difference. Taking what is not rightfully yours is universally thought to be wrong, but what is considered to be private property varies enormously. Prohibitions against violence are universal but the content of them is not, and what some societies consider illegitimate lynching is in others permitted—or even obligated—[53](1. attribution　2. contribution　3. retribution). Likewise, all cultures value showing due respect and differ only in what they think most merits it.

6　　　　Etiquette, like all aspects of ethics, varies across time and place. But its purpose remains constant: to provide a set of shared, widely understood and accepted rules that keep society functioning harmoniously, as long as most of us follow them most of the time. That's why it is not foolish to be [54](1. enthused　2. indignant　3. lenient) about incivility. Ignoring etiquette is a small offence at best and a serious wrongdoing at worst. To refuse politeness is to refuse to take your place in society, to throw grit into the wheels of social interaction. Like littering and petty shoplifting, what is harmless when done rarely by a few would be harmful if done regularly by the many.

7　　　　On the other hand, rudeness can serve important positive functions precisely because it is a disruption of our social life. It can be necessary to make it clear to someone that you will not show them the respect they believe they are entitled to. It may be impolite not to kneel before the monarch, for example, but if I were ever to meet King Charles, I would be willing to offend in order to stand up for my republican principles. Boris Johnson, a former British prime minister, could expect less respect and it is hard to see how I could convey my disgust for his behaviour in politics while [55](1. neglecting 2. observing　3. reshaping) the norms of politeness. Civility is a basic duty of citizenship. But when the status quo no longer deserves respect, good manners cease to be ⎡　　A　　⎤ cooperation and become instead ⎡　　B　　⎤ complicity.

—Based on Baggini, J. (2023). "Manners matter—philosophy tells us why," *Prospect*.

[56] According to the religious traditions mainly described in paragraph 2, ethics and etiquette are characterized in such a way that

1. the former applies to those in a prestigious position; the latter is for governing commoners.

2. the former is endorsed by older people; the latter may be changed over time by young people.

3. the former is beyond human control; the latter consists of the agreed-upon codes of a community.

4. the former is about formal theological issues; the latter is based on ordinary people's faith in nature.

[57] In paragraph 6, what does "to throw grit into the wheels of social interaction" mean?

1. to maintain smooth coordination of community members

2. to separate yourself from the rest because of self-indulgence

3. to draw a line between amicable friends and hostile enemies

4. to disable the fundamental system of mutual trust and respect

[58] If the author were to formulate a rule of impoliteness, how would he put it?

1. Try to take a positive stance even when you criticize others.

2. Be extremely polite when you insult someone you don't like.

3. Act on your instinct and undermine antagonists when possible.

4. Strategically flout the norms so people recognize your intention.

[59] According to the author's opinion in paragraph 7, one crucial feature of etiquette is that it

1. may be ignored at times without being offensive.

2. defines a general framework of how we live.

3. can be disregarded to achieve certain goals.

4. is not considered a serious philosophical issue.

[60] Choose the most appropriate words to insert into [A] and [B] in paragraph 7.

1. [A] beneficent　　[B] maleficent

2. [A] resourceless　[B] resourceful

3. [A] ill-founded　　[B] well-founded

4. [A] obedient　　　[B] disobedient

英語Ⅲ

次の文章に関して、空欄補充問題と読解問題の二つがあります。まず、[61]から[80]の空所を埋めるのに、文脈的に最も適切な語を 1 から 3 の中から選び、その番号を解答欄 (61) から (80) にマークしなさい。次に、内容に関する[81]から[90]の設問には、1 から 4 の選択肢が付されています。そのうち、文章の内容からみて最も適切なものを選び、その番号を解答欄 (81) から (90) にマークしなさい。

1　　Welcome to 2020—everyone has a voice and consumers aren't afraid to use theirs. And two of those loudest voices are shouting about hot button issues: purchasing fashionable items on a tight budget and the ethical do-good, feel-good awareness factor of the clothes that are made. The concern over working conditions and ethical sources behind fashion is [61](1. nothing　2. somehow　3. all) new. As long as the term "sweatshop" has been around, there have been advocates against them. But human nature is also built on a duality—and sometimes a lie. For all the preaching on caring about the human worker, does the average consumer even really care?

2　　Fashion Nova, a company that has perfected fast fashion for the Instagram era, illustrates this fact. The mostly online retailer leans on a vast network of celebrities, influencers, and random selfie takers who post about the brand [62](1. repugnantly　2. reclusively　3. relentlessly) on social media. It is built to satisfy a very online clientele, mass-producing cheap clothes that look expensive. "They need to

2
0
2
4
年
度

一
般
選
抜

英
語

buy a lot of different styles and probably only wear them a couple times so their Instagram feeds can stay fresh," Richard Saghian, Fashion Nova's founder, said in an interview last year. To enable that habit, he gives them a constant stream of new options that are priced to sell. Fashion Nova's skintight denim goes for $24.99. And, Saghian said, the company can get its clothes made "in less than two weeks," often by manufacturers in Los Angeles, a short drive from the company's headquarters. That model hints at an ugly secret behind the brand's runaway success: The federal Labor Department has found that many Fashion Nova garments are stitched together by a work force in the United States that is paid illegally low wages. However, when *The New York Times* broke the story that Fashion Nova was exploiting Los Angeles-based sweatshops, no one really [63](1. turned a blind eye　2. saw eye to eye　3. blinked an eye). It was a breaking story that wasn't really breaking news.

3　　For clothes so cheap, sweatshops are kind of expected. The revelation that these are American sweatshops, though, probably should've ruffled a few more [64](1. hairs　2. feathers　3. skirts). That's partly because there's a false sense of righteousness that [65](1. supplies　2. describes　3. owes) its existence to word associations. "Made in the USA," especially, is often a false flag operation of a buzzword. When someone sees an item is made in America, there are certain (wrong) [66](1. allegations　2. contributions　3. assumptions) made:

- That it's made with fair labor practices.

- That it's directly supporting American businesses that are ethical.

- That, even if it is cheap, it's somehow thanks to a loophole and not shady production.

4　　In all [67](1. theories　2. fairness　3. situations), some of these—or all—are sometimes true. But the old adages of "too good to be true" and "having your cake and eating it too" (the clothing being the cake, the peace of mind that comes from ethical business practices being the eating) ring very true here. There's a certain general consensus that when bad things happen, they're usually worlds away (either distance or class) and never right in our own backyard.

5　　But fast fashion's dark side is happening in our own backyard, and you have to wonder whether or not anyone even cares. Los Angeles is a biting dichotomy: activists and influencers shout about human rights, meanwhile sweatshops are a dirty little secret. It's not in China, but in America that workers put in [68](1. grueling　2. conflicting　3. exhilarating) 12-hour days, making garments that will be sold for anywhere from $5 to $75 for around three cents apiece paid out. The goal of making what amounts to five dollars an hour is in reality a pipe dream for them. Just ask Mercedes Cortes, 56, who sewed Fashion Nova clothes for several months at Coco Love, a dusty factory close to Fashion Nova's offices in Vernon, California. "There were cockroaches. There were rats," she said. "The conditions weren't good." She worked every day of the week, but her pay varied depending on how quickly her fingers could move. Ms. Cortes was paid for each piece of a shirt she sewed together—about four cents to sew on each sleeve, five cents for each of the side seams, eight cents for the seam on the neckline. On average, she earned $270 in a week, the equivalent of $4.66 an hour, she said.

6　　　The majority of this workforce is, unsurprisingly, comprised of undocumented immigrants who are [69](1. left　2. gone　3. grouped) with few other choices for work. According to the California Bureau of Labor Statistics, of the over 46,000 individuals who make up Los Angeles's second-largest industry (the so-called "cut-and-sew" labor force), a [70](1. trifling　2. whopping　3. disdainful) 71% are immigrants. "It has all the advantages of a sweatshop system," said David Weil, who led the United States Labor Department's wage and hour division from 2014 to 2017. "Consumers can say, 'Well, of course that's what it's like in Bangladesh or Vietnam,' but they are developing countries," Mr. Weil said. "People just don't want to believe it's true in their own backyard." The issue of undocumented immigrants will always be a political one, but at the [71](1. middle　2. beginning　3. end) of the day it's a matter of questioning the value of a human life. Whether documented or not, do we care about these people? Does the average consumer—the target [72](1. demographic　2. adversary　3. protagonist) of the fast fashion industry—care that their trendy new boots were paid for with pennies, putting a literal dollar value on a worker's life? Or does that $25 price point make it worth it?

7　　　Gildan Activewear, known better to the public for purchasing American Apparel, was one of the first fast fashion brands to come under the [73](1. microscope　2. radar　3. knife) after that purchase. While American Apparel had long been known for their "Made in the USA" claims, that previously long-held perception was no more, as they now used factories primarily in the Caribbean and Central America, and the public noticed.

8　　　The recent article on Fashion Nova in *The New York Times* takes that scandal a step [74](1. further　2. backward　3. down) by acknowledging that the fast fashion brand may be indeed using American-based labor, but that labor is unethical as heck. The American factories they use owe over $3.8 million in wages to workers. Ms. Cortes was one such worker. In 2016, she left Coco Love and later [75](1. abandoned　2. breached　3. reached) a settlement with the company for $5,000 in back wages. She continued to work in factories sewing Fashion Nova clothes, noticing the $12 price tags on the tops she had stitched together for cents. "The clothes are very expensive for what they pay us," Ms. Cortes said. After repeated violations were found at factories making Fashion Nova clothes, federal officials met with company representatives. "We have already had a highly productive and positive meeting with the Department of Labor in which we discussed our ongoing commitment to ensuring that all workers involved with the Fashion Nova brand are appropriately compensated for the work they do," Erica Meierhans, Fashion Nova's general counsel, said in a statement to *The New York Times*. "Any suggestion that Fashion Nova is responsible for underpaying anyone working on our brand is categorically false."

9　　　All this is bad, yes, but we can't pretend it's anything new. It's an easy lie to believe that buying American-made over Chinese-made earns us enough Good Place points, but the system is more complicated than that. And it can only continue to be that messed up [76](1. unless   2. as long as   3. even though) we choose to ignore it. Fashion Nova has [77](1. danced   2. tapped   3. sunk) into a goldmine. They've jumped on influencer marketing that creates an aspirational aesthetic that is actually [78](1. dismissible   2. sustainable   3. attainable). And for the middle class of America, living the Kardashian lifestyle is an ideal that once seemed so far out of reach. Being offered a shiny apple of fast fashion leads to a rotten garden of human rights violations.

10　　　Using American influencers helps perpetuate the illusion of organic ethics. If our own homegrown darlings, ones who also aren't born into luxury, are proudly wearing and marketing these clothes, how bad can they be? If they're made in the USA, then what's the harm? Turns out, there's a lot of harm. The hated sweatshops of old are happily entrenched in the economy of home. In fact, the Department of Labor investigated garment factories in Los Angeles and found that 85 percent of them have wage violations. The fact that many of these workers are undocumented may make it easier, subconsciously, to let it slide when it's happening on our own [79](1. dirt   2. soil   3. earth).

11　　　The pendulum of consumer practices swings wildly between "cheap" and "ethical," with a [80](1. sweet   2. sweat   3. swept) spot middle ground becoming harder and harder to find. Overall, the piece in *The New York Times* isn't breaking news. It hardly even qualifies as surprising. What does matter, though, is what we do with the information. With Fashion Nova's and other similar brands' revenues and popularity only rising, we've got an unpleasant answer for at least one socioeconomic group: it's all right for fast fashion to be an ethical corrupter if we value money over the cost of a human life.

—Based on Meagher, S. (2020). "The not-so-hidden ethical cost of fast fashion: sneaky sweatshops in our own backyard," *Forbes,* supplemented with Kitroeff, N. (2019). "Fashion Nova's secret: underpaid workers in Los Angeles factories," *The New York Times.*

[81] What is the central issue being proposed in this passage?

1. Consumers are prioritizing fairness to workers to the detriment of the clothing industry.

2. It is unclear if people are concerned whether or not cheap clothes are made in an ethical manner.

3. Many shoppers think the environmental impact of disposable fashion is too significant to ignore.

4. Designers no longer wish to work in fast fashion, so companies must resort to foreign workers.

[82] According to the article, Fashion Nova's sweatshops

1. are located domestically and not in a distant foreign country.

2. help domestic enterprises attract social media influencers.

3. are cheap due to strategically taking advantage of tax breaks.

4. produce clothes through equitable employment policies.

[83] What is meant by "having your cake and eating it too" in paragraph 4?

1. obtaining a new benefit at the expense of an existing benefit

2. the act of selling a product or service rapidly and in large numbers

3. receiving the good points of a thing without any of its drawbacks

4. a simple task that is very easy to complete given one's abilities

[84] What does the example of Mercedes Cortes illustrate in paragraph 5?

1. People who make clothes can earn between $5 and $75 an hour, depending on how quickly they work.

2. Dirt and rodents in factories are preventing "cut-and-sew" workers from realizing higher wages.

3. Greater efficiency could be achieved if workers specialized in sewing specific parts of the clothing.

4. It is difficult for people who sew clothes to make more than $5.00 an hour even if they work hard.

[85] What is the Los Angeles "dichotomy" that the author describes in paragraph 5?

1. Consumers are taking steps to prevent unfair practices at home while buying fast fashion made in overseas sweatshops.

2. Many people say they care about the rights of workers but seem ignorant of all the labor abuses that are happening nearby.

3. Famous influencers protest fast fashion companies although they accept free goods and advertising deals from those companies.

4. Clothes produced using sweatshops are cheap, but consumers are unaware of the tax fraud committed by the factory owners.

[86] Which of the following information is *not* present in paragraph 6?

1. The government reports that most of America's workers are foreigners who entered unofficially.

2. Clothes buyers prefer to think that unfair working conditions are only a problem in other countries.

3. A new pair of boots that is made in Los Angeles may cost less than a dollar to produce.

4. The manufacture of clothing is one of the largest sectors of the Los Angeles economy.

[87] According to the author, what can be said about American Apparel?

1. Its manufacturing base is now mainly located in the United States of America.

2. The company was the instigator of a hostile takeover of Gildan Activewear.

3. The company has moved its production facilities to multiple foreign countries.

4. Its customers do not seem to be aware of their "Made in the USA" branding.

[88] Of the following, which is closest to the kind of US labor described as "unethical as heck" in paragraph 8?

1. businesses that fail to remunerate employees for the work they provide

2. factories that do not provide fringe benefits to their employees

3. employees who cannot unionize to negotiate for better conditions

4. employees who steal from their employers while performing their duties

[89] The comment from Erica Meierhans in paragraph 8 indicates that Fashion Nova

1. admits to some mistakes but denies allegations of underpaying workers.

2. is working with the government to improve conditions in their factories.

3. has considered taking legal action against people accusing them of wrongdoing.

4. rejects the idea that the company is in any way guilty of mistreating labor.

[90] The author claims that American influencers are used to help mask the fact that

1. fast fashion, even when made in America, is often produced by exploiting workers.

2. most fast fashion clothes are made from organic materials but will only last one season.

3. fast fashion clothes are luxury goods that are too exorbitant for lay consumers.

4. the fast fashions they are helping to market were actually manufactured abroad.

数　学

（120 分）

（注意）

- 「**数学選択者**」は，問題Ⅰ〜Ⅴの全問を解答すること．
- 「**数学および外国語選択者**」は，問題Ⅰ(2)・Ⅲ・Ⅴおよび外国語の問題Ⅰ・Ⅱを解答すること．

注 意 事 項

問題冊子に数字の入った ☐ があります．それらの数字は解答用紙の解答欄の番号をあらわしています．対応する番号の解答欄の 0 から 9 までの数字または − (マイナスの符号) をマークしてください．

☐ が 2 個以上つながったとき，数は右詰めで入れ，左の余った空欄には 0 を入れてください．負の数の場合には，マイナスの符号を先頭の ☐ に入れてください．また，小数点以下がある場合には，左詰めで入れ，右の余った空欄には 0 を入れてください．

（例）　12 ⟶ ⟨0 1 2⟩　　　−3 ⟶ ⟨- 0 3⟩

　　　　1.4 ⟶ ⟨0 0 1 . 4 0⟩　　　−5 ⟶ ⟨- 0 5 . 0 0⟩

分数は約分した形で解答してください．マイナスの符号は分母には使えません．

（例）　$\frac{4}{8} \to \frac{1}{2} \to \frac{01}{02}$　　　$-\frac{6}{9} \to -\frac{2}{3} \to \frac{-\ 2}{0\ 3}$

ルート記号の中は平方因子を含まない形で解答してください．

（例）　$\sqrt{50} \to 0\,5\sqrt{0\,2}$　　　$-\sqrt{24} \to -\,2\sqrt{0\,6}$

　　　　$\sqrt{13} \to 0\,1\sqrt{1\,3}$　　　$-\frac{\sqrt{18}}{6} \to \frac{-\,1\sqrt{0\,2}}{0\,2}$

数式については，つぎの例のようにしてください．分数式は約分した形で解答してください．

（例）　$\sqrt{12a} \to 0\,2\sqrt{0\,3}\,a$

$$-a^2 - 5 \quad \longrightarrow \quad \boxed{-}\,\boxed{1}\,a^2 + \boxed{0}\,\boxed{0}\,a + \boxed{-}\,\boxed{5}$$

$$\frac{4a}{2a-2} \quad \longrightarrow \quad \frac{-2a}{1-a} \quad \longrightarrow \quad \frac{\boxed{0}\,\boxed{0} + \boxed{-}\,\boxed{2}\,a}{1 - \boxed{0}\,\boxed{1}\,a}$$

選択肢の番号を選ぶ問題では，最も適切な選択肢を 1 つだけ選んでください．また，同じ選択肢を複数回選んでもかまいません．

数学 I

(1)　2 次方程式 $x^2 + 2x - 4 = 0$ の解を α，β とするとき，$\alpha - \dfrac{1}{\alpha}$，$\beta - \dfrac{1}{\beta}$ を解にもつ 2 次方程式は

$$x^2 + \frac{\boxed{(1)}\,\boxed{(2)}}{\boxed{(3)}\,\boxed{(4)}}\,x + \frac{\boxed{(5)}\,\boxed{(6)}}{\boxed{(7)}\,\boxed{(8)}} = 0$$

である．また，$\alpha^2 - \dfrac{1}{\alpha^2}$，$\beta^2 - \dfrac{1}{\beta^2}$ を解にもつ 2 次方程式は

$$x^2 + \frac{\boxed{(9)}\,\boxed{(10)}\,\boxed{(11)}}{\boxed{(12)}\,\boxed{(13)}\,\boxed{(14)}}\,x + \frac{\boxed{(15)}\,\boxed{(16)}\,\boxed{(17)}}{\boxed{(18)}\,\boxed{(19)}\,\boxed{(20)}} = 0$$

である．

(2)　10 の階乗 $10! = 1 \times 2 \times \cdots \times 10$ を計算すると 3628800 であり，下の桁から 2 個の 0 が続く．同じように，20 の階乗 20! は下の桁から $\boxed{(21)}\,\boxed{(22)}$ 個の 0 が続く数，100 の階乗 100! は下の桁から $\boxed{(23)}\,\boxed{(24)}$ 個の 0 が続く数，2024 の階乗 2024! は下の桁から $\boxed{(25)}\,\boxed{(26)}\,\boxed{(27)}$ 個の 0 が続く数となる．

数学Ⅱ

負でない実数 t に対して定義される関数

$$f(t) = \frac{9}{2}t - 3\int_0^1 |(x-t)(x-2t)|\,dx$$

を t の範囲に応じて多項式で書くと

(a) $0 \leqq t < \dfrac{\boxed{(28)}\,\boxed{(29)}}{\boxed{(30)}\,\boxed{(31)}}$ において

$$f(t) = \boxed{(32)}\,\boxed{(33)}\,t^3 + \boxed{(34)}\,\boxed{(35)}\,t^2 + \boxed{(36)}\,\boxed{(37)}\,t + \boxed{(38)}\,\boxed{(39)}$$

(b) $\dfrac{\boxed{(28)}\,\boxed{(29)}}{\boxed{(30)}\,\boxed{(31)}} \leqq t < \boxed{(40)}\,\boxed{(41)}$ において

$$f(t) = \boxed{(42)}\,\boxed{(43)}\,t^3 + \boxed{(44)}\,\boxed{(45)}\,t^2 + \boxed{(46)}\,\boxed{(47)}$$

(c) $\boxed{(40)}\,\boxed{(41)} \leqq t$ において

$$f(t) = \boxed{(48)}\,\boxed{(49)}\,t^2 + \boxed{(50)}\,\boxed{(51)}\,t + \boxed{(52)}\,\boxed{(53)}$$

である．よって $t = \dfrac{\boxed{(54)}\,\boxed{(55)}}{\boxed{(56)}\,\boxed{(57)}}$ のとき，$f(t)$ は最大値 $\dfrac{\boxed{(58)}\,\boxed{(59)}}{\boxed{(60)}\,\boxed{(61)}}$ をとる．

数学Ⅲ

スポーツなどの競技では，コイントスによって試合の先攻と後攻を決めることがある．通常，コイントスではコインの表と裏は等確率 $\dfrac{1}{2}$ で出ると仮定するが，異なる確率で表と裏が出るコインを考えることもできる．いま，3 : 2 の比で表と裏が出るコインと 2 : 3 の比で表と裏が出るコインの 2 枚がある状況を考える．

(1) どちらか 1 枚のコインを無作為に選んでコイントスを行うとき，表が出る確率は $\dfrac{(62)(63)}{(64)(65)}$ である．

(2) どちらか 1 枚のコインを無作為に選んでコイントスを行ったところ，表が出た．このコインを使ってもう 1 回コイントスを行うとき，表が出る確率は $\dfrac{(66)(67)}{(68)(69)}$ である．

(3) どちらか 1 枚のコインを無作為に選んで 2 回コイントスを行ったところ，2 回とも表が出た．このコインを使ってもう 1 回コイントスを行うとき，表が出る確率は $\dfrac{(70)(71)}{(72)(73)}$ である．

(4) 2 枚のコインを使って同時にコイントスを行うとき，両方のコインの表裏が同じになる確率は $\dfrac{(74)(75)}{(76)(77)}$ である．

(5) 2 枚のコインを使って同時にコイントスを行ったところ，一方のコインは表，もう一方のコインは裏が出た．表が出たコインを使ってもう 1 回コイントスを行うとき，表が出る確率は $\dfrac{(78)(79)}{(80)(81)}$ である．

数学Ⅳ

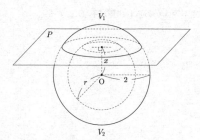

点 O を中心とする半径 2 の球から点 O を中心とする半径 r（r は $0 < r < 2$ を満たす実数）の球をくり抜いてできた立体 V がある．いま，点 O から下ろした垂線の長さが x（x は $0 < x < 2$ を満たす実数）である平面 P で立体 V を切り，2 つの立体に分ける．2 つの立体のうち，体積の小さい方を V_1，大きい方を V_2 とする．

(1) 平面 P による立体 V の切り口の面積が $\pi (2-r)^2$ であるとき，$x = \sqrt{\boxed{(82)}\boxed{(83)} r^2 + \boxed{(84)}\boxed{(85)} r}$ である．

(2) $0 < x < r$ のとき，V_1 の体積は

$$\left(r^2 + \boxed{(86)}\boxed{(87)} \right) \pi x + \frac{\boxed{(88)}\boxed{(89)}}{\boxed{(90)}\boxed{(91)}} \pi r^3 + \frac{\boxed{(92)}\boxed{(93)}}{\boxed{(94)}\boxed{(95)}} \pi$$

であり，$r \leqq x < 2$ のとき，V_1 の体積は

$$\frac{\boxed{(96)}\boxed{(97)}}{\boxed{(98)}\boxed{(99)}} \pi x^3 + \boxed{(100)}\boxed{(101)} \pi x + \frac{\boxed{(102)}\boxed{(103)}}{\boxed{(104)}\boxed{(105)}} \pi$$

である．

(3) $x = r$ において V_1 の体積と V_2 の体積の比が $1:3$ になるとき，$r = \boxed{(106)}\boxed{(107)} + \sqrt{\boxed{(108)}\boxed{(109)}}$ である．また，$x = \dfrac{2}{3} r$ において V_1 の体積と V_2 の体積の比が $1:3$ になるとき，$r = \boxed{(110)}\boxed{(111)} + \sqrt{\boxed{(112)}\boxed{(113)}}$ である．

数学Ⅴ

実数 x, y について，次の連立不等式があらわす領域を D とする．

$$\begin{cases} x^2 + y^2 \leqq 4 \\ (\sqrt{2}x^2 - 2y)(x - 2y + 2) \leqq 0 \end{cases}$$

点 (x, y) が領域 D を動くとき

(1) $x - 2y$ は

点 $\left(\dfrac{(114)(115)}{(116)(117)}\sqrt{2}, \dfrac{(118)(119)}{(120)(121)}\sqrt{2} \right)$ において最大値 $\dfrac{(122)(123)}{(124)(125)}\sqrt{2}$

点 $\left((126)(127)\sqrt{2}, (128)(129)\sqrt{2} \right)$ において最小値 $(130)(131)\sqrt{2}$

をとる．

(2) $ax + y$ が点 $\left(\dfrac{6}{5}, \dfrac{8}{5} \right)$ で最大となるような実数 a のとりうる値の範囲は

$$(132)(133) + (134)(135)\sqrt{2} \leqq a \leqq \dfrac{(136)(137)}{(138)(139)}$$

であり，この条件下で $ax + y$ のとりうる値の範囲は

$$(140)(141) + (142)(143)\sqrt{2} \leqq ax + y \leqq \dfrac{(144)(145)}{(146)(147)}$$

である．

情　報

（120分）

注意事項

問題冊子に数字の入った □ があります．それらの数字は解答用紙の解答欄の番号をあらわしています．対応する番号の解答欄の 0 から 9 までの数字または − (マイナスの符号) をマークしてください．

□ が 2 個以上つながったとき，数は右詰めで入れ，左の余った空欄には 0 を入れてください．負の数の場合には，マイナスの符号を先頭の □ に入れてください．また，小数点以下がある場合には，左詰めで入れ，右の余った空欄には 0 を入れてください．

(例)　12　⟶　$\boxed{0}\,\boxed{1}\,\boxed{2}$　　　　　　−3　⟶　$\boxed{-}\,\boxed{0}\,\boxed{3}$

　　　1.4　⟶　$\boxed{0}\,\boxed{0}\,\boxed{1}.\boxed{4}\,\boxed{0}$　　　−5　⟶　$\boxed{-}\,\boxed{0}\,\boxed{5}.\boxed{0}\,\boxed{0}$

分数は約分した形で解答してください．マイナスの符号は分母には使えません．

(例)　$\dfrac{4}{8}$　⟶　$\dfrac{1}{2}$　⟶　$\dfrac{\boxed{0}\,\boxed{1}}{\boxed{0}\,\boxed{2}}$　　　$-\dfrac{6}{9}$　⟶　$-\dfrac{2}{3}$　⟶　$\dfrac{\boxed{-}\,\boxed{2}}{\boxed{0}\,\boxed{3}}$

ルート記号の中は平方因子を含まない形で解答してください．

(例)　$\sqrt{50}$　⟶　$\boxed{0}\,\boxed{5}\sqrt{\boxed{0}\,\boxed{2}}$　　　$-\sqrt{24}$　⟶　$\boxed{-}\,\boxed{2}\sqrt{\boxed{0}\,\boxed{6}}$

　　　$\sqrt{13}$　⟶　$\boxed{0}\,\boxed{1}\sqrt{\boxed{1}\,\boxed{3}}$　　　$-\dfrac{\sqrt{18}}{6}$　⟶　$\dfrac{\boxed{-}\,\boxed{1}\sqrt{\boxed{0}\,\boxed{2}}}{\boxed{0}\,\boxed{2}}$

数式については，つぎの例のようにしてください．分数式は約分した形で解答してください．

(例)　$\sqrt{12a}$　⟶　$\boxed{0}\,\boxed{2}\sqrt{\boxed{0}\,\boxed{3}\,a}$

　　　$-a^2-5$　⟶　$\boxed{-}\,\boxed{1}\,a^2+\boxed{0}\,\boxed{0}\,a+\boxed{-}\,\boxed{5}$

$$\frac{4a}{2a-2} \quad \rightarrow \quad \frac{-2a}{1-a} \quad \rightarrow \quad \frac{\boxed{0}\;\boxed{0}\;+\;\boxed{-}\;\boxed{2}\,a}{1-\boxed{0}\;\boxed{1}\,a}$$

選択肢の番号を選ぶ問題では，最も適切な選択肢を 1 つだけ選んでください．また，同じ選択肢を複数回選んでもかまいません．

情報 I

以下、法制度に関しては、日本のものについて考えるものとする。

「個人情報の保護に関する法律」（個人情報保護法）に関する次の文章を読み、設問に回答しなさい。

　個人情報取扱 $\boxed{(1)}$ 者は、顔識別機能付きカメラシステムにより特定の個人を識別することができるカメラ画像やそこから得られた $\boxed{(2)}$ データを取り扱う場合、個人情報を取り扱うことになるため、利用目的をできる限り特定し、当該利用目的の範囲内でカメラ画像や $\boxed{(2)}$ データ等を利用しなければなりません。

　具体的には、どのような個人情報の取扱いが行われているかを本人が利用目的から合理的に予測・想定できる程度に利用目的を特定しなければならない①ため、従来型防犯カメラの場合と異なり、犯罪防止目的であることだけではなく、顔識別機能を用いていることも明らかにして、利用目的を特定しなければなりません。

　顔識別機能付きカメラシステムを利用する場合は、設置されたカメラの外観等から犯罪防止目的で顔識別機能が用いられていることを認識することが困難であるため、【②】に当たらず、個人情報の利用目的を本人に通知し、又は $\boxed{(3)}$ しなければなりません。（中略）また、本人から理解を得るためできる限り分かりやすく情報提供を行うため、顔識別機能付きカメラシステムの運用 $\boxed{(4)}$ 、同システムで取り扱われる個人情報の利用目的、問い合わせ先、さらに詳細な情報を掲載した Web サイトの $\boxed{(5)}$ 又は QR コード等を店舗や駅・空港等の入口や、カメラの設置場所等に掲示することが望ましいと考えられます。

　（出典：個人情報保護委員会『「個人情報の保護に関する法律についてのガイドライン」に関する Q&A」（A1-14）を一部改変）

(ア) 空欄 $\boxed{(1)}$ ～ $\boxed{(5)}$ に入るもっとも適した語を選択肢から選び、その番号を解答欄にマークしなさい。

【 $\boxed{(1)}$ ～ $\boxed{(5)}$ の選択肢】

(1)　URL　(2)　公表　　(3)　氏名　(4)　合意　(5)　客体

(6)　消費　(7)　コンソール　(8)　事業　(9)　主体　(0)　顔特徴

(イ) 下線部①について、個人情報保護法が定められている背景の説明として適切でないものを選択肢から選び、その番号を解答欄 ⑹ にマークしなさい。

(1) デジタル社会の進展に伴い個人情報の利用が著しく拡大していること。

(2) 個人情報の適正かつ効果的な活用が、新たな産業の創出や、活力ある経済社会と豊かな国民生活の実現に資するものであること。

(3) 本人による事前の同意なく第三者が個人情報を取得することは許されないこと。

(4) 個人の権利利益を保護する必要があること。

(5) 個人情報の有用性に配慮すべきであること。

(ウ) 空欄②にあてはまるものを選択肢から選び、その番号を解答欄 ⑺ にマークしなさい。なお、各選択肢で「法」は個人情報保護法を指すものとする。

(1)「本人又は第三者の生命、身体、財産その他の権利利益を害するおそれがある場合」(法第21条第4項第1号)

(2)「当該個人情報取扱事業者の権利又は正当な利益を害するおそれがある場合」(法第21条第4項第2号)

(3)「国の機関又は地方公共団体が法令の定める事務を遂行することに対して協力する必要がある場合」(法第21条第4項第3号)

(4)「取得の状況からみて利用目的が明らかであると認められる場合」(法第21条第4項第4号)

(5)「人の生命、身体又は財産の保護のために緊急に必要がある場合」(法第21条第2項但書)

情報Ⅱ

以下の設問において、A・B は、A と B の論理積 (AND) を表し、A+B は、A と B の論理和 (OR) を表し、$\overline{\text{A}}$ は、A の否定 (NOT) を表す.

(ア) 次の例のように、ある論理式を等価な別の論理式で表すこともできる.

$$\overline{\text{A} \cdot \text{B}} = \overline{\text{A}} + \overline{\text{B}}$$

この例にならって、次のそれぞれの式が正しくなるように、空欄 (8) ～ (17) に入るもっとも適したものを選択肢の中から選び、解答欄にマークしなさい.

$$(\overline{\text{A}} + \text{C}) \cdot (\text{B} + \overline{\text{C}} + \overline{\text{D}}) = \overline{\text{A}} \cdot \boxed{(8)} + \boxed{(9)} \cdot \boxed{(10)} + \boxed{(11)} \cdot \boxed{(12)}$$

(選択肢の番号が $\boxed{(9)} < \boxed{(11)}$、$\boxed{(9)} < \boxed{(10)}$、$\boxed{(11)} < \boxed{(12)}$ となるように選ぶこと.)

$$\overline{\text{A}} \cdot \text{B} + \overline{\text{B}} \cdot \overline{\text{C}} \cdot \text{D} + \text{C} \cdot \text{D} = (\text{B} + \text{D}) \cdot \left(\boxed{(13)} + \boxed{(14)}\right) \cdot \left(\boxed{(15)} + \boxed{(16)} + \boxed{(17)}\right)$$

(選択肢の番号が $\boxed{(13)} < \boxed{(14)}$、$\boxed{(15)} < \boxed{(16)} < \boxed{(17)}$ となるように選ぶこと.)

【 (8) ～ (17) の選択肢】

(1) A   (2) $\overline{\text{A}}$ (3) B   (4) $\overline{\text{B}}$

(5) C   (6) $\overline{\text{C}}$ (7) D   (8) $\overline{\text{D}}$

(イ) 2 進法で表現された数の各桁を、その値が 0 であるか 1 であるかに応じて、真偽値の 0(偽) と 1(真) をとる命題変数だとして扱うことにする。この場合に、2 進法による数の表現と各桁を命題変数だとして作られた論理式の関係について述べた次の文章の空欄 (18) ～ (25) に入るもっとも適したものを選択肢の中から選び、解答欄にマークしなさい.

4 桁の 2 進法表現 $A_3 A_2 A_1 A_0$ で表される数 X を考える。4 桁の 2 進法表現が表している 0 および正の整数は 10 進法表現で 0 から 15 になり、X もその範囲の値を表す。X が 15_{10} を表す場合、$A_3 \cdot A_2 \cdot A_1 \cdot A_0$ という論理式の値は 1(真) になる.

X の値に応じて次の表の条件を満たすような論理式は、以下のようになる.

$$\boxed{(18)} \cdot \boxed{(19)} + \boxed{(20)} \cdot \boxed{(21)}$$

(選択肢の番号が $\boxed{(18)} < \boxed{(19)}$、$\boxed{(18)} < \boxed{(20)}$、$\boxed{(20)} < \boxed{(21)}$ となるように選ぶこと.)

X の値 (10 進数)	論理式の真偽値
1,3,5,7,8,10,12	真
2,4,6,9,11	偽

これとは真偽を逆にした、次の表の条件を満たすような論理式は、次のようになる。

$$\boxed{(22)} \cdot \boxed{(23)} + \boxed{(24)} \cdot \boxed{(25)}$$

(選択肢の番号が $\boxed{(22)} < \boxed{(23)}$、$\boxed{(22)} < \boxed{(24)}$、$\boxed{(24)} < \boxed{(25)}$ となるように選ぶこと。)

X の値 (10 進数)	論理式の真偽値
1,3,5,7,8,10,12	偽
2,4,6,9,11	真

【$\boxed{(18)}$～$\boxed{(25)}$ の選択肢】

(1) A_0　(2) $\overline{A_0}$　(3) A_1　(4) $\overline{A_1}$

(5) A_2　(6) $\overline{A_2}$　(7) A_3　(8) $\overline{A_3}$

（ウ） 前問と同様に、2 進法による数の表現と各桁を命題変数だとして作られた論理式の関係について述べた次の文章の空欄 $\boxed{(26)}$～$\boxed{(33)}$ に入るもっとも適したものを選択肢の中から選び、解答欄にマークしなさい。

A_1A_0 および B_1B_0 で表される 2 ビットの 2 進法表現で表される数と、これら 2 数の積を表す 4 ビットの 2 進法表現の数 $C_3C_2C_1C_0$ を考える。A_1, B_1, C_3 が上位ビットである。このとき、C_3 および C_2 を表す論理式はそれぞれ以下のようになる。

$$C_3 = \boxed{(26)} \cdot \boxed{(27)} \cdot \boxed{(28)} \cdot \boxed{(29)}$$

(選択肢の番号が $\boxed{(26)} < \boxed{(27)} < \boxed{(28)} < \boxed{(29)}$ となるように選ぶこと。)

$$C_2 = \boxed{(30)} \cdot \boxed{(31)} \cdot \boxed{(32)} + \boxed{(30)} \cdot \boxed{(31)} \cdot \boxed{(33)}$$

(選択肢の番号が $\boxed{(30)} < \boxed{(31)}$、$\boxed{(32)} < \boxed{(33)}$ となるように選ぶこと。)

【$\boxed{(26)}$～$\boxed{(33)}$ の選択肢】

(1) A_0　(2) $\overline{A_0}$　(3) A_1　(4) $\overline{A_1}$

(5) B_0　(6) $\overline{B_0}$　(7) B_1　(8) $\overline{B_1}$

情報Ⅲ

空欄 (34) ～ (44) (45) (46) に入るもっとも適した数字を解答欄にマークしなさい。

ある正の整数 x を別の正の整数 n で割った余りを $x \bmod n$ と表現する。$2^x \bmod n$ を考えると、n が 3, 5, 11 などの特定の素数の場合に x を 1 から $n-1$ まで順に増やしたとき、その計算結果として、1 から $n-1$ までのすべての整数が重複することなく出現することがわかっている。また $n = 7, 17,$ 23, 31 の場合は $3^x \bmod n$ に対して同様の法則性があることがわかっている。

例えば $n = 5$ の場合、$y = 2^x \bmod 5$ の計算結果は、$x = 1$ のとき $y = \boxed{(34)}$、$x = 2$ のとき $y = \boxed{(35)}$、$x = 3$ のとき $y = \boxed{(36)}$、$x = 4$ のとき $y = \boxed{(37)}$ となる

この仕組みを利用してアリスとボブの二人が第三者に知られることなく秘密の数字を共有する方法について考える。アリスは誰にも教えない秘密の数字として A、ボブは秘密の数字 B を用意するものとする。

上に示した性質を持つ x と n の組み合わせとなる具体的な数として g と p を使用することについてアリスとボブは合意しており、この情報は外部に知られる可能性があるものとする。

この前提においてアリスは $g^A \bmod p$ を計算してボブに送る。この情報は第三者に見られる可能性がある。同様にボブは $g^B \bmod p$ を計算してアリスに送る。

この時 $(g^A \bmod p)^B \bmod p = (g^B \bmod p)^A \bmod p = g^{AB} \bmod p$ が成り立つことがわかっている。この性質を利用することによってアリスとボブは秘密の数字 $g^{AB} \bmod p$ を第三者に知られることなく共有することができる。

今、アリスとボブが $g = 2, p = 19$ を使用することに合意した上でアリスは $A = 13$、ボブは $B = 15$ を秘密の数字として選んだとする。

これまで説明した方法でアリスとボブが第三者に知られることなく秘密の数字を共有したい場合は、次のようになる。

- アリスがボブに対して送信する数字は $\boxed{(38)}\,\boxed{(39)}\,\boxed{(40)}$
- ボブがアリスに対して送信する数字は $\boxed{(41)}\,\boxed{(42)}\,\boxed{(43)}$
- 両者が共有する秘密の数字は $\boxed{(44)}\,\boxed{(45)}\,\boxed{(46)}$

情報Ⅳ

次の文章の空欄 (58) (59) (60) 、 (61) (62) (63) の各欄にあてはまる数字を解答欄にマークしなさい。また、 (47) ～ (57) にはもっとも適したものを選択肢から選び、解答欄にマークしなさい。ただし、$A + B$ は A と B の論理和（OR）を表し、$A \cdot B$ は A と B の論理積（AND）を表す。また、$\overline{A}$ は A の否定（NOT）を表す。

算術論理演算装置（Arithmetic Logic Unit、以下 ALU と表記）は、コンピュータを構成する基本的な装置のひとつである。図 1 に示す ALU は 8 種類の演算、論理積（AND）、論理和（OR）、加算（ADD）、減算（SUB）、左論理シフト（SLL）、右論理シフト（SRL）、左算術シフト（SLA）、右算術シフト（SRA）を実行可能である。

ALU への入力は、2 組の 8 ビットのデータ $a[7..0]$、$b[7..0]$ および 3 ビットの制御信号 $c[2..0]$ であり、出力は 8 ビットのデータ $z[7..0]$ である。ここで、$c[2..0]$ は 3 個の信号 $c2$, $c1$, $c0$ をまとめて表記したものである。同様に $a[7..0]$ は 8 個の信号をまとめて表記しており、算術演算（ADD、SUB、SLA、SRA）を行うときは、信号（0 または 1）を並べたビット列 $a7\ a6\ a5\ a4\ a3\ a2\ a1\ a0$ を 2 の補数表現による整数と考える。$b[7..0]$、$z[7..0]$ についても同じである。

8 種類の演算のうち、どの演算の結果が出力されるかは、$c[2..0]$ により決定される。$c[2..0]$ と実行される演算の対応を図 1 右の動作表に示す。

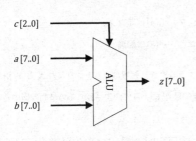

$c2$	$c1$	$c0$	演算
0	0	0	AND
0	0	1	OR
0	1	0	ADD
0	1	1	SUB
1	0	0	SLL
1	0	1	SRL
1	1	0	SLA
1	1	1	SRA

図 1

（ア） ALU 内部の重要モジュールのひとつがシフタ回路である。シフタは入力されたビット列を左あるいは右に指定されたビット数分だけシフト（移動）させる回路であり、空いたビットの処理の違いにより、論理シフトと算術シフトに分類される。論理シフトの場合は、ビットを移動させた結果、空いた

ビットには 0 が挿入され、ビット列からあふれたビットは捨てられる。

算術シフトは、2 の補数表現において符号を表す最上位ビットを固定とし、残りのビットを左もしく
は右に指定されたビット数分シフトさせる。左算術シフトでは空いたビットに 0 が、右算術シフトでは
空いたビットに最上位と同じ値が挿入される。いずれもビット列からあふれたビットは捨てられる。こ
のとき、左にあふれたビットの値が最上位ビットと違う場合はオーバーフローと呼び、計算結果がその
ビット列で表現できる範囲を超えていることを意味する。

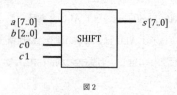

図 2

図 2 のようなシフタ回路を構成しよう。この回路は、$b[7..0]$ の下位 3 ビット $b[2..0]$ をシフトするビッ
ト数とし、入力 $a[7..0]$ に対してシフト演算を実行し、$s[7..0]$ を出力する。ALU への制御信号のうち、
$c2$ は 1 とする。$c0$ が 0 の場合は (47) 、1 の場合は (48) の指定になり、$c1$ が 0 の場合は (49) 、1 の場
合は (50) の指定となる。ここで、$b[2..0]$ ビットの左算術シフトは、オーバーフローが起こらない場合、
$a[7..0]$ と $2^{(b[2..0])}$ の (51) を行う演算に相当し、$b[2..0]$ ビットの右算術シフトは、$a[7..0]$ と $2^{(b[2..0])}$ の
(52) を行う演算に相当する。ただし、選択肢 (8) は整数の除算（商の整数部分を求める）とする。

【 (47) ～ (52) の選択肢】

(1) 論理シフト   (2) 算術シフト   (3) 右シフト   (4) 左シフト

(5) 加算   (6) 減算   (7) 乗算   (8) 除算

(イ) 図 3 に示す回路はマルチプレクサ（データセレクタ）と呼ばれ、2 つの入力 X と Y から 1 つを
選択して Z に出力する機能を持つ。出力は制御信号 C によって決定され、その挙動は図中右の動作表
のようになる。

図 4 は、マルチプレクサを用いて、図 2 のシフタ回路の右論理シフトおよび右算術シフトの部分を実
現した回路図である。図 4 の中の ア は (53) 、 イ は (54) 、 ウ は (55) 、 エ は (56) である。

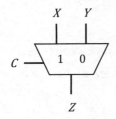

図 3

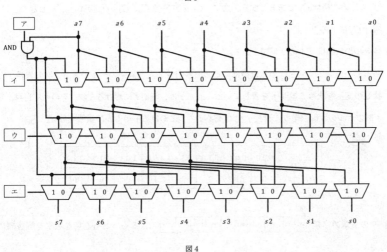

図 4

　入力が n ビットであるとき、図 4 のように右論理シフト、右算術シフトを実現する回路に必要なマルチプレクサの数は (57) となる。ただし、n は 2 のべき乗に限り、シフトするビット数は、0 から $n-1$ の範囲とする。$n = 16$ の場合は $(58)(59)(60)$ 個、$n = 64$ の場合は $(61)(62)(63)$ 個である。

【(53)〜(56) の選択肢】

(1) $c0$　(2) $c1$　(3) $b0$　(4) $b1$　(5) $b2$

【(57) の選択肢】

(1) n　(2) $\log_2(n)$　(3) $n\log_2(n)$　(4) $2n\log_2(n)$

情報Ⅴ

セル・オートマトンとは、複数個のセルから構成され、あるセルの時刻 $t+1$ における状態が、時刻 t における近傍のセルの状態によって決まるようなシステムである。ただし、t は 1 以上の整数であるとする。ここでは次のようなセル・オートマトンを考える。

- 5 個のセル $C_1, \ldots, C_5$ が環状に並んでいる。C_1 の右隣は C_2、C_2 の右隣は C_3、…と順に並んでおり、C_5 の右隣は C_1 であるとする。逆に、C_5 の左隣は C_4、C_4 の左隣は C_3、…となり、C_1 の左隣は C_5 である。

- 各セルの状態は 0, 1 の 2 種類である。

- あるセルの次の状態を決める近傍は、そのセル自身と左右両隣のセルである。次の表は、セルの状態の変化を決める規則 f を表している。x, y, z は、時刻 t における左隣、そのセル自身、右隣の 3 個のセルの状態であり、$f(x, y, z)$ は時刻 $t+1$ におけるそのセルの状態である。

x,y,z	0,0,0	0,0,1	0,1,0	0,1,1	1,0,0	1,0,1	1,1,0	1,1,1
$f(x,y,z)$	0	1	1	1	1	0	0	0

(ア) 次の文章の空欄 (64)(65)(66)(67)(68) 〜 (69)(70)(71)(72) に入るもっとも適切な数字を解答欄にマークしなさい。

セル・オートマトン全体の状態を、5 個のセルの状態を書き並べて表す。例えば、$C_1, \ldots, C_5$ の状態がそれぞれ 0, 1, 1, 0, 0 であることを 01100 と書く。

- 時刻 1 における状態が 11000 ならば、時刻 2 における状態は (64)(65)(66)(67)(68) となる。
- 時刻 1 における状態が 0 (69)(70)(71)(72) ならば、時刻 2 における状態は 01001 となる。

(イ) 次の文章の空欄 (73)(74) 〜 (75)(76) に当てはまるものを下の選択肢から選び、その番号を解答欄にマークしなさい。ただし、$a \bmod b$ は a を b で割った余りを表す。

上の状態変化の表において、注目しているセルを C_n とし、$C_1, \ldots, C_5$ の時刻 t における状態をそれぞれ $c_1, \ldots, c_5$ として、C_n の時刻 $t+1$ の状態を $c_1, \ldots, c_5$ を使って表したい。まず y は、C_n の時刻 t における状態であるから $y = c_n$ である。次に、C_n の左隣のセルは、$l(n) = $ (73)(74) とおけば $C_{l(n)}$ であるから、$x = c_{l(n)}$ となる。同様に $r(n) = $ (75)(76) とおけば、$z = c_{r(n)}$ である。したがって、C_n の時

刻 $t+1$ における状態は $f(c_{l(n)}, c_n, c_{r(n)})$ と表すことができる。

【 $(73)(74)$ ～ $(75)(76)$ の選択肢】

(11) $n \bmod 5$ (12) $(n+1) \bmod 5$ (13) $(n+2) \bmod 5$

(14) $(n+3) \bmod 5$ (15) $(n+4) \bmod 5$ (16) $(n \bmod 5)+1$

(17) $((n+1) \bmod 5)+1$ (18) $((n+2) \bmod 5)+1$ (19) $((n+3) \bmod 5)+1$

(20) $((n+4) \bmod 5)+1$ (21) $(n \bmod 5)-1$ (22) $((n+1) \bmod 5)-1$

(23) $((n+2) \bmod 5)-1$ (24) $((n+3) \bmod 5)-1$ (25) $((n+4) \bmod 5)-1$

(**ウ**) 次の文章の空欄 $(77)(78)(79)(80)(81)$ に入るもっとも適切な数字を解答欄にマークしなさい。

$C_1, \ldots, C_5$ の時刻 1 における状態を入力とし、時刻 $2, 3, 4, \ldots$ における状態を順に出力するアルゴリズムを次のように書いた。

変数 $c_1, \ldots, c_5$ の値を与えられた状態、関数 f, l, r は上で定義したものとする。

処理 A を繰り返す。

処理 A の始め

　変数 n の値を最初は 1 とし、1 ずつ増やしながら 5 になるまで処理 B を繰り返す。

　処理 B の始め

　　c_n の値を $f(c_{l(n)}, c_n, c_{r(n)})$ とする。

　処理 B の終わり

　$c_1, \ldots, c_5$ の値を出力する。

処理 A の終わり

しかし、このアルゴリズムは正しくない。例えば、時刻 1 における状態が 00100 ならば、時刻 2 における状態は 01110 になるが、このアルゴリズムは $(77)(78)(79)(80)(81)$ と出力する。

(**エ**) 次の文章の空欄 (82) ～ (84) に当てはまるものを下の選択肢から選び、その番号を解答欄にマークしなさい。

上のアルゴリズムを正しく書き直すと次のようになる。ただし、$d_1, \ldots, d_5$ は変数である。

変数 $c_1, \ldots, c_5$ を与えられた状態、関数 f, l, r は上で定義したものとする。

処理 A を繰り返す。

処理 A の始め

　　変数 n の値を最初は 1 とし、1 ずつ増やしながら 5 になるまで処理 B を繰り返す。

　　処理 B の始め

　　　　[(82)] の値を [(83)] とする。

　　処理 B の終わり

　　n の値を最初は 1 とし、1 ずつ増やしながら 5 になるまで処理 C を繰り返す。

　　処理 C の始め

　　　　c_n の値を [(84)] とする。

　　処理 C の終わり

　　$c_1, \ldots, c_5$ の値を出力する。

処理 A の終わり

【 [(82)] ～ [(84)] の選択肢】

(1)　1　(2)　n　(3)　c_n　(4)　$c_{l(n)}$　(5)　$c_{r(n)}$　(6)　d_n　(7)　$f(c_{l(n)}, c_n, c_{r(n)})$

小 論 文

（120分）

　総合政策学部は、問題解決型の発想で政策を考えるための教育と研究に取り組んでいる学部です。世界で実際に起きている、あるいは将来的に起こりうる可能性のある様々な世界的な問題を考え、解決策を模索していくには、領域横断的かつ学際的なアプローチが必要になっています。

　また、日本を取り巻く国際環境や経済・社会・安全保障をめぐる構造は大きく変化しており、私たちは従来の価値観や確立された理論・研究成果だけではなかなか解決策が見いだせないような複雑な課題に直面しています。問題解決型の思考を養うためには、まずはさまざまな角度から物事の本質的な問題を理解し、そして物事を体系的に考える論理的思考が必要です。

　ここで、日本経済の現状について取り上げてみましょう。日本経済は過去20年程度の期間において、実質経済成長率は平均して1％を下回る低成長が続いてきました。経済成長を実現していくには、その主役となる企業が時代の変化を常にとらえて、イノベーションを生み出しそれを商品化していく開発力・技術力を高めることが重要になります。そのためにはデジタル化をさらに進めていく必要があります。しかし、その一方で、世界ではデジタル化がもたらす弊害を懸念する声も高まっています。また、地球温暖化など環境問題が深刻化するなかで、企業に対して短期的な利益追求だけではなく、地球的課題に対するソリューションとなるような商品・サービスの提供を期待する見方も広がっています。

　以下では、これに関連する5つの資料を用意しています。資料1は日本の持続的な経済成長とデジタル化、資料2は日本の経済成長と金融、資料3は米国の科学技術の現状と世界との比較、資料4はデジタル・プラットフォーマーと寡占、資料5はESG時代の資本主義のあり方に関して各々紹介しています。

（問1）5つの資料を全て読んだ後、4つの資料を選択し、それぞれの資料の主題について言及しなさい。その主題に関連づけて、今から10年後の日本について、米国と中国との相対的な関係を展望しつつ、どのような姿になっていると予想されるのか、自分の考えを、800字以内で論じなさい。

（問2）日本政府は、日本経済の活性化に必要なイノベーションを生み出すための施策を推進しています。あなたが政府の政策立案者だとしたら、どのような政策を打ち出しますか。政策を3つ列挙してください。その目的、対象、手法に関して簡潔に書きな

さい。

　次に、その3つの政策の内、1つの政策について、なぜそのような考えに至ったのか、その政策によってどのような効果が期待されるのかを説明してください。さらに、その政策がもたらす副作用や弊害などにも言及しながら、説得力ある論理を展開し自分の政策提言が有効だということを説明してください。800字以内で論じなさい。

資料1　日本の持続的な経済成長とデジタル化

　日本経済は、感染症の世界的大流行にまつわる不確実性や供給制約の影響が和らぎ、消費が徐々に戻るにつれ、新型コロナの打撃から回復しつつある。2022 年 4 月に発表した最新の経済見通しでは、今年の成長率が加速し、過去 12 年間で最速の 2.4%で伸びると見込んでおり、来年もほぼ同水準を維持すると予測している。国際通貨基金（IMF）の 最近のアセスメントは、世界第 3 位の経済大国である日本が講じた強力な政策支援と高いワクチン接種率を評価している。また、繰り延べ需要が景気拡大を後押しするとみている。しかしながら、パンデミックが終息を見ない中で勃発したウクライナでの戦争は、短期的な見通しに重大なリスクをもたらした。さらに、日本経済は少子高齢化、生産性の伸び悩み、そして深刻な気候変動リスクに起因する、より長期的な逆風にもさらされている。

　日本が抱える多くの課題は、包摂性を高め、格差を是正し、持続可能な未来を保証する経済成長の強化に取り組むことの重要性を浮き彫りにしている。IMF の研究によると、デジタル投資を増やすとともに成長を促す改革を全面的に実行することで労働供給と生産性が増大し、国内総生産を押し上げる効果が期待できる。なによりも、デジタル化は成長に拍車をかける可能性を持つ。パンデミックによって、日本におけるテクノロジーの普及にばらつきがあることが明らかになった。日本は世界有数の産業用ロボット使用国であり、主要なエレクトロニクス産業の拠点であるにも関わらず、いまだ IT のレガシーシステムに依存している企業、政府、金融セクターにおけるデジタル化の導入が他の経済圏と比べて遅れを取っている。パンデミックが始まった際、非常に多くの従業員が在宅勤務への移行に苦慮したことにより重大な局面で経済生産高が縮小し、生産性が落ち込んだ。このことは、日本の構造的な弱点をさらに露呈する結果を招いた。紙ベースの行政手続きにより、政府は感染拡大に対して迅速な対応を取ることができず、消費者を支えるための 2020 年特別定額給付金の支給に遅延が生じた。また、キャッシュレス決済や電子商取引の導入も遅れている。

　ゆえに政府の支援に基づく急速なデジタル改革は、生産性と成長を引き上げるであろう。例えば、国会議員は昨年、はんこによる文書の承認をほぼ廃止した。はんこは個人がそれぞれに当事者であることを示す印で、日本では何世紀にもわたり、また、近隣のアジア諸国でも類似のものが用いられてきた。従来のはんこから電子署名への

方向転換は行政手続きのデジタル化を進め、政府が効率化を図るうえで大きな意味を持つ。また、デジタル改革には2021年9月に内閣に設置されたデジタル庁の発足も含まれる。デジタル庁は中央政府、地方自治体、そして民間部門のデジタル化を促進させるための組織である。

　改革に伴う移行を包摂的に進めるため、政府は政策支援を慎重に設計し、未熟練労働者が被るかもしれない不利益を軽減する必要がある。その他、デジタル金融サービスの導入を加速する際に優先すべき事項には、金融およびデジタルリテラシーを高め、異なるキャッシュレス決済プラットフォーム間の接続性を改善し、データプライバシー、消費者保護、サイバーセキュリティを強化して国民の信頼を高める施策が含まれる。だが、デジタル化の促進は、日本に吹く人口動態の逆風を解消するために重要な、他の成長拡大の改革とも組み合わせることで、最大限の効果を発揮する。より多くの女性、高齢者、外国人を労働力に取り込む施策も優先されるべきである。終身雇用に守られていない労働者、主に女性労働者に向けた研修やキャリア機会の強化は、生産性および賃金の上昇につながるであろう。また、コーポレートガバナンス（企業統治）の改善と規制の緩和は生産性や投資を高める可能性がある。

　今後、日本は力強い成長のみならず、環境的に持続可能な成長を遂げる必要がある。大幅なグリーン投資とカーボンプライシングに支えられた大規模な経済変革は、パンデミックからの脱却をさらに後押しするだけでなく、未来に向けた新しくクリーンな経済エンジンをも生み出す可能性があることをIMFの研究は示している。したがって、日本が2050年までにカーボンニュートラル（排出量実質ゼロ）の達成を約束したことは、重要かつ前向きな一歩といえる。これらの政策目標を総合すると、日本はパンデミックが引き起こした混乱を最大限に活かし、生産性と経済成長を高める改革を推し進める用意があることを示している。

出所：*IMF Country Focus "Japan's Digitalization Can Add Momentum for Economic Rebound" By Piyaporn Sodsriwiboon, Purva Khera, and Rui Xu, June 1, 2022* のIMFによる日本語訳。

（原典の中から抜粋の上、本設問用に改変してある）

資料2　日本の経済成長と金融

　コロナ禍が長期化するなか、日本の将来の成長に向けた歩みは、そのむずかしさが日に日に増している。特に、2020年代の人口減少・高齢化の急速な進展など社会・経済構造の大きな変革期の局面において、そうした変化に、総合的かつ体系的に取り組む必要があるにもかかわらず、どういうアプローチでスピード感ある時間軸で進めていくか、なかなか方向性を見出しにくい状況にある。デジタル化の遅れが招いた行政や民間のデジタル基盤の弱さ、脱炭素社会に向けたロードマップが十分にみえてこな

い。

　日本は低成長が続いているが、株式市場の時価総額では米国とのギャップは大きくなり、米国のGAFAM（注1）に比類する新興企業を生み出すことができていない。2020年代以降の日本の成長に向けた取り組みを遅らせている3つの構造問題として、「社会・経済構造」「企業サイドの構造」「金融構造」がある。「社会・経済構造」は、日本の人口減少と人口構造のシニア化の加速化や地方縮退問題などに代表され、深刻化していくことが意識される。「企業サイドの構造」については、旧来型の大企業にある年功序列型雇用制や自前主義的な対応などが大企業のダイナミズムの喪失を招いている。

　3つ目の構造問題は、「金融構造」関連である。従来型の銀行を中心とする間接金融は、1970〜1990年代までの、一定の成長が期待されるなかで効率的な資源投入を図っていく際には極めて有効に機能した。しかし、企業の資本力が充実し、銀行の政策保有株式（注2）の売却が進展するなか、産業界は金融機関からの人材受け入れや銀行からのガバナンス的なアプローチを必要としない状況となりつつある。銀行では貸出そのものが減少傾向にあることなどから、成長を前提としたある種の「デットガバナンス」、メインバンク的なアプローチに限界が生じている。産業金融的な観点からすると、かつては、銀行を中心とした金融機関が産業の育成や企業の成長に向けて果たした役割は大きかったものの、現在はそうした役割は低下してきている。もちろん、金融機関は事業性評価に基づく貸出の創出や、企業課題に係るソリューション提供などを通じて、企業の事業戦略や新規投資の支援などにも注力しているものの、そうした取組みが、必ずしも産業の育成や企業の競争力強化につながっているわけではない。そういう意味で、現在の日本の間接金融を中心に置いた構造では、企業の成長投資を推進する観点から、リスクマネーの主体的供給は難しく、戦略的な取組みとしての企業成長サポートや産業育成には限界がある。リスクマネーとエクイティ資金を重視する方向で金融構造を組みかえていくことが十分にはできていないと認識される。

　日本の中長期的成長を実現し、旧来型社会・経済構造を大きく変えていく観点から、ベンチャー企業向けの投資やその後の成長を支えるグロース投資を積極的に行い、日本の将来を支える産業や企業をつくりだしていくことが大事である。そのような投資に係るリスクマネー供給を広げていくことは大変重要である。コロナ禍における日本のベンチャー投資は増えているが、米国との格差は大きい。米国では、今後もGAFAMをつくりだした以上の新しいイノベーションを通じ、産業創出や新興企業の勃興が引き続き生じるリスクマネーの基盤ができている。さらに、リスクマネー供給の「質」においても、日本においては脱炭素社会に向けた投資やDX（デジタル転換）関連への取り組みが遅れている。さらに、いわゆるユニコーンと呼ばれる企業価値10億ドル以上の未上場のベンチャー企業・新興企業の数が限定的である。

（注 1）GAFAM は、Google, Amazon, Facebook, Apple, Microsoft を指す。
（注 2）政策保有株とは、取引関係の強化や買収防衛を目的に保有する株式を指す。
相互に株式を保有する「持ち合い株」の形式をとることが多い

出典：『ポストコロナ時代のプライベート・エクイティ』（2022）幸田博人・木村雄治
編著、金融財政事情研究会。
（原典の中から抜粋の上、本設問用に改変してある）

資料 3 米国の科学技術の現状と世界との比較

　米国は、科学技術・イノベーション活動のほぼ全ての面において、世界をリードし
ていると言われる。このことは、研究開発費の額、研究者数、大学ランキングなどの
数字を見れば明らかであるが、近年は特に競争力の低下について強い懸念も示されて
いる。

　米国の対 GDP 比の研究開発費の割合は、2019 年に 3.1％となり、はじめて 3％台に
到達した。また、米国の研究開発費は、6,575 億ドル（2019 年）で、世界最大の規模
であるが、中国は近年その額を拡大させており、5,257 億ドルと米国の額に迫ってい
る。より具体的には、2000 年から 2019 年までの間の研究開発費の変化を見た場合、
日本が 1.8 倍の規模に留まっているのに対し、米国は 2.4 倍となっており、ドイツの
2.7 倍、フランスの 2.2 倍、英国の 2.3 倍と比較しても大きな違いのない伸びをみせ
ているが、中国が 16 倍の伸びを示しており、米国の研究開発費におけるリーダーの地
位は揺らいでいる。

　また、研究者数については、米国は約 155 万人で、中国の約 187 万人よりは少ない
が、日本の 68 万人の 2.3 倍の規模となっており、依然として主要先進国の中では最も
多くの研究者を抱える国となっている。なお、労働人口 1,000 人あたりの研究者数で
は、9.51 人で、フランスの 10.25 人、ドイツの 10.02 人、日本の 9.97 人よりも少な
く、英国の 9.08 人よりも多い数となっている（2018 年）。文献データベース Scopus の
データを用い国立科学財団（NSF）が取りまとめた科学工学分野の文献数のデータによ
ると、2020 年の全世界において発表された文献数は約 294 万件であるが、著者が米国
の機関となっている文献の数は約 46 万件で、中国の約 67 万件に次いで第 2 位であ
る。

　イノベーションに関する指標においては、例えば Bloomberg Innovation Index 2021
の上位 10 か国にはアジア 2 か国（韓国、シンガポール）、ヨーロッパ 7 か国（スイス、
ドイツ、スウェーデン、デンマーク、フィンランド、オランダ、オーストリア）、そし
てイスラエルが含まれる中、米国は前年度の 9 位から 11 位に順位を落としている。な
お、日本は 12 位である。

　米国は、長期にわたり科学技術・イノベーション活動における世界のリーダーの地位を確保しているが、上述のとおり中国はいくつもの指標において急激に上昇しており、一部については米国を上回る状況となっている。また、中国以外の国々も競争力を高める様々な取り組みが行われ、米国の主導的地位が脅かされているという認識も広がっており、米国内においては、様々な観点から解決すべき課題が示されている。

　例えば、米国芸術科学アカデミーは 2020 年に「現状への満足に対する差し迫った危機（The Perils of Complacency）」報告書を発表している。報告書では、中国など積極的な研究開発投資を行う国々に対抗するため研究開発投資を拡大することが必要であること、中国において学位の授与数は急増し、大学の国際的な評価も高まっているにも関わらず、米国の若者は STEM（注）キャリアへの関心が薄く、多様な人材を活用できていないこと、Bloomberg Innovation Index や WIPO Global Innovation Index（GII）に示された指標においても米国のイノベーション活動の低下が示されていることなどについて言及している。

　また、競争力評議会が 2020 年に発表した「次の経済における競争：イノベーションの新たな時代（Competing in the Next Economy: The New Age of Innovation）」報告書においては、他の国々は、米国が世界のイノベーションの中心となった時代の優位性のある構造を自国において再現させていること、多くの国々は、自身の、独自性のあるイノベーションエコシステムを構築していること、米国においては自国の人材が十分に国家のイノベーション活動に参加していないことなどの課題を挙げている。

　（注）STEM とは、科学・技術・工学・数学の教育分野を総称する語。

出典：『調査報告書　科学技術・イノベーション動向報告　米国編』国立研究開発法人科学技術振興機構（JST）。
（原典の中から抜粋の上、本設問用に改変してある）

資料 4　デジタル・プラットフォーマーと寡占

　プラットフォーマーとは、さまざまな商品・サービス・ソリューションなどを提供する土台となる、市場参加者の交換の場（プラットフォーム）を提供する事業者のことである。

　プラットフォームは、「間接ネットワーク効果」と「フィードバック効果」が働くことにより、市場集中が進みやすい性質を持つ。

　同一ブランドや同一規格のユーザーが多いほど、個々のユーザーの効用が高まる効果を、「ネットワーク効果」という。プラットフォームの特徴は、このネットワーク効

果が、プラットフォームが媒介する複数の異なるサイド間においても働くことにある。例えば、EC（電子商取引）サイトを介して出品者と消費者を結び付けるプラットフォームでは、より多くの消費者に利用されている EC サイトの方が、出品商品が購入される機会が増える可能性があるため、多くの出品者を引き寄せる。このように、プラットフォームを介して、一方のサイドのユーザー数や利用回数が増えるほど、他サイドの個々のユーザーにとっての効用が高まる効果を「間接ネットワーク効果」という。

　そして、デジタル・プラットフォームが媒介するサイド間で一方向あるいは双方向に間接ネットワーク効果が働く市場を「多面市場」という。多面市場では、間接ネットワーク効果が働くことにより、一方のサイドでの利用の増加が、他サイドのユーザーの効用を高めユーザー数や利用の増加を促す。そのため、単一あるいは少数のプラットフォームへの集中が起きやすいという特質を持つ。多面市場では、サイド A のクリティカルマスを満たさないと、サイド B のユーザーは利用せず、サイド B のクリティカルマスが満たされないと、サイド A のユーザーは利用しないという「鶏が先か卵が先か」問題が起こる場合がある。複数サイドにおいてクリティカルマスを達成しなければならないという状況は、新規参入者にとっては高い参入障壁となる。

　Google の検索エンジンサービスや Facebook のソーシャル・ネットワーキング・サービス（SNS）など、プラットフォームの消費者向けサービスは無料であることが少なくない。その理由は、間接ネットワーク効果を生み出す側であるユーザーサイドへの価格を相対的に抑えることでユーザー数を増やし、それによって他サイドのユーザーである広告主などがプラットフォームに参加するメリットを高めようとしているからである。多面市場では、間接ネットワーク効果が最大限働くように両サイドのサービス価格を設定することによって、利潤を最大化できる。必ずしも各サイドのサービス価格がそれぞれのコストに見合った水準である必要はない。

　プラットフォームでは、個人の検索・閲覧履歴や位置情報などのあらゆるデータが収集され、利用者の好みに合わせたマッチング広告や AI 音声アシスタントの機能改善などに用いられる。このように、コンピューターが機械学習用にデータを使うときに発生する効果を「フィードバック効果」という。多くのユーザーが利用するサービスほど多くのデータが得られるため、サービスの改善率が高くなり、それが更なる人気を呼ぶ効果がある。

　フィードバック効果は、間接ネットワーク効果によるユーザー数の増加に拍車をかけ、市場の集中を加速させる働きをする。また、データは、既存サービスの改善だけでなく、他事業への展開や新規事業の開発にも活用できる。このことから、データは新事業やイノベーションの新たな源泉であるとの見方もある。ユーザーの利用頻度などによっては、プラットフォームに蓄積された自己のデータが、当該プラットフォームから別のプラットフォームに乗り換える際のスイッチング・コストとなり、そのプ

ラットフォームの利用に閉じ込められる「ロックイン効果」が働くことがある。その場合、ユーザーにとって乗り換えるプラットフォームの価値や価格によほどのメリットがない限り乗換えは起こらず、結果として市場の集中が維持される要因になる。

　以上のように、プラットフォームは、間接ネットワーク効果とデータのフィードバック効果の2つが働くことにより、市場集中が進みやすいという特徴を持つ。また、一定以上のユーザー数を獲得し、データの集中を実現した既存プレーヤーは、ユーザーの囲い込みに成功し、そのユーザー・グループに対し独占的地位を維持することが容易になるともいえる。ただし一方で、生産やサービスの提供のために巨大な設備やシステムを要するような産業と比べ、インターネット・サービスに参入するための初期費用は極めて低い。また、プラットフォームの多くは無料のものが多いこともあって、ユーザーが複数のプラットフォームを併用する例も少なくない。したがって、一概に参入障壁が高いともいえない。また、フィードバック効果についても、既存企業を利する強い効果があるのかどうかは、データの量や種類などにより個別事案ごとに異なる。

　寡占化が進むデジタル市場において、近年、競争上問題となっているプラットフォーマーの行為としては、支配的地位の濫用による競合他社の排除、優越的地位の濫用、不透明な取引慣行、不当なデータ収集、抹殺買収を目的とした企業結合などが挙げられる。欧米各国では、競争当局を中心に、これらの新たな問題を含むプラットフォーム規制のあり方について、積極的に検討がなされている。競争法上は、仮に市場集中度が高くとも、市場シェアを有している事業者が激しい競争にさらされている場合には、市場支配力が認められないこともある。競争法が基本的に問題とするのは、独占的な状態にあること自体ではなく、支配的地位を濫用するなどの具体的な行為である。

　支配的地位の乱用の事例として、2017年にGoogleがGoogle検索における支配的地位を濫用し、自社の比較ショッピングサービスを検索結果の目立つ位置に表示させ、競合他社の検索結果を低く表示させたとして、欧州連合(EU)の欧州委員会が24.2億ユーロ（約3,066億円）の制裁金を賦課する決定をしている。後発参入組の比較ショッピングサービス市場の競争を制限し、消費者に不利益を与えたと判断された。2018年にはGoogleが検索エンジン市場における支配的地位を維持・強化するために、アンドロイド端末製造業者及び移動体通信事業者に対し、抱き合わせ販売、排他契約、競合他社の妨害など契約上の制限を課していたとして、欧州委員会が総額43.4億ユーロ（約5,500億円）の制裁金を賦課する決定をした。

　また、GoogleによるYouTubeの2006年の買収、Facebookによる2012年のInstagramの買収や2014年のWhatsAppの買収など、巨大プラットフォーマーが革新的な新興企業を高額で買収する例が相次いでいる。特定の市場において支配的地位にある企業が、将来代替財を供給する可能性のある企業を買収することにより潜在的な競争相手を事

前に排除する行為は、「抹殺買収」と呼ばれ、将来の競争やイノベーション、技術革新を阻害することが懸念されている。

　以上のように、プラットフォームをめぐっては、支配的地位又は優越的地位にあるプラットフォーマーの濫用行為などが問題となっている。競争当局は、市場画定やデータ集中を伴う企業結合を競争法上どのように判断するかなど、新しい問題に直面している。また、不透明な取引慣行や抹殺買収など、公正な競争を阻害する可能性があるにもかかわらず、これまでの競争法の基準では競争当局が検知できない事象も増えてきている。プラットフォーム規制については、各国とも試行錯誤の段階であり、各国の競争当局の間でも適切な規制のあり方について十分な合意は得られていない。

出典：「デジタル・プラットフォーマーと競争政策」(2020)、鈴木絢子、国立国会図書館 調査と情報―ISSUE BRIEF― 第1088号 2020. 2. 25, pp. 1-5, 8, 9, 14.
<https://dl.ndl.go.jp/view/download/digidepo_11451855_po_1088.pdf?contentNo=1>
（原典の中から抜粋の上、本設問用に改変してある）

資料5　ESG時代の資本主義のあり方

　20世紀資本主義は市場経済に、目指しい繁栄をもたらした。しかし、この繁栄が歩んだ道には、いくつかのおおきな落とし穴があった。今日の世界は資本主義経済が置き去りにしてきた罠に陥っている。いいかえれば、20世紀資本主義が残した負の遺産にさいなまれている。罠の一つは、市場のメカニズム、すなわち、競争の原理である。競争はイノベーション活力の源泉であるとともに、必然的に、勝ち組と負け組をつくる。いまや、世界は富める人々と貧しい人々にわかれている。また富める国々と、貧しい国々にわかれてしまった。

　もうひとつの罠は、企業が財・サービスを最小費用で供給する競争がもたらす外部経済 (externalities) である。外部経済で最も端的なのは、生産過程で生じた二酸化炭素 (CO2) や汚水などの汚染副産物を環境に垂れ流す行為である。発電事業者は、生産手段の選択において費用の安い石炭火力を選んでこそ競争に勝ち残れる。風力や太陽光発電でのエネルギー供給事業では、とても競争にならない。費用最小化の市場競争に勝ち抜くには、わが社の生産活動の外部経済にまでケアしていられないというのが企業経営の論理であり、市場原理の観点からは責めることはできない。これを「市場の失敗 (market failure)」という。

　2015年の国連サミットにおいて、SDGs(Sustainable Development Goals)なる持続可能な開発目標が合意され、掲げられた。2030年を達成期限として、「誰一人取り残さない(leave no one behind)」よりよい社会の実現を目指すとしている。欧米各国でも、日本でも、官民を挙げて、いまや、SDGsの目標に向けての取り組みが叫ばれてい

る。SDGsに掲げられた17の目標の多くは、20世紀資本主義と市場経済の繁栄が取り残し、置き去りにしてきた問題への対処・取り組みといえる。貧困や飢餓、教育、労働条件の改善、不平等の解消などの諸目標は、利益追求競争が置き去りにしてきた諸問題に焦点をあてている。また、地球環境や気候変動などの環境アジェンダや、エネルギー、資源枯渇などのアジェンダは、費用最小化競争が置き去りにした外部経済へのケアであり、20世紀資本主義の負の遺産へのケアである。

　さて、SDGsの目標実現には、その主役は企業でなければならないという声がある。確かに、20世紀資本主義の負の遺産が企業行動に依存するところ大であったとするならば、SDGsの目標にむけても、企業行動に新たなるイニシアティブが期待されるところ大である。しかし、費用最小化の競争、企業価値最大化の競争は、依然として熾烈であるどころか、これからは、いよいよ国際レベルでのサバイバル競争となる。

　P. F. ドラッカー（注）は、1993年の著Post-Capitalist Societyで、つぎのようにいう。今日、先進国において、年金基金を中心とする機関投資家が保有する資金量は未曾有の額である。年金基金は、現在の従業員の貯蓄であり、45歳以上の者のほとんどにとって、年金基金の受給権こそが最大の資産である。年金基金は、いまや、資本の主たる供給者および大企業の支配的所有者となった。

　資本主義経済は、いまや、20世紀資本経済の繁栄を駆動したものとは異質の仕組みで働き始めていることは明らかである。年金基金をはじめ、多くの機関投資家が運用する資本は、企業従業員、労働者、すなわち、庶民に帰属する資産が蓄積された富である。いまや、この労働の民、庶民こそが、資本家・投資家として、諸企業の所有者となり、その経営行動の究極的責任者になりつつある。この一般市民が、諸産業の企業所有者であるからには、企業経営の目的は、長期の視野にたっての企業価値の持続的成長でなければならない。市民、庶民の富は、次の世代の富として引き継がれていくものであり、短期の利益追求で、破綻し、消滅させてはならない。

　いまや、GPIF（年金積立金管理運用独立行政法人）はじめ、多くの資産運用ファンドは、SDGsやE（環境）S（社会）G（ガバナンス）への取り組みの活動や経営方針の非財務情報を重視して、投資対象を選択する。化石燃料に投資している企業は投資対象から外され、また、石炭火力発電所の建設には、金融機関から資金調達が拒否される時代になってきた。

　2014年に発足したRE100（Renewable Energy 100%）という企業参加の国際的イニシアティブがある。これは、事業活動で消費するエネルギーを100%再生可能エネルギーで調達することを目標としている。アップル、マイクロソフト、グーグルなど、世界のRE100加盟企業は370社ほどあり、日本でも60社を超える企業が参加している。これらの企業は、「わが社の事業では、電気使用はすべて再エネとし、CO2排出はゼロ

を目指す」と公表することで、企業価値が向上すると考えている。事業に投入するエネルギーをすべて再エネにするには、それなりのコストがかかるが、企業価値向上の便益がコストを上回ると判断されている。このように、いまや、電力の需要・消費サイド側の企業から、再エネへの需要がたまっており、再エネであるが故のコスト高が需要側から受容されるようになってきた。市場と資本主義の仕組みで、産業界が SDGs の目標へと動き始めている。市場と資本主義は、健全に機能しているといえないであろうか。

（注）P. F. ドラッカー著、上田惇訳、『ポスト資本主義社会』、ダイヤモンド社、2007 年 8 月

出典：「新しい企業価値創造パラダイムの台頭を待つ」高森寛、金融・資本市場リサーチ、2022 年秋号，pp. 23-33。
（原典の中から抜粋の上、本設問用に改変してある）

//////////////// · memo · ////////////////

//////////////// · **memo** · ////////////////

2023
年度

問題編

■一般選抜

問題編

▶試験科目・配点

教 科	科　　　　　目	配点
外国語 ・数学 ・情報	「数学または情報」，「外国語」，「数学および外国語」の３つの中から１つを選択（いずれも同一試験時間内実施） 　数　学―数学Ⅰ・Ⅱ・Ａ・Ｂ 　情　報―社会と情報・情報の科学 　外国語―(a)コミュニケーション英語Ⅰ・Ⅱ・Ⅲ，英語表現Ⅰ・Ⅱ 　　　　　(b)コミュニケーション英語Ⅰ・Ⅱ・Ⅲ，英語表現Ⅰ・Ⅱ， 　　　　　　　ドイツ語 　　　　　(c)コミュニケーション英語Ⅰ・Ⅱ・Ⅲ，英語表現Ⅰ・Ⅱ， 　　　　　　　フランス語 　　　　　の(a)，(b)，(c)のうち，いずれか１つを選択	200 点
小論文	発想，論理的構成，表現などの総合的能力を問う	200 点

▶備　考

- ドイツ語，フランス語は省略。
- 数学Aは「場合の数と確率」・「整数の性質」・「図形の性質」を出題範囲とする。数学Bは「確率分布と統計的な推測」・「数列」・「ベクトル」を出題範囲とする。
- 小論文は，問いに対して自らの考えを論述する形式の試験で，受験生の発想，論理的構成，表現などを総合的に評価しようとするもの。どれだけ発想豊かに，自分の考えを論文として論理的に構成し，説得力のある表現ができるかを問う。
- 選択した受験教科の採点結果と，小論文の採点結果を組み合わせて最終判定を行う。

英語

(120 分)

（注意）

- 「外国語選択者」は，問題 I ～ Ⅲ の全問を解答すること。
- 「数学および外国語選択者」は，問題 I ・ Ⅱ および数学の問題 Ⅱ ・ Ⅳ ・ Ⅵ を解答すること。
- 問題 I は英語・ドイツ語・フランス語のいずれかひとつの言語だけを選択して解答（ドイツ語・フランス語は省略）。

英語 I

次の文章に関して、空欄補充問題と読解問題の二つがあります。まず、[31]から[40]の空所を埋めるのに、文脈的に最も適切な語を 1 から 3 の中から選び、その番号を解答欄（31）から（40）にマークしなさい。次に、内容に関する[41]から[45]の設問には、1 から 4 の選択肢が付されています。そのうち、文章の内容からみて最も適切なものを選び、その番号を解答欄（41）から（45）にマークしなさい。

1   This summer, a baby killer whale is swimming in the waters of the Salish Sea (the inland marine waters along Washington state and British Columbia) for the first time since 2011. The newest little whale's birth is cause for celebration in a population that's been [31](1. struggling 2. meandering 3. prospering) for decades. But the calf isn't enough on her own to [32](1. ignite 2. constitute   3. ease) the worries of researchers and conservation groups about the southern resident killer whales, as the genetically distinct sub-group of the species in those waterways is called. For one thing, the initial year will be the most difficult for the calf to survive. And health markers like stress hormone levels and body weight across the orca population suggest successful births are increasingly a rarity.

2   "[The new calf] is so miraculous," Deborah Giles, the Science and Research Director for the Washington-based group Wild Orca, says. "But we know from past decades these females were able to give birth every three years, and that's just not the case now." In 2017, Giles' team found that 69 percent of southern resident female whales' pregnancies haven't been brought to term in recent years. [33](1. Ironically   2. Chronically   3. Marginally) stressed and undernourished, this killer whale population has shrunk from 89 individuals when they were federally listed as endangered in 2005 to only 74 today.

3   The killer whales face the same range of threats they did 17 years ago: noise and

[34](1. inevitable　2. potential　3. manageable) collision with boats, chemical pollutants, and a lack of prey. Of all those, most worrying to researchers today is the shortage of the orca's main food source, Chinook salmon. These killer whales co-evolved with the Chinook, which are also an endangered species. They can and do eat other types of fish, but the Salish Sea's largest, fattiest fish has always made up the majority of their diet. As the number and size of salmon returning to spawn in Washington and British Columbia's rivers have dwindled over the years [35](1. in spite of　2. thanks to　3. aside from) overfishing, rising water temperatures, dam obstructions, and habitat destruction, among other things, the killer whales have fought to find enough prey to survive. "They're starving all the time because there's just not enough fish [36](1. in common　2. under way　3. out there)," says Giles.

4　　　Another recent study of the southern resident killer whales by researchers at the University of British Columbia identified the same issue. Comparing salmon availability over the decades to what they know of the whale's movements and health, they determined that for six of the last 40 years, the marine mammals weren't getting enough to eat. That means that any effort to protect the endangered southern resident killer whales will have to [37](1. evade　2. involve　3. undermine) protecting the endangered Chinook salmon. "The single most promising effort toward promoting a positive trajectory for southern resident killer whale recovery are salmon and river restoration initiatives throughout the whales' entire range," says Shari Tarantino, executive director of the Washington-based nonprofit Orca Conservancy.

5　　　The state put new regulations in place for this summer requiring whale watching boats keep a nautical half mile away from the orcas, following news that a number of them were pregnant, but potentially [38](1. energetic　2. fertile　3. unhealthy). While these additional restrictions should benefit the whales, Giles from Wild Orca says they won't do enough on their own to help them recover long-term. "We have spent a lot of time looking at vessel effects to limit the impact of vessels on these animals. Now, we need to be looking at policies focusing on fisheries management," she says.

6　　　Tarantino, from the Orca Conservancy, agrees. "While we support mitigation efforts, the emergency regulations in Washington State continue to [39](1. fall　2. keep　3. run) short on what the southern resident killer whale population needs," she adds. And it's about more than just the orcas. Killer whales are at the top of the food chain, and, as Tarantino points out, "When an apex predator is failing, it means the entire ecosystem [40](1. inside　2. beneath　3. above) it is also failing, which ultimately will affect the human population."

—Based on McGinn, M. (2022). "A baby orca sparks a glimmer of hope for an endangered group of whales," *Popular Science*.

[41] According to the 1st paragraph, which statement is true about the orca population in the Salish Sea?

1. The health of the young orcas is likely to deteriorate after their first year.

2. The physical condition of the females may impair the birthrate.

3. Researchers are worried that orca mothers will not survive childbirth.

4. Signs indicate that researchers should expect more baby orcas soon.

[42] Of the various issues affecting the killer whale population in this region, which one is ___NOT___ mentioned in the article?

1. Water temperatures have been unexpectedly low.

2. The waters of the Salish Sea may be polluted.

3. More than two-thirds of pregnant orcas miscarry.

4. Overfishing has cut into their food source.

[43] What did researchers from the University of British Columbia discover concerning the orcas discussed in this article?

1. They have been undernourished for half a dozen consecutive years.

2. In recent decades, there have been periods of insufficient food supply.

3. For most of the last decade, they have suffered from a lack of prey.

4. Their food supply has been sufficient throughout the last four decades.

[44] Based on her comments in the article, Shari Tarantino of Orca Conservancy most likely believes that

1. river wildlife restoration could play a minor role in saving the orcas.

2. protecting the Chinook salmon population is of central importance to saving the orcas.

3. the significance of the Chinook salmon to orca preservation has been exaggerated.

4. saving the orcas should be given precedence over saving the Chinook salmon.

[45] How does Deborah Giles of Wild Orca feel about the new boating laws in the area?

1. She feels more still needs to be done concerning the boats.

2. She feels these laws will help stabilize the orca birthrate for many years.

3. She feels the new rules will greatly impede tourism in the region.

4. She feels adequate attention has been given to the effects of boats on orcas.

英語 II

次の文章に関して、空欄補充問題と読解問題の二つがあります。まず、[46]から[55]の空所を埋めるのに、文脈的に最も適切な語を 1 から 3 の中から選び、その番号を解答欄（46）から（55）にマークしなさい。次に、内容に関する[56]から[60]の設問には、1 から 4 の選択肢が付されています。そのうち、文章の内容からみて最も適切なものを選び、その番号を解答欄（56）から（60）にマークしなさい。

1　　Arthur Conan Doyle's estate has issued proceedings, complaining that *Enola Holmes*, a recently released film about Sherlock Holmes' sister, portrays the great detective as too emotional. Sherlock Holmes was famously [46](1. appreciative　2. envious　3. suspicious) of emotions. '[L]ove is an emotional thing', he icily observed, 'and whatever is emotional is opposed to that true cold reason which I place above all things. I am a brain', he told Watson. 'The rest of me is a mere [47](1. generalization　2. name　3. appendix)'. I can imagine that many professional scientists and philosophers would feel affronted if they were accused of being emotional animals. Holmes is a model for them. He's rigorous, empirical, and relies on induction.

2　　But here's the thing. He's not actually very good. Mere brains might be good at anticipating the behaviour of mere brains, but they're not good for much else. In particular Holmes is not a patch on his rival, Chesterton's Father Brown, a Roman Catholic priest. Gramsci writes that Brown 'totally defeats Sherlock Holmes, makes him look like a [48](1. pessimistic　2. pretentious　3. progressive) little boy, shows up his narrowness and pettiness.' Brown is faster, more efficient, and, for the criminal, deadlier. This is *because of*, not despite, the use of his emotions.

3　　He's just as rigorous as Holmes, but tends to rely on deduction rather than induction. If you are dealing with emotional humans, you're unlikely to [49](1. benefit　2. escape　3. suffer) from a denial of or an ignorance of their emotions, and unlikely to be very good at understanding their emotions if you have no emotions yourself. Father Brown has three supreme advantages over Holmes: First: Brown is emotional himself, and knows that the [50](1. resemblance　2. repulsion　3. resonance) one emotional creature has with another can provide great insight into a case. Second: Brown, in his role as a priest, knows the human heart, and can [51](1. detach　2. alter　3. trace) the often convoluted connections between wrong thought and wrong action. And third, he has a set of principles, informed by his theology, which give him **a coherent anthropology**. If you're hunting down criminals, that is a valuable tool.

4　　Every philosopher knows, [52](1. by　2. in　3. of) theory, that you need premises to get anywhere at all, though many are keen to deny that they have any premises that could be characterised as moral or anthropological convictions. Utilitarianism, without a theory of [53](1. value　2. cause　3. beauty)—a way of saying what is regarded as the desirable end, and why—is an empty and useless game. In moral philosophy **you'll chase your tail** unless you have a clear idea of what 'good' is. And in reconstructing (if you're a detective) or prescribing (if you're an ethicist) the behaviour of humans, you'll get nowhere unless you know what humans are. Have ethicists really got very far? 'Only a man who knows nothing of motors talks of motoring without petrol', observes Father Brown. 'Only a man who knows nothing of reason talks of reasoning without strong, undisputed first principles.' **Father Brown's first principles** are that humans are both made in the image of God and fallen. One might dispute them, but they give him a framework within which the [54](1. complexity　2. creativity　3. credibility) of humans can be acknowledged and examined. Holmes knows that some humans are mean, others cruel, and others altruistic. What he doesn't know is that we are all mean, cruel, and altruistic. That leaves him shallow and limited—a slave to his own presumptions.

5　　　　In science it is rather more important to find out the right answer than to identify an answer that will fit one's currently ruling [55](1. paradigm　2. paraphrase　3. paradox). In moral philosophy it is rather more important to find the morally correct course than to identify one that doesn't outrage the *zeitgeist**. Father Brown can help. Sherlock Holmes can't.

Note:
*zeitgeist: the defining spirit or mood of a particular period

—Based on Foster, C. (2021). "Lessons for philosophers and scientists from Sherlock Holmes and Father Brown," *Practical Ethics*.

[56] Based on the 1st paragraph, which of the following statements would most likely be endorsed by Sherlock Holmes?

1. Being rational does not guarantee that you are able to solve a difficult case.

2. Humans are essentially emotional beings, and therefore they break the law.

3. Logical thinking is all that matters when you are searching for the truth.

4. People depend on reason because they are aware that they are emotional beings.

[57] According to this article, which of the following is the most notable difference between Sherlock Holmes and Father Brown?

1. Sherlock Holmes employs deductive and inductive methods equally.

2. Father Brown attends to emotions as a key to understanding criminal cases.

3. Father Brown puts moral concerns first and considers reasoning secondary.

4. Sherlock Holmes makes little moral judgement in tackling criminal cases.

[58] What is most probably meant by "coherent anthropology" mentioned in the 3rd paragraph?

1. a method of making sense of human behaviours in a consistent way

2. a perspective for understanding other cultures' historical backgrounds

3. a demographic study of crime cases by the profiling of criminals

4. a religious theory to explain why human beings are essentially flawed

[59] The expression "you'll chase your tail" in the 4th paragraph most likely means that

1. you will reach a desired conclusion almost immediately.

2. your investigation will never end because of unclear goals.

3. your discussion will end up with a rather trivial conclusion.

4. you will run the risk of making your argument contradictory.

[60] "Father Brown's first principles" mentioned in the 4th paragraph imply that

1. people with no faith are prone to criminal acts.

2. people have both practical and emotional concerns.

3. people often have mixed feelings towards crime.

4. people tend to have contradictions within them.

英語Ⅲ

次の文章に関して、空欄補充問題と読解問題の二つがあります。まず、[61]から[80]の空所を埋めるのに、文脈的に最も適切な語を 1 から 3 の中から選び、その番号を解答欄（61）から（80）にマークしなさい。次に、内容に関する[81]から[90]の設問には、1 から 4 の選択肢が付されています。そのうち、文章の内容からみて最も適切なものを選び、その番号を解答欄（81）から（90）にマークしなさい。

1

2

著作権の都合上，省略。

著作権の都合上，省略。

7

8

著作権の都合上，省略。

9

10

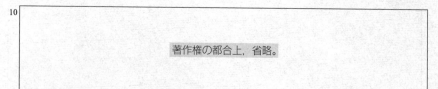

著作権の都合上，省略。

—Based on Cain, D. (2013). "Your lifestyle has already been designed," www.raptitude.com.

[81] According to the first two paragraphs, what is something that the author noticed recently?

1. He has access to better coffee now than he did in New Zealand.

2. He tends to use his money differently depending on his job status.

3. He would be happier if he quit his job to go backpacking abroad.

4. He has a unique approach to spending compared with other people.

[82] Which of the following best summarizes the underlined sentence in the 2nd paragraph?

1. Being careful with one's money provides a pleasant sense of satisfaction.

2. Using one's dollars for personal improvement produces favorable results.

3. Having a well-paying job enables one to spend money without worry.

4. Achieving a top-level of fitness is expensive and requires dedication.

[83] According to the article, which of the following is ***NOT*** a reason that people make purchases?

1. They are motivated by their preconceptions about how grownups should live.

2. They feel pervasive social pressure to buy new things, even when unnecessary.

3. They have a lot of empty space in their houses and want to fill it with something.

4. They are doing "retail therapy," or in other words they are buying to feel happier.

[84] According to the article, which of the following makes the 40-hour workweek particularly useful to corporations?

1. It ensures people are well-rested and always working at peak performance.

2. It causes people to pursue activities that improve mental and physical health.

3. It encourages people to use a lot of money to have fun in their limited time off.

4. It incentivizes people to engage in activities that require time but are inexpensive.

[85] Regarding the discussion of the 8-hour workday in the 6th paragraph, with which of the following statements would the author most likely agree?

1. A slightly longer workweek would be preferable to increase employee productivity.

2. Office workers should be made to finish eight hours' worth of work in three hours.

3. As technology continues to improve, the workday is likely to become shorter.

4. The workday length may have more to do with fostering consumerism than productivity.

[86] Which of the following best matches the meaning of "missing" in the 7th paragraph?

1. making a simple error
2. being unsure of the location
3. failing to score a point
4. lacking a key requirement

[87] Which of the following situations is an example of Parkinson's Law as described in the 8th paragraph?

1. Writing a paper during summer vacation because you do not want to do it during the semester.
2. Planning your course schedule for all four years of university to ensure that you graduate on time.
3. Handing in an assignment that is incomplete because you forgot to start it until it was too late.
4. Completing a report on a single train ride because it is the only time you have to work on it.

[88] Which of the following problems in America does the author **_NOT_** blame on consumerism?

1. the health crisis of people being overweight
2. the increase of mental health concerns
3. the destruction of the natural environment
4. the decrease of interest in physical fitness

[89] What can you infer about Holden Caulfield from the 9th paragraph?

1. He wanted to escape from modern consumer society.
2. He suffered from chronic financial hardships.
3. He moved to a remote location to live by himself.
4. He had a good understanding of the business world.

[90] What does the author seem to conclude about our modern working habits?

1. Work and consumer culture shape our lives in ways that we are often unaware of.
2. We are fortunate to live in a prosperous era with many options for leisure activities.
3. Large corporations have neutralized the modern problem of having too much free time.
4. It is the government's role to regulate working hours and prevent exploitation.

数学

(120 分)

（注意）

- 「数学選択者」は，問題 I ～ VI の全問を解答すること．
- 「数学および外国語選択者」は，問題 II・IV・VI および外国語の問題 I・II を解答すること．

注 意 事 項

問題冊子に数字の入った □ があります．それらの数字は解答用紙の解答欄の番号をあらわしています．対応する番号の解答欄の 0 から 9 までの数字または −(マイナスの符号) をマークしてください．

□ が 2 個以上つながったとき，数は右詰めで入れ，左の余った空欄には 0 を入れてください．負の数の場合には，マイナスの符号を先頭の □ に入れてください．また，小数点以下がある場合には，左詰めで入れ，右の余った空欄には 0 を入れてください．

(例)　12　⟶　| 0 | 1 | 2 |　　　　−3　⟶　| − | 0 | 3 |

1.4　⟶　| 0 | 0 | 1 . 4 | 0 |　　　　−5　⟶　| − | 0 | 5 . 0 | 0 |

分数は約分した形で解答してください．マイナスの符号は分母には使えません．

(例)　$\dfrac{4}{8}$ ⟶ $\dfrac{1}{2}$ ⟶ $\dfrac{\boxed{0}\ \boxed{1}}{\boxed{0}\ \boxed{2}}$ 　　 $-\dfrac{6}{9}$ ⟶ $-\dfrac{2}{3}$ ⟶ $\dfrac{\boxed{-}\ \boxed{2}}{\boxed{0}\ \boxed{3}}$

ルート記号の中は平方因子を含まない形で解答してください．

(例)　$\sqrt{50}$ ⟶ $\boxed{0}\ \boxed{5}\ \sqrt{\boxed{0}\ \boxed{2}}$ 　　 $-\sqrt{24}$ ⟶ $\boxed{-}\ \boxed{2}\ \sqrt{\boxed{0}\ \boxed{6}}$

$\sqrt{13}$ ⟶ $\boxed{0}\ \boxed{1}\ \sqrt{\boxed{1}\ \boxed{3}}$ 　　 $-\dfrac{\sqrt{18}}{6}$ ⟶ $\dfrac{\boxed{-}\ \boxed{1}\ \sqrt{\boxed{0}\ \boxed{2}}}{\boxed{0}\ \boxed{2}}$

数式については，つぎの例のようにしてください．分数式は約分した形で解答してください．

(例)　$\sqrt{12a}$ ⟶ $\boxed{0}\ \boxed{2}\ \sqrt{\boxed{0}\ \boxed{3}\,a}$

$$-a^2 - 5 \quad \longrightarrow \quad \boxed{-}\boxed{1}\,a^2 + \boxed{0}\boxed{0}\,a + \boxed{-}\boxed{5}$$

$$\frac{4a}{2a-2} \quad \longrightarrow \quad \frac{-2a}{1-a} \quad \longrightarrow \quad \frac{\boxed{0}\boxed{0} + \boxed{-}\boxed{2}\,a}{1 - \boxed{0}\boxed{1}\,a}$$

選択肢の番号を選ぶ問題では，最も適切な選択肢を 1 つだけ選んでください．また，同じ選択肢を複数回選んでもかまいません．

数学 I

整数 n の正の約数の個数を $d(n)$ と書くことにする．たとえば，10 の正の約数は $1, 2, 5, 10$ であるから $d(10) = 4$ である．

(1) 2023 以下の正の整数 n の中で，$d(n) = 5$ となる数は，$\boxed{\text{(1)}}\boxed{\text{(2)}}$ 個ある．

(2) 2023 以下の正の整数 n の中で，$d(n) = 15$ となる数は，$\boxed{\text{(3)}}\boxed{\text{(4)}}$ 個ある．

(3) 2023 以下の正の整数 n の中で，$d(n)$ が最大となるのは $n = \boxed{\text{(5)}}\boxed{\text{(6)}}\boxed{\text{(7)}}\boxed{\text{(8)}}$ のときである．

数学Ⅱ

実数 $t \geqq 0$ に対して関数 $G(t)$ を次のように定義する.

$$G(t) = \int_t^{t+1} \left| 3x^2 - 8x - 3 \right| \, dx$$

このとき

(1) $0 \leqq t < \boxed{(9)}$ のとき

$G(t) = \boxed{(10)}\boxed{(11)} \, t^2 + \boxed{(12)}\boxed{(13)} \, t + \boxed{(14)}\boxed{(15)}$

(2) $\boxed{(9)} \leqq t < \boxed{(16)}$ のとき

$G(t) = \boxed{(17)}\boxed{(18)} \, t^3 + \boxed{(19)}\boxed{(20)} \, t^2 + \boxed{(21)}\boxed{(22)}\boxed{(23)} \, t + \boxed{(24)}\boxed{(25)}$

(3) $\boxed{(16)} \leqq t$ のとき

$G(t) = \boxed{(26)}\boxed{(27)} \, t^2 + \boxed{(28)}\boxed{(29)} \, t + \boxed{(30)}\boxed{(31)}$

である. また, $G(t)$ が最小となるのは, $t = \dfrac{\boxed{(32)}\boxed{(33)} + \sqrt{\boxed{(34)}\boxed{(35)}}}{\boxed{(36)}\boxed{(37)}}$ のときである.

数学Ⅲ

あるすごろくのゲームでは，1 枚のコインを投げてその裏表でコマを前に進め，10 マス目のゴールを目指すものとする．

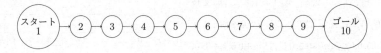

コマは，最初，1 マス目のスタートの位置にあり，コインを投げて表であれば 2 マスだけコマを前に進め，裏であれば 1 マスだけコマを前に進める．ただし，9 マス目で表が出たために 10 マス目を超えて前に進めなくてはならなくなった場合には，ゴールできずにそこでゲームは終了するものとする．また，コインの表と裏は等しい確率で出るものとする．

このとき，ある 1 回のゲームの中で n マス目 $(n = 1, 2, \ldots, 10)$ にコマがとまる確率を p_n とすると

$$p_1 = 1, \qquad p_2 = \frac{1}{2}, \qquad p_3 = \frac{\boxed{(38)}\ \boxed{(39)}}{\boxed{(40)}\ \boxed{(41)}}, \qquad p_4 = \frac{\boxed{(42)}\ \boxed{(43)}}{\boxed{(44)}\ \boxed{(45)}}, \qquad \cdots$$

である．一般に

$$p_n = \frac{\boxed{(46)}\ \boxed{(47)}}{\boxed{(48)}\ \boxed{(49)}} + \frac{\boxed{(50)}\ \boxed{(51)}}{\boxed{(52)}\ \boxed{(53)}} \left(\frac{\boxed{(54)}\ \boxed{(55)}}{\boxed{(56)}\ \boxed{(57)}} \right)^n$$

である．また，コマがゴールしたとき，スタートからゴールまでにコインを投げた回数は平均

$$\frac{\boxed{(58)}\ \boxed{(59)}\ \boxed{(60)}\ \boxed{(61)}}{\boxed{(62)}\ \boxed{(63)}\ \boxed{(64)}\ \boxed{(65)}}$$

回である．

数学Ⅳ

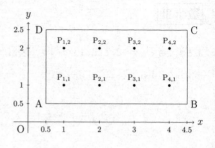

xy 平面上で x 座標も y 座標も整数である点を格子点という．m と n を正の整数とするとき，xy 平面上に点 $P_{i,j}$ $(i = 1, 2, \ldots, m,\ j = 1, 2, \ldots, n)$ を格子点 (i, j) 上に置く．次に，これらの点を囲むように A$(0.5, 0.5)$, B$(m+0.5, 0.5)$, C$(m+0.5, n+0.5)$, D$(0.5, n+0.5)$ を頂点とする長方形を描く．

長方形 ABCD の内側に，以下のように「軌道」を作図する．

1. $P_{i,j}$ の外周の点 ($i = 1$ または $i = m$ または $j = 1$ または $j = n$ の点) を選び，その点から 0.5 の距離だけはなれた長方形 ABCD の辺上の点を軌道の起点とし，起点の置かれた辺と $45°$ の角度をなす直線の軌道を長方形 ABCD 内に描く．

2. 軌道が長方形 ABCD の別の辺にぶつかった場合，軌道を直角に曲げる．この操作を繰り返すと，軌道はいずれ起点に戻るので，そこで描くのを停止すると，一筆書きで閉じた 1 つの軌道が得られる．

3. ステップ 1 と 2 で描いた軌道の内側にすべての点 $P_{i,j}$ が含まれているようなら，作図を終了する．軌道の外にある点が残っている場合，まだ軌道の外にある外周の点 $P_{i,j}$ を選び，ステップ 1 以降の操作を繰り返す．

すべての点 $P_{i,j}$ を軌道内に納めるために必要な最小の軌道の数を T(m, n) と書くことにする．

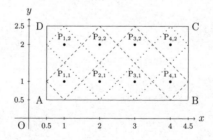

上の図は T$(4, 2) = 2$ であることを示している (異なる軌道を破線と点線で描き分けた)．

(1) T$(4, 4)$ は [(66)][(67)] である．

(2) T$(15, 5)$ は [(68)][(69)] である．

(3) T$(2023, 1015)$ は [(70)][(71)] である．

(4) 下の 12 個の $T(m,n)$ の値の最大値は $\boxed{(72)}\boxed{(73)}$ であり，最大値を取るものが $\boxed{(74)}\boxed{(75)}$ 個ある．

$T(2,1),$	$T(3,2),$	$T(8,5),$	$T(6,3),$
$T(9,6),$	$T(24,15),$	$T(63,39),$	$T(165,102),$
$T(699,267),$	$T(2961,1131),$	$T(7752,4791),$	$T(32838,12543)$

数学V

サッカーボールは 12 個の正五角形と 20 個の正六角形からなり，切頂二十面体と呼ばれる構造をしている．以下では，正五角形と正六角形の各辺の長さを 1 であるとし，下図のように頂点にアルファベットで名前をつける．なお，正五角形の辺と対角線の長さの比は $1 : \dfrac{1+\sqrt{5}}{2}$ である．

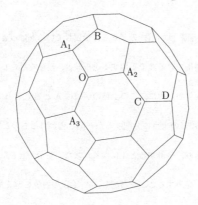

(1) $\overrightarrow{OA_1}$ と $\overrightarrow{OA_2}$ の内積は

$$\overrightarrow{OA_1} \cdot \overrightarrow{OA_2} = \frac{\boxed{(76)}\boxed{(77)} + \boxed{(78)}\boxed{(79)}\sqrt{\boxed{(80)}\boxed{(81)}}}{\boxed{(82)}\boxed{(83)}}$$

である．

(2) $\overrightarrow{OB}$ と $\overrightarrow{OC}$ と $\overrightarrow{OD}$ を，$\overrightarrow{OA_1}$ と $\overrightarrow{OA_2}$ と $\overrightarrow{OA_3}$ であらわすと

$$\overrightarrow{OB} = \frac{\boxed{(84)}\boxed{(85)} + \sqrt{\boxed{(86)}\boxed{(87)}}}{\boxed{(88)}\boxed{(89)}} \overrightarrow{OA_1} + \boxed{(90)}\boxed{(91)}\ \overrightarrow{OA_2}$$

$$\overrightarrow{OC} = \boxed{(92)}\boxed{(93)}\ \overrightarrow{OA_2} + \boxed{(94)}\boxed{(95)}\ \overrightarrow{OA_3}$$

$$\overrightarrow{\text{OD}} = \boxed{(96)(97)}\,\overrightarrow{\text{OA}_1} + \frac{\boxed{(98)(99)} + \sqrt{\boxed{(100)(101)}}}{\boxed{(102)(103)}}\,\overrightarrow{\text{OA}_2} + \boxed{(104)(105)}\,\overrightarrow{\text{OA}_3}$$

となる.

(3) $\triangle\text{A}_1\text{A}_2\text{A}_3$ の面積は

$$\frac{\sqrt{\boxed{(106)(107)} + \boxed{(108)(109)}\sqrt{\boxed{(110)(111)}}}}{\boxed{(112)(113)}}$$

である.

数学Ⅵ

いま，A 部族 (以下 A) と B 部族 (以下 B) のどちらに帰属しているかはっきりしない土地がある．A と B には交渉を行って双方が納得できる案で妥協する選択肢と，紛争を起こしてその土地の支配権を得る選択肢がある．ここでは単純化のために，この土地の価値は A と B にとって 1 であるとし，A と B の間の交渉では，1 を A と B にどのように分配するかが話し合われるものとする．したがって，A と B の分配値は 0 以上 1 以下であり，合計すると 1 になる．また，紛争が起きた場合には，人や物的インフラの損傷などの紛争コストが発生することを考慮し，A と B の紛争を起こすことで期待できる価値は，(この土地の価値が 1 なので) 勝利確率から紛争コストを引いた値とする．

　以下では 3 つの期間を考え，1 期目の期間中に紛争が起きた場合の A と B の勝利確率をそれぞれ $\frac{6}{7}$ と $\frac{1}{7}$，2 期目の期間中に紛争が起きた場合の A と B の勝利確率をそれぞれ $\frac{5}{7}$ と $\frac{2}{7}$，3 期目の期間中に紛争が起きた場合の A と B の勝利確率をそれぞれ $\frac{2}{7}$ と $\frac{5}{7}$ とする．また，紛争コストは A と B 共に $\frac{1}{5}$ とする．

　まず，1 期目の交渉案の分配値が A と B 共に紛争で期待できる価値以上であれば，交渉案を受け入れ紛争を起こさず，期待できる価値未満であれば紛争を起こすものとすると，A は自らの分配値が

$\dfrac{\boxed{(114)}\ \boxed{(115)}}{35}$ 以上であれば交渉案を受け入れ，B は A の分配値が 1 以下であれば交渉案を受け入れる．また，紛争が起きた場合には，2 期目と 3 期目に A と B が期待できる価値は 1 期目に期待できる価値と同一とする．

もし 1 期目に交渉が妥結した場合は，2 期目に改めて交渉が行われ，A の分配値が $\dfrac{\boxed{(116)}\ \boxed{(117)}}{35}$ 以上で $\dfrac{\boxed{(118)}\ \boxed{(119)}}{35}$ 以下ならば，A と B 共に紛争で期待できる価値以上なので A と B 共に交渉案を受け入れ紛争を起こさず，そうでない場合には紛争を起こし，その場合には，3 期目に A と B が期待できる価値は 2 期目に期待できる価値と同一とする．

もし 2 期目に交渉が妥結した場合には，3 期目に改めて交渉が行われ，A の分配値が $\dfrac{\boxed{(120)}\ \boxed{(121)}}{35}$ 以上で $\dfrac{\boxed{(122)}\ \boxed{(123)}}{35}$ 以下ならば，A と B 共に紛争で期待できる価値以上なので A と B 共に交渉案を受け入れ紛争を起こさず，そうでない場合には紛争を起こす．

以下では，各期において交渉が妥結した場合には，A の分配値は，A と B 共に受け入れられる A の分配値の上限値と下限値の中間に定まるものと仮定しよう．すると，A が得られると期待できる価値の 3 期分の合計は，3 期すべてで交渉が妥結した場合 $\dfrac{\boxed{(124)}\ \boxed{(125)}}{35}$ となり，1 期目に紛争が起きた場合 $\dfrac{\boxed{(126)}\ \boxed{(127)}}{35}$ であり，2 期目に紛争が起きた場合 $\dfrac{\boxed{(128)}\ \boxed{(129)}}{35}$ であり，3 期目に紛争が起きた場合 $\dfrac{\boxed{(130)}\ \boxed{(131)}}{35}$ となる．B に紛争を起こすインセンティブがないことは容易に確認できるので，A はこれらの期待できる価値を比較して，紛争を起こすか起こさないか，また起こすとしたらどのタイミングで起こすかを決めることになる．

また，紛争コストが A と B 共に $\dfrac{2}{5}$ に増加した場合，A が得られると期待できる価値の 3 期分の合計は，3 期すべてで交渉が妥結した場合 $\dfrac{\boxed{(132)}\ \boxed{(133)}\ \boxed{(134)}}{70}$ となり，1 期目に紛争が起きた場合 $\dfrac{\boxed{(135)}\ \boxed{(136)}\ \boxed{(137)}}{70}$ であり，2 期目に紛争が起きた場合 $\dfrac{\boxed{(138)}\ \boxed{(139)}\ \boxed{(140)}}{70}$ となる．

さらに，紛争コストが A と B 共に $\dfrac{2}{5}$ に増加し，問題となっている土地の価値が 2 期と 3 期で A と B 共に 2 に増加したとすると，A が得られると期待できる価値の 3 期分の合計は，3 期すべてで交渉が

妥結した場合 $\dfrac{(141)\,(142)\,(143)}{70}$ となり，1 期目に紛争が起きた場合 $\dfrac{(144)\,(145)\,(146)}{70}$ であり，2 期目に紛争が

起きた場合 $\dfrac{(147)\,(148)\,(149)}{70}$ となる．

　なお，この問題では，価値の比較が簡単にできるように，分数を必ずしも既約分数とはせずに書いて

いる．

情報

（120 分）

注 意 事 項

問題冊子に数字の入った ☐ があります．それらの数字は解答用紙の解答欄の番号をあらわしています．対応する番号の解答欄の 0 から 9 までの数字または －（マイナスの符号）をマークしてください．

☐ が 2 個以上つながったとき，数は右詰めで入れ，左の余った空欄には 0 を入れてください．負の数の場合には，マイナスの符号を先頭の ☐ に入れてください．また，小数点以下がある場合には，左詰めで入れ，右の余った空欄には 0 を入れてください．

(例)　12 → ☐0☐1☐2　　　－3 → ☐-☐0☐3

　　　1.4 → ☐0☐0☐1.☐4☐0　　　－5 → ☐-☐0☐5.☐0☐0

分数は約分した形で解答してください．マイナスの符号は分母には使えません．

(例)　$\frac{4}{8} \rightarrow \frac{1}{2} \rightarrow \frac{01}{02}$　　　$-\frac{6}{9} \rightarrow -\frac{2}{3} \rightarrow \frac{-2}{03}$

ルート記号の中は平方因子を含まない形で解答してください．

(例)　$\sqrt{50} \rightarrow 05\sqrt{02}$　　　$-\sqrt{24} \rightarrow -2\sqrt{06}$

　　　$\sqrt{13} \rightarrow 01\sqrt{13}$　　　$-\frac{\sqrt{18}}{6} \rightarrow \frac{-1\sqrt{02}}{02}$

数式については，つぎの例のようにしてください．分数式は約分した形で解答してください．

(例)　$\sqrt{12a} \rightarrow 02\sqrt{03a}$

　　　$-a^2 - 5 \rightarrow -1a^2 + 00a + -5$

$$\frac{4a}{2a-2} \rightarrow \frac{-2a}{1-a} \rightarrow \frac{\boxed{0}\,\boxed{0}+\boxed{-}\,\boxed{2}\,a}{1-\boxed{0}\,\boxed{1}\,a}$$

選択肢の番号を選ぶ問題では，最も適切な選択肢を 1 つだけ選んでください．また，同じ選択肢を複数回選んでもかまいません．

情報 I

以下、法制度に関しては、日本のものについて考えるものとする。

(ア) 次の文章を読み、空欄 (1) 〜 (5) に入るもっとも適した語を選択肢から選び、その番号を解答欄にマークしなさい。

　例えば、あるコンテンツにおいて自社コンテンツの一部のみがコピーされて使用されているような場合、それは「(1)」にあたるとされ、権利侵害とならないことがある。もっとも、「(1)」に該当するためには一定の要件を充足する必要があるため、上記のような場合であっても「(1)」にあたらず権利侵害に該当するケースは多々ある。

　著作権法第 32 条第 1 項は、公正な (2) に合致するものであり、かつ、(3)、批評、研究その他の (1) の目的上正当な範囲内で行なわれるものであれば、公表された著作物を (1) して利用することができると定めている。この「公正な (2) に合致するもの」の要件については様々な要素を考慮して判断されるが、最高裁昭和 55 年 3 月 28 日判決・民集 34 巻 3 号 244 頁は、「明確区別性」と「主従関係」（附従性）を挙げている。加えて、(1) する場合には、利用の態様に応じて (4) 的と認められる方法及び態様により (5) を表示しなければならないため（著作権法第 48 条第 1 項第 1 号）、(5) の表示のない (1) は公正な (2) に反するという考えもある。（後略）

（出典：文化庁「インターネット上の著作権侵害（海賊版）対策ハンドブック―総論編―」より抜粋、一部改変）

【 (1) 〜 (5) の選択肢】

(1) 出所　(2) 剽窃　(3) 条例　(4) 翻案　(5) 引用
(6) 慣行　(7) 経済　(8) 価格　(9) 報道　(0) 合理

(イ) 名誉・プライバシー等に関連する法律上の概念の説明として、正しいものを次の選択肢から 1 つ選び、その番号を解答欄 (6) にマークしなさい。

(1) 真実である事実を公表する行為では、名誉毀損の不法行為は成立しない。

(2) 氏名は秘匿されるべき必要性が必ずしも高くないから、本人の同意なく第三者に開示してもプライバシー侵害の不法行為は成立しない。

(3) 名誉感情の侵害は、社会通念上許される限度を超える侮辱行為である場合に不法行為が成立し得る。

(4) 刑法には、侮辱罪とは別に、プライバシー侵害罪が定められている。

(5) 慰謝料とは、休業により収入が減少したことによる財産的な損害のことをいう。

(ウ) 著作権法に関する説明として、正しいものを次の選択肢から 1 つ選び、その番号を解答欄 (7) にマークしなさい。

(1) 法人等の発意に基づきその法人等の業務に従事する者（従業者）が職務上作成するプログラムの著作物の著作権は、その作成の時における契約、勤務規則その他に別段の定めがない限り、従業者に帰属する。

(2) 建築物の増築、改築、修繕又は模様替えによる改変を実施する場合、その建築物を設計した建築士の許諾を得なければならない。

(3) 人物を撮影した写真の著作権は、被写体とされた人物に帰属する。

(4) 著作者人格権は譲渡することができるが、著作権は譲渡することができない。

(5) 著作者名の表示は、著作物の利用の目的及び態様に照らし著作者が創作者であることを主張する利益を害するおそれがないと認められるときは、公正な慣行に反しない限り、省略することができる。

(エ) 個人情報の保護に関する法律（個人情報保護法）に関する説明として、正しいものを次の選択肢から 1 つ選び、その番号を解答欄 (8) にマークしなさい。

(1) 国籍は、それだけで要配慮個人情報に該当する。

(2) 従業者が、名刺の情報を業務用パソコンの表計算ソフト等を用いて入力・整理している場合、「個人情報データベース等」には該当しない。

(3) 個人情報から本人の氏名を削除したものは、すべて「匿名加工情報」に該当する。

(4) 単に「事業活動」、「お客様のサービスの向上」等のように抽象的、一般的な内容を利用目的とすることは、利用目的をできる限り具体的に特定したことにはならない。

(5) 児童虐待のおそれのある家庭に関する個人データを、児童相談所、警察、学校、病院等が共有する必要がある場合、本人の同意を得なければならない。

情報Ⅱ

計算機による浮動小数点数を用いた数値計算における留意点について述べた次の文章の空欄 (9) 、 (22) 、 (23) に入るもっとも適した語を選択肢から選び，解答欄にマークしなさい。また、空欄 (10) (11) ～ (14) (15) . (16) (17) (18) (19) (20) (21) に入るもっとも適した数字を解答欄にマークしなさい。

現在使われている計算機では、浮動小数点数と呼ばれる形式の数値表現が広く用いられている。一つの数を表すのに 32 ビット、64 ビット、128 ビットなどの記憶領域を用いて、どのように表現するかの標準が定められている。以下の説明は、記憶領域の大きさに応じて固定長の仮数部と指数部をもつ浮動小数点形式について述べたものである。

浮動小数点数を用いて数値を扱うと有限のビット数で表すことになるので、さまざまな形で誤差が生じる。この誤差を示す例として、$1 + \dfrac{1}{2} + \dfrac{1}{3} + \cdots + \dfrac{1}{1000000}$ を求める計算を考える。この式の和を X とする。多くの数値の和を求めるような計算を行う場合、基本的に 2 つの数値を被演算子として演算を実行し、その結果を次の演算の被演算子として順番に計算していく。どの部分から計算していくかを示すために、次のような数列の和の計算を考えて、計算順序を示すことにする。

$$S_0 = 0$$
$$S_n = S_{n-1} + \boxed{(9)}$$

これは、加算部分の計算順序に着目した数列であり、$\dfrac{1}{2}$ や $\dfrac{1}{3}$ などの除算が必要な計算の部分は別に行なっているものとする。こう考えると、求める和は、$S_{1000000}$ になる。

$\dfrac{1}{3}$ の計算が途中で現れることから、10 進法の小数では有限桁では表現できないことは明らかである。浮動小数点数で表さず、また 2 進法にも変換せず誤差がないように計算し、S_3 を 10 進法の分数で正確に表すと、

となる。この分数を 2 進法の小数で表しても、次のように、有限桁では表せない（ここでは小数第 6 位までを示し、それ以下を ⋯ で示してある）。

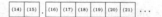

また、X を求めるのに、$S_{1000000}$ を求めることとし、$S_1 = 1$, $S_2 = 1.5$, ... のように計算するのは避けたほうがよいことが知られている。

X を求める場合は、次のような数列 T を漸化式にしたがって計算し、$T_{1000000}$ を求めたほうが誤差が少なくなる。

$$T_0 = 0$$
$$T_n = \boxed{\text{(22)}}$$

現在、広く使われている浮動小数点数の標準形式を用いて計算すると、

$$T_{1000000} \boxed{\text{(23)}} S_{1000000}$$

となる。

【$\boxed{\text{(9)}}$、$\boxed{\text{(22)}}$、$\boxed{\text{(23)}}$ の選択肢】

(1) $\dfrac{1}{n-1}$　　　　　(2) $\dfrac{1}{n}$　　　　　(3) $\dfrac{1}{n+1}$

(4) $T_{n-1} + \dfrac{1}{999999 - n}$　(5) $T_{n-1} + \dfrac{1}{1000000 - n}$　(6) $T_{n-1} + \dfrac{1}{1000001 - n}$

(7) $<$　　　　　　　(8) $>$　　　　　　　(9) $=$

情報Ⅲ

次の文章の空欄 [(24)][(25)][(26)] ～ [(36)][(37)][(38)][(39)] . [(40)][(41)][(42)][(43)] に入るもっとも適した数字を解答欄にマークしなさい。

(ア) 16 進数 AB と 2 進数 1010 を加えた数は、8 進数で表現すると [(24)][(25)][(26)] となる。また、8 進数 67 と 16 進数 2C をそれぞれ 2 進数で表現し、各桁ごとに論理積（0 を偽、1 を真とする）を計算し、それを各桁とする 2 進数を 10 進数として表現すると [(27)][(28)][(29)] となる。

(イ) 20 人のクラスにおいて、それぞれの生徒が他の生徒と秘密の情報をやりとりする状況を考える。共通鍵暗号方式を使用して、任意の 2 名の生徒同士が他の生徒に内容を知られないように秘密の情報を相互に通信できるようにするのに必要な鍵の数は、クラス全体で少なくとも [(30)][(31)][(32)] 個である。なお、通信に使用する経路の安全は保証されておらず、鍵は事前に直接受け渡しするものとする。

(ウ) 20 人のクラスにおいて、それぞれの生徒が他の生徒と秘密の情報をやりとりする状況を考える。公開鍵暗号方式を使用して、任意の 2 名の生徒同士が他の生徒に内容を知られないように秘密の情報を相互に通信できるようにするのに必要な鍵の数は、クラス全体で少なくとも [(33)][(34)][(35)] 個である。なお、通信に使用する経路の安全は保証されておらず、公開鍵と秘密鍵はそれぞれ別の鍵として数えるものとする。

(エ) 銀行のキャッシュカードなどの認証に用いられる暗証番号は 0〜9 の数字 4 桁で設定されることが多いが、各桁を数字ではなくアルファベットを用いる方式とした場合、アルファベット大文字 4 桁で表現される認証情報がとりうる組み合わせは、数字 4 桁の場合に対して [(36)][(37)][(38)][(39)] . [(40)][(41)][(42)][(43)] 倍となる。

情報Ⅳ

　論理回路の組合せによって、1 ビットを記憶する回路を構築しよう。次の文章の空欄 (44) ～ (45) 、(51) の各欄にあてはまる数字を解答欄にマークしなさい。また、(46) ～ (49) (50) にはもっとも適したものを選択肢から選び、その番号を解答欄にマークしなさい。ただし、$A + B$ は A と B の論理和（OR）を表し、$A \cdot B$ は A と B の論理積（AND）を表す。また、$\overline{A}$ は A の否定（NOT）を表す。$\overline{A + B}$ は A と B の論理和の結果を否定した否定論理和（NOR）であり、$\overline{A \cdot B}$ は A と B の論理積の結果を否定した否定論理積（NAND）である。

(ア) OR 回路 1 つからなる図 1 のような回路を考える。ここで、A を本回路への入力とし、F を本回路からの出力とする。B は OR 回路への入力であるが、本回路では外部からの入力としては使用せず、F と B は常に同じ値をとるものとする。

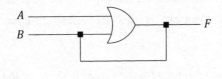

図 1

　時刻 t_0 での A、B、F の初期状態を 0 とし、入力 A を時刻 t_1 で 0 から 1 へ変化させ、時刻 t_1～t_2 の間は 1 を維持、時刻 t_2 で 1 から 0 へ変化させ、以降 0 を維持するとする。このとき、出力 F は t_1～t_2 の間で (44) 、t_2 以降は (45) となる。

(イ) 次に、2 つの入力 S と R、1 つの出力 Q を持ち、次のように動作する回路を設計しよう。

- 入力 S を 1 とすることにより出力 Q を 1 にセットする
- 入力 R を 1 とすることにより出力 Q を 0 にリセットする
- 出力 Q は次にセットまたはリセットされるまで現在の値を維持する

現在の出力値を Q_P とすると、目的の回路の動作は表 1 に示す動作表（真理値表）の通りとなる。

表 1

S	R	Q_P	Q
0	0	0	0
0	0	1	1
0	1	0	0
0	1	1	0
1	0	0	1
1	0	1	1
1	1	0	禁止
1	1	1	禁止

　表 1 の動作表から Q を S、R、Q_P で表す論理式を求めると次のようになる（解答欄 (46)、(47)、(48) は順不同）。ただし、表 1 に示した通り、S と R が同時に 1 となることは禁止されており、論理式中の $S \cdot R$ は禁止項と呼ばれる。簡単化の際、禁止項 $S \cdot R$ が 1 の時の Q の値は 0 と 1 のどちらとして扱ってもよい。

$$Q = \boxed{(46)} + \boxed{(47)} + \boxed{(48)} + S \cdot R \cdot Q_P + S \cdot R \cdot \overline{Q_P} \tag{1}$$

ブール代数の諸定理によって論理式 (1) を簡単化すると、論理式 (2) を得る。

$$Q = \boxed{(49)}\boxed{(50)} \tag{2}$$

　さらにド・モルガン則を用いて OR 回路を NAND 回路に置き換え、さらに NOT 回路を NAND 回路で表現することにより、式 (2) の回路は、最小で NAND 回路 $\boxed{(51)}$ 個から構成することができる。論理式の変換には、次に示す論理演算の諸定理を用いてよい。

公理	恒等の法則
$1 + A = 1$ $0 \cdot A = 0$	$0 + A = A$ $1 \cdot A = A$
同一の法則	補元の法則
$A + A = A$ $A \cdot A = A$	$A + \overline{A} = 1$ $A \cdot \overline{A} = 0$
交換の法則	結合の法則
$A + B = B + A$ $A \cdot B = B \cdot A$	$A + (B + C) = (A + B) + C$ $A \cdot (B \cdot C) = (A \cdot B) \cdot C$
分配の法則	吸収の法則
$A \cdot (B + C) = A \cdot B + A \cdot C$ $(A + B) \cdot (A + C) = A + B \cdot C$	$A \cdot (A + B) = A$ $A + A \cdot B = A$ $A + \overline{A} \cdot B = A + B$ $\overline{A} + A \cdot B = \overline{A} + B$
復元の法則	ド・モルガンの定理
$\overline{\overline{A}} = A$	$\overline{A \cdot B} = \overline{A} + \overline{B}$ $\overline{A + B} = \overline{A} \cdot \overline{B}$

【 (46) ～ (48) の選択肢】

(1) $S \cdot \overline{R} \cdot Q_P$　(2) $S \cdot \overline{R} \cdot \overline{Q_P}$　(3) $\overline{S} \cdot R \cdot Q_P$　(4) $\overline{S} \cdot R \cdot \overline{Q_P}$

(5) $\overline{S} \cdot \overline{R} \cdot Q_P$　(6) $\overline{S} \cdot \overline{R} \cdot \overline{Q_P}$

【 (49) (50) の選択肢】

(11) $S + R + Q_P$　(12) $S + R + \overline{Q_P}$　(13) $S + \overline{R} + Q_P$　(14) $\overline{S} + R + Q_P$

(15) $S \cdot R + Q_P$　(16) $\overline{S} \cdot R + Q_P$　(17) $S \cdot \overline{R} + Q_P$　(18) $S + R \cdot Q_P$

(19) $S + \overline{R} \cdot Q_P$　(20) $S + R \cdot \overline{Q_P}$

情報V

整数 $a_1, \ldots, a_n$ は互いにすべて異なり、$a_1 < \cdots < a_n$ であるとする。整数 b が与えられた時に、数列 $a_1, \ldots, a_n$ の中に b と等しいものがあるか、あるとすれば何番目にあるか、を答える問題を考える。単純に考えれば $a_1, \ldots, a_n$ を順に b と比較すればよいが、次のようにすれば $a_1 < \cdots < a_n$ という条件を利用してより高速に解を求めることができる。

- $a_1, \ldots, a_n$ の真ん中の数（n が偶数のときは真ん中の 2 つの数のどちらか）を a_m とする。
- $a_m = b$ ならば m が解である。
- $a_m < b$ ならば、$a_1, \ldots, a_{m-1}$ の中には b が無いことは明らかなので、$a_{m+1}, \ldots, a_n$ に対してこの処理を適用する。
- $a_m > b$ ならば、同様に $a_1, \ldots, a_{m-1}$ に対してこの処理を適用する。

(**ア**) 上の考え方をアルゴリズムの形で書くと次のようになる。空欄 $\boxed{(52)}$ ～ $\boxed{(54)}$ に入るもっとも適切なものを下の選択肢から選び、その番号を解答欄にマークしなさい。なお、$\lfloor x \rfloor$ は、x 以下の最大の整数を表す。

変数 n の値を与えられた数列の長さ、変数 $a_1, \ldots, a_n$ の値を与えられた数列の各項、変数 b の値を探すべき数とする。

変数 i の値を 1、変数 j の値を $\boxed{(52)}$ とする。

$i \leq \boxed{(53)}$ が成り立つ間、処理 A を繰り返し実行する。

処理 A の始め

　　変数 k の値を $\boxed{(54)}$ とする。（命令 B）

　　もし $a_k = b$ ならば「k 番目に存在」と出力し、アルゴリズムを終了する。

　　もし $a_k < b$ ならば i の値を $k+1$ とする。（命令 C）

　　もし $a_k > b$ ならば j の値を $k-1$ とする。

処理 A の終わり

「存在しない」と出力する。

【 (52) ～ (54) の選択肢】

(1) 1　　　　　(2) n　　　　(3) i　　　　(4) j　　　　(5) k

(6) $\left\lfloor \dfrac{1+n}{2} \right\rfloor$　(7) $\left\lfloor \dfrac{n-1}{2} \right\rfloor$　(8) $\left\lfloor \dfrac{i+j}{2} \right\rfloor$　(9) $\left\lfloor \dfrac{j-i}{2} \right\rfloor$

(イ) 次の文章の空欄 (55) ～ (61)(62) に入るもっとも適切な数字を解答欄にマークしなさい。

ある数列 $a_1, \ldots, a_n$ を固定し、探すべき数 b を変化させて上のアルゴリズムを実行した時の命令 B の実行回数の最大値は、数列の長さ n によって決まるので、それを $f(n)$ と表す。

- $f(3) = $ (55)
- $f(4) = $ (56)
- 整数 $p \geqq 2$ に対して $f(n) = p$ となるのは (57) $^{p-1}$ + (58)(59) $< n \leqq$ (60) ^{p} + (61)(62) のときである。

(ウ) 命令 C を誤って「もし $a_k < b$ ならば i の値を k とする」と書いてしまった。この誤ったアルゴリズムを使用し、入力データが次のようである場合、正しいアルゴリズムと比べてどのような違いが生じるか、それぞれもっとも適切なものを下の選択肢から選び、その番号を解答欄 (63) ～ (64) にマークしなさい。

- 数列 $1, 3, 5$ と、探すべき数が 5 の場合　　(63)
- 数列 $a_1, \ldots, a_n$ と、探すべき数 b が $b < a_1$ の場合　　(64)

【 (63) ～ (64) の選択肢】

(1) 正しい結果が出力され、命令 B の実行回数は変わらない。

(2) 正しい結果が出力され、命令 B の実行回数は増える。

(3) 誤った結果が出力され、命令 B の実行回数は変わらない。

(4) 誤った結果が出力され、命令 B の実行回数は増える。

(5) 無限に実行が続き、終了しない。

■■■■小論文■■■

（120 分）

　総合政策学部は、21 世紀の世界の問題を発見し、問題を解決して社会を先導する「問題解決のプロフェッショナル」の育成を目指している。

　ただし、問題の発見と解決はいずれも容易ではない。そのため、入学した学生には、学ぶことが求められる。学ぶにはどうするか。これにはさまざまな考え方があるだろう。答えは一つではないし、そもそも、問題の発見・解決が大学における学びのすべてでもない。では何のために学ぶのか。学びとは何か。

　大学への入学を希望する者は、大学における学びについて、無意識ではあってもそれぞれのイメージを持っているだろう。大学、さらには教育全体について、そのあり方に関する議論はあまた存在する。「大学教育とは何か」は決して新しいテーマではない。古くから議論されてきた。

　関連して、同じように古くから議論されてきたテーマが読書である。学ぶためには読書が必要だが、電子書籍などの登場によって、書籍の定義も揺らいでいる。文字からのみではなく、映像や音声で学ぶこともある。それでも、読書をすすめる人は多い。何故だろうか。

　学びにしても読書にしても、何々を「すべきだ」という古風な主張に直面することは、これまでも多かっただろう。「いまはそんな時代ではない」と反発したこともあったかもしれない。そして、あなたはいま、大学に入ろうと入学試験を受けている。であればこの機会に、大学での学びと読書について考えてみてもらいたい。大げさに聞こえるかもしれないが、それは、人類にとって学びとは何か、「知」とは何かという問題につながる。

　下記の文章①は、19 世紀の英国で活躍した哲学者、思想家である J.S.ミルが大学教育について語ったものだが、彼の時代と今日ではすべてが変わったのだろうか。あるいは、今日でも通用する要素があるだろうか。それに対して文章②は、日本の経済団体である日本経済団体連合会（経団連）が 2022 年 1 月に発表した大学教育への経済界としての要望をまとめた報告書である。ミルの議論とどのような共通点、相違点があるだろうか。

　文章③と④は、ミルより少し前 19 世紀はじめから半ばにかけてドイツで活躍した哲学者ショーペンハウアーと、1950 年代生まれのフランスの文学者で精神分析の専門家でもあるバイヤールが、学びの一つの柱となる読書と、その背後にある「知」の問題について、いずれも独自の視点で論じたものである。読書や「知」の重要性を踏まえつつも、それらの無条件な礼賛ではない。

　例えば文章③は、読書とは「自分でものを考えずに、代わりに他人に考えてもらうこと」だと挑発的に述べ、文章④は読書に関する「偽善的態度」をあぶり出している。これまで

に、読んでいない本について「読んだふり」をしたことはなかっただろうか。それは、知的であるように見られたかったからだろうか。人はなぜ、知的であると思われたいのか。あるいはそうでない人もいるのだろうか。いるとしたらなぜだろうか。そこに社会の何を見出すのか。政策を考える際に留意することはないか。

　この機会に、それらについてじっくり考えてもらいたい。

　すべての文章を精読のうえ、下記の 2 つの問に答えよ。

【問1】　　文章①〜④のうち、少なくとも 3 つに具体的に言及し、大学での学びにおいて重要だと考えるものについて 600 文字以内で論ぜよ。それぞれの文章の内容に賛成する必要はない。批判的検討は常に重要であり、反論も歓迎される。問 1 の冒頭の欄に直接言及する文章の番号を必ず記入すること。

【問2】　　文章①〜④を踏まえ、

　　(ア) 問 2 の冒頭の欄に、社会における「知」として最も重要だと考える要素や役割を簡潔に示せ。

　　(イ) そのうえで、今日の世界における政策——日本でも海外でもよい——の具体的事例を 2 つ挙げ、(ア) で示した「知」がどのように活かされているか、あるいは活かされていないかを含め、800 文字以内で論ぜよ。その際に、文章③ないし④（あるいは両方）に具体的に言及することが望ましい。

文章①

J.S. ミル『大学教育について』

（竹内一誠訳）岩波文庫（2011 年）から抜粋

（原典はミルの英セント・アンドルーズ大学名誉学長就任講演

1867 年 2 月実施、一部改変）

　大学が国民教育のなかで果たすべき本来の役割については、十分に理解されていると思われます。少なくとも大学がこうあってはならないということについては、ほとんどの人々の間で意見の一致がみられます。大学は職業教育の場ではありません。大学は、生計を得るためのある特定の手段に人々を適応させるのに必要な知識を教えることを目的とはしていないのです。大学の目的は、熟練した法律家、医師、または技術者を養成することではなく、有能で教養ある人間を育成することにあります。

＊＊＊＊＊

　学生が大学で学ぶべきことは知識の体系化についてです。つまり、個々に独立している部分的な知識間の関係と、それらと全体との関係とを考察し、それまでいろいろなところで得た知識の領域に属する部分的な見解をつなぎ合わせ、いわば知識の全領域の地図を作りあげることです。さらに具体的に申しますと、すべての知識をいかに関連づけるか、ある分野から他の分野にいかに進めうるか、高度な知識は一般的な知識をいかに修正するか、また逆に、高度な知識を理解する上で、一般的な知識はいかに役立ちうるかを考察することです。つまり、現に実在しているものすべてが種々様々な特性からいかに構成されているかを考察することです。個別科学や個々の研究方法によってはそれらの特性のほんのわずかな部分しか明らかになりません。それらの全体が考慮に入れられると、われわれは実在するものを抽象としてではなく、「自然」の一事実として真に知ることができるのです。

　一般教養教育とは、学生がすでに個別に学んできたことを包括的に見る見方と関係づける仕方を教えるとされていますが、その最終段階においては、諸科学の「体系化」、すなわち、人間の知性が既知のものから未知のものへと進むその進み方についての哲学的研究が含まれています。われわれは、人間精神が自然探究のために所有している手段についての概念を広範囲に適用することを学ばなければなりません。つまり世界に実在する諸事実をいかにして発見するか、それが真の発見であるか否かを何によって検証するかを学ばなければなりません。これこそ、まごうかたなき、一般教養教育の極致であり、完成なのです。

＊＊＊＊＊

　他の学問あるいは研究すべてを排除して、一つの学問あるいは研究のみに没頭するならば、必ずや人間の精神を偏狭にし、誤らせることは、すでに経験によって知るところです。

このような場合、精神の内部に育つものは特殊な研究に付きまとう偏見であり、またそれとともに、幅広いものの見方に対してその根拠を理解、評価できない無能力さゆえに視野の狭い専門家が共通して抱く偏見です。人間性というものは、小さなことに熟達すればするほどますます矮小化し、重要なことに対して不適格になっていくであろうと予測せざるをえません。

　しかしながら、今日、事態はそれほど悪化しておらず、そのような暗い未来を想像させる根拠はまったくありません。人間が獲得しうる最高の知性は、単に一つの事柄のみを知るということではなくて、一つの事柄あるいは数種の事柄についての詳細な知識を多種の事柄についての一般的知識と結合させるところまで至ります。

＊　＊　＊　＊　＊

　いまだかつて一度も自分の家の外に出たことのないような若者を考えてみましょう。このような若者は、自分が教えられてきた意見や考え方とは異なった別の意見や考え方があるとは夢にも思わないことでしょう。あるいは、そのような人が自分とは異なる意見や考え方を耳にしたならば、そういう意見や考え方は道徳的欠陥、性格の下劣さあるいは教育程度の低さによるものだと考えることでしょう。もし彼の家族が保守党員ならば、自分が自由党員になる可能性などまったく考えられないし、反対に家族が自由党員なら、保守党員になる可能性などまったく考えられないわけです。

　一つの家族がもつ考え方と習慣がその家族以外の人間と一切つき合ったことのない少年に及ぼす影響は、他の国についてまったく無知な人間に自国の考え方や習慣が及ぼす影響とほとんど同じだといってよいでしょう。そのような考え方と習慣は、その少年にとっては本性そのものなのです。したがって、自分の考え方や習慣と異なるものはすべて、彼にとっては心の中で理解できない異常なものであり、自分のとは異なった方法も正しいことがありうる、あるいは、他の方法も自分自身の方法と同様正しいものに向かいうるという考えは思いもよらないことなのです。

　こうしたことは、すべての国々が他の国から学ぶべき多くの事柄に対して彼の眼をふさぐのみならず、そのような態度をとらなければ、各々の国が自らの力で成し遂げることのできる進歩までをも阻止することになります。もしわれわれの意見や方法は修正されうるものだという考えから出発しなければ、われわれは決して自らの意見を訂正することも、考え方を修正することもしないでしょう。

　外国人は自分たちとは違った考え方をすると思うだけで、なぜ外国人が違った考え方をするのか、あるいは、彼らが本当に考えていることは一体何なのかということを理解するのでなければ、われわれのうぬぼれは増長し、われわれの国民的虚栄心は自国の特異性の保持に向けられてしまうでしょう。

　進歩とは、われわれのもつ意見を事実との一致により近づけることです。われわれが自分自身の意見に色づけされた眼鏡を通してのみ事実を見ている限り、われわれはいつになっても進歩することはないでしょう。しかし、われわれは先入観から脱却することはできないのですから、他の国民の色の違った眼鏡をしばしばかけてみること以外にこの先入観

の影響を取り除く方法はないのです。そしてその際、他の国民の眼鏡の色がわれわれのものとまったく異なっていれば、それが最良であります。

* * * * * * * * * *

文章②

一般社団法人　日本経済団体連合会
提言「新しい時代に対応した大学教育改革の推進
―主体的な学修を通じた多様な人材の育成に向けて―」
（2022 年 1 月 18 日、一部改変）

Ⅰ．Society 5.0[1]において大学に求められる役割

(1) 教育面での役割

　大学の教育面での役割は、幅広い知識や技能、専門能力の学修を通じて探究力や社会課題の解決能力を涵養（かんよう）することで、新たな時代を牽引する人材や、社会の中核で活躍する人材を育成・輩出することである。特に、Society 5.0 に向けて今後、DX や GX が急激に進展する中、イノベーションを起こせる人材や新たな価値を創造できる人材、グローバル・リーダーとなりうる人材を多く輩出することは、そのまま国家や企業の競争力につながる。近年、優秀な高校生が、進学先として日本ではなく海外のトップ大学を選ぶ動きが一部にあり、彼らが大学卒業後も海外にとどまることになれば、優秀な人材の国外流出に直結する。

　わが国の大学が国際的に強い競争力を持ち、国内のみならず世界の優秀な人材を惹きつける存在になることが重要である。そのためにも、大学には「Society 5.0 for SDGs」の考え方を共有し、知識や技能等の習得に留まらない、新しい時代のニーズに対応した大学教育を実現することで、Society 5.0 を牽引する人材や社会の中核で活躍する人材の育成に大きな役割を果たすことを期待する。

＊＊＊＊＊

Ⅱ．経済界が求める人材像と採用動向

　企業は「採用」を通じて、自社の事業遂行に必要な人的資源を得、付加価値を生み出し、成長することができる。そのため各企業は、自社が求める人材像や必要とする能力・スキルを明確化し、外部にわかりやすく発信することが求められる。一方、大学生にとって「就職」は、企業や社会との主要な接合点であり、就職活動は自らのキャリアのあり方を考え、選択する重要な機会である。

　本章では、産学協議会における議論や、経団連アンケートを基に、経済界が採用にあたって求める能力・資質について述べる。ただし、各企業では、価値創造に向けた人材の多

---

[1] Society 5.0 とは、狩猟社会（Society 1.0）、農耕社会（Society 2.0）、工業社会（Society 3.0）、情報社会（Society 4.0）に続く、新たな社会という意味で、政府の第 5 期科学技術基本計画（2016 年 1 月）において初めて提唱された考え。

様性確保が重要な経営課題となっており、画一的な人材を求めているわけではないことに留意が必要である。

　各大学には、これらを参考に、経済・社会の変化に対応した、特色ある教育を推進することを期待したい。

1．Society 5.0 において企業が求める能力・資質

(1)「採用と大学教育の未来に関する産学協議会」における産学の合意内容

　経団連が 2018 年 10 月に、2021 年度以降入社対象の「採用選考に関する指針」を策定しないことを決定したことを契機に、2019 年 1 月、Society 5.0 人材の育成に向けて、産業界が求める人材像や採用のあり方、大学教育への期待等について、大学と経団連の代表との間で率直な意見交換を行うための継続的な対話の場である「採用と大学教育の未来に関する産学協議会」が設置された。

　産学協議会では、Society 5.0 で求められる能力と資質についても議論し、Society 5.0 の人材には、リテラシー（数理的推論・データ分析力、論理的文章表現力、外国語コミュニケーション力等）、論理的思考力と規範的判断力、課題発見・解決能力、未来社会を構想・設計する力、高度専門職に必要な知識・能力が求められることについて合意している。これらの能力は高等教育機関のみで育成できるものではなく、初等中等教育段階から育成する必要がある。

　この他、経団連提言[2]では、求められる資質として、失敗を恐れずに挑戦する姿勢や、自己肯定感、多様な背景を持つ集団において高いパフォーマンスを発揮するうえで必要な忍耐力やリーダーシップ、多様な他者と協働して新たな価値を創造できるチームワーク、変化の激しい時代の中でスキル・専門性をアップデートするために必要な学び続ける力などが重要であると指摘している。また、人生 100 年時代に豊かな人生を築くうえでは、知識や専門性、リテラシーとともに、あくなき探求心やチャレンジ精神、共感を生む対話力といった資質についても、絶えず磨き続けることが肝要である。

(2)経団連アンケート結果

　経団連は今般「採用と大学改革への期待に関するアンケート」を実施し、採用の観点から、大卒者に特に期待する資質・能力・知識などを聞くとともに、5 年程度先を見通した採用動向などを調査し、企業における人材戦略の方向性を考察した。

　経団連アンケートによると、企業は多種多様な人材を求めつつ、特に期待する資質としては、回答企業の約 8 割が「主体性」「チームワーク・リーダーシップ・協調性」を挙げ、次いで「実行力」を挙げる企業が多かった。また、4 割近い企業が「学び続ける力」を挙げており、変化の激しい時代のなか、自律的な人材育成・キャリア形成に対する企業の期待が示された（図表 1）。

　特に期待する能力では、「課題設定・解決能力」「論理的思考力」「創造力」が上位を占

---

[2] 経団連「Society 5.0 において求められる初等中等教育改革　第一次提言－with コロナ時代の教育に求められる取組み－」（2020 年 7 月 14 日）。

め、特に期待する知識では「文系・理系の枠を超えた知識・教養」が最も多く、産学協議会において Society 5.0 で求められる能力・資質として産学間で認識の一致をみたものと整合性のある結果となった（図表2）。

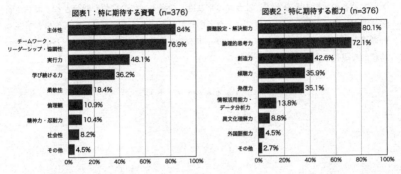

注：3つまで回答可

【出典：経団連「採用と大学改革への期待に関するアンケート結果」（2022 年 1 月 18 日）】

＊ ＊ ＊ ＊ ＊

Ⅲ．新しい時代への対応に向けて経済界が期待する大学教育改革

1．基本的な考え方

(1) Society 5.0 に向けた大学教育の方向性

　大学は、学問に関する研究を行う場であると同時に、経済・社会を支え、牽引する人材を育成する場でもあり、教育研究の成果を広く社会に提供する場でもある。そのため大学は、経済・社会をめぐる内外の環境変化に対する感応度を高め、教育内容等を不断に見直していく必要がある。特に、わが国企業の国際競争力の強化が強く求められるなか、多くの学生が卒業後、ビジネスの世界に入ることを考えれば、各大学は、育成すべき能力や資質、教育内容・カリキュラム等について、経済界のニーズ等も踏まえて検討し、「3つのポリシー」[3]に反映させるべきである。

　Society 5.0 からバックキャストすると、経済界でとりわけニーズが高い人材は、デジタルに精通した人材やグローバル人材、環境技術やサステナビリティ課題等に詳しい人材（グリーン人材）と言える。そのような人材の育成に向けて、文理融合教育や、STEAM教育[4]、リベラルアーツ教育[5]を推進して、幅広い知識に基づく俯瞰力や論理的思考力、数理的推論力、構想力等を涵養するとともに、課題解決型教育やキャリア教育、さらには起業家教育を拡充して、実際に社会で活躍するための素養や能力、課題発見・解決力を身に

---

[3] ディプロマ・ポリシー（卒業認定・学位授与の方針）、カリキュラム・ポリシー（教育課程編成・実施の方針）、アドミッション・ポリシー（入学者受入れの方針）。

つけさせるよう、大学に期待する声が大きい。

　また、変化の激しい人生 100 年時代にあっては、大学を卒業した社会人も、経済・社会の変化に対応して、新たな知識や技能を身につけ、産業構造の変化に対応しながら成長分野に移動していくことが求められる。こうした観点から、今後、大学には、高等学校を卒業した若者の教育のみならず、社会人の学び直しの場としての役割も期待されており、産学官連携によるリカレント教育プログラムの充実が課題である。こうした「仕事と学びの好循環」を実現していくことで、人々の well-being が達成されるとともに、わが国経済の持続的な成長も実現すると考えられる。

＊＊＊＊＊＊＊＊＊＊

---

⁴ 今後の社会を生きるうえで不可欠となる科学技術の素養を涵養するとともに、幸福な人間社会を創造するうえで欠かせないデザインや芸術、教養も取り入れて、「知る」と「創る」を循環させる教育。
⁵ 産学協議会では、リベラルアーツ教育について、「人文学、社会科学、自然科学にわたる学問分野を学ぶことを通じて論理的思考力と規範的判断力を磨き、課題発見・解決や社会システム構想・設計などのための基礎力を身に付けること」としている。（出典：採用と大学教育の未来に関する産学協議会「中間とりまとめと共同提言」（2019 年 4 月 22 日））

文章③

ショーペンハウアー『読書について』

(鈴木芳子訳)光文社古典新訳文庫(2013 年)から抜粋

(原典は 1851 年刊、一部改変)

　読書するとは、自分でものを考えずに、代わりに他人に考えてもらうことだ。他人の心の運びをなぞっているだけだ。それは生徒が習字のときに、先生が鉛筆で書いてくれたお手本を、あとからペンでなぞるようなものだ。したがって読書していると、ものを考える活動は大部分、棚上げされる。自分の頭で考える営みをはなれて、読書にうつると、ほっとするのはそのためだ。だが読書しているとき、私たちの頭は他人の思想が駆けめぐる運動場にすぎない。読書をやめて、他人の思想が私たちの頭から引き揚げていったら、いったい何が残るだろう。だからほとんど一日じゅう、おそろしくたくさん本を読んでいると、何も考えずに暇つぶしができて骨休めにはなるが、自分の頭で考える能力がしだいに失われてゆく。いつも馬に乗っていると、しまいに自分の足で歩けなくなってしまうのと同じだ。

　だがこれは非常に多くの学者にあてはまる。かれらは多読のために、愚かになっている。暇さえあれば、すぐ本を手に取り、たえず読書していると、たえず手仕事をするより、もっと精神が麻痺する。手仕事なら作業にいそしみながら、あれこれ物思いにふけることができるからだ。

　バネにずっと他の物体の圧力をかけ続けると、しまいに弾力が失われるのと同じように、たえず他人の考えを押しつけられると、精神は弾力性を失う。栄養をとりすぎると、胃が悪くなって、そのうち身体全体がだめになるように、精神も栄養分をとりすぎると、詰め込みすぎで窒息するおそれがある。いいかえれば、たくさん読めば読むほど、読んだ内容が精神にその痕跡をとどめなくなってしまう。精神はたくさんの事を次々と重ね書きされた黒板のようになってしまう。そのため反芻(はんすう)し、じっくり嚙みしめることができない。だが食事を口に運んでも、消化してはじめて栄養になるのと同じように、本を読んでも、自分の血となり肉となることができるのは、反芻し、じっくり考えたことだけだ。

　ひっきりなしに次々と本を読み、後から考えずにいると、せっかく読んだものもしっかり根を下ろさず、ほとんどが失われてしまう。概して精神の栄養も身体の栄養と変わりはなく、吸収されるのは、摂取した食物のせいぜい五十分の一にすぎない。残りは蒸発・呼吸作用その他によって消えてゆく。

　さらに、紙に書き記された思想は、砂地に残された歩行者の足跡以上のものではない。なるほど歩行者がたどった道は見える。だが、歩行者が道すがら何を見たのかを知るには、読者が自分の目を用いなければならない。

＊＊＊＊＊

　人々はあらゆる時代の最良の書を読む代わりに、年がら年じゅう最新刊ばかり読み、いっぽう書き手の考えは堂々巡りし、狭い世界にとどまる。こうして時代はますます深く、みずからつくり出したぬかるみにはまってゆく。

　したがって私たちが本を読む場合、もっとも大切なのは、読まずにすますコツだ。いつの時代も大衆に大受けする本には、だからこそ、手を出さないのがコツである。いま大評判で次々と版を重ねても、一年で寿命が尽きる政治パンフレットや文芸小冊子、小説、詩などには手を出さないことだ。むしろ愚者のために書く連中は、いつの時代も俗受けするものだと達観し、常に読書のために設けた短めの適度な時間を、もっぱらあらゆる時代、あらゆる国々の、常人をはるかにしのぐ偉大な人物の作品、名声鳴り響く作品へ振り向けよう。私たちを真にはぐくみ、啓発するのはそうした作品だけである。

　悪書から被る（こうむる）ものはどんなに少なくとも、少なすぎることはなく、良書はどんなに頻繁に読んでも、読みすぎることはない。悪書は知性を毒し、精神をそこなう。

　良書を読むための条件は、悪書を読まないことだ。なにしろ人生は短く、時間とエネルギーには限りがあるのだから。

＊＊＊＊＊

　本を買うとき、それを読む時間も一緒に買えたら、すばらしいことだろう。だがたいてい本を買うと、その内容までわがものとしたような感覚におちいる。

　読んだものをすべて覚えておきたがるのは、食べたものをみな身体にとどめておきたがるようなものだ。私たちは食物で身体をやしない、読んだ書物で精神をつちかう。それによって現在の私たちができあがっている。だが、身体が自分と同質のものしか吸収しないように、私たちはみな、自分が興味あるもの、つまり自分の思想体系や目的に合うものしか自分の中にとどめておけない。目的なら、誰でも持っているが、思想体系めいたものを持つ人は、ごくわずかだ。思想体系がないと、何事に対しても公正な関心を寄せることができず、そのため本を読んでも、なにも身につかない。なにひとつ記憶にとどめておけないのだ。

　「反復は勉学の母である」。重要な本はどれもみな、続けて二度読むべきだ。二度目になると、内容のつながりがいっそうよくわかるし、結末がわかっていれば、出だしをいっそう正しく理解できるからだ。また二度目になると、どの箇所も一度目とはちがうムード、ちがう気分で読むので、あたかも同じ対象をちがう照明のもとで見るように、印象も変わってくるからだ。

＊＊＊＊＊＊＊＊＊

文章④
ピエール・バイヤール『読んでいない本について堂々と語る方法』
（大浦康介訳）ちくま学芸文庫（2016 年）から抜粋
（原著は 2007 年刊行、一部改変）

＜読まずにコメントする＞という経験について語ることは、たしかに一定の勇気を要することである。本を読まないことを称揚するテクストがほとんど見当たらないのは理由のないことではない。読書をめぐっては、暗然たる強制力をもつ規範がいくつもあって、それが私がここで扱おうとしている問題に正面から取り組むことをむずかしくしているのである。なかでも以下の三つの規範は決定的である。

　第一は、読書義務とでも呼ぶべき規範である。われわれはいまだ読書が神聖なものと見なされている社会に生きている（こうした社会が滅びようとしていることも事実だが）。もちろん本なら何でもいいというわけではないし、どんな本が神聖化されるかは社会階層にもよるが、神聖とされる本に関するかぎり読んでいないことは許されない。読んでいないとなれば人に軽んじられるのは必至である。

　第二は、第一の規範に似て非なる規範、すなわち通読義務とでも呼ぶべき規範である。これによれば、本というものは始めから終わりまで全部読まなければならない。飛ばし読みや流し読みは、まったく読まないのとほとんど同じくらいよくないことであり、とりわけそれを口外してはならない。このため、プルーストの作品は全部は読んでいない、ざっと目を通したことがあるだけだ、などと文学を専門とする大学教師がみずから認めるということはまず考えられない。ところが実際は彼らのほとんどがその程度しか読んでいないのだ。

　第三は、本について語ることに関する規範である。われわれの文化が暗黙の了解としているもののひとつに、ある本について多少なりとも正確に語るためには、その本を読んでいなければならないという考えがある。ところが、私の経験によれば、読んだことのない本について面白い会話を交わすことはまったく可能である。会話の相手もそれを読んでいなくてもかまわない。むしろそのほうがいいくらいだ。

　もっというと、ある本について的確に語ろうとするなら、ときによっては、それを全部は読んでいないほうがよい。いや、その本を開いたことすらなくていい。むしろ読んでいては困ることも多いのである。ある本について語ろうとする者にとっては、とくにその内容を説明しようとする者にとっては、その本を読んでいることがかえって弊害を招くこともあるのだ。この弊害を人は軽視しがちなのである。

＊

　義務や禁止からなるこの規範の体系は、結果として、人々のうちに読書に関する偽善的態度を生み出した。人が本当に本を読んでいるかどうかを知るのはむずかしい。私的生活の領域で、金銭とセクシュアリティーの領域は別として、この読書の領域ほどたしかな情

報を得るのが難しい領域はないように思われる。

　学者のあいだでは、上記の三つの規範のせいで、嘘をつくのは当たり前になっている。本が重んじられる世界であればこそ、嘘も横行するというわけだ。私はたいした読書家ではないが、それでもある種の本のことはよく知っているので——ここでも念頭にあるのはプルーストだが——、同僚が会話のなかでその種の本を話題にするときには、彼らがそれを本当に読んでいるかどうかは判断できる。そして私の見るところ、彼らが本当に読んでいることはまれである。

　こうした嘘は他人に対する嘘である前に、おそらく自分自身にたいする嘘である。自分の業界で必読書とされている本を読んでいないと自分自身にたいして認めることは、それほどむずかしいことなのだ。また、これは読書の領域に限ったことではないが、過去を自分の都合のいいように再構成する人間の能力というのはそれほど高いのである。

　本を話題にするとき、ついつい誰もがついてしまうこの嘘は、本を読まないことに重くのしかかるタブーと、その根底にある、おそらく幼年期に由来する一連の不安が形を変えて現れたものである。したがって、こうした状況から首尾よく脱するためには、ある種の本を読んでいないと打ち明けることにともなう無意識の罪悪感を分析することが不可欠である。

＊＊＊＊＊＊＊＊＊＊

Pierre BAYARD :
"COMMENT PARLER DES LIVRES QUE L'ON N'A PAS LUS ?"
© 2007 by Les Éditions de Minuit
著作権代理：(株) フランス著作権事務所

問

題

編

■一般選抜

問題編

▶試験科目・配点

教　科	科　　　　　目	配　点
外国語 ・数学 ・情報	「数学または情報」,「外国語」,「数学および外国語」の 3 つの中から 1 つを選択（いずれも同一試験時間内実施） 　数　学―数学Ⅰ・Ⅱ・Ａ・Ｂ 　情　報―社会と情報・情報の科学 　外国語―(a)コミュニケーション英語Ⅰ・Ⅱ・Ⅲ, 英語表現Ⅰ・Ⅱ 　　　　　(b)コミュニケーション英語Ⅰ・Ⅱ・Ⅲ, 英語表現Ⅰ・Ⅱ, 　　　　　　ドイツ語 　　　　　(c)コミュニケーション英語Ⅰ・Ⅱ・Ⅲ, 英語表現Ⅰ・Ⅱ, 　　　　　　フランス語 　　　　　の(a), (b), (c)のうち, いずれか 1 つを選択	200 点
小論文	発想, 論理的構成, 表現などの総合的能力を問う	200 点

▶備　考

• ドイツ語, フランス語は省略。

• 数学Ａは「場合の数と確率」・「整数の性質」・「図形の性質」を出題範囲とする。数学Ｂは「確率分布と統計的な推測」・「数列」・「ベクトル」を出題範囲とする。

• 小論文は, 問いに対して自らの考えを論述する形式の試験で, 受験生の発想, 論理的構成, 表現などを総合的に評価しようとするもの。どれだけ発想豊かに, 自分の考えを論文として論理的に構成し, 説得力のある表現ができるかを問う。

• 選択した受験教科の得点と, 小論文の採点結果を組み合わせて最終判定を行う。

英語

(120 分)

(注意)

- •「外国語選択者」は，問題Ⅰ～Ⅲの全問を解答すること。
- •「数学および外国語選択者」は，問題Ⅰ・Ⅱおよび数学の問題Ⅱ・Ⅴ・Ⅵを解答すること。
- • 問題Ⅰは英語・ドイツ語・フランス語のいずれかひとつの言語だけを選択して解答（ドイツ語・フランス語は省略）。

英語Ⅰ

次の文章に関して、空欄補充問題と読解問題の二つがあります。まず、[31]から[40]の空所を埋めるのに、文脈的に最も適切な語を 1 から 3 の中から選び、その番号を解答欄 (31) から (40)にマークしなさい。次に、内容に関する[41]から[45]の設問には、1 から 4 の選択肢が付されています。そのうち、文章の内容からみて最も適切なものを選び、その番号を解答欄 (41) から (45) にマークしなさい。

1　　　The understanding of human origins was turned on its head on Wednesday with the announcement of the discovery of fossils unearthed on a Moroccan hillside that are about 100,000 years older than any other known remains of our species, *Homo sapiens*. Scientists determined that skulls, limb bones and teeth representing at least five individuals were about 300,000 years old, a [31](1. blockbuster 2. distasteful　3. mundane) discovery in the field of anthropology.

2　　　The antiquity of the fossils was startling—a "big wow," as one of the researchers called it. But their discovery in North Africa, not East or even sub-Saharan Africa, also [32](1. reinforced biases 2. fulfilled dreams　3. defied expectations). And the skulls, with faces and teeth matching people today but with archaic and elongated braincases, showed our brain needed more time to evolve its current form. "This material represents the very root of our species," said paleoanthropologist Jean-Jacques Hublin of Germany's Max Planck Institute for Evolutionary Anthropology, who helped [33](1. refute　2. lead 3. hinder) the research published in the journal *Nature*.

3　　　Before the discovery at the site called Jebel Irhoud, located between Marrakech and Morocco's Atlantic coast, the oldest *Homo sapiens* fossils were known from an Ethiopian site called Omo Kibish, dated to 195,000 years ago. "The message we would like to convey is that our species is much older than we thought and that it did not emerge in an Adamic way in a small 'Garden of Eden' somewhere in East Africa. It is a pan-African process and more complex [34](1. agenda　2. myth　3. scenario) than what has been envisioned so far," Hublin said.

4　　　　The Moroccan fossils, found in what was a cave setting, represented three adults, one adolescent and one child roughly age 8, thought to have lived a hunter-gatherer lifestyle. These were found alongside bones of animals including gazelles and zebras that they hunted, stone tools perhaps used as spearheads and knives, and evidence of extensive fire use. An analysis of stone flints heated up in the ancient fires let the scientists calculate the age of the adjacent human fossils, Max Planck Institute archaeologist Shannon McPherron said.

5　　　　There is broad agreement among scientists that *Homo sapiens* originated [35](1. at　2. by　3. in) Africa. These findings suggest a complex evolutionary history probably involving the entire continent, with *Homo sapiens* by 300,000 years ago [36](1. disguised　2. dispersed　3. displaced) all over Africa. Morocco was an unexpected place for such old fossils [37](1. neglecting　2. considering　3. mapping) the location of other early human remains. Based on the shape and age of the Moroccan fossils, the researchers concluded that a mysterious, previously discovered 260,000-year-old partial cranium from Florisbad, South Africa also represented *Homo sapiens*. The Jebel Irhoud people had large braincases that lacked the globular shape of those today. Max Planck Institute paleoanthropologist Philipp Gunz said the findings [38](1. indicate　2. ensure　3. disprove) the shape of the face was established early in the history of *Homo sapiens*, but brain shape, and perhaps brain function, evolved later.

6　　　　But given their modern-looking face and teeth, Hublin said, these people may have [39](1. blended in　2. dressed up　3. stuck out) today if they simply wore a hat. *Homo sapiens* is now the only human species, but 300,000 years ago it would have shared the planet with several now-extinct cousins in Eurasia—Neanderthals in the west and Denisovans in the east—and others in Africa. Hublin did not [40](1. choose　2. hazard　3. elaborate) a guess as to how long ago the very first members of our species appeared, but said it could not have been more than 650,000 years ago, when the evolutionary lineage that led to *Homo sapiens* split from the one that led to the Neanderthals.

—Based on Dunham, W. (2017). "Moroccan fossils shake up understanding of human origins," *Reuters*.

[41] In the 1st paragraph, what is meant by "The understanding of human origins was turned on its head"?

1. Recent evidence has allowed a long-held theory to be settled conclusively.

2. Findings in Ethiopia and Morocco confirm the path *Homo sapiens* took leaving Africa.

3. Understanding of human development is centered on studying the braincase.

4. A surprising discovery has caused a significant change in our perception of *Homo sapiens*.

[42] Which of the following claims is made in the article?

1. Ancient humans had more spherical heads than modern humans.

2. *Homo sapiens* once shared the earth with other closely related species.

3. Modern humans are a younger species than previously thought.

4. There is broad agreement that evolution took place in an "Adamic" way.

[43] According to the article, what is one surprising finding?

1. Human bones were found in a narrow geographic region.

2. Compared to modern humans, our ancestors had oddly shaped faces.

3. The family structure has not changed much over evolutionary time.

4. *Homo sapiens* have existed longer than originally thought.

[44] What is the purpose of mentioning the flints in the 4th paragraph?

1. to demonstrate that the remains were those of hunter-gatherers

2. to explain how the age of the bones found next to them was determined

3. to suggest that the flints are an interesting subject for future research

4. to show the advanced toolmaking ability of the ancient people

[45] What is true about the Florisbad discovery, as mentioned in the 5th paragraph?

1. It is by far the oldest and most revealing discovery of its time.

2. It helped to date the discovery of Morocco with greater precision.

3. It was newer than previous discoveries of the same kind.

4. It was properly understood only after the discovery in Morocco.

英語 II

次の文章に関して、空欄補充問題と読解問題の二つがあります。まず、[46]から[55]の空所を埋めるのに、文脈的に最も適切な語を 1 から 3 の中から選び、その番号を解答欄 (46) から (55) にマークしなさい。次に、内容に関する[56]から[60]の設問には、1 から 4 の選択肢が付されています。そのうち、文章の内容からみて最も適切なものを選び、その番号を解答欄 (56) から (60) にマークしなさい。

1　　　　Over the last two decades, I have been working at The Long Now Foundation to build a monument-scale "10,000 Year Clock" as an icon to long-term thinking, with computer scientist Danny Hillis and a team of engineers. The idea is to create a [46](1. justification　2. simplification　3. provocation) large enough in both scale and time that, when confronted by it, we have to engage our long-term future.

2　　　　Building a 10,000-year machine required diving into both history and the present to see how artefacts have lasted. While we can slow the workings of the clock itself down so that it only ticks as many times in 10,000 years as a watch does in a person's lifetime, what about the materials and location? Over the last 20 years I have studied how other structures and systems have lasted [47](1. for good　2. over time　3. as expected), and visited as many of them as I can. Some sites have been conserved by simply being lost or buried, some have survived in plain sight by their sheer mass, others have had much more [48](1. ambitious　2. programmed　3. subtle) strategies.

3　　　　Few human-made objects or organisations last more than a handful of centuries, much less millennia. Stories, myths, religions, a handful of institutions, [49](1. as well as　2. putting aside　3. in contrast to) some structures and artefacts have lasted this long. Most of these were not built with the intention of extreme longevity, but are accidents of history. More recent efforts such as nuclear waste sites, genealogic repositories and seed vaults, are being designed explicitly to last for thousands—or even hundreds of thousands—of years. There are a series of lessons we can learn from the past and present, ranging from material science and engineering, to the ideological. I will cover some of these as well as discuss how they have [50](1. replicated 2. jeopardized 3. influenced) our work on the 10,000 Year Clock.

4   Many of the best preserved artefacts probably spent most of their time underground. The subterranean environment protects them from sunlight and generally keeps a very stable temperature. The rise and fall of temperature accelerates oxidation and aging. In fact, when manufacturers do rapid aging tests for materials, it is done largely through cycling temperatures up and down. There is, however, one serious drawback to trying to preserve things underground—water. I have visited nuclear waste sites in the US and Europe, the Global Seed Vault, and the Mormon Genealogical Archive—and in every case they are fighting a losing battle to keep water out. Over centuries and millennia, water will always find a way in. The only successful [51](1. sanitisations 2. mitigations 3. reservoirs) of water I have seen are when it is redirected rather than blocked. The ancient rice paddies of Asia are a testament to the effectiveness of carefully directing water over thousands of years.

5   Building the 10,000 Year Clock underground is important not only for preservation, but for timekeeping as well. Temperature change causes metals to expand and contract, requiring clever and imperfect schemes to keep devices like pendulums at the same length, and [52](1. otherwise 2. therefore 3. alternately) keep regular time. The less temperature change a mechanical clock experiences, the more accurate it will be. However, after witnessing the struggles with water at nearly every underground site I have visited, we had to think very carefully about how we tackle it. Our underground site is built at the top of a mountain in order to minimise the area of drainage that can collect water, but we still assume that water will get in. To [53](1. address 2. formulate 3. expedite) this eventuality, we angled every underground surface away from the clock and made sure that water would not be trapped anywhere and could escape at the bottom of the site. If we can't stop the water, we can choose where to direct it.

6   The final and greatest danger to building anything that lasts is human beings themselves. In recent years we have witnessed some of the world's oldest sites destroyed because their values or ideology were seen as in conflict. One of the more [54](1. heart-breaking 2. arm-twisting 3. knee-slapping) of these was the Taliban's destruction of the massive Buddhas of Bamiyan in Afghanistan. It is hard to imagine a more innocuous religious symbol than a Buddha, but it was threatening enough to the Taliban to spend weeks blasting these amazing artefacts out of the cliffs.

7   How do we make something of value and cultural significance that will not at some point be stolen or destroyed? This is the true question when we ask how to build something like the 10,000 Year Clock. It is not the engineering of the materials and its workings, but the civilisation [55](1. around 2. against 3. beyond) it, which we hope to shape as one that cares for both the present and the future. We hope that by building such things, they challenge us not just technically, but ethically as well. We

hope that they challenge us to become better ancestors.

—Based on Rose, A. (2019). "How to build something that lasts 10,000 years," *BBC Future*.

[56] According to the 1ˢᵗ paragraph, the author and his team hope that the "10,000 Year Clock" will be regarded as

1. a critique of the disposability of our modern devices.

2. an ideal case of modern technological achievement.

3. a symbol of humankind's ability to look far into the future.

4. an example of humankind's eagerness to learn from the past.

[57] According to the 3ʳᵈ paragraph, which statement is true of human-generated items and concepts that have lasted thousands of years?

1. Most of them have survived in spite of a lack of careful planning.

2. Roughly half of them have endured by design, and the rest by chance.

3. Historically, many items have been destroyed by accident.

4. A high percentage of them were purposefully designed to do so.

[58] According to the 4ᵗʰ paragraph, why would an above-ground storage location not be opportune for the 10,000 Year Clock?

1. The clock could be deliberately ruined.

2. The clock could deteriorate at a faster rate.

3. The clock could languish in a stable temperature.

4. The clock could become submerged in water.

[59] According to the 6ᵗʰ paragraph, why did the Taliban destroy the Buddhas of Bamiyan?

1. The enormous statues were an obstacle to the Taliban's military construction plans.

2. The Taliban felt the statues could easily be used as propaganda by their enemy.

3. The local people pleaded with them to use the material for practical purposes.

4. The Taliban were philosophically opposed to what the statues signified.

[60] According to the passage, the author hopes that participants in the "10,000 Year Clock" project will

1. gain more sophisticated technological expertise.

2. develop a profound appreciation of teamwork.

3. become more principled and mindful people.

4. obtain a deeper understanding of our history.

英語Ⅲ

次の文章に関して、空欄補充問題と読解問題の二つがあります。まず、[61]から[80]の空所を埋めるのに、文脈的に最も適切な語を 1 から 3 の中から選び、その番号を解答欄（61）から（80）にマークしなさい。次に、内容に関する[81]から[90]の設問には、1 から 4 の選択肢が付されています。そのうち、文章の内容からみて最も適切なものを選び、その番号を解答欄（81）から（90）にマークしなさい。

1　　　The changing attitude toward Soft Power stems not from its theoretical dimension, but from a changing global landscape. The 21st century will be characterized by growing competition among three giants—China, India and the United States. To contend with this triumvirate, nations will create short-termed strategic alliances that will collectively bargain opposite the giants, or force their hands. These alliances will rest on shared interests, not shared values. In a world [61](1. suppressed 2. restored 3. governed) by increased competition, as opposed to cooperation, the practice of Soft Power will become secondary. The benefit of strategic alliances lies in their malleability. Unlike the Cold-War era, nations will not be bound to one giant. On the contrary, nations will collaborate with different giants towards different ends. National power will [62](1. emanate from 2. escape into 3. erode away) a nation's status as a desirable member in strategic alliances. This desirability may rest on diverse resources ranging from economic stability to technological infrastructure and geographic location. Now is not the age of uni-polarity or bi-polarity. Now is the age of giants, and in this age, power will function differently.

2　　　Vladimir Putin once stated that 'I would prefer to abandon the terminology of the past. *Superpower* is something that we used during the Cold War time. Why use it now?' The demise of the Cold War led scholars to reconsider additional terms including *power*. In a world no longer marked by ideological conflict and a nuclear arms race, collaboration rather than [63](1. confrontation 2. comradery 3. convergence) could be the order of the day. In a seminal article, Professor Joseph Nye introduced the concept of Soft Power. Ultimately, Nye argued, the attractiveness of a nation's culture, political values, and foreign policy will be more influential on its engagement with other nations than the number of ballistic missiles at its disposal.

3　　　We argue that the world is in the midst of profound structural change, and that this change necessitates that the concept of power be examined yet again. [64](1. Inadvertently 2. Conversely 3. Specifically), we contend that this century will see the emergence of a modern day triumvirate of three giants. While middle powers such as Russia, Iran, Brazil and the European Union will remain central to global affairs, it is the three giants who will dictate the rules of the game. India's population size and status as a global telecommunications hub will see its power [65](1. reabsorb 2. supplement 3. overshadow) that of Iran or Brazil. China's financial dominance and global military reach will eclipse that of Russia, while the US's strength will continue to rest on its mass investment in defense, and ardent commitment to consumerism.

4　　　We argue that the power of strategic alliances will become a core concept in the field of international relations due to its ability to account for relationships that cannot be explained through the Soft Power [66](1. paranoia 2. paradox 3. paradigm). A strategic alliance will consist of several nations who share a common interest that can only be secured by one of the giants. Jointly, alliance members will hold greater sway [67](1. under 2. over 3. around) a giant, or even threaten to align with another giant. Yet once an alliance has obtained its goal, it will disband. For in a world dominated by three giants, permanent alliances will be harder to maintain. Continuous competitions between the giants will send constant ripple effects locally, regionally and globally and shifting [68](1. fads 2. gears 3. sands) will result in new alliances.

5   When Joseph Nye first introduced the concept of Soft Power in 1990, the bi-polar system was drawing its last [69](1. picture 2. arrow 3. breath). The collapse of the Soviet Union was imminent while Communist states in Eastern Europe were openly courted by the West. The bi-polar world was one of Hard Power defined by an arms race that ultimately bankrupted the Soviet Union. The exercise of power, or changing the actions of other states, rested heavily on the use of weapons and the threat of force. Nye hypothesized that the post-Cold War world would be marked by collaboration as shared challenges would necessitate shared solutions (e.g., terrorism or drug trade). The world would also become more interdependent thanks to advances in transportation and telecommunications.

6   [70](1. Given 2. Ignoring 3. Afraid) that the post-Cold War era would rest on cooperation, Nye conceptualized Soft Power as 'getting other states to want what you want'. The Soft Power arsenal would include culture, political values and foreign policy. If a state could make its power seem [71](1. impotent 2. monotonous 3. legitimate) in the eyes of others, it would encounter less resistance to its foreign policies. If a state's culture and ideology seemed attractive, allies would be willing to follow it rather than being ordered to do so. And if a state could establish international norms consistent with its own society, it would not be required to alter its behavior.

7   Nye's original article was also a manifesto, a [72](1. lifeboat 2. password 3. roadmap) that sought to guide America through times of global restructuring while avoiding conflicts with other states. Through Soft Power, America could make the world American without using weapons. American ideology, masked in culture, arts and cultural exchanges would reshape the international system while American prosperity would win over former Communist States. [73](1. Consequently 2. Superficially 3. Indignantly), the world would change to accommodate America rather than America changing to accommodate the world.

8   The concept of Soft Power had an [74](1. antagonistic 2. equivocal 3. immense) influence on policy makers throughout the world. Following the Cold War, numerous nations invested billions of dollars on Soft Power initiatives. These included the creation of radio and television stations; the promotion of cultural institutions (e.g., Confucius Institutes); the expansion of foreign exchange programs and, more recently, maintaining social media empires spanning thousands of YouTube, Facebook and Twitter accounts. Most [75](1. unsettled 2. taken 3. upset) with the Soft Power concept was the Obama White House. As *Foreign Policy* wrote in 2011, 'All roads to understanding American

foreign policy run through Joseph Nye'.

9　　　　In many ways, the Obama Presidency and its Middle Eastern policy symbolize the [76](1. practical　2. personal　3. commercial) limitations of Soft Power. Following the Bush administration's War on Terror, Obama started his tenure with the 'New Beginnings' address in which he called for a new beginning to America's relationship with the Muslim world. This [77](1. proclamation　2. application　3. fabrication) was followed by mass investments in Soft Power throughout the region including broadcasting, cultural exchanges, and citizen diplomacy programs. Yet despite the consistent and expansive engagement with Arabs and Muslims in the Middle East and South Asia, anti-American sentiment remains high. Not even America's war on the cruelty of the Islamic State was enough to win the hearts and minds of the Muslim world.

10　　　　America's failure to successfully engage the Middle East through Soft Power was further [78](1. magnified　2. repeated　3. lauded) by Russia's effective use of Hard Power. Sensing America's unwillingness to involve itself in another military conflict, Vladimir Putin carpet bombed his way to Damascus. Supporting President Assad and the Alawi Shiite minority against the majority Sunni opposition, Putin aligned himself with Iran, Hezbollah, and a variety of Shiite militia fighters from all over the world. Overseeing a [79](1. rhetorical　2. brutal　3. moral) war, Putin and his allies killed more than half a million people, and it led to the ethnic cleansing of Sunnis in many parts of Syria.

11　　　　And what was the cost to Russia? The Soft Power model would [80](1. assure　2. predict　3. reject) that Russia would lose its legitimacy, its seat at the table of international affairs or at the very least turn into an outcast. Western diplomats did in fact wail into microphones while UN ambassadors tweeted images of dead Syrians. Yet Russia gained its stronghold in the region. Even more importantly, Russia has become a genuine powerbroker in the region with Lebanon, Iraq and even Israel looking to bolster their ties with the Kremlin. Obama talked. Putin bombed. The results speak for themselves.

　　　　—Based on Manor, I. and Golan, G.J. (2020). *E-International Relations.*

[81] At the end of the 1st paragraph, what do the authors probably mean by "Now is the age of giants?"

1. For the foreseeable future, a handful of countries will influence world affairs.

2. Nowadays, it is the largest and most populous nations that will prosper.

3. Russia and the United States will continue to be the world's superpowers.

4. Small countries should stand up to larger ones to avoid being conquered.

[82] Which of the following statements best fits the description of the "giants" in the 3rd paragraph?

1. Their influence will be conferred by large populations.

2. Their status will depend on more than one factor.

3. Their power will be determined by military superiority.

4. Their standing will stem from cooperativeness.

[83] Which of the following is a characteristic of "strategic alliances," as described in the 4th paragraph?

1. They foster competition between less powerful nations to attract the giants' attention.

2. They are the reason why several giants will come to dominate international relations.

3. They have joint objectives that cannot be obtained without cooperation from a giant.

4. They consist mostly of partnerships between the three giants aimed at shared goals.

[84] According to the 5th paragraph, which of the following was an assumption Joseph Nye probably made when he first proposed the idea of Soft Power?

1. The country that won the arms race would have the most influence.

2. The world would become an increasingly fragmented, isolated place.

3. The need for cooperation to deal with global issues would increase.

4. Russia would remain in a strong position for the time being.

[85] What was a supposed benefit to America of implementing Nye's "manifesto" as described in the 7th paragraph?

1. America could stop conflicts among countries without violence by spreading prosperity.

2. Other countries would adopt democratic governments in imitation of America.

3. The culture and art of America could slow the spread of communism around the world.

4. International norms would come to be shaped by America's values, and not vice versa.

[86] Which of the following is most probably an example of Japan using Soft Power?

1. income tax programs to allow citizens to financially support their local areas

2. promoting study abroad by Japanese students to foster global human resources

3. importing foreign movies and media that introduce Japanese to diverse ideologies

4. initiatives to promote Japanese cartoons, literature, and cuisine around the world

[87] According to the article, which of the following was _**NOT**_ a result of the Obama administration's policy toward the Middle East?

1. Cultural and political methods were tried.

2. America fought against the Islamic State.

3. Negative opinions on America were changed.

4. Large amounts of money and effort were spent.

[88] The authors compare American and Russian involvement in the Middle East in order to

1. advise that Lebanon, Iraq, and Israel form a strategic alliance to avoid the same fate as Syria.

2. show that the use of military might is often the last option to achieve national goals.

3. illustrate that the results of using the Soft Power model did not live up to expectations.

4. prove that Vladimir Putin was a militaristic leader while Barack Obama was a peaceful one.

[89] Why do the authors say, "The results speak for themselves" in the end of the passage?

1. Putin's approach gave Russia a firmer leadership position in the Middle East.

2. Obama's policies caused the decline of America's economic power in the Middle East.

3. Obama's actions counterbalanced the Bush administration's War on Terror.

4. Putin's strategy was responsible for the deaths of around 500,000 people in Syria.

[90] Which of the following would be the best title for this article?

1. The Strategic Alliances of America

2. The Irrelevance of Soft Power

3. The Hard Power of Vladimir Putin

4. The Giants among the Superpowers

数学

（120 分）

（注意）

- 「数学選択者」は，問題Ⅰ〜Ⅵの全問を解答すること.
- 「数学および外国語選択者」は，問題Ⅱ・Ⅴ・Ⅵおよび外国語の問題Ⅰ・Ⅱを解答すること.

注 意 事 項

問題冊子に数字の入った □ があります．それらの数字は解答用紙の解答欄の番号を表しています．対応する番号の解答欄の 0 から 9 までの数字または − (マイナスの符号) をマークしてください.

□ が 2 個以上つながったとき，数は右詰めで入れ，左の余った空欄には 0 を入れてください．負の数の場合には，マイナスの符号を先頭の □ に入れてください．また，小数点以下がある場合には，左詰めで入れ，右の余った空欄には 0 を入れてください.

$$
\text{(例)} \quad 12 \;\longrightarrow\; \boxed{0}\,\boxed{1}\,\boxed{2} \qquad\qquad -3 \;\longrightarrow\; \boxed{-}\,\boxed{0}\,\boxed{3}
$$

$$
1.4 \;\longrightarrow\; \boxed{0}\,\boxed{0}\,\boxed{1}.\boxed{4}\,\boxed{0} \qquad -5 \;\longrightarrow\; \boxed{-}\,\boxed{0}\,\boxed{5}.\boxed{0}\,\boxed{0}
$$

分数は約分した形で解答してください．マイナスの符号は分母には使えません.

$$
\text{(例)} \quad \frac{4}{8} \;\longrightarrow\; \frac{1}{2} \;\longrightarrow\; \frac{\boxed{0}\,\boxed{1}}{\boxed{0}\,\boxed{2}} \qquad -\frac{6}{9} \;\longrightarrow\; -\frac{2}{3} \;\longrightarrow\; \frac{\boxed{-}\,\boxed{2}}{\boxed{0}\,\boxed{3}}
$$

ルート記号の中は平方因子を含まない形で解答してください.

$$
\text{(例)} \quad \sqrt{50} \;\longrightarrow\; \boxed{0}\,\boxed{5}\sqrt{\boxed{0}\,\boxed{2}} \qquad -\sqrt{24} \;\longrightarrow\; \boxed{-}\,\boxed{2}\sqrt{\boxed{0}\,\boxed{6}}
$$

$$
\sqrt{13} \;\longrightarrow\; \boxed{0}\,\boxed{1}\sqrt{\boxed{1}\,\boxed{3}} \qquad -\frac{\sqrt{18}}{6} \;\longrightarrow\; \frac{\boxed{-}\,\boxed{1}\sqrt{\boxed{0}\,\boxed{2}}}{\boxed{0}\,\boxed{2}}
$$

数式については，つぎの例のようにしてください．分数式は約分した形で解答してください.

$$
\text{(例)} \quad \sqrt{12a} \;\longrightarrow\; \boxed{0}\,\boxed{2}\sqrt{\boxed{0}\,\boxed{3}\,a}
$$

$$
-a^2 - 5 \;\longrightarrow\; \boxed{-}\,\boxed{1}\,a^2 + \boxed{0}\,\boxed{0}\,a + \boxed{-}\,\boxed{5}
$$

$$\frac{4a}{2a-2} \quad \rightarrow \quad \frac{-2a}{1-a} \quad \rightarrow \quad \frac{\boxed{0}\,\boxed{0} + \boxed{-}\,\boxed{2}\,a}{1-\boxed{0}\,\boxed{1}\,a}$$

　また，選択肢の番号を選ぶ問題では，最も適切な選択肢を 1 つだけ選んでください．同じ選択肢を複数回選んでもかまいません．

数学 I

実数 x に対して，x 以下の最大の整数を $[\,x\,]$ と表すことにする．いま，数列 $\{\,a_n\,\}$ を

$$a_n = \left[\,\sqrt{2n} + \frac{1}{2}\,\right]$$

と定義すると

$$a_1 = \boxed{\text{(1)}}, \quad a_2 = \boxed{\text{(2)}}, \quad a_3 = \boxed{\text{(3)}}, \quad a_4 = \boxed{\text{(4)}}, \quad a_5 = \boxed{\text{(5)}}, \quad a_6 = \boxed{\text{(6)}}, \quad \cdots$$

となる．このとき，$a_n = 10$ となるのは，$\boxed{\text{(7)}}\,\boxed{\text{(8)}} \leqq n \leqq \boxed{\text{(9)}}\,\boxed{\text{(10)}}$ の場合に限られる．また，

$$\sum_{n=1}^{\boxed{\text{(9)}}\,\boxed{\text{(10)}}} a_n = \boxed{\text{(11)}}\,\boxed{\text{(12)}}\,\boxed{\text{(13)}}\,\boxed{\text{(14)}}$$

である．

数学 II

10 進法で表したとき m 桁 $(m > 0)$ である正の整数 n の第 i 桁目 $(1 \leqq i \leqq m)$ を n_i としたとき，$i \neq j$ のとき $n_i \neq n_j$ であり，かつ，次の (a) または (b) のいずれかが成り立つとき，n を 10 進法 m 桁のデコボコ数と呼ぶことにする．

(a) $1 \leqq i < m$ である i に対して，i が奇数のとき $n_i < n_{i+1}$ となり，i が偶数のとき $n_i > n_{i+1}$ となる．

(b) $1 \leqq i < m$ である i に対して，i が奇数のとき $n_i > n_{i+1}$ となり，i が偶数のとき $n_i < n_{i+1}$ となる．

例えば，361 は (a) を満たす 10 進法 3 桁のデコボコ数であり，52409 は (b) を満たす 10 進法 5 桁のデコボコ数である．なお，4191 は (a) を満たすが，「$i \neq j$ のとき $n_i \neq n_j$ である」の条件を満たさないため，10 進数 4 桁のデコボコ数ではない．

(1) n が 10 進法 2 桁の数 $(10 \leqq n \leqq 99)$ の場合，$n_1 \neq n_2$ であれば，(a) または (b) を満たすため，10 進法 2 桁のデコボコ数は $\boxed{(15)}\,\boxed{(16)}$ 個ある．

(2) n が 10 進法 3 桁の数 $(100 \leqq n \leqq 999)$ の場合，(a) を満たすデコボコ数は $\boxed{(17)}\,\boxed{(18)}\,\boxed{(19)}$ 個，(b) を満たすデコボコ数は $\boxed{(20)}\,\boxed{(21)}\,\boxed{(22)}$ 個あるため，10 進法 3 桁のデコボコ数は合計 $\boxed{(23)}\,\boxed{(24)}\,\boxed{(25)}$ 個ある．

(3) n が 10 進法 4 桁の数 $(1000 \leqq n \leqq 9999)$ の場合，(a) を満たすデコボコ数は $\boxed{(26)}\,\boxed{(27)}\,\boxed{(28)}\,\boxed{(29)}$ 個，(b) を満たすデコボコ数は $\boxed{(30)}\,\boxed{(31)}\,\boxed{(32)}\,\boxed{(33)}$ 個あるため，10 進法 4 桁のデコボコ数は合計 $\boxed{(34)}\,\boxed{(35)}\,\boxed{(36)}\,\boxed{(37)}$ 個ある．また，10 進法 4 桁のデコボコ数の中で最も大きなものは $\boxed{(38)}\,\boxed{(39)}\,\boxed{(40)}\,\boxed{(41)}$，最も小さなものは $\boxed{(42)}\,\boxed{(43)}\,\boxed{(44)}\,\boxed{(45)}$ である．

数学 III

実数 $k > 0$ に対して，関数 $A(k) = \int_0^2 |x^2 - kx|\, dx$ とすると

$$
A(k) = \begin{cases}
\dfrac{\boxed{(46)}\,\boxed{(47)}\, k^3 + \boxed{(48)}\,\boxed{(49)}\, k^2 + \boxed{(50)}\,\boxed{(51)}\, k + \boxed{(52)}\,\boxed{(53)}}{\boxed{(54)}\,\boxed{(55)}} & \left(0 < k < \boxed{(56)}\,\boxed{(57)} \right) \\[4mm]
\dfrac{\boxed{(58)}\,\boxed{(59)}\, k + \boxed{(60)}\,\boxed{(61)}}{\boxed{(62)}\,\boxed{(63)}} & \left(\boxed{(56)}\,\boxed{(57)} \leq k \right)
\end{cases}
$$

となる．この関数 $A(k)$ が最小となるのは $k = \sqrt{\boxed{(64)}\,\boxed{(65)}}$ のときで，そのときの $A(k)$ の値は

$\dfrac{\boxed{(66)}\,\boxed{(67)} + \boxed{(68)}\,\boxed{(69)} \sqrt{\boxed{(70)}\,\boxed{(71)}}}{\boxed{(72)}\,\boxed{(73)}}$ である．

数学 IV

一辺の長さが 2 の正方形の折り紙 ABCD を次の手順にしたがって折る.

(1) A と B，D と C を合わせて AD が BC に重なるように谷折りし，折り目をつけて開く．AB および DC 上にあるこの谷折り線の端点をそれぞれ E および F とする.

(2) AF が谷折り線になるように谷折りし，折り目をつけて開く.

(3) A を谷折り線の端点の 1 つとして，AB が AF 上に重なるように谷折りし，折り目をつけて開く．BC 上にあるこの谷折り線のもう 1 つの端点を G とする.

(4) D と A，C と B を合わせて DC が AB に重なるように谷折りして，折り目をつける．AD および BC 上にあるこの谷折り線の端点をそれぞれ H および I とする.

(5) C と B がいずれも G と重なるように 2 枚重ねて谷折りし，CI および BI 上に折り目をつけて開く．この折り目の点をそれぞれ J および K とする (A, E, B, K はそれぞれ D, F, C, J と重なっているため図中には表示していない).

(6) HI を谷折り線とする谷折りを開く (A, E, B, K はそれぞれ D, F, C, J と重なっているため図中には表示していない).

(7) K を谷折り線の端点の 1 つとして，J が AB 上に重なるように谷折りし，折り目をつける．AD 上にあるこの谷折り線のもう 1 つの端点を L とし，AB 上にある J が重なる点を M とする.

(8) KL を谷折り線とする谷折りを開く (M は J と重なっているため図中には表示していない).

(9) M を谷折り線の端点の 1 つとして，A と D がそれぞれ BE と CF 上にくるように谷折りし，折り目をつけて開く．DC 上にあるこの谷折り線のもう 1 つの端点を N とする.

(10) 折るのをやめる.

このとき

$$\mathrm{BG} = \boxed{(74)}\,\boxed{(75)} + \sqrt{\boxed{(76)}\,\boxed{(77)}}, \qquad \mathrm{JK} = \boxed{(78)}\,\boxed{(79)} + \sqrt{\boxed{(80)}\,\boxed{(81)}}, \qquad \mathrm{JM} = \boxed{(82)}\,\boxed{(83)},$$

$$\cos \angle \mathrm{JKM} = \frac{\boxed{(84)}\,\boxed{(85)} + \boxed{(86)}\,\boxed{(87)}\sqrt{\boxed{(88)}\,\boxed{(89)}}}{\boxed{(90)}\,\boxed{(91)}}.$$

ここで, △JKM の面積を S_1, △JMN の面積を S_2 とすると

$$\frac{S_2}{S_1} = \frac{\boxed{(92)}\,\boxed{(93)} + \sqrt{\boxed{(94)}\,\boxed{(95)}}}{\boxed{(96)}\,\boxed{(97)}}$$

となる.

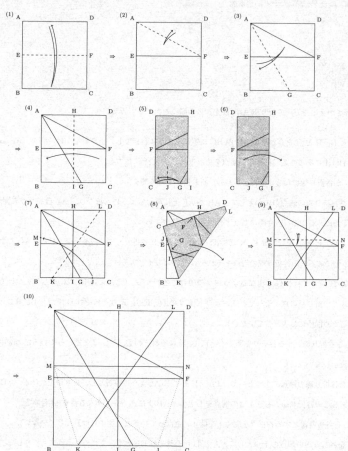

（出典: 堀井洋子, 折り紙サークル『折り紙で数学』明治図書出版, 2005.）

数学 V

いま, AD を下底, BC を上底とする台形 ABCD において, ∠BAD = ∠CDA = 60°, $|\overrightarrow{AB}| = 2, |\overrightarrow{BC}| = 1$ となっている.

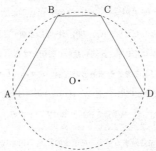

このとき

(1) $|\overrightarrow{BD}| = \sqrt{\boxed{(98)}\boxed{(99)}}$ であり, 台形 ABCD の外接円の半径は $\dfrac{\sqrt{\boxed{(100)}\boxed{(101)}}}{\boxed{(102)}\boxed{(103)}}$ であり,

(2) 外接円の中心を O とするとき, 内積 $\overrightarrow{AB} \cdot \overrightarrow{AO} = \boxed{(104)}\boxed{(105)}$, $\overrightarrow{AD} \cdot \overrightarrow{AO} = \dfrac{\boxed{(106)}\boxed{(107)}}{\boxed{(108)}\boxed{(109)}}$ であり,

(3) $\overrightarrow{AO} = \dfrac{\boxed{(110)}\boxed{(111)}}{\boxed{(112)}\boxed{(113)}}\overrightarrow{AB} + \dfrac{\boxed{(114)}\boxed{(115)}}{\boxed{(116)}\boxed{(117)}}\overrightarrow{AD}$ である.

数学 Ⅵ

新型ウイルスの感染拡大にともなって，ある国の自治体がある飲食店に 1 ヶ月間の休業要請を行い，もし飲食店が要請に応じた場合，自治体は飲食店に補償金を払うことになったものとする．

いま，この飲食店は補償金が 90 万円以上であれば要請に応じ，90 万円未満なら要請に応じないものとする．補償金の額を C 万円としたとき，(C − 90) 万円を飲食店の超過利益と呼ぶことにする．もし C < 90 であれば，飲食店は要請に応じず，超過利益も 0 万円とする．

また，この自治体は支払うことのできる補償金の上限が定まっていて，それが D 万円 (D ≧ C) であったとき，飲食店が C 万円で要請に応じた場合，(D − C) 万円は補償金の節約分となる．ただし，飲食店が要請に応じなかった場合には，補償金の節約分は 0 万円とする．

(1) まず，自治体が飲食店に休業要請する場合の補償金の額 C 万円を提示する場合について考える．いま，自治体の補償金の上限が 125 万円であったとき，自治体の補償金の節約分が最も大きくなるのは C = $\boxed{(118)}\boxed{(119)}\boxed{(120)}$ 万円の場合である．

(2) 次に，飲食店が自治体に休業申請し，自治体が申請を受理した場合に，飲食店は休業と引き替えに補償金を受け取ることができる場合について考える．なお，飲食店は休業申請をする際に 90 万円以上の補償金の額を自治体に提示するものとする．また，ここでは自治体が支払うことができる補償金の上限については，125 万円か 150 万円か 175 万円のどれかに定まっているが公表されておらず，飲食店は 125 万円である確率が $\frac{2}{5}$，150 万円である確率が $\frac{1}{5}$，175 万円である確率が $\frac{2}{5}$ であると予想しているものとする．

ただし，飲食店が提示した補償金の額が，実際に自治体が支払うことができる上限を超えていた場合，自治体は申請を受理せず，そのときの補償金の節約分は 0 万円になり，申請が受理されなければ，飲食店は休業せず，超過利益は 0 万円になる．たとえば，飲食店が休業申請をする際に C = 160 万円を提示した場合，飲食店の超過利益 (の期待値) は $\boxed{(121)}\boxed{(122)}\boxed{(123)}$ 万円となる．

そこで，飲食店が超過利益 (の期待値) を最も大きくする補償金の額を休業申請の際に自治体に提示したとすると

(a) 飲食店の超過利益 (の期待値) は $\boxed{(124)}\boxed{(125)}\boxed{(126)}$ 万円であり，

(b) 自治体の補償金の上限が実際は 125 万円であった場合，補償金の節約分は $\boxed{(127)}\boxed{(128)}\boxed{(129)}$ 万円，

(c) 自治体の補償金の上限が実際は 175 万円であった場合，補償金の節約分は $\boxed{(130)}\boxed{(131)}\boxed{(132)}$ 万円

となる．

情報

（120 分）

注 意 事 項

問題冊子に数字の入った ☐ があります．それらの数字は解答用紙の解答欄の番号を表しています．対応する番号の解答欄の 0 から 9 までの数字または − (マイナスの符号) をマークしてください．

☐ が 2 個以上つながったとき，数は右詰めで入れ，左の余った空欄には 0 を入れてください．負の数の場合には，マイナスの符号を先頭の ☐ に入れてください．また，小数点以下がある場合には，左詰めで入れ，右の余った空欄には 0 を入れてください．

（例）　$12 \longrightarrow \boxed{0\ 1\ 2}$　　　　$-3 \longrightarrow \boxed{-\ 0\ 3}$

　　　　$1.4 \longrightarrow \boxed{0\ 0\ 1\ .\ 4\ 0}$　　　$-5 \longrightarrow \boxed{-\ 0\ 5\ .\ 0\ 0}$

分数は約分した形で解答してください．マイナスの符号は分母には使えません．

（例）　$\dfrac{4}{8} \longrightarrow \dfrac{1}{2} \longrightarrow \dfrac{\boxed{0\ 1}}{\boxed{0\ 2}}$　　　$-\dfrac{6}{9} \longrightarrow -\dfrac{2}{3} \longrightarrow \dfrac{\boxed{-\ 2}}{\boxed{0\ 3}}$

ルート記号の中は平方因子を含まない形で解答してください．

（例）　$\sqrt{50} \longrightarrow \boxed{0\ 5}\sqrt{\boxed{0\ 2}}$　　　$-\sqrt{24} \longrightarrow \boxed{-\ 2}\sqrt{\boxed{0\ 6}}$

　　　　$\sqrt{13} \longrightarrow \boxed{0\ 1}\sqrt{\boxed{1\ 3}}$　　　$-\dfrac{\sqrt{18}}{6} \longrightarrow \dfrac{\boxed{-\ 1}\sqrt{\boxed{0\ 2}}}{\boxed{0\ 2}}$

数式については，つぎの例のようにしてください．分数式は約分した形で解答してください．

（例）　$\sqrt{12a} \longrightarrow \boxed{0\ 2}\sqrt{\boxed{0\ 3}a}$

　　　　$-a^2 - 5 \longrightarrow \boxed{-\ 1}a^2 + \boxed{0\ 0}a + \boxed{-\ 5}$

　　　　$\dfrac{4a}{2a-2} \longrightarrow \dfrac{-2a}{1-a} \longrightarrow \dfrac{\boxed{0\ 0} + \boxed{-\ 2}a}{1 - \boxed{0\ 1}a}$

また，選択肢の番号を選ぶ問題では，最も適切な選択肢を 1 つだけ選んでください．同じ選択肢を複数回選んでもかまいません．

情報 I

以下、法制度に関しては、日本のものについて考えるものとする。

(ア) 次の文章を読み、空欄 (1) ～ (5) にあてはまるものを選択肢から選び、その番号を解答欄にマークしなさい。

「海賊」とは、海上で略奪行為を働く盗賊だ。そこから転じた「海賊版」という言葉には、著作権を侵害した (1) は、コンテンツの「盗品」ととらえる発想がある。

２０２１年１月、改正著作権法が施行され、漫画、雑誌など著作物全般について海賊版のダウンロードが違法になった。この法改正までは大変な曲折があった。

発端は「漫画村」などいくつかのサイトによる海賊版被害が急拡大したこと。対策として18年には政府の知的財産戦略本部で、ネット利用者の海賊版への接続を遮断する (2) の導入が議論された。だが遮断のためのアクセス検知により、憲法が保障する「 (3) 」が侵害されかねないとの猛反発に遭い、結論は見送られた。

文化庁が海賊版ダウンロードを違法化する範囲を従来の映像や音楽から静止画などにも拡大する方向性を打ち出した後も「ネット利用が萎縮する」などと反対論が噴出。19年３月、自民党はいったんまとまった改正著作権法案の国会提出を断念した。その後、長編漫画の数コマ程度などの軽微なダウンロードは違法化対象から外すなど、ネット利用者の懸念に配慮することで、ようやく今回の改正法施行にこぎつけた。

（中略）

日本の著作権法はフランスやドイツなど大陸法系の流れをくむ。著作権を創作の動機を与える手段とみる英米法系の法思潮と違い、根幹にあるのは作者自身に帰属する「自然権」として正当化する発想だ。作者が氏名を表示する権利、作品を勝手に (4) されない権利などが重視されるのはそのためだ。

ただ、匿名のコンテンツも氾濫するネット時代に、「自然権だから著作権を守れ」というメッセージは利用者に響かないだろう。そこで権利者側の主張も「創造のサイクルのために必要」という (5) 的な考え方に振れつつある。創作者に利益が還元されないと次の創作につながらず、社会全体にとって不利益になるという考え方だ。しかしこちらも、二次創作が新たな創造の形として市民権を得るなか説得力は落ちている。

（出典：日本経済新聞 2021 年 2 月 21 日朝刊記事を一部改変）

【 (1) ～ (5) の選択肢】

(1) 改変	(2) アイデア	(3) 英米法	(4) ブロッキング	(5) 大陸法
(6) 法の下の平等	(7) 複製物	(8) 所有	(9) ミュート	(0) 通信の秘密

(イ) 産業財産権に関する説明として、正しいものを次の選択肢から１つ選び、その番号を解答欄 (6) にマークしなさい。

(1) 商標登録の出願では、消費者庁長官に願書を提出しなければならない。

(2) 商標権は、設定の登録の日から 20 年を超えて更新することができない。

(3) 特許権者は、発明者以外の者に対して特許発明の実施を許諾することはできない。

(4) 特許は、製品またはサービスとして実用化されていない段階の技術的思想について出願することはできない。

(5) 特許権は、特許出願前に外国において公然と知られていた発明については、取得することができない。

(ウ) 著作権法に関する説明として、正しいものを次の選択肢から 1 つ選び、その番号を解答欄 ⑺ にマークしなさい。

(1) 著作権法の目的は、産業の発達に寄与することである。

(2) 原著作物を翻案することにより創作した著作物を、共同著作物という。

(3) ネット配信用の動画コンテンツは、「映画の著作物」に該当しない。

(4) 事実の伝達にすぎない雑報および時事の報道は、言語の著作物に該当しない。

(5) 公表された著作物を、著作権者に無断で引用してはいけない。

(エ) 個人情報の保護に関する法律（個人情報保護法）に関する説明として、正しいものを次の選択肢から 1 つ選び、その番号を解答欄 ⑻ にマークしなさい。

(1) 個人情報取扱事業者は、あらかじめ本人の同意を得ないで、個人情報を取得してはならない。

(2) 個人情報取扱事業者は、個人情報を取り扱うに当たっては、その利用の目的をできる限り特定しなければならない。

(3) 個人情報取扱事業者は、本人の請求を受けた場合は、当該本人が識別される保有個人データを必ず消去しなければならない。

(4) 個人情報取扱事業者は、個人情報を取得する場合は、あらかじめ、その利用目的を、本人に通知しなければならない。

(5) 個人情報取扱事業者は、個人データの取扱いを委託することに伴って当該個人データを委託先に提供する場合、あらかじめ本人の同意を得なければならない。

情報 II

2 進法表現および 10 進法表現による固定小数点数と浮動小数点数の扱いと誤差について述べた次の文章の空欄 ⑼ ⑽ . ⑾ ⑿ ⒀ ～ ㊳ に入るもっとも適切な数字を解答欄にマークしなさい。

ただし、浮動小数点数の場合、仮数部は 2 進法または 10 進法で表現され、基数部と指数部は 10 進法で表現されているものとする。

2 進法で、1.101_2 は、10 進法では、⑼ ⑽ . ⑾ ⑿ ⒀ $_{10}$ となる。10 進法で、1.7_{10} は、2 進法では、小数第 4 位以下を切り捨てると、⒁ ⒂ . ⒃ ⒄ ⒅ $_2$ となる。

次に、2 進法の浮動小数点数として、次の数を考える。

$$1.1111_2 \times 2^3$$

これは、10 進法の小数では、⒆ ⒇ ㉑ . ㉒ ㉓ $_{10}$ となる。

また、同じ値を表す多くの表現があり、上記と同じ値を表す表現の例として下記のようなものがある。

$$11.111_2 \times 2^2$$

$$0.11111_2 \times 2^{㉔}$$

ここで、浮動小数点数の表現において、同じ値を表現しているものの中で小数点の左側が 1 以上基数未満の 1 桁になっているものを、正規化表現と呼ぶことにする。上記の例では、最初のものが正規化表

現である。

計算機の処理では、仮数部や指数部は、一定の桁数に制限されることが多い。ここでは説明のために、小数第 3 位まで使えるものとし、指数部は、−63 から 64 の範囲を使えるものとする。また 10 進法を 2 進法に変換する場合には、正規化表現にした後で小数第 4 位以下は切り捨てるものとする。

10 進法で $2.2_{10} \times 10^1$ は、2 進法の正規化表現にされた浮動小数点数では、次のようになる。

$$\boxed{(25)} . \boxed{(26)}\boxed{(27)}\boxed{(28)}\,_2 \times 2^{\boxed{(29)}}$$

また、10 進法で $2.3_{10} \times 10^1$ は、仮数部の小数第 4 位以下が切り捨てられるため、$2.2_{10} \times 10^1$ と同じく、

$$\boxed{(25)} . \boxed{(26)}\boxed{(27)}\boxed{(28)}\,_2 \times 2^{\boxed{(29)}}$$

に変換されてしまう。

次に、二つの浮動小数点数の加算を考える。

$$1.110_2 \times 2^5 + 1.010_2 \times 2^4$$

指数部分が異なるとそのままでは仮数部同士を加算できないので、指数部分を大きな方に合わせると次のようになる。

$$1.110_2 \times 2^5 + 0.101_2 \times 2^5$$

仮数部を加算すると、

$$\boxed{(30)}\boxed{(31)} . \boxed{(32)}\boxed{(33)}\boxed{(34)}\,_2 \times 2^5$$

が得られる。

これを正規化表現にする場合、小数第 4 位以下が切り捨てられることに注意すると、

$$1.\boxed{(35)}\boxed{(36)}\boxed{(37)}\,_2 \times 2^{\boxed{(38)}}$$

が得られる。以上が、計算機内部での浮動小数点演算の基本的な処理手順である。また、最後の正規化表現にする部分で誤差が生じていることがわかる。

情報 III

順列とは、有限個の事象の重複のない並び順である。多くの実社会の問題は、最大価値を与える順列や、与えられた制約を満足する順列を求める問題に帰結できる。膨大な候補から正解や最適解を求めることや、そもそも正解が存在するかを人手で判断するのは、時間が掛かる上に間違えることもあるので、コンピュータで処理することが有効である。

(ア) 次の文章の空欄 (39)(40)(41)(42)(43)(44) | (57)(58)(59)(60)(61)(62) | には、あてはまるもっとも適切な数字を解答欄にマークしなさい。

ある工業製品の作業工程が A_1, A_2, A_3, A_4, A_5 の 5 工程あり、作業員が W_1, W_2, W_3, W_4, W_5 の 5 名いて、各作業員が 1 つの工程を担当し、作業工程順と担当作業員によって生産効率が変わるという状況で、作業工程順と担当作業員を決定せねばならないとしよう。

作業工程の順列は (39)(40)(41)(42)(43)(44) 通りあり、作業工程順と担当作業員のあらゆる候補数は (45)(46)(47)(48)(49)(50) 通りである。

もし作業工程 A_4 は必ず A_5 の直後という制約がある場合には、その条件を満たす作業工程順と担当作業員の候補数は (51)(52)(53)(54)(55)(56) 通り、作業工程 A_4 は必ず A_5 の直後という制約に加えて、作業工程 A_3 は必ず W_2 以外の作業員が行う制約がある場合には、この 2 つの制約を満足する作業工程順と担当作業員の候補数は (57)(58)(59)(60)(61)(62) 通りとなる。このようにもともとの検索範囲が膨大であっても、制約条件をプログラム中でうまく利用することで、検索範囲を狭め結果的に早く計算できる。

(イ) 次の文章の空欄 (63)(64) | (87)(88) | には、下の選択肢から最も適切なものを選び、その番号を解答欄にマークしなさい。

n 個の事象に対して順列を全て列記するプログラムの開発を考える。それぞれの事象は順列の中で一回しか現れないことを利用し、初期状態から 2 つの事象を入れ替える手続きを繰り返して、重複することなく順列を列記するアプローチを取る。事象の順列をプログラムで表すために、事象数と同数の変数 $H_1, \ldots, H_n$ を用いる。H は添え字 1 を最下位として、添え字が大きくなることを上位と表現する。この変数に事象を漏れなく、同じ順列を与えないように注意しながら代入することで順列を全て列記する。

例えば、3 つの事象 A_1, A_2, A_3 がそれぞれ H_1, H_2, H_3 に代入されている順列を初期状態とした場合の、事象の入れ替えによる順列列記の例を図 1 に示す。図中の二重枠は前の状態から変化がない変数を表している。事象が n 個の時、同じ順列が現れないように工夫するなら、初期状態から (63)(64) 回事象の入れ替えを行い、初期状態の順列と、入れ替えを行う度にその時点の順列を出力することで、順列を全て列記できる。

$A_1, \ldots, A_{n-1}$ の $n-1$ 個の事象に対する順列を全て列記するための処理を処理 P_{n-1} とした時、事象 A_n を加えた n 個の事象の順列を全て列記する処理 P_n は、H_n に A_n を代入した状態で H_1 から H_{n-1} に対して処理 P_{n-1} を実施し、次に H_1 から H_{n-1} に代入されている事象から一つ選んで H_n の事象と入

図 1　順列列記の例

れ替えて処理 P_{n-1} を実施する、という手続きを繰り返すことに置き換えられる。H_n の事象入れ替えの際に、A_1 から A_n の事象が H_n に 1 回だけ代入されるようにすれば、同じ順列が現れることはない。つまり処理 P_n は H_n に代入される事象を入れ替えながら、処理 P_{n-1} を $\boxed{(65)}\boxed{(66)}$ 回実施することと等価である。

　処理 P_n において H_n に代入する事象の選択には複数の方法があるが、以下のアルゴリズムは計算効率が良い。

- n が奇数の場合には処理 P_{n-1} 実施後に H_n と H_1 の事象を入れ替える
- n が偶数の場合には最初の処理 P_{n-1} 実施後に H_1 と H_n の事象を入れ替え、次の処理 P_{n-1} 実施後には H_2 と H_n の事象を入れ替えというように H_1 から順に入れ替え場所を上位に移動する

事象数が n の場合、H_n の事象入れ替え操作は初期状態から $\boxed{(67)}\boxed{(68)}$ 回行うことになる。

　同様に処理 P_{n-1} を処理 P_{n-2} の繰り返しに置き換え、処理 P_{n-2} を処理 P_{n-3} の繰り返しに置き換え、というように、扱う事象数を減らした処理の繰り返しに順次置き換え、P_1 に至れば事象が 1 個しかないため、処理 P_0 は実施しない。

　上記のアルゴリズムを適用して、$A_1, \ldots, A_n$ がそれぞれ $H_1, \ldots, H_n$ に代入されている初期状態から順列を全て列記する場合、H_n は、一定回数順列が出力される間同じ事象が留まり、それから次の事象へと順次変化する。図 1 はこのアルゴリズムを用いており、H_3 に配置される事象は 2 回連続で留まりながら、列記が進むにつれ A_3, A_2, A_1 と変遷している。

　様々な n に対して、H_n に配置される事象が A_i の次に、A_i とは異なる事象 A_j となる変遷を $A_i \to A_j$ と表現するとして、上記のアルゴリズムを実施した場合に H_n に代入される事象の変遷に関する下表を完成させなさい。

事象数 (n)	H_n に代入される事象の変遷
2	$A_2 \rightarrow A_1$
3	$A_3 \rightarrow A_2 \rightarrow A_1$
4	$A_4 \rightarrow \boxed{(69)}\boxed{(70)} \rightarrow \boxed{(71)}\boxed{(72)} \rightarrow A_1$
⋮	⋮
8	$A_8 \rightarrow \boxed{(73)}\boxed{(74)} \rightarrow \boxed{(75)}\boxed{(76)} \rightarrow \boxed{(77)}\boxed{(78)} \rightarrow \boxed{(79)}\boxed{(80)} \rightarrow \boxed{(81)}\boxed{(82)} \rightarrow \boxed{(83)}\boxed{(84)} \rightarrow A_1$
⋮	⋮
11	$A_{11} \rightarrow \boxed{(85)}\boxed{(86)} \rightarrow \boxed{(87)}\boxed{(88)} \rightarrow \cdots$

【$\boxed{(63)}\boxed{(64)}$〜$\boxed{(87)}\boxed{(88)}$ の選択肢】

(11) A_1 　　(12) A_2 　　(13) A_3 　　(14) A_4

(15) A_5 　　(16) A_6 　　(17) A_7 　　(18) A_8

(19) A_9 　　(20) A_{10} 　　(21) A_{11} 　　(22) n

(23) $n-1$ 　　(24) $n+1$ 　　(25) $n!$ 　　(26) $n!-1$

(27) $(n-1)!$ 　　(28) $n-i$ 　　(29) $n+i$

情報 IV

4 ビットの 2 進数の加減算を行う回路を設計する手順を考える。ただし、$A+B$ は A と B の論理和 (OR) を表し、$A \cdot B$ は A と B の論理積 (AND) を表す。また、$\overline{A}$ は A の否定 (NOT) を表す。$\overline{A+B}$ は A と B の論理和の結果を否定した否定論理和 (NOR) であり、$\overline{A \cdot B}$ は A と B の論理積の結果を否定した否定論理積 (NAND) である。

(ア) 次の文章の空欄 $\boxed{(89)}\boxed{(90)}\boxed{(91)}\boxed{(92)}$〜$\boxed{(101)}\boxed{(102)}\boxed{(103)}\boxed{(104)}\boxed{(105)}\boxed{(106)}$ にあてはまる数字を解答欄にマークしなさい。

ある自然数に数値を加算してもとの自然数を 1 桁増やすことを考えよう。このとき加算する最小の数値を、ある基数を指定して、その基数の補数と呼ぶ。例えば、2 桁の 10 進数 46_{10} の 10（基数）の補数は、加算して 3 桁になる数なので 54_{10} となる。n ビットの 2 進数の場合も同様に、元の数を 2^n にするために補う数として、2 の補数を求めることができる。4 ビットの 2 進数を $A_3 A_2 A_1 A_0$ とすると、

$$A_3 A_2 A_1 A_0 + Y_3 Y_2 Y_1 Y_0 = 10000_2$$

となる $Y_3 Y_2 Y_1 Y_0$ は、$A_3 A_2 A_1 A_0$ の 2 の補数となる。具体的な手順は次のようになる。

手順 1　もとの 2 進数の各ビットを反転（1 であれば 0 に、0 であれば 1 に変換）する。
手順 2　反転して得られた 2 進数に 1 を加算する。

この 2 の補数を用いて整数を表現する方法を考える。4 ビットの 2 進数を次のように正の整数、ゼロ、負の整数と対応させることにしよう。

10 進数	2 進数	10 進数	2 進数
−8	1000	0	0000
−7	1001	1	0001
−6	1010	2	0010
−5	1011	3	0011
−4	1100	4	0100
−3	1101	5	0101
−2	1110	6	0110
−1	1111	7	0111

このとき、10 進数 6_{10} に対応する 2 進数 0110_2 の 2 の補数は (89)(90)(91)(92) $_2$ であり、10 進数の (93)(94) $_{10}$ に相当する。このような正負の数値の割り当て方法が 2 の補数を用いた整数表現である。ただし、4 ビットの 2 進数 0000_2 の 2 の補数は 0000_2 とする。同様に 2 の補数を用いた 16 ビットの整数表現を用いると、(95)(96)(97)(98)(99)(100) $_{10}$ 〜 (101)(102)(103)(104)(105)(106) $_{10}$ までの整数を扱うことができる。

(イ) 次の文章の空欄 (107) にあてはまるもっとも適したものを下の選択肢から選び、その番号を解答欄にマークしなさい。

　2 の補数を用いた 4 ビットの整数表現を用いると、次のように加算器を用いて 4 ビットの 2 進数の減算を行うことが可能となる。ただし、計算結果が −8〜7 の範囲に収まる整数を対象とするものとする。

$$A_3A_2A_1A_0 \ - \ B_3B_2B_1B_0 = A_3A_2A_1A_0 \ + \ (-B_3B_2B_1B_0)$$
$$= A_3A_2A_1A_0 \ + \ (B_3B_2B_1B_0 \text{の 2 の補数})$$

　4 ビットの 2 進数演算 $A_3A_2A_1A_0 \pm B_3B_2B_1B_0 = S_3S_2S_1S_0$ を対象に、次図の上のような回路構成を考えよう。多くの CPU では、図のような回路で実際に加減算を行う。4 ビット全加算器回路は、次図の下のように 4 つの全加算器から構成される。各全加算器（FA）は A、B、および下位ビットからの桁上がり C_i を入力とし、加算した結果を和 S および桁上がり C_o として出力する。

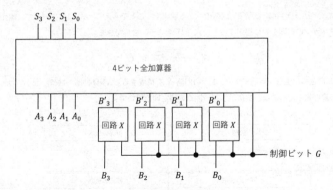

4 ビット加減算器の全体構成

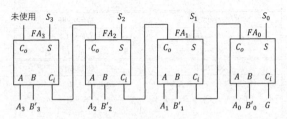

4 ビット全加算器の内部構成

上図の回路では、制御ビット $G = 0$ の場合に加算 $A_3A_2A_1A_0 + B_3B_2B_1B_0 = S_3S_2S_1S_0$ が実行され、$G = 1$ の場合に減算 $A_3A_2A_1A_0 - B_3B_2B_1B_0 = S_3S_2S_1S_0$ が実行されることとする。入力 B_k と G から B'_k を出力する回路を X とすると、回路 X の真理値表は次のようになる。

B_k	G	B'_k
0	0	0
0	1	1
1	0	1
1	1	0

真理値表より、B'_k を求める論理式は次のようになる。

$$B'_k = \boxed{\text{(107)}} \tag{1}$$

【(107) の選択肢】

(1) $\overline{B_k} \cdot \overline{G}$ 　　　(2) $\overline{B_k} \cdot G$ 　　　(3) $B_k \cdot \overline{G}$ 　　　(4) $B_k \cdot G$

(5) $\overline{B_k} \cdot \overline{G} + \overline{B_k} \cdot G$ (6) $\overline{B_k} \cdot \overline{G} + B_k \cdot \overline{G}$ (7) $\overline{B_k} \cdot \overline{G} + B_k \cdot G$ (8) $\overline{B_k} \cdot G + B_k \cdot \overline{G}$

(9) $\overline{B_k} \cdot G + B_k \cdot G$ 　　(0) $B_k \cdot \overline{G} + B_k \cdot G$

(ウ) 次の文章の空欄 $\boxed{\text{(108)}}\boxed{\text{(109)}}$ にあてはまる数字を解答欄にマークしなさい。

回路 X を NAND（否定論理積）回路のみから構成することを考える。式 (1) に対して、復元の法則とド・モルガンの定理を順に適用すると、式 (2) のように変形できる。

$$B'_k = \overline{\overline{\overline{B_k \cdot G}} \cdot \overline{B_k \cdot \overline{G}}} \tag{2}$$

　式 (2) はさらに変形が可能であり、1 つの回路 X を構成する NAND 回路の数は、最小で $\boxed{(108)}\boxed{(109)}$ 個となる。論理式の変形には、次に示す論理演算の諸定理を用いてよい。

公理	恒等の法則
$1 + A = 1$	$0 + A = A$
$0 \cdot A = 0$	$1 \cdot A = A$
同一の法則	**補元の法則**
$A + A = A$	$A + \overline{A} = 1$
$A \cdot A = A$	$A \cdot \overline{A} = 0$
交換の法則	**結合の法則**
$A + B = B + A$	$A + (B + C) = (A + B) + C$
$A \cdot B = B \cdot A$	$A \cdot (B \cdot C) = (A \cdot B) \cdot C$
分配の法則	**吸収の法則**
$A \cdot (B + C) = A \cdot B + A \cdot C$	$A \cdot (A + B) = A$
$(A + B) \cdot (A + C) = A + B \cdot C$	$A + A \cdot B = A$
	$A + \overline{A} \cdot B = A + B$
	$\overline{A} + A \cdot B = \overline{A} + B$
復元の法則	**ド・モルガンの定理**
$\overline{\overline{A}} = A$	$\overline{A \cdot B} = \overline{A} + \overline{B}$
	$\overline{A + B} = \overline{A} \cdot \overline{B}$

情報 V

　ソートとは、長さ 2 以上の有限数列が与えられた時に、その項をある順序に従って並べ替えた数列を作ることとする。ただし、問題を簡単にするため、与えられた数列の各項はすべて異なるものとし、並べ替える順序は小さい順だけを考える。例えば、数列 7, 1, 4, 2 にソートを行った結果は 1, 2, 4, 7 となる。

(ア) 次の文章の空欄 (110) 〜 (115) に入るもっとも適切な数字を解答欄にマークしなさい。

　ソートのアルゴリズムにはいろいろなものがあるが、ここではバブルソートについて考える。バブルソートとは次のような考え方によるソートである。

1. まず数列の第 1 項と第 2 項を比較し、それが小さい順になっていれば（第 1 項が第 2 項より小さければ）何もせず、そうでなければ第 1 項と第 2 項を交換する。
2. 同様に第 2 項と第 3 項、第 3 項と第 4 項、…に対して、それが小さい順になっていれば何もせず、そうでなければその 2 つの項を交換する。
3. 数列の最後の 2 つの項まで上の手順を行うと、最後の項が数列の中の最大の数になるので、最後の項を除いた数列に対して再びアルゴリズムを適用してソートを行えばよい。

　これをアルゴリズムの形で書くと次のようになる。

アルゴリズム 1:

> 変数 n の値を与えられた数列の長さ、変数 $a_1, \dots, a_n$ の値を与えられた数列の各項とする。
> 変数 i の値を最初 $n-1$ とし、1 ずつ減らしながら 1 まで処理 A を繰り返す。
> 処理 A の始め
> 　変数 j の値を最初 1 とし、1 ずつ増やしながら i まで処理 B を繰り返す。
> 　処理 B の始め
> 　　もし $a_j > a_{j+1}$ なら処理 C を実行する。
> 　　処理 C の始め
> 　　　a_j の値と a_{j+1} の値を交換する。
> 　　処理 C の終わり
> 　処理 B の終わり
> 処理 A の終わり
> $a_1, \dots, a_n$ の値を出力する。

　アルゴリズム 1 において、長さ 4 の数列が与えられた時の処理 C の実行回数の最小値は (110)、最大値は (111) である。一般に長さ n の数列が与えられた時の処理 C の実行回数の最大値は $\dfrac{(112)}{(113)}n^2 - \dfrac{(114)}{(115)}n$ である。

(イ) 次の文章の空欄 (116)(117) 〜 (118)(119) に入るもっとも適切な数字を解答欄にマークしなさい。

　アルゴリズム 1 では、与えられた数列によっては実行の途中ですべて小さい順に並んでしまうことがある。その場合は残りの処理は必要がないので、その時点でアルゴリズムを終了させることで効率を良くすることができる。アルゴリズム 1 をそのように変更すると次のようになる。なお、左端の数字は、

変更箇所を示すための行番号である。4 行目、10 行目、13 行目が新しく挿入された行である。

アルゴリズム 2:

1: 変数 n の値を与えられた数列の長さ、変数 $a_1, \ldots, a_n$ の値を与えられた数列の各項とする。
2: 変数 i の値を最初 $n-1$ とし、1 ずつ減らしながら 1 まで処理 A を繰り返す。
3: 　処理 A の始め
4: 　　変数 f の値を 0 とする。（命令 D）
5: 　　変数 j の値を最初 1 とし、1 ずつ増やしながら i まで処理 B を繰り返す。
6: 　　処理 B の始め
7: 　　　もし $a_j > a_{j+1}$ なら処理 C を実行する。
8: 　　　処理 C の始め
9: 　　　　a_j の値と a_{j+1} の値を交換する。
10: 　　　　変数 f の値を 1 とする。（命令 E）
11: 　　　処理 C の終わり
12: 　　処理 B の終わり
13: 　　もし $f=0$ なら、$a_1, \ldots, a_n$ の値を出力して、アルゴリズムを終了する。（命令 F）
14: 　処理 A の終わり
15: $a_1, \ldots, a_n$ の値を出力する。

　1, 2, 3, 4 という 4 つの項を並べ替えた順列は全部で 24 個あるが、それぞれをアルゴリズム 1 とアルゴリズム 2 でソートした時の処理 B の実行回数を比較する。実行回数が変わらない順列は (116)(117) 個ある。また、実行回数の差の最大値は (118)(119) である。

(ウ) 次の文章の空欄 (120)〜(121) に入るもっとも適切なものを下の選択肢から選び、その番号を解答欄にマークしなさい。

　アルゴリズム 1 をアルゴリズム 2 に変更する際に、誤って次のように変更してしまったとする。それぞれの誤りを含むアルゴリズムの動作は、正しいアルゴリズム 2 と比べてどのように変化するかを考える。

- 命令 D を、4 行目ではなく、1 行目と 2 行目の間に挿入した場合、 (120)
- 命令 E を書き忘れた場合、 (121)

【(120)〜(121) の選択肢】

(1) 常に正しい結果が出るが、実行時間が長くなる場合がある。
(2) 与えられた数列が最初から小さい順に並んでいる場合を除いて、誤った結果が出る。
(3) 処理 A を 1 回実行した時点で小さい順に並んでいる場合を除いて、誤った結果が出る。
(4) 処理 B を 1 回実行した時点で小さい順に並んでいる場合を除いて、誤った結果が出る。
(5) 与えられた数列が最初から小さい順に並んでいる場合を除いて、アルゴリズムが終了しなくなる。
(6) 処理 A を 1 回実行した時点で小さい順に並んでいる場合を除いて、アルゴリズムが終了しなくなる。
(7) 処理 B を 1 回実行した時点で小さい順に並んでいる場合を除いて、アルゴリズムが終了しなくなる。

■■■小論文■■■

（120 分）

　慶應義塾大学総合政策学部では、問題発見・解決型教育を実践してきました。

　具体的に問題発見・解決をするにあたって重要となることの1つとして、問題に内包されたトレードオフ関係を特定し、それらにどのように対応するかの方針を解決方策の中に盛り込むことがあります。トレードオフとは、達成したい目標が複数ある場合に、特定の時点において考えうる方策の中から、いずれかの目標を達成できるものを選択すると、他のいずれかの目標が達成できなくなってしまう（あるいは達成度合いが小さくなってしまう）関係のことです。平易に表現するならば、何かを得ようとすると他の何かを失う状態です。たとえば、部屋の中に寒がりの人がいる一方で省エネルギーも達成したい時に暖房を何度に設定するかなどは、典型的なトレードオフの問題に直面している状態と言っていいでしょう。

　トレードオフに直面した時にとりうる代表的な対処方針として次の3つがあります。

（イ）　優先度の低い目標の達成を断念してでも、より優先度の高い目標の達成度を最大化する方策を採用する。これには目標が明確になるというメリットがありますが、切り捨てられた目標について別途の対処が必要となります。暖房の例でいえば省エネルギーは諦めて、寒がりの人を優先して温度を高めに設定するなどの方策が考えられます。別途の省エネルギー対策としては、例えば壁を断熱性の高いものに交換するなどが考えられるでしょう。

（ロ）　全ての目標の達成度がやや劣ることを覚悟の上で、全てについてそれなりに満足できるものとなる方策を採用する。暖房の例でいえば寒がりの人が耐えられる範囲で、なるべく低めに温度を設定することで、省エネルギーにも配慮するといった方策です。

（ハ）　トレードオフ関係を解消して、同じ方策で全ての目標について達成度が高まるものを新たに考案する。これは理想的ですが、実現可能な方策で、他に問題を起こさない方法にしなくてはなりません。暖房の例でいえば、同じ部屋の中でも寒がりの人のいる場所だけ特にあたたまる暖房器具を設置するなどの方策が考えられます。あるいは達成すべき目標は何かを考え直すことが問題解決に役立つかもしれません。暖房の例でいえば、寒がりの人がどうしてそのような体質なのかを分析して、もしそれを改善することが望ましいようならば、その新たな目標に向けた方策をとるのが本質的な問題解決につながることかもしれません。

　さて、以上をふまえて次々ページ以降にトレードオフ関係を内包していると考えられる3つのテーマについて参考文を掲載しました。これらに関して問1と問2に答えてください。

問 1 :

(1)それぞれのテーマについて、重要であると思われるトレードオフ関係を 1 つずつ指摘してください。

(2)上であげた関係が、どうしてトレードオフとなるのか理由を考え、それぞれ 120 字以内で論じてください。

問 2 : 問 1 で指摘したトレードオフ関係の中から 1 つを選び、前ページに記した (イ)、(ロ)、(ハ) のいずれかの対処方針を用い、どのような方策で解決するべきか 1000 字以内で論じてください。なお、(イ)、(ロ)、(ハ) ではない別の考え方で対処できるという場合には、その旨記し、どのような考え方か説明した上で答えてください。SFC では型にはまらない学生を歓迎しているので、本当にそれが正しいと思ったら、臆せず挑戦してみてください。

＜テーマ 1：コーポレートガバナンス＞

　近年、企業をめぐるスキャンダルや事業活動に伴う環境負荷などへの社会的批判が目立つ中で、企業及び経営者をどのように監督するかが話題となっている。対応すべき批判としては、経営者が自己の利益のために株主の利益に反する行為を行っていることと、株主以外の関係者（ステークホルダー）への社会的な責任を十分に果たしていないことの 2 つが代表的といえる。

　この 2 つの批判に応える観点から、江川（2018）は、コーポレートガバナンスについて「株式会社はリスクの高い事業に取り組んで経済価値を創造するための仕組みであり、企業価値の最大化を目的とする。この目的の達成のために、外部の関係者と経営者との間にどのような相互作用が必要かが議論のポイントとなる」とし、コーポレートガバナンスの定義を「ステークホルダーの利益を最大化するために、経営者に資源と利益の効率的な配分を促し、それを監督する制度」としている。そしてこの定義に至る過程を次のように解説している。（同氏の著作の中から抜粋の上、本設問用に改変してある）

---

　①株主の利益、ステークホルダーの利益のいずれに焦点を当てるか、②法令遵守（コンプライアンス）と経済的効率性の向上のいずれに重きを置くか、③事前の制度設計、事後の監督のいずれに焦点を当てるか、という 3 つの論点がある。

　①の株主の利益、ステークホルダーの利益のいずれに焦点を当てるかは、会社の目的や存在意義に関わり、長く議論の焦点となっている。経済学分野のコーポレートガバナンスのサーベイ論文、Shleifer and Vishny（1997）は、資金の提供者である投資家の利益に焦点を当てた定義を採用している。それ以外の定義は、幅広いステークホルダーの利益を対象としている。

　1990 年代までは株主の利益に焦点を当てた定義が多かったが、近年、株主や投資家のみならず、ステークホルダーの利益も包含する見方が一般的である。企業の社会的責任に対する期待が高まった今日では、幅広いステークホルダーの利益も含めるのが適切と考えられる。

　②の法令遵守（コンプライアンス）と経済的効率性の向上のいずれに重きを置くかの論点に関しては、コーポレートガバナンスとコンプライアンスが同義のように理解されることがある。実際、日本でも海外でも、大型の企業不祥事がコーポレートガバナンスに対する社会的関心が高まるきっかけとなった。

　しかし、本来コーポレートガバナンスは企業価値の向上を目指すものである。コンプライアンスが確立していないと、企業価値が毀損される可能性があるので、コーポレートガバナンスはコンプライアンスを包含するとも考えられる。従って、「攻めのガバナンス」という語に象徴されるように、経済的効率性の向上というプラスの側面も意識することが重要である。

　　③の事前の制度設計、事後の監督のいずれに焦点を当てるかはあまり議論されないが、どちらも重要である。株式会社の活動は、人、モノ、お金などの資源を調達・配分して事業を行い、生まれた利益を分配することである。つまり、資源の調達・配分、利益の分配が適切に行われるような制度を事前（ex-ante）に設計した上で、事後（ex-post）にうまく実行されたかをチェックして、改善する必要がある。つまり、コーポレートガバナンスの規律付けの対象として、事前の制度設計、事後の監督の両方を考えなくてはならない。

出典：江川雅子（2018）. 現代コーポレートガバナンス：戦略・制度・市場. 日本経済新聞出版社.

　　このような検討を具体的なルールに反映していくことが、問題解決の１つの方法となっていく。その一例として、企業に大きな影響力を持つ東京証券取引所が「コーポレートガバナンス・コード」を発表している。（体裁を読みやすく改変してある）

東京証券取引所「コーポレートガバナンス・コード」2021 年版基本原則

【株主の権利・平等性の確保】
1.上場会社は、株主の権利が実質的に確保されるよう適切な対応を行うとともに、株主がその権利を適切に行使することができる環境の整備を行うべきである。また、上場会社は、株主の実質的な平等性を確保すべきである。少数株主や外国人株主については、株主の権利の実質的な確保、権利行使に係る環境や実質的な平等性の確保に課題や懸念が生じやすい面があることから、十分に配慮を行うべきである。
【株主以外のステークホルダーとの適切な協働】
2.上場会社は、会社の持続的な成長と中長期的な企業価値の創出は、従業員、顧客、取引先、債権者、地域社会をはじめとする様々なステークホルダーによるリソースの提供や貢献の結果であることを十分に認識し、これらのステークホルダーとの適切な協働に努めるべきである。取締役会・経営陣は、これらのステークホルダーの権利・立場や健全な事業活動倫理を尊重する企業文化・風土の醸成に向けてリーダーシップを発揮すべきである。
【適切な情報開示と透明性の確保】
3.上場会社は、会社の財政状態・経営成績等の財務情報や、経営戦略・経営課題、リスクやガバナンスに係る情報等の非財務情報について、法令に基づく開示を適切に行うとともに、法令に基づく開示以外の情報提供にも主体的に取り組むべきである。その際、取締役会は、開示・提供される情報が株主との間で建設的な対話を行う上での基盤となることも踏まえ、そうした情報（とりわけ非財務情報）が、正確で利用者にとって分かりやすく、情報として有用性の高いものとなるようにすべきである。

【取締役会等の責務】

4.上場会社の取締役会は、株主に対する受託者責任・説明責任を踏まえ、会社の持続的成長と中長期的な企業価値の向上を促し、収益力・資本効率等の改善を図るべく、(1)企業戦略等の大きな方向性を示すこと、(2)経営陣幹部による適切なリスクテイクを支える環境整備を行うこと、(3)独立した客観的な立場から、経営陣（執行役及びいわゆる執行役員を含む）・取締役に対する実効性の高い監督を行うこと、をはじめとする役割・責務を適切に果たすべきである。こうした役割・責務は、監査役会設置会社（その役割・責務の一部は監査役及び監査役会が担うこととなる）、指名委員会等設置会社、監査等委員会設置会社など、いずれの機関設計を採用する場合にも、等しく適切に果たされるべきである。

【株主との対話】

5.上場会社は、その持続的な成長と中長期的な企業価値の向上に資するため、株主総会の場以外においても、株主との間で建設的な対話を行うべきである。経営陣幹部・取締役（社外取締役を含む）は、こうした対話を通じて株主の声に耳を傾け、その関心・懸念に正当な関心を払うとともに、自らの経営方針を株主に分かりやすい形で明確に説明しその理解を得る努力を行い、株主を含むステークホルダーの立場に関するバランスのとれた理解と、そうした理解を踏まえた適切な対応に努めるべきである。

出典：東京証券取引所(2021). コーポレートガバナンス・コード
https://www.jpx.co.jp/news/1020/nlsgeu000005ln9r-att/nlsgeu000005lne9.pdf, 2021 年 8 月 24 日にアクセス

＊＊＊＊＊＊＊＊＊＊＊＊＊＊＊＊＊＊＊＊＊＊＊＊＊＊＊＊＊＊

＜テーマ2：パーソナルデータ＞

　スマートフォンなどネットワークで接続したデバイスを使った便利なサービスが増える中で、企業や政府がユーザーの行動を把握しながら的確な情報を提供したり、サービスを提供したりすることへの期待と、それらに対する不安の双方が高まっている。どのような考え方のもとに個人の行動履歴データを活用すべきか、そのルールづくりについて議論が重ねられている。

　次は、日本経済新聞社が特定の個人を識別する番号である「マイナンバー」について利用を促進することを主張した社説の一部である。

マイナンバー持ち腐れは許されぬ

　デジタル庁の発足に伴い、菅政権はマイナンバーに関する一切の政策立案を新庁に統括させる。

　制度の所管を府省間で押しつけ合ってきた感があるこれまでに比べれば前進だ。納税者をはじめ、経済的に困っている人、病に苦しんでいる人、災害の被災者など、すべての国民にとって真に役立つマイナンバーとして魂を入れるのが課題になる。デジタル庁の責務はまことに重い。

危機克服の原点に戻れ

　マイナンバーは正式には社会保障・税番号という。すべての国内居住者に振った12桁の固有の番号だ。社会保障、納税事務、災害対策への利用を想定している。だが振り返ると、巨額の国費を投じて導入したにもかかわらず、宝の持ち腐れになっているのが実態だ。放置してよいはずがない。

　まずは役所の各種手続きから煩わしさをなくすために政府・自治体が工夫を凝らす必要がある。医療情報との連携を実現させ患者の恩恵を最大にし、医療体制の効率化に生かすのも課題である。危機発生時の管理・克服に生かすという制度の原点に立ち返るときだ。

　2011年、東日本大震災で東北太平洋岸を襲った巨大津波は、沿岸に暮らす人と施設に甚大な損害をおよぼした。多くの病院・診療所や調剤薬局が水没し、カルテや処方箋が流された。

　深刻な事態に直面したのが体育館などに避難した入院患者だ。常用薬の名を覚えていない高齢患者が少なからずいた。当時、奥山恵美子仙台市長は「番号制度があればどんなに助かったことか」と語っていた。患者情報をデジタルで一元管理し、マイナンバーからたぐり寄せられるようにすれば、病院の外でも被災患者一人ひとりの薬を確認でき、災害

関連死を減らせていたという思いからだ。

　しかし、この構想は実現していない。医療情報は機微に触れる個人情報なので番号管理は危険だ、などという観念的な反対論にひるんだ政府がひもづけを見送った。コロナ対策にマイナンバーを使えないのも、この制約からだ。

　新規陽性者の情報をマイナンバーで管理し、症状の変化や治療を受けた場所を地域ごとに一覧できるようにすれば、病床のミスマッチ緩和に役立つ。疫学調査のために保健所職員が 1 人ずつ電話確認する古びたやり方も改まる。ワクチンの接種状況を把握すれば的確な在庫管理につながる。ワクチンパスポート構想にも有用だ。

　陽性者との濃厚接触を確認できるという触れ込みで厚生労働省が開発したスマホアプリ「COCOA」は、現状ほとんど機能していない。これもマイナンバーと連携させれば通知がスムーズになる。

　むろん情報漏洩リスクはゼロではない。デジタル医療情報の扱いに細心の注意がいるのは言うまでもない。他方、マイナンバーとのひもづけには、万一の時に誰がいつどの情報を抜き取ったかを割り出すのが容易になる利点がある。

　丁寧な説明と実績を重ね、ひもづけは危険だという考え方を正すのはデジタル庁の仕事である。

出典：日本経済新聞. 2021 年 8 月 21 日付社説

　一方、民間によるユーザーの行動履歴収集について、弊害が大きいという主張がさまざまになされている。その中でも代表的なのがハーバード大学のズボフ教授による次の論説である。企業が収集した個人の行動情報を単に個々の消費者の好みに応じた情報提供に使うだけでなく、個人をスポンサー企業（と自社）の利益となるように誘導するようになったことの危険性に警鐘を鳴らしているものである。（同氏の著作の中から抜粋の上、本設問用に改変してある）

　アップルは、CD が必要とした物理的な生産過程はもとより、包装、在庫、保管、販売、輸送、物流、実店舗のすべてを迂回した。iTunes のプラットフォームと iPod デバイスによってリスナーは、いつでも好きなように楽曲を再構成できるようになった。そのせいで、iPod に同じものは 2 つとしてなく、ある週の iPod は別の週の iPod とは別物だった。それは音楽業界とその付属機関である小売業者やマーケティング業者にとっては耐えがたい展開だったが、まさに新時代のリスナーが求めていたものだった。（出題者注：iTunes のプラットフォームはインターネットを使って得た音楽をパソコンで再生するソフトウエアと、音楽を購入するサイト。iPod デバイスは得た音楽を再生する機器）

　（中略）

　アップルによる方向転換は、消費者の真の利益と商業活動の一致という形で、顧客志向と互恵主義が良好な関係を保つことを示唆し、対立を超越した新たなデジタル市場の

形成を予感させた。

（中略）

　ところが、iPod 発売後の 10 年間で、新たな種類の経済勢力が空白を埋めた。その新勢力は、個人的な検索や「いいね！」やクリックはすべて、企業が追跡し、分析し、収益化できる資産だ、と主張した。たとえるなら、行動という海で静かに泳いでいるサメが、肉をひと嚙みしようと、時折、体をぎらつかせながら海から跳ね出るような状況だった。最終的に企業はそのような侵入を、インターネットサービスを「無料で」提供するために必要な代償だと説明するようになった。彼らに言わせれば、プライバシーは、ユーザーがいつでもどこでも好きなように情報や接続といった豊富なデジタルの恩恵を受けるために支払うべき代価なのだ。こうした説明は、資本主義とデジタル世界のルールを書き換えることになる大きな変化から、わたしたちの目をそらせた。

（中略）

　監視資本主義は、より豊かな生活をしたいというわたしたちの欲求を、デジタルの脅威によって満たそうとした。すなわち、無限の情報と、生活の複雑さを和らげ、わたしたちのニーズを満たす無数の方法を約束したのだ。わたしたちはそれを歓迎し、家と心の中に招き入れた。

出典：Zuboff, S.（著）, 野中香方子（訳）（2021）. 監視資本主義：人類の未来を賭けた闘い. 東洋経済新報社.

　ズボフ教授の見解は主として私企業に対するものであるが、国家による国民監視のもつ危険性について懸念を抱く論者も多い。

＊＊＊＊＊＊＊＊＊＊＊＊＊＊＊＊＊＊＊＊＊＊＊＊＊＊＊＊＊＊＊

<テーマ3：サプライチェーン>

　製造物を取りあつかう企業を経営する上で重要なことの 1 つにサプライチェーン管理がある。そしてサプライチェーン問題の各論として在庫管理がある。在庫はお店のことを考えた時、多すぎても少なすぎても良くない。この在庫管理の考え方について中谷（2020）は次のように解説している。（同氏の著作の中から抜粋の上、本設問用に改変してある）

　在庫管理の目的

　在庫管理（在庫という資産の管理）の目的は、顧客サービスの観点から見ると、「必要なときに、必要なものを提供できるようにする」ことです。一方、経営の観点から見ると、「過剰でも不足でもない在庫状態を維持し、余分に在庫費用を発生させないこと」です。在庫を大量に持てば顧客のニーズに合わせて商品を提供できますが、在庫のコストが増えてしまいます。この在庫コストには、在庫長期保有による売価の下落、品質の劣化や陳腐化、廃却損、製造にかかった資金に対する金利負担、保管スペース利用コストなどさまざまなものがあります。

　だからといって在庫を圧縮し過ぎると品切れ（欠品）が発生し、顧客のニーズに合わせられなくなります。具体的には、顧客に対する在庫サービス率（顧客が必要なときに在庫を提供できる率）を設定し、それにあった適正な在庫を維持します。適正な在庫量を決定するには、「出荷量の平均とバラツキ」「在庫補充のリードタイム」「在庫補充の頻度」「需要変動」の要素に加えて、これら 4 つの要素に多少の変動があってもサービス率を維持するための「安全在庫」を含めて検討します。

　安全在庫は、JIS では「需要変動または補充期間の不確実性を吸収するために必要とされる在庫」と定義されています。出荷量には日々変動があり、平均的な出荷量を前提に在庫を考えていると、変動が大きいときに品切れが発生してしまいます。これを防ぐために、出荷量のバラツキや発注から納品までの日数などから計算された必要な在庫が安全在庫で、次の式によって計算することができます。

安全在庫 ＝ 安全係数 × 日々の出荷量の標準偏差 × $\sqrt{発注から納品までの日数}$

　但し、安全係数は許容できる欠品率に応じて統計的に求められます。許容できる欠品率を小さく設定すると安全係数は大きくなります。

出典：中谷祐治(2020). 物流（ロジスティクス）の基本教科書. 日本能率協会マネジメントセンター

在庫管理は特定の拠点内に貯蔵する製品の管理の話だが、サプライチェーン管理は生産から拠点間の輸送まで広い範囲を含む問題である。コロナ禍によってサプライチェーンや在庫をどのような考え方で管理するべきか、大きな議論になっている。次はいわゆる「ものづくり白書」から抜粋したものである。（本設問用に改変してある）

> 我が国製造業においては、サプライチェーンのグローバル化の進展と並行して、ジャストインタイムに代表されるような在庫を最小化して生産活動を効率化する生産方式が普及してきた。しかし、2011 年に発生した東日本大震災により多くの工場が被災し、中でも、主要な半導体製造工場の一部が被災したことにより、自動車を始めとした多くの最終品メーカーにおいて自社製品の製造に必要な半導体を入手することができず、減産を余儀なくされることとなった。これをきっかけとして、平時の効率性のみを追求するのではなく、有事の際にも生産能力を維持できるよう、安全在庫の確保などによるレジリエンス強化の重要性が認識された。
>
> （中略）
>
> このような中で、今般、新型コロナウイルス感染症は世界的に拡大し、多くの主要国において、人や物の移動制限を伴う感染拡大防止対策が実施された。製造業における、新型コロナウイルス感染症の感染拡大による業務内容への影響に関する調査によれば、「営業・受注」といった需要面の影響が最も大きい一方、生産活動、調達、「物流・配送」などの供給側にも影響し、サプライチェーンの正常な稼働にも支障をきたしたことが分かる。
>
> また、製造業における調達活動が影響を受けた要因として、「代替調達の効かない部材の存在」が最も多くなっている。調達への影響に対して講じた対策としては「在庫調整」が最も多く、「代替調達先の確保」は約 3 割にとどまる。（図 121-7）

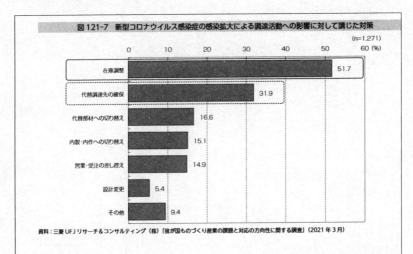

図 121-7 新型コロナウイルス感染症の感染拡大による調達活動への影響に対して講じた対策

資料：三菱 UFJ リサーチ＆コンサルティング（株）「我が国ものづくり産業の課題と対応の方向性に関する調査」(2021 年 3 月)

出典：経済産業省(2021).2021 年版ものづくり白書（ものづくり基盤技術振興基本法第 8 条に基づく年次報告）

問題編

■一般選抜

問題編

▶試験科目・配点

教　科	科　　　目	配点
外国語・数学・情報	「数学または情報」，「外国語」，「数学および外国語」の３つの中から１つを選択（いずれも同一試験時間内実施） 　数　学―数学Ⅰ・Ⅱ・Ａ・Ｂ 　情　報―社会と情報・情報の科学 　外国語―(a)コミュニケーション英語Ⅰ・Ⅱ・Ⅲ，英語表現Ⅰ・Ⅱ 　　　　　(b)コミュニケーション英語Ⅰ・Ⅱ・Ⅲ，英語表現Ⅰ・Ⅱ， 　　　　　　ドイツ語 　　　　　(c)コミュニケーション英語Ⅰ・Ⅱ・Ⅲ，英語表現Ⅰ・Ⅱ， 　　　　　　フランス語 　の(a)，(b)，(c)のうち，いずれか１つを選択	200 点
小論文	発想，論理的構成，表現などの総合的能力を問う	200 点

▶備　考

- ドイツ語，フランス語は省略。
- 数学Ａは「場合の数と確率」・「整数の性質」・「図形の性質」を出題範囲とする。数学Ｂは「確率分布と統計的な推測」・「数列」・「ベクトル」を出題範囲とする。
- 小論文は，問いに対して自らの考えを論述する形式の試験で，受験生の発想，論理的構成，表現などを総合的に評価しようとするもの。どれだけ発想豊かに，自分の考えを論文として論理的に構成し，説得力のある表現ができるかを問う。
- 選択した受験教科の得点と，小論文の採点結果を組み合わせて最終判定を行う。

英語

（120 分）

（注意）

- •「外国語選択者」は，問題Ⅰ～Ⅲの全問を解答すること。
- •「数学および外国語選択者」は，問題Ⅰ・Ⅱおよび数学の問題Ⅰ・Ⅴ・Ⅵを解答すること。
- • 問題Ⅰは英語・ドイツ語・フランス語のいずれかひとつの言語だけを選択して解答（ドイツ 語・フランス語は省略）。

英語Ⅰ

次の文章に関して、空欄補充問題と読解問題の二つがあります。まず、[31]から[40]の空所を埋 めるのに、文脈的に最も適切な語を 1 から 3 の中から選び、その番号を解答欄（31）から（40） にマークしなさい。次に、内容に関する[41]から[45]の設問には、1 から 4 の選択肢が付されて います。そのうち、文章の内容からみて最も適切なものを選び、その番号を解答欄（41）から （45）にマークしなさい。

1　　　　January is prime time for returns in the retail industry, the month where shoppers show up in droves to trade in an ill-fitting sweater from grandma or to unload the second and third *Frozen* dolls that showed up under the Christmas tree. This post-Christmas [31](1. ceremony 2. ritual 3. lineage) has always been costly for retailers, comprising a large share of the $284 billion in goods that were returned in 2014. But now it is [32](1. suitably 2. arguably 3. publicly) becoming more urgent for the industry to think carefully about return policies, as analysts say the rise of online shopping is bringing with it a [33](1. crest 2. plunge 3. surge) in returns.

2　　　　The return rate for the industry overall is about 8 percent, but analysts say that it is likely significantly higher than that online, since shoppers are purchasing goods without seeing them in person or trying them on. Against that [34](1. backdrop 2. backtrack 3. backlash), researchers at the University of Texas-Dallas sought to get a better handle on how return policies affect shopper behavior and, in [35](1. spirit 2. vain 3. turn), whether lenient policies such as offering a lengthy period for returns actually helps or hurts a retailer's business.

3　　　　Overall, a lenient return policy did indeed correlate with more returns. But, crucially, it was even more strongly correlated with an increase in purchases. In other words, retailers are generally getting a clear sales benefit from giving customers the [36](1. impression 2. imposition 3. assurance) of a return. But of course, not all return policies are created equal, and that's where the findings get interesting. The team examined several potential characteristics of a return policy: time (such as whether you must return within 14 days or 90 days); money (whether or not you get a full [37](1. reinstatement 2. reimbursement 3. reassessment)); effort (whether you must provide a receipt or other forms); scope (whether even sale merchandise is eligible for return); and exchange (whether you're limited to getting store credit for your return).

4　　　One surprising finding: More leniency on time limits is associated with a reduction—not an increase—in returns. This may seem [38](1. inconvenient 2. self-evident 3. counterintuitive), but researchers say it could have varying explanations. Ryan Freling, who conducted the research alongside Narayan Janakiraman and Holly Syrdal, said that this is perhaps a result of what's known as "endowment effect."

5　　　"That would say that the longer a customer has a product in their hands, the more attached they feel to it," Freling said. Plus, the long timeframe creates less urgency around the decision over whether or not to take it back. "Since they don't feel pressure to take it right back to the store, they kind of sit with it and live with it and say, 'Well it's not that bad'," Freling said.

6　　　The researchers found that leniency around the time you have and the amount of money you can get back are most effective in increasing overall sales. [39](1. Making 2. Getting 3. Taking) it easier to return, with no questions asked, for instance, also increases purchases, though not quite as much.

7　　　So why does any of this matter? Retailers are desperate to figure out how to curb costly returns in the era of online shopping. This is why you see them rolling out website features such as apparel fit predictors, and it's why they're hounding you via e-mail to write a review of your latest purchase. They're trying to create an environment in which their customers buy the right thing on the first try. But re-evaluating return policies could be another [40](1. curtain 2. string 3. lever) to pull as they aim to get this balance right. The UT-Dallas research suggests that it is complex to pinpoint an optimal return policy. Limits on scope, or what items are eligible for return, were found to be powerful in cutting down the number of returns, even if they weren't especially effective in raising overall sales. So, a retailer might have to choose what's more important to the business: boosting overall sales or cutting the number of returns.

8　　　The researchers, who conducted a meta-analysis of 21 research studies that together include 11,662 subjects, suggest that retailers might also want to consider creating more complex return policies that have different rules for different products. "Depending on whether it's a durable good or a consumable good, whether it's high-fashion or fast-fashion, those different segments of the market have different reasons for buying and they have different concerns for risk and quality," Freling said.

—Based on Halzack S. (2016). "The surprising psychology of shoppers and return policies," *The Washington Post.*

[41] In the 3rd paragraph, the main results of the researchers' findings can be best summarized as
1. allowing customers to return items means less profit for non-online stores.

2. online retailers are required to have return policies.

3. return policies can influence how much a company sells.

4. the characteristics of return policies are generally all the same.

[42] In the 4th paragraph, what was the surprising result?

1. Stricter time limits on return policies led to fewer returns.

2. Less strict time limits on return policies led to fewer returns.

3. Stricter time limits on return policies led to no change in returns.

4. Less strict time limits on return policies led to no change in returns.

[43] What is the "endowment effect" as mentioned in the article?

1. Touching and seeing products in person makes them harder to return.

2. Receiving things for free makes it harder to give them up.

3. Returning items online is more stressful than returning them in stores.

4. Keeping a purchase is more likely the longer you have it in your possession.

[44] According to the article, which of the following was mentioned as having an effect on returns but not sales?

1. Money

2. Effort

3. Scope

4. Exchange

[45] According to the 7th paragraph, what is the benefit of writing a review of a product?

1. Reviews help customers make informed choices about their purchases ahead of time.

2. Reviews allow customers to explain why they returned an item.

3. Reviews provide retailers with information about who is buying and returning their products.

4. Reviews assist retailers in selling only high-quality goods and services.

英語 II

次の文章に関して、空欄補充問題と読解問題の二つがあります。まず、[46]から[55]の空所を埋めるのに、文脈的に最も適切な語を 1 から 3 の中から選び、その番号を解答欄（46）から（55）にマークしなさい。次に、内容に関する[56]から[60]の設問には、1 から 4 の選択肢が付されています。そのうち、文章の内容からみて最も適切なものを選び、その番号を解答欄（56）から（60）にマークしなさい。

1　　　When we think of commercial initiatives in space, the question of legal rights for them is very important. Anyone who invests major sums of money in an activity wants to make sure that they will not lose their investments because it turns out afterwards that they did not have the right to the resources they extract. It is also important to have laws in place that regulate the relations between different companies from different countries, [46](1. borne　2. baffled　3. bound) by different laws in their home countries, but trying to coexist in space.

2　　　There are also questions of coexisting with other players with other agendas, such as the scientific community. It can be expected that space research and commercial space projects will prove to be very useful for each other. There will, [47](1. therefore　2. however　3. furthermore), also be points of conflict. One of them will be planetary protection, i.e. measures aimed at avoiding biological [48](1. adjustment 2. diversity　3. contamination) resulting from human space activities. We have not yet discovered any life on Mars or any other extraterrestrial body, but it is not a very controversial assumption that the time will come for us to exploit the resources on a potentially inhabited world in space, or to establish it as a tourist destination. When this happens, we will see conflicts between those who think that we have looked for life long enough on the world in question and that it is now time to give the [49](1. yellow card　2. silver spoon　3. green light) for development, and those who think that there is still a chance there might be life that we should not endanger.

3　　　It all depends on the values at [50](1. stake　2. length　3. large), of course. If we assume that extraterrestrial life only has value as a study object, it might be very difficult to resist exploitation even if it potentially puts [51](1. inner　2. indigenous　3. intelligent) life at risk. Economic value is privileged by our society, and when the value of knowledge as such is set against economic value, the former usually loses.

4　　　An alternative possibility is that extraterrestrial life, in [52](1. service　2. addition　3. debt) to its value as a study object, also has economic value. Just like with the value as a study object, this is also a form of instrumental value: Something has economic value because it can generate money. Can extraterrestrial life have instrumental value in this way, and what does it mean for the relations between astrobiology, commercial interests, and planetary protection if it does?

5　　　Charles Cockell mentions bioengineering as an example. He [53](1. alternates　2. distinguishes 3. wavers) between the economic value of extraterrestrial life that is related to us compared to if it is not related to us. This makes good sense. It is easy to imagine that a microbe that is genetically well adapted to life on another world might contain adaptations that we will want to insert into earth bacteria and use for different purposes. In such cases, it clearly makes things easier if they are genetically related. If they are, we will be able to transfer the properties in question to earth life by transferring the relevant genes from extraterrestrial microbes to earth microbes. Interesting properties [54](1. should　2. must　3. could) include the ability to survive high doses of radiation, which might be useful if we want to engineer microbes to do work inside a nuclear reactor, disaster area, or aboard a spaceship travelling from Earth to Mars. An ability to extract energy from the Sun in a very efficient way is another example of a useful property that might be found in microbial life on worlds further from the Sun.

6　　　　If we find extraterrestrial life that has value as a resource for bioengineering, the aims of science and business will actually converge [55](1. when　2. since　3. until) it comes to planetary protection. But in the long run the value of extraterrestrial life as study objects and as resources for bioengineering may make different demands on the timespan during which they have to be protected. Which type of value will be more demanding is not possible to say before we have actually found them.

> —Based on Persson, E. (2018). "A philosophical outlook on potential conflicts between planetary protection, astrobiology and commercial use of space," *Our Common Cosmos: Exploring the Future of Theology, Human Culture and Space Sciences.*

[56] What is the main question about space exploration addressed in this article?

1. How will humanity agree upon universal space laws and regulations?

2. How should resource rights on other planets be fairly divided?

3. How should we develop planets that already support life?

4. How will scientific interests hinder corporate profitability in space?

[57] Based on the 3rd paragraph, what is the likely outcome when scientific and economic goals conflict?

1. Science is given precedence over economic factors.

2. Economic considerations are favored over science.

3. Scientific and economic interests are treated equally.

4. It is impossible to say as every situation is different.

[58] What does the author mean by extraterrestrial life being "related to us" in the 5th paragraph?

1. It is an ancestor of the organisms from which we evolved.

2. It descends directly from Earth's microbial lifeforms.

3. It shares DNA that is compatible with that of life on Earth.

4. It exists on one of the other planets in our solar system.

[59] What does the author think will happen if scientific and financial goals coincide?

1. Conflicts between science and business may occur anyway due to their differing methods.

2. Science and business will have to coordinate their agendas to increase profitability.

3. There will be fierce competition between science and business for bioengineering resources.

4. The protection of extraterrestrial life is unlikely to be a goal for both science and business.

[60] According to the author, which of these is **_NOT_** mentioned as a potential problem with the commercial exploitation of space?

1. Microbes or viruses from space could cause future pandemics if they are brought back to Earth.

2. It is unclear whether companies are legally allowed to profit from resources on other planets.

3. Some people will object to the commercial use of other planets, even if they seem to be lifeless.

4. Rules and regulations governing commercial space activities for all countries are still needed.

英語Ⅲ

次の文章に関して、空欄補充問題と読解問題の二つがあります。まず、[61]から[80]の空所を埋めるのに、文脈的に最も適切な語を 1 から 3 の中から選び、その番号を解答欄（61）から（80）にマークしなさい。次に、内容に関する[81]から[90]の設問には、1 から 4 の選択肢が付されています。そのうち、文章の内容からみて最も適切なものを選び、その番号を解答欄（81）から（90）にマークしなさい。

1　　　The modern work environment has provided many benefits to humans in recent history. Our better health, greater wealth, and superior technology are all products of an intensification and diversification of labor that started several millennia ago and which [61](1. extended beyond　2. originated from　3. culminated in) the creation of large-scale corporate structures after the Industrial Revolution. At the same time the modern organizational structures that we live and work in have also produced many social problems such as stress and alienation among employees, inequalities in access to wealth and health care, crime and overpopulation, and threats to global environmental sustainability.

2　　　Evolutionary leadership theory argues that this discrepancy between modern and ancestral organizational environments is the result of an evolutionary mismatch. All organisms, animals and plants, possess physical and behavioral traits that have been passed down through generations, preserved by natural selection because of their adaptive function in a given environment. However, over time environments change, and so all organisms face the risk of finding themselves perfectly equipped to deal with challenges that may no longer exist, and [62](1. ill-equipped　2. well-equipped　3. over-equipped) to deal with a host of new challenges. Traits that were at one time adaptive can be "mismatched" to the environment in which the organism currently resides. Because evolution through natural selection is a slow, [63](1. comprehensive　2. revolving　3. cumulative) process, mismatches are particularly likely if environments undergo rapid change.

3　　　Such is the case for humans. The environment that most of us live in is very different from the environment that our ancestors lived in only some 13,000 years ago, before the advent of agriculture. From 2.5 million years ago—when the first hominids appeared in Africa—until the agricultural revolution, humans lived in relatively small nomadic band societies of around 150 individuals, leading a hunter-gatherer life style. [64](1. Later 2. Further 3. Rather), fossil evidence indicates that human brain size has remained remarkably stable for at least the last 200,000 years. This leads some evolutionary psychologists to conclude that "our modern skulls house a Stone Age mind" with the potential for significant mismatches.

4   One mismatch example is the widespread availability of sweet and fatty foods in modern society. Human bodies evolved to respond to the taste of fat and sugar by feeling immense [65](1. ambivalence 2. pleasure 3. curiosity). Our ancestors evolved to quickly devour all available sweet or fatty foods because such foods were [66](1. seldom 2. barely 3. perpetually) scarce and perishable in an ancestral world. Yet, now that these foods are widely and cheaply available in supermarkets, our evolved tendencies to take in calories produce all sorts of health problems such as obesity, diabetes, and cardio-vascular problems. [67](1. Otherwise 2. Needless to say 3. On the contrary), modern environments do not only pose mismatches for humans but for many other species too. Many of the environmental changes caused by human intervention such as overfishing, deforestation, and climate change create new selective environments, which many species are not adapted for.

5   Thus, the discrepancy between modern and ancestral environments potentially creates mismatches between aspects of human evolved psychology and the challenges of modern society. This may well be the underlying cause of a wide range of problems causing failures in leadership and organizational management. Mismatches can [68](1. pertain to 2. refrain from 3. conspire with) both the selection of leaders and their functioning and effectiveness in modern organizations. Consider the selection of leadership in modern organizations. This is often a top-down process in which managers at a lower level are appointed by managers at levels higher up in the hierarchy. Or individuals are "flown in" from outside the organization to be appointed as managers. The selection process for leaders consists of an assessment of an individual candidate's personality, skills, and competencies based on some formalized tests, their résumé, and an interview, usually with individuals higher up the hierarchy rather than with the subordinates whom they may lead.

6   This is very much at odds with leadership emergence in ancestral human groups. Extrapolating [69](1. into 2. upon 3. from) the anthropological evidence of past and present hunter-gather societies such as the Kung San in Southern Africa, the Hadza in Tanzania, and the Ache in Paraguay, we have a fairly good idea of what leadership may have looked like in the environment in which humans evolved. Such bands do not have formalized leadership. Instead there are individuals of influence who emerge as leaders when they [70](1. embark on 2. depart from 3. brush off) some specialized activity such as hunting, making weapons, defending the group, or preparing a new campsite for which they have some specialized expertise and need to recruit other individuals to cooperate. These individuals have no overall authority over the group, rather they exercise influence in narrowly defined areas of expertise and only through persuasion are they able to emerge as leaders in [71](1. an enduring 2. a sporadic 3. a temporary) group activity. With the next activity leadership selection begins again.

7   This bottom-up approach selects for leaders with certain characteristics that are universally valued.

Universally positive leader characteristics—which are also prominent in hunter-gatherer groups—include such qualities as integrity, persistence, humility, competence, decisiveness, and vision. It is noteworthy that so-called [72](1. "derailed"　2. "legendary"　3. "overpaid") executives—bright, ambitious, and talented managers who nonetheless fail—are often described as lacking these traits. Their selection may be due primarily to their ability to please their superiors. In modern industrial and bureaucratic organizations, however, leaders are accountable to, and often appointed by, managers senior to them in the organizational hierarchy, and subordinates have little power to sanction their bosses. Modern organizational ethnographers report that most managers implicitly understand that pleasing superiors is more important to career success than pleasing subordinates.

8　　　　The scale and complexity of leadership also provides the potential for a mismatch. The small hunter-gatherer band societies of our ancestral past were essentially extended [73](1. circles　2. families　3. businesses): Members knew each other, understood their interdependencies, and had a genetic investment in one another's fate. These groups were held together by kinship and norms of fairness and [74](1. intelligibility　2. reciprocity　3. popularity), which require that individuals can depend on each other for assistance and will return in kind. There was room for particularly charismatic individuals to emerge as leaders. Charismatic leadership works in part by influencing followers to [75](1. identify　2. dispense　3. compete) with a collective enterprise and internalize group aspirations. Charismatic leaders change the way followers see themselves—from self-interested individuals to members of a cohesive group—through emphasizing the similarity and shared fate among group members as if they are kin. However, charismatic leadership is an exception in the modern world. In traditional societies the Big Men leaders are often extremely charismatic. Being inspiring, persuasive, and visionary are important attributes of aspiring leaders in small face-to-face groups. In modern organizations it is extremely hard to get the same levels of intimacy between leaders and followers. Yet even in large bureaucratic organizations we still prefer leaders to adopt an inspirational and [76](1. publicized　2. personalized　3. proclaimed) leadership style, and such leaders tend to be more effective.

9　　　　In past environments humans knew their leaders personally and there was no distinction between people's private and public lives. As a consequence, our [77](1. employers　2. services　3. minds) may have difficulties separating the role of the leader from the person occupying this role in modern organizations. In the past, information about people's personality and their personal norms, values, and ambitions were critical in determining whether they should get the chance to lead the group because this was the only information available. In the modern world we crave this information but we do not often get it. We are quite aware that, for instance, middle-level managers have only limited influence because they are following orders of senior management. Because our psychological machinery is not very well adapted to these complex, [78](1. multilayer　2. faltering　3. bilateral) hierarchies, we hold them personally accountable for any decisions that are harmful to our interests ("My boss is a nasty person"). Making trait inferences about leaders is called the "leader attribution error", and it might well be another aspect of our evolved leadership psychology, resembling a possible mismatch.

10　　Finally, leadership in the ancestral environment was fluid, distributed, and situational. The individual most qualified for the task at hand had the greatest influence on collective actions. Rarely would one individual coordinate all group activity and make all group decisions. However, with modern bureaucracies and formal leadership roles, one individual—the "leader"—is responsible for managing all these functions. Leader [79](1. responsibility　2. ingenuity　3. versatility)—the ability to perform multiple, even competing, roles—is increasingly associated with leadership effectiveness, but few leaders have the range of skills needed to perform such a wide array of duties. This may contribute to the high [80](1. failure　2. transfer　3. promotion) rate of senior managers. Modern societies attribute enormous importance to leadership and often hold leaders personally responsible for organizational success or failure even if this is not always warranted or fair. Thus, the so-called "romance of leadership" may well be a vestige of our ancestral past.

—Based on van Vugt, M. and Ronay, R. (2014). *Organizational Psychology Review.*

[81] What does the author mean by "our modern skulls house a Stone Age mind" in the 3rd paragraph?
1. The skull size of modern humans has not changed much from the Stone Age.
2. Our psychology hasn't caught up with the way modern society works.
3. The gap between physical and mental structures in humans remains large.
4. Our mental capacity has undergone significant changes since the Stone Age.

[82] Give an analogous example of the "mismatch" mentioned in the 3rd and 4th paragraphs based on the author's account.
1. While some countries have become wealthier in the past century, many others haven't.
2. Biologically our emotions are the same across cultures, but how they are received differs dramatically.
3. Being tall is seen as desirable today as it appears to indicate superior strength and status.
4. Formal education does not always guarantee financial or professional success.

[83] According to the author, what is characteristic about the selection of leadership in modern organizations?
1. It is exclusively merit-based, with no room for favors from people higher in the hierarchy.
2. Subordinates are often able to replace their leaders when problems occur in the workplace.
3. Lower level managers are selected without consideration of subordinates' opinions.
4. There is often a potential clash of personalities between higher and lower level managers.

[84] Which of the following does **_NOT_** fit a concept of formalized leadership as mentioned in the 6th paragraph?
1. A leader takes responsibility on all matters.
2. Long-term status is given to a leader.
3. Leadership is institutionally defined.
4. The band agrees temporarily on a leader.

[85] In the 6th paragraph, what does the author mean by "only through persuasion are they able to emerge as leaders"?

1. All group members can contribute to the selection of a leader and the role they are expected to play.

2. Acting on mutual trust is more important than acting by a hierarchically given order.

3. Leaders talk to their fellow group members directly and secure agreement on important issues.

4. Demonstrating a shared understanding of a leader's qualification for a specific task is crucial.

[86] Based on the author's account, which would be the best practice for leaders in modern times?

1. Cooperate with their subordinates in order to report their successes to superiors and obtain further promotion.

2. Take on narrow and well-defined jobs so they will be able to obtain the notice and approval of their superiors.

3. Establish a good relationship with their superiors and engage with their subordinates to drive collective action.

4. Keep their subordinates at a distance by creating a clear distinction between their public and private lives in the workplace.

[87] According to the author, how should a traditional charismatic leader respond when faced with a political challenge?

1. Utilize media, old and new, to assure their authority to lead the nation.

2. Gather support from the best and brightest among the citizens.

3. Orient people toward a uniform direction in order to conquer it.

4. Call a national assembly and listen to the people's voices directly.

[88] According to the article, which is the most relevant factor today for the "leader attribution error" as mentioned in the 9th paragraph?

1. Subordinates tend to think that their manager's decisions are motivated by personality.

2. Subordinates think the leader is solely responsible for the success of the section they belong to.

3. Workers misjudge their leader's personality because of a lack of information about their private life.

4. Workers are only interested in the personality of their leader when their well-being is threatened.

[89] What is meant by the "romance of leadership" in the 10th paragraph?

1. Employees often fall in love with reliable and thoughtful leaders.

2. Employees see leaders as a model for their own success in life.

3. Leaders hold the fate of their companies in their hands.

4. Leaders who rise through the ranks make for a good story.

[90] Which of the following would be the best title for this article?

1. Modern leadership: Where has all the charisma gone?

2. Evolutionary mismatch explains the difficulty of modern leadership

3. From stable hierarchies to flexible networks in modern leadership

4. Modern leadership: The key to success in multinational corporations

数学

（120 分）

（注意）
- 「数学選択者」は，問題 I ～ VI の全問を解答すること.
- 「数学および外国語選択者」は，問題 I・V・VI および外国語の問題 I・II を解答すること.

注意事項

問題冊子に数字の入った □ があります. それらの数字は解答用紙の解答欄の番号を表しています. 対応する番号の解答欄の 0 から 9 までの数字または − (マイナスの符号) をマークしてください.

□ が 2 個以上つながったとき，数は右詰めで入れ，左の余った空欄には 0 を入れてください. 負の数の場合には，マイナスの符号を先頭の □ に入れてください. また，小数点以下がある場合には，左詰めで入れ，右の余った空欄には 0 を入れてください.

（例）　12　⟶　$\boxed{0}\boxed{1}\boxed{2}$　　　　　−3　⟶　$\boxed{-}\boxed{0}\boxed{3}$

　　　　1.4　⟶　$\boxed{0}\boxed{0}\boxed{1}.\boxed{4}\boxed{0}$　　−5　⟶　$\boxed{-}\boxed{0}\boxed{5}.\boxed{0}\boxed{0}$

分数は約分した形で解答してください. マイナスの符号は分母には使えません.

（例）　$\dfrac{4}{8}$　⟶　$\dfrac{1}{2}$　⟶　$\dfrac{\boxed{0}\boxed{1}}{\boxed{0}\boxed{2}}$　　　$-\dfrac{6}{9}$　⟶　$-\dfrac{2}{3}$　⟶　$\dfrac{\boxed{-}\boxed{2}}{\boxed{0}\boxed{3}}$

ルート記号の中は平方因子を含まない形で解答してください.

（例）　$\sqrt{50}$　⟶　$\boxed{0}\boxed{5}\sqrt{\boxed{0}\boxed{2}}$　　　$-\sqrt{24}$　⟶　$\boxed{-}\boxed{2}\sqrt{\boxed{0}\boxed{6}}$

　　　　$\sqrt{13}$　⟶　$\boxed{0}\boxed{1}\sqrt{\boxed{1}\boxed{3}}$　　$-\dfrac{\sqrt{18}}{6}$　⟶　$\dfrac{\boxed{-}\boxed{1}\sqrt{\boxed{0}\boxed{2}}}{\boxed{0}\boxed{2}}$

数式については，つぎの例のようにしてください. 分数式は約分した形で解答してください.

（例）　$\sqrt{12a}$　⟶　$\boxed{0}\boxed{2}\sqrt{\boxed{0}\boxed{3}a}$

　　　　$-a^2-5$　⟶　$\boxed{-}\boxed{1}a^2+\boxed{0}\boxed{0}a+\boxed{-}\boxed{5}$

$$\frac{4a}{2a-2} \rightarrow \frac{-2a}{1-a} \rightarrow \frac{\boxed{0}\,\boxed{0}\ +\ \boxed{-}\,\boxed{2}\,a}{1-\boxed{0}\,\boxed{1}\,a}$$

　また，選択肢の番号を選ぶ問題では，最も適切な選択肢を 1 つだけ選びなさい．同じ選択肢を複数回選んでもかまいません．

数学 I

(1)　ある公園に，図のように 10 個の丸い椅子が，東側に 5 個横一列に，西側に 5 個横一列に，それぞれ 1m 間隔で置かれている．また，東側の椅子と西側の椅子は 2 つずつ背中合わせに置かれていて，その間隔は 1m となっている．

　A さんはいつも東側の椅子のいずれかに，B さんは西側の椅子のいずれかに，同じ確率で座る．このとき，A さんと B さんの座る位置がソーシャルディスタンスの 2m 以上である確率は $\dfrac{\boxed{(1)}\,\boxed{(2)}}{\boxed{(3)}\,\boxed{(4)}}$ である．

　なお，A さんも B さんも椅子の中心に座り，ソーシャルディスタンスは座っている椅子の中心間の距離で測るものとする．

(2)　別の公園には，半径 2m の円周上の地面に時計の文字盤が刻んであり，1 時間ごと，すなわち 30 度ごとに丸い椅子が置いてある．

　この円形に配置された 12 脚の椅子に，来場者 3 人がやってきて任意の位置に座るとき，お互いがソーシャルディスタンスの 2m 以上である確率は $\dfrac{\boxed{(5)}\,\boxed{(6)}\,\boxed{(7)}}{\boxed{(8)}\,\boxed{(9)}\,\boxed{(10)}}$ である．

　なお，同じ椅子に複数の人が座ることはなく，人は椅子の中心に座り，ソーシャルディスタンスは座っている椅子の中心間の距離で測るものとする．

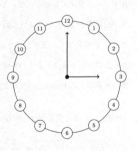

数学Ⅱ

サッカー選手Pは下図のようにペナルティーエリアの左端の線を延長した線のゴール寄り右3mをドリ
ブルで敵陣にまっすぐ向かっている．Pがゴールに向かってシュートするとき，Pから見てゴールの見
える範囲が大きいほうが得策である．すなわち，下図のような配置で $h = 3\,\text{m}$ のとき，選手Pが蹴り込
める角度範囲である θ が最も大きくなるPのゴールラインからの距離 x を求めたい．ただし，ゴールは
下図のようにペナルティーエリアの左右の中央で，ゴールラインの外側に設置されているものとする．

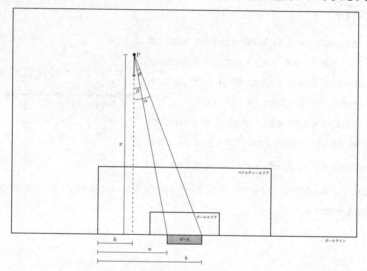

　これは，レギオモンタヌスの問題として知られている問題の一種である．一般に，上図のようにペナ
ルティーエリアの左端からゴールの左端までの距離を a，ペナルティーエリアの左端からゴールの右端
までの距離を b，Pのドリブルのラインとペナルティーエリアの左端までの距離を h（ただし $h < a$ と
する），Pからゴールラインまでの距離を x，Pの正面から右のゴールポストまでの角度を α，Pの正面
から左のゴールポストまでの角度を β としたとき，$\boxed{(11)}\,\boxed{(12)}$ ～ $\boxed{(27)}\,\boxed{(28)}$ に次頁の選択肢から最も適切な
番号を選び，以下の解法の文章を完成させなさい．

（解法）　$\tan\theta$ を最も大きくする x を求める問題と考えることができる．

$$\tan\theta = \tan\boxed{(11)}\,\boxed{(12)} = \frac{\tan\alpha - \tan\beta}{1 + \tan\alpha\tan\beta} = \frac{\boxed{(13)}\,\boxed{(14)} \times x}{x^2 + \boxed{(15)}\,\boxed{(16)}}$$

$\tan\theta$ の逆数を考えると，相加相乗平均の定理より

$$\frac{1}{\tan\theta} = \frac{x}{\boxed{(17)}\,\boxed{(18)}} + \frac{\boxed{(19)}\,\boxed{(20)}}{x \times \boxed{(21)}\,\boxed{(22)}} \geqq \frac{2}{\boxed{(23)}\,\boxed{(24)}}\sqrt{\boxed{(25)}\,\boxed{(26)}}$$

であり，$\dfrac{1}{\tan\theta}$ が最小，すなわち $\tan\theta$ が最大となるのは，$x = \sqrt{\boxed{(27)}\,\boxed{(28)}}$ のときである．

選択肢:　(01)　1　　　　　(02)　2　　　　　(03)　3　　　　　(04)　4

　　　　　(05)　a　　　　　(06)　b　　　　　(07)　h　　　　　(08)　x

　　　　　(09)　α　　　　　(10)　β　　　　　(11)　$(\alpha+\beta)$　　　　(12)　$(\alpha-\beta)$

　　　　　(13)　$(a+b)$　　　　(14)　$(a-b)$　　　　(15)　$(b-a)$　　　　(16)　$(a-h)$

　　　　　(17)　$(b-h)$　　　　(18)　$(a-h)(b-h)$　(19)　$(a+h)$　　　　(20)　$(b+h)$

　　　　　(21)　$(a+h)(b+h)$　(22)　ab　　　　　(23)　h^2　　　　　(24)　$(a-b-h)$

(解法終わり)

　ペナルティーエリアの横幅を 40 m，ゴールの横幅を 8 m とすると，今回のサッカー選手 P の場合，$x = \sqrt{\boxed{(29)}\,\boxed{(30)}\,\boxed{(31)}}$ m のときに，θ が最も大きくなることが分かる．

数学Ⅲ

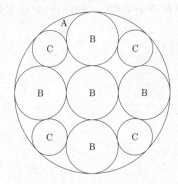

図のように円 A の中に，5 つの円 B と 4 つの円 C が含まれている．中心の円 B は他の 4 つの円 B に接し，他の 4 つの円 B のそれぞれは中心の円 B と円 A と 2 つの円 C に接している．4 つの円 C のそれぞれは円 A と 2 つの円 B に接している．

　いま，円 B の半径を 1 とすると，円 C の半径は

$$\dfrac{\boxed{(32)}\,\boxed{(33)} + \boxed{(34)}\,\boxed{(35)}\sqrt{\boxed{(36)}\,\boxed{(37)}}}{\boxed{(38)}\,\boxed{(39)}}$$

である．

数学Ⅳ

a を正の実数，b を1より大きい実数としたとき，放物線 $y = -ax^2 + b$ が，下図のように原点を中心とした半径1の円 $x^2 + y^2 = 1$ と2箇所で接している (すなわち，共有点において共通の接線を持つ).

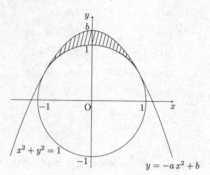

(1) 一般に，$b = \dfrac{\boxed{(40)}\boxed{(41)}\,a^2 + \boxed{(42)}\boxed{(43)}\,a + \boxed{(44)}\boxed{(45)}}{\boxed{(46)}\boxed{(47)}\,a + \boxed{(48)}\boxed{(49)}}$ である.

(2) 特に，$a = \dfrac{\sqrt{2}}{2}$ とすると，放物線と円の接点は $\left(\pm\dfrac{\sqrt{\boxed{(50)}\boxed{(51)}}}{\boxed{(52)}\boxed{(53)}}, \dfrac{\sqrt{\boxed{(54)}\boxed{(55)}}}{\boxed{(56)}\boxed{(57)}} \right)$ であり，円と放

物線に囲まれた上図の斜線の部分の面積は $\dfrac{\boxed{(58)}\boxed{(59)} + \boxed{(60)}\boxed{(61)}\,\pi}{\boxed{(62)}\boxed{(63)}}$ となる.

数学V

(1)　同じ人形 n 体 (n は正の整数) を，1 体または 2 体ずつ前方を向かせて列に並べる．例えば $n = 10$

のとき，下図のように先頭から 1 体，2 体，1 体，1 体，2 体，2 体，1 体のような並べ方がある．

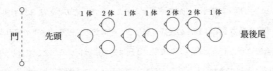

ここで，n 体の人形の並べ方の総数を a_n とすると

$a_1 = 1,\ a_2 = 2,\ a_3 = 3,\ \ldots,\ a_{12} = \boxed{(64)}\,\boxed{(65)}\,\boxed{(66)},\ a_{13} = \boxed{(67)}\,\boxed{(68)}\,\boxed{(69)},\ a_{14} = \boxed{(70)}\,\boxed{(71)}\,\boxed{(72)},\ \ldots$

となる．ただし，列の先頭の人形の前には門があり，その門の方向を前方とする．

(2)　同じ人形 n 体 (n は 2 以上の整数) を，2 体または 3 体ずつ前方を向かせて列に並べる．その並べ

方の総数を b_n とすると

$b_2 = 1,\ b_3 = 1,\ b_4 = 1,\ \ldots,\ b_{12} = \boxed{(73)}\,\boxed{(74)}\,\boxed{(75)},\ b_{13} = \boxed{(76)}\,\boxed{(77)}\,\boxed{(78)},\ b_{14} = \boxed{(79)}\,\boxed{(80)}\,\boxed{(81)},\ \ldots$

となる．ただし，列の先頭の人形の前には門があり，その門の方向を前方とする．

数学Ⅵ

A 社は B 氏を報酬 w で雇っている（w は正の実数）．A 社の売り上げは B 氏の努力水準に依存しており，B 氏の努力水準が低いと A 社の売上は 200 だが，B 氏の努力水準が高い場合，A 社の売上は 70% の確率で 500 となり，30% の確率で 200 のままとなる．そして，このことは B 氏も知っている．ただし，B 氏は努力水準を高める際に 17.5 の苦痛を感じる．そのため，報酬 w の下で努力水準を高めると，B 氏の実質的な報酬は $w - 17.5$ となってしまう．B 氏は完全にテレワークをしており，B 氏の努力水準を A 社が直接知ることはできないし，B 氏が努力水準を高めるよう強制することもできない．すると，$w > w - 17.5$ であることから，B 氏は努力水準を高めないことが合理的な行動となる．

　以下では，不確実性下の意思決定をあつかっているが，(1), (2), (3) のいずれにおいても，A 社，B 氏共に期待値の大小のみに関心があるものと仮定して解答すること．

(1)　いま，A 社は売上が 500 になったときには B 氏の報酬を w_1 に引き上げ，200 のときには w_0 にすえおくアイデアを思いついた．B 氏が努力水準を高めるためには，$w_1 \geqq w_0 + \boxed{(82)}\boxed{(83)}\boxed{(84)}.\boxed{(85)}\boxed{(86)}$ である必要がある．

次に，B 氏は，A 社をやめても他の会社に報酬 100 で雇われることが可能であるとする．

(2)　A 社の利潤を売上から B 氏への報酬を引いた残りだと単純化すると，w_1 と w_0 を適切に定めることにより，B 氏に A 社をやめさせず，かつ努力水準を高めさせるためには，A 社の利潤の期待値を $\boxed{(87)}\boxed{(88)}\boxed{(89)}.\boxed{(90)}\boxed{(91)}$ 以下とする必要がある．また，A 社の利潤の期待値が最大化されたとき，$w_1 : w_0 = 5 : 4$ を満たす w_0 の値は $\boxed{(92)}\boxed{(93)}\boxed{(94)}.\boxed{(95)}\boxed{(96)}$ である．

以下では，B 氏の w_0 の値をこの $\boxed{(92)}\boxed{(93)}\boxed{(94)}.\boxed{(95)}\boxed{(96)}$ とする．

(3)　実は，B 氏の関心は報酬 w そのものではなく，そこから得られる満足と解釈される $10\sqrt{w}$ であることが分かった．そのため，努力水準を高める際の苦痛 17.5 もこの満足から差し引かれ，努力水準を高めたときの B 氏の満足は $10\sqrt{w} - 17.5$ となる．B 氏は（実質的な）報酬を最大化する人ではなく，満足を最大化する人だとしたとき，B 氏に A 社をやめさせず，かつ努力水準を高めさせるためには，$w_1 \geqq \boxed{(97)}\boxed{(98)}\boxed{(99)}.\boxed{(100)}\boxed{(101)}$ でなければならない．

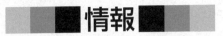

（120 分）

注 意 事 項

問題冊子に数字の入った $\boxed{}$ があります．それらの数字は解答用紙の解答欄の番号を表しています．対応する番号の解答欄の 0 から 9 までの数字または − (マイナスの符号) をマークしてください．

$\boxed{}$ が 2 個以上つながったとき，数は右詰めで入れ，左の余った空欄には 0 を入れてください．負の数の場合には，マイナスの符号を先頭の $\boxed{}$ に入れてください．また，小数点以下がある場合には，左詰めで入れ，右の余った空欄には 0 を入れてください．

$$(\text{例}) \quad 12 \;\longrightarrow\; \boxed{0}\,\boxed{1}\,\boxed{2} \qquad\qquad -3 \;\longrightarrow\; \boxed{-}\,\boxed{0}\,\boxed{3}$$

$$1.4 \;\longrightarrow\; \boxed{0}\,\boxed{0}\,\boxed{1}.\boxed{4}\,\boxed{0} \qquad -5 \;\longrightarrow\; \boxed{-}\,\boxed{0}\,\boxed{5}.\boxed{0}\,\boxed{0}$$

分数は約分した形で解答してください．マイナスの符号は分母には使えません．

$$(\text{例}) \quad \frac{4}{8} \;\longrightarrow\; \frac{1}{2} \;\longrightarrow\; \frac{\boxed{0}\,\boxed{1}}{\boxed{0}\,\boxed{2}} \qquad -\frac{6}{9} \;\longrightarrow\; -\frac{2}{3} \;\longrightarrow\; \frac{\boxed{-}\,\boxed{2}}{\boxed{0}\,\boxed{3}}$$

ルート記号の中は平方因子を含まない形で解答してください．

$$(\text{例}) \quad \sqrt{50} \;\longrightarrow\; \boxed{0}\,\boxed{5}\sqrt{\boxed{0}\,\boxed{2}} \qquad -\sqrt{24} \;\longrightarrow\; \boxed{-}\,\boxed{2}\sqrt{\boxed{0}\,\boxed{6}}$$

$$\sqrt{13} \;\longrightarrow\; \boxed{0}\,\boxed{1}\sqrt{\boxed{1}\,\boxed{3}} \qquad -\frac{\sqrt{18}}{6} \;\longrightarrow\; \frac{\boxed{-}\,\boxed{1}\sqrt{\boxed{0}\,\boxed{2}}}{\boxed{0}\,\boxed{2}}$$

数式については，つぎの例のようにしてください．分数式は約分した形で解答してください．

$$(\text{例}) \quad \sqrt{12a} \;\longrightarrow\; \boxed{0}\,\boxed{2}\sqrt{\boxed{0}\,\boxed{3}\,a}$$

$$-a^2 - 5 \;\longrightarrow\; \boxed{-}\,\boxed{1}\,a^2 + \boxed{0}\,\boxed{0}\,a + \boxed{-}\,\boxed{5}$$

$$\frac{4a}{2a-2} \;\longrightarrow\; \frac{-2a}{1-a} \;\longrightarrow\; \frac{\boxed{0}\,\boxed{0} + \boxed{-}\,\boxed{2}\,a}{1 - \boxed{0}\,\boxed{1}\,a}$$

また，選択肢の番号を選ぶ問題では，最も適切な選択肢を 1 つだけ選びなさい．同じ選択肢を複数回選んでもかまいません．

情報 I

以下、法制度に関しては、日本のものについて考えるものとする。

(ア) 個人情報の保護に関する法律（個人情報保護法）第 1 条に関する次の文章を読み、空欄 ⑴ ～ ⑸ にあてはまるものを選択肢から選び、その番号を解答欄にマークしなさい。

「個人の権利利益」とは、個人情報の取扱いの態様いかんによって侵害されるおそれのある「個人の ⑴ 的、財産的な権利利益」（平成 12 年大綱）全般であり、 ⑵ はその主要なものであるが、それに限られない。

「個人情報の ⑶ 」とは、社会一般から是認され得る個人情報の利用によってもたらされる利益全般である。平成 27 年改正により、「個人情報の適正かつ効果的な活用が新たな ⑷ の創出並びに活力ある経済社会及び豊かな ⑸ の実現に資するものであること」が個人情報の ⑶ の具体例として明示された。顧客サービスの充実や利便性のみならず、事業者や第三者の権利や正当な利益、社会全体の利益を含むものであり、例えば、企業経営の簡素・合理化、依頼人の権利利益、報道による社会全体の利益等が挙げられる。

（出典：園部逸夫・藤原静雄編集『個人情報保護法の解説《第二次改訂版》』（ぎょうせい、2018 年））

［ ⑴ ～ ⑸ の選択肢］

(1) 監視社会	(2) 稀少性	(3) プライバシー	(4) 名誉感情	(5) 産業
(6) リスク	(7) 国民生活	(8) 人格	(9) 独占	(0) 有用性

(イ) 特許法に関する説明として、正しいものを次の選択肢から 1 つ選び、その番号を解答欄 ⑹ にマークしなさい。

(1) 発明者以外の者が、特許の出願審査を請求することはできない。

(2) 同じ内容の発明が複数の者から出願された場合、発明が創作された時期が早いことを立証した者に対して特許権が付与される。

(3) 特許出願に添付する発明の詳細な説明は、特許庁が発明の利点を審査できる程度まで明確に記載すれば足りる。

(4) 特許権の効力は、試験又は研究のためにする特許発明の実施には、及ばない。

(5) 特許庁に出願された発明は、原則として設定登録までは公開されない。

(ウ) 著作権法に関する説明として、正しいものを次の選択肢から 1 つ選び、その番号を解答欄 ⑺ にマークしなさい。

(1) データベースは、構成要素となる情報の収集に多大な労力を要するものに限って著作物に該当する。

(2) 小説を翻案して実写映像化した映画は、二次的著作物に該当する。

(3) 歌詞を伴う楽曲では、作詞家と作曲家は原則として共同著作者となる。

(4) 口述の内容をそのまま記したインタビュー記事の場合でも、ライターが構成に関与した場合、口述者が著作者となることはない。

(5) 彫刻を写真撮影する行為は、著作物の複製には該当しない。

(エ) 個人情報の保護に関する法律（個人情報保護法）に関する説明として、正しいものを次の選択肢から 1 つ選び、その番号を解答欄 ⑻ にマークしなさい。

(1) 5000 人分以下の個人情報しか取り扱っていない者は、個人情報取扱事業者に該当しない。

(2) 非営利の団体である町内会や同窓会は、個人情報取扱事業者には該当しない。

(3) 個人情報取扱事業者は、本人に対して、一定期間内に回答がない場合には個人データの第三者提供に同意したものとみなす旨の電子メールを送れば、当該期間を経過した場合に、本人の同意を得たこととすることができる。

(4) 個人情報取扱事業者は、登記簿等により公開されている個人情報を取得する場合でも、利用目的をできる限り特定する必要がある。

(5) 個人情報取扱事業者が、当初の利用目的を「会員カード等の盗難・不正利用発覚時の連絡のため」として連絡先等の個人情報を取得していた場合、本人の同意を得なくても、利用目的を変更して「当社が提供する商品・サービスに関する情報のお知らせ」を追加することができる。

情報Ⅱ

(ア) 2 進法で表現された数の各桁を、その値が 0 であるか 1 であるかに応じて、真理値の 0(偽) と 1(真) をとる命題変数だとして扱うことにする。この場合に、2 進法による数の表現と、各桁を命題変数だとして作られた論理式との関係について述べた次の文章の空欄にあてはまるものを選択肢の中から選び、その番号をそれぞれの解答欄にマークしなさい。ただし、空欄 $\boxed{(9)}\boxed{(10)}$ ～ $\boxed{(11)}\boxed{(12)}$ については、あてはまる数字をマークしなさい。

$A \cdot B$ は、A と B の論理積 (AND) を表し、$A + B$ は、A と B の論理和 (OR) を表し、$\overline{A}$ は、A の否定 (NOT) を表す.

ここで、$A_3 A_2 A_1 A_0$ で表される 4 ビットの 2 進法表現で表される数を考える。0 および正の整数を表している 4 ビットの 2 進法表現は、10 進法表現で、$\boxed{(9)}\boxed{(10)}{}_{10}$ から $\boxed{(11)}\boxed{(12)}{}_{10}$ を表している。

2 進法表現の各桁 (A_3、A_2、A_1、A_0 の 4 桁) の 0 と 1 を真理値の 0(偽) と 1(真) として扱うことにすると、この 4 ビットが 15_{10} であるときに真、そうでないときに偽となる論理式は、

$$\boxed{(13)} \cdot \boxed{(14)} \cdot \boxed{(15)} \cdot \boxed{(16)}$$

となる。($\boxed{(13)} < \boxed{(14)} < \boxed{(15)} < \boxed{(16)}$ となるように選択肢の番号を選ぶこと。)

また、9_{10} であるときに真、そうでないときに偽となる論理式は、

$$\boxed{(17)} \cdot \boxed{(18)} \cdot \boxed{(19)} \cdot \boxed{(20)}$$

となる。($\boxed{(17)} < \boxed{(18)} < \boxed{(19)} < \boxed{(20)}$ となるように選択肢の番号を選ぶこと。)

また、7_{10} 以上の場合に真となり、それ以外の場合には偽となる論理式は、

$$\boxed{(21)} + \boxed{(22)} \cdot \boxed{(23)} \cdot \boxed{(24)}$$

となる。($\boxed{(22)} < \boxed{(23)} < \boxed{(24)}$ となるように選択肢の番号を選ぶこと。)

また、6_{10} 以上の場合に真となり、それ以外の場合には偽となる論理式は、

$$\boxed{(25)} + \boxed{(26)} \cdot \boxed{(27)}$$

となる。($\boxed{(26)} < \boxed{(27)}$ となるように選択肢の番号を選ぶこと。)

[選択肢]

(1)　A_0　(2)　$\overline{A_0}$　(3)　A_1　(4)　$\overline{A_1}$

(5)　A_2　(6)　$\overline{A_2}$　(7)　A_3　(8)　$\overline{A_3}$

(イ) x に関する多項式 $f(x)$ について、$f(a) = 0$ を満たす解 a を、係数から四則演算を用いて近似的に求める方法について説明した次の文章の空欄に入るもっとも適切な数字をマークしなさい.

解 a に近い適当な値を a_0 とし、次の漸化式を考えると、ある条件の下で、a_n が解 a に近づくことが知られている。例えば、解 a の近くで関数 $y = f(x)$ が下に凸なら、その範囲で $a_0 > a$ となる a_0 から始めれば、a_n が a に近づく。

$$a_{n+1} = a_n - \frac{f(a_n)}{f'(a_n)}$$

ここで、$f'(a_n)$ は、関数 $y = f(x)$ の接点 $(a_n, f(a_n))$ における接線の傾きを表している。

例えば、正の数 b の平方根の近似値を四則演算を用いて計算する手順は次のようになる。

$f(x) = x^2 - b$ の正の解を求めればよいので、$\sqrt{3}$ の近似値を求める場合、$b = 3$ とすればよい。したがって、$a_0 = 3$ から始めて漸化式を適用していくと、

$$a_1 = \boxed{(28)} . \boxed{(29)}\,\boxed{(30)}\,\boxed{(31)}$$

$$a_2 = \boxed{(32)} . \boxed{(33)}\,\boxed{(34)}\,\boxed{(35)}$$

$$a_3 = \boxed{(36)} . \boxed{(37)}\,\boxed{(38)}\,\boxed{(39)}$$

が得られる。ただし、それぞれ小数点第 4 位以下は切り捨てて表示している。

情報Ⅲ

　5 人の学生が 1 組～5 組のそれぞれ異なる組に属しており、それぞれ異なる科目を履修している。また、組にはそれぞれ愛称がついており、学生が所属するクラスおよび科目は下記のようになっている。

- 花子は猿組である。
- 次郎は 1 組に属している。
- アンは剣道を履修している。
- 確率を履修しているのは鼠組の人である。
- 線形代数を履修しているのは太郎である。
- 水泳を履修している人は犬組に属している。
- 鼠組は雉組より 1 だけ大きい番号の組である。
- ボブはマレーインドネシア語を履修している。
- 微分積分を履修している人は 3 組に属している。
- 野球を履修している人は日本語を履修している。
- 次郎は猫組と組番号が 1 だけ違う組に属している。
- ラグビーを履修している人は最適化の数理を履修している。
- 柔道を履修している人は英語を履修している人と組番号が 1 だけ違う組に属している。
- 水泳を履修している人は独語を履修している人と組番号が 1 だけ違う組に属している。

　上の条件に合致するように次の表の空欄 (40) ～ (64) に当てはまるものを選択肢から選び、その番号をそれぞれの解答欄にマークしなさい。ただし、同じ選択肢を複数使ってはならない。

組	1 組	2 組	3 組	4 組	5 組
愛称	(40)	(41)	(42)	(43)	(44)
人の名前	(45)	(46)	(47)	(48)	(49)
言語	(50)	(51)	(52)	(53)	(54)
データサイエンス	(55)	(56)	(57)	(58)	(59)
体育	(60)	(61)	(62)	(63)	(64)

【(40) ～ (44) の選択肢】

(1) 雉　(2) 犬　(3) 鼠　(4) 猫　(5) 猿

【(45) ～ (49) の選択肢】

(1) 太郎　(2) 花子　(3) 次郎　(4) アン　(5) ボブ

【(50) ～ (54) の選択肢】

(1) 日本語　(2) 英語　(3) 独語　(4) 仏語　(5) マレーインドネシア語

【(55) ～ (59) の選択肢】

(1) 線形代数　(2) 微分積分　(3) 統計　(4) 確率　(5) 最適化の数理

【(60) ～ (64) の選択肢】

(1) 水泳　(2) 野球　(3) ラグビー　(4) 柔道　(5) 剣道

情報Ⅳ

複数ビット同士の加算を行う回路を設計する手順を考える。次の文章の空欄 ⁽⁶⁵⁾ から ⁽⁶⁸⁾ および ⁽⁶⁹⁾⁽⁷⁰⁾、⁽⁷⁷⁾⁽⁷⁸⁾ には適切な数字を、空欄 ⁽⁷¹⁾⁽⁷²⁾ から ⁽⁷⁵⁾⁽⁷⁶⁾ にはもっとも適したものを選択肢から選び、解答欄にマークしなさい。ただし、$A + B$ は A と B の論理和（OR）を表し、$A \cdot B$ は A と B の論理積（AND）を表す。また、$\overline{A}$ は A の否定（NOT）を表す。

（ア） 次図（左）に示す回路記号は 1 ビットの全加算器回路（FA）であり、その動作は図（右）の真理値表のようになる。全加算器回路は 1 ビットの入力 A、B、および下位ビットの加算によって生じた桁上がり C_i を入力とし、算術加算した結果を和 S および桁上がり C_o として出力する。

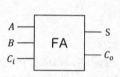

A	B	C_i	S	C_o
0	0	0	0	0
0	0	1	1	0
0	1	0	1	0
0	1	1	0	1
1	0	0	1	0
1	0	1	0	1
1	1	0	0	1
1	1	1	1	1

全加算器回路は次図（左）に示すように、2 個の半加算器回路（HA）と 1 個の OR 回路で構成することができる。個々の半加算器回路は 1 ビットの入力 A、B を算術加算した結果を、和 S、桁上がり C として出力する回路であり、基本論理回路（論理ゲート）である OR 回路、AND 回路、NOT 回路を用いて、次図（右）のように構成することができる。

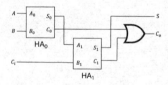

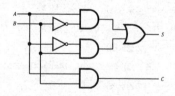

論理回路の動作速度は、入力から出力に至る回路に存在する AND 回路と OR 回路の個数（段数）に大きく影響される。半加算器回路では、入力 A または B から出力 S に至る段数は ⁽⁶⁵⁾、出力 C までの段数は ⁽⁶⁶⁾ である。一方、全加算器回路の場合は、出力 S までの段数は ⁽⁶⁷⁾、出力 C_o までの段数は ⁽⁶⁸⁾ である。ただし、NOT 回路は段数に含めない。

（イ） 3 個の全加算器回路（FA）と 1 個の半加算器回路（HA）を並べることで、下図のような 4 ビットの並列加算回路を実現できる。

$$A_3A_2A_1A_0 \ + \ B_3B_2B_1B_0 \ = \ S_4S_3S_2S_1S_0$$

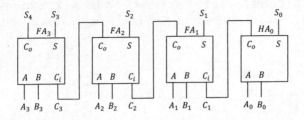

　上記の回路構成の場合、A_0 の入力から最終桁の S_4 が出力されるまでの段数は $\boxed{(69)}\boxed{(70)}$ となり、桁数が増えるとこの段数の増加が大きな問題となってくる。そこで、この段数を減らす方法を考えてみよう。

　最下位ビットの加算による桁上がり C_1 およびそれに続く桁の桁上がり C_{k+1} は、真理値表から論理式を導出し、論理演算における分配の法則や吸収の法則を用いて変形することで、次のような式で表現できる。

$$C_1 \ = \ \boxed{(71)}\boxed{(72)} \tag{1}$$

$$C_{k+1} \ = \ \boxed{(73)}\boxed{(74)} \ + \ C_k \cdot (\ \boxed{(75)}\boxed{(76)} \ ) \tag{2}$$

分配の法則	吸収の法則
$A \cdot (B + C) = A \cdot B + A \cdot C$	$A \cdot (A + B) = A$
$(A + B) \cdot (A + C) = A + B \cdot C$	$A + A \cdot B = A$
	$A + \overline{A} \cdot B = A + B$
	$\overline{A} + A \cdot B = \overline{A} + B$

式 (1)(2) を展開し、次図のような 4 ビット並列加算回路を構成しよう。

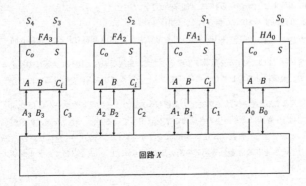

　ここで回路 X は、$A_3A_2A_1A_0$ と $B_3B_2B_1B_0$ を入力することで、C_1、C_2、C_3 が出力される回路である。桁数が増えると回路そのものは複雑になるが、回路 X の入力から出力までの段数は高々 [(77)] [(78)] となる。ただし、AND 回路、OR 回路ともに、入力数（2 入力、3 入力、…、n 入力）に関わらず段数を 1 と数える。

[[(71)] [(72)] ～ [(75)] [(76)] の選択肢]

(11) $A_0 \cdot B_0$	(12) $\overline{A_0} \cdot B_0$	(13) $A_0 \cdot \overline{B_0}$	(14) $\overline{A_0} \cdot \overline{B_0}$
(15) $A_1 \cdot B_1$	(16) $\overline{A_1} \cdot B_1$	(17) $A_1 \cdot \overline{B_1}$	(18) $\overline{A_1} \cdot \overline{B_1}$
(19) $A_k \cdot B_k$	(20) $\overline{A_k} \cdot B_k$	(21) $A_k \cdot \overline{B_k}$	(22) $\overline{A_k} \cdot \overline{B_k}$
(23) $A_{k+1} \cdot B_{k+1}$	(24) $\overline{A_{k+1}} \cdot B_{k+1}$	(25) $A_{k+1} \cdot \overline{B_{k+1}}$	(26) $\overline{A_{k+1}} \cdot \overline{B_{k+1}}$
(27) $A_0 + B_0$	(28) $\overline{A_0} + B_0$	(29) $A_0 + \overline{B_0}$	(30) $\overline{A_0} + \overline{B_0}$
(31) $A_k + B_k$	(32) $\overline{A_k} + B_k$	(33) $A_k + \overline{B_k}$	(34) $\overline{A_k} + \overline{B_k}$
(35) $A_{k+1} + B_{k+1}$	(36) $\overline{A_{k+1}} + B_{k+1}$	(37) $A_k + \overline{B_k}$	(38) $\overline{A_{k+1}} + B_{k+1}$

情報 V

　整数の乗算を、加算を使って実現することを考える。なお、加算の他にも次の関数を使えるものとする。

- length(b, n) — 整数 b を n 進法で表したときの桁数を計算する関数。例えば、length$(231, 10) = 3$ となる。

- digit(b, n, x) — 整数 b を n 進法で表したときの右から x 桁目の数を取り出す関数。例えば、digit$(231, 10, 3) = 2$ となる。

　整数 $a > 0$, $b > 0$ が与えられた時、乗算 ab は単純に考えれば a を b 個足せばよい。この場合は加算を $b - 1$ 回行う必要がある。しかし、もっと効率の良い方法がある。例えば $b = 231$ の場合を考えると、$231a = 100a + 100a + 10a + 10a + 10a + a$ であるから、次のように計算できる。

1. a を 10 個足すと $10a$ が得られる。（加算 9 回）
2. $10a$ を 10 個足すと $100a$ が得られる。（加算 9 回）
3. $100a + 100a + 10a + 10a + 10a + a + 0$ を計算すると $231a$ が得られる。（加算 6 回）

　したがって加算 24 回で $231a$ を計算することができ、単純な場合と比べて大幅に加算を減らすことができる。なお、最後に 0 を足しているのは、次に述べるアルゴリズムに合わせるためである。

(ア) 空欄に入るもっとも適切なものを下の選択肢から選び、その番号をマークしなさい。

　上のやり方は 10 進法による表現の各桁の数字を利用しているが、一般に n 進法の表現が与えられていれば同じことができる。整数 $a > 0$, $b > 0$, $n \geqq 2$ が与えられた時、[(79)] [(80)] （ただし $m = 0, 1, 2, \ldots$）を順に計算し、それを b の n 進法表現の各桁の数だけ足すことで ab を計算するアルゴリズムは次のようになる。

変数 a, b, n の値は、与えられた数とする。

変数 c, d の値を 0 とする。

変数 i の値を最初 1 とし、1 ずつ増やしながら ⁽⁸¹⁾⁽⁸²⁾ まで処理 A を繰り返す。

処理 A の始め

　$i = 1$ が成り立てば処理 B を行い、成り立たなければ処理 C を行う。

　処理 B の始め

　　c の値を ⁽⁸³⁾⁽⁸⁴⁾ とする。

　処理 B の終わり

　処理 C の始め

　　変数 c' の値を c とする。

　　処理 D を $n-1$ 回繰り返す。

　　処理 D の始め

　　　c' の値を ⁽⁸⁵⁾⁽⁸⁶⁾ とする。（命令 F）

　　処理 D の終わり

　　c の値を c' とする。

　処理 C の終わり

　処理 E を ⁽⁸⁷⁾⁽⁸⁸⁾ 回繰り返す。

　処理 E の始め

　　d の値を ⁽⁸⁹⁾⁽⁹⁰⁾ とする。（命令 G）

　処理 E の終わり

処理 A の終わり

d の値を結果として出力する。

【 ⁽⁷⁹⁾⁽⁸⁰⁾ ～ ⁽⁸⁹⁾⁽⁹⁰⁾ の選択肢】

(11) 0　　　　　(12) 1　　　　　(13) a　　　(14) b　　　(15) n

(16) $\mathrm{length}(b,n)$　(17) $\mathrm{digit}(b,n,i)$　(18) $c'+c$　(19) $c'+1$　(20) $d+c$

(21) $d+1$　　　(22) $n^m a$　　　(23) a^m

(イ) 空欄に入るもっとも適切な数字をマークしなさい。

上のアルゴリズムでは命令 F と命令 G の実行回数は a とは無関係に決まるので、命令 F と命令 G の実行回数の合計を b, n の関数として $f(b,n)$ と表す。

- $0 < b \leqq 999$ の範囲で $f(b, 10)$ は $b = $ ⁽⁹¹⁾⁽⁹²⁾⁽⁹³⁾ の時最大値をとり、その値は ⁽⁹⁴⁾⁽⁹⁵⁾ である。
- $0 < b \leqq 999$ の範囲で $f(b, 2)$ の最大値は ⁽⁹⁶⁾⁽⁹⁷⁾ であり、最大値をとる b は ⁽⁹⁸⁾ 個ある。

(ウ) 空欄に入るもっとも適切な数字をマークしなさい。

整数 $k \geqq 2$ が与えられているとする。ある整数 $n \geqq 2$ を固定して考えると、$n^k \leqq b < n^{k+1}$ の範囲で $f(b, n)$ の最小値と最大値は次のようになる。

- 最小値 ⁽⁹⁹⁾ $kn + $ ⁽¹⁰⁰⁾⁽¹⁰¹⁾ $k + $ ⁽¹⁰²⁾
- 最大値 ⁽¹⁰³⁾ $kn + $ ⁽¹⁰⁴⁾⁽¹⁰⁵⁾ $k + $ ⁽¹⁰⁶⁾ $n + $ ⁽¹⁰⁷⁾⁽¹⁰⁸⁾

小論文

（120 分）

　総合政策学部で扱う「政策」は幅が広く、身近な共同体の取り組みから国際社会での取り決めに至るまで多岐にわたります。政策が扱う課題がさまざまであるため、それに向き合う方法も多彩になりますが、いずれの場合も、まずはその課題の構造を分析することが入口になります。

　分析の方法には、文書やインタビューといった質的データを扱う定性的手法と、アンケートや統計、実験結果といった数的データを用いる定量的手法があります。長いあいだ、この二つの手法は別々に行われてきましたが、近年ではその両方を用いて研究する混合手法が盛んになっています。それはそれぞれの手法が持つ長所と短所を活かし、補うためです。

　定性的手法は、ある事例に関する文字情報を集めて分析することで、結果が引き起こされた原因を探ること、発見することに長けています。一方で、その原因が他のどのような事例にも当てはまるか、つまり普遍的な原因かどうかを検証することは苦手です。

　それに対して、定量的手法は、多くの数的データを解析することによって、どの要因がより強く結果に影響しているかを明らかにできます。一方で、分析にあたって取り上げられる要因は、私たちがすでに発見しているものに限られます。

　混合手法は、この双方の長所をもってそれぞれの短所を補うことを目指すものです。多くの場合、文書やインタビューといった定性調査によって原因と考えられる要素を定め、それらがどのような結果をもたらすかを定量分析で明らかにするという順番が取られます。

　この試験でもみなさんにそうした手順を踏んで課題に取り組んでもらいたいところですが、あいにく試験時間も問題文の量も限られています。本格的な分析に挑むことは入学後の楽しみに取っておくこととし、ここでは入口となる定性分析の、そのまた入口に取り組んでもらいたいと思います。

　課題を分析するといっても、思いつきや行き当たりばったりで進めては、着実な成果を得ることは難しいでしょう。まずはきちんとした手法に基づいて課題の構造を理解し、そのうえで課題を解決する方法を探ることが肝要です。

　そのため、まず課題を捉えるための道具と考え方を、着眼点（ツール【1】）、構造理解（ツール【2】）、解決方法（ツール【3】）に分けて紹介します。それを用いて、問題（問1〜3）に答えてください。分析の対象となる実例はケース【A】〜【C】として問題文に続けて掲載してあります。

ツール【1】：課題を構成する要素を見出す着眼点—1 つの A と 3 つの I

　まず、1 つめの分析道具として、課題を構成する要素を見出す際に役立つ「1 つの A」（Actors）と「3 つの I」（Interests, Ideas, Institutions）という着眼点についてお話します。

　課題は、さまざまな人が関わりあうことで生じています。それは課題によって個人であったり、組織であったり、国家であることもあります。こうした当事者、行為者、関係者のことを**アクター**（Actors）と呼びます。アクターには意識的に課題に関わる者もあれば、無意識に関わっている者もあります。

　学校の授業を改善するという課題を例に考えてみましょう。アクターとなるのは生徒、クラスのなかのグループ、先生、校長などでしょうか。少し範囲を広げてみれば保護者や住民、市区町村レベルで変えようとするなら地方自治体の議員、教育委員会や市区町村長が入ってくるでしょう。国家レベルまで広げれば国会議員や中央省庁の担当部局、そして国民が入ってきます。範囲が広がるほどアクターは増え、課題の構造は入り組んできます。

　この複雑な構造を理解するための分析道具として用いられるのが「3 つの I」、すなわち、**利益**（Interests）、**理念**（Ideas）、**制度**（Institutions）です。順番に説明していきましょう。

　利益は、その課題についてそれぞれのアクターが持つ利害のことです。先ほどの例でいえば、生徒にとっては授業の面白さやわかりやすさ、宿題の量が多いか少ないかといったことが気になるでしょう。保護者にとっては子どもの成績や理解度はもちろん、学費がどうなるかも心配でしょう。教師から見れば、必要となる準備の大変さや勤務時間がどうなるかという点は気になるでしょう。

　理念は、それぞれのアクターが持つ考えや信念のことです。どんどん学んでいきたい生徒もいれば、じっくり学びたい生徒もいるでしょう。教員には授業スタイルへのこだわりがあるかもしれません。校長にも自身が思い描く学校像があるでしょう。それぞれが考える「正しさ」や理想像が交錯していることがわかるでしょう。

　制度は、規則のように明文化されたものはもちろん、慣習や規範といった文章になっていないものも含めて、私たちを制約するルールや仕組みを指します。学校教育法や教育基本法といった法律から、黒板に向いて姿勢を正して座る、授業中は静かにするといった「きまり」、さらには「高校生は高校生らしくすべきだ」といった価値規範も私たちを制約する、広い意味での制度と捉えられます。

　その課題にどのようなアクターが関わっているのか。それぞれのアクターがどのような利益をもち、どのような理念で、どのような制度のもとで動いているのか。これを整理すれば、一見複雑に見える課題であっても、その構造を整理して、実現可能な改善策を考えることができるようになります。

　参考：秋吉貴雄、伊藤修一郎、北山俊哉『公共政策学の基礎〔新版〕』有斐閣、2015 年

　　　　ゲイリー・ガーツ、ジェイムズ・マホニー（西川賢、今井真士訳）

　　　　　　　　　　　　　　　『社会科学のパラダイム論争』勁草書房、2015 年

ツール【2】：課題の構造を描き出す—フレーミングとアロー・ダイアグラム

　ツール【1】で述べたように、課題はさまざまなアクターの利益と理念、それを取り囲む制度によって成り立っています。それぞれがどのように関わり合って課題が生まれているのかという構造を理解できれば、課題を俯瞰的に捉えて、意味のある政策を導くことができます。ここでは、そのためのツールを2つ紹介します。

　アクターはそれぞれに利益や理念に基づいて課題を捉えています。この捉え方を**フレーミング**といいます。ツール【1】であげた授業改善の例でいえば、生徒は「授業がつまらない」、保護者は「子どもの成績がよくない」、教師は「生徒がついてこない」といったフレームで課題を捉えています。それらは相互にぶつかることが多く、ある一面からのフレーミングに基づいて課題を解決しようとすると、かえって状況を悪化させることがあります。分析を行う者は、より俯瞰的に課題の本質を捉えたフレーミングを行う必要があります。

　それぞれのアクター、利益、理念、制度を確認してから俯瞰的なフレーミングを行うと、課題の構造が見えてくるでしょう。課題の原因となっている要因を**独立変数**と呼びます。それに対する結果を**従属変数**と呼びます。変数というだけあって、数学のxやyのように大きくなったり小さくなったり、増えたり減ったりと変化します。

　「風が吹けば桶屋が儲かる」ということばがあるように、通常、原因と結果は直結しません。学校に、より多くの予算（独立変数）が投じられたとしても、それがどう使われるかによって授業が改善されるかどうかという結果（従属変数）は変わってくるでしょう。原因と結果のあいだにはさまざまな変化の要因があるからです。これを**媒介変数**と呼びます。

　原因から結果に至る課題の構造は、独立変数から媒介変数を経て従属変数に至る流れ（フロー）としてまとめることができます。これを**アロー・ダイアグラム**と呼びます。下にあげた図表例は、市民協働の活発化をめぐるアロー・ダイアグラムです。ボックスがそれぞれ独立変数（原因）、媒介変数、従属変数（結果）を、矢印が影響を与える方向を示しています。自治体からの助成金が増えれば市民の活動は活性化し、リーダーが育成され、NPOが増え、結果として市民協働が活発化するという構造を描き出し、理解を容易にしています。

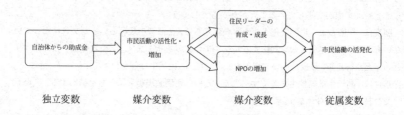

| 独立変数 | 媒介変数 | 媒介変数 | 従属変数 |

　参考：伊藤修一郎『政策リサーチ入門』東京大学出版会、2011年
　　　　　ポール・ピアソン（粕谷祐子監訳）
　　　　　　　　　　　　『ポリティクス・イン・タイム』勁草書房、2010年

ツール【3】：課題を解決する方法を示す―システム思考

　雲が立ちこめ、空が暗くなり、木の葉が風に巻き上げられると、もうすぐ雨が降るとわかる。また、豪雨で流れていく水が何キロメートルも離れたところの地下水に流れ込むことも、明日には空が晴れることも、私たちは知っている。こういった出来事は時間的にも地理的にも離れているが、すべて同一のパターンの中でつながっている。それぞれがほかのものに影響――たいていは目に見えない影響――を与えている。豪雨のシステムは、その全体を考えることで初めて理解できるのであり、どこであろうとパターンの一部分を見ることでは理解できない。

　ビジネスや人間によるそのほかの企てもまたシステムである。それらも相互に関連する行動が織り成す、目に見えない構造でつながっており、互いへの影響が完全に現われるまでには何年もかかる場合も多い。私たち自身がそのレース細工の一部として織り込まれているため、変化のパターン全体を見ることは二重に難しいのだ。**システム思考**は、パターンの全体を明らかにして、それを効果的に変える方法を見つけるための概念的枠組みであり、過去 50 年間にわたって開発されてきた一連の知識とツールである。

出典：ピーター・M・センゲ（枝廣淳子、小田理一郎、中小路佳代子訳）
　　　　　　　　　　『学習する組織』英治出版、2011 年（一部抜粋）
The Fifth Discipline by Peter M. Senge, Doubleday

　システム全体を理解するとは、どういう意味だろうか。第一に、従来のレンズではなく全体的なレンズを通して、自分が変えたいと思っている状況を正しく理解するということだ。従来の思考法は、「手を切ったので、傷口が治るように絆創膏を貼る」というような単純な問題には機能する。だが、従来の思考法は、あなたが解決したいと思っているような、複雑かつ慢性的な社会問題や環境問題に対処するのには適していない。

　たとえば、ホームレス問題の場合、解決策は単に保護施設の提供に留まらない。路上生活者たちの多くは、周期的に保護施設、路上、病院、拘置所を巡るので、一時的な保護施設を提供するだけでは不十分だ。ホームレスをなくすには、手頃な価格の恒久住居、慢性的なホームレスに対する支援サービス、経済開発などを含む複雑で長期的な対策が必要だ。これはつまり、ホームレスの発生を防ぐ団体と、ホームレス状態になった人たちを支援する団体、支援サービスと雇用が保証された恒久住居の提供によってホームレス状態を終わらせる団体の間に新たな関係性を確立するということだ。サービスの提供者を連携させて、連続した支援ができるようにすることで、すべての関係者の問題解決能力が高まるのである。

出典：デイヴィッド・ピーター・ストロー（小田理一郎監訳、中小路佳代子訳）
　　　　　『社会変革のためのシステム思考実践ガイド』英治出版、2018 年（一部抜粋）

【問　題】

　ここまで、課題を捉えるための道具と考え方を示してきました。よりわかりやすく考えられるように、具体的な実例を用意しました。これを題材として問題に挑んでみましょう。

　次のページから、政策の事例が 3 つ、ケース【A】～【C】として示されています。【A】は政治、【B】は外交、【C】は社会における実例です。事例の内容が分かりやすいように新聞記事と当事者の証言を組み合わせています。新聞記事は事例の全体像を理解することに役立つでしょう。当事者の証言はいずれも躍動感に富む体験談ですが、同時にここで語られていないことも、本人が気付いていないこともあるでしょう。

　以下、上述したツール【1】～【3】を用いて、課題を構成する要素を見出して整理し（問1）、課題の構造を描き出し（問2）、その実践を改善するための具体的な提案（問3）を行ってください。

問1　課題を構成する要素を見出し、整理する

　ツール【1】を読んだうえで、ケース【A】～【C】それぞれについて、実施された政策とその目的を記し、アクターを書き出してください。アクターは主要なものを 4 つまで書くことができます。そのうえでアクターごとに、それぞれが持つ利益、理念を書き出してください。そして、それらはどのような制度のもとで動いているかを記してください。

　ケース【A】～【C】は新聞記事と当事者の語りですから、記者や本人が見えていない、語っていないこともあるでしょう。そうした「書かれていないこと」があればそれも含めて、みなさんが重要だと考えるものを書き出してください。

問2　課題の構造を描き出す

　ツール【2】を読んだうえで、ケース【A】～【C】のどれか 1 つを取り上げて課題の構造を図示します。まず、取り上げるケースの番号・名称に○をしてください。そのうえで、そのケースに潜む本質的な課題を見出し、どのような課題としてフレーミングすべきかを考え、それを示すタイトルを自分のことばで記してください。そのうえで、課題の構造をアロー・ダイアグラムの形式で描いてください。その際、問 1 で書き出した要素を考慮して、より現実に即したものになるよう心掛けてください。

問3　課題を解決する方法を示す

　問 2 で取り上げた課題について、ツール【3】を参考に、システム思考の観点に立った改善の提案を論じてください。その際、問 1、問 2 を踏まえて、誰が何をするかを具体的に記してください（800 字）。

ケース【A】パートナーシップ政策

「広がる『パートナー制度』、進まぬ同性婚論議」『朝日新聞』2020 年 9 月 9 日

　同性カップルの関係を公的に認める「パートナーシップ制度」が始まってまもなく 5 年が経つ。導入自治体は 50 を超え、これらの自治体に住む人は 3 千万人に達した。同性カップルを夫婦と同等の関係と考える意識は広がりつつあるが、同性婚の議論は進んでいない。なぜなのか。

　NPO 法人「虹色ダイバーシティ」と東京都渋谷区がパートナーシップ制度について調べたところ、6 月末時点の導入自治体は 51、同性カップルは 1052 組だった。導入自治体に住む人は約 3400 万人で、全人口に占める割合は 26.4%。制度に法的効果はないが、住宅契約や医療機関での面会などで「家族」として認める動きが広がっている。ただ、東北 6 県や北陸 3 県は空白地域で、四国や九州、中国地方もまだら模様だ。

　パートナーシップ制度では解決できない課題も多い。所得税の配偶者控除は受けられず、子どもの共同親権は持てない。育児休業や介護休業も取得を認めていない企業や自治体が大半だ。同性カップルに婚姻を認めないのは憲法が保障する「婚姻の自由」と「法の下の平等」に違反するとして、国を相手取った訴訟が各地で起きている。

　NPO 法人「EMA 日本」によると、いま同性婚ができるのは世界の 28 カ国・地域。2001 年のオランダを皮切りに広がり、11 年に国連人権理事会が性的指向などによる差別問題に取り組む決議を採択したことが、多くの先進国で性的少数者の差別を禁じる法律の成立を促した。G7 で法的保障がないのは日本だけとなっている。

　金沢大の谷口洋幸准教授（国際人権法）は「日本では政府が差別を解消しなければいけないという意識が薄い」と分析する。日本では、政府・自民党に夫婦と複数の子という「伝統的な家族」の形を重んじる考えが根強い。自民党は 16 年作成のパンフレットで「同性婚容認は相いれない」と反対を掲げた。国会では 19 年 6 月、野党 3 党が同性婚を認める民法改正案を衆院に共同提出したが、審議は進んでいない。今年 3 ～ 4 月の朝日新聞と東大の調査では、同性婚の賛成派（46%）が反対派（23%）を上回り、自民投票者も同じ傾向だった。

石川大我氏（参議院議員、前豊島区議会議員）インタビュー（2020 年）

——政治の道を志して豊島区議会議員になられたのは何故ですか。

石川　僕はこの社会を LGBT にとってより生きやすいものにするためには 4 つの方法があると思っています。1 つめは、今お話ししたように LGBT 当事者同士がつながること。それによって当事者がエンパワーメントされます。2 つめは、当事者以外の人に正確な情報をきちんと知ってもらうこと。3 つめが、メディアなどを通じてしっかりと LGBT の正確な情報を拡散していくこと。

　それで、4 つめとして、やっぱり政治があると思ったんですね。そう思ったきっかけとして、一つエピソードがあります。同性婚が認められている国の人と日本人が同性同士で国際結婚をしようとすると、相手の国によっては婚姻要件具備証明書、すなわち婚姻する要件が備わっていることを証明する書類が求められる場合があります。なぜこれが必要かというと重婚を防ぐためで、海外からだと日本の戸籍システムにアクセスできないので、日本人の

申請者が日本で結婚してるかどうかが分からない。だから、日本で結婚していないことを証明してあげる必要があるんですね。2002 年までは証明書が問題なく発行されていたんですけれども、その年に相手方の性別欄というのができて、申請者と結婚相手の性別が同じである場合、証明書が発行されないという状況になりました。それで、同性婚が認められている国で、日本人が海外の人と同性婚をするということができなくなってしまいました。

　そんな声を聞いていたので、国会の議員さんたちと一緒に法務省に対して交渉をしたんですね。「同性婚ができるはずの国で当事者の人が結婚できなくなっているから、婚姻要件具備証明書の相手方の性別欄を外してくれ」と訴えました。政府の見解としては、まず、婚姻要件具備証明書というのは日本国内において結婚ができるという証明書だと。それで、相手方の性別欄に男と書いてあって、申請者自身も男性の場合だと、日本では同性婚が認められていないから証明書を発行できないということでした。交渉の結果、婚姻要件具備証明書には結局のところ性別欄が残ったままですが、新たに独身証明書というものができて、それがあれば海外で同性婚ができるようになりました。「日本人とまた同性婚できるようになった」ということで、これは海外でも結構報道されました。

　このように、自分たちが抱えている問題を国会に届けて、関心を持った国会議員がそれを議題にすることで実際に変化が生まれるという経験をして、政治が果たす役割というのはあると思いました。今例えば政治に対してあまり期待していないとか、誰がやっても同じっていうこととかが言われますけど、政治に関わることによって我々の生活が良くなったという原体験が、僕が政治に関わるきっかけになりました。それで、まずは地元からということで 2011 年に豊島区議会議員に立候補し、当選しました。

——2019 年に豊島区議会で同性パートナーシップ制度が全会一致で可決されました。成功に至った背景というのは何だったと思われますか。

石川　これは、自治体に住む LGBT 当事者の皆さんが声を挙げたというのが一番大きかったと思うんですね。自分は 2011 年に議員になってから、様々な場面で同性パートナーシップ制度をやるべきだということを言ってきました。

　2015 年に渋谷区と世田谷区でパートナーシップ制度ができる前から、「豊島区が日本で一番に、同性カップルを認める制度をつくるべきだ」とは言ってたんですが、なかなか前に進みませんでした。それが動くきっかけになったのは、豊島区に住む当事者の皆さんが「レインボーとしまの会」というグループを作って、自民党から共産党、そして一人会派、無所属の人にまで、地域の当事者として働きかけを行ったことでした。グループの方々は、勉強会なんかもやりながら議員さんの理解を少しずつ得ていったんですが、顔の見える存在として地域の当事者が声を挙げることの重要性を僕はそこですごく感じました。

　もちろん、議会の中に当事者の議員がいるということも大事だと思います。当事者の議員がいることで、他の議員さんたちも、LGBT の当事者が確かにいるということを意識するようになります。全国で少しずつ立憲民主党の当事者の議員も増えてますし、それが大事であるということはもちろんですが、その一方で、地域の当事者たちが議員をサポートしたり、声を出したりすることもとても大切だと思います。

　その後、2017 年に「レインボーとしまの会」の皆さんが署名を集めて議会に対して請願を出しました。パートナーシップ制度を導入することや、同性カップルも区営住宅に入居で

きるようにすることを求めるものです。自民党は残念ながら反対しましたけれども、公明党や共産党、民進党系の議員のグループも無所属の人たちも賛成してくれて、請願が議会を通りました。その請願を受けて、区長との面談をやったり、区長に対する申し出をしたりしましたが、そういう流れの中で、当事者が声を挙げるということはすごく大きいと思いました。それで、最終的に同性パートナーシップ制度を導入する条例改正については自民党も反対をしなかったんですが、それはやっぱり住民たちが顔の見える形で声を挙げたということが大切だったのかなと思います。

　　出典：石川大我「＜特集インタビュー：令和 新しい時代の公共政策＞
　　　　　　多様性を認め合う社会を実現するために」『公共空間』18 号、2020 年（一部抜粋）

ケース【B】国際貿易政策
「ＷＴＯ協定を国会承認 新食糧法も成立 年内締結」（『朝日新聞』1994 年 12 月 8 日）

　ウルグアイ・ラウンド（新多角的貿易交渉）合意を具体化し、自由貿易体制の強化を目指す世界貿易機関（WTO）の設立協定締結承認案と、食糧需給価格安定法（新食糧法）案など関連法案が、8 日午後の参院本会議で自民、社会、新緑風会、公明などの賛成多数で可決され、承認・成立した。政府は年内に協定を締結する方針。これにより、日本は来年 1 月に予定されている WTO 発足時から加盟国となり、コメ市場の部分開放に踏み出すとともに、新たな貿易秩序づくりの一翼を担う。

　米国議会に続き、世界貿易に大きな地位を占める日本で協定締結が承認されたことで、欧州をはじめ世界各国の締結に弾みがつくとみられる。8 日にはウルグアイ・ラウンドの参加国がジュネーブで WTO 実施会議を開き、来年 1 月 1 日からの発足を決める。WTO 本部はジュネーブに置かれる予定だ。

　WTO は、戦後の世界貿易を支えてきた GATT（関税および貿易に関する一般協定）体制を事実上終結させ、より一層開かれた貿易体制の維持、拡大をめざす機関。GATT と比べ、貿易摩擦に伴う紛争処理の迅速化を図ったのが大きな違いだ。対象分野もモノの貿易だけだったのをサービスや知的所有権にまで広げた。

　協定では農産物貿易は関税化を原則としたが、日本のコメはミニマム・アクセス（最低輸入量）の受け入れを条件に特例扱いとされた。新食糧法はコメ市場の部分開放に対応するとともに、市場原理を強化するため食糧管理法に代わって制定された。コメの全量管理を建前としてきた政府の役割を輸入、備蓄、流通計画の作成などに限定。減反するかどうかは農家の判断に任せることにした。

　コメの卸・小売業への参入をしやすくし、自由米（ヤミ米）を追認するなど規制も緩和する。部分開放に関する規定は来年 4 月、その他の項目は来年 11 月からそれぞれ施行される予定。本会議に先立つ参院 WTO 設立協定特別委員会では、自民、社会、新緑風会、公明などの賛成多数で承認・可決し、農業基盤整備のいっそうの推進などを政府に求める付帯決議を採択した。本会議でも、予算措置での「特別の配慮」による国内農業対策の充実などを求める決議をした。

石原信雄（当時、内閣官房副長官）インタビュー（1996 年夏）
——宮沢内閣の外交課題だったウルグアイ・ラウンドはいかがでしたか。

石原　ウルグアイ・ラウンド交渉の中で、工業製品は、我が国は模範生で、自由化をどんどん行った。しかし、農業は…当初ヨーロッパ、とくにフランスとアメリカの対立が主で、非常に交渉が難航して遅れましたが、これがクリアされれば、次はコメの問題になることは明らかでした。与党も野党も、国会では輸入は絶対認めない、いわゆる「一粒たりとも」と主張されていた。基本的に日本のコメは国内で自給をするんだと、その趣旨で通してきましたし、これは農水省の側も農水大臣もその線で国会答弁をしてきている。ですから、もし若干なりともコメの輸入を許容するということが、ウルグアイ・ラウンド交渉を妥結させる上で必要な場面が来たら、それは総理大臣が最終的に決断するしかない。それは宮沢内閣が発足する前からの流れだったんです。

——細川内閣でウルグアイ・ラウンドが一つの決着を見ますが、その過程で官邸の役割はどのようなものだったんですか。

石原　実は、ウルグアイ・ラウンド交渉で非常に重要だったのは、事務局長の交替だったんです。ドンケル事務局長は非常に硬直的な人で、原理原則に忠実で例外を認めない。いわゆる「例外なき関税化」ということばに象徴されるように、ドンケルさんはこれをまさに地でいったわけです。日本にとってコメは特別の意味があるんだと主張しても耳を貸さないわけです。そのために交渉が難航した面もあるんです。

　ところが、〔出題者注：後任の〕サザーランド事務局長は柔軟な人です。あの人はいろいろな収まり方があっていいのではという感じなんです。事務局長が代わったことが、ウルグアイ・ラウンド交渉の空気を和らげた効果は非常に大きかったですね。この人は幅をもって相談できるなという感じになったんです。日本の農業団体にはつねにジュネーブの状況が伝わっていましたから、サザーランドになってから非常にホッとしていましたね。

　一方、細川総理は宮沢総理以上に、日本はコメと心中するわけにはいかないという考えを強く持っていました。国全体の状況を睨んで、コメについては安易な妥協はしないけれども、コメのために日本がウルグアイ・ラウンド交渉を壊すようなことをしてはいけない。細川総理は粘るだけ粘ってわが国の実情を反映させた上で、コメの自由化、いわゆる部分輸入は認めざるを得ないんじゃないか、という気持ちをもっていました。

——農水省の体制と官邸はどういう関係になるのですか。

石原　私の感じを申しますと、歴代内閣というか自民党が非常に強硬だった。農政族が強硬だったこともあるんですが、農水省の事務方もそれに呼応して非常に硬かったんです。そこで、農水省の次官が京谷昭夫君に代わった。彼は農水省の中でも大局論者で、大局を見て考えなきゃいかん、コメだけで農政が回ってはいかんという、そういう思想の持ち主でした。

　それから塩飽二郎くんという事務方がね、彼はずっとジュネーブで仕事をしていましたから、早くから、コメについてはある程度弾力性をもって臨むしかないと思っていました。それとなく彼の報告を聞きながら感じていました。

　一方、細川さんの日本新党は都市系の議員をバックにしていますから、日本新党や公明党はコメの輸入自由化についてはある程度の柔軟性をもっていました。

　ですから国内的には、細川内閣になってコメ問題についてはいっそう姿勢が柔軟になってきた。何よりも、与野党が入れ代わって非自民の連立政権になったわけですね。それで、自民党以上にコメの問題については硬かった社会党が与党になり、大きくそのことが響いたと思います。

——社会党の反対論者にはどういう説得をしたんでしょう。

石原　連立政権としてウルグアイ・ラウンドもギリギリに追い込まれて、関税化は一切ダメ、輸入そのものが一切ダメで「一粒たりとも」という主張では、もうこれは立ち行かない。だから関税化は何としても阻止しなければいかん。しかし、その代わりコメは国内産で需給することを基本とするが若干の例外は認めざるを得ないとね。

　しかもあのときは新生党の小沢一郎代表幹事も、コメの部分自由化は仕様がないという意見でした。ウルグアイ・ラウンドを成功させるためには、それくらいの犠牲は日本側も受け入れざるを得ないんじゃないかという思想でした。

　社会党の村沢牧さんなどを中心とする農政派、これが「一粒たりとも」なんですよ。最強硬派です。自民党よりも頑なでしたからね。そこをどう説得するかがポイントだった。そこで、当時の社会党のトップの山花貞夫さんもわりと硬かったんですが、山花さんは政治改革担当大臣になって入閣して、党首は村山さんになっていたんです。その村山さんはもともと自治労の出身で、農林系ではない。だから、基本的にはある程度、理解しやすい立場だったと思うんですよ。

　そこで 12 月の最終段階で、関税化は阻止する。その代わり、一定の経過措置を講じながら部分的な輸入をすることを受け入れたわけです。それによってウルグアイ・ラウンド交渉が妥結するというところに行ったんです。最終段階では、細川内閣をもたせるためにも、与党である社会党がこの問題でこれ以上突っ張ってはいけない、なんとか総理を支えようじゃないかと、説得に当たったのは〔出題者注：社会党の〕久保亘さんでした。あの時は久保さんが書記長で、村山さんが委員長でしょう。久保さんが一生懸命、政府与党と社会党の中央執行委員会のあいだを行ったり来たりしてました。

　本当に、久保さんはあのとき大変でした。午前 2 時半ぐらいだったかな。やっと社会党の中央執行委員会がやむを得んという返事を官邸にもってきたんです。そこでサザーランドに総理から電話を入れてもらって、ようやくまとめたからということで、最終決着したんです。

　農水省はもう、条件闘争になったわけです。いま問題になっている 6 兆 100 億円。十分な手当てをするということで収めに回って、農水省も実を取ったわけです。

出典：石原信雄『首相官邸の決断—内閣官房副長官石原信雄の 2600 日』
　　　御厨貴・渡邉昭夫インタヴュー・構成、中央公論新社、2002 年（一部抜粋）

ケース【C】待機児童政策
「保活と就活『両立無理過ぎ』」『朝日新聞』2019 年 3 月 22 日

　「＃保育園落ちた」。新年度を前に今年もそんな声が SNS 上にあふれる。中でも仕事を探したい専業主婦には、保育園を探す「保活」と勤め先を探す「就活」の 2 つの高い壁が同時に立ちはだかる。乗り越える道筋はあるのだろうか。

　「保活と就活の両立って無理ゲー（クリアが困難なゲーム）過ぎません？」。山梨県の専業主婦の女性 (35) は、ため息をついた。ツイッターに「＃保育園落ちた」と書き込んだ一人。他県で正社員として働いていたが、結婚を機に退職し、夫の住む山梨に引っ越した。同世代は働く女性が多く、今は自分の服を買うのも夫に申し訳ない。昨春、3 人目を出産。将来のため働こうと「求職」を理由に保育所入所を申し込んだが、落ちた。近くの認可外保育所は月約 5 万円で今の自分には高すぎる。「こんな状況で女性活躍って言われてもなぁ」。

　2015 年に施行された「子ども・子育て支援法」施行規則では、保護者が求職活動をしている場合も保育所に子どもを預けられると明記している。だが、実際は難しい場合が多い。昨年 4 月現在の認可保育所に入れていない全国の待機児童数は 1 万 9895 人。特定の保育所を希望しているなどと判断され、待機児童に数えられていない「隠れ待機児童」は 7 万 1300 人に上る。自治体は、各家庭の「保育の必要性」を点数化して認可保育所に入る優先順位を決めるのが一般的だが、求職中だと共働きに比べて不利になりやすい。

駒崎弘樹氏（認定 NPO 法人フローレンス代表理事）のケース（2013 年発表）

　2005 年から病児保育サービスで社会問題を解決してきた駒崎氏であるが、2009 年からはさらに待機児童問題に取り組み始める。待機児童とは、保育所入所申請をしているにもかかわらず満員などの理由で保育所に入所できない状態にある児童をいう。

　なぜニーズがあるのに保育所の数が足りないのかを調べたところ、大きな課題は児童福祉法と厚生労働省の政令で定められた 20 人という定員数であるということがわかった。最低 20 人でないと認可されず、補助が受けられない。しかし 20 人規模だと広い物件が必要になり、都市部の物件は家賃が高かったり、適する空き地や空き物件を確保するのが難しく、作れない。

　　「でも待機児童は都市部に集中しているため、都市部で保育所を作らなければ意味がない。10 人とか 9 人とかという規模にできるならば、マンションの一室や空き家の一軒家で開設できるから、物件を探すのが非常に楽になる。なので、20 人よりも少ない規模の保育園というのを作って、待機児童問題を解決しようと思ったんです」
　　（駒崎氏）。

　同時に、保育スタッフとして「保育ママ」という制度に目をつけた。保育ママとは、保育所に入所できない主に 3 歳未満の児童を保育者の居宅などで保育する保育者の通称である。国の要綱に基づき、市区の単独事業としても行われている。2010 年 4 月より規制が緩和さ

れ、無資格者であっても一定の研修を修了することで要件を満たせるようになった。ただし、居宅の部屋を家族のプライバシーを守りながら確保することが日本の住宅事情では難しいことから、その数は 997 人に留まっていた。また自治体から依頼されて個人が全責任を負うため、休みも取りづらい。

　駒崎氏は、病児保育よりはるかに裾野の広い保育所不足の問題を解決するためには純粋なビジネスとして扱わない方がよいと判断し、最初から国策にすることを視野に入れて行政に働きかけていた。そこでまず、民主党の勉強会で講師に招かれた時に知り合った参議院議員に相談したところ、厚生労働省の試験的事業という枠組みを作って実施できることとなった。ただし、保育園は市町村事業であり、該当する自治体が動かなくては実際の事業にできない。そこで駒崎氏は故郷であり待機児童が多い江東区に、国から許可を得た事業を実施しないかと相談に行くが、あっさりと拒絶される。

　　「その時に痛感したのが、国と自治体は上下関係ではなくて対等なので、国が自治体
　　に命令することはできないということ。行政っておもしろいことに、トップダウン
　　に見えてトップダウンじゃない。こうなったら区議会を動かそうと考えた。行政は
　　区議会からガンガン言われるのを嫌がるので、しらみつぶしに議員を口説いていき、
　　区議会議員を固めることで、ようやく江東区の担当者が動きました」(駒崎氏)。

　そして最後の難関は、物件の周辺住民であった。タイミングよく都市再生機構 (UR) が賃貸マンションを用意してくれたが、当該物件の両隣と上下階の住民に保育園の開設許可を得ようとしたところ、上階に住む若い夫婦が首を縦に振らない。そのため当初予定していた 2010 年 4 月 1 日の開設日は使っていない集会場で迎え、別の物件を探して 5 月 1 日から移るという綱渡りでオープンした。

　物件の準備は綱渡りだったが、利用者は 9 人の定員のところに 20 名超の申し込みがあるほどの人気であった。開園後しばらく経った後にとった利用者アンケートでも、9 名の保護者全員が満足しているという回答が得られた。また、今回は保育者の確保にも苦労しなかった。一般的な保育園だと 1 人で何十人もの園児を担当するため、1 人 1 人を丁寧に見ることのできないことにフラストレーションを抱えていた保育士や保育経験者が多数応募してきたのである。「少人数保育」は保育者にとっても大きな魅力なのだった。

　駒崎氏には、厚生労働省がフローレンスの病児保育サービスをコピーして全国に展開するための施策を打ち出したものの、うまくいかず 3 年で中断するという苦い経験があった。

　　「失敗の理由は、僕たちと官僚側とのコミュニケーションがうまくいっていなかった
　　から。国や行政と敵対関係になるのではなく、もう少しちゃんとコミュニケーショ
　　ンして、水平展開されるようにすべきだった。補助事業にするためには、あまり最
　　新でないもののほうがいい。だから自治体に対しては、これは新しいことではない、
　　保育ママの延長なんだと説明した。まったく新しいことをやると嫌がられるが、す
　　でに実施していることなら行政も理解しやすいし面倒くさくない。とりあえず小さ
　　くスタートして、自治体を巻き込むことを優先した」(駒崎氏)。

　そうして自治体を説得し、立ち上げるところはできたが、次は「20 人」という制度の縛りを外さなければ、小規模保育所の普及にはつながらない。内閣府の待機児童対策特命チームの事務局長に相談したところ、準備中の法案に 19 人以下の利用定員を認める「小規模保育サービス」を組み込んでもらえることとなった。この制度は子ども・子育て支援関連の制度・財源・給付を一元化するとともに、株式会社、NPO などの多様な事業主体の参入を認めるものでもあり、保育業界の自由化に反対する既存の保育団体を支持団体として抱える自民党は猛烈に反対していた。

　既存の保育団体は、自由化によって市場競争が生まれると保育の質が落ちると主張する。しかし、待機児童問題を解決するためには、まず事業者の数を増やしてサービスを行き渡らせることが必須であり、そのうえで本当に質の高い保育を行う事業者を育てることが大事であると駒崎氏は考え、この法案を通すために既存のメディアやツイッターを用いたソーシャル・プロモーションを開始した。また 2012 年 5 月に与野党のキーマンを揃えてニコニコ生放送で討論する企画をセットアップするなど、議会関係者にも働きかけた。そして「子ども・子育て支援法」は同年 8 月に参議院本会議で可決成立した。この法案が施行される 2015 年 10 月には 20 人未満の小規模保育が正式に認められる。

　出典：宮地恵美、飯盛義徳『慶應 SFC の起業家たち』慶應義塾大学出版会、2013 年

（一部抜粋、改変）

2020年度

問題編

■一般入試

問題編

▶試験科目・配点

教　科	科　　　　　目	配　点
外国語 ・数学 ・情報	「数学または情報」,「外国語」,「数学および外国語」の３つの中から１つを選択（いずれも同一試験時間内実施） 　数　学―数学Ⅰ・Ⅱ・Ａ・Ｂ 　情　報―社会と情報・情報の科学 　外国語―(a)コミュニケーション英語Ⅰ・Ⅱ・Ⅲ，英語表現Ⅰ・Ⅱ 　　　　　(b)コミュニケーション英語Ⅰ・Ⅱ・Ⅲ，英語表現Ⅰ・Ⅱ， 　　　　　　ドイツ語 　　　　　(c)コミュニケーション英語Ⅰ・Ⅱ・Ⅲ，英語表現Ⅰ・Ⅱ， 　　　　　　フランス語 　　　　　の(a)，(b)，(c)のうち，いずれか１つを選択	200 点
小論文	発想，論理的構成，表現などの総合的能力を問う	200 点

▶備　考

- ドイツ語，フランス語は省略。
- 数学Ａは「場合の数と確率」・「整数の性質」・「図形の性質」を出題範囲とする。数学Ｂは「確率分布と統計的な推測」・「数列」・「ベクトル」を出題範囲とする。
- 選択した受験教科の得点と，小論文の採点結果を組み合わせて最終判定を行う。

英語

(120 分)

(注意)
- 「外国語選択者」は，問題 I ～Ⅲの全問を解答すること。
- 「数学および外国語選択者」は，問題 I・Ⅱおよび数学の問題 I・Ⅲ・Ⅵを解答すること。
- 問題 I は英語・ドイツ語・フランス語のいずれかひとつの言語だけを選択して解答（ドイツ語・フランス語は省略）。

英語 I

次の文章に関して、空欄補充問題と読解問題の二つがあります。まず、[31]から[40]の空所を埋めるのに、文脈的に最も適切な語を 1 から 3 の中から選び、その番号を解答欄 (31) から (40) にマークしなさい。次に、内容に関する[41]から[45]の設問には、1 から 4 の選択肢が付されています。そのうち、文章の内容からみて最も適切なものを選び、その番号を解答欄 (41) から (45) にマークしなさい。

1   There can be few things as frustrating as being stuck in a car park for four hours on a scorching Sunday afternoon; yet this was the unhappy fate of shoppers at a new multi-story car park at an IKEA store in Reading, UK. As well as prompting a full-scale investigation by IKEA, such chaos invites us to consider how further [31](1. standoff 2. gridlock 3. clearance) can be prevented. Fortunately, mathematics can provide some basic guiding principles as we consider how to design the perfect car park.

2   First, we need to decide how many parking spaces there should be. This is a perennial problem, [32](1. to 2. by 3. from) which there is no prescriptive answer. Too many spaces are costly and look ugly, while too few parking bays result in distraught and dissatisfied customers. Yet some relatively simple math can help us avoid the worst congestion.

3   Suppose that daily peak demand averages M cars. We can get a sense of how much the number of cars is likely to vary from the average using standard deviation – let's call this value S. If S is small, it means that the daily peak demand is quite consistent. If S is larger, it means that there's a bit more variation; perhaps attendance spikes on Sundays, or over long weekends, or during sale periods.

4   Once we know these values, we can use the normal distribution to evaluate the probability that a car park with a given number of spaces will overflow. For example, if $M = 750$ and $S = 100$, then a car park with 800 spaces will overflow on 33% of days, whereas a car park with 1,000 spaces will overflow

on only 1% of days. Greater accuracy can be achieved by modifying this simple model to focus on the more extreme events.

5　　　　Parking bays should leave [33](1. alternative 2. token 3. ample) space around the cars to enable pedestrian access and to allow for the axle tracks of turning circles, so that vehicles can enter and exit smartly without cutting the corners of [34](1. farthest 2. adjacent 3. overlooking) bays. This can also be achieved with sufficiently wide access lanes, so that cars are parallel to the lines when entering their bays.

6　　　　Now consider the layout of parking spaces. [35](1. Admitting 2. Ignoring 3. Assuming) that the building has a rectangular plan, there are some simple rules that ensure a convenient and dense population of bays. Rather than having access lanes around the perimeter of each story, moving the lanes inwards allows us to place bays around the edges and increases the number of spaces. Dead ends are undesirable, as they require drivers to reverse [36](1. against 2. with 3. over) the flow of traffic, so ramps should be located to avoid these. One-way flow systems throughout the car park also help to avoid congestion and confusion, while allowing access lanes to be narrower than for a two-way flow of traffic.

7　　　　A diagonal layout of car parking spaces offers significant advantages over a rectangular layout. Imagine proceeding along an access lane and finding an empty bay. With a rectangular layout you need to change your direction of travel by 90 degrees, which requires a substantial lane width to [37](1. circumvent 2. eliminate 3. accommodate) your turning circle.

8　　　　But for a diagonal layout, the bays on both sides are [38](1. inclined 2. declined 3. reclined) towards you. These require less course adjustment and the access lane can be narrower, so we can fit more parking bays into the same space. For a large car park, a 45-degree bay angle leads to an efficiency savings of 23%. You also need to change your direction of travel much less, so maneuvering is easier and safer when later reversing out of the bay.

9　　　　If one were to design a new car park from [39](1. scratch 2. scribbles 3. script), one of the best of all systems is epitomized by the helical car park design. With one entrance, simple traffic flow, and one exit, it is safe for pedestrians and uses the available space efficiently. Crucially, it is also reasonably pretty. Perhaps IKEA should ditch its grid design, and [40](1. spin 2. provide 3. give) the helix a whirl.

　　　　　　　—Based on Percy, D. (2016). "Here's what maths can teach us about how to design the perfect car park," *The Conversation.*

[41] In the 1st paragraph, the author would likely describe parking at IKEA as

1. mathematically sound.

2. abnormally distributed.

3. inefficiently designed.

4. reasonably attractive.

[42] Which of the following is _**NOT**_ true regarding the use of math to predict overcrowding in car parks?

1. Attendance increases on Sundays or holidays create larger standard deviations.

2. Smaller standard deviation values mean peak times are less varied.

3. Overflow can be estimated by using a normal distribution.

4. Knowing when an overflow will happen can predict extreme events.

[43] The author maintains that

1. Sunday afternoons are one of the busiest times for car parks in summer because people try to stay away from heat.

2. moving in and out of a car park can be done effortlessly and safely in a diagonal layout.

3. in rectangular designs, parking bays are typically more efficient than parking spaces.

4. customers appreciate being able to park immediately and economically, but too many parking spaces are unattractive and expensive.

[44] Which of the following would be a characteristic of a car park with a well-planned rectangular design?

1. Ramps to avoid dead ends

2. Lanes around the outside

3. Two-way flow of traffic

4. Wide access lanes

[45] In the last paragraph, one reason that the author recommends using a spiral type of car park is because

1. peak times can be more accurately predicted.

2. it decreases the risk of accidents for people.

3. it is more statistically and aesthetically appealing.

4. the room between each space is greater in helical grids.

英語Ⅱ

次の文章に関して、空欄補充問題と読解問題の二つがあります。まず、[46]から[55]の空所を埋めるのに、文脈的に最も適切な語を1から3の中から選び、その番号を解答欄（46）から（55）にマークしなさい。次に、内容に関する[56]から[60]の設問には、1から4の選択肢が付されています。そのうち、文章の内容からみて最も適切なものを選び、その番号を解答欄（56）から（60）にマークしなさい。

1　　In his book *Misbehaving: The Making of a Behavioral Economist*, Richard Thaler talks about his earliest days of collaboration with Daniel Kahneman and Amos Tversky, who were already giants in the field of cognitive psychology. In their 1974 paper "Judgment Under Uncertainty," Kahneman and Tversky took the academic world by [46](1. force　2. accident　3. storm), having proposed three straightforward cognitive biases of human decision making. Over the next few years, their further work on choice, risk, and uncertainty revealed even more [47](1. surpluses　2. demerits　3. anomalies) in decision making, which had such a powerful effect on other academic disciplines that in 2002 Kahneman won the Nobel Prize in Economics.

2　　All of a sudden, people were paying attention to cognitive bias [48](1. once and for all　2. like never before　3. as per usual). Part of this involved rediscovery and renewed attention to some of the facts about human psychology that were so old no one could really be sure who had first discovered them. But along with these came fresh work that revealed a number of other built-in cognitive biases. And two of the most important for our purposes build on Peter Wason's earlier discovery of confirmation bias. These are the "backfire effect" and the "Dunning-Kruger effect," both of which are [49](1. rooted　2. elaborated　3. designated) in the concept of motivated reasoning.

3　　Motivated reasoning is the idea that what we hope to be true may color our perception of what actually is true. We often reason, that is, within [50](1. an emotional　2. a rational　3. a historical) context. This is arguably the mechanism behind the ideas of dissonance reduction and confirmation bias, and it is easy to see why. When we feel psychic discomfort we are motivated to find a non-ego-threatening way to reduce it, which can lead to the irrational tendency to accommodate our beliefs to our feelings, rather than the other way around. Upton Sinclair perhaps [51](1. missed the mark　2. said it best　3. took it for granted) when he observed that "it is difficult to get a man to believe something when his salary depends upon him not believing it."

4　　The idea of confirmation bias seems straightforwardly related to motivated reasoning in that it is customarily when we are motivated to defend the idea that one of our beliefs is right that we look for evidence to confirm it. We commonly see this mechanism at work in police detectives, who [52](1. consult　2. identify　3. punish) a suspect and then try to build a case around him, rather than search for reasons to rule him out. It is important here, however, to distinguish between motivated reasoning and confirmation bias, for they are not precisely the same thing. Motivated reasoning is a state of mind in which we find ourselves willing – perhaps at an unconscious level – to shade our beliefs in light of our opinions; confirmation bias is the mechanism by which we may try to accomplish this, by

[53](1. intercepting 2. interpreting 3. interrupting) information so that it confirms our preexisting beliefs.

5　　　　In his work on the psychology of emotion and moral judgment, David DeSteno, a psychologist at Northeastern University, has studied the effect of "team affiliation" on moral reasoning. In one experiment, subjects who had just met were randomly divided into teams by giving them colored wristbands. Then they were separated. The first group was told that they would be given the option of performing either a fun ten-minute task or a difficult forty-five-minute one. Each subject was then placed alone in a room and told that he or she should choose which task to do or, to be unbiased, decide by a coin flip, but in either case the person who entered the room afterward would be left with the remaining task. What subjects didn't know is that they were being videotaped. Upon exiting the room 90 percent said that they had been [54](1. dishonest 2. unkind 3. fair), even though most had chosen the easier task for themselves and never bothered to flip the coin. But what is absolutely fascinating is what happened next. When the other half of the subjects were asked to watch a videotape of the liars and cheaters, they condemned them – unless they were wearing the same color wristband. If we are willing to excuse immoral behavior based on something as [55](1. trivial 2. colorful 3. crucial) as a wristband, imagine how our reasoning might be affected if we were really emotionally committed.

—Based on McIntyre, L. (2018). *Post-Truth.*

[56] Why was Kahneman and Tversky's work so important in the field of economics?

1. Because their theory provided new insights into people's economic choices.

2. Because their work earned them a Nobel Prize in economics.

3. Because their theory made effective use of data from economics.

4. Because they adopted a method from economics into psychology in a new way.

[57] Which of the following would be "a non-ego-threatening way to reduce" the discomfort mentioned in the 3rd paragraph?

1. To take a risk depending on one's current emotional state of mind.

2. To reinforce one's belief by objectively examining the relevant facts.

3. To pursue an economic benefit irrespective of how others feel.

4. To embrace something that doesn't conflict with what you believe.

[58] What is the relationship between motivated reasoning and confirmation bias according to the author?

1. The former is an example of the latter.

2. The former actualizes the latter.

3. The latter is an example of the former.

4. The latter actualizes the former.

[59] What may be the hypothesis that DeSteno was trying to test in the 5th paragraph?

1. People often think they are acting rationally even when they likely aren't.

2. People feel it is easier to cheat when they are not being watched.

3. People tend to be lenient toward members of the same group.

4. People care more about their affiliation than their individual interests.

[60] Which of the following is the central idea being presented by the author?

1. Our scientific thinking is influenced by our emotions.

2. Decision making involves so many factors that it often becomes irrational.

3. People make determinations based on what they identify with.

4. Psychology and economics are strongly connected to one another.

英語Ⅲ

次の文章に関して、空欄補充問題と読解問題の二つがあります。まず、[61]から[80]の空所を埋めるのに、文脈的に最も適切な語を 1 から 3 の中から選び、その番号を解答欄（61）から（80）にマークしなさい。次に、内容に関する[81]から[90]の設問には、1 から 4 の選択肢が付されています。そのうち、文章の内容からみて最も適切なものを選び、その番号を解答欄（81）から（90）にマークしなさい。

1　　　　It's harder than you might think to make a dinosaur. In the movie *Jurassic Park* they do it by extracting a full set of dinosaur DNA from a mosquito preserved in amber, and then cloning it. But DNA degrades over time, and to date none has been found in a prehistoric mosquito or a dinosaur fossil. The more realistic [61](1. prospect 2. parameter 3. problem) is to take a live dinosaur you have lying around already: a bird. Modern birds are considered a surviving line of theropod dinosaurs, closely related to the T. rex and velociraptor. Just look at their feet: "theropod" means "beast-footed". By tinkering with how a bird embryo develops, you can silence some of its modern adaptations and let the older genetic instructions take over. Enterprising researchers have already made a chicken with a snout instead of a beak.

2　　　　This obviously adds to the general merriment of the world, and will eventually kickstart a roaring trade in exotic quasi-Jurassic pets. But there are a surprising number of other projects that aim to bring [62](1. up 2. along 3. back) more recently vanished wild animals, from the woolly mammoth to the Pyrenean ibex. Advances in gene-editing technology promise to make "de-extinction" a potentially [63](1. untenable 2. gullible 3. viable) enterprise, but what exactly is the point? To answer this question, the Swedish science journalist Torill Kornfeldt has travelled to meet with researchers who are raising a number of deep questions and paradoxes about our relationship with nature.

3　　　　The last mammoth died only 4,000 years ago, which means that fragments of mammoth DNA can be recovered, and scientists have [64](1. pieced 2. shuffled 3. joined) together a complete picture of how the mammoth genome differs from that of the modern elephant. In Siberia, maverick mammoth-bone hunter Sergey Zimov wants to reintroduce mammoths to the landscape, while a US professor of genetics, George Church, is working on how to build them by splicing mammoth sequences into elephant DNA. But why? Church is motivated by the [65](1. simple joy 2. sour grapes 3. hidden agenda) of doing something new and perhaps even improving on evolution. "We might be able to do even better than the mammoth did," he says. Zimov and his son, [66](1. therefore 2. meanwhile 3. hereafter), point out that grazing megafauna such as mammoths, because of the way they knock over trees in heat-absorbing forests and root up the insulating top layer of snow on the ground, can actually keep overall temperatures down in their environment, and so counteract global warming.

4　　　This would only work, of course, at scale, if millions of mammoths were [67](1. buried underneath 2. roaming across 3. gathered from) the European continent, along with gigantic herds of aurochs (the wild forebears of modern cattle) and other ghosts from the past. Such a world is, indeed, what some people want to see, and here ideas of de-extinction coincide with the wishes of the modern rewilding movement, which wants to transform developed-world ecosystems by reintroducing wild animals, including predators such as wolves.

5　　　Part of the motivation is simply aesthetic, and part [68](1. detracts 2. derives 3. detaches) from a kind of species guilt. Scientists disagree over whether it was in fact humans, rather than early climate change, that killed off mammoths, giant sloths, and other megafauna, but reviving them, to some minds, would be a kind of symbolic expiation for all our other environmental depredations, returning us to a prelapsarian innocence in our relationships with other animals. Stewart Brand, the countercultural godfather of hi-tech ecology, tells Kornfeldt: "I want the cod in the ocean to be the size cod used to be, for example. People go to the national parks in Africa and look at savannah full of animals, masses of animals and different species. Europe used to be like that, North America used to be like that, [69](1. even 2. only 3. so) the Arctic had that wealth of fauna. That's my goal."

6　　　On views like this, a few human deaths by mammoth or wolf, let alone rampaging dinosaur, would be an acceptable [70](1. line in the sand 2. price to pay 3. needle in a haystack) for a more exciting environment of what Brand calls "bioabundance". Sweden's wild boars, descended from a few that escaped from parks in the 1980s, now cause "thousands of traffic accidents every year". And indeed another researcher, who is working on bringing back the passenger pigeon – millions-strong flocks of which [71](1. should 2. must 3. would) periodically devastate local flora in the US – sees its role precisely as an agent of creative destruction. "A forest needs a forest fire now and again," he says. Such visions are clearly based on an ecological nostalgia, a desire to return things to how they used to be and have them stay the same, and thus arise projects such as that to kill off "invasive mice" on islands off the coast of New Zealand, which is [72](1. anything other than 2. something beyond 3. nothing but) a kind of ecological eugenics.

7　　　But other thinkers in the field have long noted that any ecosystem is itself a process, always [73](1. in flux 2. in crisis 3. in vitro). As Kornfeldt asks: "Why should nature as it is now be of any greater value than the natural world of 10,000 years ago, or the species that will exist 10,000 years from now?" An excellent counterpoint to the kind of ecology that wants to [74](1. fight 2. take 3. turn) back the planetary clock is the recent book *Darwin Comes to Town*, by the Dutch biologist Menno Schilthuizen, which evinces great joy and optimism in its survey of how accelerating evolution is driving animals of all kinds to find new ecological niches in our cities.

8   A more pragmatic criticism of de-extinction is that it diverts resources from the attempt to save species that have not [75](1. yet 2. only 3. at all) become extinct. But the two are not necessarily competitive: in the case of the northern white rhino, of which there are only two in the world, they may be [76](1. contradictory 2. contemporary 3. complementary). Kornfeldt visits the splendidly named Frozen Zoo in San Diego, which since the 1970s has accumulated a collection of cells from nearly 1,000 species frozen in liquid nitrogen. By cloning cells from a dozen rhinos, the zoo's director Oliver Ryder hopes to re-establish a sustainable population; or, as Kornfeldt nicely puts it: "Twelve test tubes could enable new baby rhinos to rumble about once more like miniature armored vehicles."

9   The Frozen Zoo also contains cells from species that have [77](1. nearly 2. already 3. hardly) died out: for example, the Hawaiian poo-uli, a small grey bird with a black mask around its eyes. While scientists debated whether to try to catch the remaining birds, their numbers dwindled. Eventually a male was caught but no breeding partner could be found, and he died in captivity in 2004. His cells were sent to Ryder. "It was around Christmas," he tells Kornfeldt, "and I was sitting at the microscope examining the cells when it really [78](1. hit 2. delighted 3. confused) me – a sharp, intense realization that this species was gone now."

10   There are no right or wrong answers in this area, but as Kornfeldt implies, the [79](1. fossilization 2. rhetoric 3. consensus) of such debates still revolves around a few presumptive virtues that are rarely interrogated deeply. The aim of greater "biodiversity", for instance, often cited by the de-extinction researchers she interviews, is never, in truth, an absolute goal. We could save millions of people a year if we [80](1. propagated 2. eradicated 3. vaccinated) the malaria-carrying mosquito – perhaps, as researchers are now trying to do, by replacing them with genetically sterile individuals – but that would be a decrease in biodiversity. The fungi threatening to kill off some of our best-loved tree species are themselves organisms, as much as the trees they attack. Inevitably, those discussing such ideas are always choosing one species over another, and judging one ecosystem as somehow more authentic than another – not that nature itself cares much either way, being the most brutal engine of extinction on the planet.

—Based on Poole, S. (2018). "The re-origin of species by Torill Kornfeldt review – bringing extinct animals back to life," *The Guardian*.

[81] The movie *Jurassic Park* is mentioned at the beginning of the article to

1. showcase the ease with which scientists can bring back extinct species.

2. provide an example of how we can use DNA taken from ancient mosquitoes.

3. argue that even if the environment collapses entirely, nature will find a way.

4. illustrate that restoring extinct animals is easier in fiction than in reality.

[82] According to this article, which of the following is ***NOT*** one of the possible benefits of bringing back extinct animals?

1. It can affect the environment in ways that slow climate change.

2. It creates a sustainable, environmentally-friendly source of food.

3. It may generate new business opportunities for the pet industry.

4. It increases the variety and number of species in the environment.

[83] Given the description in the 4th paragraph, the "rewilding movement" seeks to achieve ecosystems

1. in which humans and wild animals can live together in urban environments.

2. that are as close to a wild state as possible, regardless of human safety.

3. reserved for wild animals and completely isolated from human inhabited areas.

4. that expose humans to more natural predators, especially in crowded cities.

[84] What can you infer about Stewart Brand from his statements in the 5th paragraph?

1. He thinks people can only see wild animals if they visit national parks.

2. He is lobbying governments to do more to protect natural preserves and forests.

3. He is researching how overfishing decreases the size of fish in the ocean.

4. He feels animals should be more numerous and diverse than they are now.

[85] Which of the following is the best example of the "ecological nostalgia" mentioned in the 6th paragraph?

1. Recreating extinct plants to restore a forest to its pre-modern state.

2. Using cloning to maintain the population of endangered animals.

3. Removing native insect species that harm traditional crops.

4. Studying how animals evolve to adapt to human environments.

[86] Which of the following best summarizes the phrase "a forest needs a forest fire now and again"?

1. You only hurt the ones you love.

2. You can't make an omelet without breaking a few eggs.

3. If you play with fire you will get burned.

4. If you can't stand the heat stay out of the kitchen.

[87] What is implied by the question Kornfeldt asks in the 7th paragraph?

1. One historical period of the Earth's environment is no more or less worth protecting than another.

2. Humans are only concerned with short-term benefits and not the effects their actions will have on the future environment.

3. Events that occurred 10,000 years ago will affect the types of animals that will exist in the future.

4. Researchers are limited to studying the history and current role of species and the environment on the planet.

[88] Which of the following are you most likely to find at the Frozen Zoo in San Diego?

1. Mosquitos preserved in amber

2. Artificially grown mammoth embryos

3. Breeding partners for the poo-uli

4. Cell samples of white rhinos

[89] Which of the following probably best describes the views held by the author?

1. Increasing biodiversity on Earth is by most standards the right course of action.

2. Views on biodiversity and extinction are often subjective and inconsistent.

3. It risks the global ecology to try to save animals from extinction.

4. Mammoths became extinct due to human-caused climate change.

[90] Which of the following most closely matches the author's assertion that nature is "the most brutal engine of extinction on the planet" in the last paragraph?

1. We should recognize that human-caused extinction is a natural phenomenon.

2. Greenhouse gasses from engines are a major cause of extinction in nature.

3. Extinction is a part of nature that is initiated by human interference.

4. Natural phenomenon unavoidably lead to irreversible changes in the ecosystem.

数学

（120 分）

（注意）

- 「数学選択者」は，問題 I 〜 VI の全問を解答すること．
- 「数学および外国語選択者」は，問題 I・III・VI および外国語の問題 I・II を解答すること．

注 意 事 項

問題冊子に数字の入った ☐ があります．それらの数字は解答用紙の解答欄の番号を表しています．対応する番号の解答欄の 0 から 9 までの数字または −（マイナスの符号）をマークしてください.

☐ が 2 個以上つながったとき，数は右詰めで入れ，左の余った空欄には 0 を入れてください．負の数の場合には，マイナスの符号を先頭の ☐ に入れてください．

（例）　12 　⟶　| 0 | 1 | 2 |

　　　　−3 　⟶　| - | 0 | 3 |

分数は約分した形で解答してください．マイナスの符号は分母には使えません.

（例）　$\dfrac{4}{8}$ 　⟶　$\dfrac{1}{2}$ 　⟶　| 0 | 1 |
　　　　　　　　　　　　　　　　　| 0 | 2 |

　　　　$-\dfrac{6}{9}$ 　⟶　$-\dfrac{2}{3}$ 　⟶　| - | 2 |
　　　　　　　　　　　　　　　　　| 0 | 3 |

ルート記号の中は平方因子を含まない形で解答してください.

（例）　$\sqrt{50}$ 　⟶　| 0 | 5 | $\sqrt{}$ | 0 | 2 |

　　　　$-\sqrt{24}$ 　⟶　| - | 2 | $\sqrt{}$ | 0 | 6 |

　　　　$\sqrt{13}$ 　⟶　| 0 | 1 | $\sqrt{}$ | 1 | 3 |

数式については，つぎの例のようにしてください．分数式は約分した形で解答してください.

（例）　$-a^2 - 5$ 　⟶　| - | 1 | $a^2 +$ | 0 | 0 | $a +$ | - | 5 |

$$\frac{4a}{2a-2} \rightarrow \frac{-2a}{1-a} \rightarrow \frac{\boxed{0}\,\boxed{0} + \boxed{-}\,\boxed{2}\,a}{1-\boxed{0}\,\boxed{1}\,a}$$

選択肢の番号を選ぶ問題では，最も適切な選択肢を 1 つだけ選びなさい．また，同じ選択肢を何回選んでもかまいません．

数学 I

(1) $0 < \theta < \dfrac{\pi}{4}$ とするとき

$$\begin{cases} x^2 + y^2 \leqq 1 \\ \sin\theta \leqq x \leqq \cos\theta \end{cases}$$

で定義される右図の濃い色の部分 S の面積は

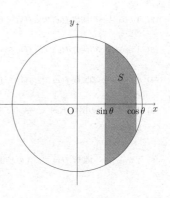

$$\frac{\boxed{(1)}\,\boxed{(2)}}{\boxed{(3)}\,\boxed{(4)}}\pi + \boxed{(5)}\,\boxed{(6)}\,\theta$$

である．なお，角度はラジアンであらわすものとする．

(2) 正の整数 a, b, c, d に対して

$$a^3 = b^2, \qquad c^3 = d^2, \qquad c - a = 9$$

が成り立っている．このとき，$a = \boxed{(7)}\,\boxed{(8)}\,\boxed{(9)}$, $b = \boxed{(10)}\,\boxed{(11)}\,\boxed{(12)}$, $c = \boxed{(13)}\,\boxed{(14)}\,\boxed{(15)}$, $d = \boxed{(16)}\,\boxed{(17)}\,\boxed{(18)}$

である．

数学 II

集合 $A = \{1, 2, 3\}$ から A への関数 $f(x)$ は，集合 A のそれぞれの数 x に対して，集合 A の数 $f(x)$ をただ 1 つ定めるものである．

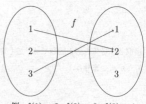

例: $f(1) = 2$, $f(2) = 2$, $f(3) = 1$

(1) A から A への関数 $f(x)$ で，$f(1)$, $f(2)$, $f(3)$ がすべて異なるものは $\boxed{(19)}\ \boxed{(20)}$ 個ある．

(2) A から A への関数 $f(x)$ で，$f(1) \geqq 1$ かつ $f(2) \geqq 2$ かつ $f(3) \geqq 3$ となるものは $\boxed{(21)}\ \boxed{(22)}$ 個ある．

(3) A から A への関数 $f(x)$ で，$f(1) \leqq f(2)$ かつ $f(1) \leqq f(3)$ となるものは $\boxed{(23)}\ \boxed{(24)}$ 個ある．

(4) A から A への関数 $f(x)$ で，$f(1) \leqq f(2) \leqq f(3)$ となるものは $\boxed{(25)}\ \boxed{(26)}$ 個ある．

(5) A から A への関数 $f(x)$ で，A のどの数 x に対しても $f(f(x)) = f(x)$ となるものは $\boxed{(27)}\ \boxed{(28)}$ 個ある．

(6) A から A への関数 $f(x)$ で，A のどの数 x に対しても $f(f(x)) = x$ となるものは $\boxed{(29)}\ \boxed{(30)}$ 個ある．

数学 III

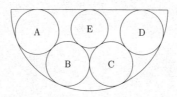

図のように半円の中に，半径 1 の 4 つの円 A，B，C，D と，別の半径の円 E があり，次のように接している．円 A は半円の円弧と直径と円 B に接し，円 B は半円の円弧と円 A，C，E に接し，円 C は半円の円弧と円 B，D，E に接し，円 D は半円の円弧と直径と円 C に接している．また，円 E は半円の直径と円 B，C に接している．このとき，半円の半径は

$$\boxed{(31)}\ \boxed{(32)} + \sqrt{\boxed{(33)}\ \boxed{(34)} + \boxed{(35)}\ \boxed{(36)}\sqrt{\boxed{(37)}\ \boxed{(38)}}}$$

であり，円 E の半径は

$$\frac{\boxed{(39)}\ \boxed{(40)} + \sqrt{\boxed{(41)}\ \boxed{(42)}}}{\boxed{(43)}\ \boxed{(44)}}$$

である.

数学Ⅳ

n を正の整数とし，トランプのようにそれぞれの図柄が異なる $2n$ 枚のカードの束を用意する．上から数えて n 枚と，残りの n 枚の左右 2 つの束に分け，これらを図のように交互に挿入して 1 つの束にすることでカードの順番を変えることをシャッフルと呼ぶ.

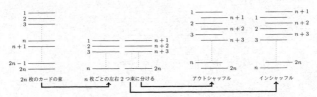

シャッフルする際には必ず左右の束から交互に 1 枚ずつカードを重ねるものとする．シャッフルには，元の束のいちばん上のカードがシャッフル後も同じいちばん上であるアウトシャッフルと，元の束のいちばん上のカードがシャッフル後は上から 2 枚目になるインシャッフルの 2 種類が存在する.

(1) $2n$ 枚のカードの束の上から k 枚目 $(1 \leqq k \leqq n)$ の位置にあったカードは，アウトシャッフルを 1 回行うと束の上から $\boxed{(45)}\boxed{(46)} k + \boxed{(47)}\boxed{(48)}$ 枚目の位置に移動し，インシャッフルを 1 回行うと束の上から $\boxed{(49)}\boxed{(50)} k$ 枚目の位置に移動する．$n = 26$ の場合，インシャッフル・インシャッフル・アウトシャッフルの順にシャッフルを 3 回行ったとき，52 枚のカードの束の上から 1 枚目の位置にあったカードは，束の上から $\boxed{(51)}\boxed{(52)}$ 枚目の位置に移動する．また，52 枚のカードの束のいちばん下の位置にあったカードは，束の上から $\boxed{(53)}\boxed{(54)}$ 枚目の位置に移動する.

(2) 以下ではアウトシャッフルのみを繰り返し行うことを考える．$n = 2$ の場合，アウトシャッフルを 2 回行うと元通りに最初のカードの束の順番にもどる．$n = 3$ の場合，初めて元通りに最初のカードの束の順番にもどるのは，アウトシャッフルを $\boxed{(55)}\boxed{(56)}$ 回行ったときである．$n = 4$ の場合，初めて元通りに最初のカードの束の順番にもどるのは，アウトシャッフルを $\boxed{(57)}\boxed{(58)}$ 回行ったときである．$n = 26$ の場合，最初のカードの束の上から 2 枚目の位置にあったカードに着目すると，アウトシャッフルを $\boxed{(59)}\boxed{(60)}$ 回行ったときに，カードの束の上から 2 枚目の位置に初めてもどることがわかる．このとき，他の 51 枚のカードも元の位置にもどっている.

数学Ⅴ

関数 f を

$$f(x) = \begin{cases} 1 - |x| & |x| \leqq 1 \text{ のとき} \\ 0 & |x| > 1 \text{ のとき} \end{cases}$$

と定義し，任意の正の実数 a に対して，$F_a(x) = a \times f\left(\dfrac{x}{a}\right)$ とする．このとき，正の実数 b, c に対して

$$\int_{-b}^{b} \frac{1}{b} F_b(x)\, dx = \boxed{(61)}\,\boxed{(62)}\ b$$

$$\int_{-b-c}^{b+c} \frac{1}{c} \left(F_{b+c}(x) - F_b(x)\right) dx = \boxed{(63)}\,\boxed{(64)}\ b + \boxed{(65)}\,\boxed{(66)}\ c$$

$$\int_{-b-c}^{b+c} \frac{1}{c^2} \left(F_{b+c}(x) - F_b(x)\right)^2 dx = \boxed{(67)}\,\boxed{(68)}\ b + \frac{\boxed{(69)}\,\boxed{(70)}}{\boxed{(71)}\,\boxed{(72)}}\ c$$

である．

数学Ⅵ

17 人の有権者が，x, y, z の選択肢に対して，ペアごとに多数決を行った．まず，x と y については，x が 13 票，y が 4 票であった．次に，y と z については，y が 9 票，z が 8 票であった．最後に，x と z については，x が 7 票，z が 10 票であった．以上の結果，x は y より望ましく，y は z より望ましく，z は x より望ましくなってしまい，x, y, z の選択に対する順序付けをすることができない．

そこで，各有権者は常に正しい判断ができるとは限らず，確率 $p\ (0.5 < p \leqq 1)$ で正しい判断ができるものとしよう．順序付けの候補は

$$(1)\ x \rhd y \rhd z \quad (2)\ x \rhd z \rhd y \quad (3)\ y \rhd x \rhd z \quad (4)\ y \rhd z \rhd x \quad (5)\ z \rhd x \rhd y \quad (6)\ z \rhd y \rhd x$$

の 6 通りある．ここで，たとえば「$x \rhd y \rhd z$」は，y は z より望ましく，x は y や z より望ましいことをあらわしている．$x \rhd y \rhd z$ が真の順序付けであるとすると，x と y に関する判断については 13 人が正しく，y と z に関する判断については 9 人が正しく，x と z に関する判断については 7 人が正しく，そのような場合が生じる確率は，$q = 1 - p$ とすると，それぞれの場合を順に掛けて

$$\left\{ \frac{\boxed{(73)}\,\boxed{(74)}\ !}{\boxed{(75)}\,\boxed{(76)}\ !\, 4!}\, p^{\boxed{(75)}\,\boxed{(76)}} q^4 \right\} \times \left\{ \frac{\boxed{(77)}\,\boxed{(78)}\ !}{9!\ \boxed{(79)}\,\boxed{(80)}\ !}\, p^9 q^{\boxed{(79)}\,\boxed{(80)}} \right\} \times \left\{ \frac{\boxed{(81)}\,\boxed{(82)}\ !}{\boxed{(83)}\,\boxed{(84)}\ !\, 10!}\, p^{\boxed{(83)}\,\boxed{(84)}} q^{10} \right\}$$

で与えられる（ただし，$\boxed{(75)}\,\boxed{(76)} \geqq \boxed{(79)}\,\boxed{(80)} \geqq \boxed{(83)}\,\boxed{(84)}$ とする）．順序付けの他の候補についても同様の確率を計算できるが，それらは各順序付けが真である確率をあらわしていると解釈できる．確率が高い順に上の順序付けを左から並べると

$$(\boxed{(85)}), \quad (\boxed{(86)}), \quad (\boxed{(87)}), \quad (\boxed{(88)}), \quad (\boxed{(89)}), \quad (\boxed{(90)})$$

となる.

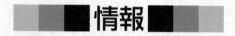

(120 分)

注 意 事 項

問題冊子に数字の入った ☐ があります．それらの数字は解答用紙の解答欄の番号を表しています．対応する番号の解答欄の 0 から 9 までの数字または −(マイナスの符号) をマークしてください．

☐ が 2 個以上つながったとき，数は右詰めで入れ，左の余った空欄には 0 を入れてください．負の数の場合には，マイナスの符号を先頭の ☐ に入れてください．

(例)　12 →　| 0 | 1 | 2 |

　　　　−3 →　| − | 0 | 3 |

分数は約分した形で解答してください．マイナスの符号は分母には使えません．

(例)　$\dfrac{4}{8}$ → $\dfrac{1}{2}$ → $\dfrac{\fbox{0}\ \fbox{1}}{\fbox{0}\ \fbox{2}}$

　　　$-\dfrac{6}{9}$ → $-\dfrac{2}{3}$ → $\dfrac{\fbox{−}\ \fbox{2}}{\fbox{0}\ \fbox{3}}$

ルート記号の中は平方因子を含まない形で解答してください．

(例)　$\sqrt{50}$ → $\fbox{0}\ \fbox{5}\sqrt{\fbox{0}\ \fbox{2}}$

　　　$-\sqrt{24}$ → $\fbox{−}\ \fbox{2}\sqrt{\fbox{0}\ \fbox{6}}$

　　　$\sqrt{13}$ → $\fbox{0}\ \fbox{1}\sqrt{\fbox{1}\ \fbox{3}}$

数式については，つぎの例のようにしてください．分数式は約分した形で解答してください．

(例)　$-a^2-5$ → $\fbox{−}\ \fbox{1}\,a^2+\fbox{0}\ \fbox{0}\,a+\fbox{−}\ \fbox{5}$

　　　$\dfrac{4a}{2a-2}$ → $\dfrac{-2a}{1-a}$ → $\dfrac{\fbox{0}\ \fbox{0}+\fbox{−}\ \fbox{2}\,a}{1-\fbox{0}\ \fbox{1}\,a}$

選択肢の番号を選ぶ問題では，最も適切な選択肢を 1 つだけ選びなさい．また，同じ選択肢を何回選んでもかまいません．

情報 Ⅰ

以下、法制度に関しては、日本のものについて考えるものとする。

(**ア**) 著作権法による著作物の定義について、空欄 (1) と (2) にあてはまるものを下の選択肢から選び、その番号をそれぞれの解答欄にマークしなさい。

 (1) 又は感情を創作的に表現したものであつて、文芸、学術、 (2) 又は音楽の範囲に属するものをいう。

[(1) ～ (2) の選択肢]

(1) 判断 (2) 映画 (3) 認識 (4) 思想 (5) 芸術
(6) 意識 (7) 描写 (8) 美術 (9) 哲学 (0) 絵画

(**イ**) 著作権法に関する説明として、正しいものを次の選択肢から選び、その番号を解答欄 (3) にマークしなさい。

(1) 株式会社は、思想や感情を持つことができないから、著作者になることはできない。
(2) 私的使用を目的として著作物を複製する場合は、原則として著作権者の許諾を得なければならない。
(3) 著作権は、著作者が死亡した時点で消滅する。
(4) 同一性保持権は、著作者人格権であるから、相続することができない。
(5) 著作権は、文化庁長官が著作物を著作権登録原簿に登録することにより発生する。

(**ウ**) 次の文章を読み、空欄 (4) から (7) にあてはまるものを下の選択肢から選び、その番号をそれぞれの解答欄にマークしなさい。

従前存在しなかった情報を新たに創作した場合に、その創作性のゆえにこの情報を創作した者に独占を許す法制度として、文化的創作に関する (4) 法、技術的創作に関する (5) 法および実用新案法がある。新規な工業的デザインを保護する (6) 法も創作法であり、種苗法および半導体集積回路配置法も創作法に分類できる。

一方、流通過程における商品の出所を示す標識である (7) を保護する (7) 法は、 (7) が新規な創作であるから保護されるのではなく、付された (7) ごとに異なる出所であることを示す特徴があれば保護される。このことから、 (7) 法は標識法と呼ばれる。(後略)

（出典：高林龍『標準特許法 第 6 版』（有斐閣、2017 年））

[(4) ～ (7) の選択肢]

(1) 独占禁止 (2) 不正競争防止 (3) 著作権 (4) 個人情報保護
(5) 情報公開 (6) 意匠 (7) 商標 (8) 電気通信事業
(9) 景品表示 (0) 特許

(**エ**) プライバシー・個人情報に関する説明として、正しいものを次の選択肢から選び、その番号を解答欄 (8) にマークしなさい。

(1) 児童買春をした疑いで逮捕されたという事実は、公共の利害に関する事項であるから、プライバシーに属する事実にはあたらない。
(2) 学籍番号、氏名、住所及び電話番号は、個人識別等を行うための単純な情報であって、秘匿され

るべき必要性が必ずしも高いものではないから、法的保護の対象となるプライバシーに係る情報には該当しない。

(3) 個人情報取扱事業者は、捜査機関から捜査関係事項照会を受けたにもかかわらず回答を拒否した場合、刑事罰を受ける。

(4) 個人情報取扱事業者が、自社で運営する Web サイトにおける顧客の取引履歴について、顧客の氏名を番号に置換した一覧表を作成した場合でも、その一覧表を顧客本人の同意なく第三者に対して自由に提供することはできない。

(5) 職場に設置されたロッカー内にある従業員の私物を管理者が写真撮影する行為は、従業員に対するプライバシー侵害にはあたらない。

情報Ⅱ

2 進法表現による浮動小数点数の扱いについて述べた次の文章の空欄に入るもっとも適切な数字をマークしなさい。

8 ビットで浮動小数点数を表現することとし、$A_0A_1A_2A_3A_4A_5A_6A_7$ とする。この表現は、8 ビット全部が 0 の場合は 0 を表すものとし、それ以外の場合は次のような正の浮動小数点数を表すことにする。

$$1.A_0A_1A_2A_3 \times 2^{A_4A_5A_6A_7-7}$$

ここで、仮数部は $A_0A_1A_2A_3$ の 4 ビットを 2 進法表現の $1.A_0A_1A_2A_3$ としたもの、指数部は $A_4A_5A_6A_7$ の 4 ビットを 2 進法表現の $A_4A_5A_6A_7$ として 7 を引いたものである。

この形式で表現できる最大の数は、10 進法表現で [(9)][(10)][(11)][(12)] である。
また、0 でない最小値を 10 進法表現の分数で正確に表現すると、

となる。
また、この表現を用いた場合、10011001 という 8 ビットは、10 進法表現で [(20)][(21)][(22)] . [(23)][(24)] となる。

また、10 進法表現の 2.125 をこの浮動小数点形式に変換すると、[(25)][(26)][(27)][(28)][(29)][(30)][(31)][(32)] という 8 ビットになる。

さらに、2 進法表現に変換したときに、循環小数になり、正確には変換できないような 10 進法表現の数をこの浮動小数点形式に変換することを考える。この浮動小数点形式では、循環小数で表したときに、この形式に収まらない仮数の部分を切り捨てることにすると、10 進法表現の 3.4 は、[(33)][(34)][(35)][(36)][(37)][(38)][(39)][(40)] という 8 ビットになる。

情報Ⅲ

(ア) トロミノ (トリオミノと呼ばれることもある) とは 1×1 の正方形を 3 つつないだタイルである。トロミノには 3 つのタイルを一直線につないだ直線トロミノ、L 型につないだ L 型トロミノの 2 つがある。

　以下の (a)〜(f) では、L 型トロミノだけを使って盤面を重なりなく敷き詰めることを考える。トロミノを配置する場合、回転しても構わない。

(a) $n \times n$ の盤面を敷き詰めることができる最小の n はいくつか、その数を $\boxed{\text{(41)}}$ にマークしなさい。もし、n が 2 桁以上、または盤面を敷き詰めることができない場合は 0 をマークしなさい。

(b) $2^3 \times 2^3$ の盤面を敷き詰めることができる場合は 1 を、できない場合は 0 を $\boxed{\text{(42)}}$ にマークしなさい。

(c) $2^3 \times 2^3$ のうち右下の角が 1 マス分欠けている盤面が敷き詰めることができる場合は 1 を、できない場合は 0 を $\boxed{\text{(43)}}$ にマークしなさい。

(d) $2^6 \times 2^6$ のうち右下の角が 1 マス分欠けている盤面が敷き詰めることができる場合は 1 を、できない場合は 0 を $\boxed{\text{(44)}}$ にマークしなさい。

(e) $2^6 \times 2^6$ のうち任意の 1 マス分欠けている盤面は 4096 種類ある。このうち敷き詰めることができる盤面は $\boxed{\text{(45)}}\boxed{\text{(46)}}\boxed{\text{(47)}}\boxed{\text{(48)}}$ 種類である。空欄に入る適切な数字をマークしなさい。

(f) $3^n \times 3^n$ の盤面を敷き詰めることができる最小の n はいくつか、その数を $\boxed{\text{(49)}}$ にマークしなさい。もし、n が 2 桁以上、または盤面を敷き詰めることができない場合は 0 をマークしなさい。

(イ) テトロミノとは 1×1 の正方形を 4 つつないだタイルである。下記のように 5 種類のテトロミノがあり、左から直線テトロミノ、正方形テトロミノ、L 型テトロミノ、T 型テトロミノ、Z 型テトロミノと呼ぶ。

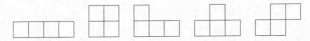

　下記のテトロミノの組み合わせのうち、8×8 の盤面を重なりなく敷き詰めることができる組み合わせはいくつあるか、その数を $\boxed{\text{(50)}}$ にマークしなさい。ただし、テトロミノは回転しても裏返しても構わない。

- 直線テトロミノを 8 個、正方形テトロミノを 8 個
- 正方形テトロミノを 8 個、L 型テトロミノを 4 個、T 型テトロミノを 4 個
- 直線テトロミノを 11 個、L 型テトロミノを 2 個、Z 型テトロミノを 3 個
- T 型テトロミノを 3 個、Z 型テトロミノを 13 個
- 直線テトロミノを 5 個、L 型テトロミノを 5 個、T 型テトロミノを 3 個、Z 型テトロミノを 3 個
- 直線テトロミノを 6 個、L 型テトロミノを 4 個、T 型テトロミノを 4 個、Z 型テトロミノを 2 個

情報Ⅳ

複数ビット同士の加算を行う回路を設計する手順を考える。次の文章の空欄 (58) から (73) には適切な数字を、空欄 (51) から (57) および空欄 (74)(75) から (98)(99) にはもっとも適したものを選択肢から選び、解答欄にマークしなさい。ただし、$A + B$ は A と B の論理和（OR）を表し、$A \cdot B$ は A と B の論理積（AND）を表す。また、$\overline{A}$ は A の否定（NOT）を表す。

(ア) 図（右）に示す論理回路は 1 ビットの半加算器回路である。半加算器回路は 1 ビットの入力 A、B を算術加算した結果を、和 S、桁上がり C として出力する回路であり、その動作は図（左）のような入出力の対応表、すなわち真理値表としてまとめられる。

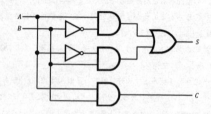

　論理回路の設計は、真理値表から初期的な論理式を導出し、可能であれば式を簡単化し、OR 回路、AND 回路、NOT 回路等の基本論理回路（論理ゲート）を用いて回路を構成することにより行われる。上述の半加算器回路の場合、真理値表から求められる論理式は次のようになる。ただし、(51) と (52) は順不同である。

$$S = \boxed{(51)} + \boxed{(52)}$$
$$C = \boxed{(53)}$$

【 (51) 〜 (53) の選択肢】

(1) $A \cdot B$ 　(2) $\overline{A} \cdot B$ 　(3) $A \cdot \overline{B}$ 　(4) $\overline{A} \cdot \overline{B}$

(イ) 論理演算の性質から論理式を簡単化する方法を考える。例えば、次の 5 つの論理式が成り立つことは、真理値表からも明らかである。

$$1 + A = 1$$
$$0 \cdot A = 0$$
$$0 + A = A$$
$$1 \cdot A = A$$
$$\overline{\overline{A}} = A$$

　これらを含む論理演算に関する定理はいくつか存在するが、特に次の 4 つは論理式の簡単化を行う際、よく用いられる。

$$A + A = \boxed{\text{(54)}}$$
$$A \cdot A = \boxed{\text{(55)}}$$
$$A + \overline{A} = \boxed{\text{(56)}}$$
$$A \cdot \overline{A} = \boxed{\text{(57)}}$$

　その他、論理式の簡単化に役に立つ諸定理を以下に列挙する。

$$A + B = B + A \qquad\qquad A \cdot (A + B) = A$$
$$A \cdot B = B \cdot A \qquad\qquad A + A \cdot B = A$$
$$A + (B + C) = (A + B) + C \qquad\qquad A + \overline{A} \cdot B = A + B$$
$$A \cdot (B \cdot C) = (A \cdot B) \cdot C \qquad\qquad \overline{A} + A \cdot B = \overline{A} + B$$
$$A \cdot (B + C) = A \cdot B + A \cdot C \qquad\qquad \overline{A \cdot B} = \overline{A} + \overline{B}$$
$$(A + B) \cdot (A + C) = A + B \cdot C \qquad\qquad \overline{A + B} = \overline{A} \cdot \overline{B}$$

【$\boxed{\text{(54)}}$～$\boxed{\text{(57)}}$ の選択肢】

(1) A　(2) $\overline{A}$　(3) 0　(4) 1

(**ウ**) 半加算器回路をベースに複数ビット同士の加算を行う際に必要となる回路を考える。最下位ビットでは上述の半加算器を使用できるが、2 桁目以降の上位ビットでは下位からの桁上がり C_i を受け取り、3 つの入力 A、B、C_i を算術加算した結果（和 S、桁上がり C_o）を出力する必要がある。このような回路は全加算器と呼ばれ、真理値表は次のようになる。

A	B	C_i	S	C_o
0	0	0	(58)	(59)
0	0	1	(60)	(61)
0	1	0	(62)	(63)
0	1	1	(64)	(65)
1	0	0	(66)	(67)
1	0	1	(68)	(69)
1	1	0	(70)	(71)
1	1	1	(72)	(73)

　この真理値表から、S および C_o に関して次の論理式が導かれる。ただし、$\boxed{\text{(74)}}\boxed{\text{(75)}}$ から $\boxed{\text{(80)}}\boxed{\text{(81)}}$、$\boxed{\text{(82)}}\boxed{\text{(83)}}$ から $\boxed{\text{(88)}}\boxed{\text{(89)}}$、$\boxed{\text{(90)}}\boxed{\text{(91)}}$ から $\boxed{\text{(94)}}\boxed{\text{(95)}}$ は、それぞれ順不同である。

$$S = \boxed{(74)}\,\boxed{(75)} + \boxed{(76)}\,\boxed{(77)} + \boxed{(78)}\,\boxed{(79)} + \boxed{(80)}\,\boxed{(81)}$$

$$C_o = \boxed{(82)}\,\boxed{(83)} + \boxed{(84)}\,\boxed{(85)} + \boxed{(86)}\,\boxed{(87)} + \boxed{(88)}\,\boxed{(89)}$$

$$= \boxed{(90)}\,\boxed{(91)} + \boxed{(92)}\,\boxed{(93)} + \boxed{(94)}\,\boxed{(95)}$$

和の出力 S に関しては、桁上がり C_o の否定（NOT）を用いて演算することも可能である。この場合の S に関する論理式は次のようになり、回路を構成する論理ゲートを大幅に減らすことができる。

$$S = (\,\boxed{(96)}\,\boxed{(97)}\,) \cdot \overline{C_o} + \boxed{(98)}\,\boxed{(99)}$$

【 $\boxed{(74)}\,\boxed{(75)}$ 〜 $\boxed{(88)}\,\boxed{(89)}$ および $\boxed{(96)}\,\boxed{(97)}$ 〜 $\boxed{(98)}\,\boxed{(99)}$ の選択肢】

(11)　$A \cdot B \cdot C_i$　　　(12)　$\overline{A} \cdot B \cdot C_i$　　　(13)　$A \cdot \overline{B} \cdot C_i$　　　(14)　$A \cdot B \cdot \overline{C_i}$

(15)　$\overline{A} \cdot \overline{B} \cdot C_i$　　　(16)　$\overline{A} \cdot B \cdot \overline{C_i}$　　　(17)　$A \cdot \overline{B} \cdot \overline{C_i}$　　　(18)　$\overline{A} \cdot \overline{B} \cdot \overline{C_i}$

(19)　$A + B + C_i$　　　(20)　$\overline{A} + B + C_i$　　　(21)　$A + \overline{B} + C_i$　　　(22)　$A + B + \overline{C_i}$

(23)　$\overline{A} + \overline{B} + C_i$　　　(24)　$A + \overline{B} + \overline{C_i}$　　　(25)　$\overline{A} + B + \overline{C_i}$　　　(26)　$\overline{A} + \overline{B} + \overline{C_i}$

【 $\boxed{(90)}\,\boxed{(91)}$ 〜 $\boxed{(94)}\,\boxed{(95)}$ の選択肢】

(11)　$A \cdot B$　　　(12)　$\overline{A} \cdot B$　　　(13)　$A \cdot \overline{B}$　　　(14)　$\overline{A} \cdot \overline{B}$

(15)　$A \cdot C_i$　　　(16)　$\overline{A} \cdot C_i$　　　(17)　$A \cdot \overline{C_i}$　　　(18)　$\overline{A} \cdot \overline{C_i}$

(19)　$B \cdot C_i$　　　(20)　$\overline{B} \cdot C_i$　　　(21)　$B \cdot \overline{C_i}$　　　(22)　$\overline{B} \cdot \overline{C_i}$

情報V

整数の割り算を筆算で行う手順をアルゴリズムとして考える。ただし、使うことができる演算は、足し算、引き算、掛け算、大小比較と次の 2 つの関数とする。

- length(x) — x を 10 進法で表したときの桁数を計算する関数。例えば、length$(16274) = 5$。
- digit(x, n) — x を 10 進法で表したときの左から n 桁目の数を取り出す関数。例えば、digit$(16274, 2) = 6$。

(ア) 整数 a, b が与えられたとき、a を b で割った整数の商と余りを求めるアルゴリズムは次のようになる。ただし $a \geqq b > 0$ とする。

空欄に入るもっとも適切なものを下の選択肢から選び、その番号をマークしなさい。

> 変数 a, b の値は、与えられた数とする
> 変数 d, r の値を 0 とする
> 変数 i の値を 1 とする
> $i \leqq$ [(100)][(101)] が成り立つ間、次の処理 A を繰り返す
> 処理 A の始め
> 　　r の値を [(102)][(103)] とする
> 　　変数 n の値を [(104)][(105)] とする（命令 D）
> 　　$r <$ [(106)][(107)] が成り立つ間、次の処理 B を繰り返す
> 　　処理 B の始め
> 　　　　n の値を 1 減らす（命令 C）
> 　　処理 B の終わり
> 　　d の値を [(108)][(109)] とする
> 　　r の値を [(110)][(111)] とする
> 　　i の値を 1 増やす
> 処理 A の終わり
> 商として d の値を、余りとして r の値を出力する

【[(100)][(101)]〜[(110)][(111)] の選択肢】

(11) length(a)　　　　(12) length(b)　　　　(13) 0　　　　(14) 9　　　　(15) nb

(16) $10r + $digit$(a, i)$　　(17) $10d + $digit$(a, i)$　　(18) $r + nb$　　(19) $r - nb$　　(20) $10r + n$

(21) $10d + n$　　　　(22) $10r + nb$　　　　(23) $10d + nb$

(イ) 空欄に入るもっとも適切な数字をマークしなさい。

- $a = 999$ かつ $10 \leqq b \leqq 99$ とする。命令 C の実行回数が最大になるのは [(112)][(113)] $\leqq b \leqq$ [(114)][(115)] の時で、その時の実行回数は [(116)][(117)] 回である。

- $m \geqq n \geqq 2$, $a = 10^m - 1$, $b = 10^n - 1$ とする。m を n で割った余りを s とすると、命令 C の実行回数は次の式で表される。

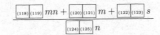

$$\frac{[(118)][(119)] \, mn + [(120)][(121)] \, m + [(122)][(123)] \, s}{[(124)][(125)] \, n}$$

(ウ) アルゴリズムを高速化するために、次のように命令 D に変更を加えた。

変数 a, b の値は、与えられた数とする

変数 d, r の値を 0 とする

変数 i の値を 1 とする

$i \leqq$ [100][101] が成り立つ間、次の処理 A を繰り返す

処理 A の始め

　　r の値を [102][103] とする

　　変数 n の値を、もし $r \geqq 5b$ なら [104][105]、そうでなければ 4 とする（命令 D）

　　$r <$ [106][107] が成り立つ間、次の処理 B を繰り返す

　　処理 B の始め

　　　　n の値を 1 減らす（命令 C）

　　処理 B の終わり

　　d の値を [108][109] とする

　　r の値を [110][111] とする

　　i の値を 1 増やす

処理 A の終わり

商として d の値を、余りとして r の値を出力する

---

a, b が与えられたとき、変更前のアルゴリズムでの命令 C の実行回数を $t(a, b)$、変更後の命令 C の実行回数を $u(a, b)$ とし、その差を $v(a, b) = t(a, b) - u(a, b)$ とする。$m > n \geqq 2$ であるような m, n が与えられたとき、$10^{m-1} \leqq a \leqq 10^m - 1$、$10^{n-1} \leqq b \leqq 10^n - 1$ の範囲での $v(a, b)$ の最小値と最大値は次の式で表される。空欄に入るもっとも適切な数字をマークしなさい。

- 最小値 [126]$n +$ [127][128]
- 最大値 [129]$m +$ [130][131]

■■■小論文■■■

（120 分）

　　いま世界は大きな変動期に突入しています。それは、これまで当然のこととされてきた
前提の多くが、流動化していることに起因しています。直面する問題の多くは従来型の解決
を受けつけないものも多く、新たな発想が要求されています。多くの人たちは、民主主義は
大局においては後退しないものと考えてきました。また多様性に対する反発は過去の遺物
で、世界は多様性を許容する方向に進んでいると楽観視してきました。技術の進展について
も、インターネットを介して人々がつながることが悪いことであるはずはなく、情報のソー
スの多元化は民主主義の深化につながると信じてきました。しかし、こうした前提を当然視
することができなくなっている状況を前に私たちは戸惑っています。

　　慶應義塾大学総合政策学部は、問題を発見し、解決することを軸に、教育・研究を実践
しています。しかしながら、問題を「発見」はできても、すべての問題を「解決」できると
は限りません。すべての問題にパズルのような「正解」があるとは限らないからです。ある
種の問題は、押し寄せる波を上手く乗りこなすようにしか乗り切れない場合もあります。ま
た問題そのものが何かを特定することに大きな困難を伴う場合も想定できます。こうした
「不確実性」は、世界が流動化している状況の中で高まっているとさえいえます。

　　総合政策学部は、そうした状況に向き合った時、その状況をどう概念化し、その状況に
どう働きかけ、最終的には問題状況をどう克服し、さらに次の問題が発生することを予測し
つつ迂回する、そういう態度と思考を身につけていく場です。問題発見、そして解決という
不断のループの中で、自分が担える役割を模索していく場ともいえます。

　　問題の後にある資料は、いずれも現代の世界が直面する問題状況について論じたもので
す。それはいずれも楽観的な世界観を退けるもので、「こうなるはずではなかった」という
失望感や危機感が強く現れています。問題はそれぞれ個別ですが、相互に繋がりを有してい
ます。その繋がりを意識しながら資料を読み、問題に答えてください。題材は、気が滅入っ
てしまうものが多いですが、すべては事象をリアルに認識することからはじまります。

【問題】

（1）　**資料1**と**資料2**は現在進行している民主主義の後退が、一過性の出来事ではない可
　　　能性について論じています（**図表1**も参照）。その他の資料で論じられているのは、
　　　それを引き起こしていると見られる、いま世界が直面する「歪み」です。なぜ「民

主主義の後退」と呼ばれるような事態が、いま世界的に起きているのか、**資料1〜5**を関連づけながら400字以内で論じてください。

（2）　**資料3**は、「日本の政策に賛成するかどうかは別にして」と断っているにもかかわらず、事実上、閉鎖的な国家のあり方を肯定しているようにも読めます。日本は世界が直面している多様性の問題にまだ本格的に向き合っているとはいえません。日本は、これから多様性が提起する問題に向き合いながら、開かれた共同体を形づくることができるのか、**図表2、3、4**のデータを参考にしつつ、200字以内で論じてください。

（3）　**資料4**では「民主主義はテクノロジーに合わせて設計はされていない。これは誰の落ち度でもない」と明言しています。それははたして正しいのでしょうか。ソーシャル・メディアが公共空間のあり方をどのように変容させたのかを、**資料5**で論じている情報伝播の特性を踏まえつつ、200字以内で論じてください。その際に、公共空間とは何かを自分なりに定義してから議論をすすめてください。

（4）　いずれの資料も民主主義が危機的状況にあることを論じていますが、**資料5**を除けば英語圏の資料であり、日本の状況にそのままでは当てはまりません。各資料を日本に引きつけて読み直した場合、日本の民主主義の状況をどう診断できるか、400字以内で論じてください。

資料1

　いま、民主主義はこのように死んでいく。今日の世界では、ファシズム、共産主義、あるいは軍事政権などによるあからさまな独裁はほぼ姿を消した。軍事クーデターやそのほかの暴力的な権力の奪取はきわめてまれであり、ほとんどの国では通常どおり選挙が行なわれている。それでも、民主主義は別の過程を経て死んでいく。冷戦後の民主主義の崩壊のほとんどは、将軍や軍人ではなく、選挙で選ばれた政治家が率いる政権そのものによって惹き起こされてきた。

　　（・・・）

　民主主義研究の第一人者である政治学者ラリー・ダイヤモンドは、世界が民主主義の後退期に入ったと論じている。冷戦が終結したあとの数年に比べると、民主主義を取り巻く国際的な状況が悪化しているのは一目瞭然だ。1990年代、欧米の自由民主主義は他の追随を許さないほど圧倒的な軍事的、経済的、イデオロギー的な力を誇り、欧米式の民主主義は「唯一無二のもの」だと広く認められてきた。しかしそれから20年がたち、世界の力のバランスは変わった。EUと米国の世界的な影響力は衰え、中国とロシアはますます力を増してきた。ロシア、トルコ、ベネズエラといった国で新しい独裁主義モデルが生まれたことによって、現在の民主主義はかつての勢いを失ったようにも見える。だとすれば、アメリカがいま直面している危機は、世界的な後退の流れの一部なのだろうか？

　私たち著者はそのような考えには懐疑的だ。ドナルド・トランプが大統領に当選するまで、世界的に民主主義が後退しつつあるという考えは実際よりも誇張されて伝えられていた。２１世紀はじめ、国際的な民主主義はより不利な状況へと追い込まれていった。しかしそれらの難題をまえにしても、既存の民主主義はきわめて堅牢であることが証明されてきた。実際、世界の民主主義国家の数は減っていない。むしろ２００５年ごろにピークを迎え、その数は現在までずっと安定してきた。ハンガリー、トルコ、ベネズエラのように民主主義が後退した国は、新聞の見出しを飾って大きな注目を集める。その陰で、コロンビア、スリランカ、チュニジアなどここ１０年のあいだにより民主的に成長した国があるのも事実だ。さらに重要なことに、アルゼンチン、ブラジル、チリ、ペルー、ギリシャ、スペイン、チェコ共和国、ルーマニア、ガーナ、インド、韓国、南アフリカ、台湾など、世界の民主主義国家の圧倒的大多数は２０１７年までその体制を維持してきた。

　西側の民主主義の多くは近年、国内で信頼の危機にさらされてきた。弱い経済、ＥＵ懐疑論の高まり、移民排斥を訴える政党の台頭など、西ヨーロッパの状況には心配の種ばかりが目立つようになった。たとえば、最近のフランス、オランダ、ドイツ、オーストリアの選挙での極右政党の躍進によって、ヨーロッパの民主主義の安定性についての不安感が広がった。イギリスでは、ブレグジット（ＥＵ離脱）の議論が政治を大きく二極化した。２０１６年１１月、ブレグジットを進めるためには議会の承認を必要とするという決定が裁判所で出されると、『デイリー・メール』紙はドナルド・トランプの過激な言葉を模倣し、裁判官たちを「国民の敵」と呼んだ。さらに、保守党政権がいわゆる「ヘンリー八世条項」を引き合いに出し、議会の許可なしでブレグジットを推し進める可能性を模索しはじめると、保守党の新人議員を含めた多くの専門家が大きな懸念をあらわにした。しかしこれまでのところ、西ヨーロッパにおける基本的な民主主義の規範はほとんど失われていない。

　その一方で、トランプの台頭は、世界規模の民主主義にさらなる危機をもたらすものかもしれない。ベルリンの壁崩壊からオバマ政権が終わるまでのあいだ、米国政府は大々的に民主主義を促進する外交政策を保ってきた。（・・・）１９９０年から２０１５年のあいだの期間が、世界の歴史のなかでもっとも民主的な四半世紀であったことはまちがいない。その要因のひとつは、欧米の大国が広く民主主義を支持したことにあった。いまでは、それが変わろうとしている。ドナルド・トランプ政権下のアメリカは、冷戦後はじめて民主主義の促進者としての役割を捨てようとしているかに見える。トランプ大統領は、ニクソン以来のアメリカ大統領のなかでもっとも親民主主義ではない人物である。くわえて、アメリカはもはや民主主義のお手本ではなくなった。メディアを攻撃し、対立相手を逮捕すると脅し、選挙の結果を受け容れないとまで言い出す人物が大統領を務める国が、民主主義をしっかり護ることなどできるはずがない。既存の独裁者も将来の独裁者たちも、ホワイトハウスのトランプとともにさらに勢いを増していくはずだ。世界規模で民主主義が後退しているという考えは、２０１６年以前にはほぼ神話でしかなかった。しかし近年のＥＵの危機、中国の

台頭、そしてロシアのより好戦的な態度と相まって、トランプ政権はその神話を現実のものに変えてしまうかもしれない。

文献（一部編集・改変）：

スティーブン・レビツキー、ダニエル・ジブラット［濱野大道訳］（２０１８年）『民主主義の死に方──二極化する政治が招く独裁への道』新潮社（Kindle 版）。

How Democracies Die by Steven Levitsky and Daniel Ziblatt Copyright © 2018 by Steven Levitsky and Daniel Ziblatt Japanese reprint arranged with Baror International, Inc, Armonk, NY through Tuttle-Mori Agency Inc., Tokyo

　資料２

　西洋の理念は、これまでずっと絶大な成功を収めてきた。しかし、いまその理念が深刻な窮地に陥っている。米欧の西洋の中心地と、１９７０年代から真の西洋の中心地になった日本で、衰えの兆しが見えはじめている。経済の失策と失望からはじまった衰退は、高齢化と活気を失った人口動態へと変わり、国際問題への影響力行使に対する無力感になる。この兆しとその奥に潜む病が、国家間や各国内であらたな分断を引き起こし、１９４５年以来、西洋諸国が何十年もかけて築き、私たちの団結力と弾力性を強めてきた国際協調体制に亀裂を生じさせている。いまは悲観的な時代、分裂の時代、古いナショナリズム再燃の時代なのだ。２０世紀前半にこういった勢力が招いた結末を知っているだけに、悲観と不吉な予感はいっそう強まる。ドナルド・トランプに票を投じた人々や、２０１６年のブレグジットに賛成した人々の多くが、いまは同じ凶兆を感じているにちがいない。彼らは、エスタブリッシュメント[1]と体制が自分たちを裏切ったと思い、怒りの叫びとして票を投じただけで、トランプが表明している案や、ブレグジットがもたらす状況をかならずしも支持しているわけではない。

　　（・・・）

　福祉国家は、それ自体が目的なのではない。むしろ目的は、安心感と帰属意識を損ねずに変革を行なえるようにし、国全体が進歩をつづけられるように、信頼、公平性、社会正義が充分に存在するという意識を醸成し、財政のバランスを図って求められる公共財と私的財を提供することだ。

　　（・・・）

　西洋で最近見られる不平等が重大であるのは、苦境のときも好況のときも国をまとめて

---

[1] 「エスタブリッシュメント」とは、既成の秩序や体制の側に立ち、権力や支配力をもつ階級や集団の意。

いる社会と政治の接着剤を腐食させるからだ。しかし、一部の人間がその他の人間よりも大金持ちであることが腐食の原因だというような、単純な話ではない。もちろん、妬みという政治問題は存在するが、それだけが優勢なのではない。あらゆる形の不平等が、開かれた民主的な社会の基本原則に手痛い打撃をあたえ、その核心である発言権と公民権の平等が損なわれるために、腐食が起きるのだ。

　さまざまな集団の握っている権利が大幅に異なり、集団を変化させて地位を改善する明確な手段がないと、システム全体の信頼が損なわれる。そもそも、この政治と社会のレベルでの不平等問題では、公平性が重要なのだ。だから、人生でぶつかる障壁がどんなふうで、どういう権利と機会の不平等に直面していて、不公平だと感じているかどうかを、重視しなければならない。だれかがひとよりもサッカーが上手だとか、優れたバイオリニストだとかいうようなことで、不公平だと思うのとはちがう。システムが仕組まれていて能力があるのに相応の報奨が得られない、という不公平感の類だ。一所懸命働いても、自分も子供も公平な扱いを受けられないと感じることが、信頼をもっとも激しく蝕む。

　これまでは、現在の民主主義国の多くが、そういう基本的な不公平に何度も取り組んで、是正してきた。いまもそういう措置が必要とされている。開かれた社会を支持する議論が勝利を収めるためには、平等の理想像をあらたに打ち立てるか、せめて回復しなければならない。

文献（一部編集・改変）:

ビル・エモット［伏見威蕃訳］（２０１７年）『「西洋」の終わり——世界の繁栄を取り戻すために』日本経済新聞出版（Kindle 版）。

　The Fate of the West by Bill Emmott Copyright © Bill Emmott, 2017 Japanese reprint arranged with the author through Tuttle-Mori Agency, Inc., Tokyo

　資料3

　経済的な吸引力が原因だというのなら、現在の日本に西洋から空前の移民の波が押し寄せていない理由がない。２０１６年の名目ＧＤＰを基準にするなら、日本はドイツや英国をしのぐ世界第三位の経済大国だ。しかし欧州のどの国をも上回る経済力を持ちながら、もちろん日本は移民をせき止め、居残りを思いとどまらせ、外国人が日本国籍を得ることを難しくする政策を実行することで、大量移民を防止してきた。日本の政策に賛成するかどうかは別にして、この高度につながり合った時代においても、現代の経済国家が大量移民を防止することは可能であること、またそれが「不可避」なプロセスではないことを日本は示した。

　（・・・）

　日本が厳格な移民規制を敷いているからといって、それゆえに野蛮な国だと主張する者

はほとんどいないだろう。いずれにせよ、移民の流入は止めようがないなどと考えるのは、単に正しくないからだけではなく、不満が蓄積されるがゆえに危険である。

西欧では長年、移民の問題は大衆が懸念する事項の最上位にあった。それぞれの国の世論調査では、この問題が一般国民にとってほとんど最優先の関心事であることが一貫して示されている。国民の大多数が長年感じている懸念に何の解決策も採られないなら、間違いなく不満と怒りが積みあがるだろう。その対応が単に懸念を無視することだけでなく、手を打つことは不可能だと論じるものであったなら、その時には過激な代替案が醸成され始める。うまくすればそうした懸念は選挙で表現されるだろうが、悪くすれば街頭で表面化しよう。他の問題が、ことにこれほど大衆の懸念事項の上位にある問題が、「できることは何もない」という対応で済まされることなど、とても考えられない。

（・・・）

多文化主義は失敗したという論争は有益ではあったものの、「多文化主義は失敗した」という所説が何を意味するのかは当時から不明確だった。そもそも「多文化主義」という言葉自体が、人によってまったく違った意味に受け取られる。長年の間、そして多くの人々にとっては今でもそうだが、この言葉は「多元主義」と同義だと考えられていた。あるいは単に民族的に多様な社会で暮らすという現実のことだと。「多文化主義に賛成する」と公言するのは、ある場合には、背景の異なる人々が自国にいても気にしないという意味だった。またある場合には、いずれはすべての社会が巨大な文化のるつぼになると信じているという意味だった（あらゆる国に「ミニ国連」ができるという発想だ）。

（・・・）

彼ら〔多文化主義に懐疑的な欧州の首脳たち〕が批判したのは国家の政策としての特殊な「多文化主義」だったのだ。すなわち同じ国の中で移民たちが平行的な暮らしを送ることを——とりわけ居住国のそれと相容れない習俗や法の下で暮らすことを——国家が奨励するという考え方である。上記のような欧州の首脳たちは、同一の法の支配や一定の社会規範が全員に適用される「ポスト多文化社会」を目指しているように見えた。

（・・・）

著名な米国の政治哲学者サミュエル・ハンチントンが、著書の中で「多文化主義は本質的に欧州文明に敵対的であり、基本的に反西洋的なイデオロギーだ」と述べたのは、それが一番の理由だった。（・・・）バッサム・ティビは、欧州諸国は多文化主義の政策を脱し、核心的な文化、あるいは「主導文化（ライトクルテュール）」[2]を擁護する政策へと転換するべきだと説いたのだ。

---

[2] ここで「主導文化」とは、一定の共通するテーマのもとに背景の異なる人々を結束させる文化の意で用いられている。

文献（一部編集・改変）:

ダグラス・マレー［町田敦夫訳］（２０１８年）『西洋の自死――移民・アイデンティティ・イスラム』東洋経済新報社（Kindle 版）。

資料4

　来たる数年のうちで、私たちが知る民主主義と社会秩序はテクノロジーに破壊されてしまうのだろうか、それとも政治がデジタル世界を従えるのだろうか。いまのところテクノロジーがこの戦いを制しつつあるのは、日を追うごとに明らかになりつつある。足腰が衰え、弱体化した政治をテクノロジーが押しつぶそうとしている。（・・・）テクノロジー革命はまさに始まったばかりだ。今後数年のうちにデジタル・テクノロジーはさらに劇的な進化を遂げていくだろう。これまでの進化のペースを踏まえれば、一世代もしくは二世代のうちに、民主主義とテクノロジーの矛盾など、もはや誰も意に介さなくなってしまうのかもしれない。

　（・・・）

　しかし、テクノロジーと民主主義――いずれも壮大なシステムではあるが、根っこのレベルではやはり水と油の関係にある。両者はまったく異なる時代の産物で、それぞれ独自のルールと原理に基づいて機能している。民主主義は、国民国家や階級社会が整いつつ、社会への恭順が生まれ、経済が工業化された時代に制度化されてきた。だが、デジタル・テクノロジーの基本的特徴は、地理的な広がりとは無縁で、むしろ分散的であり、データに基づいて駆動し、ネットワーク外部性の影響下に置かれ、指数関数的な成長を遂げる。はっきり言おう。つまり、<u>民主主義はテクノロジーに合わせて設計はされていない。これは誰の落ち度でもない</u>。

　（・・・）

　パイオニアたちが築くテクノロジーはどれもすばらしい。だからこそ、ますますテクノロジーを潜在的に危険なものにしてしまう。一八世紀のフランスに生きた革命家とまさに同じで、彼らもまた平等という、観念的な原理に基づく世界を構築できると信じていた。現代の夢想家は、コネクティビティーとネットワーク、プラットフォームとデータに決定される社会を絶えず夢想している。ただ、民主主義も現実の世界も、こんなふうには動いてなどいない。民主主義はもっと緩慢で、検討に次ぐ検討を重ねていくものであり、具体的な物事を土台にしている。デジタルではなくアナログなのだ。それだけに、人々の現実や願望に反する未来像は、いかなるものであれ、思いがけない不幸をもたらす結果になってしまうだろう。

　（・・・）

　シリコンバレーでは、［カナダの文明批評家］マクルーハンはいまだにインスピレーションの源泉だ。独創的発想の指導者の一人にして、テクノロジー革命の知的なロックスターの

一人なのだ。パロ・アルトやマウンテンビュー、クパチーノ界隈では、いまだに "グローバル・ビレッジ" がこだましている。「グローバル・コミュニティー」「トータル・コネクティビティー」と話しているのを聞くたびに、そこに現れているのはマクルーハンの亡霊だ。「さまざまなバックグラウンドを持つ人たちが容易に結びつき、その考えをシェアできるようにすることで、短期間はもちろん、長期間に及ぶ争いをなくしていける」と［フェイスブックの創業者］マーク・ザッカーバーグは、創業したばかりのころ、自身のサイトに書き込んでいた。マクルーハンは偉大なる予言者だった。あまりにも賢明なので、言い逃れができる道など残しておかなかった。すべての人があまねく結びついた世界においても、争いと不調和が生じるかもしれないと語っていた。なぜなら、四六時中、情報化されたもとで人々は混乱に陥り、その結果、大規模なアイデンティティー・クライシスに火がついてしまう。「今日私たちが知るような民主主義政治が終わりを迎える日──」。一九六九年、雑誌のインタビューにマクルーハンはそうこたえた。「電子メディアによって、人類が部族ごとにまとまるにしたがい、私たちは一人残らず、あわてふためく臆病者になりはて、以前のアイデンティティーを探し求めて、狂ったようにあたりをかけずりまわり、その過程でとてつもない暴力が解き放たれていく」。

　　（・・・）

　マクルーハンが予言したように、私たちはいま、政治的にふたたび部族として結束する日々を生きている。部族としてふたたび結束と私が言ったのは、部族的な忠誠心とアイデンティティーは 、現代の政治よりも、はるかに長い時代にわたって人類の存在を特徴づけてきたからだ。数々の内戦を通じ、私たちは、集団に帰属する必要性が人間に深く根差していることを十分すぎるぐらい学んできた。（・・・）シリコン・バレーの連中は、全情報によるグローバル・ビレッジとコネクティビティーを探す能天気な冒険の途上、近代の間接民主主義が作り上げた檻から、それと気づかずに部族主義を解き放っていたのである。

　　（・・・）

　こんな状況に至った理由の大半は、テクノロジーというより、人間の弱さに由来するので、なんでも巨大テクノロジーのせいにするのはフェアではない。たしかにテクノロジーで人間の弱みは加速されるとはいえ、その責任は人間にある。インターネットが出現する以前の日常を理想化してはならないだろう。人間はかならず群れるものだし 、政治はつねに対立してきた。

文献（一部編集・改変）：

ジェイミー・バートレット［秋山勝訳］（２０１８年）『操られる民主主義──デジタル・テクノロジーはいかにして社会を破壊するか』草思社（Kindle 版）。

資料5

どのような話題の誤情報が拡散しやすいのかを調べたところ、政治に関する話題が圧倒的に多く、次いで都市伝説、ビジネス、テロと戦争、科学と技術、エンターテイメント、自然災害の順でした。また、誤情報がリツイートされる確率は事実と比べて70パーセント高く、誤情報をリツイートする傾向は、年齢やフォロワーの数などのユーザの特徴にはよらないことがわかりました。興味深いことに、誤情報の拡散にはボット[3]よりも人間の影響が大きいことがわかりました。同研究グループは無作為に抽出したツイートの内容を分析して、拡散される誤情報の内容についても調べました。その結果、誤情報に対する反応には「驚き」や「恐れ」や「嫌悪」などの感情を表す言葉が含まれている割合が高いのに対し、事実に対する反応には「悲しみ」や「不安」、「喜び」、「信頼」などに関わる言葉が多く含まれる傾向がわかりました。

（・・・）

ソーシャルメディアを利用していると、自分と似た興味関心をもつユーザをたくさんフォローし、結果的に、同じようなニュースや情報ばかりが流通する閉じた情報環境になりがちです。意見をSNSで発信すると、自分とそっくりな意見ばかりが返ってくるこのような状況を「エコーチェンバー（echo chamber）」といいます。閉じた小部屋で音が反響する物理現象にたとえているのです。（・・・）また、エコーチェンバーの中にいると、自分とは違う考え方や価値観の違う人たちと交流する機会を失ってしまうので、自分とは異なる視点からの意見やデマを訂正するような情報も入ってこなくなってしまいます。エコーチェンバーは、意見の対立や社会の分断を生む環境でもあります。ソーシャルメディアとの関係で議論されることが多いエコーチェンバーですが、この考え方はSNSが登場する以前からあったことが知られています。ジャーナリストのデビッド・ショーが、1990年にピューリッツァー賞を受賞した著書の中でこの言葉を用いています。また、2001年にハーバード大学のキャス・サンスティーンが、著書『インターネットは民主主義の敵か』の中でエコーチェンバーについて言及し、民主主義の根本に関わる問題だとしています。そして、ソーシャルメディアの発達とともにエコーチェンバーがより顕在化し、問題を一層深刻にしているのではないかと言われています。多様なアイデアを醸成し、新しい価値を生み出す集合知のプラットフォームの役割を期待されてきたソーシャルメディアに、今、エコーチェンバー幇助の容疑がかけられています。

（・・・）

偽ニュースが拡散しやすい情報環境を生み出すもう一つの要因が「フィルターバブル（filter bubble）」です。フィルターバブルとは、ユーザの個人情報を学習したアルゴリズ

---

[3] ここで「ボット」とは、外部からの命令に従い悪質な動作を行うことを目的とした自律プログラムの総称の意で用いられている。

ムによって、その人にとって興味関心がありそうな情報ばかりがやってくるような情報環境のことです。これはインターネット活動家のイーライ・パリサーが、著書『閉じこもるインターネット』の中で提唱した概念です。ユーザが情報をろ過する膜の中に閉じ込められ、みんなが孤立していくイメージに基づく比喩です。

　（・・・）

　ソーシャルメディアでは情報の質そのものよりも、クリック数やシェア数などの広告収入につながるものを高く評価する仕組になっています。こうした仕組みは人々の認知バイアスを巧みに利用し、結果的に誤解や対立もしくはその両方を生み出しています。そして、パーソナライゼーション技術を駆使して人物像を特定し、ますますプラットフォームに依存する状況をつくり上げています。アルゴリズムによって最適化された世界は、意図的な操作や政治的プロパガンダ、ターゲティングに対して脆弱です。（・・・）そもそも、「ユーザは個人情報を差し出し、プラットフォームはターゲティング広告で儲ける」というビジネスモデルが、個人情報の取り扱い方の問題も含め、情報生態系の持続的発展に利するのかどうかを考え直す時期にきているのではないでしょうか。

文献（一部編集・改変）:

笹原和俊（２０１９年）『フェイクニュースを科学する──拡散するデマ、陰謀論、プロパガンダのしくみ』化学同人（Kindle 版）。

図表 1

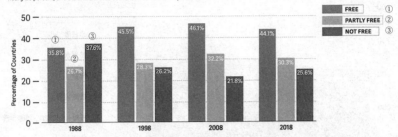

FREEDOM IN THE BALANCE

While past years saw gains in global freedom, in the last decade the share of Not Free countries rose to
nearly 26 percent, and the share of Free countries declined to 44 percent.

出典："Freedom in the World 2019: Democracy in Retreat," Freedom House (2019).

図表 2

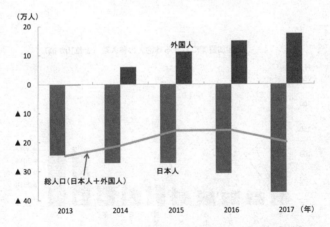

日本人と外国人の増加数の推移

（資料）総務省『住民基本台帳に基づく人口、人口動態及び世帯数』各年版より、みずほ総合研究所作成

図表3

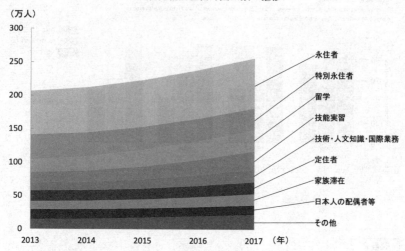

在留資格別在留外国人数の推移

（資料）法務省『在留外国人統計』各年版より、みずほ総合研究所作成

図表4

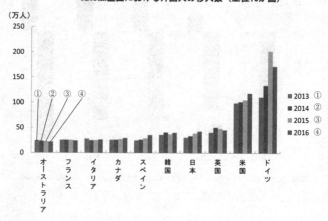

OECD加盟国における外国人の移入数（上位10か国）

（資料）OECD, "International Migration Outlook 2018" より、みずほ総合研究所作成

出典（図表2、3、4）：岡田豊（2018年）「大都市圏を中心に増加する外国人──長期滞在実現なら日本の総人口減少は緩和へ」みずほ総合研究所（2018年7月25日）。

//////////////// · **memo** · ////////////////

//////////////// · memo · ////////////////

//////////////// · **memo** · ////////////////

教学社 刊行一覧

2025年版　大学赤本シリーズ

国公立大学（都道府県順）

374大学556点 全都道府県を網羅

全国の書店で取り扱っています。店頭にない場合は，お取り寄せができます。

私立大学①

掲載している入試の種類や試験科目，収載年数などはそれぞれ異なります。詳細については，それぞれの本の目次や赤本ウェブサイトでご確認ください。

医 医学部医学科を含む
総推 総合型選抜または学校推薦型選抜を含む
DL リスニング音声配信　新 2024年 新刊・復刊

akahon.net

| 赤本 | 検索 |

いつも受験生のそばに──赤本

大学入試シリーズ＋α
入試対策も共通テスト対策も赤本で

入試対策
赤本プラス

赤本プラスとは、**過去問演習の効果を最大に**するためのシリーズです。「赤本」であぶり出された弱点を、赤本プラスで克服しましょう。

大学入試 すぐわかる英文法 DL
大学入試 ひと目でわかる英文読解
大学入試 絶対できる英語リスニング DL
大学入試 すぐ書ける自由英作文
大学入試 ぐんぐん読める
　英語長文 (BASIC) DL
大学入試 ぐんぐん読める
　英語長文 (STANDARD) DL
大学入試 ぐんぐん読める
　英語長文 (ADVANCED) DL
大学入試 正しく書ける英作文
大学入試 最短でマスターする
　数学Ⅰ・Ⅱ・Ⅲ・A・B・C
大学入試 突破力を鍛える最難関の数学
大学入試 知らなきゃ解けない
　古文常識・和歌
大学入試 ちゃんと身につく物理
大学入試 もっと身につく
　物理問題集(①力学・波動)
大学入試 もっと身につく
　物理問題集(②熱力学・電磁気・原子)

入試対策
英検®
赤本シリーズ

英検®(実用英語技能検定)の対策書。
過去問集と参考書で万全の対策ができます。

▶過去問集【2024年度版】
英検®準1級過去問集 DL
英検®2級過去問集 DL
英検®準2級過去問集 DL
英検®3級過去問集 DL

▶参考書
竹岡の英検®準1級マスター DL
竹岡の英検®2級マスター CD DL
竹岡の英検®準2級マスター CD DL
竹岡の英検®3級マスター CD DL

―――――――――――――――
CD リスニングCDつき　DL 音声無料配信
新 2024年新刊・改訂

入試対策
赤本プレミアム

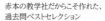

赤本の教学社だからこそ作れた、
過去問ベストセレクション

東大数学プレミアム
東大現代文プレミアム
京大数学プレミアム[改訂版]
京大古典プレミアム

入試対策
赤本メディカル
シリーズ

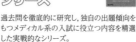

過去問を徹底的に研究し、独自の出題傾向をもつメディカル系の入試に役立つ内容を精選した実戦的なシリーズです。

[国公立大]医学部の英語[3訂版]
私立医大の英語[長文読解編][3訂版]
私立医大の英語[文法・語法編][改訂版]
医学部の実戦小論文[3訂版]
医歯薬系の英単語[4訂版]
医系小論文 最頻出論点20[4訂版]
医学部の面接[4訂版]

入試対策
体系シリーズ

国公立大二次・難関私大突破へ、自学自習に適したハイレベル問題集。

体系英語長文　　体系世界史
体系英作文　　　体系物理[第7版]
体系現代文

入試対策
単行本

▶英語
Q&A即決英語勉強法
TEAP攻略問題集 CD
東大の英単語[新装版]
早慶上智の英単語[改訂版]

▶国語・小論文
著者に注目! 現代文問題集
ブレない小論文の書き方 樋口式ワークノート

▶レシピ集
奥薗壽子の赤本合格レシピ

入試対策　共通テスト対策
赤本手帳

赤本手帳(2025年度受験用) プラムレッド
赤本手帳(2025年度受験用) インディゴブルー
赤本手帳(2025年度受験用) ナチュラルホワイト

入試対策
風呂で覚える
シリーズ

水をはじく特殊な紙を使用。いつでもどこでも読めるから、ちょっとした時間を有効に使える!

風呂で覚える英単語[4訂新装版]
風呂で覚える英熟語[改訂新装版]
風呂で覚える古文単語[改訂新装版]
風呂で覚える古文文法[改訂新装版]
風呂で覚える漢文[改訂新装版]
風呂で覚える日本史[年代][改訂新装版]
風呂で覚える世界史[年代][改訂新装版]
風呂で覚える倫理[改訂版]
風呂で覚える百人一首[改訂版]

共通テスト対策
満点のコツ
シリーズ

共通テストで満点を狙うための実戦的参考書。重要度の増したリスニング対策は「カリスマ講師」竹岡広信が一回読みにも対応できるコツを伝授!

共通テスト英語[リスニング]
　満点のコツ[改訂版] 新 DL
共通テスト古文 満点のコツ[改訂版] 新
共通テスト漢文 満点のコツ[改訂版] 新

入試対策　共通テスト対策
赤本ポケット
シリーズ

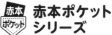

▶共通テスト対策
共通テスト日本史[文化史]

▶系統別進路ガイド
デザイン系学科をめざすあなたへ

大学赤本シリーズ ━━━━━━

赤本 ウェブサイト

過去問の代名詞として、70年以上の伝統と実績。

新刊案内・特集ページも充実!
受験生の「知りたい」に答える

akahon.net でチェック!

🗓 志望大学の赤本の刊行状況を確認できる!

📖 「赤本取扱い書店検索」で赤本を置いている
書店を見つけられる!

✦ 赤本チャンネル & 赤本ブログ ✦

▶ 赤本チャンネル

YouTubeや
TikTokで受験対策!

人気講師の大学別講座や
共通テスト対策など、
受験に役立つ動画 を公開中!

YouTube

TikTok

✎ 赤本ブログ

受験のメンタルケア、合格者の声など、
受験に役立つ記事 が充実。

詳しくは
こちら

英語の過去問、解きっぱなしにしていませんか？

大学合格のカギとなる勉強サイクル

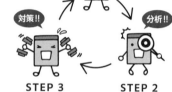

STEP 1 解く!!

分析!! STEP 2

対策!! STEP 3

過去問を解いてみると、自分の弱い部分が見えてくる！

受験生は、英語のこんなことで悩んでいる…!?

【英文読解編】
- 😣 単語をつなぎ合わせて読んでます…
- 😊 まずは頻出の構文パターンを頭に叩き込もう
- 😣 下線部訳が苦手…
- 😊 SVOCを丁寧に分析できるようになろう

【英語長文編】
- 😣 いつも時間切れになってしまう…
- 😊 速読を妨げる原因を見つけよう
- 😣 何度も同じところを読み返してしまう…
- 😊 展開を予測しながら読み進めよう

【英作文編】
- 😣 ［和文英訳］ってどう対策したらいいの？
- 😊 頻出パターンから、日本語⇒英語の転換に慣れよう
- 😣 いろんな解答例があると混乱します…
- 😊 試験会場でも書けそうな例に絞ってあるので覚えやすい

【自由英作文編】
- 😣 何から手をつけたらよいの…？
- 😊 志望校の出題形式や頻出テーマをチェック！
- 😣 自由と言われてもどう書き始めたらよいの…？
- 😊 自由英作文特有の「解答の型」を知ろう

こんな悩み 😣 をまるっと解決 😊 してくれるのが、赤本プラスです。

大学入試 ひと目でわかる **英文読解**

英文構造がビジュアルで理解できる！

大学入試 ぐんぐん読める **英語長文** BASIC / STANDARD / ADVANCED

6つのステップで、英語が「正確に速く」読めるようになる！

New 大学入試 正しく書ける **英作文**

頻出パターン×厳選例文でムダなく「和文英訳」対策！

大学入試 すぐ書ける **自由英作文**

頻出テーマ×重要度順最大効率で対策できる！

計14点刊行中

赤本プラスは、数学・物理・古文もあるよ

（英語8点・古文1点・数学2点・物理3点）

くわしくは

大学赤本シリーズ

別冊問題編

2025